Studien
1840–1841

Adalbert Stifter

Die Mappe meines Urgroßvaters

Studien 1840–1841

Vitalis

Bibliografische Information der Deutschen Bibliothek
Die Deutsche Bibliothek verzeichnet diese Publikation in der
Deutschen Nationalbibliografie; detaillierte bibliografische
Daten sind im Internet über http://dnb.ddb.de abrufbar.

Editorischer Hinweis
Nebenstehende Erzählungen wurden von Adalbert Stifter
(1805–1868) zunächst verstreut in Almanachen, Journa-
len und Zeitschriften veröffentlicht, ehe sie überarbeitet
zwischen 1844 und 1850 in sechs Bänden als „Studien"
erschienen. Die vorliegende Ausgabe basiert auf den Erst-
drucken der Texte in ihrer jeweiligen Studienfassung, wobei
Orthographie und Interpunktion behutsam der sog. Alten
Rechtschreibung angenähert worden sind; Eigentümlichkei-
ten der Sprache Stifters wurden jedoch bewußt beibehalten.
Der Vorgehensweise des Autors folgend, wird mit der Jahres-
zahl hinter dem Titel das Entstehungsjahr wiedergegeben.

Adalbert Stifter: Gesammelte Werke
Die Mappe meines Urgroßvaters
Studien 1840–1841

© Vitalis GmbH, Furth im Wald 2005
Umschlagbild von A. Stifter:
Ansicht von Oberplan (um 1823)
Druck und Bindung: Finidr, Český Těšín

ISBN 3-89919-072-6

INHALT

VORREDE

In beifolgenden Versuchen wird dem Publikum eine Sammlung loser Blätter vorgelegt, die sich zu verschiedenen Zeiten von meinem Schreibtische verloren hatten. Es lag eigentlich nie in meiner Absicht, als Schriftsteller aufzutreten, sondern wie die meisten Menschen eine Lieblingsspielerei haben, der sie sich zur Erheiterung hingeben, so liebte ich es, an gegönnten Stunden mich in Bildern und Vorstellungen zu erhegen, wie sie eben der Gemütslage zusagten, und solche Dinge zu Papiere zu bringen: allein wie es mit jeder Liebhaberei geht, daß man sie nämlich immer weiter treibt, so ging es auch hier. Die Zeit am Schreibtische ward endlich die liebste und gewünschteste, und wie jede heimliche Liebe zuletzt eine offene wird, wird es auch die Schriftstellerei – und ist man einmal so weit, daß man mehrere zerstreute Blätter in den Händen des Publikums weiß, so ist der Schritt ein ganz leichter, daß man sie sammelt und ein Buch daraus macht, ob mit Recht oder Unrecht, weiß ja der Verfasser selber nie, da er aus seinen Arbeiten zuletzt doch immer nur das Gewollte herausliest, nicht das Gewirkte. Auf diese Weise entstanden folgende Bände, und auf diese Weise wünscht der Verfasser, daß man ihr Erscheinen entschuldige.

Auf eine vorteilhafte Zusammenstellung der Arbeiten habe ich nicht gesonnen, sondern ich ließ sie so folgen, wie sie entstanden sind, daß sich dem, der das Buch seiner Durchsicht würdigt, zeige, ob ein Fortschritt zu bemerken sei oder nicht. Die Fehler, welche mir durch zugekommene Urteile bekannt geworden sind, habe ich, soweit ich sie einsah, zu verbessern gesucht, da ich den ganzen Stoff umarbeitete, – die andern, die ich nicht einsah, oder deren Vermeidung außer den Grenzen meiner Kräfte lag, sind freilich stehengeblieben. Auf Schriftstellertum macht das Vorliegende keinen Anspruch, sondern sein Wunsch ist nur, einzelnen Menschen, die ungefähr so denken und fühlen wie ich, eine heitere Stunde zu machen, die dann vielleicht weiter wirkt, und irgendein sittlich Schönes fördern hilft. Ist dies gelungen, dann ist der Zweck dieser Blätter erreicht, und sie mögen vergessen werden – ist doch selbst die glänzendste Tat der Gegenwart eigentlich nur ein Baugerüste der Zukunft, und wird abgebrochen, sowie diese Zukunft fertig ist – aber eben darum geht auch nicht das kleinste Körnchen verloren, das in der Gegenwart ein wahrhaft Gutes setzt; denn der ganze Bau der Ewigkeit ruht mit auf diesem Körnchen.

Und möchten die vorliegenden Schriften nur die kleinsten aus solchen kleinen Körnchen enthalten, dann bereut der Verfasser nicht die Zeit, die er auf ihre Abfassung verwendet, und nicht die Gefühle, womit ihn Gott während der Arbeit belohnt hat.

Wien, im Mai 1843
A. Stifter

Vorrede zur zweiten Auflage

Indem ich den Lesern einen freundlichen Dank für die gute Aufnahme der ersten Auflage dieser Bände sage, muß ich mich an der Schwelle der zweiten über einen Umstand entschuldigen, den man mir mit Recht zur Last legen kann: warum ich denn nämlich in dieser Auflage die Fehler der ersten nicht verbessert habe.

Mit den kleineren, welche Sinn und Haltung des Ganzen nicht wesentlich berühren, tat ich es ohnehin. Die größeren, welche die künstlerische Fügung des Werkes betreffen, gehen in das Ganze oder hie und da wenigstens in beträchtliche Teile desselben hinein. Ich habe sie nicht geändert, weil ich sonst den Lesern in der zweiten Auflage unter demselben Titel ein ganz anderes Buch geben würde, als sie in der ersten Auflage besitzen. Aber desungeachtet ging ich doch für mich an die Umänderung und Ausbesserung des Werkes und werde sie langsam durch die folgenden Jahre hindurch fortsetzen. Wenn dann einmal nach irgendeiner Zeit eine Sammelausgabe nicht nur der Studien, sondern auch anderer Werke notwendig werden sollte, werden darin die Studien in der neuen Gestalt erscheinen. Wird eine solche Sammlung nicht notwendig, so habe ich doch die Genugtuung für mich gehabt, Dingen, die mir zu unreif erschienen, in meinem Glauben eine reifere und männlichere Gestaltung gegeben zu haben.

Auch über die lange Verzögerung der Herausgabe des dritten und vierten Bandes der Studien, die versprochen sind, glaube ich ein paar Worte schuldig zu sein. Als der erste und zweite Band derselben mit mehr Anteil aufgenommen wurden, als sie verdienten, ließ ich mir von dem Verleger das fast zum Drucke fertige Manuskript des dritten und vierten Bandes wieder zurückgeben, um sie noch einmal durchzuarbeiten, damit sie den Anteil etwas mehr verdienten, der den ersten Bänden unverdient zuteil geworden ist. In dieser Umänderung aber ging ich bei weitem weiter, als ich anfänglich dachte, und daher schreibt sich die Verzögerung. Ich bin ganz allein daran schuld. Ich hoffe, zugleich mit dieser Auflage oder doch sehr kurz nachher die Bände vorlegen zu können.

Wien, im Mai 1846
A. Stifter

9

DER KONDOR

I. EIN NACHTSTÜCK

Um zwei Uhr einer schönen Junimondnacht ging ein Kater längs des Dachfirstes und schaute in den Mond. Das eine seiner Augen, von dem Strahle des Nachtgestirnes schräg getroffen, erglänzte wie ein grüner Irrwisch, das andere war schwarz wie Küchenpech, und so glotzte er zuletzt, am Ende der Dachkante ankommend, bei einem Fenster hinein – und ich heraus. Die großen freundlichen Räder seiner Augen auf mich heftend, schien er befremdlich fragen zu wollen: „Was ist denn das, du lieber alter Spiel- und Stubengenosse, daß du heute in die späte Nacht dein Gesicht zum Fenster hinaushältst, das sonst immer rot und gesund auf dem weißen Kissen lag und ruhig schlummerte, wenn ich bei meinen Nachtgängen gelegentlich vorbeikam und hineinschaute?"

„Ei, Trauter", erwiderte ich ihm auf die stumme Frage, „die Zeiten haben sich nun einmal sehr geändert, das siehst du: Die weißen Kissen liegen unzerknittert dort auf dem Bettgestelle, und der Vollmond malt die lieblich flirrenden Fensterscheiben darauf, statt daß er in mein schlummerndes Angesicht schiene, welches Gesicht ich dafür da am Simse in die Nacht hinaushalten muß, um damit schon durch drei Vierteile derselben auf den Himmel zu schauen; denn an demselben wird heute das seltenste und tollste Gestirn emporsteigen, was er je gesehen. Es wird zwar nicht leuchten, aber wenn nach Verdienst gerichtet würde, so ist etwas in ihm, das strahlenreicher ist als der Mond und alle Sterne zusammengerechnet, deine glänzenden Augen nicht ausgenommen, Verehrtester."

So sagte ich ungefähr zu dem Kater, er aber drehte seine Augen, als verstände er meine Rede, noch einmal so groß und noch einmal so freundlich gegen mich, daß sie wie Glimmerscheiben leuchteten, und die Seite seines weichen Felles gegen meine Hand krümmend und stemmend, hob er sofort sein traulich Spinnen an, während ich fortfuhr, mit ihm zu kosen: „Man sieht viel in einer langen Mondnacht, das wirst du wissen, Lieber, wenn du sonst Beobachtungsgeist besitzest; aber siehe, ich wußte es nicht, da ich nie Zeit hatte, eine so recht von Herzen anzuschauen, allein in diesem Harren und Schauen nach dem Himmel, namentlich da der gehoffte Weltkörper immer nicht kam, hatte ich Muße genug, den Lebenslaut einer Frühlingsnacht zu studieren."

Da aber alles wahr ist, was ich da meinem lieben Freunde Hinze eröffnete, so sehe ich nicht ab, warum ich es nicht auch einem noch liebern Menschenauge eröffnen, dem einst dieses Blatt vorkommen könnte, warum ich nicht sagen sollte, daß mich wirklich ein närrisches und unglückliches Verhängnis an dieses Fenster kettete und meine Blicke die ganze Nacht in die Lüfte bannte. Es will fast närrisch sein, aber jeder säße auch bei mir hier oben, wenn er vorher das erlebt hätte, was ich.

Die Zeit war zäh wie Blei.

Leider war ich schon viel zu früh heraufgestiegen, als sich noch das leidige Abendgetümmel der Menschen durch die Gassen schleppte und eine wunderliche Dissonanz bildete zu dem lieben Monde, der bereits mit rosenrotem Angesichte dort drüben zwischen zwei mächtigen Rauchfängen lag und auf meine zwei Fenster herübergrüßte.

Allmählich puppte sich denn doch alles, was Mensch heißt, in seine Nachthüllen ein, und nur die Rufe der Schlemmer tönten hie und da herauf, wie sie ihren späten Nachtweg nach Hause suchten – dann hob jene Zeit an, die die Philosophen, Dichter und Kater lieben, die Nachtstille – mein vierpfotiger Freund hat eben nicht den übelsten Geschmack für die Zeit seiner Spaziergänge – der Mond hatte sich endlich von den Dächern gelöset und stand hoch im Blau – ein Glänzen und ein Flimmern und ein Leuchten durch den ganzen Himmel begann, durch alle Wolken schoß Silber, von allen Blechdächern rannen breite Ströme desselben nieder, und an die Blitzableiter, Dachspitzen und Turmkreuze waren Funken geschleudert. Ein feiner Silberrauch ging über die Dächer der weiten Stadt wie ein Schleier, der auf den hunderttausend schlummernden Herzen liegt. Der einzige Goldpunkt in dem Meere von Silber war die brennende Lampe drüben in dem Dachstübchen der armen Waschfrau, deren Kind auf den Tod liegt.

So schön das alles war, so wurden doch die Stunden eine nach der andern länger – die Schatten der Schornsteine hatten sich längst umgekehrt, die silberne Mondkugel rollte schon bergab auf der zweiten Hälfte ihres dunkeln Bogens – es war die tödlichste Stille – nur ich und jenes Lämpchen wachten.

Was ich aber suchte, das erschien nicht.

Zweimal schritt Hinze über die Dächer, ohne zu mir zu kommen. Die große Stadt unter mir, in der undeutlichen Magie des Mondlichts schwimmend, lag im tiefsten Schlummer, als sollte man sie atmen hören, aber auch der Himmel an der gesuchten Stelle blieb glänzend einsam, wie er die ganze Nacht gewesen. Ich harrte fort. Es war, als würde es mit jeder Minute lautloser. Der Mond zog sichtlich der zweiten Halbkugel zu; eine Herde Lämmerwolken, die tief gegen Süden auf der blauen Weide gingen, wurde leise angezündet, und selbst ferne Wolkenbänke, die schon seit Abend unten am Westhimmel schlummerten und sich dehnten und lange in unsere Nacht hinein die Sonne

Amerikas wiedergeschienen hatten, waren erloschen und glommen nun vom Monde an, und durch ihre Glieder floß ein sanftes, blasses Licht, als regten sie sich leise.

Da schlug es zwei Uhr, und Hinze kam. Er war mir in dieser Nacht ordentlich bedeutsam geworden. Es entspann sich das stumme Gespräch mit ihm, das ich anfangs dieses Blattes berichtete, aber freilich dauerte die Unterhaltung mit ihm nicht lange, da wir beide des Zwiegesprächs bald müde waren und jeder zu unserm Geschäfte übergingen: er zu seinem Lustwandeln, ich zu meinem einförmigen Schauen.

Das Lämpchen der Witwe war mittlerweile ausgelöscht worden, dafür fürchtete ich, daß bald eine ganz andere Lampe angezündet werden würde, denn im Osten kroch bereits ein verdächtiges Lichtgrauen herum, als sei es der Morgen; auch die Luft, bisher so warm und todesruhig, machte sich auf, denn ich fühlte es schon zweimal kühl aus Morgen her an mein Gesicht wehen, und das Rauschen der Frühlingsgewässer wurde deutlich von den Bergen herübergetragen.

Da auf einmal, in einem lichten Gürtel des Himmels, den zwei lange Wolkenbänder zwischen sich ließen, war mir's, als schwebe langsam eine dunkle Scheibe – ich griff rasch um das Fernrohr und schwang es gegen jene Stelle des Firmaments – Sterne, Wolken, Himmelsglanz flatterten durch das Objektiv – ich achtete ihrer nicht, sondern suchte angstvoll mit dem Glase, bis ich plötzlich eine große schwarze Kugel erfaßte und festhielt.

Also ist es richtig, eine Voraussagung trifft ein: Gegen den zarten weißen Frühhimmel, so schwach rot erst wie eine Pfirsichblüte, zeichnete sich eine bedeutend große dunkle Kugel, unmerklich emporschwebend, und unter ihr an unsichtbaren Fäden hängend, im Glase des Rohres zitternd und schwankend, klein wie ein Gedankenstrich am Himmel: das Schiffchen, ein gebogenes Kartenblatt, das drei Menschenleben trägt und sie noch vor dem Frührote herabschütteln kann, so naturgemäß, wie aus der Wolke daneben ein Morgentropfen fällt.

Cornelia, armes verblendetes Kind! Möge dich Gott retten und schirmen!

Ich mußte das Rohr weglegen, denn es wurde mir immer grauiger, daß ich durchaus die Stricke nicht sehen konnte, mit denen das Schiff am Ballon hing.

Ist nun auch die zweite Tatsache so gewiß wie die erste, dann lebe wohl, du mein Herz, dann kanntest du und liebtest du das schönste, großherzigste, leichtsinnigste Weib!!

Ich mußte doch das Rohr wieder nehmen, aber der Ballon war nicht mehr sichtbar, wahrscheinlich hatte ihn das obere jener Wolkenbänder aufgenommen, gegen dessen Grund seine Zeichnung verschwand. Ich wartete und suchte dann noch lange am Himmel, fand aber nichts mehr.

13

Mit seltsamen Gefühlen des Unwillens und der Angst legte ich das Fernrohr weg und starrte in die Lüfte, bis endlich eine andere, aber glühende Kugel emporstieg und ihr strahlendes Licht über die große heitere Stadt ausgoß und auf mein Fenster und auf einen ungeheuren, klaren, heitern, leeren Himmel.

II. TAGSTÜCK

Der junge Mann, aus dessen Tagebuche das Vorstehende wörtlich genommen wurde, war ein angehender Künstler, ein Maler, noch nicht völlig zweiundzwanzig Jahre alt, aber seinem Ansehen nach hätte man ihm kaum achtzehn gegeben. Aus einer Fülle blonder Haare, die er noch fast knabenhaft in Locken trug, sah ein unbeschreiblich treuherziges Gesicht heraus, weiß und rot, voll Gesundheit, geziert mit den Erstlingen eines Bartes, den er sehr liebte und der kindisch trotzig auf der Oberlippe saß – zwei dunkelblaue schwärmerische Augen unter einer ruhigen Stirn, auf der noch alle Unschuld seiner Kindheit wohnte. Wirklich hatte er auch aus der Einsamkeit des Waldlandes, in dem er erzogen wurde, alle Herzenseinfalt seines Tales und so viel Wissen, als bei seinen Jahren überhaupt möglich ist, in die große lasterhafte Stadt gebracht.

Und so saß er früh nach jener ihm merkwürdigen Nacht, die er oben beschrieb, auf seiner Dachstube, die nach und nach voll warmen Morgenlichts anquoll, rückgelehnt auf die hohe Lehne eines tuchenen, altmodischen Sessels, dessen unzählige gelbe Nägel im Frühlichte einen gleißenden Sternenbogen um ihn spannten. Die Hände ruhten in dem Schoße, und die Augen schauten auf die leere Leinwand, die vor ihm auf der Staffelei stand, aber sie sannen nicht auf Bilder, sondern in ihrem tiefen, schwermütigen Feuer stand der Anfang einer Leidenschaft, die düster-selig in dem Herzen anbrannte und trotzig-schön in das kindliche Antlitz trat – auf dem unbeschriebenen Blatte die ersten Lettern der großen Stadt, der Titel, daß nun ein heißes Leben beginne, voll Seeligkeit und Unruhe, aber fernabliegend von der friedlichen Insel seiner Kindheit.

Die Liebe ist ein schöner Engel, aber oft ein schöner Todesengel für das gläubige, betrogene Herz!

Sein Nachtgenosse, Hinz, der Kater seiner Mietsfrau, lag auf dem breiten Fenstersimse und schlief in den Strahlen der Morgensonne. Nicht weit davon, auf der Zeichnung eines Cherubs, lag das Fernrohr. Unten in den Gassen lärmte bereits die Industrie einer großen

Hauptstadt, sorgend für den heutigen Hunger und für die heutige Üppigkeit.

Während nun der Künstler so saß in seiner engen Dachstube, die ihm der Himmel endlich ganz mit Sonnengold angefüllt hatte, begab sich anderswo eine andere Szene: Hoch am Firmamente in der Einöde unbegrenzter Lüfte schwebte der Ballon und führte sein Schiffchen und die kühnen Menschen darinnen in dem wesenlosen Ozeane mit einem sanften Luftstrome westwärts. Rings ausgestorbene Stille, nur zeitweise unterbrochen durch das zarte Knarren des Taffets, wenn der Ostwind an seinen Wänden strich, oder durch ein kaum hörbares Seufzen in dem seidenen Tauwerk. Drei Menschen, ebenfalls im tiefsten Schweigen, saßen in dem Schiffe, bis ans Kinn in dichte Pelze gehüllt und doppelte grüne Schleier über die Gesichter. Durch einen derselben schimmerten die sanften Umrisse eines schönen blassen Frauenantlitzes mit großen, geistvollen, zagenden Augen, und somit war auch die zweite Tatsache richtig, welche der nächtliche Beobachter der Auffahrt vermutet hatte. Aber wie sie hier schiffte, war in ihr nicht mehr jene kühne Cornelia zu erkennen, die gleich ihrer römischen Namensschwester erhaben sein wollte über ihr Geschlecht und gleich den heldenmütigen Söhnen derselben den Versuch wagen, ob man nicht die Bande der Unterdrückten sprengen möge, und die an sich wenigstens ein Beispiel aufstellen wollte, daß auch ein Weib sich frei erklären könne von den willkürlichen Grenzen, die der harte Mann seit Jahrtausenden um sie gezogen hatte – frei, ohne doch an Tugend und Weiblichkeit etwas zu verlieren. Sie war nicht mehr, was sie kaum noch vor einer halben Stunde gewesen, denn alles, alles war anders geworden, als sie sich gedacht hatte.

In frühester Morgendämmerung, um jeder unberufenen Beobachtung zu entgehen, ward die Auffahrt veranstaltet, und mit hochgehobenem Herzen stand die schöne Jungfrau dabei, als der Ballon gefüllt wurde, fast nicht bändigend den klopfenden Busen und die ahnungsreiche Erwartung der Dinge, die da kommen sollten. Dennoch war es ein banger Augenblick für die umstehenden Teilnehmer, als der unscheinbare Taffet zu einer riesenhaften Kugel anschwoll und die mächtigen Taue straff spannte, mit denen sie an die Erde gebunden war. Seltsame Instrumente und Vorrichtungen wurden gebracht und in die Fächer des Schiffes geschnallt. Ein schöner großer Mann – sonst war er sanft, fröhlich und wohlgemut, heute blaß und ernst – ging vielmal um die Maschine herum und prüfte sie stellenweise um ihre Tüchtigkeit. Endlich fragte er die Jungfrau, ob sie auf ihrem Wunsche beharre, und auf das Ja sah er sie mit einem seltsamen Blicke der Bewunderung an und führte sie ehrerbietig in das Schiff, bemerkend, daß er ihr nicht mit Wiederholung der Warnungen lästig sein wolle, die er ihr schon

vor vierzehn Tagen gemacht, da sie dieselben ohne Zweifel wohl überlegt haben würde. Er wartete noch einige Minuten, und da keine Antwort erfolgte, so stieg auch er ein, und ein alter Mann war der letzte;
sie hielt ihn für einen ergrauten, wissenschaftlichen Famulus.

Alle waren sie nun in Bereitschaft, die Maschine in Ordnung. Einen Blick noch tat Cornelia auf die Bäume des Gartens, die ins Mor-
gengrau vermummt umherstanden und zusahen – dann erscholl aus
dem Munde ihres Begleiters der Ruf: „Nun laßt im Namen Gottes
den braven Kondor fliegen – löst die Taue!" Es geschah, und von den
tausend unsichtbaren Armen der Luft gefaßt und gedrängt, erzitterte der Riesenbau der Kugel und schwankte eine Sekunde – dann, sachte aufsteigend, zog er das Schiffchen los vom mütterlichen Grunde der
Erde, und mit jedem Atemzuge an Schnelligkeit gewinnend, schoß er
endlich pfeilschnell, senkrecht in den Morgenstrom des Lichts empor,
und im Momente flogen auch auf seine Wölbung und in das Tauwerk
die Flammen der Morgensonne, daß Cornelia erschrak und meinte,
der ganze Ballon brenne, denn tote glühende Stäbe schnitten sich die
Linien der Schnüre aus dem indigoblauen Himmel, und seine Rundung flammte wie eine riesenhafte Sonne. Die zurücktretende Erde
war noch ganz schwarz und unentwirrbar, in Finsternis verrinnend.
Weit im Westen auf einer Nebelbank lag der erblassende Mond.

So schwebten sie höher und höher, immer mehr und mehr an
Rundsicht gewinnend. Zwei Herzen und vielleicht auch das dritte,
alte pochten der Größe des Augenblicks entgegen.

Die Erhabenheit begann nun, allgemach ihre Pergamente ausein-
anderzurollen – und der Begriff des Raumes fing an, mit seiner Urgewalt zu wirken. Die Schiffenden stiegen eben einem Archipel von
Wolken entgegen, die der Erde in demselben Augenblicke ihre Morgen-
rosen sandten, hier oben aber weiß schimmernde Eisländer waren, in
den furchtbar blauen Bächen der Luft schwimmend und mit Schlün-
den und Spalten dem Schiffe entgegenstarrend. Und wie sie näher kamen, regten und rührten sich die Eisländer als weiße wallende Nebel.
In diesem Augenblicke ging auf der Erde die Sonne auf, und diese Erde
wurde wieder weithin sichtbar. Es war noch das gewohnte Mutterant-
litz, wie wir es von hohen Bergen sehen, nur lieblich schön errötend
unter dem Strahlennetze der Morgensonne, welche eben auch das Fenster des Dachstübchens vergoldete, in dem der arme junge Meister saß.

„Wie weit, Coloman?" fragte der Luftschiffer.

„Fast Montblancs Höhe", antwortete der alte Mann, der am andern
Ende des Schiffchens saß, „wohl über vierzehntausend Fuß, Mylord."

„Es ist gut."

Cornelia sah bei dieser Rede behutsam über Bord des Schiffes und
tauchte ihre Blicke senkrecht nieder durch den luftigen Abgrund auf

die liebe verlassene, nunmehr schimmernde Erde, ob sie etwa bekannte Stellen entdecken möge – aber siehe, alles war fremd, und die vertraute Wohnlichkeit derselben war schon nicht mehr sichtbar und mithin auch nicht die Fäden, die uns an ein teures, kleines Fleckchen binden, das wir Heimat nennen. Wie große Schatten zogen die Wälder gegen den Horizont hinaus – ein wunderliches Bauwerk von Gebirgen wie wimmelnde Wogen ging in die Breite und lief gegen fahle Flecken ab, wahrscheinlich Gefilde. Nur ein Strom war deutlich sichtbar, ein dünner zitternder Silberfaden, wie sie oft im Spätherbste auf dunkler Heide spinnen. Über dem Ganzen schien ein sonderbar gelbes Licht zu schweben.

Wie sie ihre Blicke wieder zurückzog, begegnete sie dem ruhigen Auge des Lords, an dem sie sich erholte. Er stellte eben ein Teleskop zurecht und befestigte es.

Dies nun war der Moment, in welchem wir den Ballon trafen, als wir uns aus der Stube des Künstlers entfernten. Er zog, wie wir sagten, mit einem sanften Luftstrome westwärts, ohne weiter zu steigen, denn schon über zwanzig Minuten fiel das Quecksilber in der Röhre gar nicht mehr. Die beiden Männer arbeiteten mit ihren Instrumenten. Cornelia drückte sich tiefer in ihre Gewänder und in die Ecke ihres Sitzes. Die fließende Luft spielte um ihre Locken, und das Fahrzeug wiegte sich. Von ihrem Herzen gab sie sich keine Rechenschaft.

Die Stille wurde nur unterbrochen durch eintönige Laute der Männer, wie der eine diktierte, der andere schrieb. Am Horizonte tauchten jetzt in nebelhafter Ferne ungeheure schimmernde Schneefelder auf, die sich Cornelia nicht enträtseln konnte. „Es ist das Mittelmeer, verehrtes Fräulein", sagte Coloman. „Wir wollen hier nur noch einige Luftproben in unsere Fächer schöpfen und die Elektrizität prüfen, dann sollen Sie den Spiegel noch viel schöner sehen, nicht mehr silbern, sondern wie lauter blitzendes Gold."

Währenddessen hatte der junge Luftschiffer eine Phiole mit starkem Kaffee gefüllt, in ungelöschten Kalk gelegt, hatte Wasser auf den Kalk gegossen und so die Flüssigkeit gewärmt; dann goß er etwas Rum dazu und reichte der Jungfrau einen Becher des heißen und erhitzenden Getränkes. Bei der großen Kälte fühlte sie die wohltätige Wirkung augenblicklich und wie neues Leben durch ihre Nerven fließen. Auch die Männer tranken. Dann redeten sie leise, und der Jüngere nickte. Hierauf fing der Ältere an, Säcke mit Sand, die im Schiffe standen, über Bord zu leeren. Der Kondor wiegte sich in seinem Bade, und wie mit den prächtigen Schwingen seines Namensgenossen hob er sich langsam und feierlich in den höchsten Äther – und hier nun änderte sich die Szene schnell und überwältigend.

Der erste Blick Cornelias war wieder auf die Erde – diese aber war nicht mehr das wohlbekannte Vaterhaus: In einem fremden goldnen

Rauche lodernd, taumelte sie gleichsam zurück, an ihrer äußersten Stirn das Mittelmeer wie ein schmales gleißendes Goldband tragend, überschwimmend in unbekannte phantastische Massen. Erschrocken wandte die Jungfrau ihr Auge zurück, als hätte sie ein Ungeheuer erblickt, aber auch um das Schiff herum wallten weithin weiße, dünne, sich dehnende und regende Leichentücher – von der Erde gesehen: Silberschäfchen des Himmels. – Zu diesem Himmel floh nun ihr Blick, aber siehe, er war gar nicht mehr da: Das ganze Himmelsgewölbe, die schöne blaue Glocke unserer Erde, war ein ganz schwarzer Abgrund geworden, ohne Maß und Grenze in die Tiefe gehend – jenes Labsal, das wir unten so gedankenlos genießen, war hier oben völlig verschwunden, die Fülle und Flut des Lichtes auf der schönen Erde. Wie zum Hohne wurden alle Sterne sichtbar – winzige, ohnmächtige Goldpunkte, verloren durch die Öde zerstreut – und endlich die Sonne, ein drohendes Gestirn, ohne Wärme, ohne Strahlen, eine scharfgeschnittene Scheibe aus wallendem, blähendem, weißgeschmolzenem Metalle: So glotzte sie mit vernichtendem Glanze aus dem Schlunde – und doch nicht einen Hauch des Lichtes festhaltend in diesen wesenlosen Räumen; nur auf dem Ballon und dem Schiffe starrte ein grelles Licht, die Maschine gespenstig von der umgebenden Nacht abhebend und die Gesichter totenartig zeichnend wie in einer *laterna magica*.

Und dennoch – die Phantasie begriff es kaum –, dennoch war es unsere zarte, liebe Luft, in der sie schifften – dieselbe Luft, die morgen die Wangen eines Säuglings fächelt. Der Ballon kam, wie der Alte bemerkte, in den obern umgekehrten Passatstrom und mußte mit fürchterlicher Schnelligkeit dahingehen, was das ungemeine Schiefhängen des Schiffes bewies, und das gewaltige Rütteln und Zerren an dem Taffet, der desungeachtet keinen stärkeren Laut gab als das Wimmern eines Kindes; denn auch das Reich des Klanges war hier oben aus – und wenn das Schiff sich von der Sonne wendete, so war nichts, nichts da als die entsetzlichen Sterne, wie Geister, die bei Tage umgehen.

Jetzt, nach langem Schweigen, taten sich zwei schneebleiche Lippen auf und sagten furchtsam leise: „Mir schwindelt."

Man hörte sie aber nicht.

Sie schlug nun den Pelz dichter um sich, um den schüttelnden Fieberfrost abzuwehren. Die Männer arbeiteten noch Dinge, die sie gar nicht verstand; nur der junge, schöne, furchtbare Mann, deuchte es ihr, schoß zuweilen einen majestätischen Blick in die großartige Finsternis und spielte dichterisch mit Gefahr und Größe – an dem Alten war nicht ein einzig Zeichen eines Affektes bemerkbar.

Nach langer, langer Zeit der Vergessenheit neigte der Jüngling doch sein Angesicht gegen die Jungfrau, um nach ihr zu sehen: Sie aber schaute mit stillen, wahnsinnigen Augen um sich, und auf ihren Lippen stand ein Tropfen Blut.

„Coloman", rief der Jüngling, so stark er es hier vermochte, „Coloman, wir müssen niedergehen; die Lady ist sehr unwohl."

Der alte Mann stand auf von den Instrumenten und sah hin, es war ein Blick voll strahlenden Zornes und ein tief entrüstetes Antlitz. Mit überraschend starker Stimme rief er aus: „Ich habe es dir gesagt, Richard, das Weib erträgt den Himmel nicht – die Unternehmung, die so viel kostete, ist nun unvollendet; eine so schöne Fahrt, die einfachste und ruhigste in meinem ganzen Leben, geht umsonst verloren. Wir müssen freilich nieder, das Weib stirbt sonst hier. Lüfte nur die Klappen."

Nach diesen Worten saß er wieder nieder, klammerte sich an ein Tau und zog die Falten seines Mantels zusammen; der Jüngling aber tat einen jähen Zug an einer grünseidnen Schnur – und wie ein Riesenfalke stieß der Kondor hundert Klafter senkrecht in die Luft – und sank dann langsam immer mehr und mehr.

Der Lord hielt die ohnmächtige Cornelia in den Armen.

III. BLUMENSTÜCK

Ich weiß nicht, wieviel Zeit seit der Luftfahrt vergangen war – da war es wieder eines Morgens, ehe kaum der Tag graute, daß der junge Künstler wieder auf dem altmodischen Sessel mit den gelben Nägeln saß und wieder auf die gespannte Leinwand schaute; aber diesmal war sie nicht leer, sondern mit einem großen skizzierten Bilde prangend, das bereits ein schwerer Goldrahmen umfing. Wie einer, der heißhungrig nach Taten ist, arbeitete er an dem Bilde, und wer ihn so gesehen hätte, wie er in Selbstvergessenheit die Augen über die gemalte Landschaft strömen ließ, der hätte gemeint, aus ihnen müsse die Wärme und Zärtlichkeit in das Bild geflossen sein, die so unverkennbar und reizend aus demselben traten. Oft ging er einen Schritt zurück, mit klugem Blicke das Ganze prüfend und wägend; dann ward mit leuchtenden Augen die Arbeit fortgesetzt. Es ist ein schöner Anblick, wenn der Engel der Kunst in ein unbewußtes, reizendes Jünglingsantlitz tritt, dasselbe verklärt und es ohne Ahnung des Besitzers so schön und so weit über den Ausdruck des Tages emporhebt. Heller und heller schien die Sonne in das Gemach, und in dieser Stimmung war es, daß ein Diener gegen Mittag ein versiegeltes Blättchen brachte.

Der Jüngling riß es auf. „Gut, ich werde kommen", sagte er, und ein heißes Rot lief auf seine Wangen, der Zeuge eines Gefühls, das er in der tiefsten Falte seines Herzens verborgen wähnte und in letzter Zeit gar unmutig und unwillig niedergekämpft hatte.

Der Diener ging – der Jüngling aber malte nun nicht mehr.

Um zehn Uhr des andern Tages, in feines Schwarz gekleidet, den leichten Hut über den blonden vorquellenden Locken, ging er aus der Stadt, die langen, lichten Gassen der Vorstadt entlang, bis er zu dem Eingange eines schönen Landhauses gelangte; dort trat er ein, stieg die breite sommerliche Treppe hinauf und öffnete die Flügeltüren zu einem großen Saale voll Bilder. Hier harrte er und ließ sich melden. Nach einer Zeit tat sich eine Tür gegenüber dem Eingange auf, und eine ältliche Frau trat heraus, die ihm sogleich mit mütterlicher Freude die Hand reichte und sie herzlich drückte.

„Gehen Sie nur hinein", sagte sie, „gehen Sie hinein – Sie werden fast mit Angst erwartet. Ach, Gustav, was habe ich gelitten – sie hat es wirklich ausgeführt; dann war sie krank – sie muß fürchterliche Dinge gesehen haben, sie muß sehr weit gewesen sein, denn drei Tage und Nächte dauerte die Rückreise. – Seit sie genesen, ist sie gut und sanft, daß es mir oft wunderbar ins Herz geht, aber sie sagt von jener Sache auch nicht ein leises, leises Wörtchen. Gehen Sie nur hinein."

Der Jüngling hatte mit düsterer Miene zugehört; er schwieg, und die Miene wurde nur noch düsterer.

Er schritt der Türe zu, öffnete sie und verschwand hinter derselben. Das Zimmer, in dem er sich nun befand, war groß und mit dem feinsten Sinne eingerichtet. An einem Fenster desselben, mitten in einem Walde fremder Blumen, saß eine junge Dame. Sie war in einem weißen Atlaskleide, dessen sanfter Glanz sich edel abhob von den dunkelgrünen Blättern der Kamelien.

Sie war aufgestanden, als der junge Mann eintrat, und ging ihm freundlich entgegen. Eine Gestalt über mittlerer Größe, voll jener hohen Grazie der Vornehmen, aber auch voll jener höheren der Sitte, die den Menschen so schön macht. Ihr Angesicht war geistvoll, blühend, aber heute blaß. Zwei große schwarze Augen schauten dem Künstler aus der Blässe entgegen und grüßten ihn freundlich.

Er aber sah es nicht, daß ein leises Ding von Demütigung oder Krankheit in ihrem Wesen zittere – sein Herz lag gebannt in der Vergangenheit, sein Auge war gedrückt und trotzend.

Einen Moment war Stille.

„Wir haben uns lange nicht gesehen", sagte sie weich. „Ich war auch ein wenig krank."

Er sagte auf ihre Anrede nichts, sondern verbeugte sich nur.

„Sie waren immer wohl?" fragte sie.

„Ich war wohl", antwortete er.

Ein großer, verwundernder Blick flog auf ihn – aber sie sagte nichts, sondern ging gegen die Kamelien, wo eine Staffelei stand, rückte dort etwas, dem kein Rücken not tat; stellte etwas zurecht, das ohnedies recht stand; sah in die grünen Pflanzenblätter, als suchte sie etwas – und kam dann wieder zurück. Er stand indessen auf demselben Flekke, wie einer, der Befehle erwartet, den Hut in der Hand und seinen Ort nicht um die Breite eines Haares verrückend.

Die Dame atmete und fragte dann endlich, sich zwingend, noch sanfter: „Dachten Sie wohl auch die Zeit her an uns?"

„Ich dachte oft", sagte er mit unbefangener Stimme, „an Sie und an unsere Studien. Jetzt werden wohl die Farben auf dem Bilde gar zu sehr verdorrt sein."

Nun aber ward sie purpurrot und stieß heiß heraus. „Malen wir."

Das Rot des Antlitzes war im raschen Umwenden ihrer Gestalt nur hinter den Schläfen sichtbar geworden, und den tiefen Unmutsblitz des Auges hatte nur der Spiegel aufgefangen. Es war ganz deutlich, und schon ihr Anzug hatte es gezeigt, daß sie nicht hatte malen wollen; aber wie er nun den Hut abgelegt, an die Staffelei getreten, dort ein Fach geöffnet, Malergeräte herausgenommen und stehend die Farben auf die Palette gestellt – und wie sie allem dem mit großem, schweigendem Auge zugesehen hatte – und wie er ihr die Palette artig reichte, so drückte sie rasch den einen Ärmel ihres Atlasgewandes zusammen, empfing die Palette und setzte sich mit unsäglichem Stolze nieder.

Er stand hinter ihr, auf dem Antlitze nicht einen Hauch von Erregung zeigend.

Das Malen begann. Die ältliche Frau, die Amme der jungen Dame, ging zeitweise ab und zu.

Der junge Mann, als Lehrer, begann mit klarer Stimme kühl und ruhig die Beurteilung des bereits auf der Leinwand Vorhandenen und tat dieses Geschäft lobender und kürzer als sonst; dann gab er den Plan für das, was nun dem Bilde zunächst not tue; er nannte die erforderlichen Töne und die Farben, aus denen sie zu mischen seien.

Sie nahm und mischte.

„Gut", sagte er. Die Töne wurden nun in einem Bogen auf der Palette nebeneinander aufgestellt – das Malen begann, und das Zimmer war totenstill; nur wie eine Grotte durch fallende Tropfen, so ward es durch die gelegentlichen Worte unterbrochen: „gut – wärmer – tiefer –". Nach und nach tönte auch dies nicht mehr; mit dem langen Stiele des Pinsels zeigte er, was zu verbinden war, was zu trennen; oder er setzte plötzlich ein Lichtchen oder einen Drucker hin, wo es not tat und sie es nicht wagte.

21

Was er gewollt, hatte er erreicht; aber wer ihn nun gesehen hätte, wie er sein schönes Antlitz hinter ihrem Rücken einsam emporhob, der hätte den leisen heißen Schmerz bemerkt, der in demselben schwamm – aber sie sah sich nicht um, und sonst waren rings nur die blinden Wände.

Wie so oft der Geist des Zwiespalts zwischen Menschen tritt, anfangs als ein so kleines wesenloses Ding, daß sie es nicht sehen oder nicht wert halten, es mit einem Hauch des Mundes, mit einer Falte des Gewandes wegzufegen – wie es dann heimlich wächst und endlich als unangreifbarer Riese wolkig, dunkel zwischen ihnen steht: so war es auch hier. Einstens, ja in einem schönen Traume, war es ihm gewesen, als zittre auch in ihr der Anfang jenes heißen Wesens, das so dunkel über seiner Seele lag, einstens in einem schönen Traum; aber dann war ihr Stolz wieder da, ihr Freiheitsstreben, ihr Wagen – alles, alles so ganz anders als ihm sein schüchtern wachsendes, schwellendes Herz sagte, daß es sein solle, so ganz anders, ganz anders, daß er plötzlich knirschend alles hinter sich geworfen und nun dastand wie einer, der verachtet; und wie sie immer fortmalte und auch nicht eine Seitenbewegung ihres Hauptes machte und auch nicht ein Wort sagte: da preßte er die Zähne seines Mundes aufeinander und dachte, er hasse dieses Weib recht inbrünstiglich! – Und wie Stunde um Stunde des Vormittags floß, wie er ihren Atem hörte und wie doch keine Sekunde etwas anderes brachte, als immer dasselbe Bild: da wurde es schwül im Zimmer, und auf einmal – er wußte nicht warum – trat er an das Fenster und sah hinaus. Es war draußen still wie drinnen; ein traurig blauer Himmel zog über reglose grüne Bäume – der Jüngling meinte, er ringe mit einer Riesenschlange, um sie zu zerdrücken. Plötzlich war es, als höre er hinter sich einen dumpfen Ton, wie wenn etwas niedergelegt würde – er sah um: Wirklich waren Palette und Malerstab weggelegt, und die Jungfrau lag im Stuhle rückgelehnt, die beiden Hände fest vor ihr Antlitz drückend. Einen Moment schaute er auf sie und begann zu beben – dann ging er leise näher – sie regte sich nicht – dann noch näher – sie regte sich nicht – er hielt den Atem an, er sah auf die schönen Finger, die sich gegen die Blüte des Antlitzes drückten – und da sah er endlich, wie quellend Wasser zwischen ihnen vordrang – mit eins lag er auf seinen Knien vor ihr. Man erzählt von einer fabelhaften Blume der Wüste, die jahrelang ein starres Kraut war, aber in einer Nacht bricht sie in Blüten auf, sie erschrickt und schauert in der eigenen Seligkeit – so war's hier: Mit Angst suchte er unter ihren Händen empor in ihr Angesicht zu schauen – allein er konnte es nicht sehen; er suchte sanft den Arm zu fassen, um ihre eine Hand herabzuziehen – allein sie ließ den Arm nicht. Da preßten seine Lippen das heiße Wort heraus: „Liebe teure Cornelia!"

Sie drückte ihre Hände nur noch fester gegen das Gesicht, und nur noch heißer und nur noch reichlicher flossen die Tränen hervor.

Ihm aber – – wie war ihm denn? Angst des Todes war es über diese Tränen, und dennoch rollte jede wie eine Perle jauchzenden Entzückens über sein Herz – – wo ist die Schlange am Fenster hin? Wo der drückende blaue Himmel? – Ein lachendes Gewölbe sprang über die Welt, und die grünen Bäume wiegten ein Meer von Glanz und Schimmer!

Er hatte noch immer ihren Arm gefaßt, aber er suchte nicht mehr ihn herabzuziehen – sie ward ruhiger – endlich stille. Ohne das Antlitz zu enthüllen, sagte sie leise: „Sie haben mir einst über mein den Männern nachgebildetes Leben ein Freundeswort gesagt ...“

„Lassen wir das“, unterbrach er sie. „Es war Torheit, Anmaßung von mir ...“

„Nein, nein“, sagte sie, „ich muß reden, ich muß Ihnen sagen, daß es anders werden wird – – ach, ich bin doch nur ein armes, schwaches Weib, wie schwach, wie arm selbst gegen jenen greisen hinfälligen Mann – – sie erträgt den Himmel nicht! – –“

Hier stockte sie, und wieder wollten Tränen kommen. Der Jüngling zog nun ihre Hände herab; sie folgte, aber der erste Blick, den sie auf ihn tat, machte sie erschrecken, daß plötzlich Tränen stockten. Wie war er verwandelt! Aus den Locken des Knaben schaute ein gespanntes, ernstes Männerantlitz empor, schimmernd in dem fremden Glanze des tiefsten Fühlens – aber auch sie war anders: In den stolzen dunklen Sonnen lag ein Blick der tiefsten Demut, und diese demütigen Sonnen hafteten beide auf ihm, und so weich, so liebreich wie nie – – hingegeben, hilflos, willenlos – sie sahen sich sprachlos an – die heiße Lohe des Gefühls wehte – das Herz war ohnmächtig – ein leises Ansichziehen – ein sanftes Folgen – und die Lippen schmolzen heiß zusammen, nur noch ein unbestimmter Laut der Stimme – und der seligste Augenblick zweier Menschenleben war gekommen und – vorüber.

Der Kranz aus Gold und Ebenholz um ihre Häupter hatte sich gelöst, der Funke war gesprungen, und sie beugten sich auseinander – aber ihre Häupter blickten sich nun nicht an, sondern sahen zur Erde und waren stumm.

Nach langer, langer Pause wagte der Jüngling zuerst ein Wort und sagte gedämpft: „Cornelia, was soll nun dieser Augenblick bedeuten?“

„Das Höchste, was er kann“, erwiderte sie stolz und leise.

„Wohl, er ist das Schönste, was mir Gott in meinem Leben vorgezeichnet“, sagte er, „aber hinter der großen Seligkeit ist mir jetzt, als stände ein großer, langer Schmerz – Cornelia – wie werde ich diesen Augenblick vergessen lernen?!“

„Um Gott nicht", sagte sie erschrocken, „Gustav, lieber, einziger Freund, den allein ich auf dieser weiten Erde hatte, als ich mich verblendet über mein Geschlecht erheben wollte – wir wollen ihn auch nicht vergessen; ich müßte mich hassen, wenn ich es je könnte. – Und auch Sie, bewahren Sie mir in Liebe und Wahrheit Ihr großes, schönes Herz."

Er schlug nun plötzlich die Augen zu ihr auf, erhob sich von dem Sitze, trat vor sie, ordentlich höher geworden wie ein starker Mann und rief: „Vielleicht ist dieses Herz reicher, als ich selber weiß; eben kommt ihm ein Entschluß, der mich selber überrascht, aber es ist gut: Meine vorgenommene Reise trete ich sogleich, und zwar morgen schon, an. – Ich kann noch an das neue Glück nicht glauben – ist es etwa nur ein Moment, ein Blitz, in dem zwei Herzen sich begegneten, und ist es dann wieder Nacht? Laß uns nun sehen, was diese Herzen sind. Verloren kann diese Minute nie sein, aber was sie bringen wird!? Sie bringe, was sie muß und kann – und so gewiß eine Sonne draußen steht, so gewiß wird sie eines Tages die Frucht der heutigen Blume beleuchten, sie sei so oder so – – – ich weiß nur eines, daß draußen eine andere Welt ist, andere Bäume, andere Lüfte – und ich ein anderer Mensch. O Cornelia, hilf mir's sagen, welch ein wundervoller Sternenhimmel in meinem Herzen ist, so selig, leuchtend, glänzend, als sollt' ich ihn in Schöpfungen ausströmen, so groß als das Universum selbst – aber ach, ich kann es nicht, ich kann ja nicht einmal sagen, wie grenzenlos, wie unaussprechlich und wie ewig ich Sie liebe und lieben will, so lange nur eine Faser dieses Herzens halten mag."

Cornelia war im höchsten Grade erstaunt über den Jüngling und seine Sprache. – Sie war mit ihm in gleichem Alter, aber sie war eine aufgeblühte volle Blume, er konnte zu Zeiten fast noch ein Knabe heißen. – Bewußt oder unbewußt hatte sie die Liebe vorzeitig aus ihm gelockt – in einer Minute war er ein Mann geworden; er wurde vor ihren Augen immer schöner, wie Seele und Liebe in sein Gesicht trat, und sie sah ihn mit Entzücken an, wie er vor ihr stand, so schön, so kräftig, schimmernd schon von künftigem Geistesleben und künftiger Geistesgröße, und doch unschuldig wie ein Knabe und unbewußt der göttlichen Flamme, Genie, die um seine Scheitel spielte.

Seele kann nur Seele lieben und Genie nur Genie entzünden.

Cornelia war nun auch aufgestanden, sie hatte ihre schönen Augen zu ihm emporgeschlagen, und alles, was je gut und edel und schön war in ihrem Leben, die unbegrenzte Fülle eines guten Herzens lag in ihrem Lächeln, und sie wußte es nicht und meinte, zu arm zu sein, um dieses Herz lohnen zu können, das sich da vor ihr entfaltete. Er aber versprach sich in diesem Momente innerlich, daß er ringen wolle, solange ein Hauch des Lebens in ihm sei, bis er geistesgroß und tatengroß

vor allen Menschen der Welt dastehe, um ihr nur vergelten zu können, daß sie ihr herrlich Leben an ihn hingebe für kein anderes Pfand
als für sein Herz.

Sie waren mittlerweile an das Fenster getreten, und so sehr jedes
innerlich sprach, so stumm und so befangener wurden sie äußerlich.

Es ist seltsam, wie das Gemüt in seiner Unschuld ist: Wenn der
erste Wonnesturz der ersten Liebe auf dasselbe fällt und nun vorüber
ist – so ist der erste Eindruck der, zu fliehen, selbst vor der Geliebten
zu fliehen, um die stumme Übermacht ins Einsame zu tragen.

So standen auch die beiden an dem Fenster, so nahe aneinander
und doch so fern. Da trat die Amme ein und gab beide sich selbst
wieder. Er vermochte es, von seiner Reise und von seinen Plänen zu
sprechen, und als die Amme sagte, er möge doch auch schreiben und
die Gebirge und Wälder und Quellen so schön beschreiben, wie er oft
auf Spaziergängen getan habe – da streifte sein Blick scheu auf Cornelia, und er sah, wie sie errötete.

Als endlich die Amme wieder abgerufen wurde, nahm auch er sachte seinen Hut und sagte: „Cornelia, leben Sie wohl!"

„Reisen Sie recht glücklich", antwortete sie und setze hinzu:
„Schreiben Sie einmal."

Sie hatte nicht mehr den Mut, nur noch mit einem Worte die
vergangene Szene zu berühren. Sie getraute sich nicht zu bitten, daß
er die Reise aufschiebe, und er nicht zu sagen, daß er lieber hierbliebe,
und so gingen sie auseinander, nur daß er unter der Türe noch einmal
umblickte und die liebe teure Gestalt schamvoll neben den Blumen
stehen sah.

Als er aber draußen war, eilte sie rasch vor ihr Marienbild, sank
vor demselben auf die Knie und sagte: „Mutter der Gnaden, Mutter
der Waisen, höre mein Gelübde: Ein demütig schlechtes Blümchen
will ich hinfort sein und bleiben, das er mit Freuden an sein schönes
Künstlerherz stecke, damit er dann wisse, wie unsäglich ich ihn liebe
und ewig lieben werde."

Und wieder flossen ihre Tränen, aber es waren linde, warme und
selige.

So trennten sich zum erstenmal zwei Menschen, die sich gefunden.
Wer weiß es, was die Zukunft bringen wird? Beide sind sie unschuldige, überraschte Herzen, beider glühendster, einzigster Entschluß ist
es, das Äußerste zu wagen, um nur einander wert zu sein, um sich
nur zu besitzen, immerfort in Ewigkeit und Ewigkeit.

Ach, ihr Armen, kennt ihr die Herrlichkeit und kennt ihr
denn die Tücke des menschlichen Herzens?

IV. Fruchtstück

M anches Jahr war seit dem Obigen verflossen, allein es liegt nichts davon vor. – Welch ein Glühen, welch ein Kämpfen zwischen beiden war, wer weiß es? Nur ein ganz kleines Bild aus späterer Zeit ist noch da, welches ich gerne gebe.

Vor einigen Jahren war ich in Paris und hörte einmal zufällig beim Restaurateur einem heftigen Streite zu, der sich über den Vorzug zweier Bilder erhob, die eben auf der Ausstellung waren. Wie es zu gehen pflegt, einer pries das erste, der andere das zweite, aber darin waren alle einig, daß die neue Zeit nichts dem Ähnliches gesehen habe, und was die ganze Welt nur noch mehr reizte, war, daß kein Mensch wußte, von wem die Bilder seien.

„Ich kenne den Künstler", rief ein langer Herr. „Es ist derselbe blasse Mann, der vorigen Sommer so oft auf dem Turme von Notre-Dame war und so viel schwieg. Er soll jetzt in Südamerika sein."

„Das Bild ist von Mousard", sagte ein anderer. „Er will nur die Welt äffen."

„Ja, das malte einmal Mousard", schrie ein dritter. „Die Gemälde sind darum mit einem falschen Namen versehen, sage ich, weil sie von einer hohen Hand sind."

Einige lachten, andere schrien, und so ging es fort, ich aber begab mich vom Restaurateur auf den Salon, um diese gepriesenen Stücke zu sehen. Ich fand sie leicht, und in der Tat, sie machten mich ebenso betroffen wie die andern, die neben mir standen. Es waren zwei Mondbilder – nein, keine Mondbilder, sondern wirkliche Mondnächte, aber so dichterisch, so gehaucht, so trunken, wie ich nie solche gesehen. Immer stand eine gedrängte Gruppe davor, und es war merkwürdig, wie selbst dem Munde der untersten Klassen ein Ruf des Entzückens entfuhr, wenn sie dieselben erblickten, von dieser Natur getroffen wurden. Das erste war eine große Stadt von oben gesehen, mit einem Gewimmel von Häusern, Türmen, Kathedralen, im Mondlichte schwimmend – das zweite eine Flußpartie in einer schwülen, elektrischen, wolkigen Sommermondnacht.

„Gustav R... aus Deutschland", stand im Kataloge, und man kann denken, welche Reihe von Erinnerungen plötzlich in mir aufzuckten, als ich „Gustav" las – ich kannte nun den Künstler sehr wohl. – „Also auf diese Weise", dachte ich, „ist dein Herz in Erfüllung gegangen und hat sich deine Liebe entfaltet! Armer, getäuschter Mann!" – Auch das werden unsere Leser verstehen, was sich damals ganz Paris als eine Seltsamkeit und Künstlerlaune erzählte, daß nämlich auf jedem Bilde eine Katze vorkomme – der ehrliche, gute Hinze.

Ich blieb fast bis zum Schlusse und sah nun auch die andern Bilder an. Als ich auf meinem Rückwege durch die Säle wieder an den zwei Gemälden vorüberkam, bemerkte ich, wie ein Galeriediener einer Dame, die davorstand, bedeutete, daß sie gehen müsse, weil geschlossen werde. Die Dame zögerte noch einen Moment, dann löste sie ihr Auge von den Gemälden und wandte sich zum Gehen – nie wurde ich von zwei schöneren Augen getroffen – sie ließ den Schleier überfallen und ging davon.

Ich konnte damals nicht ahnen, wer sie war, und erst heute, nach einer Reihe von Jahren vermag ich zu berichten, daß die Dame nach jenem Besuche in dem Salon nach ihrem Hause in der Straße St. Honoré fuhr, daß sie dort in ihrem Schlafgemache die Fenstervorhänge niederließ, die Hände über ihrem Haupte zusammenschlug und dann ihr Angesicht tief in die Kissen des Sofas drückte. Wie zuckte in ihrem Gehirne all das leise Flimmern und Leuchten dieser unschuldigen keuschen Bilder, gleichsam leise, leise Vorwürfe einer Seele, die da schweigt, aber mit Lichtstrahlen redet, die tiefer dringen, die immer da sind, immer leuchten und nie verklingen wie der Ton.

Paris wußte es nicht, als jenes Tages seine gefeiertste Schönheit in keinem der Zirkel erschien, die Schönheit, welche tausend Herzen entzündete und mit Tausenden spielte – Paris wußte es nicht, daß sie zu Hause in ihrem verdunkelten Zimmer sitze und hilflos siedende Tränen über ihre Wangen rollen lasse, Tränen, die ihr fast das lechzende Herz zerdrücken wollten, aber es war vergebens, vergebens! Gelassen und kalt stand die Macht des Geschehenen vor ihrer Seele und war nie und nimmermehr zu beugen – und fern, fern von ihr in den Urgebirgen der Kordilleren wandelte ein unbekannter, starker, verachtender Mensch, um dort neue Himmel für sein wallendes, schaffendes, dürstendes, schuldlos gebliebenes Herz zu suchen.

Es wurde im zweiten Kapitel gesagt, daß den Luftschiffern die Erde in goldnem Rauche erschien, daß die Sterne sichtbar wurden und daß der beleuchtete Ballon in schwarzem, finsterem Rauche hing.

Für Nichtphysiker diene folgende Erklärung:

1. Da das von der beleuchteten Erde allseitig in die Luft geworfene Licht blau reflektiert wird, so ist das hinausgehende (nach der Optik) das komplementäre Orange, daher die Erde, von außen gesehen, golden erscheint wie die andern Sterne.

2. Das Licht selbst ist nicht sichtbar, sondern nur die von ihm getroffenen Flächen, daher der gegenstandlose Raum schwarz ist. Das Licht ist nur auf den Welten, nicht zwischen denselben erkennbar. Wäre unsere Erde von keiner Luft umgeben, so stände die Sonne als scharfe Scheibe in völligem Schwarz.

3. Daß wir am Tage keine Sterne sehen, rührt vom dem Lichtglanze, den alle Objekte ins Auge senden – wo dieser abgehalten wird, wie z. B. in tiefen Brunnen, erscheinen uns auch die Sterne am Tage.

FELDBLUMEN

I. PRIMEL

24. April 1834.

Man legt oft etwas dem Menschen zur Last, woran eigentlich die Chemie alle Schuld hat. Es ist offenbar, daß, wenn ein Mensch zu wenig Metalle, z. B. Eisen, in sein Blut bekommen hat, die andern Atome gleichsam danach lechzen müssen, um damit verbunden das chemisch heilsame Gleichgewicht herstellen zu können. Nur mißversteht aber der so schlimm Begabte meistens seinen Drang, und statt ins Blut schleppt er unbeholfen die Metalle in seine Stube und in die Kästen und greift hierbei ganz ungeschickt nach Silber und dergleichen. Wir heißen den armen Schelm dann einen „Geizhals" – sei's um den Namen –, aber verachten soll man ihn nicht so leichtfertig, als sei er selber schuld, was sich doch offenbar durch die Tatsache widerlegt, daß gerade der echteste darunter alles Papiergeld haßt und durchaus nicht nach Zinsen trachtet, sondern das einfache, reine, schöne Metallgeld aufhebt und hütet.

Andere haben andere Verwandtschaften, lieber Titus, z. B. ich und du, denen man es übelnahm, daß sie die Damen, und darunter wieder die schönsten, oft unbillig anstarren – aber bei mir wenigstens ist es nicht abzustellen, weil ich sozusagen ein Schönheitsgeizhals bin. Ich habe es jetzt heraus, wie mich das Ding schon als Kind verfolgte, wo ich oft um lichte Steinchen raufte oder als Knabe mit dicken, rotgeweinten Augen von dem Taubenschlage herabkam, in dem ich stundenlang gekauert saß, um die schönsten Romane zu lesen, die mein seliger Vater gar so sehr verbot, weil er es lieber hatte, daß ich das Quae maribus und solches Zeug lernte, was ich zwar auch tat, so daß ich das Ding der Länge nach herzusagen vermochte; aber ich hatte es millionenmal lieber, wenn ich mich aus einem schönen Ritterbuche abängstigen konnte oder wenn mir einmal – ich habe seitdem das Werk nicht mehr gelesen – geradezu das Herz brach, da Ludwig der Strenge sofort seine wunderschöne, unschuldige Gattin hinrichten ließ, die bloß verleumdet war und die niemand retten konnte als ich, der ich aus dem Buche die ganze Schlechtigkeit ihrer Feinde gelesen hatte, aber unglücklicherweise dreihundert Jahre zu spät.

Damals, da ich bis zur letzten Seite auf Rettung baute und traute und endlich keine kam, rieb ich mich fast auf vor Schmerz. Aus jenem unbewohnten, staubigen Taubenschlage, Titus, trug ich wundersame, liebe Gefühle bis in die spätesten Zeiten meines Lebens hinüber und wurde nach der Hand für und für kein anderer; immer suche ich noch, bildlich gesprochen, solche Taubenschläge, spanne mich aus der Gewerkswelt los und buhle um die Braut des Schönen.

Freilich werde ich hierbei nicht reich, aber mein Vetter, der Metallgeizhals, kümmert sich auch nicht um Schönheit. – Die Dinge sind eben ganz entgegengesetzt, nur können wir uns beide die Sache nicht ausschlagen, weil das Leben keinen Dreier mehr wert ist, sobald man unser Streben daraus wegnimmt. Darum sollte man es jedem lassen, keinen fremden Maßstab und leichtfertigen Tadel an unser Tun legen, weil man die Chemie nicht einsieht. Da bin ich milder und schreie nicht gleich Zeter, wenn mein ehrlicher Doppelgänger einigen zweckmäßigen Hunger leidet, weil noch eine Prachtsumme zurückzulegen ist, die seiner Sammlung zur wahren Zierde gereichen wird; aber er und andere sollen dafür auch nicht murren, wenn ich Geld und Gut nicht achte, in Konzerte, unter den Sonnenhimmel, in Theater, Bildersäle laufe und die Dinge anhöre und ansehe, besonders aber gern die Augen in lieben, feinen, jungen, weiblichen Gesichtchen stecken lasse; es ist ja keine Selbstsucht – wahrlich keine. – – – Das ist eben das komisch Ärgerliche bei uns Geizhälsen, daß die andern uns so viel Selbstsucht andichten, während wir doch (er und ich) nur die reine Form anbeten und den stofflichen Besitz endlich immer jemand anderm lassen – er freilich etwas spät und ungern, nämlich bei seinem Lebensende, ich aber jeden Augenblick und mit größter Heiterkeit.

Ich will aber jetzt von dieser Vergleichung aufhören und dir andere Dinge in diesem Tageblatte berichten. Ich habe mein Modell wiedergesehen. Sie ist noch immer dieselbe. Aus Zufall sah ich sie mit ihrer Mutter in die Annenkirche gehen, und ich ging dann auch hinein. Sollte ich sie hier öfter sehen können, so will ich suchen, mir ihre Züge zu stehlen und in einer glücklichen Stunde auf die Leinwand zu werfen; dann sende ich dir ein Miniaturbild davon für deine Sammlung schöner Menschenköpfe. Vielleicht kann ich dir gleich zwei erlesene Stücke senden, denn Aston versprach, daß ich in den nächsten Tagen bei seiner Familie eine der größten Schönheiten sehen solle – ja, die größte, wie er unumwunden erklärte, welche die Luft innerhalb der Mauern Wiens atme – und daß er es so veranstalten wolle, daß ich unvermerkt ihr Bild in meine Mappe bekomme, da sie außer andern tausend Torheiten auch die besitze, nie einem Maler sitzen zu wollen. Sie ist die vertraute Freundin seiner Töchter, denen sie, wie er sagt, den Kopf ebenso albern mache, wie der ihrige ist. Jetzt kommt sie nicht, weil ihre Tante krank ist. Ihr Vorname ist Angela, welchem Vornamen sie wohl körperlich, aber nicht geistig entsprechen soll. Nun bin ich neugierig – toll wäre es, wenn sie meine Antike wäre.

Noch muß ich dir sagen, ehe ich schließe, daß ich gestern wieder
einmal recht spazieren war, sozusagen unendlich, auf allen Landen
herum, um Heerschau über alle Schönheiten zu halten, über lebende und leblose. Da waren die lichten, klaren, glänzenden Lüfte mit
den wunderlichen Aprilwolken voll Sonnenblicken – das Zittern der
anbrütenden Lenzwärme über den noch schwarzen Feldern – die schönen grünen Streifen der Wintersaat dazwischen; – dann waren die
rötlich fahlen Wälder, die an den Bergen hinanziehen, mit dem sanften blauen Lufthauch darüber, und überall auf der farblosen Erde die
geputzten Menschen wandelnd, die so gern die ersten Strahlen der
schwachen Lenzsonne und der reinen Luft genießen wollten. Eine
Mutter sah ich mit mehreren schönen Töchtern, die sehr jung waren
und in allen Abstufungen bis zur Kindheit herab auf den lieben runden Wangen das Rot der Unschuld und Gesundheit trugen, welches
Rot noch röter wurde, als ich sie unversehens anblickte. – Ich habe
diese Gattung Scham so gern – gleichsam rotseidne Vorhänge zieht
die junge Seele plötzlich vor dem fremden Auge über, das unberufen
will hineinsehen. Auch Männer sah ich viele, aber wenig von Wert –
nur einen fand ich, der mich fesselte, einen sehr jungen Mann; er
zeichnete die Aussicht in ein Gedenkbuch, und ich sah ihn mit Muße an – ein Gesicht voll Ernst und Güte, mit klugen, unschuldigen
Augen. Er schenkte mir keine Aufmerksamkeit, und ich ging endlich
weiter. Da dachte ich so, wie denn Gott mit den Linien und Formen
des Menschenangesichts so eigen und am wunderbarsten den Geist der
Schönheit verband, daß wir so mit Liebe hineinsehen und von Rührung getroffen werden – aber kein Mensch, dachte ich, kann eigentlich
dieses wundervolle Titelblatt der Seele so verstehen als ein Künstler,
ein echter, rechter, wie er uns beiden oft im Ideale vorschwebte; denn
der Weltmensch schaut nur oberflächlich oder selbstsüchtig, und der
Verliebte verfälscht, nur zu sehr am irdischen Geschöpfe hangend; aber
der reine, einfältige Meister in seiner Werkstätte, tagelang denselben
zwei Augen gegenüber, die er bildet und rundet – der sieht den Finger
Gottes aus den toten Farben wachsen und was er doch selber gemacht
hat, scheint ihm nun nicht bloß ein fremdes Gesicht, sondern auch
eine fremde Seele, der er Achtung schuldig ist – und öfters mag es
geschehen, daß mit einem leichten ungefähren Zug des Pinsels plötzlich ein neuer Engel in die Züge tritt, davor er fast erschrickt und von
Sehnsucht überkommen wird.

Ferner dachte ich an Galerien, wo die Augen und Wangen längst
vergangener Geschlechter noch immer ihre Freude und ihr Weh erzählen – – – – dann dachte ich an unser eignes Streben und an den
Glanz derer, die nachher sein werden – – und in dem Fortspinnen desselben düster-schönen Gedankens zog ich die sanften Fäden planlosen

Phantasierens um mein Haupt und über die große stille Landschaft vor mir – ich ging herum ins Weite und Breite und ließ von Gedanken und Phantasien kommen, was da wollte. Ach! Ein sanftes Eden liegt im Menschenherzen, und es blühen darin leuchtende und dunkle Blumen. Meine gewöhnliche Frühlingstrauer stellte sich ein. Ich weiß nicht, ob die schönen allerersten Frühlingstage auch andere traurig machen. Ist es etwa die Ruhe nach den Winterstürmen, die lächelnd in der ungeheuern Bläue liegt, und darunter auch ruhig die tote Erde und das schwarze Baumgitter, das des Keimens harrt – oder ist es physischer Einfluß der weichen Luft nach der Winterhärte, oder beides? – – –

Weithin über den Horizont Ungarns schweiften trübe, gedehnte Streifen – der Abend kam endlich – ein weißlicher Rauch trank die Stadt ein – Frühlingsabenddünste beschmutzten das Gold des Himmels, und ein dumpfer, roter Mond kämpfte sich langsam herauf. – Ich aber dachte und dachte – – so geht es immer – und so geht es immer.

II. VEILCHEN

25. April 1834.

Heute ist weithin heiterer Himmel mit tiefem Blau, die Sonne scheint durch mein geöffnetes Fenster; das draußen schallende Leben dringt klarer herein, und ich höre das Rufen spielender Kinder. Gegen Süden stellen sich kleine Wolkenballen auf, die nur der Frühling so schön färben kann; die Metalldächer der Stadt glänzen und schillern, der Vorstadtturm wirft goldne Funken, und ein ferner Taubenflug läßt aus dem Blau zuzeiten weiße Schwenkungen vortauchen.

Wäre ich ein Vogel, ich sänge heute ohne Aufhören auf jedem Zweige, auf jedem Zaunpfahle, auf jeder Scholle, nur in keinem Käfig – und dennoch hat mich der Arzt in einen gesperrt und mir Bewegung untersagt; deshalb sitze ich nun da, dem Fenster gegenüber, und sehe in den Lenz hinaus, von dem ein Stück gütig zu mir hereinkommt. Auf dem Fenstersimse stehen Töpfe mit Levkojenpflänzchen, die sich vergnüglich sonnen und ordentlich jede Sekunde grüner werden; einige Zweige aus des Nachbars Garten ragen um die Ecke und zeigen mir wie frohe Kinder ihre kleinen, lichtgrünen, unschuldigen Blättchen.

Zwei alte Wünsche meines Herzens stehen auf. Ich möchte eine Wohnung von zwei großen Zimmern haben, mit wohlgebohnten Fußböden, auf denen kein Stäubchen liegt; sanft grüne oder perlgraue

Wände, daran neue Geräte, edel massiv, antik einfach, scharfkantig und glänzend; seidne, graue Fenstervorhänge wie matt geschliffenes Glas, in kleine Falten gespannt und von seitwärts gegen die Mitte zu ziehen. In dem einen der Zimmer wären ungeheure Fenster, um Lichtmassen hereinzulassen und mit obigen Vorhängen für trauliche Nachmittagsdämmerung. Rings im Halbkreise stände eine Blumenwildnis, und mittendrin säße ich mit meiner Staffelei und versuchte endlich jene Farben zu erhaschen, die mir ewig im Gemüte schweben und nachts durch meine Träume dämmern – ach, jene Wunder, die in Wüsten prangen, über Ozeanen schweben und den Gottesdienst der Alpen feiern helfen. An den Wänden hinge ein oder der andere Ruysdael oder ein Claude, ein sanfter Guido und Kindergesichtchen von Murillo. In dieses Paphos und Eldorado ginge ich dann nie anders als nur mit der unschuldigsten, glänzendsten Seele, um zu malen oder mir sonst dichterische Feste zu geben. Ständen noch etwa zwischen dunkelblättrigen Tropengewächsen ein paar weiße, ruhige Marmorbilder alter Zeit, dann wäre freilich des Vergnügens letztes Ziel und Ende erreicht.

Sommerabends, wenn ich für die Blumen die Fenster öffnete, daß ein Luftbad hereinströmte, säße ich im zweiten Zimmer, das das gemeine Wohngehäuse mit Tisch und Bett und Schrank und Schreibtisch ist, nähme auf ein Stündchen Vater Goethe zu Händen oder schriebe oder ginge hin und wieder oder säße weit weg von der Abendlampe und schaute durch die geöffneten Türflügel nach Paphos, in dem bereits die Dämmerung anginge oder gar schon Mondenschein wäre, der im Gegensatze zu dem trübgelben Erze meines Lampenlichtes schöne weiße Lilientafeln draußen auf die Wände legte, durch das Gezweig spielte, über die Steinbilder glitte und Silbermosaik auf den Fußboden setzte. Dann stellte ich wohl den guten Refraktor von Fraunhofer, den ich auch hätte, auf, um in den Licht- und Nebelauen des Mondes eine halbe Stunde zu wandeln; dann suchte ich den Jupiter, die Vesta und andere, dann unersättlich den Sirius, die Milchstraße, die Nebelflecken; dann neue, nur mit dem Rohre sichtbare Nebelflecken; gleichsam durch tausend Himmel zurückgeworfene Milchstraßen. In der erhabenen Stimmung, die ich hätte, ginge ich dann gar nicht mehr, wie ich leider jetzt abends tun muß, in das Gasthaus, sondern ...

Doch dies führt mich auf den zweiten Wunsch: nämlich außer obiger Wohnung von zwei Zimmern noch drei anstoßende zu haben, in denen die allerschönste, holdeste, liebevollste Gattin der Welt ihr Paphos hätte, aus dem sie zuweilen hinter meinen Stuhl träte und sagte: ‚Diesen Berg, dieses Wasser, diese Augen hast du schön gemacht.‘ Zu dieser Außerordentlichen ihres Geschlechts ginge ich nun an jenem

Abende hinein, führte sie heraus vor den Fraunhofer, zeigte ihr die Welten des Himmels und ginge von einer zur andern, bis auch sie ergriffen würde von dem Schauder dieser Unendlichkeit – und dann fingen begeisterte Gespräche an, und wir schauten gegenseitig in unsere Herzen, die auch ein Abgrund sind wie der Himmel, aber auch einer voll lauter Licht und Liebe, nur einige Nebelflecke abgerechnet; oder wir gingen dann zu ihrem Pianoforte hin, zündeten kein Licht an (denn der Mond gießt breite Ströme desselben bei den Fenstern herein), und sie spielte herrliche Mozart, die sie auswendig weiß, oder ein Lied von Schubert oder schwärmte in eigenen Phantasien herum – ich ginge auf und ab oder öffnete die Glastüren, die auf den Balkon führen, träte hinaus, ließ mir die Töne nachrauschen und sähe über das unendliche Funkengewimmel auf allen Blättern und Wipfeln unseres Gartens, oder wenn mein Haus an einem See stände – – – –

Aber, siehst du, so bin ich – da wachsen die zwei Wünsche, daß sie mir am Ende kein König mehr verwirklichen könnte. Freilich wäre alles das sehr himmlisch, selbst wenn vorderhand nur die zwei Zimmer da wären, auch mit etwas geringeren Bildern; denn die Herrliche, die ich mir einbilde, wäre ja ohnedies nicht für mich leidenschaftlichen Menschen, der ich sie vielleicht täglich verletzte, wenn mich nicht etwa die Liebe zu einem völligen sanften Engel umwandelte. Indessen aber stehe ich noch hier und habe Mitleid mit meiner Behausung, die nur eine allereinzige Stube ist, mit zwei Fenstern, durch die ich auf den Frühling hinausschaue, zu dem ich nicht einmal hinausdarf, und an Wipfeln und Gärten ist auch nichts Hinreichendes, außer den paar Zweigen des Nachbars, sondern die Höhe der Stube über andern Wohnungen läßt mich wohl ein sattsames Stück Himmel erblicken, aber auch Rauchfänge genug und mehrere Dächer und ein paar Vorstadttürme. Die südlichen Wolken stellten sich indessen zu artigen Partien zusammen und gewinnen immer liebere und wärmere Farben. Ich will, da ich schon nicht hinausdarf, einige abzustehlen suchen und auf der Leinwand aufzubewahren. – – Ich schrieb das obenstehende heute morgens und malte fast den ganzen Tag Luftstudien. Abends begegnete mir ein artiger Vorfall. Auch moralischen und sogar zufälligen Erscheinungen gehen manchmal ihre Morgenröten vorher. Schon seit vielen Wochen ist mir die Bekanntschaft eines jungen Künstlers versprochen worden. Heute wurde er als Krankenbesuch von zwei Freunden gebracht, und siehe da: Es war derselbe junge schöne Mann, den ich vor zwei Tagen auf dem Spaziergange, der mir mein jetziges Halsweh zuzog, gefunden hatte! Ich erkannte ihn augenblicklich und war fast verlegen; er gab kein Zeichen, daß er auf den Spaziergänger geachtet habe, der so dreist in sein Gesicht

und Studienbuch geschaut hat. Der Besuch war ein sehr angenehmer, und die Bitte um Wiederholung wurde zugesagt. Sein Name ist
Lothar Disson und sein vorzugsweises Fach die Landschaft, doch soll
er auch sehr glücklich porträtieren.

III. Kleinwinziger Zentunkel

29. April 1834.

Ein Tagebuch ist eigentlich nur für den Führer desselben anspre-
chend, und ich müßte dich schlecht lieben, mein Titus, wenn ich
dich erbarmungslos durch alle Tage meines Kalenders schleppte. Als
wir an jenem Abende auf dem Rigi, mitten unter kalten Reisebei-
spielen von Engländern, beide zwar so arm wie Kirchenmäuse, aber
toll und lustig genug, Abschiedsfeste feierten und in unsrer Lyrik erst
unsere Namen tauschen wollten, dann aber dieses sogar zu dürftig
fanden, sondern versprachen unser ganzes künftiges Leben auszuwech-
seln, d. h. uns gegenseitige gewissenhafte Tagebücher zu senden – als
alles dies vorfiel, konnte es doch unmöglich so gemeint sein, daß ich
dir jeden kahlen Tag übermache, der mich in dieser Hauptstadt über-
fällt, welche Hauptstadt mir oft kleinstädtisch genug und abgeschabt
vorkommt gegen die freie, gewaltige Residenzstadt der Natur, insonderheit, da mir deine Pyrenäenreise ganze Prachteindrücke übersendet.
Du bist wohl noch der alte Narr, und ein hiesiger Freund oder, besser gesagt, nur ein Bekannter, den ich unlängst erwarb, Anselm Ruffo,
sagte, ich sei auch ein großer, aber unschädlicher, d. h. für andere,
mir selber aber beständig im Lichte. Es kann sein, und wenn du eine
stichhaltige Beschreibung eines Narren auftreibst, so sende sie schleunigst; dann läßt sich die Sache eher entscheiden – bisher wußte ich
keine. Bleibe fürerst nur der liebe, gute, treue und schönheitsbegei-
sterte Narr, als welchen ich dich kenne, und ich will dich einige millionenmal mehr lieben als die andern gescheiten Leute. Sende fleißig
Pyrenäentage und zürne nicht, wenn dir unser Lyoner Spediteur von
mir ein Päckchen sendet, in denen nicht jeder Tag ein Gesicht zeigt –
es hat eben nicht jeder eines.

Disson war während der Zeit wieder bei mir, und wir gefielen uns
so, daß wir nicht nur volle drei Stunden verplauderten, sondern auf
den ersten Mai, falls es meine Gesundheit zuläßt, einen Spaziergang
von einem ganzen Tage verabredeten.

Ich habe richtig jenes Mädchen in der Annenkirche wieder gesehen;
sie geht täglich um zehn Uhr dahin in Begleitung einer alten Frau,

die ich für ihre Mutter halte. Du würdest dich wundern; ganz eigen ist der ruhige, große, fromme Blick der blauen Augen.

Sie wäre, wie ich anfangs scherzte, in der Tat ein antikes Modell. Als ich sie die Gasse entlangschreiten sah und ihr nachblickte, dachte ich: ‚So müßte ein altgriechisches Marmorbild ausgesehen haben, das wandeln könnte und Augen gehabt hätte.' Da kamen mir allerlei Spintisierungen über sie: Ich möchte sie einmal beten sehen, aber nicht in der Kirche, wo sie die Augen mit den Wimpern kalt verhüllt, sondern wenn sie in ihrem Zimmer einsam Gott dankt oder um Abwendung eines entsetzlichen Wehes bittet; oder ich möchte sie in Liebesfreude schwärmen sehen, oder im Schmerze das Auge aufschlagen – oder tanzen – oder eine Gebirgspartie machen – lachen – ihren Vogel kosen – eine kleine Schwester belehren; oder wenn sie Tee bietet, wenn ihr etwas sehr komisch erscheint – und so weiter – und so weiter.

Aston will Bilder aus Wiens Umgebungen von mir und findet sie immer sehr schön, wenn ich ihm auch noch so sehr (nach meiner alten Untugend, wie du sie nennst) die Fehler darin aufdecke – – aber siehe, Titus, ich muß es ja tun, sonst meinen fürwahr die Leute, ich sähe die Fehler nicht ein und wolle mich nicht bessern – –; also er findet die Bilder immer schön, und wir sind in voller Arbeit – ich mit Malen und er mit Anordnungen, die ich immer nicht befolge. Im August wird eine Alpenreise gemacht, und vielleicht berede ich Lothar auch dazu, wenn nämlich der Verlauf der Bekanntschaft mit ihm so glücklich fortgeht, wie der Anfang ist. Wir wollen den Großglockner besteigen. Zum Schlusse noch eins: Du hast dreißig Dukaten angewiesen, ich habe sie erhalten. Es hat sich hierbei die Lächerlichkeit ereignet, daß mein Kontingent, nämlich die Hälfte meiner diesmonatlichen Einkünfte, welche dir gebührt, gerade ebensoviel beträgt. Laßt uns also in Zukunft lieber Gegenrechnungen machen und bloß die Überschüsse senden. Ich glaube, wir erfüllen unsern Bruder- und Teilungsvertrag auch und mit weniger Umständen.

Lebe wohl und bleib mein treues Bruderherz.

Das heutige Tagebuchblatt ist nur dieser Brief an dich, aber ich dachte auch nichts als dich. Lebe wohl!

IV. GLOCKENBLUME

3. Mai 1834.

Ich hasse eigentlich keinen Menschen auf Gottes ganzer grüner Erde – aber da ist ein junger Mann, der mir nachgerade zuwider wird wie die ärgste meiner Sünden. Er ist ein Begegner, deren fast jeder einen hat, so wie ich ihn; ob aber der andern ihre auch so emsig und unermüdlich sind, daran zweifle ich. Gehe ich in den Prater, so sitzt er auf einer Bank, fliege ich von da ins Belvedere, so geht er schon am Rennwege herein. Wenn dir etwa in den Pyrenäen ein langer Herr vorfällt, der kein Halstuch umhat und schlechthin den Mylord spielt – der ist es und kein anderer. Es ist mir, als suche er mich ordentlich. Entweder ist er der Ewige Jude oder jener Reisende, dessen Name überall steht, oder, weil dieser gestorben sein soll, sein Geist. Es wäre das Vernünftigste, wir grüßten uns gegenseitig höflich.

Ich hätte mich weniger über ihn aufgehalten – aber am ersten Mai, da ich mit Lothar von Dornbach den so schönen Weg nach Haimbach machte und eben dort ankam, war er auch da, jedoch zum Glücke gerade im Begriffe, in den Wagen zu steigen zu einer Dame, die schon darinnen saß und – stelle dir vor – mein Griechenbild aus der St. Annenkirche war. Es saß noch die alte, schöne Frau bei ihr, ihre gewöhnliche Begleiterin, und dann eine junge, schlanke Gestalt, die aber einen ganzen Wolkenbruch von Schleiern über dem Gesichte hatte. Wie kommt er nun zu dieser?

Daß wir alle Wirtsleute fragten, wer die Abfahrenden wären, war sehr natürlich, daß es aber niemand wußte, ärgerlich.

Wir blieben fast den ganzen Nachmittag in dem lieblichen Tale, und als ich wie zur Spielerei die Wirtsfrau, ein mitteljähriges, gutmütiges Gesicht, in meine Mappe zeichnete, so lächelte sie unbeholfen verschämt und meinte, wenn ich und der andere Herr in unsere Bücher da Gesichter und Leute abmalten, so hätten wir um zwei Stunden früher kommen sollen, als noch die zwei jungen Fräulein da waren, die wären der Mühe wert gewesen; denn von allen Stadtjungfern sei noch keine so schöne da gewesen, wie Milch und Blut, und so freundlich wie zwei Engel – auch der junge Herr sei sanft und stille, wie die andern alle nicht, die aus der Stadt kommen (außer uns beiden, die wir auch recht gutherzig aussähen), und die alte Frau habe so viele Freude über die jungen Leute, daß sie immer lächle. Die gute Wirtsfrau wurde zutraulich und freute sich, daß sie ihr Gesicht in dem schönen großen Buche habe neben den schönen Fräulein und vornehmen Herren, die wohl alle noch darin wären – dabei sah sie neugierig die Mappen an, daß ich sie ihr endlich aufschlug und ihr Erstaunen auf das höchste trieb, als sie ihr eigenes Haus fand und die Bäume um dasselbe in netten Farben und die Berge und den Himmel mit leibhaftigen „Lämmerwolken" (wie sie sie nannte) und noch dazu Leute, die unter dem Apfelbaume frühstückten – dann auf andern Blättern ihren Hund, dann den Knecht mit dem Schimmel, den blinden Zitherspieler, den Bach mit dem Stege u. s. w. Das hätte sie nie geglaubt, meinte sie, denn in diese Bücher mit dem schneeweißen

Papiere paßten eher die prächtigen Stadthäuser und schöne Spaziergänger und Reiter und Wagenzüge. Schade, da wären noch leere
Blätter genug, und auf einem würde die Gesellschaft dieser schönen
Fräulein recht gut Platz gehabt haben, und aus dem Fenster der
Gaststube hätten wir es recht leicht abmalen können, wie sie an dem
weißen Tische mitten auf der Wiese frühstückten und scherzten. Sie
wundere sich nur, daß heute, als am ersten Mai, jemand da herausgekommen sei, da ja alles bei dem Frühlingsfest im Prater sein werde.
Wir lachten und sagten, daß es uns selber hinreichend freuen würde,
wenn wir die zwei Engel konterfeien könnten. „Wer weiß es", versetzte die Wirtin. „Berg und Tal kommen nicht zusammen, aber die
Menschen."

„Jawohl", lachte Lothar, „wir wollen sogar zuversichtlich hoffen,
daß gerade diese zwei Engel, welche am ersten Mai anno domini
1834 in Haimbach frühstückten, dereinst noch unsre Frauen werden und wieder eines schönen Tages in unserer Gesellschaft frühstücken werden. Was meinen Sie dazu, Herr Kollege?"

„Topp", rief ich, „aber mir muß die Unverschleierte bleiben."

„Die andere ist noch schöner", rief die Wirtin.

Ich meinte, das sei nicht möglich, und halte mich an das Gewisse.

„Gut", sagte Lothar, „von heute binnen drei Jahren, Frau Wirtin,
rüsten Sie ein wackeres Frühstück und Mittagsmahl, denn wir werden den ganzen Tag mit den zwei Engeln, unsern lieben rechtschaffe-
nen Ehefrauen, in Haimbach zubringen. Ich nehme in Gottes Namen
die Verschleierte, da ich keine von beiden von Angesicht kenne und
mich ganz auf den Geschmack unserer Frau Wirtin verlasse."

„Und ich dagegen", fiel ich ein, „will diese besagte Frau Wirtin
zum Andenken an diesen Tag recht sauber auf schneeweißes Papier
malen und in einem schmucken Goldrahmen mitbringen."

Ei, das wäre für sie alte Frau viel zu viel Ehre, vermeinte sie, und
übrigens könnte ich so etwas leicht versprechen, ohne deswegen mein
Farbenzeug aufmachen zu dürfen, da zwei solche lustige Herren gewiß ohnedies schon jeder eine Fräulein Liebste in der Stadt haben würden, die schon unter den schönen Gesichtern des Buches sein werde.

Wir sahen uns beide an und lachten, denn wahrhaftig keiner hatte
nicht im geringsten ein derlei Wesen aufzuweisen. – Übrigens fingen
wir zwei dann selber an, die Sache weiter auszumalen und dichteten
den zwei Huldinnen eine unaussprechliche Sehnsucht nach uns an,
stießen die Gläser an, ließen sie hochleben und entwarfen Pläne, ihnen
den Ehestand zu versüßen.

Nach Tische wurde gezeichnet.

Spät erst, als schon das Abendrot an allen Bergen hing und im jungen Buchengrün von Laub zu Laub neben uns hüpfte, gingen wir selig

durch die Loudonischen Anlagen nach Hadersdorf, wo wir übernachteten, weil wir am andern Tage Tiergartenpartien malen wollten, wozu uns Lothar die Erlaubnis ausgewirkt hatte. Noch beim Einschlafen neckten wir uns mit den Vorzügen unserer neuen Liebchen ein gut Stück in die Nacht hinein und spintisierten über den Engländer, der ein Anbeter zu sein drohe.

Wir schliefen fest und zeichneten am zweiten Mai tüchtig darauf los und rückten meilenweit in gegenseitige Bekanntschaft und Freundschaft hinein.

Ich hätte die Sache gar nicht erwähnt und sie gewiß heute schon vergessen, wenn ich sie eben vergessen hätte. Aber in meiner närrischen Phantasie nimmt die Holde ordentlich eine rührende Miene an, bloß weil wir so lange von ihr geredet haben, weil ich sie dir gar beschrieben und weil sie lustigerweise nicht ein Sterbenswörtchen davon weiß. Aber in der Tat, so ist unsre Einbildung und meine erst vollends: Wenn wir einen Menschen in nahen Verhältnissen mit uns dichten, so wird er uns fast lieb, besonders wenn er ein schönes Mädchen ist und wir eben fünfundzwanzig Jahre alt werden. Ich gehöre da zu den Narren, die so sehr aus dem Häuschen sind, daß sie am Ende die Sache auch gar noch glauben. Neulich z. B. geschah es, daß ich einem armen Teufel durch mäßiges Lob zu einer Bedienstung helfen sollte – anfangs lobte ich auch gewissenhaft und empfahl ordentlich, aber endlich ging ich immer weiter, bis er ein gänzliches Genie war. Ich erstaunte in der Tat, wie ich so viel Talent und Kraft bisher so wenig beachtet haben konnte. Er bekam auch den Dienst und mich als Freund und Gönner dazu. Meiner einstigen Geliebten wird dieser Zug von mir zustatten kommen – aber da sehe ich schon, daß du verstockt sein wirst und kaum die Hälfte glaubst, wenn ich sie dir vormale – – aber siehe, Titus, glaube was du willst; was kann denn am Ende der arme Mensch von einem andern Nebenmenschen abmalen, sich selbst vorstellen – lieben oder hassen – als das Bild, das er sich von ihm zu machen versteht, da das Ich des andern so wüstenweit von ihm getrennt ist wie kaum Weltsysteme, die wir doch durch Gläser aus ihrem Himmel ziehen?

Lasse mich dem Gedanken nachhängen.

Seit der ersten Kindheit, wieviel tausend verschwimmende Gestalten von kleinen Gedanken, Ahnungen – dann halbgeborne Dichtungen, Träume, Ideen, Kleinode von Empfindungen – mögen das lange Leben eines Menschen durchwandeln, ohne daß Kunde davon wird! – Man denke nur an das innere, namenlose Gewimmel des erwachenden Jünglings – an die langen, träumenden, erinnernden, wortkargen Tage des einschlummernden Greises – an die Liebestage der schamvollen Jungfrau, an die innere, unausgesprochene Traumwelt phantasiereicher

Weiber überhaupt, die durchgängig mehr mit Empfindungen handeln, ohne immer das Glöckchen derselben zur Hand zu haben, was wir hingegen häufiger können und tun. In dem reichsten wie ärmsten Menschen geht eine Bibliothek von Dichtungen zu Grabe, die nie erschienen sind – nur aus den drei Stanzen, die er herausgab, machen wir ein Urteil zusammen und sagen: ‚Seht, das ist der Dichter.' Und glückselig der, der ein Ohr hat, auch nur die drei Stanzen recht zu hören und sich ein schönes Bild zu machen – so hat er dann eine schöne Welt. Es gibt aber Leute, die aus den wenigen Farbenkörnern, die dem andern entspringen, nur Fratzen bilden – und diese bedaure ich – sie sagen freilich, sie kennen die Welt, aber es ist nicht wahr, sie bekennen nur wider Willen ihr kleines Innere und haben noch dazu eine Zerrwelt. – – Vor dem Hohlspiegel unsrer Sinne hängt nur das Luftbild einer Welt, die wahre hat Gott allein.

Titus! Dieser Gedanke hat mich ernst gemacht!! Als wir auf dem Rigi, umgeben von dem Abendglühen der Alpen standen und Abschied nahmen, als mein Mund an deinem brannte, als wir uns an die Brust drückten, daß wir meinten, sie müsse knirschen – was hatten wir voneinander, und wie nahe waren wir uns? –

Ein Sirius sandte zwei einsame Strahlen, und diese wurden auf einem andern Sirius gesehen – aber es waren zwei Weltkörper, und eine Wucht von Leben trugen sie ungekannt durch ihren öden Weltraum.

Oft und oft, wenn ich die ewigen Sterne sah, diese glänzenden Tropfen, von dem äußeren, großen Weltenozeane auf das innere, blaue Glöcklein hereingespritzt, das man über uns Infusionstierchen gedeckt hat – wenn ich sie sah und mir auf ihnen dachte dieses Unmaß von Kräften und Wirkungen, die zu sehen und zu lieben ich hienieden ewig ausgeschlossen bin; so fühlte ich mich fürchterlich einsam auf der Insel „Erde" – – und sind denn nicht die Herzen ebenso einsam in der Insel „Körper"? Können sie einander mehr zusenden als manchen Strahl, der noch dazu nicht immer so freundlich funkelt als der von den schönen Sternen? Wie jene Herzen des Himmels durch ein einziges, ungeheures Band verbunden sind, durch die Schwerkraft, sollten auch die Herzen der Erde verbunden sein durch ein einziges, ungeheures Band – die Liebe – – aber sind sie es immer??

Noch sind Kriege, noch ist Reichtum und Armut.

Was hat denn der unergründliche Werkmeister vor mit dem Goldkorne Mensch, das er an einen wüsten Felsen klebt, dem gegenüber der glänzende Sand einer endlosen Küste schimmert, der Saum eines unentdeckten Weltteils? Und wenn dereinst ein Nachen hinüberträgt, wird da nicht etwa wieder eine neue, schönere Küste herüberschimmern? – –

Ich weiß nur das eine, Titus, daß ich alle Menschen, die eine Welle dieses Meeres an mein Herz trägt, für dies kurze Dasein lieben und

schonen will, so sehr es nur ein Mensch vermag – ich muß es tun, daß
nur etwas, etwas von dem Ungeheuren geschehe, wozu mich dieses
Herz treibt. – Ich werde oft getäuscht sein, aber ich werde wieder Liebe geben, auch wenn ich nicht Liebe glaube – nicht aus Schwäche
werde ich es tun, sondern aus Pflicht. Haß und Zank zu hegen oder
zu erwidern, ist Schwäche – sie übersehen und mit Liebe zurückzu-
zahlen, ist Stärke.

Es ist tief in der Nacht, lebe wohl, guter, geliebter Mensch.

V. NACHTVIOLE

11. Mai 1834.

Schon wieder muß ich die Nacht zu Hilfe nehmen, und wer weiß
es, ob ich sie nicht verschreibe, bis die helle Morgendämmerung
durch meine Fenster scheint; in dieser gehobenen Stimmung ist an
keinen Schlaf zu denken. Und sollte ich töricht und lächerlich im
höchsten Grade sein – Titus, dir muß mein Herz offen liegen, aber es
ist geschwellt, schwärmend und genugsam verrückt. Ich spielte und
scherzte in Haimbach mit gewissen Wünschen und Verhältnissen, und
der Himmel strafte mich mit einer verkehrten Gewährung. Höre nur.
Ich weiß nicht, ob damals, als wir beide zugleich in Wien waren, in der
Mitte des Paradiesgartens ein schwarzer erhabner Spiegel auf einem
Untersatze angebracht war – den Garten kennst du – kurz, jetzt ist
ein solcher Spiegel da, und ein Teil der Stadt, die grünen Bäume und
der Rosenplatz vor derselben und der Ring der Vorstädte steht in
niedlicher Kleinheit darinnen, durch die Schwärze des Spiegels in einer Art Dämmerungsdüster schwimmend. An diesem Spiegel stand,
als mich heute mittags, wo fast gar keine Menschen in dem Garten
sind, meine gewöhnliche Frühlingsspaziersucht vorbeiführte, ein Weib,
durch ihren Bau, den ich nur von rückwärts sah, große Schönheit ver-
sprechend, und sah hinein. Ich blieb stehen und zeichnete mit den
Augen die wirklich ausnehmend schöne Gestalt – deshalb war ich fest
entschlossen, auch ihr Angesicht zu sehen. Ich stellte mich ruhig hinter sie, um ihr Weggehen zu erwarten, denn mich ihr gegenüber zu
stellen, war ich nicht dreist genug.

Als sie immer und immer stehenblieb, malte ich in Gedanken die
lächerliche Gruppe, die wir bildeten, und hierdurch kam mir der Mut,
sie zum Umsehen zu zwingen, nämlich ich sagte plötzlich: „Eine wahre Unterweltbeleuchtung schwebt über diesem kleinen Nachtbilde."
Sie sah auch um – und ich prallte fast zurück. – – – Von meiner

Kindheit an war immer etwas in mir, wie eine schwermütig schöne Dichtung, dunkel und halbbewußt, in Schönheitsträumen sich abmühend – oder soll ich es anders nennen, ein ungeborner Engel, ein unhebbarer Schatz, den selber die Musik nicht hob – – in diesem Augenblicke hatte ich das Ding zwei Spannen breit meinen Augen sichtbar gegenüber. –

War sie so unermeßlich schön?

Ich weiß es nicht, aber es war mir wie einem Menschen, der in dunkler Nacht wandert in vermeintlich unbekannter Gegend – auf einmal geschieht ein Blitz – und siehe, wunderbar vergoldet steht sein Vaterhaus und seine Kindesfluren vor den Augen.

Ein Blick von mir war es, ein einziger, ein heftiger, der die ganze Dichtung dieses Angesichts in sich schlingen wollte – dann schnell ein zweiter und dritter. Sie sah mich ernst und unverwirrt an und ließ dann einen dichten Schleier herabfallen. In mein Angesicht flog die brennende Röte der Scham, daß ich aufgelauert hatte.

Ob ich in sie verliebt wurde? – Nein, in diese war ich es seit meinem ganzen Leben schon gewesen.

Sie ging langsam wie eine stolze Südländerin – wie jene Zenobia, die Königin der Wüstenstadt – zu einer Gruppe Herren und Frauen und mischte sich unter sie – und ich, auf einmal unendlich verarmt, schritt aus dem Garten, und als ich die Steintreppe in die düstre Stadtgasse hinabstieg, wallte mir das vorher erschrockene Herz erst recht auf, und es wurde mir, als sollt' ich sie ohne Maß und ohne Grenzen lieben. Eine Ahnung solchen Gefühls vermag Beethoven zu geben, wenn er dir den schönsten unbekannten Demant aus deinem eigenen Herzen hebt und ihn dir glänzend und lichtersprühend vor die Augen hält.

Ich ging noch sehr lange in den lärmenden Gassen und auf den Basteien herum und suchte erst, als schon alle Laternen brannten, meine Stube und trug das neuerworbene Bild mit hinein.

Diese ist es.

Alle, die mir sonst so sehr gefielen, selbst die aus der Annenkirche – sie sind gar nicht mehr. – –

Und nun erkläre mir ein Erdenmensch die Heftigkeit eines solchen Eindruckes. Es ist im Leben schon öfters dagewesen – auch zwischen Mann und Mann war es schon. Ich bin kein Kind, das sich überraschen läßt, ich bin kein Weichling, der sich Gefühle vorlügt – das Leben hat mich wacker durchgerüttelt –, aber ihr Erscheinen in den Kreis meiner Vorstellungen wirkte wie ein Riß in dieselben. Ist es ein Schönheitseindruck, den ich nur verkenne, wie etwa alle Gemälde, Musiken, Dichtungen flach werden, sobald etwas Außerordentliches dieser Art an unser Herz tritt? Aber ich sah ja Raphaele, Guidos,

Correggios – sie waren wunderschön, aber anders. Ich sah ungewöhnlich schöne Weiber und fühlte etwas anderes. – Aber Schönheit war es ja nicht, was eben wirkte, denn ich erinnere mich keines Zuges ihres Angesichtes, selbst wenn ich alle Nerven des Gehirns martere; nur das eine, das ganze Bild liegt auf ihnen wie eingebrannt dem Spiegel meiner Augen, und wenn ich sie beide schließe, so sehe ich es immer vor mir schweben. Ich kann nicht sagen, daß ich sie liebe, denn man liebt ja nur, was man kennt – und doch ist's, als wäre sie vor ungezählten Jahren in einem andern Sterne meine Gattin gewesen.

Sind das Wechselseitigkeiten der Geister, sind es Seelenwahlverwandtschaften? Ist es gänzliche Narrheit?

O Titus, Titus! Da gehe ich in meinem Zimmer auf und ab, draußen am Himmel liegt eine schwere, warme Wolkennacht, ganz ruhig, ganz ruhig – – und ich hierinnen bin ein heftiger, schwärmerischer Tor und trage mich selber in ein immer heißeres Gefühl hinein.

Ich mag nun Astons versprochene Angela gar nicht einmal sehen und werde auch gar nicht hingehen – mir ekelt vor den sogenannten Schönheiten. Warum ich mich um sie gar nicht weiter erkundigte? – Ich weiß es nicht, aber es schien mir so unwesentlich und nicht zu meiner Empfindung gehörig, daß ich auf den Gedanken nicht verfiel, und jetzt mache ich mir doch Vorwürfe, daß ich es nicht tat. Du wirst wohl lächeln, daß ich wieder einmal außer mir bin, aber siehe, es ist herrlich um ein schwärmendes, hochwallendes Herz – es sind das Augenblicke, in denen wir uns ohne Vorwurf lieben dürfen – auch die Nacht stimmt zu der Feier. Ich habe den Schreibtisch an das Fenster gerückt und dasselbe geöffnet, und sternenlos schaut sie zu mir herein; aber selbst so ist sie großartig, besonders wenn, wie eben, am Himmel geheime Rüstung ist. Es schlägt zwölf Uhr, kein Lüftchen geht, die Lenznacht wird immer stiller und wärmer, immer seltner kommt ans Ohr das schwache Rollen verspäteter Wagen aus mancher träumenden Gasse, und am Rande des Gesichtskreises lechzen die Erstlingsblitze wie flüchtige Küsse der Mitternacht.

Ich war ans Fenster getreten.

Du große, weite, dämmervolle Stadt unter mir, ruhe wohl – auch ihr Herz, ein lebender, klopfender, fühlender Punkt unter den andern tausenden, pocht schlummernd in einem deiner Häuser. Über all die Dome und Paläste und Türme breitet sich stumm und elektrisch der Gewitterhimmel und brütet Fruchtbarkeit. In den Wohnungen der Menschen gehen die Träume aus und ein, und die Nacht fördert ihr Werk. Erst hatte sie über alle Dächer sanft das große Tuch des Schlummers ausgebreitet, und als sie alles zur Ruhe gebracht und das Schweigen kam, dann löste sie hoch über den Lagern der begrabenen Menschen von ihrer erhabenen Trauerfahne sachte eine Falte nach der andern und ließ dieselbe endlich schwer und breit vom Himmel niederhängen.

Ich sah noch lange zum Fenster hinaus, und es ergriff mich, daß nun nicht ein Laut ertönte in diesem Vulkane menschlichen Treibens – selbst die Luft stand unbeweglich still. Endlich schlug es ein Uhr morgens, und es war, als hätte dieser eine Klang die hängende Lawine gelöst, denn gleich nach dem Glockenschlage wallte schlaftrunken durch den ganzen Himmelsschleier das erste tiefe, schwache Donnern wie ein Traumreden der schlummernden Frühlingsnacht.

So ruhet wohl, alle Menschenherzen – und auch du, unbekanntes Herz in deinem schönen Busen, schlummre wohl – und auch du, des fernen lieben Reisenden, schlummre wohl!

VI. WIESENBOCKSBART

12. Mai 1834.

Die Nacht ist vorübergegangen und hat mancherlei geändert. Vom Himmel hat sie die Perlen der Fruchtbarkeit herabgeschüttet und ihn gänzlich rein gefegt, daß er mit dem klaren frühen Morgengelb zu mir hereinsieht – die Schornsteine und nassen Dächer schneiden sich scharf gegen ihn, und die kühle Luft regt die Nachbarzweige und strömt zu meinem offen gebliebenen Fenster herein. – Ich schreibe noch im Bette.

Was ist es nun mit dem Menschen, wenn er heute dieser ist und morgen jener? Auch mein Herz, wie der Himmel, ist frisch und kühl und sucht sich auf gestern zu besinnen. Was ist's nun weiter?

Hat die Flasche Rüdesheimer, die ich gestern zu meinen Nachteinbildungen getrunken, die Seele so voll Sehnsucht angeschwellt – und ist sie heute leer, so wie die Flasche, die dort so wesenlos auf dem Tische steht, daß das Morgenlicht hindurchscheint?

Was ist's nun weiter?

Ein prachtvoller Blitz, eine schöne Rakete, eine ausbrennende Abendröte, ein verhallendes Jauchzen, eine gehörte Harmonie, ein ausschwingendes Pendel – – – und wer weiß, was es noch alles ist.

Mein Herz ist kraftvoll und jede Fiber daran gesund – und du darfst schon heute auf Scherze rechnen, lieber Titus, denn wenn auch die zauberische Armida noch im Spiegel meines Inneren schwebt, so ist derselbe doch ein fester blanker Stahlspiegel, nicht das weiche Ding von gestern. Vor der Hand bleibt sie als Studie, als neue Kunstblüte da, als schönes Bild im Odeon, wo die andern stehen. Heute muß noch versucht werden, ob ich den Eindruck nicht in Farben herstellen kann, um mir seine reine Schönheit in alle Zukunft hinüberzuretten.

Da fällt mir nun ein närrischer Gedanke ein. Außerordentlich schwärmerische Menschen, Genies und Narren sollten gar nicht heiraten, aber die erste Liebe äußerst heiß, just bis zum ersten Kusse treiben – und dann auf und davon gehen. Warte mit dem Zorne, die Gründe kommen. Der Narr nämlich und das Genie und der besagte schwärmerische Mensch tragen so ein Himmelsbild der Geliebten für alle künftige Zeiten davon, und es wird immer himmlischer, je länger es der Phantasie vermählt ist, denn bei dieser ist es unglaublich gut aufgehoben; die Unglückliche aber, der er so entflieht, ist eben auch nicht unglücklich, denn solche herrliche Menschen wie der Flüchtling werden meist spottschlechte Ehegemahle, weil sie über vierzig Jahre immer den ersten Kuß und die erste Liebe von ihrer Frau verlangen und die dazugehörige Glut und Schwärmerei – und weil er ihr nicht durch die Flucht so zuwider wird, wie er es als Ehemann mit seinen Launen und Überschwenglichkeiten würde, sondern sie sieht auch durch alle Zukunft in ihm den liebenswürdigen, schönen, geistvollen, starken, göttergleichen Mann, der sie gewiß höchst beseligt hätte, wenn er nur nicht früher fortgegangen wäre. Und ist eine solche Phantasieehe nicht besser und beglückender, als wenn sie beide im Schweiße des Angesichts an dem Joche der Ehe tragen und den verhaßten Wechselbalg der erloschenen Liebe langsam und ärgerlich dem Grabe hätten entgegenschleifen müssen. – Bei Gott, Titus, da ich auch so ein Stück eines Phantasten bin, so wäre ich imstande, wenn ich die Unbekannte je fände, mich immer tiefer hineinzuflammen, und wenn dann einmal eine Stunde vom Himmel fällt, wo ihr Herz und mein Herz entzündet, selig ineinander überstürzen – – – dann sag' ich ihr: „Nun drücken wir auf diese Herrlichkeit noch das Siegel des Trennungsschmerzes, daß sie vollendet werde, und sehen uns ewig nicht mehr – sonst wird dieser Augenblick durch die folgende Alltäglichkeit abgenützt und wir fragen einst unser Herz vergeblich nach ihm; denn auch in der Erinnerung ist er verfälscht und abgesiecht." So spräche ich, denn mir graut es, sollte ich auch einmal die Zahl jener Gestalten von Eheleuten vermehren, wie ich viele kenne, die mit ausgeleerten Herzen bloß nebeneinander leben, bis eines stirbt und das andere ihm ein schönes Leichenbegängnis veranstaltet. Himmel! Lieber eine echte unglückliche Ehe als solch ein Zwitterding.

Alle Millionen Jungfrauen Europas habe ich hier zu Gegnerinnen, weil sie meinen, alle künftigen Himmelreiche würden ja durch einen solchen Entschluß freiwillig beiseite gestellt, und diese müßten gerade jetzt erst recht angehen, da die Aufschrift an dem Tore schon so schön gewesen sei – aber das Prachttor führt nur zu oft in einen artigen Garten, der sich in Steppen verflacht oder leider oft in einem Sumpf vergeht.

Groß müssen zwei Herzen sein, die dem leise nagenden Zahn der Alltäglichkeit nicht untertan, sich in ein reiches Leben schauen lassen, wo die Grazie täglich in einer andern Gestalt auf dem Throne sitzt – groß müssen sie sein und ohne Sünde. Dann dürfen sie getrost eingehen durch das Prachttor; für sie führt der Garten ins Unendliche.

Ein närrischer Gedanke heckt den andern aus. Ein solches Ehepaar – nein, zwei, drei, vier solche Ehepaare möcht' ich an einem schönen See haben, z. B. dem Traunsee, der so reizend aus schönem Hügellande ins Hochgebirge zieht. Dort baue ich zwei, drei Landhäuser fast altgriechisch einfach, mit Säulenreihen gegen den See, nur durch einen schönen Blumengarten von ihm getrennt. Aus dem Garten führen zehn breite Marmorstufen zu ihm hinunter, wo unter Hallen die Kähne angebunden sind, die zu Lustfahrten bereitstehen. Der Garten hat Glashäuser für die Tropengewächse – sie sind ganz aus Glas, mit eisernem Gerippe, nur äußerlich mit einem Drahtgitter gegen den Hagel überspannt. – Auch ganz gläserne Säle fehlen in ihm nicht, daß man, wie in einer Laterne, mitten in der Paradiesesaussicht schwebe. Von dem Garten wieder auf zehn Stufen steigt man zum Landhause, das den Eintretenden mit einer Säulenrundung empfängt. Diese Rundung ist durch Glas zu schließen, hat an der Hinterwand Sitze, und rings stehen dunkelblättrige Topfpflanzen, als da sind: Oleander, Kamelien, Orangen u.s.w.

Zwischen diesen glänzen Marmorbilder. Zu den Seiten dieser Halle und über ihr sind die Zimmer, zu denen breite, sanfte, lichte Treppen mit Standbildern führen. Das ebene Dach ist ganz mit Blumen, Bäumchen und Sitzen bedeckt. Von ihm ragt der astronomische Saal empor. Auch ein paar Spiegelzimmer dürfen nicht fehlen – von dem Fußboden bis zur Decke Spiegelebenen in Vieleck gestellt, mit veränderlichem Neigungswinkel, daß man im lustigen Humor die Aussicht durcheinanderwirren und stückweise zerwerfen kann. Der naturwissenschaftliche Saal ist hinten im Baumgarten. Am Hause rückwärts bilden zwei Flügel einen Hof mit – nicht Ställen, sondern – Zimmern für die Tiere, die fast ängstlich rein gehalten werden. Man hegt deren allerlei, und jede Gattung hat ihren geräumigen Spielplatz. Der Obst- und Gemüsegarten ist sehr groß und liefert durch gute Pflege genug und erlesenes Obst in die Winterbehältnisse. Park ist keiner, weil ohnehin einer da ist, den die Natur meilenweit umhergelegt hat mit Seen, Strömen, Alpenwässern, Matten, Felsen, Wäldern, Schneebergen u.s.w. – nur mit kunstlosen Pfaden und Ruheplätzen wird nachgeholfen, aber nur äußerst vorsichtig, daß ja nichts verkleinlicht werde. Die einzelnen Landhäuser – denn die Ehepaare sind die besten

Freunde – sind durch Säulengänge verbunden, in denen im Sommer die Orangensammlung steht.

In diesem Tuskulum nun wird gelebt und eine Schönheitswelt gebaut. Der Himmel segnete die Ansiedelung mit Weltgütern (sonst hätten sie die Landhäuser gar nicht erbauen können), und keiner der Männer ist an ein sogenanntes Geschäft gebunden, das ihm die allerschönsten Lebensjahre wegfrißt und das Herz ertötet, sondern jeder weiht seine Tätigkeit nur dem Allerschönsten und sucht, soviel an ihm ist, das Reich der Vernunft auf Erden zu gründen. Wissenschaft und Kunst werden gepflegt und jede rohe Leidenschaft, die sich äußert, hat Verbannung aus dem Tuskulum zur Folge. Kurz, ein wahres Götterleben beginnt in dieser großartigen Natur unter lauter großen sanften Menschen. Auch für ihre etwa kommenden Kinder ist mir nicht bange; sie werden schon recht erzogen werden.

Ich gehe hin und bitte die Eheleute um des Himmels willen, sie möchten mich bei sich leben, malen und dichten lassen als Kebsmann des Bildes meiner getrennten Zenobia, die ihrerseits wieder anderswo mit meinem Bilde in geistiger Ehe lebt.

Du siehst schon daraus, Titus, daß ich sehr bald überschnappe.

Aber der Gedanke von den Landhäusern ist nicht neu – nur die trefflichen Ehepaare habe ich erst jetzt dorthin versetzt. Die Landhäuser sind schon seit 1830 fertig, d.h. ich suchte den Platz dazu aus, als ich im besagten Jahre den Juli, August und September an den Ufern dieses Sees zubrachte. Ich lebte damals abwechselnd fast an allen Punkten seiner Umgebung und oft ganze Tage auf ihm selber. Ja, ich muß nur meine ganze Schwäche eingestehen – ich malte das Traunkirchner Ufer dazumal und die fertigen Häuser bereits hinein. Sie stehen der Landschaft trefflich zu Gesichte. Vom Traunsteiner Ufer gesehen, sind sie weißglänzende Punkte, aber dem Näherschiffenden wachsen liebliche Säulen aus dem Wasser und flattern umgekehrt wie leichtfertige Bänder in dem schwanken Spiegel. Es sind ihrer mehrere gezeichnet worden und ein Billionär, der sie etwa auf das großartigste ausführen wollte, kann täglich bei mir die Pläne und Gemälde einsehen; ja ich wäre erbötig, dem Manne noch mehrere, die bis jetzt nur in meinem Kopfe sind, auf schönes Bristolpapier zu werfen. – – –

Nun, Freund, da ich ausgeschwärmt, stehe ich deiner letzten Frage und Klage Rede, daß ich nämlich immer in Phantasien und Späßen herumjage und in einem Tagebuche nichts von meinen persönlichen Verhältnissen anmerke. – Liebster, ich habe aber gar keine persönlichen Verhältnisse. Meine Seele bin ich, d.h. eben jenes spaßige, phantasierende Ding, das nebenher oft wieder gerührter ist, als kluge Leute leiden können. Willst du aber auch von der Fassung dieses Dinges etwas wissen, so horche nur: Vier Treppen hoch liegt eine Stube –

Schreib-, Wohn-, Schlaf- und Kunstgemach –, lächerlich sieht es drinnen aus! Dichter, Geschichtsschreiber, Philosophen, auch Mathematiker und Naturforscher liegen broschiert auf dem ungeheueren Schreibtische – dann Rechentafeln, Griffel, Federn, Messer, ein Kinderballen – mein kleiner Hund braucht ihn zu Spielen – ein Fidibusbecher, Handschriften, Tintenkleckse – – – daneben zwei bis drei Staffeleien in voller Rüstung; an den Wänden Bilder, auf den Fenstern Blumen und noch eigens eine Menge derselben auf einem Gestelle; dann eine Geige, die ich abends peinige, und rings Studien, Skizzen, Papiere, Folianten – Fuggers Ehrenspiegel des Erzhauses Österreich mit Stichen – dann noch anderes, woraus dem Eintretenden sofort klar wird, daß hier gelehrt gelebt werde und ein Junggesellenstand sei, in welchem eine große Anzahl Gulden jahraus, jahrein nicht da ist, wo aber Künste und Wissenschaften blühen und an Gefühlen ein wahrer Überfluß herrscht. – Hier nun lebt dein Freund und verlegt sich auf das Schöne. Er liest eine Menge Bücher, läuft spazieren – ja, der Unglückliche geht oft drei Tage spazieren und gelangt zum Schneeberge, was dann zur Folge hat, daß er wieder drei Tage zurückspazieren muß; aber er tut es gern und begeht da gerade die besten Pfingstfeste seines Herzens. Dann malt er fleißig an Vormittagen – dann wohnt er wieder einen Tag in einer Bilder- oder Büchersammlung – macht abends Besuche oder geht gar in eine Schenke, wo ein Kränzchen von Bekannten wacker plaudern und alle Wissenschaften handhaben – oder er nimmt sein Geräte zur Hand und sitzt wochenlang in den Bergen um Wien herum und will dort die Natur abkonterfeien. Wenn sie einen oder den andern Helden im Theater aufführen, so sitzt der frohe Kauz schon viel zu früh darinnen – manches Konzert kann er kaum erwarten; in die Oper und in das Ballett geht er gar nicht, der Einseitige – und in diesem Augenblicke wird er häufig in der Gemäldeausstellung und im Paradiesgarten gesehen. In manchen Familien haben sie ihn lieb, und er geht oft hin; in andern können sie ihn nicht ganz gut leiden, und er geht auch hin, wenn er sie gleich durch verschrobene Begriffe ärgert.

Nun, ich denke, hier hast du persönliche Verhältnisse genug, aber da ich einmal im Zuge bin, so fahre ich fort. Bekannte habe ich eine Menge, worunter zwei fast Freunde sind – Lothar und der drollige alte Engländer Aston. Er scheint mit mir einen Plan zu haben – er hat überhaupt für sein Leben gern Pläne –, ich weiß zwar nicht, was für einen, aber daß ein solcher in voller Blüte steht, leuchtet wie ein Zeichenfeuer aus seinem ganzen Wesen. Kein Mensch auf Erden leitet und ordnet so gerne als er. „Ich bitte Euch flehentlich", sagte er, „lasset nur mich gewähren, und verderbet nichts"; dafür, wenn man ihm die Sache überläßt, darf man aber auch rechnen, daß sie bis ins Kleinste meisterhaft ist – nur darf es nichts Wichtiges sein; das verpfuscht er. Er überrascht auch gerne und hat seine Heimlichkeiten, nur weiß man sie immer meist aus den Schildwachen, die er mit Angst um das Geheimnis stellt. Sein Herz ist wie Gold, und ich kenne mehrere Züge des anspruchlosesten Edelmutes von ihm. Im übrigen reitet er unterschiedliche Steckenpferde und tut seiner Kappe jährlich ein paar Schellen und sauberes Pelzwerk zu, was ihm wohl du und ich am wenigsten verargen können, denen gewiß derlei Glocken und Streitrosse nicht ausbleiben werden. Und am Ende ist mir ein phantasiereicher Greis mit seinen paar zugehörigen Narrheiten lieber als jene erloschenen Menschen, die sich vorgestorben sind und ihren Körper wie das leere Fach der Seele hinfristen. Gegen mich ist er väterlich warm und will mein Glück machen, da er mich wirklich mehr liebt, als ich es verdiene; er traut mir nämlich des Guten nicht weniger als alles zu, was mich manchmal sehr beschämt; daher, wenn ihn andere Leute seiner Eigenheiten willen unleidlich finden oder lächerlich machen, liebe ich ihn dafür von ganzem Herzen – und kann stundenlang mit ihm spazierengehen und ihm gewähren lassen, wie er teils erzählt, teils Pläne dartut, teils verworrene Stücke seiner Vergangenheit herbeischiebt und im naiven Fortplaudern – weil er sich vor mir gehen läßt – arglos eine wahre Rumpelkammer eines Herzens auftut, worin Plunder und Kleinodien liegen, die nur niemand geordnet hat, weil die einzige Hand, die es konnte und der er es mit geduldigster Liebe überlassen hätte, längst schon im Grabe liegt – die seiner Gattin, deren leise, schöne Schritte in der Plunderkammer oft deutlich sichtbar werden, wenn der Zufall das eine oder andere unnütze Tuch von ihnen abhebt. Diese meine Schonung seiner Eigentümlichkeit mag ihm oft halb klar vorschweben und eigentlich das Band zwischen uns sein, denn das Anerkennen seiner Trefflichkeit teile ich mit vielen seines Umgangs – jene Schonung mit wenigen. So gut ist er gegen mich, daß wenn ich so schlecht wäre, seines Vermögens halber einer seiner zwei Mädchen Liebe vorzuheucheln und sie zu gewinnen, er freudig sein „Ja" dazu sagen würde. Ohnehin weiß Wien nicht anders, als daß ich in die bedeutend schöne und noch dazu geistreiche Lucie, die ältere seiner Töchter, verliebt sei und deshalb sein Haus besuche. Man macht mir artige Worte über meinen Geschmack und lobt hinter meinem Rücken meinen Berechnungsgeist und mein Unterhandeltalent, mit dem ich den Vater gewinne.

Sonderbar ist mir noch eines, was ich hier anmerken muß, daß ich mich nämlich schon seit einiger Zeit mit einem Netze von Heimlichkeiten umgeben fühle, dessen Fäden ich oft sichtbar vor mir zu haben wähne, und wenn ich darnach greife, so ist nichts da. Gestalten von Bedeutung sind zuweilen in meinem Bereiche, wiederholen sich und verlieren sich. Wünsche, die ich nie ausgesprochen habe, finde ich oft in meinem Zimmer verwirklicht. Nachfragen werden gehalten, Bestellungen gemacht, von denen ich nicht weiß für wen, und so andere Dinge, die ich fühle, aber für den Augenblick nicht darstellen kann.

Das Allerverkehrteste ist aber das, daß meine unbekannte Südländerin, die stolze Zenobia, nichts weniger als eine Südländerin ist, sondern die russische Fürstin Fodor. Sie reist bloß durch, und zwar aus Frankreich kommend, wo sie mit ihrem Gemahle das Grab ihrer Eltern besuchte, die dort vor vielen Jahren auf eine gewaltsame und geheimnisvolle Weise umgekommen sein sollen. Sie wird in einigen Tagen nach Petersburg abreisen, um die dortigen Gesellschaften zu verherrlichen, wo sie mit ihrem Gemahle das schönste Paar sein soll. Woher ich dies alles weiß? – – Ja, noch mehr – – während ich hier schreibe, liegt ihr äußerst gelungenes kleines Abbild neben dem Papiere auf dem Schreibtische. Niemand anders nämlich wurde mit dem Auftrage beglückt, sie lebensgroß zu malen, als Freund Lothar. Er malte sie in ihrer Wohnung und färbte sich heimlich das kleine Bildchen zusammen als einen Schönheitsdiebstahl und lief sogleich zu mir, um damit meine Paradiesgartenschönheit, von der ich ihm erzählte, auszustechen.

Wie staunte er, als ich ihm sagte, die sei es eben – und beide wunderten wir uns über den Zufall. Er verschaffte mir später sogar, daß ich das große Bild selbst sehen konnte, zu welchem Zwecke er ein Mädchen der Fürstin mit Geld und Liebesworten bestach. Die Arbeit war schön, und obwohl er sagte, daß sie nicht von weitem an das Urbild reiche, so wiederholte sich doch an mir fast dieselbe Wirkung wie damals vor jenem erhabenen Spiegel. Er ergötzte sich herzlich an meinem elektrischen Funkeln, teilte es aber nicht im mindesten, obwohl er zugab, daß diese Arbeit die schönste Belohnung seines Pinsels sei, die er je zu hoffen habe, und er wolle nun recht geduldig viele der häßlichsten Gesichter nachbilden. Er schenkte mir das kleine Gemälde, und ich bewahre es als Denkmal der sonderbarsten Wirkungen unserer Phantasie auf, denn die Fürstin soll hart und kalt sein, und von dem echtesten Ahnenstolze besessen – ich aber hatte alle Weichheit und Güte der schönsten Seele in die Züge dieses Bildes getragen. – Wenn sie längst in ihrem Norden ist, dann nehme ich erst das Bild recht her und dichte ihm alles an, was mir nur immer beliebt – ich wüßte nicht, wer mir's wehren könnte! Gute Nacht, Titus!

VII. HIMMELBLAUER ENZIAN

3. Juni 1834.

Seit dem zwölften Mai gab es gar nichts; aber das Ende dieses Monats war eigentümlich genug. Das Wetter hatte sich lange zusammengezogen und Anzeichen und Wahrsagungen und Ahnungen und alles ging vorher; nun ist es da – ich bin verliebt und, bei Gott, ich nehme mir vor, es ganz unmäßig zu sein und den Becher tüchtig rasch hineinzutrinken, in den sie uns das himmlisch süße Gift tun.

Höre mich – ich will dir alles schreiben. Am letzten Mai war ich bei Aston geladen und ging hin. Die Pastoralsymphonie wurde von lauter feurigen Verehrern des toten Meisters vortrefflich ausgeführt. Ich floh in sein Schreibstübchen, in das keine andere Beleuchtung floß als eine sanfte Dämmerung aus einem dritten Zimmer, in welchem vier dicht beieinanderstehende Lampen aus matt geschliffenem Glase die Milch ihres Lichtes ergossen. An dieses ferne Zimmer erst stieß der Saal, wo die Musik und die Gesellschaft war; ich war also so gut wie allein. Auf dem weichen weißen Samte dieses Lichtes nun wallte die Symphonie zu mir herein und brachte alle Idyllen und Kindheitsträume mit, und je mehr sie schwoll und rauschte, um so mehr zog sie gleichsam goldne Fäden um das Herz. Wie ist die Musik rein und sittlich gegen den leichtfertigen Jubel unserer meisten Opern! Auf unbefleckten weißen Taubenschwingen zieht sie siegreich in die Seele.

Ich wäre ohne weiteres mit ihrem Ende fortgegangen, wenn dies auf eine andere Weise möglich gewesen wäre als mitten durch alle Anwesende, deren Grüße, Fragen, Anreden, Gutenachtwünsche u. s. w. mir unangenehm waren. Der letzte Ton war verhallt, und sogleich ging draußen ein Brausen an, und ein Sesselrücken und ein leidiges Tanzen begann. Im Lampenzimmer wurden gar Spieltische gestellt, und bis zu mir hinein drangen die Streifenden. Sofort hob für mich die Langeweile an. Emma, die jüngere Tochter Astons, wollte, ich solle tanzen. Ich erwiderte, daß ich nicht starker Geist genug sei zu solchen Übergängen wie unser Jungfrauengeschlecht, das dicht an Beethoven das Tanzen nicht verachte. „Doch ist jemand aus dem Geschlechte so stark", sagte Emma lächelnd, „und sogar zwei sind es. Lucie und ihre altrömische Freundin, die Sie heute werden kennenlernen – der weibliche Cato von Utika – oder von wo – sie sind sogar in den Garten hinabgegangen. Übrigens", fügte sie bei, „mir hat die Symphonie sehr gut gefallen; aber jetzt gefallen mir sämtliche Tänzer auch, und ich kann mit meiner Empfindung nicht so breit tun wie mit einem steifseidenen Gewande und wie die andern, und so ade, Herr Aristoteles." Sie knickste ernsthaft und schwebte künstlich zwischen all den

Klippen der Spieltische wie ein leichtes Fahrzeug hinaus in die wogende See des Tanzsaales.

Nach dem Garten hätte ich wohl auch ein Gelüste getragen, aber ich mußte es nun aufgeben, um die zwei Freundinnen nicht zu stören, die ihn wahrscheinlich für ganz unbesucht hielten. Ich trat daher, wie gewöhnlich, Reisen durch alle Zimmer und durch die Gruppen darin an, und als ich im Bedientenzimmer die Pulte und Reste der Symphonie wie ein kahles Feuerwerksgerüste antraf, hatte ich eine Art Schmerzempfindung wie bei dem Anblicke eines abgebrannten Hauses. Auf dem Rückwege geriet ich zwischen die Wimpel und Fahnen mehrerer Putzhauben, die zusammenstaken und verleumdeten.

„Beide", hörte ich sie sagen, „sind im Garten, und sie macht die Lucie noch zu derselben unnatürlichen Figur, wie sie selbsten ist. – Gott gnade dem Manne, der eine solche verschrobene ..."

Mehr hörte und wollte ich nicht hören.

„Arme Angela, dies ist nun seit einer kleinen halben Stunde schon die zweite harte Äußerung über dich – noch dazu an deinem Namenstage" – so dachte ich und nahm mir vor, sobald sie heraufkäme, sie mir zeigen zu lassen und sie gerade recht mit Auszeichnung zu behandeln, namentlich auch um die Putzhauben zu ärgern.

Ich trat wieder unter die Tanzenden – alles – die herumfliegenden Gestalten, die glühenden Wangen und strahlenden Augen der Mädchen, das Vergnügen der zusehenden Mütter, selbst die spielenden Herrn – alles nimmt nun in meiner Erinnerung eine rührende Gestalt an. Ich werde den Grund angeben. Als ich nämlich sattsam wie ein Irrstern unter diesen Wandelsternen herumgeschweift war, ließ ich mich endlich häuslich nieder vor einer Rheinweinflasche, die mir Aston immer aus Vorliebe gibt, und rief einen Bekannten herzu, der ebenfalls ein Fremdling in der Tanz- und Spielwelt war. Wir gerieten ins Plaudern, während der Tanz draußen schleifte und schwirrte und rauschte. Unser Tisch war gleichsam ein Landsitz außerhalb dieses Stadtgewühls, denn er stand im Schreibstübchen, das aber jetzt beleuchtet war. Im Zimmer daneben und im dritten, im Lampenzimmer, saßen hartnäckige Whistgesellen. Wir hatten bereits die zweite Flasche angebrochen und handelten den Virgil ab, die musikalischste Muse der Römer, als sich folgendes ergab. Mein Nachbar pries seine Zartheit in der sinnlichen Malerei, in der er fast an die Griechen reiche, und sagte die Stelle als Beleg:

„Tempus erat, quo prima quies mortalibus aegris
Incipit et ... et ..."

Aber weder er noch ich wußten den schönen Vers zu Ende – da sprach unglaublich sanft eine weibliche Stimme hinter mir:

„et dono divum gratissima serpit."

Ich sah neugierig um und – lege den größten Maßstab an mein Erschrecken – dicht hinter meiner Stuhllehne, an der Seite Luciens, von unserer Lampe scharf beleuchtet, schwebt das Gesicht aus dem Paradiesgarten – dasselbe edle, sanfte, unbeschreiblich schöne Angesicht in der ersten Blüte der Jugend, dieselben Augen, zwei Sonnenräder, nur darüber dämmernd die langen feinen Wimpern wie Mondesstrahlen. Ich war aufgesprungen und starrte sie töricht an, während sie mit tiefem Purpur übergossen wurde.

„So schlagen Sie mich überall aus dem Felde, schöne Feindin", sagte mein Nachbar, der auch aufgestanden war und sich artig lächelnd verbeugte. „Auch im Virgil sind Sie mir überlegen."

„Hier führe ich Ihnen", sprach Lucie, „meine liebste Freundin auf, die längst versprochene Angela" – und dann zu ihr gewendet: „Dies ist der bescheidene Maler der Umgebungen Wiens."

Wir verbeugten uns gegenseitig.

Mein Nachbar sprach sogleich darein und benahm sich überhaupt wie ein Bekannter Angelas.

In diesem Augenblicke trat auch Aston herbei, und in seinem Angesichte war ein Weltmeer von Freude zu sehen über die gänzlich gelungene Überraschung, von der er alles und jedes auf seine Rechnung setzte, was an Ratlosigkeit in meinem Gesichte mußte sichtbar gewesen sein. Freilich konnte er den Grund meiner lächerlichen Verlegenheit nicht ahnen, die mich immer von neuem erfaßte, wenn ich sie ansah und die in mir herumringenden Gestalten in eine erträgliche Ordnung zu bringen versuchte. Diese also ist die verschrobene Angela, sie ist aber auch die Fürstin – und wer stand nun vor dem Hochspiegel – wer ist denn das lebensgroße Bild, wer das kleine Abbild? Und Lothar sitzt höllischerweise auf dem Hochschwab und malt dort Naturstudien und kann keinen Teufel aufklären – wenn er nicht gar selber im Komplotte steckt und sich zu guter Zeit auf- und davongemacht hat. Im ganzen „Goldnen Lamme" wohnt ja die Fürstin, wenn sie nicht schon davongefahren ist; das weiß ja ganz Wien, und daß sie von dem jungen Maler außerordentlich getroffen wurde, erzählt auch ganz Wien – und daß ich das lebensgroße Bild selber im „Goldenen Lamme" sah, schon im Rahmen, schon an den Boden der Reisekiste geschraubt, weiß ich mit Gottes Hilfe auch – und hier steht sie im einfachsten Kleide und lächelt mich an! – In meinem Zimmer – wenn es sich nicht unterdessen in eine Kohle verwandelt hat – liegt das kleine Bild, auf dem sie auch steht! – Dann, die seltsame Lage hilft ihr auch noch, mich zum Narren zu machen, daß nämlich zweimal dasselbe ungewöhnlich schöne Angesicht allemal dicht vor meinen Augen in der Luft hing und zauberte, statt daß es ordentlich in der deutlichen Sehweite gesessen wäre zu verständiger Betrachtung und Anschauung. Und alle machten sie so unschuldige Gesichter, als wäre auf dem ganzen Erdboden kein trübes Wässerlein – oder gelang dem Aston dieses Mal eine meisterhafte Verwirrung? Wenn nur die Fürstin noch da ist, so warte ich morgen tausend Stunden vor dem „Goldnen Lamme", daß ich sie ausfahren sehe, und Lucie – denn das Teufelchen Emma sagte nichts – muß heute noch Rede und Antwort stehen. Eine solche Ähnlichkeit zwischen zwei wildfremden Menschen ist gar ganz unmöglich; das muß ich verstehen, der ich schon über hundert Angesichter malte.

So dachte ich ungefähr in dem Augenblicke, als ich vor ihr stand; was ich aber geredet habe, weiß ich nicht mehr. Ersprießlich muß es nicht gewesen sein, denn sie wurde sichtbar verwirrt und errötete wiederholt, und Lucie machte immer größere Augen.

Aston sprang uns allen wie ein Engel des Himmels bei, als er die Nachricht brachte, draußen stehe alles aufgedeckt und man warte schon auf uns zum Speisen.

Auf dem Wege ins Tafelzimmer nahm er mich am Arm, während die zwei schönen Mädchengestalten vor uns gingen, und flüsterte mir ins Ohr: „Hab' ich Ihnen mit dieser das Konzept verrückt? – Und sie wird Ihnen sogar zu einem Bilde sitzen, wenn es Lucien gelingt, sie vollends zu überreden, denn nur ihr, als Freundin, wolle sie ein Bild von sich als Andenken überlassen. Dann wird sie gleich lebensgroß gemacht; die Kleiderverhältnisse wählen Sie selber, und ich stehe Ihnen bei, und wenn wir sie überreden, daß sie Ihnen zu Ruhm und Glück dadurch verhelfen kann, so erlaubt sie auch, daß das Bild in die Ausstellung darf, und dann ist Ihr Ruf gegründet, Freund. Diese ist einmal ein Gegenstand, durch den sich ein Künstler Ehre gewinnen kann. Die ganze Männerschaft ist verloren, wenn sie das Bild anschaut, und verliebt sich bei dieser Gelegenheit auch in den Künstler, und die Weiber werden sofort alle von Ihnen gemalt sein wollen, weil sie meinen, sie würden dann auch so hübsch aussehen und so prachtvoll zwischen dem Goldrahmen sitzen. Wären Sie nur letzte Zeit nicht so halsstarrig gewesen – sie hat sogar einige Male nach Ihnen gefragt –, so hätten Sie sie schon längst sehen können, denn mein Plan war es schon vom Winter her, Ihnen mit ihr den Verstand zu zerrütten. Aber es ist nicht aller Tage Abend – ich könnte Ihnen noch allerlei Dinge sagen; aber gegebene Worte muß man halten – man muß sie halten."

Mittlerweile gelangten wir an den Tisch, und er setze mich ihr gegenüber. Meine Ruhe war durch den Gang ziemlich hergestellt, und ich saß voll Gelassenheit zwischen zwei schönen angewiesenen Tischnachbarinnen nieder, um mein Gegenüber auch einmal mit Ordnung und Verstand zu betrachten und über selbes zu richten.

Aber gefährlich blieb es, denn selbst jetzt, in dieser Prosa des Anschauens – das Himmelsbild setzte gar eine Tasse mit Rindsuppe an
den Mund – verspürte ich doch gleich beim ersten Blicke wieder etwas von jener Zauberei wie vor drei Wochen im Paradiesgarten. Ich
sprach daher mit meiner Nachbarin rechts über das auserlesene Wetter,
dann mit meiner Nachbarin links auch über das auserlesene Wetter –
es ist aber auch wirklich auserlesen, wie es hier seit dem Jahre 1811
nicht gewesen ist, so sagen die Weinkenner –, dann aß ich, reichte
Teller herum, mischte mich in Gespräche und verlegte mich überhaupt
auf die Unbefangenheit. Aston sah verschmitzt aus. Man sprach über
die Symphonie und stritt. Ich mischte mich ein. Auf einmal, mitten
in dem allgemeinen Brausen, tönte wieder die unglückselige, sanfte,
lateinische Stimme, aber diesmal deutsch. – Ohne Verzug lagen meine
Augen drüben und begegneten einem großen, unschuldig schönen
Blick voll Männerernstes. Sie fing eben an, den armen Ludwig gegen
zwei ältliche Frauen zu verteidigen, die ihm Überspanntheit und Verworrenheit vorwarfen. Ein alter Herr mit schneeweißen Haaren – er hatte
das Violoncell gespielt – stimmte ihr bei und ereiferte sich jugendlich
für seinen Liebling, wofür ihn das schönste Augenpaar des Saales eini-
gemal recht töchterlich lieb ansah. Der ewig alte Hader, in den man
allezeit gerät, wenn man von Beethoven spricht, ob er oder Mozart vor-
zuziehen sei, entstand auch hier und ward mit Hast verfochten. Alle
Damen waren Mozartistinnen und ein großer Teil der Männer – Angela stand für Beethoven, unterstützt von dem greisen Violoncellisten
und mir. Lucie mischte sich nicht ein, aber Emma sehr heftig für Mozart. Aber es war von beiden Seiten wenig zu gewinnen, denn gleich
nach dem ersten Worte bemächtigte sich das mit starken Herren be-
setzte Südende des Tisches der Frage, und eine lärmende Kriegsfurie
brach los. Sogleich schwieg Angela und nur gleichsam sich entschuldigend und dankend wandte sie sich zu mir und sagte: „Ich bin nicht
Kennerin genug, um anders als nach meinem Eindrucke zu urteilen,
aber mich reißt es hin, wo, wie in der Natur, großartige Verschwendung
ist. Mozart teilt mit freundlichem Angesicht unschätzbare Edelsteine
aus und schenkt jedem etwas; Beethoven aber stürzt gleich einem Wolkenbruch von Juwelen über das Volk; dann hält es sich die Hände
vor den Kopf, damit es nicht blutig geschlagen wird, und geht am
Ende fort, ohne den kleinsten Diamanten erhascht zu haben."

Mir war das Urteil aus der Seele gesprochen, aber ich war eigentlich nicht imstande, etwas recht zu genießen, weil es in mir noch immer durcheinanderging und mir niemand gutstehen konnte, daß ich
nicht jeden Augenblick mit der Frage herausfahre, ob sie denn ganz
und gar und ohne weiteres die Fürstin Fodor sei, die mit ihrem Gemahle nach Rußland gehen werde, um dort die Leute zu bezaubern;

aber dies ist ja unmöglich, denn sie ist Luciens Jugendfreundin, und ich werde sie diesen Sommer malen; aber dennoch ist sie mit jeder Linie und Färbung des Angesichtes mein kleines Abbild, das ich von Lothar erhalten hatte. Diese Doppelgängerei fing nun an, etwas Unheimliches zu gewinnen. Ich mußte sie mir hier und zugleich beim „Goldnen Lamme" oder gar bereits in einer polnischen Herberge schlafend denken. Das beklagenswerte Essen nahm auch kein Ende, und da der Streit noch immer heftig währte, so konnte auch kein vernünftiges Wort aufkommen. Deshalb blieb mir nichts übrig, als daß ich sie mit Muße betrachtete.

Titus, sie ist wahrlich und wahrhaftig unbegreiflich schön, zumal im Profil; da zeichnet sich die schönste Linie in der Luft, welche das Weltall besitzt und die man versucht wird, sich nur einmal daseiend zu denken. Hinter ihr war an den Wänden dunkelsamtnes Gehänge, und bei jeder Wendung schnitt sich das hell beleuchtete Angesicht aus rabenschwarzem Grunde. In unsern Zeichenbüchern ist diese Linie noch nicht; sie stammt aus der schönsten Zeit des alten Perikles – und wenn sie sich dann plötzlich zu dir wendet und die beiden Augen auf dich richtet, in denen etwas Treuherziges und Schwärmerisches ist, so wird das Bild wieder ein ganzes neues und aus der Antike springt eine romantische Shakespearegestalt. Wenn unter dem eine törichte und verschrobene Seele von Albernheit wohnt, wie Aston und jeder von ihr sagt, so ist es die schmerzlichste Ironie, und ich möchte dann den Apoll von Belvedere zertrümmern; denn was hat denn Schönheit dann für eine Bedeutung, als daß sie geradehin nur Grimm des Herzens aufrühren mag? Aber ich glaube es nun und in Ewigkeit nicht. Ich wollte nur, du könntest sie sehen, mein Titus; eine Last dunkler Haare, daraus hervorleuchtend die weiße Stirn voll Sittlichkeit, adelig geschnitten von zwei feinen Bogen, und darunter die zwei ungewöhnlich großen, lavaschwarzen Augen, brennend und lodernd, aber mit jenem keuschen Madonnenblicke, den ich an feurigen Augen so sehr liebe, sittsam und ruhevoll – du würdest wähnen, in dieser Klarheit müsse man bis auf den Grund der Seele blicken können – und wenn sie mit dem weichen, klugen Munde doch so blöde lächelt, so meint man Pallas Athene als Kind zu sehen.

Wie ich ihr so gegenübersaß, schwoll mir das Herz wehmütig an und sehnsuchtsweich, und ich hatte das Gefühl, hinter allem diesem berge sich vielleicht ein seltener Glanz, dem sich kein Mann nahen dürfe, als nur mit dem schönsten Geistesschmucke; sie aber stehe unter der Menge wie eine Fremde, deren Sprache man nicht kennt. Jedenfalls muß ihre Erziehung von der gewöhnlichen abgewichen sein, denn in all ihrem Tun war ein gewisser Zuschnitt, der etwas Fremdes hatte. Dies gab ihr einen Schein von Unbeholfenheit oder Ziererei – besonders da sie, wie oft pedantische Gelehrte, zuweilen geradezu gegen alle gewöhnliche Art verstieß, wie es das seichteste Gänschen nicht gemacht hätte, während oft ein Schimmer hervorbrach, den freilich das Gänschen auch nicht machen konnte, ja, ihr verargte. Mir erschien sie dadurch noch reizender, wie jene Tropenblumen, die dem ersten Blicke des Nordländers fremdartig, ja lächerlich sind, dem öftern Beschauen aber immer dichterischer werden und die fernen Wunder ihres heißen Vaterlandes erzählen.

Champagner kam, denn von Astons Sitze schollen dessen Begrüßungsschüsse, und bald, da jene schlanksten aller Gläser rings gefüllt waren, tönte es: „Der Namenstag hoch!" Sie stand auf und dankte; ein Knäuel von Gläsern drängte sich an ihres, um anzustoßen; sie stand mild wie eine Märtyrerin und ließ den Wirrwarr über sich ergehen. Manche kamen zwei-, dreimal, um anzustoßen, ich weiß nicht ihretwegen oder wegen des Champagners. Endlich, wie alles in der Welt, nahm auch dieses Glockenspiel ein Ende, und sie setze ihr Glas nieder, ohne einen Tropfen zu kosten.

Auch andere Sprüche brachen los; man stand schon teilweise an dem Tische, da kamen zwei schöne Arme von rückwärts um sie geschlungen und zogen sie küssend in eine Umarmung und in einen Glückwunsch – Lucie war es; auch Emma kam und Rosa und Clara und Lina und wie sie alle heißen – auch die verleumdenden Putzhauben – und zogen sie in Wünsche hinein und von dem Tische hinweg.

Deinem armen Freunde war es nun, als hätte man alles Licht aus dem Saale fortgetragen, in welchem es bereits lustig und laut zu werden begann. Dichte Gruppen taten sich um die Flasche zusammen, und alle redeten wie die Apostel am Pfingstfeste in lauter fremden Zungen, daß ein eitel Gebrause und Gesause wurde. Ein junger Mann mit dem richtigst gezeichneten Angesicht, was ich je sah, schritt auf mich mit seinem Glase zu, um anzustoßen. „Auf Ihr schönes Gegenüber", sagte er. „Wir zwei allein stießen vorher mit ihr nicht an." Also hatte er es auch bemerkt – ich habe wohl gesehen, wie er nicht anstieß – vielleicht aus demselben Grunde wie ich, weil ich ihr nämlich nicht auch noch zur Last sein wollte.

Ein neues Tanzen jubelte draußen los, vom Champagner angezündet, und trieb seine hochgehenden Wogen herein in den trüben Schwemmteich von Reden, Streichen, Lachen, Scherzen, daß ein tosendes Meer um die Ohren kochte.

Ich stand auf, unendlich erleichtert, daß ich von dem Tische losgeschmiedet sei und dem sinnverwirrenden Klingen und Schleifen und Schweifen und Reden und Brausen entfliehen könne. Mein Weg führte durch das Tanzzimmer, und es kam mir vor, als seien der Paare noch einmal soviel geworden, und als würden sie ohne Ende mehr, wie sie von einer tollen Galoppe herumgeschleudert wurden, immer schneller und schneller, weil einer, der auf dem armen Piano wie mit Keulen hämmerte, den Kreisel wie zur Lust immer bacchantischer drehte, vom Fieber angesteckt und alles ansteckend. Ich haschte mit den Augen nach Gesichtern, und wie die Mädchen vorüberjagten mit dem wilden Wangenfeuer, unschön mit den hartroten Antlitzen, so fürchtete ich, auch ihres in dem Zustande zu sehen – aber es war nicht darunter. Ich war, wie allemal beim Anblicke solches Überschäumens bloßer Lustigkeit, traurig geworden und ging gerne weiter.

Im Lampenzimmer endlich, wo noch die Kartenruinen lagen, stand sie, aber eingewickelt in einen Ballen von Freundinnen und Feindinnen, die Glück wünschten, und von Männern, die den Hof machten. – So hat denn heute Aston, wie jener König im Evangelio, die Blinden und Lahmen und die ganze Wiener Stadt und den Erdkreis zu diesem Feste eingeladen, daß die Menschen kein Ende nehmen wollten!! Ich ging noch weiter in das nächste Zimmer, wo endlich bloß drei waren, die Langeweile hatten, und ich setzte mich dort in einem Winkel als Vierter nieder.

Ich war unsäglich traurig und konnte mich der tiefsten Schwermut fast nicht erwehren. Ich sah durch die Türen in alle Zimmer zurück, die ich durchwandelt hatte, und lud meinen armen Augen die Last aller Bilder derselben auf: den fernen, schwarzen Grund der Männer im Tafelzimmer, undeutlich wogend und im Lichterrauche schwimmend; auf diesem Grunde gedreht, gewirbelt, gejagt der weiße Kranz der Galoppe, seinerseits wieder zerschnitten durch die stehenden Gestalten und Gruppen im nächsten Zimmer herwärts, durch die wieder manche ganz im Vordergrund wandelnde Gestalt bald eine schwarze, bald eine weiße Linie zog; und auf diesen Wust von Bildern und Farben, noch dazu wankend und wallend in einem betäubenden Lichterglanze, zeichnete sich ihre Gestalt, die einzig ruhige, wie die wimmelnde, zitternde Luft eine liebliche, feste Fata Morgana.

Leider kam nun Aston zu mir herein, der mich suchte, und fing zu reden an. Er glänzte von Wein und Freude und unterhielt sich nach seinem Ausdrucke „köstlich". Er sagte, wenn er reden dürfte, so könnte er mir Dinge sagen – Dinge –, aber es werde sich alles, alles aufklären und da irgendein anderer Mensch, den er nicht nennen dürfe, schon einmal verrückt sei und das eigne Unglück wolle, so werde alle Welt sehen, daß sein Plan, Daniel Astons Plan, der beste war und von Alpha bis Omega in Erfüllung gehe. Was Angela betreffe, müsse er bemerken, daß es eben kein Wunder sei, wenn ich mich in sie verliebe – das taten schon sehr viele; aber ein großes wäre es, wenn sie sich in mich verliebte – das tat sie noch nie. Er traue mir zwar viel zu, was Weiberherzen gewinnen könne, aber sie sei auch nicht wie andere

Weiber, sondern ihr Lehrer habe ihr allerlei Dinge beigebracht, die seltsam und ungewöhnlich seien – für eine gute Hausfrau tauge sie gar nicht, weil ihr alles und jedes Praktische fehle –, jedoch sie wäre schon abzurichten, da sie in allen Narrheiten, wozu sie sich gelegentlich wende, mit der musterhaften Ordnung und mit größtem Erfolge vorgehe; nur seien das leider Dinge, die alle nichts nützen und gegen Herkommen und Brauch seien. „Unter uns gesagt: Sie kann gar nicht einmal kochen. Aber verlieben Sie sich immerhin." Er wollte mich durchaus hinausführen, aber ich lehnte es entschieden ab und war froh, als er endlich von dannen ging. Mittlerweile entführte der Tanz eine Freundin nach der andern von Angela, und sie stand zuletzt nur noch mit einem Manne im Gespräche, demselben jungen, schönen Manne, der mit mir auf ihre Gesundheit angestoßen hatte. Auch Emma schwirrte einmal durch das Lampenzimmer in den Tanz, der unaufhörlich toller und toller hereintönte.

Da trat der Violoncellist zu mir und fing an, über Beethoven zu sprechen und über den guten Takt des schönen, fremden Fräuleins in Beurteilung des größten aller Tondichter.

Das schöne, fremde Fräulein hatte sich indes auf einen Diwan niedergesetzt, und der schöne, fremde Herr stand vor ihr.

Mein Nachbar zerlegte mitten im Klingen und Singen der Tanzmusik kunstgerecht die Pastoralsymphonie und zog mich doch zuletzt ins Interesse, weil er aus dem Tonstücke Erinnerungen zurückrief, die sich eben jetzt an mein gewitterschwüles Herz wie Engelsflügel legten, weil sie wie reine Lichtstrahlen abstanden von der roten Pechfackel der Tanzmusik, die eben draußen in jubilierender Sinneslust geschwungen wurde. Ich sprach endlich hingerissen einige heiße Worte über die Symphonie, und als meine Empfindung in der Stimme erkennbar geworden sein mußte, drückte mir mein begeisterter Nachbar wie ein Kind gerührt beide Hände, und mir kam das Haarsilber auf seinem schönen Greisenhaupt doppelt ehrwürdig vor.

Auch er schied endlich, und als ich aufblickte, war auch sie und ihr Gesellschafter fort, vielleicht gar zum Tanze; auch meine Genossen, die drei langweilenden Gesellen, waren verschwunden, und das Zimmer stand ganz leer; nur aus dem Spiegel gegenüber starrte mein eigenes Angesicht.

Da saß ich nun und wußte durchaus nicht, was in der nächsten Zeit zu tun sein werde.

Endlich ging ich wieder in das Tanzzimmer, ob ihr denn nicht auch das Tanzen anders lasse als den andern. Man führte jetzt eben Figuren aus, was ich viel lieber sehe als das Galoppjagen – aber sie war nicht bei den Figuren. Bei einer alten Frau saß sie und redete äußerst freundlich mit ihr.

Ich weiß es nicht, was mich denn so zauberisch bindet. In ihren Augen – in der Art, sie zu heben oder zu senken oder hinträumen zu lassen in dichterischer Ruhe – in dem Munde, wenn auf ihm das Licht des Lächelns ausgeht – selbst in der Hand, die eben jetzt wie ein weißes Apfelblütenblatt auf ihrem schwarzseidnen Kleide lag – – in allem, in allem ist ein Stück meines eigenen Herzens, was mir hier nur unsäglich reizender und inniger zur Anschauung kam.

Ich ging wieder in das leere Zimmer zurück. Fraget mich nicht, warum ich denn eine so große, feierliche, unabweisbare Empfindung in mir zurücktrug – ich weiß es nicht. Unter allen, die da freudig hüpften und freudig zusahen, ist nur ein einzig Herz, mein Herz ist es, das bitterlich weinen möchte. Sie ist der unschuldige Gegenstand, daß eine Empfindung in mir emporschwoll, ungeheuer, riesig, wohl- und wehmütig, verwaist und einsam in dem Herzen liegend – mir war, als hätte ich bisher keinen Freund und keine Freundin gehabt!!

Endlich war der Tanz aus, und die erhitzten Paare fluteten herein.

Jetzt mußt' ich Lucien sprechen. Sie trat auch zu mir, Angela und die hochatmende Emma am Arme führend.

Wie ganz anders sind die Worte, die man einer geliebten Gestalt in Gedanken sagt, als wenn sie dann vor uns tritt und das dumme Herz erschrocken zurücksinkt und eine Flachheit vorbringt.

Emma sagte, ich sei heute der unerträglichste Mensch; auch Lucie fand mich verstimmt. Ich entschuldigte mich, daß ich nicht tanze und also nichts zum allgemeinen Vergnügen beitragen könne. Angela sagte, daß sie mich schon lange aus meinen Bildern und aus den Beschreibungen kenne, die ihr zwei Freundinnen von mir machten, und es sei gar nicht schön von mir, daß ich ihr fast absichtlich auswich – ich errötete heftig und konnte es zu keiner Entschuldigung bringen. Indessen kamen wir zu einem Sitze; alle drei setzten sich, und ich blieb vor ihnen stehen.

„Jetzt müssen Sie aber sehr oft kommen", sagte Lucie, „und unsere liebe Freundin kennenlernen; sie ist es wohl ein wenig wert." Hierbei sah sie dieser lieben Freundin zärtlich ins Antlitz und nahm ihre weiße Hand.

„Und er ist es auch erschrecklich wert", entgegnete Emma, „denn er ist der liebenswürdigste Pedant, der je einem Mädchen Langeweile machte." Unverzüglich nahm sie auch meine Hand, ihre Schwester äffend und legte alle vier Hände aufeinander, so daß meine auf Angelas kam, und denke dir, Titus, dies war mir peinlich – ich zog sie fast unartig zurück. Angela zog ihre auch weg und legte sie wie dankend auf die Schulter Luciens und hob dabei wie eine griechische Priesterin das schöne Haupt.

Plötzlich, als sie meiner Phantasie das Bild einer antiken Priesterin bot, fiel mir ihr Latein ein, und ich griff hastig nach diesem Gesprächsanker mit der Bemerkung, daß es wohl ein seltener Fall sein möge, daß ein Mädchen den Virgil in der Ursprache lese.

„In gar keiner sollte man den langweiligen Menschen lesen", meinte die ewig dareinsprechende Emma.

„Als nur in der Ursprache", entgegnete Angela; „weil selbst in der besten Übersetzung drei Vierteile verlorengehen und das vierte seelenlos bleibt." Dann zu mir gewendet, fuhr sie wie entschuldigend fort: „Ich kann aber auch sehr wenig; mein gütiger Lehrer erzählte mir eine so schöne Geschichte von den Taten der alten Heiden, daß ich ihn bat, mich auch ihre Sprache zu lehren, ihre Seele, wie er sagte. Er tat es, und ich lernte auf diese Weise ein weniges."

„Also können Sie auch Griechisch?" platzte ich heraus, sie mit offenen Augen anstarrend.

Jungfräulich errötend und fast erschrocken durch meine Hast, sagte sie verwundert: „Ja", und sah mich verlegen an.

Emma, die einen Instinkt hat, zu rechter Zeit drollig zu sein, sagte: „Sie lernt noch die Taktik, wenn Sie ihr einen Meister auftreiben."

„Warum nicht?" entgegnete Angela. „Wenn man nicht so traurig werden müßte, daß es unter vernünftigen Geschöpfen noch eine solche Wissenschaft geben kann." – –

„Habe ich etwas Unschickliches gesagt?" fragte sie plötzlich Lucien, wahrscheinlich weil sie an mir die äußerste Verwunderung merkte und nicht deuten konnte.

Die sanfte Lucie nahm nun das Wort, indem sie den früher um Angelas Nacken geschlungenen Arm herabzog und die schöne Gruppe auflöste und sagte: „Sie müssen nämlich erfahren, daß unsere Freundin nicht in Wien erzogen worden ist und auch nicht von einem Manne, der mit unsern Sitten sehr einverstanden wäre. Wenn Sie uns nicht schon geraume Zeit her so sehr vernachlässigt hätten, so hätten Sie ihn kennengelernt, da er die letzte Zeit fast täglich in unser Haus kam; aber eine seiner ewigen Reisen führte ihn mit seiner Schwester nach Frankreich, von wo er kaum vor September zurück sein wird. Der Vater hat ihm von Ihnen so viel Gutes gesagt, daß er Ihre Bekanntschaft verlangte. Aber er mußte abreisen, ehe dies bewerkstelligt werden konnte. Seine Schülerin kennen Sie jetzt in unserer Angela; seiner Tante werden wir Sie später vorstellen; auf ihn und die Schwester aber müssen Sie bis zum Herbste warten. Ich bin der vollsten Überzeugung, daß ihr euch gegenseitig sehr gefallen werdet."

„O ich auch der vollsten", sprach Emma drein. „Da wird ein Leben losgehen, närrische Leute die Hülle und Fülle: Sie, er, seine Schwester, Fräulein Natalie, Angela, ich, die zärtliche Schwester Lucie beginnt auch schon, der Vater obendrein – die Pläne sollen sich kreuzen und mehren und verwirren; wir müssen noch mehr solches Zeug herbeischaffen. Sie haben ja da einen neuen Freund angeworben – Disson glaub' ich, heißt er –, den Sie so sehr lobten: Der wird doch auch einen oder den andern Sinn verkehrt haben – diesen bringen Sie; und in den Pyrenäen reist auch einer, den Sie neulich lobposaunt haben: Der muß auch herbei; und wenn der Vater so fortsammelt, dann erleben wir die lichte Freude: auf Erhabenheit verlegt, Überschwenglichkeit getrieben, und zuletzt Lieb' und Heiraten aller Orten und Wegen: Sie mich, Angela ihren Lehrer – – nein, der ist für sie zu ruhig; ich den Lehrer, Sie die Angela, Lucie den Lothar, Natalie den spanischen Reisenden – – nun, ich denke, dann sind alle unter Dach gebracht."

Lucie, die seit dem Tode der Mutter eine Art sanfter Vormundschaft über den jungen Wildfang übte, verwies ihr lächelnd ihre unartige Übermütigkeit. In den lebhaften, jugendlichen Augen glänzte soeben ein neuer Übermut, aber in dem Augenblicke stob eine ganze Spreu von weißen Mädchen herbei, gefolgt von jungen Männern, die alle über den Schlußtanz unterhandelten. Emma war sogleich mittendrinnen, hielt kurze Staatsversammlungsreden und stimmte unmittelbar darauf. In diesem Augenblicke ergriff ich die Gelegenheit, endlich einmal mit meiner Paradiesbegegnung hervorzukommen – vor Emma wollte ich nicht. – Ich erzählte etwas lügnerischerweise, daß es wahrscheinlich eine russische Fürstin gewesen sei, die ich unlängst im Paradiesgarten vor dem schwarzen Hochspiegel sah und die mit dem gegenwärtigen Fräulein die vollständigste Ähnlichkeit habe, die ich je auf Erden gefunden; darum habe es mich so sehr verwirrt, als ich heute dieselbe Gestalt und dasselbe Angesicht hinter meiner Stuhllehne sah und sogleich als Freundin Luciens und Emmas aufgeführt bekam. „Und", schloß ich, „doppelt überraschend war mir Ihr Anblick, weil ich neulich durch Zufall ein lebensgroßes Bild der Fürstin zu sehen bekam, auf dem sie in einem schwarzseidnen Kleide saß, gerade so, wie Sie hier eines anhaben; ja, was mir beinahe Schreck einjagte, war noch, daß Sie auch das kleine goldne Kreuzchen tragen, wie jene Fürstin mit einem abgebildet ist. Ich besitze ein kleines Nachbild von dem Gemälde, wo all das noch jeden Augenblick zu sehen ist."

Beide Schwestern sahen sich seltsam an, als ich dieses sprach – Angela aber mußte bis zu Tode erschrocken sein, denn sie stand weiß wie eine getünchte Wand da und wankte; mit unbeholfener Verlegenheit suchte sie das äußerst kleine Kreuzchen in ihrem Busen zu bergen – es gelang – eine Sekunde nur war's, sie bezwang sich, und die ernsten, schönen Augen auf mich richtend sprach Angela, daß sie mit dieser Fürstin nichts gemein habe; ich möge sie nur als ein einfaches

Mädchen ansehen und behandeln, das nie einen Adelsbrief gehabt habe, noch je einen haben werde.

„Außer den lilienweißen des allerschönsten und liebsten Herzens, das auf dieser Erde schlägt", rief Lucie mit sonderbarer Rührung, die mir für diese Veranlassung zu heftig vorkam, und küßte sie auf die Augen und suchte sie hinwegzuziehen; allein es war nicht möglich, denn in demselben Augenblicke erschien ein Mann und erinnerte Lucien an ihr Versprechen, die dritte Figur mitzumachen – und – so ist der Mensch – in höchster Verwirrung und Not tut er noch immer eher das Schickliche als das Rechte: Lucie ließ sich in der Betäubung fortziehen; sie fand das Wort der Widerrede nicht, und die Fremde stand verlassen in ihrer so seltsamen Erregung vor dem Fremden – aber so klar es war, daß ich irgendein unheimlich Sonderbares getroffen haben mußte, so klar war es auch, daß in dem Augenblicke keine Spur mehr davon in ihrem Antlitze übrig war. Wie ich nämlich beklommen scheu in dasselbe blickte, war das sanfte Rot wieder in die vorher lilienweiße Wange geflossen, und das große Auge sah freundlich auf mich, als sie die Worte sagte: „Mir ist nicht unwohl geworden, wie Sie etwa denken können, sondern wie es wohl öfters bei Menschen geschieht, es ist plötzlich ein sehr wichtiges Ereignis meines Lebens eingetreten, und das hat mir die kindische Erregung gemacht, die Sie gesehen haben."

Mir war diese ruhige Aufrichtigkeit bei einer Sache, die jede andere verborgen, ja, gerade unter Unwohlsein verborgen hätte, sonderbar, zum mindesten neu; ich blieb daher befangen stehen und sagte kein Wort.

„Ich werde jetzt fortgehen", sagte sie nach einem Augenblicke; „aber vorher muß ich Ihnen noch sagen, daß ich es gewesen bin, die Sie an dem erhabenen Spiegel gesehen haben – nannten Sie nicht die Beleuchtung eine ‚Unterweltsbeleuchtung'?"

„Ja, ja, ich nannte sie so", antwortete ich freudig, als wir bereits im Hinausgehen waren, wo sie sich dann verneigte und wieder zu jener ältlichen Frau ging, bei der ich sie heute schon einmal gesehen hatte. Später, als der Tanz aus war, sah ich sie noch einmal hinter einem Vorhange in Luciens Armen und heftig mit ihr reden – dann sah ich sie nicht mehr, denn sie war fortgefahren – nur ein schönes, liebes, süßes Bild schwebte mir im Haupte und im Herzen.

Also war es doch sie gewesen!

Welch schöne Größe und Milde sah ich damals in ihrem Angesicht; wie wahr hatte meine Empfindung geredet! Nun ist sie fort; das Rollen ihrer Räder hörte ich herauf; ich hörte es mit dem Herzen; ihr Bild schwebt noch in dem Gewirre, das um mich ist, und ich stehe wie ein Fremder in dem Sausen.

Gütiger, heiliger Gott! Welch sanftes, schönes Fühlen legtest du in des Menschen Seele, und wie groß wird sie selbst vor dir, wenn sie Freude fühlt, in ein fremdes Herz zu schauen und es zu lieben, weil sie weiß, daß dieses Herz schön sein wird. – Dies nennen sie Unnatur, was wie ein einfach Licht der Engel um ihr Haupt fließt.

Freilich, weil sie diesen Schein nicht kennen und sich dafür nur armseligen Modeflitter hinaufstecken.

Ich ging auch bald nach Hause und schrieb noch bis fünf Uhr; dann legte ich mich erst nieder und sank in ein verworrenes Träumen.

VIII. ERDRAUCH

4. Juni 1834.

Es greifen immer sonderbarere Menschen in mein Leben – es ist, als sollte ich mit lauter ausländischen Dingen umringt werden. Ich wußte eigentlich bisher gar nie recht, was ein Nabob ist und weiß es noch nicht; aber doch soll ich mit einem zusammenkommen, und Aston sagt, daß dies mein Lebensglück gründen werde – nun, ich bin neugierig – er sagt nicht, wie? – Überhaupt muß man mit mir irgendein Geheimnis haben, ich merke es an Lucien und Emma, aber ich kann es nicht ergreifen – mögen sie immerhin; aber seltsamerweise, wie man oft vorgefaßte Meinungen über das Aussehen und den Charakter von Menschen hat, die man nie sah, so geht es einem auch oft mit Worten und Begriffen. Dieses „Nabob" ist so ein Wort für mich gewesen seit meiner Kindheit. Ich stellte mir darunter immer einen Mann vor, zwischen fünfzig und sechzig Jahren, gut erhalten, braunen Angesichts, ein farbiges Tuch um den Hals, einen Hut mit breiten Krempen, einen lichten, meistens gelben Rock an – einen Mann, der in irgendeinem Indien Pflanzer war, alle seine Neger hintangegeben und nun in Europa viel Gold genießt und grob ist.

Ist diese Beschreibung falsch, so bitte ich alle um Verzeihung, die sich dadurch gekränkt fühlen, denn ich kenne keine Schuldefinition eines Nabob – ja, sogar der Name war mir von jeher fast lächerlich.

Aston sagt, dieser Mann und ich gleichen uns in Launen und Gutherzigkeit wie ein Wassertropfen dem andern – wäre ich nur diese Zeit her, wie er sich ausdrückte, nicht immer auf so ausschweifend langen Ausflügen gewesen, daß ich unter den hundert Malen, die er ihn zu mir geschleppt, zu treffen gewesen wäre, so könnte bereits alles in Ordnung sein; aber so habe der Nabob fortgemußt, und alles schiebe sich auf die lange Bank. Es seien noch ganz andere Dinge dahinter,

die er mir nicht sagen dürfe. „Dieser Nabob", rief er aus, „so ganz
vortrefflich er sonst ist, gehört unter die Menschen, die immer voll
von Plänen stecken, was mir so verhaßt ist, weil sie auf keinen Rat hören und einen nichts machen und fügen lassen, wenn es auch sonnenklar besser wäre."

Lieber Titus! Wenn der Nabob, wie ihn Aston nennt, etwa so ein
Mann ist, der um sein gutes Geld auch ein Maecenas sein will, so
wird das Wohlvernehmen von kurzer Dauer sein, denn ich meine,
daß bei einem solchen Seebär, wie ich mir ihn vorstelle, nicht leicht
geistige Duldung vorhanden sein wird. Daß es übrigens der gute Daniel Aston mit seiner Güte und Pfiffigkeit, womit er den Gefühlen in
die Schuhe hilft und Freundschaften übereilt, unsäglich gut meine,
bin ich vollkommen überzeugt – jedoch bei all den Geschäften, die
er sich immer zum Heile der Menschheit auf den Hals ladet und wofür ihm niemand dankt, tappt er oft zu; es geht ihm wie mir einst als
Knaben, da ich gefangene Schmetterlinge unter Gläser einsperrte und
mit dem besten Rindfleisch fütterte.

Ehe ich schließe, muß ich dir noch den Verlauf mit dem kleinen
Bilde erzählen. Man hat mich bei Aston dringend gebeten, es zu bringen; ich versprach es auf meinen nächsten Besuch. Da ich nun des
andern Tages kam, hielt mich der Diener im Vorzimmer auf und sagte,
er müsse Lady Lucia rufen. Sie kam und bat mich mit ihrer eigentümlich gewinnenden Leutseligkeit, ich möchte ihr das Bildchen einhändigen, sie würde es zu rechter Zeit vorbringen. Wir traten zu Emma
und Angela ein, die im Besuchszimmer waren. Sogleich heftete sie ihre
großen Augen auf Lucien und sagte: „Nun, zeige nur!" „Liebe Angela,
ein wenig später wird es doch besser sein", meinte Lucie mit bitten-
dem Blicke.

„Es wird wohl später sein wie jetzt", entgegnete Angela; „aber wenn
du es wünschest, will ich warten."

Zögernd reichte Lucie das Elfenbein hin, und wie ein Pfeil schoß
Angelas Auge darauf und darüber weg auf den Spiegel; dann erblaß-
te sie – Lucie sah nicht das Bild, sondern die Freundin an und hütete
jeden Zug derselben. Emma flog herbei und den überraschten Lippen
entfuhr der leise Ausruf: „Ach Gott, wie treu!" und sogleich sah sie
Angela an und ich auch. Wie eine schneeweiße Rose war auch heute
wieder ihr schönes Haupt, aber nach wenig Augenblicken ward eine
purpurrote daraus, und so stand sie da, zitternd vor innerer Bewegung,
die sie sichtlich zu bemeistern strebte. Was das mit dem Bilde bedeuten mag – Gott kann's wissen!

Ich ging augenblicklich in das Nebenzimmer und sah zum Fenster
hinaus. In dem von mir verlassenen Gemache hob nun ein langes
Reden und Flüstern an, das ich beinahe hineinhörte; ich wäre gern

fortgegangen, wenn das Zimmer einen Ausgang gehabt hätte, aber endlich wurde ich durch Emmas Stimme gerufen und ruhig, wie ich sie gewöhnlich sah, bat mich Angela, ihr ein Nachbild dieses Bildes nehmen zu lassen. Mit Hast trug ich das Urbild selber an; sie nahm es nur unter der Bedingung, daß sie mir ein Nachbild davon zustellen lassen dürfe.

Ich ging es ein; das Bildchen lag indes verkehrt auf dem Nebentische.

Gezwungene Gespräche wollten nun anheben; allein ich fühlte, daß ich heute bald gehen müsse, und ich ging.

IX. SCHWARZROTE KÖNIGSKERZE

26. Juni 1834.

Fast ein Monat, merke ich, ist verflossen, ohne daß ich eine Zeile für dich aufgesetzt – es ist kein Vergessen auf dich; aber es war keine Zeit zu dem unerträglich langsamen Schreiben übrig; im Kopfe habe ich dich mehr als je. Selbst heute kann ich in der Schnelligkeit nur ein paar Worte hersetzen, aber noch diese Woche schließe ich einen eigenen Tag für dich aus, um dir alles zu schreiben. Es war irgendein Geheimnisvolles oder Schmerzhaftes oder sonst etwas – kurz es war eine seltsame Bewegung im Hause Astons unmittelbar nach jener Zeit, da ich das Bildchen übergeben hatte, man kümmerte sich wenig um mich, sondern hatte mit eigenen Angelegenheiten zu tun – dann war alles wieder gleich und ruhig, wie ein Schatten war es vorüber, den eine Wolke wirft, die man nicht sieht – mir kann es gleich sein, denn es wurde dann eine heitere, klare, liebe Zeit – ich komme nun, so wie früher gar nicht, ebenso jetzt täglich in Astons Haus. – Das Leben des Menschen ist fast, wie man eine Hand umkehrt; es ist dieselbe und doch ganz anders – ein ruhiger Umgang eröffnete sich, ein heiteres Entgegenkommen, und jetzt sind Verträge gemacht, daß wir Musik machen, lesen und Malerei treiben wollen; es mußte gleich die bestimmte Zeit hierzu vermessen werden, denn es gehört mit zu Angelas Verschrobenheiten, daß sie alles nach der strengsten Zeiteinteilung tut. Emma, die wieder alles zeitlos tut, d. h. wie es eben der Augenblick bringt, wollte mit der Pedanterei verschont bleiben, wie sie sagte, und beschloß, dabei zu sein oder nicht, wie es eben ihr Inneres füge. Aston, der sonst vielleicht störte, reitet zum Glück sehr viel; der Arzt hat es ihm verordnet, und infolgedessen geriet er auf den Einfall, sich für einen Pferdekenner zu halten, was ihn täglich stundenlang auf die

Plätze führt, wo Reiter und Pferde zu sehen sind und über Gattung, Feuer u. s. w. gesprochen wird.

Außer dieser Zeit, die einzig lieb und schön ist, hat sich auch etwas anderes begeben, was einen festen Halt und viele Freude in mein Leben bringt; das Amt nämlich, in das mich wohlmeinende Freunde bringen wollten, um jene Erscheinung an mir darzustellen, die man gesichertes Dasein nennt, ist mir glückseligerweise abgeschlagen worden, und als ich mit dem lieben Bescheide in der Tasche nach Hause kam, so war es nicht anders, als hüpften mir meine Farben entgegen und sähen mich noch einmal so freundlich an; du kennst das Gläschen mit dem Ultramarin; es sah mit seinem Feuerblau wie ein tiefer Harmonikaton aus, der Purpur wie Liebeslieder, das Grün wie sanfte Flöten, das Rot wie Trompetenschmetter und so weiter. Jetzt will ich nicht mehr auf Abfall und Felonie sinnen, ihr lieben, treuen, herzigen Vasallen, bis ich sterbe, und dann wird schon im Testamente stehen, daß mit euch die Hand eines närrischen Freundes, den ich jetzt noch nicht nenne, ein heiteres Bild auf meinen Sarg malen soll. Wir bleiben beieinander und hantieren nun erst recht mit Wonne und mit Lust, seit es gewiß ist, daß uns nun nichts mehr auf dieser Erde trennen kann, wie wohlgetraute Eheleute, die der Tod nur scheidet.

Das erste sollen deine wunderschönen Skizzen sein, wofür ich dir tausend Dank sage; sie freuten mich unendlich. Wir haben bereits zwei große Tafeln mit dem zartesten grauen Grunde bereiten lassen, worauf wir sie ausführen werden; Lothar den Mont perdu und ich den schwarzen See, dessen Namen ich in deinem Schreiben nicht lesen kann und den du besser geschrieben wiederholen magst. Es soll das erste und schönste Fest werden, sobald wir von unserer Reise zurück sind. Lothar geht nämlich mit, und nach der Zurückkunft werden wir zusammenwohnen und in einer Stube arbeiten, was köstliche Stunden geben soll; denn ich fange an, diesen Menschen ungemein zu lieben, und wenn erst auch du zurück sein wirst, dann soll das wahre, schöne Künstlerleben angehen und nichts getan werden als nur lauter Schönes – und sonst lauter Spaß. Wir müssen unweigerlich alle drei unter einem Dache wohnen, unter einem Dache arbeiten, mit Glück und Lust nach dem Höchsten streben, jede Schmach von uns stoßen, jeden Fund schnell einander mitteilen, ein Liebchen selig im Herzen tragen und drei Hände zu schöner, fester, urewiger Männerfreundschaft zusammenfügen. Wärest du nur erst da, daß du den sanften Lothar sähest und seine schönen Bilder – du würdest ihn bald mehr lieben als mich selber.

Ich bin heute fast so lustig, als wären mir meine Farben ganz neu geschenkt worden, wie damals, da mir mein Vater in unser abgelegenes Waldhaus das erste Farbkästchen brachte und mir zeigte, wie man

mit den prächtigen Täfelchen Reiter und Hirsche und Soldaten anfär-
be – besonders für die Hirsche hatte ich eine Vorliebe, und wenn du einmal meine alte Mutter besuchst, so kannst du auf dem Scheunentore
noch viel gelungene Beispiele sehen, schön ziegelrot und von hochgrü-
nen Hunden heftig verfolgt. Ich bin wieder zum heitern Kinde geworden
und möchte mit Lust heute noch Reiter und Hirsche färben – und ich
tu's auch, weil ich sie dem kleinen Sandi (dem Söhnchen der Leute, wo
ich zur Miete bin) geben kann, den sie auf drei Tage glücklich machen.

Der russischen Fürstin habe ich vor dem „Goldnen Lamme" vorgewartet; ich sah sie auch ausfahren – wahrhaftig, als ob Angela, wie
sie leibt und lebt, in dem Wagen säße. – Jetzt ist die Fürstin längst fort,
aber Angela noch da. Das kleine Bildchen sah ich seit der Zeit, als ich
mir eine schnelle Kopie davon machte, weder bei Aston noch bei ihr.

Sonnenschein ist draußen, als wäre er eigens recht feierlich bestellt, und eine tiefdunkle Bläue ist am Himmel, festlich wehend wie
Fronleichnamsfahnen und Frühsommer auf allen Hügeln prangend,
leuchtend, funkelnd, daß ich noch heute die halbe Stadt umkreisen
muß. Ich will meinen Stift und schönes Papier nehmen und nach Dornbach, Weidling und weiß Gott wo noch hin wandern.

Der lange Engländer, mein Ewiger Jude, begegnet mir zu meiner
Freude auch schon seit Wochen nicht mehr. Wasserfarben nehme ich
in die Tasche, und in Weidling am Bache will ich zu Mittag essen, und
dort im Kastanienschatten male ich für Sandi Hirsche und Reiter, um
einmal ein Kind zu sein und einen rechten Idyllentag herumzubringen.

Heute schreib' ich nichts mehr – morgen ein weiteres.

Spanne dir Gott auch einen so glänzenden Sommer über deine
Berge, wie er uns hier tut – ich erlebte nie so andauernd schönes Wetter, und ein Glück ist's für unsereinen, daß Wien so liebliche Umgebungen hat.

Aber jetzt muß ich fort, ohne Widerrede.

Lebe mit Gott.

X. EHRENPREIS

27. Juni 1834.

Um zwölf Uhr in der Nacht kam ich zurück und brachte Freude,
Sehnsucht, Gedichte, Müdigkeit, Hirsche und Reiter genug nach
Hause, Bäume und Häuser obendrein.

Eben wird alles geordnet und dann zu Sandi getragen. Der Bube
wird mir ordentlich lieb, weil ich ihm eine Freude zudenke, und ich

machte weit mehr, als ich anfangs dachte, und konnte ordentlich nicht
aufhören, als ich einmal daran war, obwohl alle Kellner zuschauten.
Beiläufig, Titus, es muß eine große Freude sein, Kinder zu haben, und
ich würde ein Narr mit ihnen, ritte vergnügt auf einem Steckenpferde und hinge mir allen Ernstes eine Kindertrommel um.

Es ist heute Sonntag, und ich will ihn, wie ich versprach, ganz für
dich ausschießen und dir eine Menge aufschreiben und schildern.
Sonntag ist hierorts der Tag der Landausflüge, und was in der Woche
am Webstuhle des Lebens keuchte, gibt sich am Sonntage der Freude
und womöglich dem Lande hin – und an diesem Tage gilt der Vers
in seinem vollen Maße:

„Ergo omnis longo solvit se Teucria luctu:
Panduntur portae:" – –

und aus den expansis portis strömt Wien hinaus. So will ich denn auch
auf den gestrigen Spaziergang heute wieder einen machen, aber nur
ganz allein mit dir, d.h. ich will ein Stück Wiener Wald bewohnen
und aus der einen oder andern Baumgruppe einen Flug Brieftauben an
dich abfertigen. Ich trage zu solchem Behufe tragbares Schreibgeräte
mit mir, da ich zu artig bin, an dich mit Bleifeder zu schreiben; zudem muß alles, was an dich losfliegt, gewissenhaft in mein hiesiges
Tagebuch eingetragen werden.

Studiere dir nur fleißig den Plan von Wiens Umgebungen, den
ich dir sandte, denn du wirst noch viele Spaziergänge mit mir tun
müssen, ehe du da bist, und noch mehrere, wenn du da bist, und es
ist der Mühe wert: stille Täler, ganz abgeschieden; Waldeinsamkeit
mit ganzen Wolken von Vögeln, die den blauen Himmel ansingen;
Aussichten ins Hochgebirge, selbst Schluchten mit flinken Wässerlein, als wärest du in der Wildnis, nicht etwa eine bis zwei Meilen von
einer der lebhaftesten Hauptstädte der Welt. Viele, selbst hier Gebo-
rene, kennen die eigentlichen Schätze nicht, weil sie nicht weit von
den Spazierwegen abgehen, die man ihnen überall bahnt; aber da muß
man abseits gehen, wohin der Schwarm nicht kommt; dort ist das
Schönste, und ich will dich schon herumzerren, wenn du nur einmal
da bist; du weißt, ich habe ein eignes Talent im Auffinden solcher
Dinge. Und noch dazu der heurige Sommer, ewig schön, so recht für
die Dichter, Maler, Spaziergeher, Weinfreunde.

Suche auf deiner Karte Mariabrunn, dann wirst du finden, daß
dort ein Waldgebirge beginnt, das mit dem nordischen Alpenzuge
zusammenhängt und hier Wiener Wald genannt wird. In einem schmalen Tale, welches rechts von dem Dorfe Weidlingau über eine Wiese
hineinläuft, sitzt in diesem Augenblicke dein Freund an einem hölzernen Tischchen in dem schönsten Buchenschatten und schreibt

dieses für dich. Freilich steht neben dem Tintenfasse auch ein Fläschchen Nußberger, denn das Ungeheuer eines Gesellschaftswagens hat
uns etwas gerädert, und wenigstens ich muß wie der barmherzige Sa-
maritaner auf die zerschlagenen Glieder das Labsal des Weines gie-
ßen, und bis jetzt tunkte ich öfter den Zwieback als die Feder ein. Es
geht mir wieder wie allemal, wenn ich unendlich viel zu schreiben
weiß, daß ich vor Fülle des Stoffes gar nicht anfangen kann und mich
blätterweise in Unbedeutendheiten umtreibe, gleichsam das Köstlich-
ste, Labende aufzuschieben wie einen auserlesenen Nachtisch – und
am Ende kommt der Abend oder ein Regen oder ein Besuch, und
ich kann das Zuckerwerk nur ruhig in der Tasche lassen. So ging es
mir tausendmal.

Durch meine Buchenzweige, die ein hereinspielender Sonnenstrahl in grünes Feuer setzt, sehe ich auf die dämmernden Farben der
Tiergartenwälder; höher hängt in dem Laubwerk das blaue Email
des Himmels, in tausend Stücke zerschnitten, wie lauter Vergißmein-
nicht. Ein Fink schlägt zu meiner Rechten fast leidenschaftlich; aus
dem vom Walde abwärts liegenden Wirtsgarten verlieren sich einzelne
Stimmen von Leuten herauf, die frühstücken und sich herumjagen;
die Biene summt, ein goldner Falter weht vorüber, stahlblaue Fliegen
sonnen sich auf der Tischecke, langbeinige Dinge schreiten auf der
Bank und auf meinem Papiere, und rings um mich regt, drängt und
treibt tausendfaches Leben in tausendfachen Gestalten; funkelndes
Geschmeide rührt sich im Grase, auf dem Wege und auf Baumstäm-
men; gefiederte Familien lärmen durcheinander und Sonntagsglocken-
läuten kommt über das Gebirge. Die Zweige flüstern nicht, aber ein
melodisches Summen irrt in ihnen von tausend Wesen, die im Sonnen-
strahle spielen und arbeiten, und dieses fortgesetzte Summen dient als
zarter Grund, auf dem sich die andere Morgenmusik geltend macht.

An diesem versteckten Waldtische sitze ich und will ihn bis nach
Mittag bewohnen, nichts um mich, als die Millionen kleiner Mitwald-
bewohner, die bereits alle an ihre Geschäfte gingen – und zwei liebste
Gestalten, die ich mir auf den ganzen Tag geladen habe und die ich
still überall mit mir herumführen will: dich und sie. Wenn ja von dem
außen schwärmenden Volke einer herein verschlagen wird und den
fremden Mann an dem abgelegenen Tische sitzen sieht und noch dazu
schreiben und die hundert Sachen ringsum ausgebreitet, so geht er
schon sachte vorüber, weil er den Sonderling nicht stören mag.

Wie aber soll ich nun beginnen, dir diese Tage hier abzuschildern?
Binde alle bisher von mir erhaltenen Papiere zusammen und schreibe
auf den Umschlag: „alte Geschichte" – die neue, die romantische beginnt mit jenem Balle bei Aston. Titus, eine Tempelhalle, weit und ungeheuer, hat sich in meinem Herzen aufgebaut, und ich trage einen

neuen, seligen Gott darinnen. Wärest du nur da oder wenigstens Lothar, der auf dem Hochschwab oder Schneeberg Studien macht, denn so habe ich keine Seele zum Umgang, d. h. ich habe eine Menge, aber alle taugen nicht dazu, daß man vor ihnen ein kindisches, seliges Herz ausschütte – und so trage ich es schon wochenlang voll und ahnungsreich in den tosenden Gassen herum, oder wenn mich diese drücken, so suche ich das Freie und bette es in den Schatten eines Baumes und horche seinen Blättern, die sich Sommermärchen erzählen; dann wird es so ruhig und sanft in mir wie sonntags auf den Feldern. – Oder ich lese eine Nacht aus, in der ich auf einen der Westberge Wiens steige, um den Tagesanbruch über der großen Stadt zu sehen, wie erst sachte ein schwacher Lichtstreif im Osten aufblüht, längs der Donau weiße Nebelbänke schimmern, dann die Stadt sich massenweise aus dem Nachtdufte hebt, teilweise anbrennt, teilweise in einem trüben Goldrauche kämpft und wallt, teilweise in die grauesten Ferntöne schreitet, und wie der ganze Plan durchsäet von goldnen Sternen ist, die da von Fenstern blitzen, von Metalldächern, Turmspitzen, Wetterstangen, und wie draußen das blaßgrüne Band des Horizonts schwach und sanft durch den Himmel gehaucht ist.

Und wenn ich nicht mit der Natur umgehe, so sitze ich zu Hause und arbeite an meinen Tafeln – oft sehe ich sie stundenlang an und habe das Gefühl, als sollt' ich wunderschöne Dinge machen; da kommen mir dann Träume von glänzenden Lüften und schönen Wolkenbildern darin, lieben, fernen Bergen und ihrem Sehnsuchtsblau, wie Heimwehgefühle, von sonnigen Abhängen, von Waldesdunkel und kühlen Wässern drinnen und von tausend andern Dingen, die sich nicht erhaschen lassen, schattenhaft und träumerisch durch die Seele ziehend wie Vormahnungen von unendlicher Seligkeit, die bald, bald kommen müsse. Dann male ich und lasse das Ding so gehen, wie es geht, und es ist mir, Titus, als finge manches Bild an, mir zu gefallen.

Nachmittags endlich, wenn sich die Hitze mildert, gehe ich zum Essen, was, wie du weißt, bei mir im Sommer sehr wenig ist, und dann in ein wohlbekanntes Vorstadthaus, durchschreite seinen Hof und trete in den Garten, wo zwei stille und zwei schelmische Augen, Luciens und Emmas, mich willkommen heißen und zu einem Nestor von Apfelbaum laden, der sein Schattengesprenkel auf ihre weißen Kleider, auf den Sandweg, auf Tisch und Sessel streut. Dort harre ich dann ruhig, bis der freundlichste aller Sommerstrohhüte durch den Flieder gewandelt kommt und dann aus ihm zu uns ein sonnenschönes Antlitz schaut, ein Antlitz, das sich täglich tiefer und süßer in meine Seele senkt. Wenn sie dann den Hut weglegt oder mit dem grünen Bande an den Baum hängt und nun so dasteht, die ernsten Augen freundlich auf uns gerichtet, den sanften Nacken vorgebogen: so ist

es eine schöne attische Muse, die uns grüßt, die im weißen Kleide
vor uns steht und die Wangenrosen, die ihr von der Bewegung ange-
blüht sind, sanft verglühen läßt.

Endlich, mein Pylades, bin ich dort angelangt, wohin ich doch
eigentlich mit meinem ganzen heutigen vorgerichteten Tage, mit meinem Waldtischchen, mit allen Einleitungen und allen Aufschiebun-
gen ganz allein zielte – bei ihr. Nun habe ich euch beide neben mir, und
ich will euch den ganzen Tag nicht entlassen und ein wahres Götterleben führen, ihr sollt mir miteinander bekannt werden und euch wak-
ker lieben.

Nichts stört und hindert uns hier; der Sonnenstreifen auf dem Tische rückt nicht näher, sondern ist ganz weg; der Fink schweigt, die
kleine Gesellschaft, die gegen meinen Platz gewandert kam, ging bescheiden vorüber, und ein einladendes Dämmern ist überall zwischen
den Stämmen, nur hier und da geschnitten von einem glänzenden
Streiflichtchen, das traulich herüberschaut. Ich fahre also fort:

Es ist recht lieb von ihr, daß sie, selbst wenn die Tante mitkommt
und obwohl für unsere schönen und wissenschaftlichen Sitzungen bestimmte Stunden festgesetzt sind, immer früher kommt (ich natürlich ohnehin immer viel zu früh), daß noch einiges Gespräch vorher
hin- und wiedergehen könne. Das Buch, aus dem diesen Abend gelesen werden soll, liegt schon seitwärts und zeigt den grünen Einband,
den alle Bücher aus Astons Sammlung und auch Angelas ihre haben,
aber kein Mensch darf es eher aufmachen, als bis die Stunde schlägt,
weil wir alle das leidige Vorausnaschen nicht leiden können. Wenn aber
dann der Glockenschlag fällt, dann wird bei dem eingelegten Zeichen
geöffnet und im reinen Ergusse das abgesteckte Feld durchgangen,
während alles Stricken, Sticken, Nähen und anderes weibliche Lücken-
büßen ruhen muß, weil die Augen auf dem Vorlesenden und die
Herzen im Buche sind. Emma ist nicht immer dabei, Aston nie; er
ist froh, wenn er fortkann, weil wir unpraktisches Zeug lesen. Aber
seine Freude hat er doch an unserm Treiben, und das Vergnügen mußten wir ihm lassen, daß er uns für unsere Wissenschaften ein „Pryta-
näum" schuf und uns damit überraschte. Er hat es uns allen zu Dank
gemacht. Drei Zimmer voll Gartengrün und Pappelschatten hat er
dafür eingerichtet. Von dem Apfelbaume führt die Treppe, hinan und
lieb, und heiter ist es in ihnen wie die Kunst; denn sie sehen über den
Garten auf noch mehr Gärten und auf die Berge, und täglich lodert
bei den großen Fenstern der Abendbrand des Himmels herein, dann
schießen Goldflammen über das Glas der Bücherkästen und ihre
grünseidenen Vorhänge; auf dem Klaviere und den Papieren wanken
Laubschatten und Purpurlichter, und endlich auf das weiße Kleid
und in das Antlitz der schönsten Gestalt wirft er ein ganzes, sanftes

Tabor von rosenfarbener Verklärung. – Wenn nun mitten unter dies
die Worte eines großen Toten tönen und die Begeisterung anfängt,
ihre Fittiche zu dehnen, dann steht sachte in drei Herzen der Geist
empor, den der Dichter rufen wollte, und verscheucht das lastende
Gespenst Alltäglichkeit. Wenn aus den schwarzen Zeilen allmählich
sich die Gedanken heben, die einst ein gottähnliches Herz gedacht –
dann habe ich ein Angesicht gegenüber, ein Angesicht, gespannt von
Aufmerksamkeit und Empfindung; ach, und ich liebe es mit zagen-
dem Herzen, denn es wird dann unnennbar schöner. Der reine Demant sittlicher Freude hängt in ihren Augen, und in ihren Zügen
blüht ein weiches, großes Herz – aber mir tritt sie wie ein unerreich-
barer Stern, vom Sehrohr verfolgt, in noch weitere und noch tiefere
Himmel zurück.

Auch Lucie verklärt ihr Wesen in den Strahlen dieses schönen
weiblichen Geistes, und aus ihrem Innern wächst ordentlich täglich
sichtbarer eine höhere Gestalt hervor, an der die Weihe des ernsten
Strebens sichtlich wird; denn sie ging schon seit länger her unter Angelas Leitung an die Wissenschaften der Männer und erobert sich
freudig ein Feld nach dem andern. Selbst die kindische Emma wird
eingeschüchtert von ihrer vorausschreitenden Schwester; sie mag es
wohl fühlen, daß hinter dem pedantischen Krame, wie sie ihn nennt,
wohl mehr stecke, als sie ahnte und mancher sich gern den Anschein
gäbe; denn das drückt den andern ewig. – Das Wissen stellt den
Menschen glänzender unter seine Brüder zurück, wie einen fremden
Weisen, vor dem man Ehrfurcht hat.

Der Gedanke, daß wir statt des gebräuchlichen, unersprießlichen
Besuchwesens einen geistigen Umgang eröffnen sollen mit den größten Menschen, lebenden und toten, daß wir an ihnen uns erheben und
vor uns selber liebenswerter werden mögen, ging von Angela aus, der
jedes Leere fremd ist, darum sie auch in jenem Umgange, der unsern
Jungfrauen eigen zu sein pflegt, linkisch und unwohl ist und eben
darum von den Besuchen gehaßt und verspottet wird. Unser Tun ward
schon Teegespräch, und man findet es lächerlich, anmaßend oder heißt
uns „Phantasten" – aber es tut nichts; denn es ist ein ganz anderes, mein
Titus, einen seltenen Menschen zu Hause unter seinen vier Wänden
allein und still wegzulesen und tausenderlei zu übergehen, oder ihn
vor geliebten Herzen gleichsam laut reden zu hören, sich gegenseitig
sein Verständnis zu ermitteln und an der schönen Freude in Freundes-
augen seine eigene zu entzünden und reiner und begeisterter hinwal-
len zu lassen. Begeisterung wohnt nicht in einsamen Studierstuben,
sondern nur der Fleiß; sie schwingt ihre Lohe nicht in Wüsten, sondern unter Völkern; nicht von einem einzigen, sondern von tausend
Häuptern lodert sie empor, aber immer ist es einer – und selten sind

solche –, der die Fackel schleudert, daß sie den Brennstoff fasse. Wir nennen ihn dann ein Genie.

Selbst von den weichen Locken des sechzehnjährigen Kindes Emma spielt ihre goldene Flamme, denn als neulich eine Stelle gelesen wurde, ungefähr so lautend: „Ihr großen, seligen Geister, die wir bewundern und zu denen wir beten, wenn der Mensch sein Glück wegwirft, weil er es kleiner achtet als sein Herz, so ist er so groß als ihr!" und als in jedem Auge der Beifall glänzte, sprang sie auf, und in den schönen, braunen Kindesaugen schimmerten die Tränen – sie stand neben mir und blickte mich liebeglühend an; ich war selbst tief gerührt und wußte nicht, wie es geschah, daß ich sie an mich zog und voll Liebe meinen Mund an die Kinderknospe ihrer Lippen drückte – sie drückte heiß entgegen und schlang die Arme um meinen Nacken. Es war nur ein Moment, und gleich darauf stand sie wie eine Purpurrose glühend vor Scham da, die Tränen noch in den Augen. Uns allen schien sie in diesem Augenblicke kein Kind mehr zu sein. Ich war im höchsten Grade verlegen – da trat Lucie zu uns, nahm meine Hand und drückte sie recht herzlich, wahrscheinlich um Emmas und mein unschickliches Tun zu verschleiern, dann küßte und herzte sie die Schwester und sagte wiederholt: „Du liebes, gutes, heftiges Kind, siehst du, welche Gewalt die Worte eines Menschen haben können? Und der, welcher diese sagte und noch andere schöne, die in diesem Buche stehen, war ein einfältiger Pfarrerssohn aus Bayern, der jahrelang ungekannt war und nichts hatte, als sein eigenes unerschöpfliches Herz, das nun auf die entferntesten Menschen und auf die entferntesten Länder wirkt wie Predigten der Apostel und Propheten."

Durch die Tränen schon wieder lächelnd, sagte Emma zu ihr: „Du selbst bist auch so eine Prophetin und kannst das Predigen nicht lassen und denkst gar nicht daran, daß andere auch ein Herz haben, das seine Gefühle so gut hat wie ihr alle, wenn man auch dieselben nicht so gelehrt sagen kann wie ihr."

Nach diesem Zwischenspiele lasen wir – Lucie war die Vorleserin – noch den Abschnitt zu Ende, und seit jenem Tage versäumt Emma keine einzige Vorlesung, ja, sie fing sogar an, Meßkunst zu lernen.

Nach solchen Abenden gehe ich dann im milden Vollmondscheine, den wir eben haben, mit einer fast unschuldigen, hochtönenden Seele durch alle möglichen Umwege in die Stadt zurück.

Zur Musik sind auch bestimmte Tage auserkoren. Daß aber da von keinem bloßen Herabschütten der Noten die Rede sein kann, begreifst du; sondern da wird an das Pianoforte gesessen, jede Stelle des Tonstückes geprüft und um ihr Gefühl gefragt, wobei jedes seine Meinung abgibt, wie sie vorgetragen zu werden verlangt; dann forscht man nach der Seele des Ganzen und paßt ihr die Glieder an – dann so lange

Proben, bis nicht mehr die kleinste Ausführungsschwierigkeit vorhanden ist – dann eines schönen Abends braust ein Beethoven durch die Fenster hinaus.

Einmal war schon volle Instrumentalmusik; meistens aber wird er vierhändig auf dem Piano vorgetragen.

Angela ist auch hier wieder die Meisterin und behandelt das Instrument so kräftig wie ein Mann. Ihr Lehrer war hierin derselbe Mann, der sie auch in den andern unterrichtete. Dann, wenn sie vor dem Instrumente sitzt, zieht ein neuer Geist in dies seltsame Wesen; sie wird ordentlich größer, und wenn die Töne unter ihren Fingern vorquellen und dies unbegreiflich überschwengliche Tonherz, Beethoven, sich begeistert, die Tore aufreißt von seinem innern tobenden Universum und einen Sturmwind über die Schöpfung gehen läßt, daß sich unter ihm die Wälder Gottes beugen – – und wenn der wilde, geliebte Mensch dann wieder sanft wird und hinschmilzt, um Liebe klagt oder sie fordert für sein großes Herz, und wenn hierbei ihre Finger über die Tasten gehen, kaum streifend, wie ein Kind andrücken würde, und die guten, frommen Töne wie goldene Bienen aus den vier Händen fliegen, und draußen die Nachtigall dareinschmettert, und die untergehende Sonne das ganze Zimmer in Flammen und Blitze setzt – und ihr gerührtes Auge so groß und lieb und gütig auf mich fällt, als wäre der Traum wahr, als liebte sie mich: Dann geht eine schöne Freude durch mein Herz wie eine Morgenröte, die sich aufhellt – die Töne werden wie von ihr an mich geredete Liebesworte, die vertrauen und flehen und alles sagen, was der Mund verschweigt.

Solches Tun und solche Freuden reinigen das Herz. Wir stehen dann alle vier am Fenster wie lauter Geschwister, die keiner Schranke gegeneinander bedürfen, weil kein Wunsch da ist, eine zu überspringen, sondern nur einfache Liebe. Und wenn ich fortgehe, so geschah es schon, daß sie mir freiwillig, Lucie und Angela, die liebe Hand hinreichten, die Angela sogar herzlich drückend in die meine fügte, mit liebevollen, kühlen Augen mich anblickend und sagend: „Kommen Sie morgen nicht zu spät und gehen Sie heute in kein Gasthaus mehr." Sie hat nämlich einen fast übertriebenen Haß gegen diese Anstalten. Und in Wahrheit, Titus: Seit ich sie kenne, ist es mir selber so; mich widert das schale Unterhaltungssuchen unsäglich an, und hier ist es ziemlich wie in jeder großen Stadt im Schwunge, und sogar eine Abschiedsrede haben sie, die sagt: „Ich wünsche Ihnen gute Unterhaltung." – Ich glaube, ein Bauer meines Geburtstales schämte sich, wenn man diese Abschiedsrede zu ihm sagte, da er sich Unterhaltung nur erlaubt, aber Arbeit für ehrenvoll ansieht. Ich werde daher, außer dem Mittagsessen und manchmal abends, dem alten Aston zulieb in einem Garten, nie in einem Gasthause gesehen.

Seit jenem Balle sind nun vier Wochen, und ich sehe sie seit der Zeit täglich – und dennoch weiß ich von ihren gewöhnlichen Verhältnissen nichts, ja nicht einmal ihren Familiennamen, sondern nur, daß sie bei Oheim und Tante wohnt, die alle Welt „Oheim" und „Tante" heißt und die sehr reich sein sollen. Den Oheim sah ich nie, die Tante schon öfter, eine gutmütige, aber unbedeutende alte Frau, deren Gesicht ich schon muß irgendwo gesehen haben, aber ich kann durchaus nicht herausbringen, wo. Sehr neugierig bin ich auf ihren Lehrer. Im ganzen ist mir aber gar nicht zumute, als sollte ich um Näheres über sie fragen; genug, sie ist da und scheint von dem gütigen Schicksale mir angenähert worden zu sein, auf daß kein Herz vergessen werde und seinen Anteil an Freude zugeteilt erhalte. Meine Stellung gegen sie ist ruhig, wie es nach der Aufregung infolge ihres ersten Anblicks kaum zu erwarten war; aber sie ist so; jedes Scharfe und Harte entfernt sie von sich, oder es entfernt sich selber. Meine Empfindung ist sanft und still, und es drängt mich nicht, sie ihr zu zeigen, ja, sie käme mir entweiht vor, wenn sie Erwiderung verlangte.

Im Sommer ist sie meistens weiß gekleidet und ihre Kleider, abweichend von der jetzigen Mode, reichen ohne Ausnahme bis zum Halse. Ich glaube, es täte mir weh, wenn ich ihre nackte Schulter sähe – was ich doch bei den Hunderten, die sie täglich und gern zur Schau tragen, nicht anstößig finde. Lucie trägt es auch so, Emma nicht, ich glaube aus Widerspruchsgeist. – –

Siehe da – der Diener bringt schon mein heraufbestelltes Mittagessen; nun, da ihr zwei, du und sie, als Scheinwesen nichts brauchet, so bleibet mittlerweile hübsch artig auf der Holzbank sitzen, indes ich aufstehen und ein wenig herumschauen und den vorliegenden kalten Braten und den schönen Salat essen werde. Dann wollen wir weiterfahren und den Rest des Tages gemütvoll verwenden – – – Aber fort waret ihr, als ich Messer und Gabel hinlegte – die Gestalten mit wirklichem Fleische und Blute, die um den Tisch stehen, haben euch verscheucht. – Nun sehr bald das weitere; für jetzt lebe wohl, guter Titus; Aston und zwei Herren und seine Mädchen und Angela (die körperliche) – das steht alles vor mir und lacht mich aus, daß sie um mein Vorhaben gewußt und mich hier überfallen haben. Ich muß mit ihnen fort. Merke dir, wo wir in unserer Geschichte geblieben sind.

XI. Osterluzei

22. Juli 1834.

Armer Freund! Du hast lange warten müssen – und heute, mit welch ganz anderer Empfindung fahre ich fort, als ich damals begonnen.

Gibt es eine Liebe, die so groß, so unermeßlich, so endlos still ist wie das blaue Firmament? Sie flößt eine solche ein. O mein Titus, mein guter, mein einziger Freund! Mit mir ist es nun auf alle Ewigkeit entschieden. Mein werden kann sie nie; was wollte auch der ernste, ruhige, gemütsgewaltige Cherub mit mir? Aber lieben mit dem Unmaß aller meiner Kräfte – lieben bis an das Endziel meines Lebens darf ich sie, und so wahr ein Gott im Himmel ist, ich will es auch. Sie ist das reinste und herrlichste Weib auf Erden. Was sagten sie da oft für ein albernes Märlein: die wissenschaftliche Bildung zerstöre die schöne, zarte Jungfräulichkeit und die Naivität und die Herzinnigkeit und so weiter? – Hier ist doch eine Wissensfülle, an die wenig Männer reichen, und doch steht eine strahlende Jungfrau da – ja, erst die rechte, ernste Jungfrau, auf deren Stirne das Vollendungssiegel leuchtet, eine erblühte, selbstbewußte, eine würdevolle Jungfrau, vor der zaghaft jeder Schmutzgedanke verstummen muß. – Eure Jungfräulichkeit und Weiblichkeit, die mich sonst so entzückte, ist nur erst das Vorbild und die Anlage der rechten, und neben dieser steht sie fast wie Dummheit da – und sie ist es auch, weil sich an sie der Verführer wagt. Am Kinde entzückt das Lallen, aber der Knabe muß reden lernen. Selbst die geistvollsten Mädchen meiner Bekanntschaft, wenn sie neben ihr sind, werden ordentlich armselig, und wenn sie den Mund auftun, so ist es doch nur jenes „Alltagsei der Einfalt", was sie legen. Selbst das Naive, Weibliche, Jungfräuliche an ihnen erscheint mir gemacht und unnatürlich oder unreif neben dem einfachen gelassenen Sichgehenlassen Angelas, das keinen Anspruch und Aufwand macht und doch erkannt wird als die Königin. Es muß ein riesenhafter Geist gewesen sein, der dieses Weib erzogen hat. Ich bin sie bei weitem nicht wert – aber jede andere vermag ich jetzt auch nicht mehr zu ehelichen, weil ich sie nicht zu lieben vermag, und so will ich ihr Bild bewahren als das schönste Geisterkleinod, was mir in diesem Leben begegnete. Ein tiefer Ernst sitzt mir im Herzen, und sie hob seitdem wieder manche jener erträumten göttlichen Gestalten empor, die einst mein sehnsüchtiges Herz bevölkerten und die ich aber in die Tiefe sinken ließ, weil ich sie für wesenlose Phantome hielt, nur meiner Sehnsucht angehörend; aber sie hat auch dergleichen und betet sie ruhig an, ohne sich weiter umzusehen, ob ihnen ein Halt zukomme im äußern Gewerbsleben oder nicht; genug, in ihrer Seele, der mondlich stillen, wandeln sie wie die hohen Gestalten in der Geschichte – und daher sind sie. Ihr hat man die Heiligkeit der Phantasie, die unsere Erzieher eine Betrügerin nennen, nicht verleidet, und sie hat dessen kein Hehl, aber ihre bringt ihr auch nur heilige Gestalten. Mit einem leisen Ruck, mit einem harmlosen Worte, das wie Zufall aus ihrer inneren Welt klang, ruft sie oft in meiner ein ganzes, totgeglaubtes Volk wach, und ich erkenne, daß dasselbe ja vor längster, längster Zeit in mir geherrscht hat und geleuchtet – und wieviel mag man bei meiner verkehrten Erziehung getötet haben, was nie mehr eine Wiederauferstehung feiern kann! Man raufte die Blumen aus und machte sehr nützliches Heu daraus. In mancher Kinderbrust blüht ein Reich der Kleinode auf, heimlich und herrlich wie jener Schatz, der, wenn man so durch die Landschaft geht, fern in der Mittagssonne glitzert, in die er still emporgetaucht ist und mit Schweigen und reiner Hand gehoben werden kann, vor dem Sünder aber auf immer und ewig versinkt. Und wenn einst jemand diese Blätter sollte zu Gesicht bekommen, der den Schatz noch hat, so verhülle er ihn vor den Spießgesellen – aber einst einer lieben, großen Seele, einer unschuldigen wie er, hülle er alles auf und schenke ihr alles!

Siehst du, Titus, das ist es, was die Welt an ihr die „Verschrobenheit" heißt. Was sie sechzig Jahre sehen und was ihr Vater und Großvater auch sechzig Jahre gesehen haben, das ist ihnen das Natürliche, wie verkehrt es auch sein mag – und wer sich dagegen auflehnt und ein Neues bringt, der ist ein Fremdling unter ihnen, ein Aufrührer gegen die Natur.

Ich will dir noch einiges von ihr erzählen, höre mir gütig zu, mein Titus.

Erstens weiß sie Latein und Griechisch – das Französische und Englische wird ihr nicht übel genommen. Zweitens weiß sie so viel Mathematik, als zum Verständnis einer allgemeinen Naturlehre nötig ist; ja sie weiß noch mehr, weil sie die Sternkunde verstehen wollte und nun wirklich versteht. Drittens, daß sie Bücher über Seelenkunde und Naturrecht studierte, ward für lächerlich erklärt, sie aber meinte, sonst die Weltgeschichte nicht verstehen zu können. Selbst in philosophische Systeme steckte sie den Kopf – nur gegen Physiologie wehrte sie sich hartnäckig; sie fürchtete Zerstörung der schönen inneren Welt. – „O die ist ja gelehrt, ein Ausbund", sagen viele ihrer Mitschwestern, aber ich glaube, es ist bei vielen Neid, bei vielen Beschränktheit; die Männer sagen, das müsse fade sein, und dennoch schrumpft der, der es sagte, in ihrer Gegenwart jämmerlich ein, wenn auch nur Alltägliches gesprochen wird. Ich bewundere ihren Lehrer, wie ich dir schon mehrfach sagte, der mir bis längstens im August versprochen wird, denn er war es, welcher ihren schönen Geist in die

ersten Hallen der Wissenschaft führte und ihr die Bilder dieses Isis-
tempels deutete. Darum ist ihr die Wissenschaft Schmuck des Herzens
geworden, und das ist die größte und schönste Macht derselben, daß
sie den Menschen mit einer heiligenden Hand berührt und ihn als
einen des hohen Adels der Menschheit aus ihrer Schule läßt – freilich bei anderen bleibt es dürr liegen wie die glänzenden Dinge, die
ein Rabe in sein Nest trägt und auf denen er dann blödsinnig sitzt.

Die Sprachen lernte sie in der Kindheit, die Wissenschaften von
ihrem zwölften bis in das zweiundzwanzigste Jahr (so alt ist sie jetzt)
und von da noch immer fort – was Dichtung ist, trieb und treibt sie
ihr ganzes Leben. Du wirst wohl nicht fragen, wo sie die Zeit her-
nimmt, da du es selber warst, der mir Verschwender zuerst dieses kostbare Gut zeigte, wie zum Erstaunen ergiebig es sei, wenn man es richtig
einteilt und kein Teilchen desselben töricht wegwirft. Doch wirst du
begreifen, wieviel Zeit sie hatte, wenn ich dir aus Luciens Munde
berichte, daß sie eine Menge nicht kann und nicht lernte, was nicht
zu können jedes Mädchen Wiens für eine Schande halten würde. Zum
Beispiel: Stricken. Es war mir ein Jubel, als ich das hörte. O dieser
ewige Strickstrumpf, an dem unsere Jungfrauen nagen – es gibt nichts
Öderes und Geistloseres als das unendliche Fortbohren und das Zuschauen eines unglücklichen Mannes. Wohl wird es zuletzt zur Gewohnheit und sie können so schön und frei denken, ob sie stricken
oder nicht – aber es ist nicht wahr, denn welche kostbare Zeit verlernten sie an dem Ding und verlernten dabei das schöne, freie Denken
mit, welches Denken übrigens bei jeder fortgesetzten einförmigen Kör-
perbewegung immer etwas von dem Wesen dieser Bewegung annimmt.
Ersparnis ist es in den meisten Familien auch nicht, denn sonst müßten sie sich folgerechter Weise auch die Schuhe machen und noch
andere teurere Sachen – aber wo Ersparnis not tat, hätten die Töchter
etwas Besseres lernen können, um sich damit Strümpfe genug und
all die teuern Sachen obendrein zu verdienen. Bei ihrer sehr einfachen
Art, sich zu kleiden, erspart Angela mehr, als sie für Strümpfe wird aus-
geben müssen. Es ist Unglück genug, daß bei dem Unsinne des Ver-
schwendens, der sich der Welt bemächtigte, ohnehin ein so großer
Teil der Menschen verdammt ist zur lebenslangen Arbeit des Körpers,
daß er kaum Zeit hat, zum Himmel zu schauen, wie er so schön blau
ist. Dazu hat uns Gott nicht gemacht, und Jahrtausende werden vergehen, bis wir natürlicher, d.h. geistig reicher und körperlich einfacher werden.

Ferner das Sticken, von dem ihr Lehrer sagte, es sei die sünden-
vollste Zeitverschwendung, denn das endlich fertige Ding sei kein
Kunstwerk; ist es schön, so ist das Vorbild schuld, nicht die Nach-
macherin; meist aber bleibt es hinter dem mittelmäßigsten Gemälde

zurück und kann solches auch seiner Verfertigung zufolge nicht erreichen, kostet aber so viel Zeit und Mühe, daß man mit derselben
ein wahrer Künstler in Farben werden könnte – ferner als Geräte dient
die Stickerei nicht, da zuviel Zeit und Geld daran haftet, als daß man
sie sofort ohne Umstände gebrauchen könne, da man Polster, Teppiche
u. s. w. sehr geschmackvoll haben kann, und um weit geringere Mühe
und Preise. Das Machen – und dies ist das Traurigste – gewährt auch
nicht das geringste Ersprießliche, denn man denke, wieviele schöne
Gedanken und Empfindungen könnten in der Zeit durch das Herz
der Jungfrau gehen und ihr geläufig werden, während sie zusammengebeugt und eingeknickt die mechanische Arbeit verrichtet und in den
gefärbten Wollknäueln wirtschaftet. Ja, dieses langsame, tote Nachstechen von Form in Form verödet das Herz, und der Geist wird
dumpf und leer. Die Nachwelt wird einmal staunen, daß die Töchter
der ausgezeichnetsten Geschlechter drei Vierteile ihrer Jugend auf so
geistloses Tun verwenden konnten, wodurch ein Zwitterding von
Kunstwerk und Prunkstück zustande kommt, daran das Verdienst eine Million Stiche war.

Dann welcher Nachteil für die Gesundheit, wenn der blühende,
drängende, treibende Jugendkörper zusammengeknickt wird und in
einer Stellung stundenlang verharrt, die ihm unnatürlich ist und im Eifer der Arbeit noch unnatürlicher gemacht wird durch vermehrtes Bükken, durch das Andrücken des Rahmens an die Brust und dergleichen.

Wirklich, Titus, dachte ich auch oft, wenn ich so eine holde, aufknospende Gestalt über den Rahmen hängen sah: Du liebe, arme Blume, man hat einen finstern Topf über deine Herzblätter gestürzt, daß
du nichts weißt von Luft und Sonne – wenn du statt dessen diese
Zeit durch in die Strahlen gestellt würdest, die aus so vielen großen
Herzen der Vergangenheit auf uns herüberleuchten, wie würdest du
daran deine Blüte entfalten können! – Wenn du statt dessen in den
Hauch Gottes gestellt würdest, der von Bergen zu Bergen weht, wie
würdest du die großen, frischen Blätter deiner Seele auftun und froh
erstaunen über die Schönheit der Welt!

Freilich sagen die Guten: „Aber es freut uns, solches zu bilden
und dann unserer Hände Arbeit in der lieben Wohnung zu erblicken
und uns zu freuen, wenn sie dem Geräte zur Zierde dient, und uns
an den Werken einstens in die schöne Jugendzeit zurückzuzählen.“

„Ihr Lieben, Holden“, sag’ ich dagegen, „ja bildet nur, aber gleich
noch etwas Schöneres, wenn ihr schon den Bildungstrieb habt – etwas,
das noch dazu leichter ist: Lernet, daß es ein Schaffen gibt, ein Erschaffen des eigenen Herzens, Bildung dieses schönen Kunststückes,
Ansammlung und Eigenmachung der größten Gedanken, welche erhabene Sterbliche vor uns gedacht haben und uns als teures Erbstück

hinterließen; ja, lernet, daß ihr leicht in der wahren Kunst etwas zu machen verstehen werdet, was aus der freien Seele quillt, nicht als After-trieb eines fremden Stammes, und woran ihr als an einer viel schönern Blumenkette in eure Jugend zurückgehen könnt. Wenn ihr mir aber vorhalten könntet, es freue euch nun einmal so und nicht anders, und die Freude sei der Zweck, dann widerlege ich euch nicht mehr; denn es muß Leute geben, die an derlei Freude haben, weil sie eine höhere nicht haben können, und ich erinnere mich, einmal mit Rüh-rung einer geistesschwachen Frau zugesehen zu haben, wie es ihr innige Freude machte, viele blaue und grüne Steine auf den Tisch zu zählen und von ihm auf die Bank und wieder auf den Tisch und so weiter.

Dann haben sie ein anderes Zauberwort, mit dem sie sich tragen und alles abfertigen: die Häuslichkeit. Diese Häuslichkeit aber ist ein Hinfristen an Bändern und Kram, ein Ordnen der Hausbälle und Tafeln und Gesellschaften und ein unnötiger Prunk an Kleidern und Gerätstücken. Freilich hat da eine Frau samt der ihr beigegebenen Die-nerschaft genug zu tun. Wenn aber Häuslichkeit nur heißt: Woh-nung, Kleider, Speise in ordentlichem Stande zu erhalten, so mag sie allerdings ein Teil, und zwar ein kleiner Teil des weiblichen Berufes sein, der aber so leicht zu erfüllen ist, daß zu dem größern und hö-hern noch Zeit genug übrig bleibt, da ohnehin in diesen Dingen Mutter Natur die größte Einfachheit vorgeschrieben hat und die Ab-weichung durch Krankheiten aller Art bestraft. Diese letzte Häuslich-keit hat Angela in hohem Grade, denn sie ist immer, obgleich einfach, doch bis zum Eigensinne rein und edel gekleidet, und zu Hause, wo sie die Oberleitung führt, soll es immer aussehen wie in einer Kapelle. Einen andern schönen Teil der Weiberpflicht aber erfüllt sie wie we-nige ihrer Schwestern: Bildung des künftigen Mutterherzens, von dem man nicht wissen kann, ob nicht ein Sokrates, Epaminondas, Gracchus als wehrloser Säugling an demselben liegt und die ersten Geisterflam-men von ihm fordert und fordern darf. Wie nun, wenn sie der Sen-dung nicht gewachsen wäre und den Geistesriesen zu einen Nero und Octavianus verkommen ließe? Und der erste Druck in das weiche Herz gibt ihm meist seine Gestalt für ein Leben lang.

Endlich, selbst Vorbereitung und Erfüllung der Mutterpflicht schließt nicht den Kreis des Weibes. Ist es nicht auch um seiner selbst willen da? Stehen ihm nicht Geister- und Körperreich offen? Soll es nicht wie der Mann, nur in der Weise anders, durch ein schönes Da-sein, seinen Schöpfer verherrlichen? – Endlich, hat es nicht einen Gat-ten zu beglücken, und darf es ihm statt des schönen Herzens eine Wirtschaftsfertigkeit zubringen, die geistig genug zu sein glaubt, wenn sie nur unschuldig ist? Das ist der Knecht, der sein Talent in das Schweißtuch vergraben hat.

O Titus! Angela hat mir die Augen geöffnet über Wert und Bedeutung des Weibes. – Ich schaudere, welche Fülle von Seelenblüte taub bleibt; wenn die Besterzogenen dastehen, nichts in der Hand als den dürren Stengel der Wirtschaftlichkeit und das leere, schneeweiße Blatt der angeborenen Unschuld, auf das, wenn nicht mehr das Mutterauge darauf fällt, wie leicht ein schlechter Gatte oder Hausfreund seinen Schmutz schreiben kann – und die Guten merken es lange nicht oder erst, wenn es zu spät ist, ihn wegzulöschen. Andere werden freilich unterrichtet, aber obiges Blatt wird dann eine bunte Musterkarte von unnützen Künsten und Fertigkeiten, die man unordentlich und ober-flächlich darauf malte.

Es ist ein schweres Ding um die rechte, echte Einfalt und Natur-gemäßheit – zumal jetzt, wo man bereits schon so tief in die Irre gefahren ist.

Wie manche warme und großgeartete Seele in diesem Geschlech-te mag darben und dürsten, solange sie lebt – bloß angewiesen an den Tand, den ihr der Herr der Schöpfung seit Jahrtausenden in die Hände gibt.

Doch genug hiervon.

Lächerlich ist es oft, die heitere, überfröhliche Emma ihr gegen-über sich bemühen zu sehen, Bänder und Kleider und Stickereien und dergleichen geltend zu machen. Sie läßt sie in allem gewähren und ist stets mild und freundlich, und am Ende merkt doch das klei-ne, hocherrötende Trotzköpfchen, daß es widerlegt ist.

Ob es Angela ahnt, wie sehr ich sie liebe, weiß ich nicht, aber ver-mute es – nur in ihrer einfältigsten Natürlichkeit kennt sie gewiß den Stachel nicht, der ewig leise fortschmerzend mir im Herzen sitzt; denn es freut sie, in mir einen ihr gleichgestimmten Menschen ge-funden zu haben, und nur als solchen liebt sie mich auch und zeigt es unverhohlen vor allen – selbst neulich: In einem Kreise von Frauen und Männern reichte sie mir ohne Umstände die Hand, die keiner von den Anwesenden je zu berühren wagte, und sagte, daß sie sehr erfreut sei, daß ich gekommen. Ich merke es deutlich, wie mitleidig man diese Ungehörigkeit mit ansah. Wir reden oft stundenlang mit-einander, und sachte geht dann ein Tor nach dem andern von den inneren Bildersälen auf; sie werden gegenseitig mit Freude durch-wandelt; ganze Wände voll quellen vor und schwärmen, und wenn dann plötzlich manche Götterform vorspringt, längst gehegt, geträumt und geliebt im eigenen Innern – und wenn nun das Doppelkleinod jubelnd hervorgezogen wird und endlich immer mehrere und schö-nere derlei kommen, so steht auch in ihrem Auge ein so schöner Strahl der Freude, daß sie ihn vergißt zu bergen und ihn als arglos lieb-voll in das meine strömen läßt. Das ist das Hohe einer naturgerecht entwickelten Seele, daß jenes kranke, empfindelnde und selbstsüchtige Ding, was wir Liebe zu nennen pflegen, was aber in der Tat nur Geschlechtsleidenschaft ist, vor ihr sich scheu verkriecht – und das ist der Adel der rechten Liebe, daß sie vor tausend Millionen Augen offen wandelt, und keines dieser Augen sie zu strafen wagt.

Luciens Geist ist ihr am verwandtesten, oder vielmehr, es mögen es viele sein, jedoch sie wurden nicht wie diese zu ihr hinangebildet. Emma, wie sehr auch noch ein Kind, zeigt doch schon Spuren, wie unwiderstehlich das gelassen fortwirkende Beispiel eingreift. Daß man es wagt, in gewissen Kreisen, ja fast in allen, den Stab über Angela zu brechen, wirst du wohl begreifen; unserer weiblichen Zeit steht sie zu weit voraus – ja sogar, da nie ein starker oder gar sündiger Affekt an ihr sichtbar wird oder jenes Aufkreischen oder Herumspringen, was Natur und Lebhaftigkeit sein soll, so nennt man sie kalt, sie, in deren Auge allein, wenn es in irgendeinem Augenblick zum Verkünder ihres Innern wird, in einer Sekunde mehr Dichtungsfülle liegt als in dem Herzen anderer das ganze Leben hindurch. Diese Augen verrieten mir auch etwas, was ihr Mund bisher verschwieg – nämlich es ist mir außer allem Zweifel, daß irgendein Weh in ihrem Leben liegt und bei gelegentlicher Erregung auf ihr Herz drückt; denn in eben diesen Augen sah ich schon ein paarmal, zufällig erregt, nur gleichsam durchgleitend und schnell bekämpft, einen tiefen, deutlichen Blick der Trauer und Wehmut, was um so mehr wirkt, weil sie sichtlich einen solchen Augenblick zu vermeiden sucht oder unterdrückt.

Ich forsche nicht, aber es erschreckte mich, als ich sie vorgestern abends am Apfelbaume lesend fand; ich war ungehört näher gekommen und als ich sie grüßte, schlug ein erschrockenes Auge zu mir empor, das offenbar nicht gelesen hatte und das zu schnell in die größte Freundlichkeit überging.

Aber es sei genug – wer stellt mich auch zum Wächter ihrer Augen auf?

Eine Narrheit von mir muß ich dir noch melden, lieber Titus. Wenn mir dieser Tage hier irgendein Mann mit einem spanischen Rohre begegnet und dem Goldknopf darauf und ein westindisches Gesicht macht, so jage ich mir Schrecken ein, daß es bereits mein Nabob sei, mit dem ich zerfallen werde, denn Aston kündete ihn nun zuverlässig in „baldester Bälde“ an, und er werde auf meine Zukunft den entscheidendsten Einfluß haben. Ich verlange aber nicht im geringsten einen derlei Einfluß. Im übrigen muß der Nabob bald kommen und der Einfluß bald beginnen, denn sonst trifft er mich nicht mehr hier, da wir, Lothar und ich, unsere Gebirgsreise, von der ich dir schon einmal gemeldet zu haben glaube, längstens in vierzehn Tagen antreten werden.

Lebe wohl!

XII. VERGISSMEINNICHT UND WOLFSMILCH

2. August 1834.

Ich bitte dich, bleibe bei deinem Vorsatze und komme bald, denn ich brauche dich hier wie nie in meinem ganzen Leben. Zwei Dinge sind hereingebrochen, die alles ändern und alles zerbrechen. Lothar ist bereits zurück, und auf übermorgen ist der Postwagen nach Linz bestellt. Angelas Lehrer ist zurück – aber ich tat etwas und erfuhr etwas, das mich auf ewig um diesen ersehnten Menschen bringen kann und muß.

Ich bin in Verwirrung, aber dennoch will ich versuchen, dir alles in der Ordnung zu schreiben.

Am dreißigsten Juli abends ging ich zu Aston. Sie waren alle in Dornbach, sollten aber jeden Augenblick kommen; ich ging ins Musikzimmer, um ihre Rückkunft abzuwarten. Angela saß am Piano, und aus der Abendröte strömte mir eine heitere Tonflut entgegen, als ich eintrat. Sie stand sogleich auf, da sie mich erblickte, und kam mir mit einem strahlenden Gesichte entgegen, meldend, heute morgens endlich sei ihr teurer Freund und Lehrer Emil gekommen, und morgen nach Tische dürfe ich keinen Pinsel mehr berühren, sondern müsse gleich in Astons Garten erscheinen, da werde er, der Oheim und alles dasein, und sie müsse die Freude haben, zwei Menschen, wie er und ich, miteinander bekannt zu machen. „Und ihr werdet euch", setzte sie hinzu, „im Fluge liebgewinnen und dann nie mehr voneinander lassen können; das weiß ich so gewiß, als es gewiß ist, daß ich schon über eine Stunde hier auf die böse Lucie warte."

Ihr Gesicht schimmerte recht im eigentlichen Sinne von innerer Seligkeit, und mein Herz war schlecht genug, den Menschen um die Freude in diesen Augen zu beneiden – siehst du, wieviel besser sie ist als wir alle. – Hätte sie dies mein häßliches Gefühl nur von ferne geahnt, sie hätte gewiß ihre Freude mäßiger gezeigt, aber sie traut mir geradewegs ihr eignes schönes Herz zu.

O Titus! Jetzt, wie ich davon schreibe, quellen die Empfindungen jener merkwürdigen Stunde wieder in mir empor, jener Stunde, die ich hervorrief und ewig, ewig, ach ewig nicht vergessen werde können.

Ich sagte ihr, daß ich recht gern kommen werde, setzte aber hinzu, daß die Bewillkommnung sehr bald in einen Abschied übergehen werde, da ich mit Freund Lothar in einigen Tagen eine Reise nach dem Glockner antreten werde. – Denke dir, Titus, wie mir ward, da bei diesen Worten ihr Gesicht, noch eben leuchtend von der höchsten Freude, auf einmal mit Todesblässe überzogen wurde!

„Wie lange bleiben Sie aus?" fragte sie.

„Zwei Monate", sagte ich.

„Dann sind wir bei Ihrer Rückkehr schon in Frankreich", erwiderte sie leise. „In vierzehn Tagen gehen wir auf immer fort und werden am Jura wohnen."

Nun war der Schrecken an mir: Ich starrte sie zu Tode betroffen an.

„Wußten Sie das nicht?" fragte sie.

„Ich nicht, sonst hätte ich die Reise verschoben."

Sie schwieg und ich auch – es war ein peinlich schwüler Augenblick. Die Ankündigung meines Entschlusses, daß ich ja meine Reise aufgeben könne, hätte alles gelöst, aber es wollte schon so sein, wie es war. – Ich sagte nichts; mir wurde, als liebe ich sie seit einer einzigen Sekunde millionenmal mehr als je – ich begreife jetzt gar nicht, warum ich denn das Wort nicht sagen konnte, daß ich gar nicht reisen wolle, sondern eine Stimme lag in meinen Ohren: „Nimm jetzt den Abschied von ihr, in dieser Sekunde nimm den Abschied, denn es wird keine mehr kommen, wo du allein bist mit der geliebtesten, schönsten, freundlichsten Gestalt deines Lebens, die nun auf ewig, ewig untersinkt." Morgen stehe ich wie ein Fremder, wie ein Geschiedener neben ihr – – – ich weiß nicht: War es diese Stimme, war es Verhängnis, war es sonst etwas – kurz: Ich weiß nichts mehr von dem Augenblicke, als daß ich mich schmerzenswild von ihr abwandte und dadurch auch in ihr die Erregung emporjagte – und daß ich die bittern Worte ausstieß: „Ja, ja – so ist es – ich sollte mein Herz an nichts hängen – an gar nichts – – Den in den Pyrenäen wird schon auch eine Kugel treffen; o gewiß – gewiß!"

Ich wendete mich nicht um und starrte in das Blut des Abendhimmels hinaus; sie regte sich auch nicht hinter mir – wahrscheinlich war sie erschrocken –, da trat ein Diener Astons herein und meldete, sein Herr habe den Wagen geschickt und lasse das Fräulein bitten, damit in den Augarten zu fahren, wo man sie am Eingange erwarten werde. Als er abgegangen, wandte ich mich um und suchte scheu ihr Auge – sie stand noch auf demselben Flecke, und ihre Blicke wurzelten auf dem Boden. Ich konnte nicht reden, sondern ging zweimal im Zimmer auf und ab; dann, leise zu ihr tretend, sagte ich sanft: „Da es nun einmal unvermeidlich ist – da es doch einmal sein müßte, so gestatten Sie, daß ich Ihnen hier, wo wir allein sind, das Abschiedswort sage, denn vor den vielen Blicken vermöchte ich es nicht – –"

Da hob sie auf einmal die zwei Augen auf, groß und dunkel auf mich gerichtet und von etwas umdüstert wie von einem schweren Schmerze – dies lockte plötzlich auch den ganzen Strom des meinen hervor. – Es ist ja eine alte Schönheit des Menschenherzens: Scheidende lieben sich am heißesten, und alles Schöne und alles Gute, was sie sich in langem Zusammensein getan, preßt sich in den letzten Augenblick – „O Angela", rief ich, „liebe, liebe Freundin; ich kann ja die Öde nicht fassen und nicht tragen, daß nun ein ganzes Leben vor mir liegt, in dem Sie nicht sind – nicht mehr die holde Stimme, das liebe Auge, das gute Herz – Sie sind so gut, so gut – – und jetzt ist alles aus!"

Auch durch ihre ganze Gestalt ging eine Erschütterung und Abschiedswehmut, die immer wuchs und immer mehr ihr Angesicht entfärbte – aber schneebleich wurde sie plötzlich, und plötzlich wegtreten mußte sie, als ich die Worte sagte: „Waren Sie mir denn auch nur im kleinsten, nur im wenigsten gut, d. h. anders gut, als Sie es ja allen Menschen, selbst den bösen, sind? – Ach, ich weiß erst jetzt, wie unaussprechlich lieb Sie mir gewesen – ach, so unaussprechlich lieb!"

Sie stand am Fenster, in Unentschlossenheit und Tränen wankend – mir war vor Bewegung und Erregung alle Welt vergangen; nur das Glutauge der untergehenden Sonne war mir, als sähe ich es draußen zwischen den grünen Zweigen liegen und eine Gestalt mit Gold besäumen, die hier vor mir stand und mir so unermeßlich bedeutsam geworden war.

Ich weiß nicht mehr, wie kurz, wie lang diese Zeitlage dauerte – vor meinen Augen schwebt nur immer noch das so weiche, so gütige Angesicht der sonst immer so ruhigen Gestalt, das Angesicht, mit dem sie sich zu mir umwandte. – Die verhaltenen Tränen waren hervorgebrochen, sie aber trocknete dieselben schnell und sagte mit gesammelter Stimme: „Ich weiß es ja erst seit einer Minute, was ich weiß – gegen Sie muß ich aufrichtig und wahr sein, Sie sind es auch immer gegen mich. – Ich weiß nicht, ist es gut, was ich tue, ist es nicht gut; aber ich folge meinem Gefühle, das mir sagt, ich müsse es tun: Ich gebe Ihnen gern, gern mein Herz, und ich will Sie lieben, solang ich lebe." Sie hielt einen Augenblick inne; dann aber, gleichsam erleichtert, setzte sie noch die Worte hinzu: „Ich mußte es sagen, da es so ist, und da Sie fragten, aber da es nun gesagt ist, so dürfen Sie auch für alle Zukunft darauf bauen."

Ich stand sprachlos bei ihr; in die großen, schönen Augen waren wieder Tränen getreten, und freiwillig, ohne Ziererei und gütig durch die Tränen lächelnd, reichte sie mir die Hand, nach der ich schüchtern langte. – Ich beugte mich darauf nieder und drückte meine Lippen darauf, sie aber, welche meinte, sie müsse nun recht treuherzig gegen mich sein, legte unbeholfen ihre andere Hand auf mein Haupt – ich glaube, wir haben beide in jenem Augenblicke gezittert.

Ich weiß nicht, wie es war, nur daß ich, ihre Hand immer fester gegen mich ziehend, fast erstickt sagte: „Wie nur in der Welt kann ich dieses Glück begreifen und verdienen? O Angela, o Braut, o Gattin!"

Sie zuckte bei diesem Worte auf, und sich sanft losmachend sprach sie sehr ernst: „So muß es ja auch sein – so muß es sein, ich werde gern und mit Freuden Ihre Gattin werden; aber es ist noch ein Mensch, dem ich alles sagen muß – und er ist gut, so gut, wie Sie sich kaum vorstellen können; auch er wird sich sehr darüber freuen. Morgen werden wir wieder davon sprechen."

O Titus! Du ahnst nicht, wie selig dieses reine Gold der Natürlichkeit in meine Seele floß. Es öffnete sich ein weites Paradies vor mir und hatte ich jemals in meinem Leben einen Himmel zu erwarten, in jenem Augenblicke war er mein.

Einige Minuten standen wir noch nebeneinander am Fenster und sahen in das Abendrot, das langsam ausbrannte, und sprachen nichts. – Dann, als wieder gleichsam mahnend der Diener eintrat, nahm sie ihren Hut und sagte, sie wolle nun in den Augarten fahren, aber ich möge sie nicht dahin begleiten, denn sie würden sonst wieder sagen, das habe sich nicht geschickt. Ich führte sie an den Wagen, und da ich ihr sagte, daß ich meine Reise ganz aufgeben wolle, freute sie es sichtlich, und die Hand noch nach ihrer Art herausreichend, sagte sie: „Kommen Sie nicht später als um vier Uhr." Dies waren ihre letzten Worte, und dies war ihr letzter Blick – wer hätte damals gedacht, daß es das Letzte in diesem Leben sein werde! – Noch schwebt der Blick vor meinem Auge, und noch klingen die Worte in meinen Ohren.

Ich will versuchen, dir das Ende noch zu schreiben, wie es sich begab.

Ich ging, da mir das letzte Rad ihres Wagens entschwunden war, vor die Stadt ins Grüne. Ich war wie ein Träumer, wie ein Trunkener, fast nicht ertragend das ungeheure Glück – und als ich schon zu Hause war, als ich ohne Licht auf meinem Sofa saß, malte ich mir dieses Glück noch seliger in die finstere, wimmelnde Luft.

O ich Tor, ich Tor!

Auch am andern Tage, als ich erwachte, mußte erst einige Zeit verfließen, ehe ich es mir wieder stückweise klarmachen konnte, was seit gestern mit mir geschehen.

Es war erst vier Uhr; ich aber stand auf und dachte, ich wollte den Morgen im Freien genießen. Mein Weg führte mich in den Park von Schönbrunn, alle Zweige hingen voll Morgengetön der Vögel, und ganz fern über den Karpaten stand der sanftblaue Duft eines Morgengewitters, und die Luft versprach etwas mehr als einen gewöhnlich schönen Tag.

Du kennst den Obelisk im kaiserlichen Garten; hinter ihm erhebt sich eine kleine buschige Wildnis, die ich sehr liebe. Deshalb lenkte ich meine Schritte dorthin. – Es war kaum fünf Uhr morgens vorüber, in dem ganzen Parke war kein einziger Mensch zu sehen als nur die Schildwache am Schlosse. Rechts vor dem Obelisk ist eine nachgeahmte römische Ruine um ein melancholisches Wasserbecken herum, in welchem allerlei bunte Tierchen und Wasserpflanzen schwimmen. Vor diesem Wasser sah ich zwei Menschen stehen, einen Mann und eine Frau; sie standen mit dem Rücken gegen mich, als blickten sie ins Wasser, aber bald erkannte ich, daß sie miteinander sprachen. Ich dachte, sie hätten wohl auch die Morgenstunden gewählt wie ich, um einsam zu sein; deshalb wollte ich sie nicht stören, sondern schlug den Seitenpfad ein, der zur Brunnennymphe führt, um von dort in meine Wildnis hinaufzugelangen. Aus Neugier blickte ich von oben herab noch einmal durch die Zweige auf das Paar und fand es in der traulichsten, süßesten Unterredung stehen, ja, er legte einmal sogar beide Hände auf ihre Schultern und zog sie sanft gegen sich. Von den Angesichten konnte ich nichts sehen, weil meine Richtung gegen sie zu schief war. Er zeigte von rückwärts eine schöne Gestalt, ganz in Schwarz gekleidet; seine Bewegungen waren so fein, als gehöre er den höchsten Ständen an; von ihr sah ich nur Teile des weißen Kleides, da er sie mir fast ganz deckte.

Einen Augenblick nur hätte es noch bedurft und ich wäre weitergegangen, aber gerade in diesem Augenblicke hob sie ihr Haupt empor und zeigte mir durch eine Wendung ihr volles Gesicht, und denke dir, es war Angela!

Ich weiß nicht mehr, wie mir wurde – ich weiß es eigentlich noch nicht, wie mir ist –, aber ich will jede Empfindung wegweisen und nur erzählen, was sich weiter ergab. In meiner Jugend geschah es einmal, daß ich mit einem Messer im Spiele meinen Bruder in die Seite stach, und als sogleich ein dunkler Blutbach das Kinderhemdlein netzte und der rote Fleck riesig weiter wuchs – damals verzweifelte ich, hielt mich für einen Mörder und wurde ohnmächtig. – Später, als der Bruder verbunden und ich geweckt war, fragte man mich, wie mir gewesen, und ich konnte es in meiner Kindereinfalt nicht anders ausdrücken, als daß ich sagte, das Herz sei mir stehengeblieben, der Himmel sei finster geworden und voll Regenbogen und hätte mich zusammengedrückt, aber das Herz habe auf einmal einen Stoß getan, und die Regenbogen seien verschwunden. Gerade so, mein Titus, war es mir in diesem Augenblicke wieder. Ich erinnere mich deutlich, daß ich eine Zeit gar nichts sah als Farben, und auch den Stoß des Herzens spürte ich deutlich, wodurch die Farben verschwanden. Als sich die Gegenstände vor meinen Augen wieder lösten und sich begrenzten, standen auch die zwei Gestalten wieder da – ich sah klar die großen, schwarzen, schönen Augen, mit denen sie ihn so aufrichtig anschaute wie gestern mich. Es half kein Sträuben: Sie war es.

Jetzt redete er, und sie sah ihn unverwandt an; dann redete sie, und er horchte – dann schien es wieder, als schwiegen sie und schauten rätselhaft in das Wasser, wie ich sie gefunden hatte. Ich mußte eine

Sekunde die Augen schließen – dann öffnete ich sie wieder. Sie hatte das Antlitz jetzt weggewendet, und auch von der bloßen Gestalt war es, als flösse noch der ganze betörende Zauber nieder und die Hoheit und die Unschuld, womit sie mich besiegt hatte. An ihm war, wie ich schon gesagt habe, jene Art Herrschaft und Sicherheit der hohen Stände. – Einmal streckte er den Arm aus; sie schmiegte sich etwas näher gegen ihn und bog das Hinterhaupt zurück wie eine, die emporschaue; er aber krümmte mit Feinheit den ausgestreckten Arm zurück und endete damit, daß er die Hand auf ihr Haupt legte, gleichsam mit Zärtlichkeit die gescheitelten Haare streichelnd, denn sie war barhaupt, und der wohlbekannte Strohhut hing an ihrem linken Arme. Dann wendeten sie sich; ich sah noch ihre Hand in seinem Arme liegend, ein dichtbelaubter Ulmenast stellte sich dann zwischen mich und sie, dann sah ich noch weiße Kleiderstückchen zwischen dem Baumgitter schimmern und dann nichts mehr. Ich blickte noch länger, aber die Stelle blieb leer, und es war, als sei der ganze Garten leer. Der weiße, einsame Obelisk zeichnete sich gegen die dunkelblaue Wand des Ostgewitters, das indes langsam heraufgezogen war; es war schwül geworden, kein Vogel sang mehr in dem Parke, und ich drückte meine Stirn fester gegen den Stamm der Akazie, an der ich saß.

O Titus, ein Gefühl so häßlich, daß ich mich fast verachtete, kroch in mir herauf – aber dennoch war es, als riefe jede Ader in mir, das Gefühl sei gerecht!

Ich blieb sitzen an der Pyramide und brütete wie der Vormittag, der sein Gewitter braute. Nicht ein Hälmchen rührte sich, und der ganze Garten wartete gedrückt: Über ihm stand schwer niederhängend die Wucht stummer, warmer, dicker Wolken, die sich rüsteten und mit leisen Regungen durcheinanderschoben. Mein Auge starrte entzündet hinauf, und dem Herzen taten ordentlich die armen, kleinen, glänzenden Flöckchen weh, die aus dem dunklen Knäuel vorhingen – gleichsam gerettete, schöne Kindheitsgedanken in einem dumpfen Herzen –, und immer dicker und schwerer wurden Luft und Wolken; im fernen Osten ging in schiefen Streifen schon der rötlichgraue Schleier des Regens nieder – da kam der Wind geflogen und der Donner, rollend über alle Wipfel des Gartens; große Tropfen fielen, und somit löste sich die Stille am Himmel und auch in mir. Ein frisches Rauschen wühlte in den Bäumen und mischte Grün und Silber durcheinander, und in mir raffte sich ein fester, körniger Entschluß empor und gab mir meine Schnellkraft wieder, nämlich der Entschluß, sogleich abzureisen. – Fahre wohl, Armida – dachte ich – fahre wohl! Ich ging nach Hause; ein prachtvoller Regen rauschte nieder, und ich freute mich, je toller er um meine Schläfe rasselte und je nasser ich wurde.

Den Rest des Tages, als ich mich umgekleidet hatte, verbrachte ich mit Packen, war abgesperrt und ließ niemanden zu mir. Den Lothar hatte ich beredet, daß wir am andern Tage, das ist: heute abreisen. Von der Familie Astons nahm ich schriftlich Abschied, weil ich Angela dort zu treffen fürchtete. Ich sagte in dem Briefe, daß mich am letzten Juli um fünf Uhr früh am Obelisk zu Schönbrunn etwas betroffen habe, was es mir unmöglich mache, ihn persönlich zu sehen. Bei meiner Zurückkunft werde sich vielleicht manches aufklären; an die liebe Lucie und Emma gab ich viele Grüße auf.

Noch eins muß ich dir melden. Anselm Ruffo, ein Bekannter von mir, ein kalter, philosophischer Geselle, begegnete mir zufällig auf der Straße und hing sich an mich und sagte mir nebst vielem andern, ich möchte mich in acht nehmen mit meinem weiblichen Umgange, denn das Mädchen, dem ich sehr viele Aufmerksamkeiten erweise, sei stadtbekannt als die Geliebte des Engländers Grafen Lorrel. Ich dankte ihm kühl für die Nachricht – sie war mir nun fast gleichgültig.

Und nun, Titus! Wenn du deine Herreise beschleunigen kannst, so tue es, ich bitte dich, tue es; ohnedies bangt mir oft sehr für dich, wenn ich von den Abscheulichkeiten lese, die der spanische Bürgerkrieg erzeugt. Lebe wohl für heute! In München triffst du Briefe, die dir sagen, wo du mich findest. – – –

Abends um 8 Uhr.

Es wird doch heute ewig nicht zehn Uhr, welcher Glockenschlag mich endlich aus dieser Stadt bringt. Alles ist geordnet, Lothar geht herum, Abschied nehmen, und ich gehe schon tausendmal in meinem Zimmer auf und ab. Nun, es wird ja doch auch verhallen und verklingen, wie so vieles verhallte und verklang. Nur daß das kindische Herz sich so mag aufregen und sich von seinen Wallungen Ewigkeit vorspiegeln und weiß es doch, wie noch jede Bewegung desselben ausschwang und verging. Oder hat eine Entzückung über eine Seele vor der über die A-Symphonie etwas voraus? Sind nicht beide bloße Werke der Schönheit? Ach Gott, die A-Symphonie blieb schön!! Siehst du, das ist's, daß es Ideen geben darf, glänzend und höchsten Adels, und daß sie so höhnisch dürfen mißhandelt werden. Getäuschte Liebe, geäffte Anbetung ist ein altes Märchen – doch darüber sich zu härmen, ist kläglich und schwach – aber es gibt einen größeren Schmerz, den Schmerz verlorner Seelen, und der meine wäre derselbe, wenn ich sie auch nur bloß gekannt hätte, etwa als Mutter, Gattin – und dann den widrigen Flecken an dem Wunderwerke gesehen hätte. Wenn blaue Lüfte, duftige Berge, schöne Wolken in meinem Auge schweben, wenn der Donner und die Flötenstimme an mein Ohr dringt und dies alles Wahrheit außer mir haben darf: Warum lügt das Herz in uns? – Wenn das wahr ist, was meinem Tiere zusagt, kann das höhnen, was mich vergöttert? Sie selbst, trotz der schnöden Mißstimmung, hat es mir wieder gezeigt, was uns das eigne Herz als künftigen, unbekannten Himmelslohn verspricht, das muß wahr sein – es muß wahr sein –, nur das Suchen kann in der raschen Trunkenheit verfehlt werden.

Somit – fahre wohl!! In zwei Stunden geht es auf den Postwagen und dann in Gottes urewige, schuldlose Berge.

XIII. Purpurrotes Fingerhütlein

Linz, 3. August 1834.

O Titus! Was sind denn eigentlich drei Tage? – Und welche Macht haben sie auf den Menschen! – Zürne nur nicht; ich weiß alles, was du sagst und habe deinen Rat befolgt, ehe du ihn gabst. Wenn ich dich in der Stadt Linz getroffen hätte, und du hättest alle meine frühern Tagebuchsblätter gelesen gehabt, so wäre dein Rat nicht wahrscheinlich, sondern gewiß dieser gewesen: „Albrecht, gehe auf die Post und gib den letzten Pfennig dafür her, daß man dich eiligst nach Wien befördere, dann tritt vor sie und sage: ‚Ich bin ein gehetzter Tor gewesen und drei Tage lang ein schlechter Mensch.‘"

So geschieht es auch: Ich bin in kindischer Raserei nach Linz gefahren, und nun ist der Postwagen wieder bestellt; morgen um fünf Uhr gehe ich mit ihm nach Wien. Lothar ist einverstanden und wird acht Tage in Linz warten, bis ich selber wiederkomme oder ein Brief. Er weiß alles und erschrak fast über die Rücksichtslosigkeit meines Verfahrens. Erst einen Tag vorher sagte sie die Worte: „Da es nun gesagt ist, so dürfen Sie für alle Zukunft darauf bauen", und ich glaube schon am andern Morgen darauf den Ratschlägen der bösesten, blindesten Leidenschaft mehr als der ganzen klaren Sittlichkeit ihres Wesens, die mir so lange vorlag – einer Leidenschaft, die berühmt ist wegen ihrer Roheit und ihrer Trugschlüsse. Sie, an allem, was gut ist so weit über mir, gab sich mir als Braut und vertraute mir, mir unbedeutendem Menschen, der ich noch vor wenig Tagen jeden Mann für sie zu schlecht hielt – und in der ersten Probe sinke ich schon so schmachvoll tief. Ich schäme mich, so knabenhaft gehandelt zu haben. Eifersüchtig zu werden, alle Welt vor den Kopf zu stoßen und auf und davon zu fahren! Setzen wir den Fall umgekehrt: Was würde sie getan haben? Entweder sie hätte gar nichts gesagt oder etwa, warum ich so geizig bin und eine Freundin, die ich so liebhabe, ihr vorenthalte; es wäre ja schöner, wenn ein Mensch mehr im Bunde sei, der sich unsers Lebens und

Strebens freue. Ich will des Todes sterben, wenn sie nicht so gehandelt hätte. Ich kann es nicht tragen, ach ich kann es nun nicht tragen, bis der Fehler gutgemacht ist – es war ja nicht Mißtrauen, Mißtrauen war es nicht, nur ganz blinde, sprudelnde Eifersucht, und es soll das erste und letzte Mal sein, daß ein solch böses Ding in mein Herz kam – es überraschte mich, und in der gänzlichen Neuheit der Sache wußte ich mich nicht zu nehmen. O Titus, die Reue ist noch nagender als die Eifersucht selbst; hilf mir nur die Stunden ertragen, die noch bis zur Abfahrt sind – ach, und erst die zwanzig langen Stunden der Fahrt!! Indes will ich die ganze Nacht an diesem Tische verschreiben, um mich anzuklagen. Auch verstandeslos war ich ganz und gar – ist es denn nicht sonnenklar, daß es ihr hochverehrter Lehrer war, mit dem sie die Morgenstunde wählte, um ihm alles zu sagen – ihr Freund, von dem sie es gar nicht erwarten konnte, mich ihm zu zeigen – wie sie jubelte, wie wir uns verstehen und lieben werden? – Und nun! Und nun!! Daß er sie umarmte? Tun Bruder und Schwester das nie? Führen es nicht auch andere Verhältnisse herbei? Als ich einmal der Braut eines meiner Studienfreunde auseinandersetzte, warum er sie verlassen mußte, und als sie über die bösen Verleumdungen, die sein Herz von ihrem trennten, im ausgelassensten Schmerze verging: nahm ich sie da nicht, selbst gerührt, in die Arme, drückte sie an mein Herz, faßte ihre Hände, tröstete sie und versprach, alles ins Gleichgewicht zu bringen? Wie töricht nun, wenn er auf diese Umarmung wäre eifersüchtig geworden!

Endlich, jeder Erscheinung gehen ihre Zeichen vorher und nachher, und jede Erscheinung muß umringt sein von Nachbarn und Verwandten. Nie steht die glühende Abendwolke einzeln und geschnitten an dem Scheitel des blauen Mittaghimmels. Ebenso ist dieser vereinzelte Verrat mitten in ihrem andern Leben eine Unmöglichkeit, ein Unding, eine Ungereimtheit. Wie mußte sie meine Roheit befremden und schmerzen, sie, die mir gestern alles gab! – – Und die Zeit, die Zeit geht so langsam. – – Aber so ist es, wenn uns einmal der Nebelgeist der Leidenschaft und Unvernunft umdüstert: Die nächsten Mittel erkennen wir nicht mehr. Was harre ich auch des Eilwagens? – Was hindert mich denn daran, sogleich ein Fischerschiffchen zu mieten und so viel Ruderer dazu als hineingehen? Der Mond steht am Himmel, das Wasser geht voll – wie oft hört ich sagen, solche Leute können in einer Nacht von Linz nach Wien fahren. – – Ich tu's, ich tu's!

XIV. GINSTER

Linz, 8. August 1834.

Wer des Drachen Zähne säet, der hoffe, nichts Erfreuliches zu ernten. Es ist alles aus, und ich bin selbst schuld daran. Ich dichtete mir einst am Traunsee ein schönes Tuskulum, aus dem jede Äußerung roher Leidenschaft Verbannung nach sich zieht – jetzt habe ich mich selbst durch solche Leidenschaft von einem schönern Tuskulum verbannt. Sie muß eingesehen haben, daß sie sich in mir irrte – und sie hat sich auch geirrt.

Ich mietete die Rudermänner; sie flogen beinahe mit mir die Donau entlang, und ich war schon um acht Uhr früh des vierten August in Nußdorf und um neun Uhr in Astons Wohnung. Er allein war zu Hause. Auch ihn habe ich fast verloren. Es ging mir tiefer zu Herzen, als ich je ahnte, wie ich bemerkte, daß selbst dieser Mensch, sonst die lautere Güte gegen mich, nun ernst und scheu und kalt war – aufgeschreckt aus seinem Glauben an mich. Er erzählte ruhig und ohne Vorwurf, daß Angela mit ihrem Lehrer die Morgenstunde gewählt habe, nach Schönbrunn zu fahren; auch die Tante und die Schwester sind dabei gewesen; nur gingen sie entfernter, und da habe sie ihm ihr Verhältnis zu mir geoffenbart. Desselben Tages abends war alles in seinem Garten, und man wartete vergeblich auf mich, und als er in der Besorgnis, ich sei krank, einen Diener sendete, so habe dieser meine Wohnung verschlossen gefunden. Mein Abschiedsbrief habe alles aufgeklärt. Angela habe fast einen halben Tag geweint, dann aber sich aufgerichtet und gebeten, man möge ja nur recht bald abreisen. Sie selbst packte mit großer Ruhe und Stille ihre Sachen, und gestern sind sie alle nach Frankreich abgegangen. Nur die Diener packen noch einige Dinge und folgen ihr nach. Sie hat von mir kein Wort mehr gesprochen. Lucie und Emma sind in Preßburg.

Ich schleuderte die zwei glühenden Funken, die mir bei seinem Berichte in die Augen stiegen, seitwärts und schüttelte ihm heftig die Hand, sagend, daß ich gewiß nicht so schlecht sei, als alles scheine, und daß ich nun in die Gebirge gehe. Etwas freundlicher durch meine unverkennliche Reue, fragte er um meinen Reiseplan, und ich sagte ihm denselben – und als ich fortging, küßte er mich wohl wieder, aber nicht so herzlich als sonst, wenn ich nur auf einige Tage verreiste.

Und nun sitze ich wieder in derselben Stube meines Gasthofes in Linz, von der ich vor kurzem mit solcher Glut und solchen Hoffnungen nach Wien geflogen – aber alles ist aus – und wie anders, wie anders, wie anders als noch vor zwei Tagen ist mein Herz! – Es ist aus, es hat sich beruhigt; aber wie beruhigt? Gleichsam gelassen entzweigedrückt liegt es in der Brust. – Die Natur, das einzige Unschuldige, ist freundlich wie immer – meine Fenster gehen auf den Landungsplatz und die Donau. Der Tageslärm ist verstummt, durch die Fenster schwimmt die laue Augustusnachtluft herein und krümmt mein Licht, an dem ich schreibe, und trägt das Rauschen des Stromes mit herein und sein Plätschern an den Schiffen, die beiliegen. – Drüben schlummert das Mondlicht auf den alten Waldbergen des Mühlkreises, und die Lichter der Vorstadt Urfahr strecken lange, rote, zitternde Säulen in das Wasser. So still und mild ist alles draußen, als sei ringsum lauter Glück. Es ist auch ringsum; nur hier und da geht einer in der Welt, der sich durch Ungeschick das eigne Herz zerquetschte. Von heute an will ich ein guter Mensch werden, so gut, daß nicht ein Tierchen von mir leiden soll. Es freut mich von ihr, daß sie den Freund, an dem sie sich geirrt, entschlossen beiseite stellte und den Schauplatz ihrer Torheit schnell verläßt. Ihr Herz geht gewiß noch schöner aus dieser Prüfung. Schade, daß ich selbst das schöne, wiewohl unwahre Bild, das sie sich von mir gemacht haben mag, so grell zerstörte! Wer einmal Selbstmord versuchte, der geht hinfüro unheimlich unter den übrigen Menschen herum, und wer sich vor reingesitteten Wesen einer wilden Leidenschaft überläßt, der begeht sittlichen Selbstmord und erregt die Furcht, daß er wieder einmal dasselbe Spiel beginne – und Liebe, das zarte Gewebe aus Vernunft und Sitte, zerstört er ja ganz natürlich durch solch Beginnen, ganz natürlich!

Morgen geht die Reise von hier über Steier, wo wir mit zwei Reisegefährten, ältern Bekannten von mir, zusammentreffen werden, mit denen ich eigentlich diese Reise schon längst verabredet hatte. Ich werde dir von Zeit zu Zeit aus einem und dem andern Orte ein Blättchen senden, aber es wäre recht lieb und schön von dir, wenn du viel eher kämest, als du vorhast.

Kennst du nicht ein Lied von Justinus Kerner: „Das Alpenhorn"? Es ist, wie einer immer, wo er geht und steht, das Alpenhorn seiner Heimat leise, leise klingen hört und es ihn mahnt, als müsse er sogleich nach dem Elternhause aufbrechen – eben wird es in einem Zimmer neben dem unsrigen, von einer außerordentlich schönen Männerstimme gesungen – ach! Mancher hat eine Heimat an die ihn ein ewig tönendes Alpenhorn erinnern wird! Aber er vermag sie nicht mehr zu erreichen, ach, nicht mehr zu erreichen. Wo in Zukunft etwas Gutes und Schönes für mich erblühen wird, werde ich es zusammenfließen lassen mit ihrem schönen, geliebten, schwer gekränkten Bilde, und dieses Bild werde ich treulich durch mein ganzes Leben tragen. Es ist gut, daß Lothar um mich ist, dieses kräftige, dichterische Herz – – es wird schon alles gehen!! Lebe wohl, lebe tausendmal wohl!

XV. LIEBFRAUENSCHUH

Aussee, 15. August 1834.

Es ist heute Sonntag und auch nicht viel mehr davon übrig. Ich will ihn größtenteils zum Schreiben an dich verwenden. Wir fuhren von Steier bis Kirchdorf, um von dort abends im Mondscheine nach Scharnstein zu gehen. Die zwei andern Begleiter unserer Reise sind ein junger Doktor der Arzneikunde, Joseph Knar, und Isidor Stollberg (kein Verwandter der Grafen). Wir blieben fast einen ganzen Nachmittag in Kirchdorf. Lothar malte das Kremstal, und Isidor und ich saßen im Schatten der Apfelbäume bis fünf Uhr; da kam Lothar wieder, und der Aufbruch wurde beschlossen, aber es fehlte der Doktor. Auf der Kegelbahn war er gesehen worden, auch in der Wirtsstube, im Hofe, selbst im Stalle – und jetzt war er nirgends zu finden. Erst um sechs Uhr kam er mit leuchtenden Augen und erzählte, daß er beim Wirte Brunmaier gewesen – ein Reisewagen habe ihn hingelockt, der auf der Gasse stand und prächtig war. Eine blutjunge Dame mit nur einem Diener habe im Wirtsgarten gewartet, bis ihre zwei Begleiter, die zu gewissen Eisenwerken in das Tal gegangen waren, zurückkämen – mit dieser Dame habe er bis jetzt streiten müssen und habe sich in sie verliebt. Der Doktor ist ein drolliger, sehr lustiger Mensch. Er ahnt nicht im leisesten mein schweres, trauriges Herz; er schwor daher lachend, er wolle den härtesten Eid ablegen, daß die Hexe Witz habe und unter den braunsten Haaren die dunkelblauesten Augen – ja, sie seien fast veilchenblau, was zwar gesetzwidrig sei, denn in der ganzen Zoologie kämen keine solchen vor, aber sie habe sie und sei selbst ein Muster der unfolgerichtigsten Unlogik.

In Scharnstein – ich habe dir einmal gesagt, daß ich einen Menschen habe, der mir überall begegnet, einen „Engländer" hieß ich ihn –, in Scharnstein saß er in der Wirtsstube, als wir eintraten. Ich erschrak fast über diese seltsame Laune des Zufalls, später aber knüpfte ich sogar ein Gespräch mit ihm an und fand ihn gar nicht so übel, und als er unsern Reiseplan erfuhr, so trug er sich zum Begleiter an, wenn wir es nicht übelnähmen. Es wurde einmütig angenommen.

Wir brachen zeitlich morgens auf, natürlich alles zu Fuß. Lothar wird von Stunde zu Stunde herrlicher: Wie die reine Alpennatur in seine Seele fällt, so breitet er sie himmlisch aus auf seiner Leinwand. Jede Studie, von der man meint, sie sei die beste, wird von ihrer Nachfolgerin übertroffen – und er wird schwärmerisch begeistert für die Berge und Wolken und Seen wie für eine Jugendgeliebte.

Ein schöner Augenblick war es am Freitag nachmittag, da das kleine Tal von Habenau skizziert wurde. Der Platz ist wunderbar lieblich:

eine heitergrüne Wiese in sanften Wellenbildungen, rechts ein dunkler Wald, hinter dem eben eine Wolke zwei schneeweiße Taubenflügel heraufschlug – vor uns die wunderlichen Felsen des Almseegebirgs und links, tief zurück, der große und kleine Briel, die lichten Häupter in finstrer Bläue badend – kein Lüftchen – blendender Sonnenschein. Nach drei Stunden Malens stand Lothar auf, und seine Wangen glänzten wie die eines verschämten Knaben. Alle waren entzückt, nur der Engländer sah auf das Blatt, ohne eine Silbe zu verlieren. Wir blieben noch lange und tranken aus unsern Reiseflaschen. Der Doktor blies auf seiner Stockflöte, Isidor lag im Grase auf dem Rücken und breitete die Arme auseinander. Der weiche, stille, heiße Sommernachmittag hauchte nicht und drückte sich tiefblau in seine Berge nieder. Endlich gingen wir weiter zu den Ufern des Almsees und an ihm fort bis zum Seehaus.

Ich konnte nichts malen und werde es wahrscheinlich auf der ganzen Reise nicht tun können, denn der große, der drückende Schmerz über mich und das Mitleid mit ihr, der unschuldig Gekränkten, liegen wie Bergeslasten über meine Brust gedeckt und sehen mich aus der Natur an, als hätte sie ein dunkleres Trauergewand angelegt. So saß ich auch, als wir uns in dem Seehause eingerichtet hatten, wo wir über Nacht bleiben wollten, und als alle wieder auf Spaziergänge fort waren, so saß ich auch vor dem Hause auf der Bank und sah diese Berge an, die ich unter ganz andern Umständen zu sehen hoffte. Sie standen da in müder Tagesruhe, und das späte, kühle Nachmittagslicht lag auf ihnen, sachte aufwärtsglimmend. Im See schliefen die Wellen und in der Luft das Echo. Italien fiel mir ein und Indien und Griechenland und Amerika und die ganze schöne Kugel und die Meere darauf und die Palmenwälder – und daß ich all das nie in meinem Leben werde sehen können.

Mein Reisedurst brannte wie so fort – ich stand nun auch auf und ging von dem Seehause fort ins Ungewisse herum und senkte mich in meine Träume. Die Natur hielt Abendfeier, das Sonnenlicht schritt nur noch auf den höchsten Spitzen, die Luft ward immer wellenloser und stiller, ich ging südwärts gegen die Felsen – da war es, als ob das Echo, das tausendfältig in diesen Bergen schläft, traumredete und etwas wie Glockentöne lallte; aber Glocken können hierher ihre Klänge nicht senden, da der Ort tief einsam im Gebirge liegt – ich ging immer weiter weg von dem Hause. Es gibt eine Stille – kennst du sie? –, in der man meint, man müsse die einzelnen Minuten hören, wie sie in den Ozean der Ewigkeit hinuntertropfen. – Eben von ewig fortpolternden Städten gekommen, wurde mir diese Stille fast gespenstig, und ich war erleichtert, als endlich gegen Abend in der Dunkelheit ein leichter, kühler Hauch an mein Gesicht wehte und sich zwei Blätter

an einem Schlehenstrauche neben mir rührten, aber ohne zu flüstern.
Ich ging spät in das Haus zurück. Sie hatten schon zu Abend gegessen und mich und den Engländer vergeblich erwartet. Gleich nach
uns sind noch zwei Fremde gekommen, und diese und die andern
sind alle auf den See hinaus. Den Engländer glaubte man bei mir.
Ich ging auch wieder fort, und als ich gegen den See kam, konnte ich
sie nicht erblicken, weil es schon zu sehr dämmerte. Ich stieß einem
Jäger auf, der mir sagte, er warte auf den Vollmondsaufgang. Ich wollte nun dasselbe tun und legte mich zu ihm ins Gras und ließ mir von
ihm erzählen, und wie sich seine Gebirgsmärchen gleich Zitherklängen entwickelten, schaute ich träumend in die phantastische Dunkelheit, in der die Gebirge hingen, in immer stillere und größere Massen
schmelzend, und auf den See, der stets starrer und schwärzer ward
und nur hier und da mit einem schwachen, ungewissen Lichtchen
aufzuckte. Und immer tiefer sank Berg und Tal und See in die dunkle, schummerige Luft vor mir zurück, eine unsägliche Wehmut war
in meinem Herzen, der Jäger schwieg endlich auch, und ich hörte jetzt
deutlich Lothar und des Doktors schöne Stimme von dem See her
gedämpft singen – dann einen Pistolenschuß und das darauffolgende
Gewitter des Echo, das die Berge und den See im Finstern durcheinanderwühlte und in Kreisen rollte und sich mäßigte und beschwichtigte und ausmurmelte; sein Verzittern machte mir die Landschaft nur
noch unbeweglicher, wie einen schwarzen Klumpen, der in zackiger
Linie den silbergrauen Himmel abschnitt. „Seht einmal auf den Röllberg", sagte mein Nachbar und zeigte mit dem Finger in die Nacht
hinaus. Ein lichter Schein stand unten an dem bezeichneten Berge –
die Mondesaurora war es; ich glaubte, er selber werde jetzt aufsteigen,
aber nur der Schein klomm längs der steilen Kante des Felsens, der
ordentlich schwarz gegen diesen Schimmer stand, bis der Mond endlich gerade auf dem Gipfel des Steines wie ein großes Freudenfeuer
emporschlug zu dem Himmel, an dem schon alle Sterne harrten. Er
trennte sich sodann und schwamm wie eine losgebundene, blitzende, weißglühende Silberkugel in den dunkeln Äther empor – und alles
war hier unten wieder hell und klar. – Die Berge standen wieder alle
da und troffen von dem weißen niederrinnenden Lichte, das Wasser
trennte sich und wimmelte von Silberblicken, ein Lichtregen ging in
den ganzen Bergkessel nieder, und jedes feuchte Steinchen und jedes
tauige Gräschen hatte seinen Funken. Auch das Schiff der Freunde
erblickte ich jetzt, und ein vierstimmiger Männerhymnus begann darauf, und der Gesang wogte gedämpft, ein Echo schleifend, von dem
See herüber und zog sich dann ferner und verklang – dann ein mattes Jauchzen, das Rollen ferner Pistolenschüsse und dann wieder die
Mondesstille.

Ihr Auge, dieser schöne Mond ihrer Herzenssonne – wo mag dieses nun aufblicken zu seinem Schwestergestirne des Himmels? O ihr schönen Felsen und du, schimmerndes Firmament! Was ist zwischen heute und jenem Abende vor zwölf Jahren, als ich das erste Mal an diesem Ufer stand, ein unschuldiger Jüngling voll ungebändigter Hoffnungen und ein unerschöpfliches Weltmeer von Vertrauen in dem Herzen! – – Wieviel hat sich seitdem geändert – wieviel habe ich geirrt, gesündigt und gebüßt, und wie scharf einsam bin ich heute gegen das Wogen und Wallen von Gestalten, die mich damals umgaben! Aber ein Rest ist geblieben, ein Boden, auf dem die Blumenphantasie gestanden: Die feste, schönheitsliebende Seele ist geblieben, und manch schönerer Blumenwald kann einst wieder daraus emporsprossen – er kann ja noch sprossen!

„Geht schlafen, lieber Herr", sagte plötzlich der Jäger zu mir, „Ihr habt morgen einen weiten Weg, und es wird heiter und heiß sein – ich verlasse Euch, da mir der Mond schon hoch genug ist."

Ich schlafen gehen? Dazu war ich viel zu bewegt. Ich ging den See entlang, von dem jetzt Ruderschläge herkamen und bald darauf das Schiff der Freunde. Isidor sprang heraus und jubelte und sagte, es sei eine Götternacht, und der Doktor bedauerte mich, daß ich nicht mit zu Schiffe gewesen; an diesem einen der zwei angekommenen Fremden habe er einen wahren Fund getan, er singe einen unvergleichlichen Tenor, der sei noch immer abgegangen, Lothars Stimme sei doch nur ein Bariton; nur schade, daß die Zither, die der Fremde mitgebracht, in der Eile in dem Hause vergessen worden sei. Sie gingen alle dem Hause zu – ich nicht, denn wo sie ihr Schiff anlegten, bemerkte ich ein zweites, kleines; mit diesem wollte ich ganz allein auf den See hinausfahren. Ich band es leicht los und stieß ab.

Nun wurde es weit um mich – die Berge traten zurück und standen groß da in lichtnebligen Schleiern und sanft in träumerischer Magie, und ich schwamm auf dem schönen, glatten, flimmernden Elemente, und bei jedem Ruderschlage rann flüssiges Silber um mein Schiffchen. Aus dem Seehause schallten noch die Reden meiner Reisegefährten, die schlafen gingen, und als es immer mehr und endlich ganz still geworden und der Mond schon fast im Scheitel seiner blauen Halle stand, da hörte ich wieder zu meinen Häupten das leise, seltsame Läuten, aber es war, als fielen nur einzelne Töne unendlich fern aus der Luft – dann schien es von dem See zu kommen, dann von den Felsen, dann schwamm es wieder hoch am Himmel; ich ließ das Ruder sinken und das Wasser an dem Schiffchen aussäuseln und horchte hin – keine Glocke, eine Zither war es; die Laute kamen von einem schwarzen Punkte aus dem Wasser, nur das Echo hatte mit den Klängen so wunderbar gespielt. Ich fuhr so leise als möglich näher; die

Töne wiegten sich und schwollen und wurden ein Gewimmel, und plötzlich sang eine Männerstimme darein. Ich erkannte die Melodie: Es war die Schubertsche über das Seelied von Goethe – deutlich kamen die Worte her: „Wie ist Natur so hold und gut, die mich am Busen hält"... Ich irrte nicht: Es war dieselbe Stimme, die das Alpenhorn von Justinus Kerner sang. Mein Kahn war noch im Zuge und glitt ohne Rudern näher; ich konnte jetzt dem Gesange Wort für Wort folgen und folgte mit steigendem Herzen:

> „Aug', mein Aug', was sinkst du nieder?
> Goldne Träume, kommt ihr wieder?
> Weg, du Traum, so Gold du bist;
> Hier auch Lieb' und Leben ist."

Ich konnte nicht anders: Ich ließ die Tränen in die Augen steigen, daß der Mond zitternd und zerblitzend drinnen schwankte – o, mein Traumgold war heute auch schon längstens wiedergekommen – ich vermochte es aber nicht weg zu weisen und zu sagen: „Hier auch Lieb' und Leben ist." Das Lied ging fort und wurde groß und fromm, erschütternd einfach, wie im Kirchenstile vorgetragen – ich regte mich nicht in dem Kahne; aber als es geendet und nur noch die Zithertöne, dieser wahre Kuhreigen der oberennsischen Alpen, fortdauerten und hüpften und zitterten im Wechselgesange mit der Alpentochter Echo, fuhr ich rasch näher und erblickte einen Kahn, wie meiner war, und drinnen saß der Engländer, oder vielmehr: er lehnte vor einem Brette, worauf er die Zither hatte. Seine Ruder lagen bei ihm auf dem Schiffe, das bei der Stille des Wassers auf einem und demselben Punkte stehenblieb. Als er meiner ansichtig wurde, streute er gleichsam noch ein paar Hände voll Töne wie Goldkörner über den See und sah mich schweigend an, der ich seinem Gesichte fast auf Spannenweite nahe gekommen war. Ich war sehr verlegen, was ich sagen sollte, als ich das wirklich schöne Angesicht, vom Mondlichte beschienen, fragend auf mich geheftet sah. „Herr", sagte ich endlich, „ich störe Sie wohl? Sie genießen schön diese ausnehmend schöne Nacht."

„Sie stören mich nicht", antwortete er. „Ich dachte mir wohl halb und halb, daß Sie oder Disson auf den See herausfahren würden. Als ich nämlich meinen Kahn ablöste, sah ich, daß an der Stelle noch mehrere angebunden lagen, die vielleicht andere benützen könnten. Die Zither, die ich hier habe, gehört gar einem ganz fremden Menschen, der sie im Seehause liegengelassen hatte, als alle auf das Wasser hinausfuhren, um zu singen; ich nahm sie, denn in solch schöner Nacht, dachte ich, dürfte sie nicht zu Hause bleiben. Auf Sie war ich beinahe gewiß gefaßt, daß Sie kommen würden!"

„Auf mich waren Sie gefaßt?" fragte ich erstaunt.

„Ja, auf Sie", sagte er, „und daß ich aufrichtig bin: Ich erwartete Sie sogar hier. Ich kenne Ihre Gemütslage – ich will nicht zurückhaltend sein. – Da Sie nun wirklich da sind, so lassen Sie uns hier den ersten Handschlag geben, wo uns nicht die Augen all dieser Menschen umgeben." – Bei diesen Worten reichte er die Hand über den Bord seines Schiffes herüber und fuhr fort: „Wir kennen uns eigentlich schon lange; ich bin der Freund, ich könnte sagen Bruder eines Wesens, das Sie vor nicht langer Zeit sehr liebten."

„Emil?" rief ich.

„Ja, Emil", antwortete er.

„Und Sie suchten mich?" fragte ich in höchster Spannung.

„Ich suchte Sie", erwiderte er.

Wie von einer freudenvollen, schmerzensvollen Ahnung durchflogen sprang ich auf und wäre im Schaukeln meines Schiffchens bald in das Wasser gestürzt.

Dann, mit einem Sprunge, war ich in seinem Kahne, und wir lagen uns in den Armen – ich fast in ein krampfhaftes Schluchzen ausbrechend, er mich fest und lange an seine Männerbrust drückend.

Endlich ließen wir los und blickten uns in die Gesichter – zwei Menschen, die sich lange suchten, geistig längst berührten, ja sich liebten und sogar körperlich schon kannten und nun sich so seltsam fanden.

„Da ich Sie nun gefunden", fing er wieder an, „so lassen Sie mich eine freundliche Bitte tun: Fassen Sie Vertrauen zu mir – und die ersten Tage keine Frage um Dinge in Wien."

Schon sein Erscheinen und Aufsuchen war Seligkeit und Freude für mich, und ich schlug gerne ein. Und nun erzählte er mir, daß er gleich erkannt, eine unverstandene Wallung habe wahrscheinlich ein sonst rechtes Herz beirrt – er habe mich gesucht; er habe sogar in Linz eine Nacht im Zimmer immer neben mir geschlafen, ohne es zu wissen, und erst von Aston habe er brieflich erfahren, daß ich in Wien gewesen, was ihn außerordentlich erfreut und mich gerechtfertigt habe; von Aston endlich habe er meinen Reiseplan erfahren und infolgedessen habe er mir in Scharnstein vorgewartet.

„Also sind nicht alle nach Frankreich?" fragte ich.

„Nein", antwortete er, „wir wollten es. Aber da ich immer gewohnt bin, über keinen zu urteilen, ehe ich ihn kenne, ferner da die Sache so viel auf das Spiel setzte, so beschloß ich – wenn man es auch aufdringlich nennt – Ihnen nachzureisen, um da zu sehen und zu schauen, wo die andern absichtlich blind sind. Ich mußte Sie ja suchen wie den Stein der Weisen", fuhr er lächelnd fort. „Vor meiner Abreise war ich mit Aston gewiß zehnmal bei Ihnen, ohne Sie je zu treffen."

„Der Nabob?" fuhr ich heraus.

„So heißt mich Aston immer wegen meiner ostindischen Geburt", erwiderte er.

„O Gott! O Gott! Wie das alles einfach gewesen wäre", rief ich, „und wie es jetzt geworden ist!"

„Lassen Sie nur das", sagte er, meine Hand nehmend, „ich liebe sie schon lange und recht von Herzen ..."

„Ich habe Sie verehrt", unterbrach ich ihn.

„Daran taten Sie zu viel", sagte er, „und die Quelle, die unsere gegenseitigen Gefühle vermittelte, mag wohl beiderseits ein wenig parteiisch gewesen sein. Lassen Sie nur jeden Kummer und geben Sie der jungen Freundschaft ein kleines Recht; die Verzeihung von einer andern Seite wird wahrscheinlich viel leichter zu erhalten sein als von Aston und mir. Jetzt lassen Sie uns zusammen ein Stück reisen – und vertrauen Sie mir ein wenig."

„Ganz und mit vollem Herzen!" rief ich aus.

„Amen", sagte er. „Und nun reisen wir zusammen und lernen auch unsere Fehler ein wenig kennen. Vor allem ist einer gutzumachen, nämlich Ihren Kahn aufzusuchen, den Sie beim Überspringen in mein Schiff weggestoßen haben."

Sohin nahm er ein Ruder und ich auch eines. Der Kahn war bald gefunden und an den andern angehängt, und dann, unter verschiedenem Gespräche, fuhren wir fast noch eine Stunde auf diesem Zauberspiegel herum und gönnten unsern Seelen Frist, so nach und nach die ersten Fäden gegenseitiger Bekanntschaft anzuknüpfen.

O wie schön und wie anders als vor zwei Stunden stand der Mond jetzt am Himmel, sich neigend gegen die Felsen, die im Abend standen – herabsehend auf ein erleichtert Herz und ruhig silbern fortglänzend, weil sich alles und jedes auf der Erde friedlich lösen müsse – und sei es auch in dem Grabe!

Nach Mitternacht gingen wir schlafen, und auch hier im engen Zimmer floß das milde Licht und zeichnete auf dem Fußboden das ruhige Fensterkreuz. Ich schaute es so lange an, bis die Mohnkörner des Schlummers auf mein Haupt fielen, meine Mutter, meine ferne Schwester als Traumgestalten ein-, zweimal vor dem schon halb verhüllten Gehirne vorübergingen und dann der feste, ruhige Schlaf kam.

Um vier Uhr weckte uns der Führer, und siehe, noch einmal sah ich den heutigen Mond, der mir so lieb geworden war. Auf einem gezackten Blocke des Westens lag er vor dem Tag erlöschend, während im Morgen die Röte flammte und auf dem See die langen Elfenstreifen von weißen Nebeln woben. Bis wir frühstückten, uns ankleideten und rüsteten, hatte die Sonne schon alles ins Klare gebracht, und der junge Tag blitzte freundlich auf allen Bergen. Ich wunderte mich, daß der See so klein sei; das zauberische Nachtlicht hatte mir alles in seinen Schleiern auseinandergerückt und vergrößert. Ich schaute mit frischem Morgengefühl noch einmal den Schauplatz der vergangenen Nacht an und prägte mir das Bild dieses liebgewordenen Sees in mein Herz, um es lange nicht daraus zu lassen.

Von dem sogenannten lustigen Örtl sahen wir den See noch einmal, dann rückwärts alle Berge bis Spital. Die andern warfen Grüße und Küsse zurück, ich sah auf das Auge des nächtlichen Sängers – es lag in mildem Ernste über der Aussicht und war freundlich. Lothar malte, die andern sangen. Es ist eine mächtige, tote Wildnis, durch die wir gingen, ein Steinmeer, und am ganzen Himmel kein Wölkchen; kein Hauch regte sich, und der Mittag sank blendend und stumm und strahlenreich in die brennenden Steine. Die zwei Fremden, die vom Almsee bis Aussee mit uns gehen wollten, sind Studierende, und der eine hat in leichtsinniger Lustigkeit an himmelblauem Bande seine Zither umhängen und geht singend und pfeifend durch das Geklippe. Wir wissen bereits, daß er in Wien ein Liebchen hat, das ihm das blaue Band gegeben.

Um acht Uhr waren wir in Aussee.

Obwohl körperlich beschwerdevoll, war es doch geistig ein schöner Wandertag gewesen, der hinter mir lag. Viele tausend Berührpunkte fand ich an Emil und konnte freudig anknüpfen. Alle jene Einfachheit, aller Ernst und alle Glut, die ich an ihr so liebte, ist auch in ihm, aber noch, schien es mir, natürlicher und freier herausgebildet – selbst Lothar erschien etwas weiblich gegen ihn, und die Studenten scheuten ihn wie einen Professor.

Vor großer Ermüdung gingen wir sehr früh schlafen und beschlossen, den andern Tag, eben den heutigen, hier zuzubringen. Nach dem Frühstück sahen wir bei den Fenstern auf eine Art Platz hinaus; es war wieder schön, ja der Himmel hatte ein noch blaueres Sonntagsgewand angetan, und die Sonne strahlte festlich geschmückt. Der Platz vor dem Hause war sauber gekehrt, auf der Bank unten saß ein uraltes Mütterchen, schön angezogen wie ein Kind, das man sonntags putzt; ein nettes Mädchen ging vorüber, den Braten zum Bäcker tragend, und gegenüber vor einem Hause standen die Leiterwagen in einen Winkel geschoben, und der Hahn stand darauf und krähte seinen Morgenruf hinaus. Landleute in ihrem Feiertagsanzuge kamen, und aus den Tälern erschienen geputzte Älpler. Um neun Uhr gingen wir alle in die Kirche und wohnten dem Gottesdienste bei. Nach demselben, als die Landleute vor der Kirche standen und die Frauen nach Hause trachteten und geschmückte Mädchen herumsahen und der Pfarrer vorüberging und alles die Hüte abtat, da mahnte es mich heimwehmütig, weil mir einst in meiner Eltern Tale das alles so tief feierlich erschienen war. Als wir noch aus den Fenstern sahen, so erblickten wir durch die ruhigen Gefilde überall die heimkehrenden Kirchgänger und sonntäglichen Gruppen, die an den Bergen klommen. Meine Reisefreunde gingen nach dem Essen alle zu dem Grundelsee – ich nicht, weil mir unwohl wurde und ich mich ein wenig auf das Bett legte. Es wurde bald besser, und ich schlief ein. Als ich erwachte, saß Emil an meinem Bette. Ich war befremdet, daß er sich meinetwegen das Vergnügen versagte, da selbst meine Freunde meinen Zustand unbedenklich fanden. Er heftete die schönen Augen auf mich, indem er sagte: „Wir sind uns ja nicht fremd, aber ich hätte es auch gegen einen Fremden getan – ja, in einem Walde Amerikas pflegte ich einmal einen fremden Hund, bis er genas – und dann freilich nicht mehr von mir ging. Übrigens sind die, die mit Ihnen sind, Ihre Freunde nicht, sondern nur Bekannte, außer Lothar, dessen schöne Blumenseele Sie sich bewahren müssen."

Als ich aufgestanden war, schrieb er Briefe und ich das vorliegende Blatt an dich, bis es sehr spät abends war.

Eben kommt alles von dem Grundelsee zurück. Es soll sehr schön gewesen sein. Man fuhr auf dem See und tanzte sogar im Seehaus. Der Wiener Studiosus dichtete ein Lied und trug es aus dem Stegreif vor, dann sangen sie ein Männerquartett auf dem See; der Doktor verschoß ein Pulverhorn voll Pulver – und ans Heimgehen dachten sie erst, als, wie Lothar sagte, See und Felsen im Abende loderten und ringsum das klangreiche Lullen und Jauchzen der Sennerinnen hallte und auf dem Elm ein Freudenfeuer brannte.

XVI. Baldrian

Hallstadt, 17. August 1834.

Emil eröffnete mir auf dem Wege von Aussee nach Hallstadt freiwillig, daß, wenn ich meine Reise abkürzen wolle, alles, was noch von Besorgnis in meinem Gemüte sei, sich viel kürzer ins Klare bringen lasse. „Augenblicklich will ich umkehren", sagte ich; „der Großglockner hat bei meiner innern Unruhe jeden Wert für mich ohnedies schon längst verloren."

Nur eine Woche, bat er, solle ich ihm in Hallstadt schenken; er habe diese Bitte einer eigensinnigen Person versprochen, die er mir bald vorführen werde und die mich auch wolle kennenlernen.

Wir kamen früh genug in Hallstadt an, um die Einladung Emils annehmen zu können, mit ihm in der Gosaumühle zu essen. Er, Isidor, der Doktor, Lothar und ich fuhren in einem Kahne dahin. Auf der Gasse vor der Mühle stand ein schöner Reisewagen, und der Doktor behauptete sogleich, es sei derselbe, den er in Kirchdorf gesehen habe. – In demselben Augenblicke hüpfte eine grüngekleidete Dame aus dem Hause und mit den Worten: „Gott grüße dich, Emil!" nahm sie unsern Begleiter schlechtweg bei dem Kopfe und küßte ihn herzlich – und als sie auch uns grüßte, denke dir meine Überraschung, war es dieselbe Dame, die ich einst „mein Griechenbild von St. Anna" nannte, dieselbe schöne, blauäugige Dame, deren Angesicht ich oft in der Annenkirche studierte und die ich nachträglich einmal in Haimbach mit Emil sah – also war die andere Verschleierte damals ohne weiteres niemand anders gewesen als Angela und die alte Frau die Tante.

Wie der Witz des Zufalls zuweilen spitzig sein kann!

Emil stellte uns die Dame als seine Schwester vor. Sie verbeugte sich schelmisch gegen den höchst verlegenen Doktor. Ein ältlicher Mann kam mit umgebundenem Speisetuche heraus und rief unter uns: „Na, da sind sie, aber du hast lange warten lassen, gestern den ganzen Tag saßen wir hier, und das sind vermaledeite Berge. Du mußt einen andern Wagen schaffen."

„Oheim", entgegnete Emil, „wir fahren ohnedies für diesmal nicht tiefer in die Berge. Natalie will nur, daß wir ein bißchen in Hallstadt verweilen."

Natalie grüßte uns alle noch einmal als Reisegefährten des Bruders, und dann ging es an das Mittagsessen und das Plaudern, und jeder sagte nach Tische dem andern, daß ihm die junge Dame ausnehmend gefalle.

Nachmittag fuhren wir in zwei Kähnen nach Hallstadt zurück und richteten uns in unsern Zimmern ein, so gut es ging. Lothar wird Punkte des Sees malen.

19. August.

Verzeihe, daß ich zwei Tage an diesem Blatte nichts schrieb: Es war keine Zeit. Manche Wienerin würde es übelnehmen, daß eine junge Dame mit den glänzendsten braunen Haaren, dem tiefsten, schwermütig funkelnden Augenblau und dem edelsten Gesichte, das noch dazu voll lauter Blüte und Huld ist – daß diese Dame so allein (nur ein Mädchen hat sie zur Bedienung) mit jungen Männern im Gebirge herumgehen kann; aber Natalie tut das alles so schön und einzig, daß man es ganz in der Ordnung findet; überhaupt ist sie, wenn es möglich wäre, die zweite Ausgabe von Angela, dieselbe schöne sittliche Grazie, und ich glaube fast, dieselbe Bildung. Wir vergingen die ganzen zwei Tage buchstäblich im Freien in den Gebirgen.

23. August.

Es ist bereits der sechste Tag, daß wir in Hallstadt sind. Emil hat Instrumente in dem Wagen gehabt und stellte manchmal physikalische Versuche an, während der Doktor und Isidor das Echo müde singen. Der Doktor bleibt immer noch hier, weil er in Natalie wirklich verliebt ist, und Isidor, weil ihm die ganze Sache Spaß macht.

Lothar ist nie bei uns. Er malt den ganzen Tag und bringt von seinen einsamen Wanderungen jeden Abend himmlischere Bilder. Er ist ordentlich verwandelt in dieser schönen Bergwelt; sein Angesicht ist verklärt, sein ganzes Wesen klingt und schwebt, und er spricht nie anders als in Bildern.

Gestern abend vor Schlafengehen reichte mir Emil die Hand und sagte: „Wir sind im Klaren, Bruder; schenk dem Eigensinne der Schwester noch ein paar Tage." Er nennt mich öfter scherzweise „du", aber ich kann es nicht über das Herz bringen, ihn im Ernste darum zu bitten.

O Titus! Mir ist seltsam im Umgange dieser zwei Menschen, die so einzig trefflich sind. Emil ist überall hoch und schön wie eine große, ruhevolle Alpe: Sie säugt Kräuter und Blumen, trägt wehende Wälder am Busen und das leuchtende Gletschersilber – doch weiß sie's nicht, und über ihr Haupt ist das schöne, zarte Duftblau der Anmut ausgegossen. Natalie ist dasselbe, nur als sei es noch durchsichtiger, wie von einer Seefläche zurückgespiegelt. In Wien, umgeben von den hunderttausend Lastern und Torheiten der Leute, war ich oft selbst nicht gut; in diesen Landschaften, unter diesen Menschen wird mein Wesen immer klarer und fester, und selbst der sanfte Schmerz, der noch immer in dem Herzen sitzt, steht verschönernd drinnen wie jene Träne, die man oft mitten in Kristallen findet.

Wenn es dem Doktor gelänge, Natalie zu gewinnen, so hat er in seiner Blindheit den Stein der Weisen gefunden. Er mag es fühlen, denn er wird immer scheuer gegen sie.

Wir sind noch immer in Hallstadt, und es ist, als sollte das so fortwähren. Nicht eine Silbe sagte noch Natalie von Angela, und ich kerkere die Sache in meine Brust wie in ein ehernes Schloß. – Lebe wohl! Morgen wieder zwei Zeilen.

24. August.

Heute morgens nach neun Uhr saß ich mit dem Fernrohr auf dem Hallstädter Kirchhofe und sah hinunter auf den See. Er warf nicht eine einzige Welle, und die Throne um ihn ruhten tief und sonnenhell und einsam in seinem feuchten Grün – und ein Schiffchen glitt heran, einen schimmernden Streifen ziehend. – Ich richtete das Rohr darauf und sah – es war als träume ich –, Aston mit seinen Mädchen sah ich. Fast ein Hinabstürzen war es von der Kirche in den Ort, und eben stiegen sie alle aus – der alte Herr in meine Arme, jubelnd, freudenvoll – Emma, lachend, sprang herbei und sagte, daß sie in ihrem ganzen Leben noch auf keinen Menschen so zornig gewesen sei als auf mich – und Lucie reichte mir lächelnd die Hand und schwieg und war freundlich wie immer. Sie sind in Ischl und werden noch vier Wochen dortbleiben. Wir traten alle in die obere hölzerne Gaststube, die die Aussicht auf den See bietet, und nun ging es an ein Fragen und an ein Erzählen und an ein Essen und Trinken – und kein Wort von ihr. Im Anschauen dieser geliebten Menschen und Freunde wurde mir Angela wieder so heiß lieb wie in jenen schönen Tagen, ja noch unendlich heißer und sehnsuchtsvoller; es ist, als könnte ich nicht leben, ohne sie nur einmal noch zu sehen. Jede Miene, jeder Laut, jeder Blick zog eine Reihe jener eingesunkenen Tage hervor, die so tief und so selig zurückstanden, als lägen schon Jahre dazwischen – aber heute kamen sie, alle jene Tage, wieder und standen so lieb und altbekannt vor meinem Herzen.

Hundertmal wollte ich fragen und hundertmal vermochte ich es nicht. Sie mußten mir es in den Augen lesen, aber keines erwähnte ihrer. Ja, als es endlich Abend geworden, und sie alle abfuhren und mich recht freundlich nach Ischl einluden, überwältigte mich fast der Unmut – ich ging auf unser Zimmer, und in tiefem Schmerze lehnte ich die Stirne an das Fensterkreuz und starrte hinunter. – Der letzte Abend verglomm auf den Bergeshäuptern, und an ihren schwarzen Wänden hing bereits die Nacht. „Ist Ihnen unwohl?" fragt eine unsäglich sanfte Stimme hinter mir. Emil war es, der schöne Mensch, und nie glichen seine Augen so sehr denen eines Engels. – „Nichts ist mir", antwortete ich, „als ihr tut mir alle zu sehr weh." – „Wir werden es nun nicht mehr tun!" sagte er sanft und bat mich, ihn auf einer Nachtfahrt auf dem See zu begleiten, und dort trug er mir das brüderliche Du an. Als wir zurückgekehrt waren, gab ich ihm mein Tagebuch, weil ich ihm von nun an völlige Offenheit schuldig zu sein glaubte.

25. August.

Der gestrige Abend hat eine Folge gehabt, die alles löste. Natalie bat mich heute, sie ein wenig in das Strubtal zu begleiten; dort aber bat sie mich um Aufmerksamkeit, sie müsse mir etwas erzählen, das lang sei – und dann erzählte sie mir folgendes:

„In den blutigsten Tagen der Französischen Revolution floh nebst vielen andern auch Eduard Morus, aus Boston gebürtig, weil ihm

Gefahr drohte aus Paris, wo er handelshalber ansässig war. Er ging nach Ostindien, wo er einen Bruder hatte, und wurde dort zum reichen Manne. Seine Frau gebar ihm, nach langer kinderloser Ehe, hintereinander vier Söhne und zwei Töchter, aber nur der älteste Sohn und die jüngste Tochter lebten. Der Knabe war zehn, das Mädchen zwei Jahre alt, als Morus starb. Die Mutter, eine Pariserin, konnte ihr Vaterland nicht vergessen; deshalb, mit Hilfe des Bruders ihres verstorbenen Gatten, machte sie ihre Habe beweglich und ging nach Paris, das inzwischen ausgetobt hatte. Es war im Jahre 1817. Das neue Paris gefiel der alten Dame nicht mehr, und ein schönes Landhaus in den Cevennen sollte ihr Ruheplatz werden. Er wurde es, denn noch in demselben Sommer starb sie. Jetzt zog auch der Oheim sein Vermögen aus dem ostindischen Handel und ging nach Frankreich auf dasselbe Landhaus und verwaltete auch die Habe seiner zwei Bruderskinder als Vormund.

Der Knabe wurde bald mit einem Lehrer nach Paris getan, und das Mädchen erhielt eine Erzieherin. Als er zwölf Jahre alt war, geschah es, daß er mit seinem Erzieher auf der Reise nach dem Landhause in eine Schenke der Cevennen trat. Viele Leute gingen aus einer Kammer aus und ein und machten traurige Gesichter, und als er auch hineinging, sah er einen toten Mann liegen, mit jungem, blassem Gesichte und einer breiten Stirnwunde, aus der kein Blut mehr floß, und die sauber ausgewaschen war. Über den Leib war ein weißes Tuch gebreitet. Als er sich erschrocken wegwendete, sah er auf einer zweiten Bank eine Frau liegen, bis auf die Brust zugedeckt; diese aber und das Angesicht waren weiß wie Wachs und wunderschön, nur in der Gegend des Herzens war ein roter Fleck, wo, wie sie sagten, die Bleikugel hineingegangen sei. Was aber den Knaben zumeist jammerte, war ein etwa zweijähriges Kind, das bei der Frau saß und fortwährend die weißen Wangen streichelte. Des morgens hatte man sie etwa eine halbe Meile tiefer im Walde bei einem umgestürzten und geplünderten Wagen gefunden. Das Mädchen sei unverletzt unter einem Haufen schlechter Kleider gelegen und hatte ein sehr kleines goldnes Kreuzchen um den bloßen Hals hängen."

„Angela!" rief ich.

„Ja, unsere Angela!" erwiderte sie und fuhr fort: „Emil ging zu dem Mädchen und liebkoste es; da lächelte ihn die Kleine an und sagte Laute, die nicht französisch waren. Der Knabe begehrte, das Kind mitzunehmen, und da man ihn und seinen Oheim kannte, so ward sie ihm ohne weiteres überlassen, bis sie von ihren Angehörigen jemand zurückfordere. So brachten die zwei Männer das Kind auf das Landhaus. Nie hat sich aber jemand mehr um die Waise gemeldet. Sie ward sofort meine Gespielin und der Liebling Emils. Sooft er auf Besuch da war, der oft Monate dauerte, lehrte er sie Buchstaben kennen, Blumen und Falter nennen und erzählte ihr Märchen. Sie horchte gern auf ihn und begriff wunderähnlich und liebte ihn auch am meisten. Dann sagte er ihr von fernen Ländern, in denen er geboren worden, und von den schönen Menschen, die dort wohnen. Auf einmal verlangte er selber nach Ostindien. Alle Werke über dieses Land, die er habhaft werden konnte, las er durch und entzündete sich immer mehr und mehr, ja, als er im nächsten Jahre von Paris kam, redete er zum Erstaunen des Oheims ziemlich gut die Sprache der Brahmanen. In demselben Jahre starb ein Handelsfreund in Calcutta, und dies machte eine Reise des Oheims nach Indien nötig. Emil jauchzte über den Tod des unbekannten Freundes, weil er mitdurfte. Die Mädchen kamen unter die Obhut der Tante.

Sechs Jahre blieb er aus, und als er zurückkam, war er ein Mann, stark und gütig. Auch das unscheinbare Kräutlein, Angela, war eine schöne Wunderblume geworden, so daß er betreten war bei ihrem Anblicke. Wir siedelten damals nach Wien über. Er unternahm nun ausschließlich unsere Erziehung und erzog sich selbst dabei. Er fing die Wissenschaften an, und dichtete uns nebenbei indische Märchen vor, voll fremden Dufts und fremder Farben. Er predigte und lehrte nie, sondern sprach nur und erzählte uns und gab uns Bücher. Wir lernten trotz Männern. Die Dichter las er vor. So wurden wir uns nach und nach, wie die Jahre vergingen, immer gleicher und für Europa eine Art fremdländischer Schaustücke – aber das Herz, die Seele, glaube ich, hat er an den rechten Ort gestellt – nun, Sie kennen ja jetzt alle drei. Einmal ging er wieder fort und war zwei Jahre in Amerika. Als er zurückkam und Angela wieder herrlicher und schöner fand, so erkor er sie zu seiner Braut, aber sagte nichts zu ihr, sondern beschloß, daß sie nun noch mehr als früher unter Männer, womöglich bedeutsame käme und etwa frei wähle. – Indes begann er sie immer mehr und mehr zu lieben, ja, er lebte recht eigentlich um ihretwillen – sie liebte ihn auch unter allen Dingen dieser Erde am meisten; aber Emil behauptete immer, sie liebe ihn als Bruder. Da ihm ihr Glück das Höchste war, so wollte er ihre Freiheit und Unbefangenheit nicht im geringsten beirren, sondern, um ihrem Herzen allen und jeden Raum zu geben, nahm er sich vor, nach Frankreich zu gehen, wo er ohnedies Vermögensgeschäfte zu ordnen hatte, und mich mitzunehmen. Ich sage Ihnen, es war der schönste Augenblick meines Lebens, da ich diesen herrlichen Menschen Abschied nehmend vor Aston stehen sah und ihn dringlich bitten hörte, er möge Angela lieben und schützen; er möge die besten und edelsten Männer in ihre Nähe führen, ob sie nicht einen wähle, der es verstände, ihres Herzens wert zu werden. Ich weinte; Aston tadelte ihn heftig und da alles nichts half, so schlug er Sie vor. Emil billigte es, und wir reisten. Ich hatte sehr gezürnt, als wir zurückkamen und Angela in Schönbrunn alles erzählte – noch mehr zürnte ich aber, da ich Ihre Abreise und Heftigkeit erfuhr. – Alle waren wir gegen Sie, nur Emil nicht, und was auch wir alle – Angela war nie im Rate –, was auch wir alle über Aufdringlichkeit und über Wegwerfung sagten: Er dachte anders und reiste Ihnen nach. – ‚Wen sie so lange geachtet hat‘, sagte er, ‚der verdient nicht, daß man ihn so behandle und ohne weiteres wegwerfe.‘ Und so hat er Sie gesucht, so hat er Sie gefunden – und so ist er nun entschlossen, Ihnen sein Liebstes zu geben.

Nun aber verzeihen Sie, daß wir Sie so lange in Hallstadt aufgehalten haben; wir liebten Sie wohl schon früher, aber durch ihre Eifersucht geschreckt, bat ich den Bruder, daß er mir erlaube, hierherzukommen, damit ich doch auch mit eigenen Augen sähe, an wen er unsere Angela hingeben wolle. Ich las durch Emil Ihr Tagebuch, und dieses tilgte den letzten bösen Funken, der in mir war – wie Ihnen ja die heutige Unterredung zeigt. – Sie sind ein guter Mensch, das genügt mir; was Sie sonst sind, mag die Männer angehen. Das Tagebuch ist bereits an Angela abgesendet – zürnen Sie nicht, ich habe es so angeordnet, denn unter uns ist es Sitte, daß unbeschränkte Aufrichtigkeit herrscht. Emil ist der beste und stärkste Mensch. Er opferte freudig jeden Anspruch; er liebt Sie und will das Glück seiner Schwester gründen. Noch dürfte es Ihnen zum Verständnis dienen, daß mein Bruder der Graf Lorrel ist; Morus, Grafen von Lorrel, waren unsere Vorfahren, aber wir sind nur die Kaufleute Morus. In Wien ist man ohne unser Zutun dahintergekommen. Es wird Ihnen jetzt auch ein gewisser Satz ihres Tagebuchs verständlich sein. In gewissem Sinne war sie immer Emils Geliebte.

Auch ihre Herkunft hat sich im vergangenen Sommer aufgeklärt, und Sie waren die eigentliche Veranlassung dazu. Sie ist die Zwillingsschwester der russischen Fürstin Fodor, der sie schon als Kind so ähnlich war, daß ihnen ihr Großvater kleine, goldne Kreuzchen mit verschiedener Bezeichnung umhing, daß man sie unterscheiden könne. Die Fürstin wurde bei ihrem Großvater erzogen, dessen Liebling sie war und dessen Erbin sie werden sollte; Angela aber, die, wie wir jetzt wissen, eigentlich Alexandra heißt, blieb bei den Eltern und wurde auf jene unglückselige Reise mitgenommen, wo beide ein so trauriges Ende nahmen. Man hielt in Rußland Angela für tot, und erst im vergangenen Sommer, da die Fodor den Schauplatz des Mordes ihrer Eltern besuchte, ersah sie aus den dortigen gerichtlichen Angaben, daß und wo ihre Schwester lebe. Sie fuhr sofort nach Wien und setzte ihre Gesandtschaft in Bewegung, um die verlorene Schwester aufzufinden. Ihre Erzählung auf jenem Balle bei Aston, daß Sie die Fürstin im Paradiesgarten gesehen, daß Lothar sie gemalt habe, daß sie ein goldenes

Kreuzchen trage wie Angela und daß sie ihr so ähnlich sei, hat zwar nicht ausschließlich das Erkennen bewirkt, wohl aber die Annäherung. Die Schwestern sahen sich in Wien, und es war dies ein bitterer Tag für Angela. Die Fürstin forderte, daß Angela hinfort den Umgang mit diesen Menschen abbreche, unter denen sie sich bisher ‚umtrieb‘; ‚sie habe nicht weiter not, als aufgelesenes Findelkind bei derlei Menschen zu verbleiben, von Almosen zu leben oder etwa gar von einem noch schnödern Lohne.‘ Angela richtete sich gegen diese Worte auf und wies sie entschieden zurück, und da die Fürstin darauf beharrte, so weinte Angela wohl einige bittere Unmutstränen, aber entsagte, wie es in ihrer entschiedenen Natur liegt, lieber der neugefundenen Schwester, die solches forderte, als uns, die wir doch eigentlich die Verwandten ihres Herzens geworden sind. Sie wies auch jeden Antrag hinsichtlich des Vermögens von sich – sie hat auch nicht nötig, einen Anspruch zu machen, denn meine und Emils Habe wurde schon längst in drei gleiche Teile geteilt und Angelas Teil ist ihr gerichtlich zugesichert, da wir ja alle drei Geschwister sind und es ewig bleiben wollen." Ihre Augen brachen in Tränen aus, als sie das sagte und hinzusetzte: „Morgen werden Sie sie sehen, und desto früher, je weiter Sie ihr entgegenfahren. Sie wird heute abend nach Gmunden kommen."

Ich war erschüttert und gerührt und bat sogleich, als wir zurückkamen, den Bruder Emil, mit mir aufzubrechen und nicht zu ruhen, bis wir heute noch Gmunden erreicht hätten. Er sagte es zu. Das Schiff steht bereit. Lebe wohl!

XVII. LILIE

Hallstadt, 26. August 1834.

Und nun habe ich meine Angela wiedergesehen, auf ewig meine Angela! Heute sind wir alle, Emil, Aston, seine Mädchen, Angela, Natalie, Lothar und ich, bis tief in die Nacht beieinander gewesen, und obwohl es spät ist, so muß ich doch noch ein Stück meines lärmenden, freudefunkelnden Herzens an dich absenden. O komme nur, o komme nur – das sind Menschen!! Du fehlest noch, und die Häuser am Traunsee – dann wäre ja der schönste, einst so närrische Traum erfüllt; das Schwerste ist überwunden, die Menschen sind da!

Nur in Kürze kann ich dir etwas senden – in Genf wirst du wieder ein Blatt finden, das letzte. – Dann eile mit Windesflügeln nach Wien.

Nun etwas von dem Wiedersehen Angelas. – O Titus! Komme nur, daß du sie sehen kannst, du siehst die reinste, fleckenloseste Lilie!

Wir kamen abends in Gmunden an! Atemlos ging ich mit Emil die Treppe hinan auf ihr Zimmer – nur der beigegebene Diener war da und sagte, sie sei mit ihrem Mädchen längs des Sees gegen Altmünster gegangen. Wir gingen eilig nach – meine Augen fanden sie bald. Im gewohnten weißen Kleide wandelte sie langsam vor uns, das Antlitz auf den abendglühenden Traunstein gerichtet. Kaum zwei Schritte waren wir noch hinter ihr, als sie sich umsah – ach! Ganz so schön, wie ich gedacht hatte, war ihr Benehmen – nur eine Sekunde stockte sie, dann nur Freude, die schöne, die herrliche Freude, der Schmuck des Menschenangesichtes, glänzte aus ihren Augen, als sie uns die Hände reichte – nicht eine Ahnung eines Vorwurfs in den heiteren Mienen.

„Ich habe unrecht getan, Angela!" sagte ich zitternd, indem ich ihre Hand hielt und in ihre Augen sah. Fast ihren Bruder vernachlässigend, wandte sie sich ganz zu mir, und meinem Blicke voll Sanftmut begegnend, sagte sie: „Nicht Unrecht taten Sie, nur übereilt geurteilt haben Sie und sich recht viel Weh bereitet – ich will es durch noch mehr Liebe gutzumachen suchen, daß ich die Ursache war."

„Nein!" rief ich; „ich kann nur durch die grenzenloseste Liebe schwach vergelten, daß einmal bittere Tropfen durch mich in diese Augen stiegen – und Angela, ich will es auch vergelten, solange in mir ein Hauch des Lebens ist."

„Liebe verbricht nichts", antwortete sie, „sondern nur der Haß – und Liebe vergilt nicht, sondern nur die Gerechtigkeit. – Liebe ist da, weil sie da ist, und beglückt so Geber wie Empfänger – ich bin erst recht glücklich geworden, als ich Sie so liebgewonnen. Lassen Sie mir auch die Tropfen; sie waren nicht bitter – und ich gäbe sie jetzt durchaus nicht mehr zurück. Eines aber haben Sie zu büßen, daß Sie mir die Freude, die ich mir selbstsüchtig zubereiten wollte, verdarben; nämlich euch beide einander im Triumphe zuzuführen und zu sehen, wie Schritt um Schritt einer den andern an sich reißen wird – und nun kommen sie beide und haben am Almsee die schönste Nacht gefeiert, während die arme Schwester sich in Wien mit Ahnungen abquälen mußte: Wo werden sie jetzt sein, was werden sie tun, wieviel werden sie schon gesprochen haben, wie gefallen sie sich?..."

„Aber nun sei herzlich und tausendmal gegrüßt!" fiel Emil ein. „Hier hast du beide, und betrachte sie nur, wie sie sich schon gut sind und es täglich noch mehr werden wollen, und nun gehen wir nicht mehr auseinander, Natalie und die Astons und wir, und geliebt es Gott, noch einer, nämlich Lothar – das soll ein schönes Leben geben, wie es in den Traunseehäusern gedichtet worden ist."

Ich errötete, weil mir einfiel, daß sie soeben mein Tagebuch gelesen habe. Sie fühlte es augenblicklich und sagte freundlich: „Wenn wir in den Gasthof kommen, werde ich Ihnen alle meine geheimsten Schriften einhändigen."

Der erste Augenblick war nun überstanden – wir gingen weiter den See entlang, und immer leichter und immer traulicher löste sich das Band der Rede, bis alles war wie einst, wenn ich mit ihr manche Stunde so recht in den dichterischsten Schwärmereien herumwandelte. Emil war mir keine fremde Störung, ihr ohnehin nicht, ja es war, als gehörte er ebenso, wie er ist, dazu. Die Reden wurden immer wärmer und begeisterter, und die Herzen gaben sich immer reiner und unverhüllter. Drei glücklichere Menschen mochten an diesem Abende gewiß nicht in den Mauern der reizenden Uferstadt gewesen sein. Wir gingen erst in unser Gasthaus, als schon zwei Sternenhimmel leuchteten, einer über, einer unter dem See. Als Emil und ich in unserem Zimmer waren, trat ich an das Fenster, das auf den See sah, und bat Gott sonst um gar nichts als: er möge mir Gnade verleihen, diesem weiblichen Wesen ganz so vergelten zu können, wie sie es verdient. Ehe wir schlafen gingen, tat ich etwas, was seit Jahren das albernste war, was ich erdenken konnte. Ich trat nämlich beklommen zu Emil und sagte, daß ich es für meine Pflicht halte, ihm zu eröffnen, daß meine Vermögensumstände geringe seien und ich seiner Ziehschwester daher nur ein sehr bescheidenes Los anbieten könne – und es drückte mich dieser Gedanke schon lange her. – – –

Er sah mich befremdet an, dann sagte er lächelnd: „Da hast du dir einen netten Zopf in dem alten Europa geflochten und hängst ihn dir heute abend vor mir ehrbar an – und stehst da, daß ich dich auslachen soll! Nicht wahr, wenn du in den See fällst und ertrinken willst und ich ziehe dich mit äußerster Gefahr meines Lebens heraus, so dankst du mir, und es freut dich, und du erscheinst dir nicht gedemütigt – aber wenn ich sage: Das Glück und der Fleiß meines Vaters hat mir so viel zugeführt, daß ich und andere ein schönes Vernunftleben führen können, wie es Gott nach unserer Lage fordern kann, und wenn ich sage, da liegt so viel übrig, daß wir es gar nicht verbrauchen können, bleibe da, gönne uns einen Anteil und Genuß an deinem Geistesleben, und verwende von dem, was sonst unnütz daläge, soviel du willst, zu immer weiterer Ausbildung dieses deines Geisteslebens – nimm Anteil an dem, was wir gesellig beginnen wollen, und an den Taten, wodurch wir das Reich des Guten zu erweitern streben wollen; wenn ich dieses alles sage, so sitzest du da und fühlst dich gedrückt – warum? Weil sie alle ihr Leben lieber für den andern wagen als ihr Geld; weil alles mitteilbar ist, nur kein Vermögen – außer in Almosen

– und weil sie dieses mit Stolz und so geben, daß der Empfänger gedemütigt wird. Wenn ein Freund ein übermäßiges Vermögen mit dem andern dürftigeren Freunde teilt, so schreien sie, das sei eine ungeheure, schöne Tat – damit aber bekennen sie nur die ganze eingewurzelte Schlechtigkeit ihrer Selbstsucht. Haben dich die dreißig Dukaten deines Titus beleidigt? Oder ihn und dich das, daß ihr euer Erworbenes in Hälften aneinander mitteilet? Es hat euch nicht beleidigt, weil ihr euch zurückerstattet – also, wenn ich dich aus dem See gezogen hätte, dann müßte ich aus Zartheit hineinfallen, daß du mich wieder herauszögest? Wir sind eine Familie; dadurch, daß dich Angela liebgewonnen hat, trittst du in diese Familie ein, und diese Familie hat soundso viel Güter, und soundso viel fällt auf euch beide gerade in der Art, wie wenn du etwa eine Million von einem wildfremden Oheim geerbt hättest – oder fühlst du dich auch gegen den verblichenen Oheim untertänig? Nicht – weil erben herkömmlich ist, anderes nicht. – – Daß Angela dir ihr Herz gab, das ist eine Gabe, daß ist ein reines Geschenk, das du in Demut annehmen magst, und wo du auf Vergeltung sinnen kannst, wenn es anders möglich ist, etwas so Hohes zu vergelten.

Ich verachte selbst den Mann, der, wenn er ein reiches Weib heiratet, sofort jedes Geschäft fahren und sich von ihr ernähren läßt – – aber wird dein Streben in all unsrer schönen Zukunft nicht weit mehr wert sein, als das, was dir hier zufällig entgegenkommt? Doch genug, es ließ dir naiv, aber ich habe es von dir nicht erwartet, daß du mit dieser Last angefahren kommen wirst. Wir wollen es den Mädchen verheimlichen: Sie müßten dich auslachen."

„So höre einmal auf!" rief ich aus; und in der Tat, Titus, es kam etwas Schamröte über mich, wie er die Dinge so gelassen einfach entwickelte. – Wie töricht weit sind wir doch in unserer Ausbildung schon in Unverstand und Unnatur hineingefahren!

„Lothar scheint derselbe Narr zu sein", fuhr er nach einer Weile fort. „Er quält sich sichtbar ab – und dennoch, als der Doktor Natalien den Hof machte, konnte sie nichts Eiligeres tun, als ihr Herz an die frommen, schönen Künstleraugen Lothars weggeben – ich habe es gleich bemerkt; er nicht, sondern er ringt und malt und malt in jedes Bild deutlicher seine Liebe hinein. Nun, es wird sich finden. Dadurch, daß Natalie diesen Menschen wählte, hat sie ihrem schönen Wesen die Krone aufgesetzt, und dann, Albrecht, sollen deine Villen auferstehen, wenn anders Raum zu ihnen zu bekommen ist. Bringe nur bald auch den Titus."

Die Bemerkung über Lothar war mir nicht neu – ich hatte sie in der Stille auch schon gemacht und mein Tagebuch muß ihm eher Vorschub als Abbruch getan haben.

Heute fuhren wir schon um vier Uhr früh über den See, in der Lambath wartete der Wagen, und wir verlebten alle den herrlichen Tag in Ischl.

Wir bleiben noch drei Wochen in dem Gebirge, und dann geht es wieder vorläufig nach Wien.

XVIII. GUNDELREBE

Wien, 18. September 1834.

Ich muß dir noch dies Blättchen senden, ehe ich dich an meinem Herzen habe. Es freut mich etwas gar zu sehr. Aston hat es zwar allein geordnet, der Plan aber ging von allen aus. Mein Paphos, mein Eldorado, meine zwei Zimmer, wie ich sie einst dichtete, sind leibhaftig und in Wahrheit da. Aston, der vor Freude um volle dreißig Jahre jünger ist, und Emil holten mich heute in meiner Stube ab und führten mich hin. Diese Zeilen schreibe ich schon da. Die Staffelei, die Tropenpflanzen, die Bilder, die Statuen, die grauen Vorhänge, die Geräte, das Fernrohr (aber es ist ein Plößl), alles, alles ist da, und wie ich so recht freudig war wie ein Kind und dem guten, freudigen Aston die Hände drückte, machte er sich los, riß eine unbemerkte Tapetentür auf, und dahinter stand lächelnd Angela und Lucie und Natalie und Emma, und hinter ihnen die drei Zimmer, wie sie gewünscht wurden, mit dem Piano und der Glastür und dem Balkone und dem Garten. Alle Mädchen lachten und freuten sich, und alle mußten den alten Aston küssen, denn er allein hat alles gemacht und ordnen lassen, und kein Auge durfte es früher sehen als heute. Eine Tafel stand in einem der Zimmer gedeckt und bereitet, das Mahl zu empfangen, das heute hier in meiner Wohnung eingenommen werden soll – und Angela hat das ganze Mahl gerüstet. – Sie kann also doch auch kochen – o Titus! Wie schön, wie unsäglich reizend läßt der hochgeistigen Gestalt die liebe Wirtlichkeit, die Schürze, die Schlüssel, das hausmütterliche Auge und die höhere Wangenröte von der Bewegung und Arbeit! – Sie war selbst so sehr freudig und neckisch, daß sie ordentlich irdischer wurde und ich den Mut bekam, bei einer gelegenen Sekunde ihrer Wangen zu küssen, was ich nie gewagt hatte; sie litt es ohne Ziererei, sah mich an und enteilte. Lothar und Natalie sind auch ein Paar. – O komme nur, komme, daß ich dich nur einmal fassen kann und fast an mir zerdrücken, sonst werde ich noch vor Freude närrisch.

XIX. HIMMELSRÖSCHEN

Wien, 1. Mai 1835.

Die Gundelrebe war das letzte Tagebuchblatt Albrechts, und das Himmelsröschen ist ganz von mir, d. h. von dem Sammler und Erzähler der obigen Blätter – und das Himmelsröschen hätte mit Fug eine Vorrede abgegeben, wenn nicht alles dadurch verraten worden wäre. Deshalb folgt es jetzt gleichsam als Nachrede und enthält wieder eine Geschichte. Am ersten Mai anno domini 1835 war zu Haimbach ein großes Frühstück. Es war da: erstens ein junger, schöner, höchst geistvoller Mann mit ernsten Augen und mutigem Antlitz, Albrecht, der Schreiber obiger Blätter; an seiner Seite war Angela, sein wohlgetrautes Eheweib, eine vollendete Minerva. Item ein zweites junges Ehepaar: Lothar und Natalie; Albrecht zeichnete sie in seinen Blättern ohnedies sehr gut. Tertio: Emil und Lucie, kein Ehepaar, sondern gute Freunde. Ferner ein sonnverbrannter, feurig blickender Mann mit mehr Lockenwald, als Jupiter Olympicus, aber etwas klein und stämmig: der Titus aus den Pyrenäen. Ihm zur Seite saß – nicht sein Weib, sondern Jungfrau Emma, frisch herumblickend voll trotziger Gesundheit, item Onkel und Tante; und zuletzt Aston, zu dem sich kein weiblicher Gesponse vorfand, man müßte nur die Wirtin rechnen, die freudig und verschämt lächelnd herumging und alle Hände voll zu tun und ihres Wunderns und Gesegnens kein Ende hatte; denn ganz oben am Ende des Tisches, im schönsten Goldrahmen prangend, steht ihr sehr gelungenes Konterfei auf „schneeweißem Papiere" in netten Farben ausgeführt, wie es Albrecht in der Glockenblume versprochen hatte.

So war also jener Scherz schon in einem Jahre in Erfüllung gegangen, nur verkehrt. Lothar hatte das Griechenbild und Albrecht die Verschleierte gewonnen. Und dem damaligen Scherze zulieb wurde das heutige Frühstück veranlaßt, um die Voraussagung so wahr als möglich zu machen.

Ich saß jenes gesegneten Tages aus purem, blindem Zufalle in Haimbach, und diesem Zufalle verdankt der Leser die ganze obige Geschichte; denn, weiß Gott, wie es kam – die Leutchen alle gefielen mir so sehr und ich etwa ihnen auch, daß sich eine Bekanntschaft entspann und dann gar ein Mitihnenfahren und sofort eine nähere, bis heute fortgesetzte Freundlichkeit und ein traulicher Umgang, und lieb wäre es mir, wenn ich eines schönen Tages die liebholdeste Emma zum Altar führen könnte. Noch einen Rat füge ich in Schnelle bei, bevor wir scheiden, nämlich:

Wer etwa diese Zeit her Lust hat, den Traunsee zu besuchen, der warte noch zwei oder drei Jahre, wenn es angeht, denn dann sind die zwei wunderschönen Landhäuser schon fertig, die ganz nach Albrechts Angabe am Traunkirchner Ufer werden aufgeführt werden, als Wohnung der obigen Frühstückgesellschaft – wenn nicht bis dahin ein anderer Plan gefaßt wird, etwa am Jura zu wohnen oder in Neuseeland oder sonstwo, was von so überirdischen Köpfen nicht zu wundern wäre.

Und so, geliebter Leser, gehabe dich wohl!!!

Das Heidedorf

I. Die Heide

Im eigentlichen Sinne des Wortes ist es nicht eine Heide, wohin ich den lieben Leser und Zuhörer führen will, sondern weit von unserer Stadt ein traurig-liebliches Fleckchen Landes, das sie die Heide nennen, weil seit unvordenklichen Zeiten nur kurzes Gras darauf wuchs, hier und da ein Stamm Heideföhre oder die Krüppelbirke, an deren Rinde zuweilen ein Wollflöckchen hing, von den wenigen Schafen und Ziegen, die zeitweise hier herumgingen. Ferner war noch in ziemlicher Verbreitung die Wacholderstaude da, im weitern aber kein andrer Schmuck mehr; man müßte nur die fernen Berge hierher rechnen, die ein wunderschönes blaues Band um das mattfarbige Gelände zogen.

Wie es aber des öftern geht, daß tiefsinnige Menschen oder solche, denen die Natur allerlei wunderliche Dichtung und seltsame Gefühle in das Herz gepflanzt hatte, gerade solche Orte aufsuchen und liebgewinnen, weil sie da ihren Träumen und innerem Klingklang nachgehen können: So geschah es auch auf diesem Heideflecke. Mit den Ziegen und Schafen nämlich kam auch sehr oft ein schwarzäugiger Bube von zehn oder zwölf Jahren, eigentlich um dieselben zu hüten; aber wenn sich die Tiere zerstreuten – die Schafe, um das kurze würzige Gras zu genießen, die Ziegen hingegen, für die im Grunde kein passendes Futter da war, mehr ihren Betrachtungen und der reinen Luft überlassen, nur so gelegentlich den einen oder andern weichen Sprossen pflückend –, fing er inzwischen an, Bekanntschaft mit den allerlei Wesen zu machen, welche die Heide hegte, und schloß mit ihnen Bündnis und Freundschaft.

Es war da ein etwas erhabener Punkt, an dem sich das graue Gestein, auch ein Mitbesitzer der Heide, reichlicher vorfand und sich gleichsam emporschob, ja sogar am Gipfel mit einer überhängenden Platte ein Obdach und eine Rednerbühne bildete. Auch der Wacholder drängte sich dichter an diesem Orte, sich breitmachend in vielzweigiger Abstammung und Sippschaft nebst manch schönblumiger Distel. Bäume aber waren gerade hier weit und breit keine, weshalb eben die Aussicht weit schöner war als an andern Punkten, vorzüglich gegen Süden, wo das ferne Moorland, so ungesund für seine Bewohner, so schön für das entfernte Auge, blauduftig hinausschwamm in allen Abstufungen der Ferne. Man hieß den Ort den Roßberg; aus welchen Gründen, ist unbekannt, da hier nie seit Menschenbesinnen

117

ein Pferd ging, was überhaupt ein für die Heide zu kostbares Gut
gewesen wäre.

Nach diesem Punkte nun wanderte unser kleiner Freund am aller-
liebsten, wenn auch seine Pflegebefohlenen weitab in ihren Berufsge-
schäften gingen, da er aus Erfahrung wußte, daß keines die Gesellschaft
verließ und er sie am Ende alle wieder vereint fand, wie weit er auch
nach ihnen suchen mußte; ja, das Suchen war ihm selber abenteuerlich, vorzüglich, wenn er weit und breit wandern mußte. Auf dem
Hügel des Roßberges gründete er sein Reich. Unter dem überhängenden Blocke bildete er nach und nach durch manche Zutat und
durch mühevolles, mit spitzen Steinen bewerkstelligtes Weghämmern
einen Sitz, anfangs für einen, dann füglich für drei geräumig genug;
auch ein und das andere Fach wurde vorgefunden oder hergerichtet
oder andere bequeme Stellen und Winkel, wohin er seinen leinenen
Heidesack legte und sein Brot und die unzähligen Heideschätze, die
er oft hierher zusammentrug. Gesellschaft war im Übermaße da. Vorerst die vielen großen Blöcke, die seine Burg bildeten, ihm alle bekannt und benannt, jeder anders an Farbe und Gesichtsbildung, der
unzähligen kleinen gar nicht zu gedenken, die oft noch bunter und
farbenfeuriger waren. Die großen teilte er ein, je nachdem sie ihn durch
Abenteuerlichkeit entzückten oder durch Gemeinheit ärgerten: Die
kleinen liebte er alle. Dann war der Wacholder, ein widerspenstiger
Geselle, unüberwindlich zähe in seinen Gliedern, wenn er einen köstlichen, wohlriechenden Hirtenstab sollte fahren lassen oder Platz machen für einen anzulegenden Weg – seine Äste starrten rings von
Nadeln, strotzten aber auch in allen Zweigen von Gaben der Ehre, die
sie jahraus, jahrein den reichlichen Heidegästen auftischten, die millionenmal Millionen blauer und grüner Beeren. Dann waren die
wundersamen Heideblümchen, glutfärbig oder himmelblau brennend, zwischen dem sonnigen Gras des Gesteins oder jene unzählbaren kleinen, zwischen dem Wacholder sprossend, die ein weißes
Schnäbelchen aufsperren, mit einem gelben Zünglein darinnen – auch
manche Erdbeere war hier und da, selbst zwei Himbeersträuche und
sogar, zwischen den Steinen emporwachsend, eine lange Haselrute.
Böse Gesellschaft fehlte wohl auch nicht, die er vom Vater gar wohl
kannte, wenn sie auch schön war, z. B. hier und da, aber sparsam, die
Einbeeren, die er nur schonte, weil sie so glänzend schwarz waren, so
schwarz wie gar nichts auf der ganzen Heide, seine Augen ausgenommen, die er freilich nicht sehen konnte.

Fast sollte man von der lebenden und bewegenden Gesellschaft
nun gar nicht mehr reden, so viel ist schon da, aber diese Gesellschaft
ist erst vollends ausgezeichnet. Ich will von den tausend und tausend
goldenen, rubinenen, smaragdenen Tierchen und Würmchen gar

nichts sagen, die auf Stein, Gras und Halm kletterten, rannten und
arbeiteten, wie er von Gold, Rubinen und Smaragden noch nichts
sah, außer was der Himmel und die Heide zuweilen zeigte – aber von
anderem muß gesprochen werden. Da war einer seiner Günstlinge,
ein schnarrender, purpurflügliger Springer, der dutzendweise vor ihm
aufflog und sich wieder hinsetzte, wenn er eben seine Gebiete durchreiste; da waren dessen unzählbare Vettern, die größern und kleinern
Heuschrecken, in mißfarbiges Grün gekleidete Heiducken, lustig
und rastlos zirpend und schleifend, daß an Sonnentagen ein zitterndes Gesinge längs der ganzen Heide war; dann waren die Schnecken
mit und ohne Häuser, braune und gestreifte, gewölbte und platte,
und sie zogen silberne Straßen über das Heidegras oder über seinen
Filzhut, auf den er sie gerne setzte; dann die Fliegen, summende, sin-
gende, piepende, blaue, grüne, glasflüglige; dann die Hummel, die
schläfrig vorbeiläutete; die Schmetterlinge, besonders ein kleiner mit
himmelblauen Flügeln, auf der Kehrseite silbergrau mit gar anmutigen Äuglein, dann noch ein kleinerer mit Flügeln wie eitel Abendröte;
dann endlich war die Ammer und sang an vielen Stellen; die Gold-
ammer, das Rotkehlchen, die Heidelerche, daß von ihr oft der ganze
Himmel voll Kirchenmusik hing; der Distelfink, die Grasmücke, der
Kiebitz und andere und wieder andere. Alle ihre Nester lagen in seiner Monarchie und wurden aufgesucht und beschützt. Auch manch
rotes Feldmäuschen sah er schlüpfen und schonte sein, wenn es plötzlich stille hielt und ihn mit den glänzenden, erschrockenen Äuglein
ansah. Von Wölfen oder andern gefährlichen Bösewichtern war seit
Urzeiten aller seiner Vorfahren keiner erlebt worden, manches eier-
saufende Wiesel ausgenommen, das er aber mit Feuer und Schwert
verfolgte.

   Inmitten all dieser Herrlichkeiten stand er oder ging oder sprang
oder saß er – ein herrlicher Sohn der Heide: Aus dem tiefbraunen
Gesichtchen voll Güte und Klugheit leuchteten in blitzendem, un-
bewußtem Glanze die pechschwarzen Augen, voll Liebe und Kühnheit,
und reichlich zeigend jenes gefahrvolle Element, was ihm geworden
und in der Heideeinsamkeit zu sprossen begann, eine dunkle, gluten-
sprühige Phantasie. Um die Stirne war eine Wildnis dunkelbrauner
Haare, kunstlos den Winden der Fläche hingegeben. Wenn es mir
erlaubt wäre, so würde ich meinen Liebling vergleichen mit jenem
Hirtenknaben aus den heiligen Büchern, der auch auf der Heide vor
Bethlehem sein Herz fand und seinen Gott und die Träume der künftigen Königsgröße. Aber so ganz arm wie unser kleiner Freund war
jener Hirtenknabe gewiß nicht, denn des ganzen lieben Tages Länge
hatte er nichts als ein tüchtig Stück schwarzen Brotes, wovon er unbegreiflicherweise seinen blühenden Körper und den noch blühenderen

Geist nährte, und ein klares, kühles Wasser, das unweit des Roßberges vorquoll, ein Brünnlein füllte und dann flink längs der Heide forteilte, um mit andern Schwestern vereint jenem fernen Moore zuzugehen, dessen wir oben gedachten. Zu guten Zeiten waren auch ein oder zwei Ziegenkäse in der Tasche. Aber ein Nahrungsmittel hatte er in einer Güte und Fülle, wie es der überreichste Städter nicht aufweisen kann: einen ganzen Ozean der heilsamsten Luft um sich und eine Farbe und Gesundheit reifende Lichthülle über sich. Abends, wenn er heimkam, wohin er sehr weit hatte, kochte ihm die Mutter eine Milchsuppe oder einen köstlichen Brei aus Hirse. Sein Kleid war ein halbgebleichtes Linnen. Weiter hatte er noch einen breiten Filzhut, den er aber selten auftat, sondern meistens in seinem Schlosse an einen Holznagel hing, den er in die Felsenritze geschlagen hatte.

Dennoch war er stets lustig und wußte sich oft nicht zu halten vor Frohsinn. Von seinem Königssitze aus herrschte er über die Heide. Teils durchzog er sie weit und breit, teils saß er hoch oben auf der Platte oder Rednerbühne, und so weit das Auge gehen konnte, so weit ging die Phantasie mit, oder sie ging noch weiter und überspann die ganze Fernsicht mit einem Fadennetze von Gedanken und Einbildungen, und je länger er saß, desto dichter kamen sie, so daß er oft am Ende selbst ohnmächtig unter dem Netze steckte. Furcht der Einsamkeit kannte er nicht; ja, wenn recht weit und breit kein menschliches Wesen zu erspähen war, und nichts als die heiße Mittagsluft längs der ganzen Heide zitterte, dann kam erst recht das ganze Gewimmel seiner innern Gestalten daher und bevölkerte die Heide. Nicht selten stieg er dann auf die Steinplatte und hielt sofort eine Predigt und Rede – unten standen die Könige und Richter und das Volk und die Heerführer und Kinder und Kindeskinder, zahlreich wie der Sand am Meere; er predigte Buße und Bekehrung – und alle lauschten auf ihn; er beschrieb ihnen das gelobte Land, verhieß, daß sie Heldentaten tun würden, und wünschte zuletzt nichts sehnlicher, als daß er auch noch ein Wunder zu wirken vermöchte. Da stieg er hernieder und führte sie an, in die fernsten und entlegensten Teile der Heide, wohin er wohl eine Viertelstunde zu gehen hatte – zeigte ihnen nun das ganze Land der Väter und nahm es ein mit der Schärfe des Schwertes. Dann wurde es unter die Stämme ausgeteilt und jedem das Seinige zur Verteidigung angewiesen.

Oder er baute Babylon, eine furchtbare und weitläufige Stadt – er baute sie aus den kleinen Steinen des Roßberges und verkündete den Heuschrecken und Käfern, daß hier ein gewaltiges Reich entstehe, das niemand überwinden kann als Cyrus, der morgen oder übermorgen kommen werde, den gottlosen König Balsazar zu züchtigen, wie es ja Daniel längst vorhergesagt hat.

Oder er grub den Jordan ab, d. i. den Bach, der von der Quelle floß, und leitete ihn anderer Wege – oder er tat das alles nicht, sondern entschlief auf der offenen Fläche und ließ über sich einen bunten Teppich der Träume weben. Die Sonne sah ihn an und lockte auf die schlummernden Wangen eine Röte, so schön und so gesund wie an gezeitigten Äpfeln oder so reif und kräftig wie an der Lichtseite vollkörniger Haselnüsse, und wenn sie endlich gar die hellen, großen Tropfen auf seine Stirne gezogen hatte, dann erbarmte ihr der Knabe, und sie weckte ihn mit einem heißen Kusse.

So lebte er nun manchen Tag und manches Jahr auf der Heide und wurde größer und stärker, und in das Herz kamen tiefere, dunklere und stillere Gewalten, und es ward ihm wehe und sehnsüchtig – und er wußte nicht, wie ihm geschah. Seine Erziehung hatte er vollendet, und was die Heide geben konnte, das hatte sie gegeben; der reife Geist schmachtete nun nach seinem Brote, dem Wissen, und das Herz nach seinem Weine, der Liebe. Sein Auge ging über die fernen Duftstreifen des Moores und noch weiter hinaus; als müsse dort draußen etwas sein, was ihm fehle, und als müsse er eines Tages seine Lenden gürten, den Stab nehmen und weit, weit von seiner Herde gehen.

Die Wiese, die Blumen, das Feld und seine Ähren, der Wald und seine unschuldigen Tierchen sind die ersten und natürlichsten Gespielen und Erzieher des Kinderherzens. Überlaß den kleinen Engel nur seinem eigenen, innern Gotte und halte bloß die Dämonen ferne, und er wird sich wunderbar erziehen und vorbereiten. Dann, wenn das fruchtbare Herz hungert nach Wissen und Gefühlen, dann schließ ihm die Größe der Welt, des Menschen und Gottes auf.

Und somit laßt uns Abschied nehmen von dem Knaben auf der Heide.

II. DAS HEIDEHAUS

Eine gute Wegestunde von dem Roßberge stand ein Haus oder vielmehr eine weitläufige Hütte. Sie stand am Rande der Heide, weitab jeder Straße menschlichen Verkehres; sie stand ganz allein, und das Land um sie war selber wieder eine Heide, nur anders als die, auf der der Knabe die Ziegen hütete. Das Haus war ganz aus Holz, faßte zwei Stuben und ein Hinterstübchen, alles mit mächtigen, braunschwarzen Tragebalken, daran manch Festkrüglein hing, mit schönen Trinksprüchen bemalt. Die Fenster, licht und geräumig, sahen auf die Heide, und das Haus war umgeben von dem Stalle, Schuppen und der Scheune. Es war auch ein Gärtlein vor demselben, worin Gemüse wuchs, ein Holunderstrauch und ein alter Apfelbaum stand – weiter ab waren noch drei Kirschbäume und unansehnliche Pflaumengesträuche. Ein Brunnen floß vor dem Hause, kühl, aber sparsam; er floß von dem hohen, starken Holzschafte in eine Kufe nieder, die aus einem einzigen Heidestein gehauen war.

In diesem Hause war es sehr einsam geworden; es wohnten nur ein alter Vater und eine alte Mutter darinnen und eine noch ältere Großmutter – und alle waren sie traurig, denn er war fortgezogen, weit in die Fremde, der das Haus mit seiner jugendlichen Gestalt belebt hatte und der die Freude aller war. Freilich spielte noch ein kleines Schwesterlein an der Türschwelle, aber sie war noch gar zu klein und war noch zu töricht, denn sie fragte ewig, wann der Bruder Felix wiederkommen werde. Weil der Vater Feld und Wiese besorgen mußte, so war ein anderer Ziegenknabe genommen worden, allein dieser legte auf der Heide Vogelschlingen, trieb immer sehr früh nach Hause und schlief gleich nach dem Abendessen ein. Alle Wesen auf der Heide trauerten um den schönen, lockigen Knaben, der von ihnen fortgezogen.

Es war ein traurig schöner Tag gewesen, an dem er fortgegangen war. Sein Vater war ein verständig stiller Mann, der ihm nie ein Scheltwort gegeben hatte, und seine Mutter liebte ihn wie ihren Augapfel – und aus ihrem Herzen, dem er oft und gerne lauschte, sog er jene Weichheit und Phantasiefülle, die sie hatte, aber zu nichts verwenden konnte als zu lauter Liebe für ihren Sohn. Den Vater ehrte sie als den Oberherrn, der sich Tag und Nacht so plagen müsse, um den Unterhalt herbeizuschaffen, da die Heide karg war und nur gegen große Mühe sparsame Früchte trug und oft die nicht, wenn Gott ein heißes Jahr über dieselbe herabsandte. Darum lebten sie in einer friedsamen Ehe und liebten sich pflichtgetreu von Herzen und standen einander in Not und Kummer bei. Der Knabe kannte daher nie den giftigen Mehltau für Kinderherzen, Hader und Zank, außer wenn ein stößiger Bock Irrsal stiftete, den er aber immer mit tüchtigen Püffen seiner Faust zu Paaren trieb, was das böseste Tier von ihm, und nur von ihm allein, gutwillig litt, weil es wohl wußte, daß er sein Beschützer und zuversichtlicher Kamerad sei. Der Vater liebte seinen Sohn wohl auch und gewiß nicht minder als die Mutter, aber nach der Verschämtheit gemeiner Stände zeigte er diese Liebe nie, am wenigsten dem Sohne – dennoch konnte man sie recht gut erkennen an der Unruhe, mit der er aus- und einging, und an den Blicken, die er häufig gegen den Roßberg tat, wenn der Knabe einmal zufällig später von der Heide heimkam als gewöhnlich – und der Bube wußte und kannte diese Liebe sehr wohl, wenn sie sich auch nicht äußerte.

Von solchen Eltern hatte er keinen Widerstand zu erfahren, als er den Entschluß aussprach, in die Welt zu gehen, weil er durchaus nicht mehr zu Hause zu bleiben vermöge. Ja, der Vater hatte schon seit langem wahrgenommen, wie der Knabe sich in Einbildungen und Dingen abquäle, die ihm selber von Kindheit an nie gekommen waren; er hielt sie deshalb für Geburten der Heideeinsamkeit und sann auf deren Abhilfe. Die Mutter hatte zwar nichts Seltsames an ihrem Sohne bemerkt, weil eigentlich ohnehin ihr Herz in dem seinen schlug, allein sie willigte doch in seine Abreise aus einem dunklen Instinkte, daß er da ausführe, was ihm not tue.

Noch eine Person mußte gefragt werden, nicht von den Eltern, sondern von ihm: die Großmutter. Er liebte sie zwar nicht so wie die Mutter, sondern ehrte und scheute sie vielmehr, aber sie war es auch gewesen, aus der er die Anfänge jener Fäden zog, aus welchen er vorerst seine Heidefreuden webte, dann sein Herz und sein ganzes zukünftiges Schicksal. Weit über die Grenze des menschlichen Lebens schon hinausgeschritten, saß sie wie ein Schemen hinten am Hause im Garten an der Sonne, einsam und ewig allein in der Gesellschaft ihrer Toten und zurückspinnend an ihrer innern, ewig langen Geschichte. Aber so, wie sie dasaß, war sie nicht das gewöhnliche Bild unheimlichen Hochalters, sondern wenn sie oft plötzlich ein oder das andere ihrer innern Geschöpfe anredete als ein lebendes und vor ihr wandelndes, oder wenn sie sanft lächelte oder betete oder mit sich selbst redete, wundersam spielend in Blödsinn und Dichtung, in Unverstand und Geistesfülle: so zeigte sie gleichsam wie eine mächtige Ruine rückwärts auf ein denkwürdiges Dasein. Ja, der Menschenkenner, wenn hier je einer hergekommen wäre, würde aus den wenigen Blitzen, die noch gelegentlich auffuhren, leicht erkannt haben, daß hier eine Dichtungsfülle ganz ungewöhnlicher Art vorübergelebt worden war, ungekannt von der Umgebung, ungekannt von der Besitzerin, vorübergelebt in dem schlechten Gefäße eines Heidebauerweibes. Ihre gemütreiche Tochter, die Mutter des Knaben, war nur ein schwaches Abbild derselben. Das alte Weib hatte in ihrem ganzen Leben voll harter Arbeiten nur ein einziges Buch gelesen, die Bibel, aber in diesem Buche las und dichtete sie siebzig Jahre. Jetzt tat sie es zwar nicht mehr, verlangte auch nicht mehr, daß man ihr vorlese, aber ganze Prophetenstellen sagte sie oft laut her, und in ihrem Wesen war Art und Weise jedes Buches ausgeprägt, so daß selbst zuletzt ihre gewöhnliche Redeweise etwas Fremdes und gleichsam Morgenländisches zeigte. Dem Knaben erzählte sie die heiligen Geschichten. Da saß er nun oft an Sonntagnachmittagen, gekauert an dem Holunderstrauch – und wenn die Wunder und die Helden kamen und die fürchterlichen Schlachten und die Gottesgerichte – und wenn sich dann die Großmutter in die Begeisterung geredet und der alte Geist die Ohnmacht seines Körpers überwunden hatte – und wenn sie nun anfing, zurückgesunken in die Tage ihrer Jugend, mit dem welken Munde zärtlich und schwärmerisch zu reden, mit einem Wesen, das er nicht sah, und in Worten, die er nicht verstand, aber, tief ergriffen, instinktmäßig nachfühlte, und wenn sie um sich alle Helden der Erzählung versammelte und ihre eigenen Verstorbenen einmischte und nun alles durcheinanderreden ließ: da graute er sich innerlich entsetzlich ab, und um so mehr, wenn er sie gar nicht mehr verstand – allein er schloß alle Tore seiner Seele weit auf und ließ den phantastischen Zug eingehen und nahm des andern Tages das ganze Getümmel mit auf die Heide, wo er alles wieder nachspielte.

Dieser Großmutter nun wollte er sein Vorhaben deuten, damit sie ihn nicht eines Tages zufällig vermisse und sich innerlich kränke, als sei er gestorben.

Und so – an einem frühen Morgen stand er neben den Eltern reisefertig vor der Tür, sein dürftig Linnenkleid an, den breiten Hut auf dem Haupte, den Wacholderstab in der Hand, umgehängt den Heidesack, in welchem zwei Hemden waren und Käse und Brot. Eingenäht in die Brusttasche hatte er das wenige Geld, welches das Haus vermochte.

Die Großmutter, immer die erste wach, kniete bereits nach ihrer Sitte inmitten der Wiese an ihrem Holzschemel, den sie dahingetragen, und betete. Der Knabe warf einen Blick auf den Heiderand, welcher schwarz den lichten Himmel schnitt – dann trat er zu der Großmutter und sagte: „Liebe Mutter, ich gehe jetzt, lebet wohl und betet für mich!"

„Kind, du mußt der Schafe achten, der Tau ist zu früh und zu kühl."

„Nicht auf die Heide gehe ich, Großmutter, sondern weit fort in das Land, um zu lernen und tüchtig zu werden, wie ich es Euch ja gestern alles gesagt habe."

„Ja, du sagtest es", erwiderte sie. „Du sagtest es, mein Kind – ich habe dich mit Schmerzen geboren, aber dir auch Gaben gegeben, zu werden wie einer der Propheten und Seher – ziehe mit Gott, aber komme wieder, Jacobus!"

Jacobus hatte ihr Sohn geheißen, der auch einmal fortgegangen, vor mehr als sechzig Jahren, aber nie wieder zurückgekehrt war.

„Mutter", sagte er noch einmal, „gebt mir Eure Hand."

Sie gab sie ihm; er schüttelte sie und sagte: „Lebt wohl, lebt wohl."

„Amen, Amen", sagte sie, als hörte sie zu beten auf.

Dann wandte sich der Knabe gegen die Eltern; das Herz war ihm so sehr emporgeschwollen – er sagte nichts, sondern mit eins hing er am Halse der Mutter, und sie, heiß weinend, küßte ihn auf beide Wangen und schob ihm noch ein Geldstück zu, das sie einst als Patengeschenk empfangen und immer aufgehoben hatte, allein er nahm es

nicht. Dem Vater reichte er bloß die Hand, weil er sich nicht getraute, ihn zu umarmen. Dieser machte ihm ein Kreuz auf die Stirne, auf
den Mund und die Brust, und als hierbei seine rauhe Hand zitterte
und um den harten Mund ein heftiges Zucken ging, da hielt sich der
Knabe nicht mehr. Mit einem Tränengusse warf er sich an die Brust des
Vaters, und dessen linker Arm umkrampfte ihn eine Sekunde, dann
ließ er ihn los und schob ihn wortlos gegen die Heide. Die Mutter aber
rief ihn noch einmal und sagte, er möge doch auch das kleine Schwe-
sterchen gesegnen, die man in ihrem Bettlein ganz vergessen habe.
Drei Kreuze machte er über den schlafenden Engel, dann schritt er
schnell hinaus und ging trotzig vorwärts gegen die Heide.

So ziehe mit Gott, du unschuldiger Mensch, und bringe nur das
Kleinod wieder, was du so leichtsinnig fortträgst!

Als er an den Roßberg gekommen, ging die Sonne auf und schau-
te in zwei treuherzige, zuversichtliche, aber rotgeweinte Augen. Am
Heidehause spiegelte sie sich in den Fenstern und an der Sense des
Vaters, der mähen ging.

III. DAS HEIDEDORF

Des ersten Abends war es öde und verlassen, und den beiden Eltern tat das Herz weh, als sie in der Dämmerung des Sommers
zu Bette gingen und auf die leere Schlafstelle sahen. Um denselben
Menschen, der vielleicht eben jetzt noch auf dürrer Heerstraße wanderte und von keinem beachtet, ja von den meisten verachtet wurde,
brachen fast zwei naturrohe Herzen im entlegenen Heidehause, daß
sie ihn von nun an, vielleicht auf immer, entbehren sollten; aber sie
drückten den Schmerz in sich, und jedes trug ihn einsam, weil es zu
schamhaft und unbeholfen war, sich zu äußern.

Aber es kam ein zweiter Tag und ein dritter und ein vierter, ein
jeder spannte denselben glänzenden Himmelsbogen über die Heide
und funkelte nieder auf die Fenster und das altersgraue Dach des Hauses, ebenso freundlich und lieblich, wie als er noch dagewesen war.

Und dann kamen wieder Tage und wieder.

Die Arbeit und Freude des Landmannes, durch Jahrtausende einförmig und durch Jahrtausende noch unerschöpft, zog auch hier ge-
räuschlos und magisch ein Stück ihrer uralten Kette durch die Hütte,
und an jedem ihrer Glieder hing ein Tröpflein Vergessenheit.

Die Großmutter trug nach wie vor ihren Holzschemel auf die
Wiese und betete daran, und sie und „Klein-Marthe" fragten täglich,
wann denn Felix komme. Der Vater mähete Roggen und Gerste –

die Mutter machte Käse und band Garben – und der fremde Ziegenbube trieb täglich auf die Heide. Von Felix wußte man nichts.

Die Sonne ging auf und ging unter, die Heide wurde weiß und wurde grün, der Holunderbaum und der Apfelbaum blühten vielmal, Klein-Marthe war groß geworden und ging mit, um zu heuen und zu ernten, aber sie fragte nicht mehr, und die Großmutter, ewig und unbegreiflich hinauslebend wie ein vom Tode vergessener Mensch, fragte auch nicht mehr, weil er ihr entfallen war oder sich zu ihren heimlichen Phantasiegestalten gesellt hatte.

Die Felder des Heidebauers besserten sich nachgerade, als ob der Himmel seine Einsamkeit segnen und ihm vergelten wollte, und es wurde ihm so gut, daß er schon manchen Getreidesack aufladen und mit schönen Ochsen fortführen konnte, wofür er dann einige Taler Geldes und Neuigkeiten von der Welt draußen heimbrachte. Einmal kam auch ein Schreinergeselle mit seinem Wanderpacke zu Vater Niklas, dem Heidebauer, und brachte einen Gruß und einen Brief von Felix und sagte, daß derselbe in der großen, weit entfernten Hauptstadt ein schmucker, fleißiger Student sei, daß ihn alles liebe und daß er gar eines Tages Kaplan in der großen Domkirche werden könnte. Der Schreinergeselle wurde über Nacht im Heidehause gut gehalten und ließ eitel Freude zurück, als er des andern Tages in entgegengesetzter Richtung von dannen zog. So kam es, daß jedes Jahr ein- oder zweimal ein Wandersmann den Umweg über die Heide machte, dem schönen, freundlichen, handsamen Jünglinge zuliebe, der gern einen Gruß an sein liebes Mütterchen schicken wollte. Ja, sogar einesmals kam einer geschritten und konterfeite das Häuschen samt dem Brunnen und Flieder- und Apfelbaume.

Auch andere Veränderungen begannen auf der Heide. Es kamen einmal viele Herren und vermaßen ein Stück Heideland, das seit Menschengedenken keines Herrn Eigentum gewesen war, und es kam ein alter Bauersmann und zimmerte mit vielen Söhnen und Leuten ein Haus darauf und fing an, den vermessenen Fleck urbar zu machen. Er hatte fremdes Korn gebracht, das auf dem Heideboden gut anschlug, und im nächsten Jahre wogte ein grüner Ährenwald zunächst an Vater Niklas' Besitzungen, wo noch im vorigen Frühlinge nur Schlehen und Liebfrauenschuh geblüht hatten. Der alte Bauer war ein freundlicher Mann, ein Mann vieler Kenntnisse, und teilte gern seinen Rat und sein Wissen und seine Hilfe an die frühern Heidebewohner und hielt gute Nachbarschaft mit Vater Niklas. Sie fuhren nun beide gar in die Stadt, verkauften dort ihr Getreide weit besser, und am Getreidemarkt im „Goldenen Rosse" waren die Heidebauern wohlgekannt und wohlgelitten.

Nach und nach kamen neue Ansiedler; auch eine Straße wurde von der Grundherrschaft über die Heide gebahnt, so daß nun manchmal des Weges ein vornehmer Wagen kam, desgleichen man noch nie auf der Heide gesehen. Auch des alten Bauers Söhne bauten sich an, und einer, sagte man sich ins Ohr, werde wohl schön Marthens Bräutigam werden. Und so, ehe sieben Jahre ins Land gegangen, standen schon fünf Häuser mit Ställen und Scheunen, mit Giebeln und Dächern um das kleine, alte graue Heidehaus, und Felder und Wiesen und Wege und Zäune gingen fast bis auf eine Viertelstunde Weges gegen den Roßberg, der aber noch immer so einsam war wie sonst; und am Pankratiustage hatte Vater Niklas die Freude, zum Richter des Heidedorfes gewählt zu werden – er, der erste seit der Erschaffung der Welt, der solch Amt und Würde auf diesem Flecke bekleidete.

Wieder waren Jahre um Jahre vergangen, die Obstbaumsetzlinge, zarte Stangen, wie sie der alte Nachbarsbauer gebracht und an Niklas mitgeteilt hatte, standen nun schon als wirtliche Bäume da und brachten reiche Frucht und manchen Sonntagstrunk an Obstwein. – Marthe war an Nachbars Benedikt verheiratet, und sie trieben eigene Wirtschaft. – Die Heide war weiß und wieder grün geworden, aber des Vaters Haare blieben weiß, und die Mutter fing bereits an, der Großmutter ähnlich zu werden, welche Großmutter allein unverwüstlich und unveränderlich blieb, immer und ewig am Hause sitzend, ein träumerisches Überbleibsel, gleichsam als warte sie auf Felixens Rückkehr. Aber Felix schien, wie einst Jacobus, verschollen zu sein auf der Heide. Seit drei Jahren kam keine Kunde und kein Wandersmann. – In der Hauptstadt, wohin gar Benedikt gegangen, um ihn zu suchen, war er nicht zu finden, und im Amte sagten ihm die Kanzleiherren aus einem großen Buche, er sei außer Landes gegangen, vielleicht gar über das Meer. Der Vater hörte schon auf, von ihm zu reden; Marthe hatte ein Kindlein und dachte nicht an ihn; die Heidedörfler kannten ihn nicht und liebten ihn auch nicht als einen, der da einmal davongegangen; die Großmutter fragte nur bisweilen nach Jacobus. – Aber das Mutterherz trug ihn unverwischt und schmerzhaft in sich, seit dem Tage, als er von dannen gezogen und an ihrem Busen geweint hatte, und das Mutterherz trug ihn abends in das Haus und morgens auf die Felder, und das Mutterherz war es auch allein, das ihn erkannte, als einmal am Pfingstsamstage durch die Abendröte ein wildfremder, sonnverbrannter Mann gewandert kam, den Stab in der Hand, das Ränzlein auf dem Rücken, und stehenblieb vor dem Heidehause.

„Felix" – „Mutter!"

Ein Schrei und ein Sturz an das Herz.

Das Mutterherz ist der schönste und unverlierbarste Platz des Sohnes, selbst wenn er schon graue Haare trägt – und jeder hat im ganzen Weltall nur ein einziges solches Herz.

Das alte Weib brach an ihm fast nieder vor Schluchzen, und er, vielleicht seit Jahren keiner Träne mehr gewohnt, ließ den Bach seiner Augen strömen und hob sie zu sich auf und drückte sie und streichelte ihre grauen Haare, nicht sehend, daß Vater und Schwester und das halbe Dorf um sie beide standen.

„Felix, mein Felix, wo kommst du denn her?" fragte sie endlich.

„Von Jerusalem, Mutter, und von der Heide des Jordans. – Gott grüße Euch, Vater, und Gott grüße Euch, Großmutter! Jetzt bleib' ich lange bei euch und, geliebt es Gott, auf immer."

Er schloß den zitternden Vater ans Herz und dann die alte Großmutter, die fast schamhaft und demütig beiseite stand – und dann noch einmal den Vater, den schönen, alten, braunen Mann mit den schneeweißen Haaren, den er mit noch dichten, dunkeln Locken verlassen hatte und der doppelt liebenswert dastand durch die unbehilfliche Verlegenheit, in die er dem stattlichen Sohne gegenüber geriet – das Mutterherz aber, sich seines immer unverjährbaren Ranges bewußt, zeigte nichts dem Ähnliches; sie sah nicht seine Gestalt und seine Kleider, sondern ihr Auge hing die ganze Zeit über an seinem Angesichte, und es glänzte und funkelte und schäumte fast über vor Freude und vor Stolz, daß Felix so schön geworden und so herrlich.

Endlich, als sich sein Herz etwas gesättigt, fiel ihm Klein-Marthe bei; er fragte nach ihr, und sein Auge suchte am Boden umher – allein die Mutter führte ihm ein blühendes Weib vor mit hellen blauen Augen, ein Kind auf dem Arme, wie eine Madonna, deren er in Welschland auf Bildern gesehen – er erkannte im Kinde Klein-Marthe, die Mutter des Kindes getraute er sich aber nicht zu küssen, und auch sie stand blöde vor ihm und sah ihn bloß liebreich an – endlich grüßten und küßten sie sich herzinnig als Geschwister, und der ehrliche Benedikt reichte ihm die Hand und sagte, wie er ihn vor zwei Jahren so emsig in der ungeheuersten Entfernung gesucht habe.

„Da war ich im Lande Ägypten", sagte Felix, „und Ihr hättet mich auch dort kaum erfragt, denn ich war in der Wüste."

Auch die Bauern und ihre Weiber und Kinder, die sich vor Niklas' Hause eingefunden hatten und ehrbar neugierig umherstanden, grüßte er alle freundlich, lüftete den Reisehut und reichte ihnen, obwohl unbekannt, die Hand.

Endlich ging man in das Haus, und nach Heidesitte gingen viele Nachbarn mit und waren dabei, wie er Geschenke und Berichte auspackte. Auf der Gasse wurde es stille, die Menschen suchten nach dortigem Gebrauche zeitig ihre Schlafstellen, und die roten Pfingstwolken leuchteten noch lange über dem Dorfe.

IV. DER HEIDEBEWOHNER

Und als des andern Tages die ersten Sonnenstrahlen glänzten und die Heidedorfbewohner bereits im Festputze gerüstet waren, um zur fernen Kirche zu gehen, so war einer der Bewohner mehr und einer der Kirchgänger mehr. Die Nacht hatte es manchem verwischt, daß er gekommen, aber der Morgen brachte ihnen wieder neu den neuen Besitz, damit sie sich daran ergötzten, die einen mit ihrer Neugierde, die andern mit ihrer Liebe – alle aber hatten eine unsichere Scheu, selbst die Eltern, was es denn wäre, das ihnen an ihm zurückgebracht worden sei, und ob er nicht ein fremdes Ding in der übrigen Gleichheit und Einerleiheit des Dorfes wäre.

Er aber stand schon angekleidet, und zwar in dem leinenen Heidekleide und dem breiten Hute, im Freien und schaute mit den großen, glänzenden, sanften Augen um sich, als die Mutter zu ihm trat und ihn fragte, ob er auch in die Kirche gehen werde oder ob er müde sei und Gott zu Hause verehren wolle.

„Ich bin nicht müde", antwortete er freundlich, „und ich werde mit euch gehen"; denn er sah, daß die Mutter zum Kirchengehen angezogen war und daß auch der Vater in seinem Sonntagsrocke aus dem Hause komme.

Festliche Gruppen zeigten sich hier und da auf dem Anger des Dorfes; manche traten näher und grüßten, andere hielten sich verschämt zurück, besonders die Mädchen, und wieder andere, welche zu Hause blieben und in der Festtagseinsamkeit das Dorf hüten mußten, standen unter den Haustüren oder sonstwo und schauten zu.

Und als noch Pfingsttau auf den Heidegräsern funkelte und glänzte und als die Morgenkühle wehte, setzte sich schon alles in Bewegung, um zu rechter Zeit anzulangen – und so führte denn Felix das alte Weib an seiner Hand und leitete sie so zärtlich um den sanften Heidebühel hinan, wie sie einstens ihn, da er noch ein schwacher Knabe war und Sonntagvormittags die Ziegen und Schafe zu Hause lassen durfte, damit er hinausgehe und das Wort Gottes höre. Der Vater ging innerlich erfreut daneben, die andern teils voran, teils hinten. Endlich war die letzte Gruppe hinter dem Bühel verschwunden, die Nachschauenden traten in ihre Häuser zurück, und kurz darauf war jene funkelnde Einsamkeit über den Dächern, die so gern an heitern Sonntagvormittagen in den verlassenen Dörfern ist – die Stunden rückten trockener und heißer vor, eine dünne, blaue Rauchsäule stieg hier und da auf, und mitten in dem Garten des Heidehauses kniete die hagere Großmutter und betete. – Und wie endlich nach stundenlanger Stille durch die dünne, weiche, ruhende Luft, wie es sich zuweilen an ganz besonders schweigenden Tagen zutrug, der ferne, feine Ton eines Glöckleins kam, da kniete manche Gestalt auf den Rasen nieder und klopfte an die Brust – dann war es wieder stille und blieb stille – – die Sonnenstrahlen sanken auf die Häuser nieder, mehr und mehr senkrecht, dann wieder schräge, daß die Schatten auf der andern Seite waren – endlich kam der Mittag und mit ihm alle Kirchgänger – sie legten die schönsten Kleider und Tücher von dem erhitzten Körper, taten leichtere an, und jedes Haus verzehrte sein vorgerichtetes Pfingstmahl.

Und was war es denn, was ihnen an Felix zurückgebracht worden war, und warum ist er denn so lange nicht gekommen, und wo ist er denn gewesen?

Sie wußten es nicht.

In der Kirche war er mitgewesen – fast so kindlich andächtig wie einst hatte er auf die Worte des Priesters gehorcht, sanftmütig war er neben der Mutter nach Hause gekehrt, und wenn dann bei Tische der Vater das Wort nahm, so brach Felix das seine aufmerksam ab und hörte zu – und gegen Abend saß er mit der Großmutter im Schatten des Holunderbusches und redete mit ihr, die ihm ganz sonderbare und unverständliche Geschichten vorlallte – – und wenn dann so den Tag über die Neugier der Mutter in sein Auge blickte, halb selig, halb schmerzenreich, wenn sie nach den einstigen, weichen Zügen forschte – ihren ehemaligen heitern, treuherzigen, schönen Heideknaben suchte sie – – und siehe, sie fand ihn auch: In leisen Spuren war das Bild des gutherzigen Knaben geprägt in dem Antlitze des Mannes, aber unendlich schöner – so schön, daß sie oft einen Augenblick dachte, sie könne nicht seine Mutter sein – wenn er den ruhigen Spiegel seiner Augen gegen sie richtete, so verständig und so gütig – oder wenn sie die Wangen ansah, fast so jung wie einst, nur noch viel dunkler gebräunt, daß dagegen die Zähne wie Perlen leuchteten, dieselben Zähne, die schon an dem Heidebuben so unschuldig und gesund geglänzt – und um sie herum noch dieselben lieblichen Lippen, die aber jetzt reif und männlich waren und so schön, als sollte sogleich ein süßes Wort daraus hervorgehen, sei's der Liebe, sei's der Belehrung. – –

„Er ist gut geblieben", jauchzte in ihr dann das Mutterherz. „Er ist gut geblieben, wenn er auch viel vornehmer ist als wir."

Und in der Tat, es war ein solcher Glanz keuscher Reinheit um den Mann, daß er selbst von dem rohen Herzen des Heideweibes erkannt und geehrt wurde.

Was lebte denn in ihm, das ihn unangerührt durch die Welt getragen, daß er seinen Körper als einen Tempel wiederbrachte, wie er ihn einst aus der Einsamkeit fortgenommen? – –

Sie wußten es nicht; nur immer heiterer und fast einfältiger legte sich sein Herz dar, so wie die Stunden des ruhigen Festtages nach und nach verflossen.

Spät abends erzählte er ihnen, da alle um den weißen, buchenen Tisch saßen und auch Marthe mit ihrem Kinde da war und Benedikt und andere Nachbarn – er erzählte ihnen von dem Gelobten Lande, wie er dort gewesen, wie er Jerusalem und Bethlehem gesehen habe, wie er auf dem Tabor gesessen, sich in dem Jordan gewaschen – – den Sinai habe er gesehen, den furchtbar zerklüfteten Berg, und in der Wüste ist er gewandelt. – Er sagte ihnen, wie seine gezimmerten Truhen mit dem Postboten kommen würden; dann werde er ihnen Erde zeigen, die er aus den heiligen Ländern mitgebracht – auch getrocknete Blumen habe er und Kräuter aus jenem Lande und Fußtritte des Herrn und was nur immer dort das Erdreich erzeuge und bringe – und viel heiliger, viel heißer und viel einsamer seien jene Heiden und Wüsten als die hiesige, die eher ein Garten zu nennen – – und wie er so redete, sahen alle auf ihn und horchten – und sie vergaßen, daß es Schlafenszeit vorüber, daß die Abendröte längst verglommen, daß die Sterne emporgezogen und in dichter Schar über den Dächern glänzten.

Von Stätten der Menschen und ihrem Treiben hatte er nichts gesagt, und sie hatten nicht gefragt. Die Worte seines Mundes taten so wohl, daß ihnen gerade das, was er sagte, das Rechte deuchte, und sie nicht nach anderem fragten.

Marthe trug endlich das schlafende Kind fort, Benedikt ging auch, die Nachbarn entfernten sich – und noch seliger und noch freudenreicher als gestern gingen die Eltern zu Bette, und selbst der Vater dachte, Felix sei ja fast wie ein Prediger und Priester des Herrn.

Auch auf die Heide war er gleich nach den Feiertagen gegangen, auf seiner Rednerbühne war er gesessen; die Käfer, die Fliegen, die Faltern, die Stimme der Heidelerche und die Augen der Feldmäuschen waren die nämlichen. Er schweifte herum, die Sonnenstrahlen spannen – dort dämmerte das Moor und ein Zittern und Zirpen und Singen – – und wie der Vater ihn so wandeln sah, mußte er sich über die dünnen, grauen Haare fahren und mit der schwielenvollen Hand über die Runzeln des Angesichts streichen, damit er nicht glaube, sein Knabe gehe noch dort, und es fehlen nur die Ziegen und Schafe, daß es sei wie einst und daß die lange, lange Zeit nur ein Traum gewesen sei. Auch die Nachbarn, wie er so Tag nach Tag unter ihnen wandelte, wie ihn schon alle Kinder kannten, wie er mit jedem derselben, auch mit dem häßlichen, so freundlich redete und wie er so im Linnenkleide durch die neuen Felder ging – glaubten ganz deutlich, er sei einer von ihnen, und doch war es auch wieder ganz deutlich, wie er ein weit anderer sei als sie.

Eine Tat müssen wir erzählen, ehe wir weitergehen und von seinem Leben noch entwickeln, was vorliegt – eine Tat, die eigentlich geheim bleiben sollte, aber ausgebreitet wurde und ihm mit eins alle Herzen der Heidebewohner gewann.

Als endlich die gezimmerten Truhen mit dem Postboten in die Stadt und von da durch Getreidewagen auf die Heide gekommen waren, als er daraus die Geschenke hervorgesucht und ausgeteilt, als er tausenderlei Merkwürdiges gezeigt – Blumen, Federn, Steine, Waffen – und alles genug bewundert worden war, trat er desselben Tages abends zu dem Vater in die hintere Kammer, als er gesehen hatte, daß derselbe hineingegangen und, wie er gern tat, sich in den hineinfallenden Fliederschatten gesetzt hatte – er trat beklommen hinein und sagte fast mit bebender Stimme: „Vater, Ihr habt mich auferzogen und mir Liebes getan, seit ich lebe, ich aber habe es schlecht vergolten, denn ich bin fortgegangen, daß Ihr keinen Gehilfen Eurer Arbeit hattet und Eurer Sorge für Mutter und Großmutter – und als ich gekommen, warfet Ihr mir nichts vor, sondern waret nur freundlich und lieb; ich kann es nicht vergelten, als daß ich Euch nicht mehr verlassen und Euch noch mehr verehren und lieben will als sonst. So viel Jahre mußtet Ihr sein, ohne in mein Auge schauen zu können, wie es Eurem Herzen wohlgetan hätte – aber ich bleibe jetzt immer, immer bei Euch. – Allein weil mich Euch Gott auch zur Hilfe geboren werden ließ, so lernte ich draußen allerlei Wissenschaft, wodurch ich mir mein Brot verdiente, und da ich wenig brauchte, so blieb manches für Euch übrig. Ich bringe es nun, daß Ihr es auf Euer Haus wendet und im Alter zugute bekommet, und ich bitte Euch, Vater, nehmt es mit Freundlichkeit an."

Der Alte aber, hochrot, zitternd vor Scham und vor Freude, war aufgesprungen und wies mit beiden Händen die dargebotenen Papiere von sich, indem er sagte: „Was kommt dir bei, Felix? Ich bin so erschrocken – da sei Gott vor, daß ich die Arbeit und Mühe meines Kindes nehme – ach, mein Gott, ich habe dir ja nichts geben können, nicht einmal eine andere Erziehung, als die dir der Herr auf der Heide gab, nicht einmal das fromme Herz, das dir von selber gekommen. – Du bist mir nichts schuldig – die Kinder sind eine Gottesgabe, daß wir sie erziehen, wie es ihnen frommt, nicht wie es uns nützt – verzeihe mir nur, Felix, ich habe dich nicht erziehen können, und doch scheint es mir, bist du so gut geworden, so gut, daß ich vor Freuden weinen möchte." – –

Und kaum hatte er das Wort heraus, so brach er in lautes Weinen aus und tastete ungeschickt nach Felix' Hand. – Dieser reichte sie; er konnte sich nicht helfen, er mußte sein Antlitz gegen die Schulter des Vaters drücken und das grobe Tuch des Rockes mit seinen heißesten Tränen netzen. Der Vater war gleich wieder still, und sich gleichsam schämend und beruhigend sagte er die Worte: „Du bist verständiger als wir, Felix. Wenn du bei uns bleibst, arbeite, was du willst; ich verlange nicht, daß du mir hilfst – da ist ja Benedikt und seine Knechte, wenn es not täte; auch habe ich schon ein Erspartes, daß ich mir im Alter einen Knecht nehmen kann. – Du aber wirst schon etwas arbeiten, wie es Gott gefällig und wie es recht ist."

Felix aber dachte in seinem Herzen, er werde doch in Zukunft, wenn es nötig sei, lieber in der Tat selbst und durch Leistung des eben Mangelnden beistehen, damit ihm das Herz nicht so weh täte, wenn er dem Vater gar nichts Gutes bringen könnte. Ach, das Beste hatte er ja schon gebracht und wußte es nicht, das gute, das überquellende Herz, das jedem, selbst dem gehärtetsten Vater ein freudigeres Kleinod ist als alle Güter der Erde, weil es nicht Lohn nach außen ist, sondern Lohn in der tiefsten, innersten Seele.

Der Vater tat nun gleichgültig und machte sich mit diesem und jenem im Zimmer zu tun; kaum aber war Felix hinaus, so lief er eiligst zur Mutter und erzählte ihr, was der Sohn hatte tun wollen – sie aber faltete die Hände, lief vor die Heiligenbilder der Stube und tat ein Gebet, das halb ein Frevel stürmenden Stolzes, halb ein Dank der tiefsten Demut war.

Dann aber ging sie hin und breitete es aus.

Das war nun klar, daß er gut war, daß er sanft, treu und weich war, und das sahen sie auch, daß er schön und herrlich war – des weiteren forschten sie nicht, was es sei und was es sein werde.

Er aber ging her und ließ sich weit draußen, von dem Dorfe entlegen, auf der Heide ein Stück Landes zumessen und begann mit vielen Arbeitern, ein steinernes Haus zu errichten. – Daß es größer werde, als er allein brauche, fiel allen auf, aber als es im Herbste fertig war, als es eingerichtet und geschmückt war, bezog er es gleichwohl allein, und so verging der Winter. Es kam der blütenreiche Frühling – und Felix saß in seinem Hause auf der Heide und herrschte wie einst über alle ihre Geschöpfe und über all die hohen, stillen Gestalten, die sie jetzt bevölkerten.

Was war es denn aber, was den Eltern und Nachbarn an ihm zurückgebracht worden ist?

Sie wußten es nicht.

Ich aber weiß es. Ein Geschenk ist ihm geworden, das den Menschen hochstellt und ihn doch verkannt macht unter seinen Brüdern – das einzige Geschenk auf dieser Erde, das kein Mensch von sich weisen kann. Auf der Heide hatte es begonnen, auf die Heide mußte er es zurücktragen. Bei wem eine Göttin eingekehrt ist, lächelnden Antlitzes, schöner als alles Irdische, der kann nichts anderes tun, als ihr in Demut dienen.

Damals war er fortgegangen, er wußte nicht, was er werden würde – eine Fülle von Wissen hatte er in sich gesogen: Es war der nächste

Durst gewesen, aber er war nicht gestillt; er ging unter Menschen, er suchte sie völkerweise, er hatte Freunde, er strebte fort, er hoffte, wünschte und arbeitete für ein unbekanntes Ziel – selbst nach Gütern der Welt und nach Besitz trachtete er; aber durch alles Erlangte – durch Wissen, Arbeiten, Menschen, Eigentum – war es immer, als schimmere weit zurückliegend etwas wie eine glänzende Ruhe, wie eine sanfte Einsamkeit. – – Hatte sein Herz die Heide, die unschuldsvolle, liebe Kindheitsheide, mitgenommen? Oder war es selber eine solche liebe, stille, glänzende Heide? – – Er suchte die Wüsten und die Einöden des Orients, nicht brütend, nicht trauernd, sondern einsam, ruhig, heiter, dichtend. – Und so trug ihn dieses sanfte, stille Meer zurück in die Einsamkeit und auf die Heide seiner Kindheit; und wenn er nun so saß auf der Rednerbühne wie einst, wenn die Sonnenfläche der Heide vor ihm zitterte und sich füllte mit einem Gewimmel von Gestalten wie einst und manche daraus ihn anschauten mit den stillen Augen der Geschichte, andere mit den seligen der Liebe, andere den weiten Mantel großer Taten über die Heide schleifend – und wenn sie erzählten von der Seele und ihrem Glücke, von dem Sterben und was nachher sei und von anderem, was die Worte nicht sagen können – und wenn es ihm tief im Innersten so fromm wurde, daß er oft meinte, als sähe er weit in der Öde draußen Gott selbst stehen, eine ruhige silberne Gestalt: dann wurde es ihm unendlich groß im Herzen, er wurde selig, daß er denken könne, was er dachte – und es war ihm, daß es nun so gut sei, wie es sei.

Die blödsinnige Großmutter war die erste gewesen, die ihn erkannt hatte.

„Es sind der Gaben eine Unendlichkeit über diese Erde ausgestreut worden", hatte sie eines Tages gerufen. „Die Halmen der Getreide, das Sonnenlicht und die Winde der Gebirge – da sind Menschen, die den Segen der Gewächse erziehen und ihn ausführen in die Teile der Erde; es sind, die da Straßen ziehen, Häuser bauen, dann sind andere, die das Gold ausbreiten, das in den Herzen der Menschen wächst, das Wort und die Gedanken, die Gott aufgehen läßt in den Seelen. Er ist geworden wie einer der alten Seher und Propheten, und ist er ein solcher, so hab' ich es vorausgewußt, und ich habe ihn dazu gemacht, weil ich die Körner des Buches der Bücher in ihn geworfen; denn er war immer weich wie Wachs und hochgesinnt wie einer der Helden."

Die Großmutter war es aber auch, mit der er sich allein mehr beschäftigte als alle andern mit ihr; er war der einzige, der sie zu flüssigen Reden bringen konnte, und der einzige, der ihre Reden verstand; er las ihr oft aus einem Buche vor, und die hundertjährige Schülerin horchte emsig auf, und in ihrem Angesicht waren Sonnenlichter, als verstände sie das Gelesene.

So war der Frühling vergangen, so waren wieder Pfingsten gekommen: – Aber wie waren es diesmal andere Pfingsten als vor einem Jahre. Eine doppelte, furchtbare Schwüle lag auf beiden, auf dem Dorfe und auf Felix, und bei beiden löste sich die Schwüle am Pfingsttage – aber wie verschieden bei beiden!

Ich will noch, ehe wir von seinem einfachen Leben scheiden, dieses letzte Ergebnis, das ich weiß, erzählen.

Wenn er so manchmal von der Heide kam und durch das Dorf ging, Geschenke für die Kinder seiner Schwester tragend – Steinchen, Muscheln, Schneckenhäuser und dergleichen –, die Locken um die hohe Stirn geworfen wie ein Kriegsgott und doch die schwarzen Augen so sehnsuchtsvoll und schmachtend, dann war er so schön, und es trug ihn wohl manche Dirne der Heide als heimlichen Abgott im Herzen verborgen; aber er selber hatte einen Abgott im Herzen – einen einzigen Punkt süßen, heimlichen Glückes hatte er aus der Welt getragen, als er ihre Ämter und Reichtümer ließ – einen einzig süßen Punkt durch alle Wüsten – und heute, morgen, dieser Tage sollte es sich zeigen, ob er sein Haus für sich allein gebaut oder nicht. – Alle Kraft seiner Seele hatte er zu der Bitte aufgeboten, und mit Angst harrte er der Antwort, die ewig, ewig zögerte.

Wohl kam Pfingsten näher und näher, aber zu der Schwüle, die unbekannt und unsichtbar über des Jünglings Herzen hing, gesellte sich noch eine andere, über dem ganzen Dorfe drohend, ein Gespenst, das mit unhörbaren Schritten nahte – nämlich jener glänzende Himmel, zu dem Felix sein inbrünstiges Auge erhoben, als er jene schwere Bitte abgesandt hatte, jener glänzende Himmel, zu dem er vielleicht damals ganz allein emporgeblickt, war seit der Zeit wochenlang ein glänzender geblieben, und wohl hundert Augen schauten nun zu ihm ängstlich auf. Felix, in seiner Erwartung befangen, hatte es nicht bemerkt, aber eines Nachtmittags, da er gerade von der Heide dem Dorfe zuging, fiel ihm auf, wie denn heuer gar so schönes Wetter sei, denn eben stand über der verwelkenden Heide eine jener prächtigen Erscheinungen, die er wohl öfters, auch in morgenländischen Wüsten, aber nie so schön gesehen, nämlich das Wasserziehen der Sonne: – Aus der ungeheuren Himmelsglocke, die über der Heide lag, wimmelnd von glänzenden Wolken, schossen an verschiedenen Stellen majestätische Ströme des Lichtes, und auseinanderfahrende Straßen am Himmelszelte bildend, schnitten sie von der gedehnten Heide blendend goldne Bilder heraus, während das ferne Moor in einem schwachen, milchigten Höhenrauche verschwamm.

So war es dieser Tage oft gewesen, und der heutige schloß sich wie seine Vorgänger; nämlich zu abends war der Himmel gefegt und zeigte eine blanke, hochgelb schimmernde Kuppel.

Felix ging zu der Schwester, und als er spät abends in sein Haus zurückkehrte, bemerkte er auch, wie man im Dorfe geklagt, daß die Halme des Kornes so dünne standen, so zart, die wolligen Ähren pfeilrecht emporstreckend wie ohnmächtige Lanzen.

Am andern Tage war es schön, und immer schönere Tage kamen und schönere.

Alles und jedes Gefühl verstummte endlich vor der furchtbaren Angst, die täglich in den Herzen der Menschen stieg. Nun waren auch gar keine Wolken mehr am Himmel, sondern ewig blau und ewig mild lächelte er nieder auf die verzweifelnden Menschen. Auch eine andere Erscheinung sah man jetzt oft auf der Heide, die sich wohl früher auch mochte ereignet haben, jedoch von niemand beachtet; aber jetzt, wo viele tausend und tausend Blicke täglich nach dem Himmel gingen, wurde sie als unglückweissagender Spuk betrachtet: nämlich ein Waldes- und Höhenzug, jenseits der Heide gelegen und von ihr aus durchaus nicht sichtbar, stand nun öfters sehr deutlich am Himmel, daß ihn nicht nur alles sah, sondern daß man sich die einzelnen Rücken und Gipfel zu nennen und zu zeigen vermochte – und wenn es im Dorfe hieß, es sei wieder zu sehen, so ging alles hinaus und sah es an, und es blieb manchmal stundenlang stehen, bis es schwankte, sich in Längen- und Breitenstreifen zog, sich zerstückte und mit eins verschwand.

Die Heidelerche war verstummt, aber dafür tönte den ganzen Tag und auch in den warmen, taulosen Nächten das ewige, einsame Zirpen und Wetzen der Heuschrecken über die Heide und der Angstschrei des Kiebitz. Das flinke Wässerlein ging nur mehr wie ein dünner Seidenfaden über die graue Fläche, und das Korn und die Gerste im Dorfe standen fahlgrün und wesenlos in die Luft und erzählten bei dem Hauche derselben mit leichtfertigem Rauschen ihre innere Leere. Die Baumfrüchte lagen klein und mißreif auf der Erde, die Blätter waren staubig, und von Blümlein war nichts mehr auf dem Rasen, der sich selber wie rauschend Papier zwischen den Feldern hinzog.

Es war die äußerste Zeit. Man flehte mit Inbrunst zu dem verschlossenen Gewölbe des Himmels. Wohl stand wieder mancher Wolkenberg tagelang am südlichen Himmel, und nie noch wurde ein so stoffloses Ding wie eine Wolke von so vielen Augen angeschaut, so sehnsüchtig angeschaut als hier – aber wenn es Abend wurde, erglühte der Wolkenberg purpurig schön, zerging, löste sich in lauter wunderschöne zerstreute Rosen am Firmamente auf und verschwand – und die Millionen freundlicher Sterne besetzten den Himmel.

So war der Freitag vor Pfingsten gekommen; die weiche, blaue Luft war ein blanker Felsen geworden. Vater Niklas war nachmittags über die Heide gekommen, das Bächlein war nun auch versiegt, das

Gras bis auf eine Decke von schalgrauem Filze verschwunden, nicht
Futter gebend für ein einzig Kaninchen; nur der unverwüstliche und
unverderbliche Heidesohn, der mißhandelte und verachtete Strauch,
der Wacholder, stand mit eiserner Ausdauer da, der einzige, lebhafte
Feldbusch, das grüne Banner der Hoffnung, denn er bot freiwillig
gerade heuer eine solche Fülle der größten, blauen Beeren, so über-
schwenglich, wie sich keines Heidebewohners Gedächtnis entsinnen
konnte. – Eine plötzliche Hoffnung ging in Niklas' Haupte auf, und
er dachte als Richter mit den Ältesten des Dorfes darüber zu raten,
wenn es nicht morgen oder übermorgen sich änderte. Er ging weit
und breit und betrachtete die Ernte, die keiner gesäet und auf die
keiner gedacht, und er fand sie immer ergiebiger und reicher, sich,
weiß Gott, in welche Ferne erstreckend – aber da fielen ihm die armen tausend Tiere ein, die dadurch werden in Notstand versetzt sein,
wenn man die Beeren sammle, allein er dachte, Gott der Herr wird
ihnen schon eingeben, wohin der Krammetsvogel fliegen, das Reh
laufen müsse, um andere Nahrung zu finden.

Da er heimwärts in die Felder kam, nahm er eine Scholle und
zerdrückte sie, aber sie ging unter seinen Händen wie Kreide auseinander – und das Getreide, vor der Zeit greis, fing schon an, sich zu
einer tauben Ernte zu bleichen. Wohl standen Wolken am Himmel,
die in langen, milchweißen Streifen tausendfasrig und verwaschen
die Bläue durchstreiften, sonst immer Vorboten des Regens; aber er
traute ihnen nicht, weil sie schon drei Tage da waren und immer
wieder verschwanden, als würden sie eingesogen von der unersättli-
chen Bläue. Auch manch anderer Hausvater ging händeringend zwischen den Feldern, und als es Abend geworden und selbst zerstückte
Gewitter um den Rand des Horizontes standen und sich gegenseitig
Blitze zusandten – sah ein von der Stadt heimfahrender Bauer selbst
die halbgestorbene Großmutter mitten im Felde knien und mit emporgehobenen Händen beten, als sei sie durch die allgemeine Not zu
Bewußtsein und Kraft gelangt und als sei sie die Person im Dorfe,
deren Wort vor allen Geltung haben müsse im Jenseits.

Die Wolken wurden dichter, aber blitzen nur und regneten nicht.

Wie Vater Niklas zwischen die Zäune bog, begegnete er seinem
Sohn, und siehe, dieser ging mit traurigem Angesicht einher, mit
weit traurigerem als jeder andere im Dorfe.

„Guten Abend, Felix", sagte der Vater zu ihm, „gibst du denn die
Hoffnung ganz auf?"

„Welche Hoffnung, Vater?"

„Gibt es denn eine andere als die Ernte?"

„Ja, Vater, es gibt eine andere – die der Ernte wird in Erfüllung
gehen, die andere nicht. Ich will es Euch sagen, ich selber habe etwas

für Euch und das Dorf getan. Ich habe zu den Obrigkeiten der fernen Hauptstadt geschrieben und ihnen den Stand der Dinge gemeldet; ich habe Freunde dort, und manche haben mich liebgehabt – sie werden Euch helfen, daß ihr keinen Hauch von Not empfinden sollet, und auch ich werde so viel helfen, als in meiner Kraft ist. Aber tröstet Euch, und tröstet das Dorf: Alle Hilfe von Menschen werdet Ihr nicht brauchen; ich habe den Himmel und seine Zeichen auf meinen Wanderungen kennengelernt, und er zeigt, daß es morgen regnen werde. – Gott macht ja immer alles, alles gut, und es wird auch dort gut sein, wo er Schmerz und Entsagung sendet."

„Möge dein Wort in Erfüllung gehen, Sohn, daß wir zusammen glückliche Festtage feiern."

„Amen", sagte der Sohn, „ich begleite Euch zur Mutter; wir wollen glückliche Festtage feiern."

Pfingstsamstagsmorgen war angebrochen, und der ganze Himmel hing voll Wolken, aber noch war kein Tropfen gefallen. So ist der Mensch. Gestern gab jeder die Hoffnung der Ernte auf, und heute glaubte jeder, mit einigen Tropfen wäre ihr geholfen. Die Weiber und Mägde standen auf dem Dorfplatze und hatten Fässer und Geschirr hergebracht, um, wenn es regne und der Dorfbach sich fülle, doch auch heuer wie sonst ihre Festtagsreinigungen vornehmen zu können und feierliche Pfingsten zu halten. Aber es wurde Nachmittag, und noch kein Tropfen war gefallen, die Wolken wurden zwar nicht dünner – aber es kam auch Abend, und kein Tropfen war gefallen.

Spät nachts war der Bote zurückgekommen, den Felix in die Stadt zur Post gesendet, und brachte einen Brief für ihn. Er lohnte den Boten, trat, als er allein war, vor die Lampe seines Tisches und entsiegelte die wohlbekannte Handschrift:

„Es macht mir vielen Kummer, in der Tat, schweren Kummer, daß ich Ihre Bitte abschlagen muß. Ihre selbstgewählte Stellung in der Welt macht es unmöglich, zu willfahren; meine Tochter sieht ein, daß so nichts sein kann, und hat nachgegeben. Sie wird den Sommer und Winter in Italien zubringen, um sich zu erholen, und sendet Ihnen durch mich die besten Grüße. Sonst Ihr treuer, ewiger Freund."

Der Mann, als er gelesen, trat mit schneebleichem Angesicht und mit zuckenden Lippen von dem Tische weg – an den Wimpern zitterten Tränen vor. Er ging ein paarmal auf und ab, legte endlich das erhaltene Schreiben langsam auf den Tisch, schritt mit dem Lichte gegen einen Schrein, nahm ein Päckchen Briefe heraus, legte sie schön zusammen, umwickelte sie mit einem feinen Umschlage und siegelte sie zu – dann legte er sie wieder in den Schrein.

„Es ist geschehen", sagte er atmend und trat ans Fenster, sein Auge an den dicken, finstern Nachthimmel legend. Unten stand ein verwelkter Garten – die Heide schlummerte – und auch das entfernte Dorf lag in hoffnungsvollen Träumen.

Es war eine lange, lange Stille.

„Meine selbstgewählte Stellung", sagte er endlich, sich emporrichtend, und im tiefen, tiefen Schmerze war es wie eine zuckende Seligkeit, die ihn lohnte. Dann löschte er das Licht aus und ging zu Bette.

Des andern Morgens, als sich die Augen aller Menschen öffneten, war der ganze Heidehimmel grau, und ein dichter, sanfter Landregen träufelte nieder.

Alles, alles war nun gelöst; die freudigen Festgruppen der Kirchgänger rüsteten sich und ließen gern das köstliche Naß durch ihre Kleider sinken, um nur zum Tempel Gottes zu gehen und zu danken – auch Felix ließ es durch seine Kleider sinken, ging mit und dankte mit, und keiner wußte, was seine sanften, ruhigen Augen bargen.

So weit geht unsere Wissenschaft von Felix, dem Heidebewohner. – Von seinem Wirken und dessen Früchten liegt nichts vor; aber sei es so oder so – trete nur getrost dereinst vor deinen Richter, du reiner Mensch, und sage: „Herr, ich konnte nicht anders, als dein Pfund pflegen, das du mir anvertraut hast", und wäre dann selbst dein Pfund zu leicht gewesen, der Richter wird gnädiger richten als die Menschen.

Der Hochwald

I. Waldburg

An der Mitternachtseite des Ländchens Österreich zieht ein Wald an die dreißig Meilen lang seinen Dämmerstreifen westwärts, beginnend an den Quellen des Flusses Thaya und fortstrebend bis zu jenem Grenzknoten, wo das böhmische Land mit Österreich und Bayern zusammenstößt. Dort, wie oft die Nadeln bei Kristallbildungen, schoß ein Gewimmel mächtiger Joche und Rücken gegeneinander und schob einen derben Gebirgsstock empor, der nun den drei Landen weithin sein Waldesblau zeigt und ihnen allerseits wogiges Hügelland und strömende Bäche absendet. Er beugt, wie seinesgleichen öfter, den Lauf der Bergeslinie ab, und sie geht dann mitternachtwärts viele Tagereisen weiter.

Der Ort dieser Waldesschwenkung nun, vergleichbar einer abgeschiedenen Meeresbucht, ist es, in dessen Revieren sich das begab, was wir uns vorgenommen, zu erzählen. Vorerst wollen wir es kurz versuchen, die zwei Punkte jener düsterprächtigen Waldesbogen dem geneigten Leser vor die Augen zu führen, wo die Personen dieser Geschichte lebten und handelten, ehe wir ihn zu ihnen selber geleiten. Möchte es uns gelingen, nur zum tausendsten Teile jenes schwermütig schöne Bild dieser Waldtale wiederzugeben, wie wir es selbst im Herzen tragen seit der Zeit, als es uns gegönnt war, dort zu wandeln und einen Teil jenes Doppeltraumes dort zu träumen, den der Himmel jedem Menschen einmal und gewöhnlich vereint gibt, den Traum der Jugend und den der ersten Liebe. Er ist es, der eines Tages aus den tausend Herzen eines hervorhebt und es als unser Eigentum für alle Zukunft als einzigstes und schönstes in unsere Seele prägt und dazu die Fluren, wo es wandelte, als ewig schwebende Gärten in die dunkle, warme Zauberphantasie hängt!

Wenn sich der Wanderer von der alten Stadt und dem Schlosse Krummau, dieser grauen Witwe der verblichenen Rosenberger, westwärts wendet, so wird ihm zwischen unscheinbaren Hügeln bald hier, bald da ein Stück Dämmerblau hereinscheinen, Gruß und Zeichen von draußen ziehendem Gebirgslande, bis er endlich nach Ersteigung eines Kammes nicht wieder einen andern vor sich sieht wie den ganzen Vormittag, sondern mit eins die ganze blaue Wand von Süd nach Norden streichend, einsam und traurig. Sie schneidet einfärbig mit breitem, lotrechtem Bande den Abendhimmel und schließt ein Tal, aus dem ihn wieder die Wasser der Moldau anglänzen, die er in Krummau verließ; nur sind sie hier noch jugendlicher und näher ihrem Ursprunge. Im Tale, das weit und fruchtbar ist, sind Dörfer herumgestreut, und mitten unter ihnen steht der kleine Flecken Oberplan. Die Wand ist obengenannter Waldesdamm, wie er eben nordwärts beugt, und daher unser vorzüglichstes Augenmerk. Der eigentliche Punkt aber ist ein See, den sie ungefähr im zweiten Drittel ihrer Höhe trägt.

Dichte Waldbestände der eintönigen Fichte und Föhre führen stundenlang vorerst aus dem Moldautale empor, dann folgt, dem Seebache sacht entgegensteigend, offenes Land – aber es ist eine wilde Lagerung zerrissener Gründe, aus nichts bestehend als tiefschwarzer Erde, dem dunklen Totenbette tausendjähriger Vegetation, worauf viele einzelne Granitkugeln liegen, wie bleiche Schädel von ihrer Unterlage sich abhebend, da sie vom Regen bloßgelegt, gewaschen und rundgerieben sind. – Ferner liegt noch da und dort das weiße Gerippe eines gestürzten Baumes und angeschwemmte Klötze. Der Seebach führt braunes Eisenwasser, aber so klar, daß im Sonnenscheine der weiße Grundsand glitzert wie lauter rötlich heraufflimmernde Goldkörner. Keine Spur von Menschenhand, jungfräuliches Schweigen.

Ein dichter Anflug junger Fichten nimmt uns nach einer Stunde Wanderung auf, und von dem schwarzen Sammet seines Grundes herausgetreten, steht man an der noch schwärzern Seefläche.

Ein Gefühl der tiefsten Einsamkeit überkam mich jedesmal unbesieglich, sooft und gern ich zu dem märchenhaften See hinaufstieg. Ein gespanntes Tuch ohne eine einzige Falte, liegt er weich zwischen dem harten Geklippe, gesäumt von einem dichten Fichtenbande, dunkel und ernst, daraus manch einzelner Urstamm den ästelosen Schaft emporstreckt wie eine einzelne altertümliche Säule. Gegenüber diesem Waldbande steigt ein Felsentheater lotrecht auf wie eine graue Mauer, nach jeder Richtung denselben Ernst der Farbe breitend, nur geschnitten durch zarte Streifen grünen Mooses und sparsam bewachsen von Schwarzföhren, die aber von solcher Höhe so klein herabsehen wie Rosmarinkräutlein. Auch brechen sie häufig aus Mangel des Grundes los und stürzen in den See hinab; daher man, über ihn hinschauend, der jenseitigen Wand entlang in gräßlicher Verwirrung die alten, ausgebleichten Stämme liegen sieht, in traurigem, weiß leuchtendem Verhack die dunkeln Wasser säumend. Rechts treibt die Seewand einen mächtigen Granitgiebel empor, „Blockenstein" geheißen; links schweift sie sich in ein sanftes Dach herum, von hohem Tannenwald bestanden und mit einem grünen Tuche des feinsten Mooses überhüllet.

Da in diesem Becken buchstäblich nie ein Wind weht, so ruht das Wasser unbeweglich, und der Wald und die grauen Felsen und der Himmel schauen aus seiner Tiefe heraus wie aus einem ungeheuern, schwarzen Glasspiegel. Über ihm steht ein Fleckchen der tiefen, eintönigen Himmelsbläue. Man kann hier tagelang weilen und sinnen, und kein Laut stört die durch das Gemüt sinkenden Gedanken als etwa der Fall einer Tannenfrucht oder der kurze Schrei eines Geiers.

Oft entstieg mir ein und derselbe Gedanke, wenn ich an diesen Gestaden saß: als sei es ein unheimlich Naturauge, das mich hier ansehe – tiefschwarz, überragt von der Stirne und Braue der Felsen, gesäumt von der Wimper dunkler Tannen, drin das Wasser regungslos wie eine versteinerte Träne.

Rings um diesen See, vorzüglich gegen Bayern ab, liegen schwere Wälder, manche nie besuchte, einsame Talkrümme samt ihren Bächlein zwischen den breiten Rücken führend, manche Felsenwand schiebend mit den tausend an der Sonne glänzenden Flittern und manche Waldwiese dem Tagesglanze unterbreitend, einen schimmernden Versammlungssaal des mannigfachsten Wildes.

Dieses ist der eine der zwei obbemerkten Punkte. Lasset uns nun zu dem andern übergehen. Es ist auch ein Wasser, aber ein freundliches, nämlich das leuchtende Band der Moldau, wie es sich darstellt von einem Höhenpunkt desselben Waldzuges angesehen, aber etwa zehn Wegestunden weiter gegen Sonnenaufgang. Durch die duftblauen Waldrücken noch glänzender, liegt es geklemmt in den Talwindungen, weithin sichtbar, erst ein Lichtfaden, dann ein flatternd Band und endlich ein breiter Silbergürtel um die Wölbung dunkler Waldesbusen geschlungen – dann, bevor sie neuerdings schwarze Tannen- und Föhrenwurzeln netzt, quillt sie auf Augenblicke in ein lichtes Tal hervor, das wie ein zärtlich Auge aufgeschlagen ist in dem ringsum trauernden Waldesdunkel. – Das Tal trägt dem wandernden Wasser gastliche Felder entgegen und grüne Wiesen und auf einer derselben wie auf einem Sammetkissen einen kleinen Ort mit dem schönen Namen Friedberg. – Von da, nach kurzem Glanze, schießt das Wellensilber wieder in die Schatten erst des Jesuiterwaldes, dann des Kienberges und wird endlich durch die Schlucht der Teufelsmauer verschlungen.

Der Punkt, von dem man aus fast so weit, als er hier beschrieben, den Lauf dieser Waldestochter übersehen kann, ist eine zerfallene Ritterburg, von dem Tale aus wie ein luftblauer Würfel anzusehen, der am obersten Rande eines breiten Waldbandes schwebt. Friedbergs Fenster sehen gegen Südwesten auf die Ruine, und dessen Bewohner nennen sie den Thomasgipfel oder Thomasturm oder schlechthin St. Thoma und sagen, es sei ein uraltes Herrenschloß, auf dem einst grausame Ritter wohnten, weshalb es jetzt verzaubert sei und in tausend Jahren nicht zusammenfallen könne, ob auch Wetter und Sonnenschein daran arbeite.

Oft saß ich in vergangenen Tagen in dem alten Mauerwerke, ein liebgewordenes Buch lesend oder bloß den lieben, aufkeimenden

Jugendgefühlen horchend, durch die ausgebröckelten Fenster zum blauen Himmel schauend oder die goldnen Tierchen betrachtend, die neben mir in den Halmen liefen, oder statt all dessen bloß müßig und sanft den stummen Sonnenschein empfindend, der sich auf Mauern und Steine legte – – oft und gern verweilte ich dort, selbst als ich das Schicksal derer noch nicht kannte, die zuletzt diese wehmütige Stätte bewohnten.

Ein grauer, viereckiger Turm steht auf grünem Weidegrunde, von schweigendem, zerfallenem Außenwerke umgeben, tausend Gräser und schöne Waldblumen und weiße Steine im Hofraume hegend und von außen umringt mit vielen Platten, Knollen, Blöcken und andern wunderlichen Granitformen, die ausgesäet auf dem Rasen herumliegen. Keine Stube, kein Gemach ist mehr in bewohnbarem Zustande, nur seine Mauern, jedes Mörtels und Anwurfes entkleidet, stehen zu dem reinen Himmel empor und tragen hoch oben manche einsame Tür oder einen unzulänglichen Söller nebst einer Fensterreihe, die jetzt in keinem Abendrot mehr glänzen, sondern eine Wildnis schöner Waldkräuter in ihren Simsen tragen. – Keine Waffen hängen an den Mauerbögen als die hundert goldenen Pfeile der schief einfallenden Sonnenstrahlen; keine Juwelen glänzen aus der Schmucknische als die schwarzen, befremdeten Äuglein eines brütenden Rotkehlchens, kein Tragebalken führt vom Mauerrande sein Dach empor als manch ein Fichtenbäumchen, das hoch am Saume im Dunkelblau sein grünes Leben zu beginnen sucht – Keller, Gänge, Stuben – alles Berge von Schutt, gesucht und geliebt von mancher dunkeläugigen Blume. Einer der Schutthügel reicht von innen bis gegen das Fenster des zweiten Stockwerkes empor. Dem, der ihn erklimmt, wird ein Anblick, der, obwohl im geraden Gegensatze mit den Trauerdenkmalen ringsum, dennoch augenblicklich fühlen läßt, daß eben er die Vollendungslinie um das beginnende Empfinden lege, nämlich: Über alle Wipfel der dunklen Tannen hin ergießt sich dir nach jeder Richtung eine unermeßne Aussicht, strömend in deine Augen und sie fast mit Glanz erdrückend; dein staunender und verwirrter Blick ergeht sich über viele, viele grüne Bergesgipfel, in webendem Sonnendufte schwebend, und gerät dann hinter ihnen in einen blauen Schleierstreifen – es ist das gesegnete Land jenseits der Donau mit seinen Getreidehängen und Obstwäldern –, bis der Blick endlich auf jenen ungeheuren Halbmond trifft, der den Gesichtskreis einfaßt: die norischen Alpen. – Der große Briel glänzt an heiteren Tagen, wie eine lichte Flocke am Himmelsblau hängend. – Der Traunstein zeichnet eine blasse Wolkenkontur in den Kristall des Firmaments. – Der Hauch der ganzen Alpenkette zieht wie ein luftiger Feengürtel um den Himmel, bis er hinausgeht in zarte, kaum sichtbare Lichtschleier, drinnen weiße Punkte zittern, wahrscheinlich die Schneeberge der ferneren Züge.

Dann wende den Blick auch nordwärts; da ruhen die breiten Waldesrücken und steigen lieblich, schwarzblau dämmernd ab gegen den Silberblick der Moldau – westlich blauet Forst an Forst in angenehmer Färbung, und manche zarte, schön blaue Rauchsäule steigt fern aus ihm zu dem heiteren Himmel auf. Es wohnt unsäglich viel Liebes und Wehmütiges in dem Anblicke.

Und nun, lieber Wanderer, wenn du dich sattgesehen hast, so gehe jetzt mit mir zwei Jahrhunderte zurück, denke weg aus dem Gemäuer die blauen Glocken und die Maßlieben und den Löwenzahn und die andern tausend Kräuter; streue dafür weißen Sand bis an die Vormauer, setze ein tüchtig Buchentor in den Eingang und ein sturmgerechtes Dach auf den Turm, spiegelnde Fenster in die Mauern, teile die Gemächer und ziere sie mit all dem lieben Hausrat und Flitter der Wohnlichkeit – dann, wenn alles ist wie in den Tagen des Glückes, blank, wie aus dem Gusse des Goldschmiedes kommend – – dann gehe mit mir die mittlere Treppe hinauf in das erste Stockwerk, die Türen fliegen auf – – – gefällt dir das holde Paar?

Es sind die Töchter Heinrichs des Wittinghausers, in dessen Wohnung du dich befindest – „Wittinghausen" hieß vor Zeiten das Schloß, ehe es von einem in der Nähe erbauten und nun ebenfalls verfallenen Kirchlein den Namen St. Thoma erhielt.

Die Jüngere sitzt am Fenster und stickt, und obwohl es noch früh am Morgen ist, so ist sie doch schon völlig angekleidet, und zwar mit einem mattblauen Kleide nach der so malerischen Art, wie wir sie noch hier und da auf Gemälden aus der Zeit des Dreißigjährigen Krieges sehen. Alles ist nett. Ärmel und Mieder schließen reinlich, jede Falte der Schleppe liegt bewußtvoll, jede Schleife sitzt wohlberechtigt, und jede Buffe gilt, und über dem Ganzen des Trachtenbaues schwebt als Giebel ein schönes Köpfchen, über und über blondlockig, und schaut fast wunderselig jung aus der altväterischen Kleiderwolke. Man sieht es offenbar, sie hat hohe Freude an ihrem Anzuge und hat ihn auch deswegen schon ganz und gar an. Zu den blonden Locken stehen seltsam die dunkelbraunen, fast schwarzen Augen, wenn sie mit ihnen gelegentlich erschrocken oder neugierig emporleuchtet – aber dann liegen sie so rein und rund in ihrem Rahmen, daß man sieht, wie die junge Seele, unberührt von Schmerz und Leidenschaft, noch so arglos zutäppisch durch ihre Fensterlein herausschaut, weil die Welt gar so groß und prächtig ist. Den Locken nach ist sie älter als achtzehn, den Augen nach jünger als vierzehn Jahre. Vielleicht steht sie mitten.

Die Ältere ist noch nicht angezogen. Sie sitzt in einem weißen Nachtkleide auf einer Art von Ruhebett, auf dem sie viele Papiere und Pergamentrollen ausgebreitet hat, in denen sie herumsucht. Eine Fülle äußerst schwarzer Haare ist aufgelöst und schneidet in breitem, niedergehendem Strome den faltenreichen Schnee des Nachtgewandes. Das Gesicht ist fein und geistreich, nur etwas blaß, daher die Augen desto dunkler daraus vorleuchten, da sie den Haaren entsprechend sind, tiefschwarz und fast noch größer als die braunen der Schwester.

Das Zimmer ist das Wohn- und Schlafgemach der Mädchen, denn in seiner Tiefe stehen die zwei aus Eichenholz geschnitzten Bettgestelle, jedes überwölbt mit einem seidenen Baldachin und umlegt mit blühenden Teppichen – Sessel und Schemel stehen verschoben als eben gebraucht und zum Teil bedeckt mit Stücken weißen Nachtzeuges. Die Betschemel stehen jeder in einer andern Fensterbrüstung, daß sich die betenden Schwestern nicht sehen können; denn die Andacht ist verschämt wie die Liebe. Auf dem Putztische ist nur ein hoher, schmaler Spiegel und echte Schmuckstücke. Es ist noch sehr früh am Morgen, wie die langen Schatten und die Silberblitze an den taufeuchten Tannen draußen zeigen. Der Tag ist ganz heiter, die Alpenkrone liegt in den zwei Fenstern wie in einem Rahmen, und ein glänzender Spiegel spannt sich darüber weg.

Die am Fenster stickt emsig fort und sieht nur manchmal auf die Schwester. Diese hat mit einmal ihr Suchen eingestellt und ihre Harfe ergriffen, aus der schon seit länger einzelne Töne wie träumend fallen, die nicht zusammenhängen oder Inselspitzen einer untergesunkenen Melodie sind.

Plötzlich sagte die Jüngere: „Siehe, Clarissa, wenn du auch die Melodie verbergen willst, ich kenne doch das Lied, das du schon wieder singen möchtest. – "

Die Angeredete, ohne zu antworten, sang mit leiser Stimme die zwei Verse:

„Da lagen weiße Gebeine,
Die goldne Krone dabei."

Dann ließ sie ab vom Spiele, und ohne die Harfe wegzustellen, sah sie durch die Saiten in das unschuldige Angesicht der Schwester.

Diese erwiderte mit den guten, runden Augen den Blick und sagte dann fast schüchtern: „Ich weiß nicht, das Lied ist mir so unheimlich, es ahnt einen Unglücklichen an – und der Inhalt ist so schauerlich – – auch weißt du es ja, daß es der Vater nicht gern höret, daß du gerade dieses Lied singest. – –"

„Sieh, und dennoch hat es einer gedichtet, der sehr sanft und gut war", fiel die ältere Schwester ein.

„So hätte er gleich lieber ein sanfteres und freundlicheres dichten können", erwiderte die jüngere, „denn ein Lied muß gut und hold sein, daß man es liebt und nicht fürchtet wie dieses." Clarissa sah bei diesen Worten mit einer so gütigen Zärtlichkeit auf die Schwester, fast wie eine Mutter, und sagte: „O du gutes Ding, du treuherziges, wie bist du noch gar so jung! – – – Jene Furcht, jenes Schauern ist ja eben der Abgrund unseres Gewissens und versöhnt zuletzt zu doppelter Güte."

„Nein, nein", antwortete die andere, „ich bin lieber gleich vom Anfange gut. Ein Lied muß bei mir lieb und hell sein wie der heutige Tag, keine Wölkchen, so weit du schauen magst, lauter Blau und lauter Blau, das reinste und freundlichste Blau. Deine Melodien sind jetzt immer wie Nebel und Wolken oder gar wie Mondschein, der wohl auch schön ist, aber bei dem man sich fürchtet."

„O die vielgeliebten, schwebenden, webenden Wolken", entgegnete Clarissa, „wie sie aufblühen in der Öde des Himmels, um die Berge glänzen und träumen, schimmernde Paläste bauen, massenweise sich sonnen und abends so liebrot entbrennen wie schlafmüde Kinder! – – – O Johanna, liebes Mädchen, wie bist du noch dein eigener Himmel, tief und schön und kühl! Aber es werden in ihm Düfte emporsteigen – der Mensch gibt ihnen den Mißnamen ‚Leidenschaft‘ –, du wirst wähnen, sie seien wonnevoll erschienen, ‚Engel‘ wirst du sie heißen, die sich in der Bläue wiegen; aber gerade aus ihnen kommen dann die heißen Blitze und die warmen Regen: deine Tränen; und doch auch wieder aus diesen Tränen baut sich jener Verheißungsbogen, der so schön schimmert und den man nie erreichen kann – – – der Mondschein ist dann hold und unsere Melodien weich. – – Kind, es gibt Freuden auf der Welt, von einer Überschwenglichkeit, daß sie unser Herz zerbrechen könnten – – und Leiden von einer Innigkeit – – – o sie sind so innig!!"

Johanna stand schnell auf, ging zu ihrer Schwester und küßte sie unsäglich zärtlich auf den Mund, indem sie beide Arme um ihren Hals schlang und sagte: „So bist du, ich weiß es; dein Herz tut dir weh, liebe Schwester, aber denke, der Vater liebt dich, der Bruder, ich und gewiß alle Menschen, weil du so gut bist wie sonst gar kein Mensch; aber sprich nicht so – singe lieber, singe alles, selbst das von dem König. Ich weiß, daß du heute schon seit dem Aufstehen daran dachtest."

Clarissa küßte sie zweimal recht innig entgegen auf die Kinderlippen, an deren unbewußter, schwellender Schönheit sie wie ein Liebender Freude hatte, und sagte dann lächelnd: „Schaffe dir keine Sorgen, liebes Herz, ich werde fleißig mit dir arbeiten, daß unser Vater Vergnügen an den schönen Blumen habe, die unter deinen Händen erwachsen." Sie setzte sich an die entgegengesetzte Seite des Stickrahmens, und während Johanna an den Blumen arbeitete, begnügte sie sich, den Grund auszufüllen. Sie sprachen noch vielerlei, dann schwiegen sie – dann sprachen sie wieder, aber immer blieb als Grundton die Innigkeit zweier herzlieben Geschwister, wobei jedoch die Ältere eine Art sanfter Vormundschaft ausübte. Die Kleine hatte etwas auf dem Herzen, so schien es, denn sie holte schon einige Male aus – aber jetzt nahm sie sich einen Anlauf und brachte einen kühnen Wildschützen daher, von dem sie gehört habe, daß er die westlichen Wälder zu seiner Wohnung erkoren, die damals ungleich größer waren als jetzt. Es seien von ihm die sonderbarsten Gerüchte im Umlaufe. Sie erzählte, daß sie gestern gehört habe, daß er mit keiner andern Kugel als einer geweihten erschossen werden könne und daß er in der Nacht mit Männern Unterredungen habe, die gar nicht von Fleisch und Blut sind.

Clarissa widersprach diesem und meinte, derlei dichte der Aberglaube dazu, wahrscheinlich gebe es gar nicht einmal einen solchen Mann, da sich das Volk nur so gern in schaurigen Berichten gefalle.

„Wohl, wohl gibt es einen solchen", fiel Johanna eifrig ein.

„Und wenn auch", antwortete Clarissa, „so ist er gewiß nicht das, wofür man ihn hält."

„O vielleicht ist er etwas noch viel Ärgeres – weißt du von jenem unglücklichen Müller in Spitzenberg – den hat er erschossen."

„Rede doch nicht so freventlich nach, was nicht erwiesen ist. Jener Müller ließ sich zu Kundschaft in dem schwedischen Heere gebrauchen, deshalb ist er erschossen worden."

„Ja, so hat man vermutet, aber niemand kann es erweisen – und daß ich es dir nur gestehe: Ich habe gestern abend zugehört, als der Jägerbursche, der dem Vater den Brief vom Ritter brachte, in der Gesindestube von diesem Manne erzählte. Er ist groß und stark wie ein Baum, trägt einen wilden Bart und geht Tagereisen weit mit seiner langen Flinte durch die Wälder. Von den Menschen, die hier im flachen Lande wohnen, haben ihn noch wenige gesehen, aber der Jägerbursche sah ihn schon so nahe wie ich dich – und er und kein anderer hat den Mord verübt. Man fand den Müller im Parkfriedergehölze beim Muttergottesbilde, wo sich die Wege teilen, und keine einzige Wunde an seinem Leibe als das Loch der kleinen Kugel durch die Schläfe, und kein Mensch als nur dieser Wildschütze gebraucht so kleine Kugeln. Dann sagte er noch etwas, das aber zu gottlos ist, als daß es wahr sein könnte."

„Nun?"

„Daß dieser Mann sein Gewehr nur losschießen dürfe, und er treffe doch immer den, den er sich denke."

„Wie magst du nur solchen Reden zuhören", sagte Clarissa sehr ernst, „das ist blinder, leerer Frevel. Wie könnte denn Gott, der allmächtige Herr des Weltalls, solche böse Wunder zulassen, wenn er wollte, daß wir noch fürder seinen Einrichtungen trauen sollten, wie es ja doch unsere Pflicht und unsere Freude ist."

„Ich habe es ja auch nicht geglaubt", sagte Johanna treuherzig, „aber da ich zuhörte und sah, wie unsere Mägde fast erbleichten, so schauderte es mich auch, und trotz dem, daß ich gehen wollte, horchte ich doch wieder auf seine Worte hin. Er hat alles so lebendig beschrieben, auch die Wälder alle dort oben, unermeßlich und undurchdringlich, so daß unsre nur Gärten dagegen sind. Ein schöner, schwarzer Zaubersee soll in ihrer Mitte ruhen und wunderbare Felsen und wunderbare Bäume um ihn stehen und ein Hochwald ringsherum sein, in dem seit der Schöpfung noch keine Axt erklungen. Der Jäger sagte, daß er wohl bisher noch nicht so tief hineingedrungen sei, um zu dem Wasser zu gelangen, aber nächstens würde er es tun, und da trägt er auch einen geweihten, silbernen Knopf bei sich, um den Wildschützen und Mörder niederzuschießen, sobald er ihn ansichtig wird, denn gegen Blei ist er fest."

„Warum tat er es denn nicht schon", sagte Clarissa, „da er ihn, wie du sagst, schon öfters sah? – Siehst du, du bist ein argloses Närrchen, und der Bursche ist ein prahlender Schalk, der euch gern schaudern machte, daß er als desto größerer Held erscheine. An deiner Stelle hätte ich gar nicht zugehört. Jener Mann ist wohl nur ein harmloser Schütze – oder es existiert ganz und gar kein solcher, denn alle, die je in jene Waldländer gerieten, fanden eine schöne Wildnis voll gesunder Blumen, Kräuter und herrlicher Bäume, die Wohnung unzähliger fremder Vögel und Tiere, aber nicht das mindeste Verdächtige."

„Aber in den Glöckelbergen schwemmte der Bach erst neulich die Knochen eines Eberkopfes aus, in denen die kleine Kugel steckte."

„Nun, laß gehen", sagte Clarissa lächelnd. – „Über dem Gewimmel deiner Wälder, Seen und Knochen und Jäger hat dir diese Rose ein häßlich Eck bekommen."

Johanna, eben in dem Alter des größten Wucherns der Räuber- und Zauberphantasien, wollte nicht so leicht ablassen, jedoch Clarissa ließ sich nicht mehr hinlenken, und so kam das Gespräch auf die Stickerei, da Johanna die angegriffene Rose verteidigte, und wurde mit jener Folgerichtigkeit fortgeführt, die jetzt auf Tanz und Sterbefälle bringt, jetzt auf Kriegsrüstungen, Lavendel, Eingesottenes und Kometen. Wie des Blutes Welle aus dem Herzen hüpft, springt das leichte Gedankengeschwader mit, die Kinderzunge plaudert sie heraus, das runde Auge schaut uns groß und freundlich an – und unser Herz muß sie mehr lieben als alle Weisheit der Weisen. So über alle Maßen kostbar ist das reine Werk des Schöpfers, die Menschenseele, daß sie, noch unbefleckt und ahnungslos des Argen, das es umschwebt, uns unsäglich heiliger ist als jede mit größter Kraft sich abgezwungene

Besserung; denn nimmermehr tilgt ein solcher aus seinem Antlitz unsern Schmerz über die einstige Zerstörung – und die Kraft, die er anwendet, sein Böses zu besiegen, zeigt uns fast drohend, wie gern er es beginge; wir bewundern ihn, aber mit der natürlichen Liebe quillt das Herz nur dem entgegen, in dem kein Arges existiert. Daher sagte vor zweitausend Jahren jener Eine: „Wehe dem, der eines dieser Kleinen ärgert!" Und wenn wir so die zwei schönen Angesichte gegenüber sehen, ihre Worte hören, jedes ein durchsichtiger Demant, gefaßt in das Silberklar der Blicke, so deucht uns das einfache Gemach, obgleich umlegt mit Geräten täglichen Gebrauches, dennoch geweiht und rein wie eine Kirche.

Die Sonne hatte sich allbereits über den Wald geschwungen, der Vormittag glänzte und funkelte über den schweigenden Wipfeln, und ein lichter Sonnenstreifen begann sich gemach über die Stickerei zu legen – siehe, da pochte es draußen ehrbar leise an der Tür, Einlaß heischend. Johanna sprang auf und öffnete eilig den noch vorgeschobenen Riegel. Es trat sofort ein Mann herein, freundlich Willkommen bringend – der Vater der Mädchen, der in ihr Morgengemach so bescheiden und ehrfürchtig eintrat wie ein Fremder. Er war damals schon hoch in den Jahren, aber ein wunderschöner Greis, eine Gestalt, als träte sie aus einem Rahmen Van Dyks – in schwarzen Samt gekleidet, hoch und stattlich, weißen Haupthaares und eines Bartes, der glänzend auf die schöne breite Greisenbrust herniederwallte – ein Auge, stark gewölbt und sprechend, unter einer felsigen, gefurchten Stirne – so hob sich die Erscheinung fast in jene Zeit der Seher und Propheten hinüber, eine Ruine gewaltiger Männerkraft und Männergröße, eine Ruine, jetzt nur noch beschienen von der milden Abendsonne der Güte, wie ein stummer Nachsommer nach schweren, lärmenden Gewittern – wie der müde Vollmond auf den Garben des Erntefeldes – – die stille, milde, tiefe Güte. Er war eine der wenigen damals noch sichtbaren Figuren des abgeblühten Rittertums, so unpassend für seine Mitwelt wie eine Zeitlose auf der plattgeschorenen Herbstwiese, da die andern Blumen alle längst in die Scheunen gesammelt sind.

Beide Kinder hängen an seinen Augen. Er heißt sie fortsticken – und da sie es tun, weilt sein Blick ungesehen auf ihnen mit Ernst und Liebe. Er besieht die Arbeit und lobt sie, fragt dieses und jenes und weiß immer eine Antwort, die wie Öl in ihre Herzen fließt.

Da die Mutter der Mädchen schon vor zehn Jahren gestorben war, so war es um so rührender, den alten Mann unter den mutterlosen Töchtern zu sehen – es ist eine Art von Zartheit darinnen, wie er mit ihnen umgeht, um ihnen das verlorene Mutterherz zu ersetzen. Vorzugsweise beschäftigt er sich mit der Jüngeren, als sei sie es noch am bedürftigsten.

Nachdem er sie befragt, ob sie in ihrem kleinen Haushalte etwas benötigten, ob keine Farbe der Stickerei auszugehen drohe, ob ihre Kleider und Stoffe in gutem und prunkendem Stande seien, ob keine Magd oder Zofe etwas verschuldet oder ob sie sonst nichts vermißten oder wünschten – und als er auf all dies lauter „Nein" oder lauter „guter, lieber Vater" zur Antwort erhielt, so lächelte er und sagte, er habe gleichwohl die schönsten und seltensten Dinge aus der Stadt Augsburg zum Ansehen und Aussuchen verschrieben und wie er der festen Hoffnung sei, daß sie binnen jetzt und acht Tagen dasein müssen und daß er Ehre und Freude damit einlegen werde. Sie mögen sich bis dahin nur recht mit Wünschen und Vorspiegelungen rüsten, was not täte und was man vielleicht, wäre es dabei, wählen würde und was nicht. Ferner, als ob er ein Bitteres und Ungewünschtes vor seinem eigenen Herzen noch hinausschieben möchte, ging er in all ihre Kleinigkeiten ein und nahm ernsthaften Anteil – – an Johannens Hühnern, an ihrem Rehe und Schwarzkehlchen, an ihren Fensterblumen – an Clarissens Harfe und Zeichenbüchern, an Briefen und am Befinden entfernter Freundinnen – und zuletzt tat er an Blondköpflein die Frage, ob sie wohl nie ihr Abendgebet verschlummere wie noch vor wenig Jahren, wo man sie oft vom Söller oder Gartenanger rotgeschlafen auflas und bei noch schimmernder Abendsonne mühselig entkleidete – und als er endlich gar beide mit Rührung fragte, ob sie denn auch allemal im Gebet der verstorbenen Mutter gedächten: so ahnte es ihnen wohl, daß er etwas auf dem Herzen trage, was er sich scheue, ihnen zu eröffnen; denn es war eine der holdesten Blüten an dem kraftvollen Greise, daß er, wie ganze und starke Menschen so oft, mit der Sorge des Vaters um seine Töchter auch fast eine Scheu vor ihnen darlegte wie ein Geliebter, und da ihre Verehrung und Hochachtung noch unbegrenzter war, so hingen ihre Augen wohl mit Ängstlichkeit an seinen Mienen, aber keine getraute sich zu fragen. Die Liebe in jeder Gestalt ist scheu wie die Tugend und die Ehrfurcht zaghafter als selbst die Furcht. Er verstand sie, wie sie ihn verstanden hatten.

Mit Sorgsamkeit, daß er es nicht zerknittere, nahm er ein Stück eines gefalteten Weißzeuges von einem Sessel, rückte denselben näher an Fenster und Stickrahmen und setzte sich den Mädchen gegenüber, scheinbar noch immer, als täte er es der Behaglichkeit willen, weniger die Mädchen als vielmehr sich selbst mit einem Anscheine von Unbefangenheit täuschend.

„Ich glaube", begann er, „ihr habt schon vernommen, daß der Ritter gestern von seinem Jagdausfluge zwar nicht selbst zurückgekommen, aber einen Boten mit einem Schreiben gesandt habe. Sie waren sehr glücklich, und eine ganze Fracht von Wild ist unterwegs;

auch kann er nicht genug Lobes sagen, wie schön und still und wie abgeschlossen und unzugänglich jene Waldesgärten sind, in denen er nun schon über vier Wochen dem Jagdvergnügen obliegt. Es ist fast wehmütig, zu lesen, wie schwer sie Abschied davon nehmen – er sagt: ‚Kein Hauch, keine Ahnung von der Welt draußen dringt hinein, und wenn man sieht, wie die prachtvolle Ruhe Tagereisen weit immer dieselbe, immer ununterbrochen, immer freundlich in Laub und Zweigen hängt, daß das schwächste Gräschen ungestört gedeihen mag, so hat man schwere Mühe, daran zu glauben, daß in der Welt der Menschen schon die vielen Jahre her der Lärm des Krieges und der Zerstörung tobe, wo das kostbarste und kunstreichste Gewächs, das Menschenleben, mit ebensolcher Eil' und Leichtfertigkeit zerstört wird, mit welcher Müh' und Sorgfalt der Wald die kleinste seiner Blumen hegt und auferziehet.' Denkt nur, einen schönen Felsenberg haben sie gefunden, der über den Wald emporragt, von wo aus man unser Schloß erblicken kann; sie meinen, von unserm roten Eckzimmer müssen wir denselben sehen können. Wir wollen heute noch in demselben das Sehrohr aufstellen und sehen, ob wir den Felsstock entdecken können, der der ‚Blockenstein' heißt – oder wäre es nicht gar noch schöner, ehe der Winter kommt, geradewegs selber einen Spaziergang in jene anmutigen Wildnisse zu machen?"

Ein zu Tode erschrockener Blick schlug aus den Augen Johannas gegen den Vater empor und traf auf das freundlich fragende Vaterauge. Er stand auf und ging einige Male unruhig im Zimmer auf und nieder, dann vor sie tretend, die mit Angst jede seiner Bewegungen hütete, sagte er ernst und liebreich: „Johanna, liebes, furchtsames Reh – – und dennoch muß es sein, wir werden alle zusammen jene Wälder besuchen – – – antworte noch nicht – es tut not, Kinder, daß ich euch eröffne, was wir diesen Sommer fürgesorgt haben. Dieser Brief ist aus Rosenberg, hier einer aus Goldenkron, dieser von Prag, dieser aus Meißen und endlich einer aus Bayern. Ich habe euch stets mit Nachrichten aus den Kriegsfeldern verschont, daß euer Herz nicht mit Dingen beleidigt werde, die ihr lieber nicht wisset; aber ich habe ein Netz über alle Kriegsplätze gesponnen, daß ich stets Kenntnis der schwebenden Sache behielt und Voraussicht der künftigen – es geschah zu Frommen des Vaterlandes und zu eurem Schutze, wie es ja Gott zu meiner lieben, väterlichen Pflicht gemacht. Man bereitet noch vor Winter eine Unternehmung gegen die obern Donauländer vor, deren rechter Flügel bestimmt ist, über unsere Berge zu gehen – diese Schweden kennen meinen Namen gar wohl – und auch, wenn sie ihn nicht kennten, so ist aller Grund, zu glauben, daß sie unser Haus mitfegen werden, und die ersten Schneeflocken des künftigen Winters werden wahrscheinlich auf seine schwarzgebrannten Mauertrümmer fallen – mag es – das Haus werden wir wiederaufbauen, und für euch habe ich nach bester Meinung gesorgt. Wie ich es mit Geld und Geldeswert veranstaltet, werde ich später darlegen – jetzt, was wichtiger, von euch. Es liegt ein Platz im Hochwalde, ich kenne ihn längst, so einsam, so abseits alles menschlichen Verkehrs, daß kein Pfad, kein Fußtritt, keine Spur davon erspählich ist, überdem unzugänglich an allen Seiten außer einer, die zu verwahren ist – sonst aber wundersam lieblich und anmutsreich, gleichsam ein freundliches Lächeln der Wildnis, ein beruhigender Schutz- und Willkommensbrief. Auf diesem Platze steht ein Haus, das ich diesen Sommer zimmern ließ, allbereits schön und wohnlich für euch eingerichtet, denn dort werdet ihr wohnen, bis es hier wiederhergestellt und gefahrlos ist. Kein Mensch kennt dessen Dasein, denn die es zimmerten, sind mir dreifach verbunden: vorerst, weil ich sie in Eid und Pflicht nahm, dann, weil sie mir als Untertanen seit Jahren mit Liebe zugetan gewesen, und endlich, weil ich nur solche Leute wählte, die mir zufällig vor längerer Zeit schon ihre ganze Barschaft eingehändigt, daß ich sie als Aufbewahrtes neben meinem Eigentume schütze, bis die Kriegsgefahr vorüber. Diese werden sich wohl hüten, durch Verletzung ihres Eides mir Schaden zuzuwenden. Sie wurden alle über einen sehr steilen Felsenweg dahingeführt, der aber nun durch gesprengte Steine unzugänglich ist. Wir werden einen weiteren Weg durch bisher unbetretenen Wald einschlagen, wo ich es viel bequemer vermute, da der Boden eben ist, und der Ritter meint, der Wald müsse dort sehr dünne sein, daß man sogar vielleicht reiten könne. Wo es sodann beschwerlicher wird, dort werden wir von einem Führer, der eines andern Weges von seiner Heimat herüberkommen wird, erwartet werden, und für euch wird eine Sänfte bereitet sein. Der Wald, wenn auch Urwald, ist so schön und traulich wie bei uns, und Menschen werdet ihr die ganze Zeit eures Aufenthalts daselbst nicht sehen, außer die zu euch gehören. So habe ich gesorgt, und ich glaube, daß es gut sei – – – und nun, Kinder, redet."

Beide, totenstill, sahen ihn an.

„Nun, Johanna", sagte er lächelnd, „tut es dir so leid um deine Stube hier? Sieh, die dortige ist geradeso gebaut und so eingerichtet wie die. – – Nun?"

Mit ordentlicher Mühe preßte sie schüchtern die Worte heraus: „Aber ein Mörder und Wildschütze ist dort."

Der Vater zuckte unwillig auf bei diesen Worten, sagte aber dann sehr gelassen und fest: „Es ist keiner dort. Leid ist es mir aber sehr, äußerst unangenehm ist es mir, daß das widersinnige Gerücht auch in eure Stube Eingang gefunden. Es ist keiner dort, glaubt es mir, denn die ganzen drei Monate, die der Ritter abwesend war, hat er mit

Felix den Wald weit und breit durchsucht und bei allen seinen Rand-
wohnern und in allen Köhler-, Holzschläger- und Forsthütten um
Grund oder Ungrund jener Gerüchte geforscht – es war überflüssi-
ge, aber zu unsrer eignen Beruhigung unternommene Vorsicht; kein
Gedanke irgendeines solchen Mannes ist dort, selbst nicht die Sage
von ihm, die nur müßig in unserer Gegend schweifte – aber sehr un-
lieb ist es mir um euch, denn es wird unnötig eure Phantasie be-
schweren. Glaubst du denn, Johanna, du abtrünnig Mädchen, dein
Vater werde dich zu Räubern und Mördern führen? Und wenn ein
Wildschütze dort ist, so ist es ein schöner, alter Mann, der zu eurer
Bedienung gehören wird und den du bald so lieben wirst wie deinen
eigenen Vater. Seid wohlgemut, meine Kinder, ihr werdet von eurem
neuen Wohnorte sehr traurig scheiden, und wenn wir euch verkünden werden, daß dieses Schloß wieder neu und blank herausgeputzt
ist wie vorher nie, so wird wohl auch aus den freudigen Augen ein
Tränlein auf die holde Stelle fallen, von der ihr scheidet. Werfet das
Unkraut getrost aus eurem Herzen und bedenket, daß in einem Monate hier die Kriegslager rauchen und Waffentosen und wüstes Hand-
werk statt der Harfenklänge in diesem Gemache schallen werden.
Seid heiter und rüstet euch. In acht Tagen wollen wir den Weg antreten. Oder wüßtet ihr noch etwas gegen den Vorschlag?"

Sie wußten wohl beide nichts, aber wohlgemut waren sie auch
nicht, sondern wie immer erkannten sie seine Absicht als gut und
versprachen, in einigen Tagen zur Reise vollkommen vorbereitet zu
sein. In dem schönen und heitern Morgenzimmer, schwimmend im
sanften Glanze der Vormittagssonne, geweiht durch die Anwesenheit
zweier Engel und angeschaut von der ruhigen Naturfeier draußen,
war nunmehr mit einem Male ein düsterer Flor herniedergelassen,
hinter dem drei beklommene Gesichter standen: der Vater wegen
der Mädchen, diese wegen der Sache, und wie auch jedes rang nach
Unbefangenheit, so war sie eben deshalb ungewinnbar.

Demgemäß trat er an das Fenster und schaute emsig nach dem
Wetter, damit nur die erste Befangenheit der Mädchen sich etwas lüften möge, und als sollte er die Himmelsschäfchen zählen, die eben
vom Süd heraufzukommen begannen, so lange und sorglich sah er
nach ihnen, die Hand ob den Augen haltend. Die Mädchen – es ist
wunderbar, was für ein Zauber der Beruhigung in geliebten, treuen
Augen liegt – zwei Blicke waren es nur in die gegenseitige Güte derselben – – und Johannens Angst, eben noch riesig und unbesiegbar,
war alle ganz und gar verflogen. Der Vater kam lächelnd von dem Fenster herüber und sagte, wenn sie heute den Waldfelsen und nebstbei
auch die schöne, ferne anstrebende Waldmauer sehen wollten, in der
wie in einer Nische ihr hölzern Waldschloß stehe, so müßte dies bald

geschehen, und er werde auch deshalb das Sehrohr vorläufig im roten Zimmer aufstellen; denn trügen nicht alle Zeichen, so käme gewiß heute noch ein Gewitter – er sah schelmisch nach Johanna, deren Lippen, schon wieder in allem Purpur prangend, ein leises Lächeln zu hegen und bergen suchten, das er gleichwohl sah und kannte. Es gehörte nämlich zu seinen Schwächen, Gewitter zu prophezeien, und wenn nach zehn ausgebliebenen eines eintraf, so überzeugte sich niemand fester von der Untrüglichkeit seiner Symptome als er selber. Ob er aber heute solche Symptome an dem spiegelreinen Himmel entdeckte oder sich in der Trefflichkeit seines Herzens nur derlei vorgelogen, um Reiz zur Heiterkeit zu wecken – – wer könnte es entscheiden? – Genug, er war vergnügt, daß er die Pein der ersten Spannung aus den ihm lieben Angesichtern schwinden sah, und wohlwissend, daß wenn er sie verlassen, er sie eben gegenseitig in die besten Hände gebe, schritt er heiter und scherzend der Türe zu. „Clarissa", rief er, noch die Klinke in der Hand haltend, „du wirst wieder mit deinem Anzuge die Ewigkeit brauchen – übereil dich deshalb nicht – ich habe vorher noch ein Geschäft, und wenn ihr fertig seid, mögt ihr gelegentlich in die rote Stube kommen und es mir sagen lassen – aber eilt deshalb nicht."

Und somit zog er die Tür hinter sich zu.

Einzige, geliebte Menschen! Ob ihnen auch der Vater die Ewigkeit ihres Anziehens selbst in den Mund legte als Gelegenheit, sich zu vertrauen und zu besprechen, so waren sie doch zu unschuldig, ihn zu verstehen, sondern sie sputeten sich maßlos, um nur irgendeinen Anzug zustande zu bringen, daß er nicht zu lange warten dürfe.

Nur ein einziges Mal hatten sich die Schwestern, als er fort war, umarmt und zwei, drei heiße Küsse auf die Lippen gedrückt als feste, kräftige, unzerreißbare Versicherungen und Siegel gegenseitigen Schutzes und Beisammenbleibens.

So wundergleich ist die Macht der Liebe, daß ihr Strahl, wenn er bei Gefahr und Not aus dem andern Auge bricht, sogleich eine eherne Mauer von Zuversicht um unser Herz erbaut, wenn er gleich aus den Augen eines zagen Mädchens kommt, das selber alles Schutzes bar und bedürftig ist.

Freudigkeit, Zutrauen, ja sogar Lustigkeit, Scherzen und Neugierde war aus jenen Küssen in die Herzen der Mädchen gekommen, und sie lachten, wenn sie in der übertriebenen Eile des Anziehens etwas verhasteten und abgeschmackt erzielten.

Sie eilten, da sie endlich fertig waren, in das rote Zimmer und trafen dort den jungen Jäger, dem der Freiherr eben eine Strafpredigt über sein gestriges Prahlen und Haselieren hielt – „jetzt geh", schloß er, da er die Mädchen eintreten sah, „geh und trolle dich – – – nun,

nun, Sebastian, bin ich denn so furchtbar", rief er in sanfterem Tone
dem Burschen nach, „daß du dich so eilig und so linkisch fortspu-
test? Lasse dir unten einen Becher Wein geben oder meinetwegen
zwei. Jetzt geh."

Der Jäger ging, und der Vater wendete sich äußerst vergnügt an
die Mädchen. „Ei, ei, ihr seid ja sehr bald fertig geworden; schau, wie
schön – jetzt wollen wir das Rohr aufstellen und durchsehen."

Und so geschah es.

II. Waldwanderung

Es sind noch heutzutage ausgebreitete Wälder und Forste um das
Quellengebiet der Moldau, daß ein Bär keine Seltenheit ist und
wohl auch noch Luchse getroffen werden; aber in der Zeit unserer Erzählung waren diese Wälder über alle jene bergigen Landstriche gedeckt,
auf denen jetzt gereutet ist, und die Walddörfer stehen mit ihren klein-
geteilten Feldern, weißen Kirchen, roten Kreuzen und Gärtchen voll
blühender Waldbüsche. Wohl acht bis zehn Wegestunden gingen sie
damals in die Breite, ihre Länge beträgt heute noch viele Tagreisen.

An dem Laufe eines frischen Waldwassers, das so klar wie flüssiges Glas unter naßgrünen Erlengebüschen hervorschießt, führt ein
gewundenes Tal entlang, und in dem Tale geht heutzutage ein reinlicher Weg gegen das Holzdorf Hirschbergen, das seine malerischen
hölzernen Waldhäuser zu beiden Seiten des Baches auf die Abhänge
herum gestreut hat. Diese Abhänge prangen mit Matten der schönsten Bergkräuter und mit mancher Herde, deren Geläute mit einzelnen
Klängen sanft emporschlägt zu der oben harrenden Stille der Wälder.
Damals aber war weder Dorf noch Weg, sondern nur das Tal und der
Bach, jedoch diese noch schöner, noch frischer, noch jungfräulicher
als jetzt, besetzt mit hohen Bäumen der verschiedensten Art. An der
einen Seite des Wassers standen sie so dünne, daß sich der grüne Rasen
wie ein reines Tuch zwischen den Stämmen dahinzog, ein Teppich,
weich genug selbst für den Fuß einer Königstochter. Aber kein Fuß,
schien es, hat seit seinem Beginne diesen Boden berührt als etwa der
leichte Tritt eines Rehes, wenn es zu dem Bache trinken kam oder
sonst zwischen den Stämmen und Sonnenstrahlen lustwandeln ging.
Heute aber war der Tag gekommen, wo die Heerschar der Gräser und
Blümlein dieses Rasens, ungleich ihren tausendjährig stillen und einsamen Ahnherrn, zum ersten Male etwas anderes sehen sollten als
Laubgrün und Himmelsblau und etwas anderes hören als das Gemurmel der Wellen.

Klare, liebliche, silberhelle Menschenstimmen – Mädchenstimmen – drangen zwischen den Stämmen vor, unterbrochen von dem teilweisen Anschlage eines feinen Glöckleins. – – Gleichsam wie lauschend dem neuen Wunder, hielt die Wildnis den Atem an, kein Zweig, kein Läubchen, kein Halm rührte sich – die Sonnenstrahlen traten ungehört auf das Gras und prägten grün-goldene Spuren – die Luft war unbeweglich, blank und dunkelblau – nur der Bach, von seinem Gesetze gezwungen, sprach unaufhörlich fort, flüchtig über den Schmelz seiner Kiesel schlüpfend wie über eine bunte Glasur. – Näher und näher klangen Stimmen und Glöcklein – plötzlich sprang eine Gestalt vor – elfig wie einst Libussas Mutter, in schneeweißem Kleide, saß sie auf schneeweißem Pferdlein, das so zartfüßig wie ein Reh, kaum den Rasen eindrückend, halb hüpfend, halb spielend, seine Last wie eine schwebende Feder zwischen den Stämmen hervortrug; zwei Demanten leuchteten voran, neugierig das fernere Geheimnis des Waldes suchend – Johannas Augen waren es, die heiter, glänzend, freudig vorausflogen, um die Schönheit des Tages und die ausnehmende Lieblichkeit des Plätzchens vorweg zu genießen – auch das Pferdchen, Luft gewinnend zwischen den hochschaftigen, weitstehenden Bäumen, spielte neckisch vorwärts, baumelnd und neigend mit Kopf und Hals, als wollte es zu eigener Freude recht oft das silberne Glöcklein erklingen lassen, das es an himmelblauem Bande um den Nacken trug. Hinter Johanna erschien nun auch Clarissa auf einem ähnlich gezäumten Pferde, das aber hellbraun und ohne den kindischen Schmuck des Glöckleins war. Sie trug ebenfalls ein weißes Kleid.

Auch der stattliche Ritter wurde sofort sichtbar und ihm zur Seite ein schöner, blonder Jüngling, oder vielmehr fast noch ein Knabe, der oben angeführte Felix, der Bruder der Mädchen, beide zu Pferde, und endlich noch ein fünfter Reiter, ein hoher Mann mit sprechendem Antlitze, nachlässig edel sein Pferd zwischen den schlanken Waldsäulen vorwärts geleitend – und, wie es schien, in seine dunklen Augen nachdenklich einprägend die so schönen, vor ihm schwebenden, schuldlosen Gestalten.

Die Waldblumen horchten empor, das Eichhörnchen hielt auf seinem Buchenast inne, die Tagfalter schwebten seitwärts, als sie vordrangen, und die Zweiggewölbe warfen blitzende, grüne Karfunkel und fliegende Schatten auf die weißen Gewänder, wie sie vorüberkamen; der Specht schoß in die Zweige, Stamm an Stamm trat rückwärts, bis nach und nach nur mehr weiße Stückchen zwischen dem grünen Gitter wankten – und endlich selbst die nicht mehr – aber auch der Reiter tauchte in die Tiefe des Waldes und verschwand, und wieder nur der glänzende Rasen, die lichtbetupften Stämme, die alte Stille und Einöde und der dareinredende Bach blieben zurück, nur die zerquetschten Kräutlein suchten sich aufzurichten, und der Rasen zeigte seine zarte Verwundung. – Vorüber war der Zug – unser lieblich Waldplätzchen hatte die ersten Menschen gesehen.

Immer entlang dem Waldbache, aber seinen Wassern entgegen geht der Zug, sich vielfach windend und biegend, um den tieferhängenden Ästen und dem dichteren Stande der Bäume auszuweichen. – Sie betrachten und vergnügen sich an den mancherlei Gestaltungen des Waldes. Die vielzweigige Erle geht am Wasser hin, die leichte Buche mit den schönfarbigen Schaften, die feste Eiche, die schwankenden Halme der Fichten stehen gesellig und plaudern bei gelegentlichen Windhauchen, die Espe rührt hierbei gleich alle ihre Blätter, daß ein Gezitter von Grün und Silber wird, das die Länge lang nicht auszutaumeln und auszuschwingen vermag – der alte Ahorn steht einsam und greift langarmig in die Luft, die Tannen wollen erhabene Säulengänge bilden, und die Büsche, Beeren und Ranken, gleichsam die Kinder, sind abseits und zurück in die Winkel gedrängt, daß mitten Raum bleibe für hohe Gäste. Und diese sind auch gekommen. Frei und fröhlich ziehen sie das Tal entlang.

Wer die Gesichter der Mädchen ansieht, wie sie doppelt rein und zart neben dem dunkeln Grunde des Waldlaubes dahinschweben, wie sie blühend und vergnügt aus dem wallenden, weißen Schleier des Kopfschmuckes herausblicken – der hätte nicht gedacht, daß sie sich noch kürzlich so sehr vor diesen Wäldern fürchteten und scheuten. Johanna blieb fast immer an der Spitze; wie sie ihrer Natur gemäß sich vorher unmäßig fürchtete, so freute sie sich auch jetzt unmäßig – und von dem zarten Rot, das sie sich beim Abschiede vom Hause in die Augen geweint hatte, war keine Spur mehr sichtbar.

Die Pracht und Feier des Waldes mit allem Reichtume und aller Majestät drang in ihr Auge und legte sich an ihr kleines Herz, das so schnell in Angst, aber auch so schnell in Liebe überfloß – und jeder Schritt gab ihrer Einbildungskraft neuen Stoff, war es nun ein seltsamer Strauch, mit fremden, glühendroten Beeren überschüttet, oder war es ein mächtiger Baum von ungeahnter Größe – oder die schönen, buntfarbigen Schwämme, die sich an Stellen schoben und drängten, oder war es ein plötzlich um eine Ecke brechender Sonnenstrahl, der die Büsche vor ihr in seltsames, grünes Feuer setzte und aus unsichtbaren Waldwässerchen silberne Funken lockte – oder war es endlich dieser oder jener Ton, der als Schmelz oder Klage, als Ruf oder Mahnung aus der Kehle eines Waldvogels tief aus den ferneren, geahnten Waldschoßen drang. – Alles fiel in ein schon aufgeregtes, empfangendes Gemüt. Clarissas edles Angesicht lag lieblich, ruhevoll dem Himmel offen, der zwischen den Ästen festlich wallend sein Blau hereinhängen ließ und erquicklich seine Luft um ihre lieben,

sich färbenden Wangen goß – – wie ein schöner Gedanke Gottes
senkte sich gemach die Weite des Waldes in ihre Seele, die dessen
unbewußt in einem stillen und schönen und sanften Fühlen dahin-
wogte. Selbst der alte Freiherr empfand sich in der freien Luft wie
gestählt und von einem frischen Hauche seiner Jugend angeweht.

So ritten sie alle vorwärts, und wenn auch die Bäume und Gesträuche oft stellenweise sich zusammendrängten und sich ihnen ent-
gegenstellten, so fanden sie doch immer wieder einen Ausweg, der
sie vorwärtsgeleitete, tiefer und tiefer in das Tal hinein, das die Wiege
des ihnen begegnenden Baches war.

Der Vater, wo es die Stellen zuließen, ritt gern an die Seite der Mädchen und sprach und koste mancherlei mit ihnen. Felix war bald vorn
bei den Schwestern, bald hinten bei dem nachdenklichen Ritter.

Endlich wurde der Boden so ansteigend und der Waldbestand so
dicht, daß das Weitervordringen immer beschwerlicher ward, bis sie
zuletzt zu einem Felsen gelangten, der jede weitere Aussicht zu verstel-
len schien; aber ebendieser Felsen war auch das glücklich erreichte Ziel,
das sie vor der Hand mit ihrer Wanderung anstrebten; auch war der
Gegenstand, den sie hier antreffen sollten, bereits allen Augen sichtbar.
Ein alter Mann saß in der Nachmittagssonne an dem glänzenden Gesteine und hatte den Kopf in seine Hände gestützt, als schlummere er
oder denke nach. Zu seiner Seite lag ein Feuergewehr und ein langer
Waldstock. Die Mädchen stutzten, und eine heftige Furcht schien
Johanna zu fassen, obwohl sie wußte, daß man einen Führer erwarte.
Bei dem Annähern der Reitergesellschaft, insbesondere der zögernden
Mädchen, stand er auf und entblößte sein Haupt, indem er den breiten, beschattenden Hut von demselben herabzog – schneeweiße Haare
wallten den Blicken der Mädchen entgegen, zurückweichend von einer Stirne, die hoch und schön gewölbt, aber tiefbraun und von den
Linien des Hochalters gefurcht war – zwei große, treuherzige Augen
sahen zu ihnen hinauf, in ihrer Schwärze seltsam abstechend gegen die
zwei schneeweißen Bogen, die sich über ihnen spannten. – Auf den
harten Wangen lag Sonnenbrand, Alter und Gesundheit.

Von aller Furcht erlöst, erwiderte Johanna zierlich seinen Gruß,
und bei dem zweiten und dritten Blick mußte sie ihm schon gut sein
– eine solche eherne Einfalt und Güte prägte sich in der ganzen
Gestalt aus, wie er dastand und sie alle mit den klugen Augen ansah.

Man war nach und nach abgestiegen, und der alte Freiherr trat auf
den Erwartenden zu, schüttelte ihm die Hand, die der andere ohne
Zögern dargereicht hatte, und sagte freudig: „Gott grüße dich, Gregor,
Gott grüße dich tausendmal; so haben wir uns doch noch einmal in
diesem Leben gesehen – aber, Knabe, alt sind wir geworden, seit wir
in dem Jungwalde zum letzten Male miteinander jagten – alt, alt. – –"

Freilich waren sie alt geworden, das sahen die jungen Begleiter alle, die seitwärts standen und sämtlich ihre Blicke auf die zwei Greise hefteten. – Es war ein schöner Anblick, wie sie dastanden, beide so ungeheuer verschieden und beide doch so gleich. Der Freiherr, wie gewöhnlich, im schwarzsamtnen Kleide, der andere in dem gröbsten grauen Tuch; der Freiherr, obwohl gebräunten und gefurchten Antlitzes, doch fast mädchenhaft weiß gegen die dunkle Sonnenfarbe des andern, ein Stubenbewohner gegen den Genossen des Mittagsbrandes und des Sturmes; der eine ein Sohn der Waffen, die er einst geführt mit Grazie und Kraft, jetzt zum Danke von ihnen geschmückt; der andere ein Bruder des Felsens neben ihm. Siebzig Jahre sind Regen und Sonnenschein vergeblich auf beide gefallen, sie sind beide nur ein wenig verwittert – der eine mit dem Anstande der Säle, der andere mit dem der Natur; aber schön sind sie beide und ehrwürdig beide, beide der Abglanz einer großgearteten Seele, und das Haarsilber liegt mit all der Unschuld des Alters auf ihrem Haupte.

„Ja", erwiderte Gregor, „wir mögen wohl um eine Handvoll Jahre gealtert sein. Herr – Eure braunen Haare sind seitdem auch alle ganz weiß geworden. Ich bin sehr erfreut, Euch noch einmal zu sehen, Ihr waret damals ein freundlicher, zugänglicher Herr."

„Und du ein lustiger, goldtreuer Jäger. Siehe, das habe ich nie vergessen, und wie mir der Knabe da von dir erzählte, daß er dich in dem Walde gefunden und daß du ihn so liebhabest, so erfreute sich mein altes Herz darüber, und ich dachte, er wird wohl des Vaters nicht vergessen haben, und deshalb, Gregor, gebe ich dir meine Kinder in den Schutz – Gott gab mir den Gedanken, dich dazu auszuwählen als alten, wohlbekannten Freund und Kameraden. Siehe, diese zwei Mädchen sind mein; sie werden dir recht gut sein und die Hand und das Haupt ehren, so über ihnen wacht."

Des alten Mannes Augen erglänzten wie von einem melancholischen Strahle der Freude, als er dieses hörte, und seine Blicke wie zwei Adler gegen die Mädchen kehrend, sagte er: „Sie sind zwei schöne Waldblumen; es wäre schade, wenn sie verkämen." – Und er konnte seine Augen ordentlich gar nicht zurückziehen, als ihm die sanften, glänzenden Blicke der zwei schönen Wesen vor ihm begegneten.

„Tritt näher, Johanna", sagte der Freiherr, „und reiche diesem Manne die Hand, er wird nun längere Zeit bei euch leben."

Johanna tat es augenblicklich. Der alte Mann reichte die seine fast verschämt zögernd hin, und es war eine seltsame Vermählung, ein lieblicher Gegensatz, als sich ihre weiche, kleine Hand wie eine Taube in die Felsen seiner Finger duckte – auch Clarissa reichte ihm ungeheißen ihre schöne Rechte, und auch Felix und der fremde Ritter hießen ihn willkommen.

Der alte Jäger hatte sichtliche Freude an den Mädchen; das sah man an der Art, wie er dem Freiherrn alle die Anstalten auseinandersetzte, die er zum Weiterkommen getroffen habe. Von hier aus sollen die Pferde zurückgeschickt werden, sobald des Freiherrn Beauftragter eingetroffen, dann gehe man über den Hirschfelsen zu Fuß, und jenseits warte schon eine zweisitzige Sänfte für die Jungfrauen. Die Männer müssen sie alle zu Fuße begleiten.

Als er noch sprach, kamen drei Männer über den Felsen herüber, die den Freiherrn ehrerbietig grüßten. Sie waren die Bestellten. Sofort wurden ihnen die Pferde übergeben mit der Weisung, sie zurückzuführen bis Pernek, um dort auf weitere Verordnung zu warten. Johanna umarmte fast ihr kleines, weißes Rößlein, und dieses, als betrübe es sich um seine Herrin, ging traurigen Auges und gesenkten Hauptes hinter seinem Führer.

Man nahm an dem Felsen ein kleines Mahl, und eine andere Wanderung begann nun. Der Schutz des Vaters und des fremden Reiters, den der Freiherr immer bloß mit dem Namen „Ritter" anredete, hörte auf, und es begann der des alten Jägers, dem der Freiherr mit vielem Lachen erzählte, wie ihn seine törichte Tochter Johanna für einen furchtbaren Wildschützen gehalten, der in dem entsetzlichen Walde sein Unwesen treibe – und wie sie ihn nun mit so freundlichen Augen ansehe und in den Wald nun begierig wie in eine liebliche, grüne Fabel eindringe. Nur ein kurzer, für Sänften ungangbarer Felsensteig war zu erklimmen, und sie traten wieder auf einen Rasenplatz hinaus, wo zwei Männer mit einer Sänfte harrten. Die Mädchen stiegen ein, und mit dem alten Jäger an der Spitze schlug die Gesellschaft einen Weg ein, der mit dem Tale der Hirschberge einen rechten Winkel bildete.

Die Nachmittagssonne war schon ziemlich tief zu Rüste gegangen und spann schon manchen roten Faden zwischen den dunklen Tannenzweigen herein, von Ast zu Ast springend, zitternd und spinnend durch die vielzweigigen Augen der Himbeer- und Brombeergesträuche – daneben zog ein Hänfling sein Lied wie ein anderes dünnes Goldfädchen von Zweig zu Zweig, entfernte Berghäupter sonnten sich ruhig, die vielen Morgenstimmen des Waldes waren verstummt, denn die meisten der Vögel arbeiteten oder suchten schweigend in den Zweigen herum. Manche Waldlichtung nahm sie auf und gewährte Blicke auf die rechts und links sich dehnenden Waldrücken und ihre Täler, alles in wehmütig feierlichem Nachmittagsdufte schwimmend, getaucht in jenen sanftblauen Waldhauch, den Verkünder heiterer Tage, daraus manche junge Buchenstände oder die Waldwiesen mit dem sanften Sonnengrün der Ferne vorleuchteten. So weit das Auge ging, sah es kein ander Bild als denselben Schmelz der Forste, über Hügel und Täler gebreitet, hinausgehend bis zur feinsten Linie des Gesichtskreises, der draußen im Himmel lag, glänzend und blauend wie seine Schwester, die Wolke. Selbst als sie jetzt einen ganz baumfreien Waldhügel erstiegen hatten und der alte Gregor der wundervollen Umsicht halber sogar die Sänfte etwas halten ließ, ging der Blick wohl noch mehr ins Weite und Breite, aber kein Streifchen, nur linienbreit, wurde draußen sichtbar, das nicht dieselbe Jungfräulichkeit des Waldes trug. – Ein Unmaß von Lieblichkeit und Ernst schwebte und webte über den ruhenden, dämmerblauen Massen. – Man stand einen Augenblick stumm, die Herzen der Menschen schienen die Feier und Ruhe mitzufühlen; denn es liegt ein Anstand, ich möchte sagen, ein Ausdruck der Tugend in dem von Menschenhänden noch nicht berührten Antlitze der Natur, dem sich die Seele beugen muß als etwas Keuschem und Göttlichem – – und doch ist es zuletzt wieder die Seele allein, die all ihre innere Größe hinaus in das Gleichnis der Natur legt.

Die Gemüter der Mädchen, wie sie so dasaßen in ihrer Sänfte und wie zwei Engelsbilder aus einem Rahmen herausschauten, erweiterten sich und hoben sich, und fast war alle Sorge um zu Hause verlassene Erdengüter von ihnen abgefallen. – Die Blumen ihrer Herzen, die Augen, schauten glänzend hinaus in die schöne Welt und waren selbst schöner als sie – auf ihrem schmalen Brettchen mußten sie jede den einen Arm um die andere schlingen, und die Herzen, die sich fast gegenseitig schlagen hörten, hätten sie gern noch fester aneinandergedrückt, um sie nur zeigen zu können, die unbegrenzte Fülle von Liebe und Güte, die sie zueinander hatten.

Der alte Gregor tupfte endlich mit der Hand an den Sänftenrand und zeigte rechts hinüber auf einen machtvollen, schwarzblau hereingehenden Waldrücken, von grauen Felsenbändern schräg gestreift, die aber kaum sichtbar waren in dem Funkeln und Dämmern der Luft. – „Seht", sagte er, „das ist das Ziel unserer Reise, und wir müssen heute noch fast bis auf zwei Drittel gegen seine Schneidelinie hinauf. Der Platz hier hat etwas wunderlich Zutunliches, und ich wußte, daß er Euch gefallen müsse, aber die Sonne neigt sich der Wand zu, und wir müssen weiter."

„Ja, ja", fuhr er fort, als man die Sänfte wieder aufgenommen hatte und die andere Seite des Waldhügels hinabging – „ja, ja, schöne Jungfrauen, der Wald ist auch schön, und mich dünkt manches Mal, als sei er noch schöner als die schönen Gärten und Felder, welche die Menschen machen, weil er auch ein Garten ist, aber ein Garten eines reichen und großen Herrn, der ihn durch tausend Diener bestellen läßt; in ihm ist gar kein Unkraut, weil der Herr jedes Kräutlein liebt und schätzt – er braucht auch ein jedes für seine vielen tausend Gäste, deren manche lecker sind und ganz besonderes verlangen. – Sehet, da habe ich draußen – es sind wohl einige Wegestunden von hier –, da habe ich auch ein paar Kühe, viele Ziegen, auch Hafer- und Gersten-felder – jetzt gehört alles meinem Enkel, der pflegt und hegt es. – – Aber wenn ich damals, vor zwanzig, dreißig Jahren von meinem Hauswesen so des sonntags in den Wald heraufging in die Länge und Weite, immer tiefer, so allerlei sinnend, oft auf das Wild gar nicht ein-mal achthabend, so war das ein lieblicherer, anmutigerer Tag als die ganze andere Woche, und öfter wollte es mich bedünken, als hätte ich da eine schönere Vesper gefeiert als die hinaus in die Nachmittags-kirche, aber auch in das Schenkhaus gegangen sind; denn sehet, ich habe mir immer mehr und mehr ein gutes Gewissen aus dem Walde heimgetragen. Es kann ja auch nicht anders sein, denn wie ich nach-gerade mutiger wurde und weiter und weiter hereinkam, auch mehr Zeit hatte, da mein Sohn Lambrecht das Hauswesen überkam – sehet, da fing ich an, allgemach die Reden des Waldes zu hören, und ich horchte ihnen auch, und der Sinn war mir aufgetan, seine Anzeichen zu verstehen, und das war lauter Prachtvolles und Geheimnisreiches und Liebevolles von dem großen Gärtner, von dem es mir oft war, als müsse ich ihn jetzt und jetzt irgendwo zwischen den Bäumen wandeln sehen. – – Ihr schaut mich mit den schönen Augen seltsam an, Jungfrau – aber Ihr werdet, wenn Ihr länger hierbleibt, schon auch etwas lernen, denn Eure Augen sind schön und klug. In allem hier ist Sinn und Empfindung; der Stein selber legt sich um seinen Schwe-sterstein und hält ihn fest, alles schiebt und drängt sich, alles spricht, alles erzählt, und nur der Mensch erschaudert, wenn ihm einmal ein Wort vernehmlich wird. – Aber er soll nur warten, und da wird er sehen, wie es doch nur lauter liebe, gute Worte sind." – –

Johanna sah mit unverhohlenem Erstaunen in das Antlitz des al-ten Waldsohnes, und es begann ihr ordentlich immer schöner zu werden. Man war mittlerweile wieder ins Tal zu einem rauschenden, springenden Bach gekommen, und Gregor mußte sein Gespräch abbrechen, weil er hier wieder Anordnungen behufs des Weitergehens zu machen hatte.

„Vater, Vater", sagte Johanna leise, „welch einen seltsamen Men-schen habt Ihr uns hier beigegeben!"

„Kind, dies ist ein Kleinod der Wüste", erwiderte der Vater. „Nie-mand weiß dies weniger als er selber; du wirst oft auf seine Worte horchen wie auf Klänge silberner Glocken, du wirst von ihnen vie-les lernen – und er wird euch eine Stimme der Wüste sein, wenn ihr fern von der Heimat in der Einsamkeit leben müsset. Wir haben vor Jahren manche Tage miteinander verlebt, damals war er kühner und feuriger, aber die wunderlichen Gedanken seines Herzens spannten

sich schon damals wie ein seltsamer, ausländischer Frühling aus ihm
heraus, und wenn wir so oft einen langen Nachmittag miteinander
allein zu einem fernen Jagdzuge gingen und er zutraulich wurde und
das Band seiner Reden und Phantasien löste, so warf er Blüten und
Bäume, Sonne und Wolken durcheinander und abenteuerlich Glauben und Grübeln, daß es mir oft nicht anders war, als würde aus einem alten, schönen Dichtungsbuche vorgelesen. Manche höhnten ihn,
und gegen diese verschloß er wie mit Felsen den Quell seiner Rede,
aber ich habe ihn jederzeit geliebt und er mich auch. Er war es, der
mir einst den schönen, einsamen Platz zeigte, zu dem wir eben auf
der Wanderung sind und den vielleicht kein Mensch weiß, und er ist
es auch, der nicht um Geld und Geldeswert, sondern ebenfalls aus
alter Liebe zu mir und neuer zu euch, wenn ihr sie nicht verscherzt,
sich entschlossen hat, die Zeit eures Waldaufenthaltes bei euch zu
wohnen, um mit dem Reichtume seiner Erfahrungen zu eurem Schutze behilflich zu sein."

Der Gegenstand, von dem die Rede war, trat indessen wieder hervor, als ziehe es ihn zu der Gegenwart der lieblichen Wesen, die ihm
anvertraut werden sollten. Der Bach, an dem man jetzt entlang- und
ihm entgegenstieg, war nicht das klare Waldwasser aus dem Tale der
Hirschberge, sondern ein wild einherstürzender, schäumender Berg-
bach mit goldbraunem, durchsichtigem Wasser. Man ging immer an
seinen Ufern, und die Männer mit der Sänfte stiegen rüstig von Stein
auf Stein, wie sie so weiß auf dem schwarzmoorigen Grunde umher
lagen, von dem Wasser geschlämmt und gebleicht. Das Land hob sich
sanft der blauen Waldwand entgegen, auf die Gregor gezeigt hatte.
Man eilte sichtlich, denn am Rande der Wand, die, wie man ihr näher
kam, immer größer und kühler emporstieg, spielten schon die Strahlen
der Abendsonne in breiten Strömen herein und legten einen matt-
roten Goldschein weithin auf die gegenüberliegenden Waldlehnen. Am
kühlblauen Osthimmel wartete schon der Halbmond. Der Boden
fing an, sehr merklich emporzusteigen und wilder und wilder zu werden. Manch zerrissener Baumstamm stand an ihrem Wege – mancher
Klotz war in das Wirrsal der Ranken und Schlingkräuter geschleudert,
um dort zu vermodern; oder auch öfters kamen sie zwischen man-
neshohen Farnkräutern durch oder Himbeergesträuchen, die oft mit
Beeren bedeckt waren, von ferne zu sehen, als hätte man ein rotes
Tuch über sie gebreitet.

Da sie gelegentlich wieder an einer Espe vorüberkamen, deren
Blätter, obwohl sich kein Hauch im ganzen Walde rührte, dennoch
alle unaufhörlich zitterten, so sagte Clarissa zu dem Alten, wenn er
die Zeichen und die Sprache der Wälder kenne und erforsche, so
wisse er vielleicht auch, warum denn gerade dieser Baum nie zu einer

Ruhe gelangen könne und seine Blätter immer taumeln und baumeln müssen.

„Es sind da zwei Meinungen", entgegnete er, „ich will sie Euch beide sagen. Meine Großmutter, als ich noch ein kleiner Knabe war, erzählte mir, daß, als noch der Herr auf Erden wandelte, sich alle Bäume vor ihm beugten, nur die Espe nicht, darum wurde sie gestraft mit ewiger Unruhe, daß sie bei jedem Windhauche erschrickt und zittert wie jener Ewige Jude, der nie rasten kann, so daß die Enkel und Urenkel jenes übermütigen Baumes in alle Welt gestreut sind, ein zaghaft Geschlecht, ewig bebend und flüsternd in der übrigen Ruhe und Einsamkeit der Wälder. Darum schaute ich als Knabe jenen gestraften Baum immer mit einer Art Scheu an, und seine ewige Unruhe war mir wie Pein. Aber einmal, es war Pfingstsonntags nachmittags vor einem Gewitter, sah ich (ich war schon ein erwachsener Mann) einen ungemein großen Baum dieser Art auf einer sonnigen Waldblöße stehen, und alle seine Blätter standen stille; sie waren so ruhig, so grauenhaft unbeweglich, als wären sie in die Luft eingemauert und sie selber zu festem Glase erstarrt – es war auch im ganzen Walde kein Lüftchen zu spüren und keine Vogelstimme zu hören, nur das Gesumme der Waldfliegen ging um die sonnenheißen Baumstämme herum. Da sah ich mir denn verwundert den Baum an, und wie er mir seine glatten Blätter wie Herzen entgegenstreckte, auf den dünnen, langen, schwanken Stielen, so kam mir mit eins ein anderer Gedanke: Wenn alle Bäume, dacht' ich, sich vor dem Herrn geneigt haben, so tat es gewiß auch dieser und seine Brüder; denn alle sind seine Geschöpfe, und in den Gewächsen der Erde ist kein Trotz und Laster wie in den Menschen, sondern sie folgen einfältig den Gesetzen des Herrn und gedeihen nach ihnen zu Blüte und Frucht; darum ist nicht Strafe und Lohn für sie, sondern sie sind von ihm alle geliebt, und das Zittern der Espe kommt gewiß nur von den gar langen und feinen Stielen, auf die sie ihre Blätter wie Täfelchen stellt, daß sie jeder Hauch lüftet und wendet, worauf sie ausweichen und sich drehen, um die alte Stellung wiederzugewinnen. Und so ist es auch, denn oft habe ich nachher noch ganz ruhige Espen an windstillen Tagen angetroffen und darum an andern, wo sie zitterten, ihrem Geplauder mit Vorliebe zugehört, weil ich es gutzumachen hatte, daß ich einstens so schlecht von ihnen gedacht. Darum ist es auch ein sehr feierlicher Augenblick, wenn selbst sie, die so Leichtfertige, schweigt, es geschieht meistens vor einem Gewitter, wenn der Wald schon harret auf die Stimme Gottes, welche kommen und ihnen Nahrung herabschütten wird. – Sehet nur, liebe Jungfrauen, wie schmal der Fuß ist, womit der Stiel am Holze und das Blatt am Stiele steht, und wie zäh und dehnbar dieser ist – – sonst ist es ein sehr schönes Blatt."

Bei diesen letzten Worten hatte er einen Zweig von einer der Espen gerissen und ihn Clarissen hingereicht.

„Es ist ein Zeichen, daß wir eine schöne Nacht bekommen", fuhr er fort, „da diese Zweige so munter sind; vor dem Nachtregen werden sie gern ruhiger."

„Kommen wir denn in die Nacht?" fragte Johanna.

„Wenn es auch geschähe", antwortete der Jäger, „so steht ja schon dort am Himmel der aufnehmende Mond, der so viel Licht gibt, daß gute und achtsame Augen genug haben. Aber ich denke, daß wir ihn gar nicht mehr brauchen werden."

Das Laubholz wurde seltener, und die ernste Tanne und Fichte zog ständeweis gegen die Bergbreiten – der rote Sterbeglanz des Tages auf dem jenseitigen Joche ging langsam gegen die Bergschneide empor, und aus dem Tale hoben sich die blauen Abendschatten – der Halbmond wurde jede Minute sichtlich glänzender an seinem bereits stahlblauen Osthimmel. Der Freiherr drängte sich durch Farnkraut und Schlinggewächse, um an der Seite der Sänfte zu bleiben.

Felix war mit dem Ritter in tiefem Gespräche begriffen und ziemlich weit hinten geblieben. Der Bach war stellenweise gar nicht mehr sichtbar und hörbar, weil er unter übergewälzten Felsenstücken hinfloß.

So mochte die Wanderung noch eine halbe Stunde gedauert haben, und eine dichtere Finsternis blickte schon aus den Tiefen der Fichtenzweige, die sich so nahe drängten, daß sie häufig die Sänfte streiften – da blitzte es sie mit einem Male durch die Bäume wie glänzendes Silber an. Sie stiegen einen ganz kleinen Hang nieder und standen an der weitgedehnten Fläche eines flimmernden Wassers, in dessen Schoße bereits das zarte Nachbild des Mondes wie ein blödes Wölklein schwamm. Ein leises „Ach" des Erstaunens entfuhr den Mädchen, als sie den schönen See erblickten, da sie derlei in dieser Höhe, die sie erstiegen zu haben meinten, gar nicht vermuteten – ein flüchtig Schauern rieselte durch Johannas Glieder, da dies ohne Zweifel jener Zaubersee sei, von dem sie gehört hatte. – Die hohen Tannen, die dem Ufer entlangschritten, schienen ihr ordentlich immer größer zu werden, da sie gemach und feierlich den einfarbigen Talar der Abenddämmerung angetan und von ihren Häuptern fallen ließen, wodurch sie massenhafter und somit größer wurden. – Die jenseitige Felsenwand zeichnete sich schwach silbergrau wie ein zartes Phantasiebild in die Luft, zweifelhaft, ob sie nicht selbst aus Luft gewoben sei, denn sie schien zu schwanken und sich nach dem Takte zu neigen, aber es waren nur die Wasser, die sich abendlich bewegten.

Der Vater hieß die Mädchen aussteigen, und mit Freude verließen sie das enge, tragbare Gefängnis. Ein Floß lag am Gestade und trug ein erhobenes Gerüste mit Sitzen für die Gesellschaft. Man bestieg ihn, und die zwei Sänftenträger und noch zwei andere Männer, die man bei dem Floße stehend vorgefunden, lenkten das Fahrzeug in den See hinaus, gerade auf die Felsenwand zu. Die Waldmassen traten zurück und verschränkten sich dem Auge nach und nach zu einer hohen, dichten, schwarzgrünen Mauer, die das Wasser umfängt – die Felsenwand trat näher und stieg so mauerrecht aus dem See empor, daß man nicht absah, wie zu landen sein werde, da wohl kein handgroß Steinchen dort liegen möge, um darauf stehen zu können: Allein zur größten Überraschung in diesem Lande der Wunder tat sich den Mädchen auch hier wieder eins auf. Wie man der Wand sich näherte, wich sie zurück und legte ein liebliches Rasenland zwischen sich und den See, und auf dem schönen Grün desselben sahen die Mädchen nun auch ein geräumiges, hölzernes Haus stehen, nach Art der Gebirgshäuser gebaut – und alle seine Fenster schimmerten sie gastlich silbern an, schwach erglänzend von dem Scheine der weißen, aufblühenden Rosenknospe des Mondes.

Das Reiseziel war erreicht. Weibliche Diener der Mädchen stürzten gegen das Ufer, Hand und Kleider ihrer holden Gebieterinnen küssend und voll Freude, daß sie endlich gekommen. Das sämtliche Dienstgesinde, das aus zwei Mägden und drei Knechten bestand, wurde einige Tage vorher mit der größten Mühseligkeit über die Felsenrücken herübergebracht, da man den weiteren, aber leichteren Weg durch den Urwald noch nicht wußte, den Gregor erst für den Freiherrn ausgekundschaftet hatte. Mit freundlichen Worten dankten die Mädchen den Sänftenträgern und Ruderern, und dann, der Freiherr Johannen, der Ritter Clarissen am Arme nehmend, führten sie dieselben die Treppe hinan in eine Art Tafelzimmer, wo für alle, die Diener und Träger mit eingeschlossen, ein Abendmahl bereitet stand. Nach Beendigung desselben und tausend Gutenachtwünschen führte der Freiherr mit schmerzlich-freudigen Gefühlen seine Töchter in die zwei für sie bestimmten Gemächer. Ein Ruf der Überraschung und ein doppeltes Umschlingen der schönen Arme lohnte ihn, denn bis zum Erschrecken ähnlich waren die Zimmer denen, die sie zu Wittinghausen bewohnt hatten. Der Vater küßte beide auf die Stirne, wünschte ihnen eine friedensreiche, gute erste Nacht und ging zur Tür hinaus – die Mägde wurden sogleich entlassen. – Und nun, als die Tür verriegelt war, gleichsam, als hätte ein Hemmnis bisher die Flut gewaltsam zurückgehalten, brach sie vor: Die Mädchen stürzten sich in die Arme, Herz an Herz verbergend, ja fast vergrabend ineinander und sich die zarten Siegel der Lippen anpressend, so heiß, so inbrünstig, so schmerzlich süß wie zwei unglückselig Liebende und fast ebenso trennungslos. – – Also ist es wahr, die Heimat, das gute Vaterhaus ist preisgegeben und verloren, all ihr früheres Leben ist abgeschnitten, sie selbst wie Mitspieler in ein buntes Märchen gezogen, alles neu, alles fremd, alles seltsam und dräuend – in dem drohenden Wirrsal kein Halt als gegenseitig die warmen Lippen, das treue Auge und das klopfende Herz.

Aber als bei den Mädchen Tränen und Kosen in Ruhe übergegangen, traten sie auf den hölzernen Söller, der vor ihren Fenstern lief, heraus und blickten noch, ehe sie schlafen gingen, in die kühle, beruhigende Nacht. Der See lag zu ihren Füßen, Stücke schwarzer Schatten und glänzenden Himmels unbeweglich haltend wie erstarrte Schlacken – der Wald dehnte seine Glieder weithin im Nachtschlummer, die feuchten Mondesstrahlen spannen von Berg zu Berg, und in dem Tale, woher die Wanderer gekommen sein mochten, blickte ruhender Nebel auf.

Gute Nacht, ihr lieben, schönen, fürchtenden Herzen, gute Nacht!

III. WALDHAUS

Des andern Tages morgens nahm der Vater, der Bruder und der Ritter Abschied. Der Freiherr erklärte, daß er es für Pflicht halte, zu seinem Schlosse zurückzukehren, um es, falls es nur eine streifende Rotte berührte, gegen selbe zu halten oder, wenn ein Hauptschlachthaufe einträfe, es ehrenvoll und vielleicht vorteilhaft zu übergeben und dadurch, daß er sich der kriegerischen Ehre der Schweden als Gefangenen überliefere, die Forschung nach andern Bewohnern des Schlosses zu vereiteln, da es niemandem einfallen werde, weiter nach Mädchen zu fragen, wenn der Gebieter der Burg in ihren Händen sei. Felix, trotz der Bitten der Schwestern und des Vaters, konnte nicht bewogen werden, sich von letzterem zu trennen. Was die beweglichen Güter, Geld und Geldeswert, anlangte, eröffnete ihnen der Freiherr, daß er dasselbe dem Schoße der Erde anvertraut habe und daß, wenn man von dem Muttergottesbilde an der großen Buche im Wittinghäuser Forste abwärts stiege und den Stein der neunten Stufe aufhöbe, dort in einer blechernen Kapsel sich Auskunft darüber vorfände. Er eröffnete ihnen dieses, falls Gott etwas Menschliches über ihn verhänge. – Mitwisser seien übrigens nur noch Felix und der Ritter.

Und somit, schloß er, mögen sie ihn durch unmäßige Trauer nicht betrüben; ihr größter Schutz sei ihre Einsamkeit. Er lasse ihnen drei Knechte zurück, welchen sie jede Art Aufträge hinsichtlich des Herbeischaffens von Lebensmitteln erteilen könnten, Gregors zweiter Enkel werde von Zeit zu Zeit Botschaften zwischen hier und Wittinghausen tragen und nebst andern unter der Leitung Gregors stehen, daß, sobald sich etwas Verdächtiges an der Waldgrenze ereigne, es demselben sogleich angezeigt werde; denn er besitze Mittel in seiner Kenntnis der Wälder, sie immerhin zeitweise an Orte zu führen, wo sie vor einer vorübergehenden Gefahr sicher wären. Zu ihrer noch größeren Beruhigung lege er ihnen außer der gänzlichen Abgeschiedenheit noch die feste Lage ihres Hauses vor Augen: Rückwärts ist die unzugängliche Seewand, links des Hauses stürzt der Blockenstein mit einem vorspringenden Pfeiler senkrecht in das Wasser, und rechts, wo der See umgangen werden könne, ist der Paß durch eine künstliche Seebucht abgegraben und noch durch einen Verhau der größten Tannen geschützt, so daß der Zugang nur über den See möglich ist. Selbst für den Fall, daß sich ein Haufe bis in diese Einöden verschlüge, wisse Gregor einige Stunden von hier in den höchsten Klippen, nur ihm zugänglich, eine Höhle, wo er sie verbergen könnte, bis die Gefahr vorüber. Zwei Flöße, ein größerer und kleinerer, auf jedem ein kugeldichtes Häuschen, stehen zu ihrer Verfügung, aber nie soll einer am jenseitigen Ufer, selbst nicht für Augenblicke, liegenbleiben, auch sollen sie die Spaziergänge nie über ihren Rasenplatz zwischen See und Felsenwand ausdehnen, ohne daß sie Gregor davon in Kenntnis setzen oder er sie begleitet. Sei auch alle diese Vorsicht übertrieben, so diene sie zu seiner Beruhigung, daß er sich nicht sagen dürfe, er habe etwas vergessen, was vielleicht not täte. Gegen wilde Tiere brauchten sie ohne Furcht zu sein; das sei das Merkwürdige dieser Wälder, daß man nie in ihnen einen Wolf getroffen; Luchse seien höchst selten und nur in den dichtesten Beständen – und wenn ja ein Bär sie ansichtig würde, so sei er ein zu gutgeartet Tier, als daß er nicht vor ihnen auf das eiligste davonliefe, dies habe er in seinem langen Leben wohl ein dutzendmal gesehen – zudem sei ihnen Gregors Büchse immer zur Hand. So, denke er, seien sie hinlänglich geschützt, wenn nicht ein Wunder geschieht, und dieses stehe in Gottes Hand, die uns hier und überall erreichen kann. Dann trug er ihnen noch auf, vorsichtig mit dem Lichte umzugehen, da alles von Holz sei; deswegen habe er auch die Küche abseits des Hauses in das steinerne Häuschen verlegt, damit von dieser Seite keine Gefahr entstehe. In der Kiste, die noch im Speisezimmer stehe, finden sie Stoffe von Seide, Wolle und Linnen; sie mögen zerschneiden und verarbeiten, wieviel sie wollen; Nadeln und Nähzeug liege auch im Vorrate dabei, nebstdem Bänder und Schleifen, auch Bücher, Papier, Farben und bunte Tinte – in der dreieckigen Kiste ist die Harfe. Er hoffe, daß sie keinen Schaden gelitten haben werde, als man sie mit Stricken über Felsen herablassen mußte – zurück wolle er sie über das Hirschental bringen lassen – der Ritter lasse auch sein Fernrohr da, daß sie zuweilen auf den Blockenstein steigen und damit gegen Wittinghausen sehen, ob es noch auf seinem Waldrande schwebe und vom Vater herübergrüße.

Bei diesen Worten traten ihm fast die Tränen in die Augen, er küßte und segnete sie – Felix, mit krampfhaftem Zucken seines Gesichtes, umarmte und drückte sie ans Herz; seitwärts stand der rätselhafte Begleiter ihrer Reise, der Ritter, der Clarissa düster anstarrte. Diese aber wand sich aus der Umarmung des Bruders, und das edle, wahre Auge, so schwarz oder schwärzer als seines, freundlich, lieb und fest auf ihn richtend, reichte sie ihm die Hand und sagte, sie danke ihm recht herzlich und recht vielmal, daß er seine Kraft und Zeit so lange herverwendet habe, um das sicher und gut ins Werk zu führen, was ihnen jetzt Schutz gewähren werde – sie wünsche sehnlich, ihm durch Taten ihren Dank zeigen zu können – – „wenn es in ihrer Macht wäre", setzte sie sehr leise hinzu. – – Johannas Augen ruhten mit höchster Spannung auf den Lippen des Ritters, allein diese öffneten sich ruhig und sagten die schönen Worte: „Ich tat, was ich tat, weil Ihr und Johanna gut seid; es würde mich betrüben, sännet Ihr auf Vergeltung. Handelt so oder so, es wird immer das Rechte sein."

Man schwieg einen Augenblick von allen Seiten, dann reichte Johanna dem Ritter, gleichsam als ob er sie dauerte, auch die Hand mit den Worten: „Lebt recht wohl, guter und freundlicher Mann, und kommt sehr bald wieder."

„Ich dank' Euch, schöne Muhme", antwortete er lächelnd, „aber das Bald liegt in Gottes Hand, da ich wieder zu dem kaiserlichen Heere abgehe und erst kommen kann, wenn wir den Feldzug fröhlich beendet."

Noch ein Umarmen, ein Schütteln der Hände zwischen Vater und Geschwistern – die Männer verließen das Gemach – im nächsten Augenblicke waren sie am Strande, und die Mädchen sahen lange vom Söller nach, wie die drei Gestalten, auf dem Floße stehend, langsam dem Wasser entlangschwebten, bis sie im entgegenliegenden Tannenwalde verschwanden und gleich darauf die zwei Knechte mit dem leeren Floße zurückfuhren. – –

Seltsam und beklemmend mußte es ihnen freilich sein, wenn sie die ersten Tage aufwachten und die Morgenröte ihre frühesten Lichtströme hineingoß, über lauter Wald und lauter Wald – erbrausend von der Musik des Morgens, darunter nicht ein Ton, wie wir sie von Kindheit an gewohnt sind unter Menschenwohnungen zu hören, sondern ein Getue und Geprange, ein Rufen, ein Heischen, ein Erzählen und Jauchzen – und darein oft plötzlich von dem nächsten Tannenaste wie ein gesprochen Wort herabfallend, daß man erschrocken hinsah, aber nur ein fremdartiger Vogel schritt auf seinem Aste, mit dem Kopfe blödsinnig nickend wie zum Einverständnisse mit dem

Hinaufschauenden. – Aus den Tälern, nahe und ferne, stiegen indessen wie Rauchsäulen die Opfer der Morgennebel empor und zerschnitten die schwarzen, breitgelagerten Massen. – Etwas Seltsames geschah Johannen schon am ersten Tage nach ihrer Ankunft – – sie erwachte nämlich schon bei dem frühesten Tagesgrauen, und neugierig, den See auch bei Tage zu betrachten, schlich sie sich bei dem Lager der noch tiefschlummernden Schwester leise vorbei und ging auf die hölzerne Brüstung des Hauses hinaus – da, zum Erschrecken nahe, stand ein Hirsch am Fichtensaume in dem seichten Wasser, ein schöner, großer Hirsch, ihr gerade gegenüber am Ufer, wo der Verhau war. Verwundert, betroffen und wohlgefällig sah sie auf das edle Tier, das seinerseits auch mit den unbeweglichen, neugierigen Augen herüberglotzte auf das neue Wunderwerk der Wildnis, auf die weiße, in der Morgenluft schwebende Gestalt und ihre bannenden Augen – das Haus mochte ihn weniger beirrt haben. – Mehrere Augenblicke dauerte die Szene, bis Johanna sich regte, worauf er den Kopf leicht erschrocken zurückwarf, sich langsam wendete und zurück in die Gebüsche schritt, die Tautropfen von ihnen in den See schüttelnd.

Ihren „Garten", so hießen sie nämlich den großen Rasenplatz um das Haus, hatten sie bald durchwandert und durchforscht. Es war eine glänzend grüne, natürliche Waldwiese, wie ein halber Mond herausgeschnitten aus dem See und der Felsenwand, der Morgen- und Mittagssonne offenliegend und nur im späten Nachmittage von der Seewand beschattet, wenn die Fichtengehege jenseits des Sees in düsterm Spätlichte glänzten. Landwärts stieg diese Wiese sanft auf, bis die ungeheuren, senkrechten Felsen aus ihr emporwuchsen, zwischen ihren Schluchten ein paar mächtige Ströme von Steingerölle hervorschiebend gegen den weichen, grünen Teppich des Rasens. In der Nähe des Hauses, gegen die Wand schreitend, stand eine Gruppe von Buchen und riesenhaften Ahornen, deren Grün sehr hold abstach gegen das Düster der Fichten und Schwarzföhren. In ihrem Schatten waren Tischchen und Bänke angebracht. Zu erwähnen ist noch eine eiskalte Quelle, in einer Felsenvertiefung stehend, von solcher Durchsichtigkeit, daß, wenn das Gestein naß war, man nicht wußte, wo die Luft aufhöre und das Wasser beginne. Ihr Abfluß ging als kleines Bächlein unter einem Steine hervor und durchschnitt quer die Wiese, dem See zueilend.

So war diese Stelle nicht umsonst von dem Vater „wundersam lieblich und anmutsreich" geheißen, eine warme, windstille Oase, geschützt von Felsen und See und bewacht von der ringsum liegenden heiligen Einöde der Wildnis.

Das Haus war, wie man sie noch heute in jenen Gegenden sieht, aus Holz, hatte ein Erdgeschoß und ein Stockwerk, eine ringsum laufende Brüstung und ein flaches Dach. Sonst war es viel geräumiger als die, welche die heutigen Walddörfer bilden. Gleich neben dem Eingange lag Gregors Stube, der auch die Schlüssel führte, weiterhin die der Knechte und die Kammern der Vorräte. Im ersten Stocke war ein Speisezimmer und zwei Zimmer der Mädchen nebst einem Vorzimmer für die Mägde. Alles war auf das Vorsorglichste eingerichtet, nicht die kleinste Kleinigkeit, von Männern oft selten beachtet, aber für Mädchen von großem Werte, fehlte hier, und täglich entdeckten sie neuerdings, daß der Vater oft dahin vorgesehen hatte, wohin sie selbst bisher noch nicht gedacht. Der Schmerz, die Furcht, das Ungewohnte ihrer Lage in den ersten Tagen stellte und fügte sich allgemach, und somit begannen sie schüchtern und vorsichtig nach und nach die Entdeckungsreisen in ihrem Gebiete und fingen an, für dasselbe Neigung und Herz zu gewinnen.

Ihr erstes Unternehmen über die Grenze ihres Besitztumes hinaus, und zwar über den See, war, um den Blockenstein zu besteigen und mit dem Rohre gen Wittinghausen zu sehen. Gregor und die drei Knechte, alle bewaffnet, mußten mitfahren, dann, als sie ausgestiegen, einer mit dem Floße zwanzig Schritte weit vom Ufer harren, die übrigen sie begleiten. Gregor lächelte gutmütig über diese kriegerischen Anstalten und ließ sie gewähren. Er führte sie um den Seebusen herum und von rückwärts auf den Blockenstein, so daß sie, als sie nach einer Stunde seinen Gipfel erreichten, meinten, ihr Haus liege ihnen gerade zu Füßen und ein losgelassenes Steinchen müsse auf sein Dach fallen. – Das Fernrohr wurde ausgepackt und an dem Stumpfe einer verkrüppelten Birke befestigt – – aller Augen aber waren schon vorher in die Weite gegangen – wie eine glänzende Wüste zog der heitere Himmel hinaus über alle Wälder weg, die wie riesenbreite, dunkle, blähende Wogen hinauslagen, nur am äußersten Gesichtskreise gesäumt von einem Hauche eines fahlen Streifens – es waren die bereits reifenden Kornfelder der Menschen – und endlich geschlossen von einem rechts in das Firmament ablaufenden Duftsaume – – siehe, der geliebte, kleine Würfel, wie ein blauer Punkt schwebt er auf seinem Rande! Johannas Herz wogte in Freude und Schmerz. – – Clarissa kniete mittlerweile vor dem Rohre und rückte und rückte; das sah sie gleich, daß es ein ungleich besseres sei als das des Vaters, jedoch finden konnte sie damit nichts. Bis zum Erschrecken klar und nahe stand alles vor sie gezaubert, aber es war alles wildfremd. – Abenteuerliche Rücken und Linien und Vorsprünge gingen wie Träume durch das Glas – dann farbige Blitze – dann blau und blau und blau – – sie rührte die Schraube, um es zu verlängern – dann führte sie es dem Saume eines dunklen Bandes entlang – plötzlich ein schwacher Schrei – zitternd im Runde des wunderbaren Glases stand das ganze Vaterhaus, klein und zart, wie gemalt, aber zum Staunen erkennbar an Mauern, Erkern, Dächern – ja, die Fenster meinte man durchaus sehen zu müssen. Johanna sah auch hinein – blank, unversehrt, mit glänzendem Dach stand es in der Ruhe des Himmels. O wie schön, wie freundlich! Auch der alte Gregor sah durch das zaubernde, ihm unerklärbare Rohr, und in seinen Mienen war erkennbar, wie er höchlich darnach rang, das Ding begreifen zu können. Auch die Knechte ließ man hineinsehen und freute sich an ihrem Erschrecken und Staunen. Man getraute sich fast nicht, etwas zu rücken, aus Furcht, das teure Bild zu verlieren, aber Clarissa zeigte ihnen bald, wie man es machen müsse, um es immer wieder zu finden. Sie konnten sich nicht ersättigen, immer das eine und das eine anzusehen. – So wie es ihren Augen, schien es auch ihrem Herzen näher, und sie waren fast zu Hause – so ruhig und so lieb stand es da und so unverletzt. – Freude, Wehmut, Sehnsucht stieg so hoch, daß man sich das Versprechen gab, sehr oft, ja jeden ganz heitern Tag heraufsteigen und durchsehen zu wollen. Endlich fing man doch an, auch anderes zu suchen und zu prüfen. Der fahle Streifen am Gesichtssaume war das erste, und deutlich zeigte sich, daß es angebautes Land mit Erntefeldern war – dann wurden die Waldberge, dann der See und endlich gar das Haus versucht. Alles war gar so schön und gar so reinlich.

Nach langem Aufenthalte auf dem Felsen beschloß man die Rückkehr, und das Rohr wurde von Gregor mit Achtsamkeit und sogar mit einer Art Scheu in sein ledernes Fach gepackt und mit der größten Obhut getragen. Auf dem Rückwege trug sich nichts Merkwürdiges zu. Sie fanden ihr Floß warten, stiegen ein, fuhren über, und der Tag endete, wie alle seine bisher erlebten Vorgänger, mit einer glühenden Abendröte, die sie nie anders als auf den gegenüberliegenden Wäldern flammen sahen, während der See eine ganz schwarze Tafel vor ihre Fenster legte, nur zeitweise von einem roten Blitze durchzuckt.

Dieser ersten Wanderung folgten bald mehrere und mehrere, die immer kühner und weitschichtiger wurden, je mehr sie die Ruhe und Sicherheit des Waldes kennenlernten. Von dem Vater war bereits zweimal beruhigende Botschaft gekommen; auch wenn sie den Blockenstein bestiegen und durch das Rohr sahen, das ihnen das liebste Kleinod geworden, stand immer dasselbe schöne, reine, unverletzte Bild des väterlichen Hauses darinnen, so daß Johanna einmal den kindischen Wunsch äußerte, wenn man es doch auch von der andern Seite sehen könnte. Zuweilen, wie Kinder, kehrten sie das Rohr um und freuten sich, wenn ihr Haus, winzig wie ein Stecknadelkopf, meilenweit draußen lag und der See wie ein kleines Glastäfelchen daneben.

Ein paar Gewitter hatten sie erlebt, denen einige traurige graue Regentage folgten. Sie brachten dieselben im Zimmer zu, an all ihren

Stoffen und Kleidern schneidend und nähend und ändernd, und da schon Tage und Wochen vergangen waren, ohne daß sich das mindeste Böse einstellte, ja, da draußen alles so schön und ruhig lag, als wäre nirgends in der Welt ein Krieg, und sogar nach des Vaters letzter Nachricht der Anschein war, als würde über Wittinghausen gar niemals etwas kommen: so erheiterten und stillten sich wieder ihre Gemüter, so daß die Erhabenheit ihrer Umgebung Raum gewann, sachte ein Blatt nach dem andern vorzulegen, das sie auch gemach zu verstehen begannen, wie es ihnen Gregor oft vorhergesagt. – Auch Scherz und Mutwille stellte sich ein: Johanna beredete einmal die Schwester, ihren schönsten Kleiderschmuck sich gegenseitig anzulegen – und wie sie es getan und nun sich vor den Spiegel stellten, so überkam ein leichtes Rot die edlen, feinen Züge Clarissas wegen dieser mädchenhaften Schwäche, während die Augen Johannas vor Vergnügen funkelten.

Der alte Gregor hatte seine Freude an ihrem Mute, er begann sie von Tag zu Tag lieber zu gewinnen, und wie sich ihre Herzen wie zwei Sterne des Waldhimmels immer lieber und freundlicher gegen ihn neigten, so ging auch das seine in diesen sanften Strahlen immer mehr und mehr auf – bis es dastand, großartig schön wie das eines Jünglings, ruhend in einer Dichtungs- und Phantasiefülle, üppig wuchernd, schimmernd wie jene Tropenwildnisse, aber ebenso unbewußt, so ungepflegt, so naturroh und so unheimlich wie sie. Seinen ganzen Lebenslauf, seine ganze Seele hatte er dem Walde nachgedichtet und paßte umgekehrt auch wieder so zu ihm, daß man sich ihn auf einem andern Schauplatze gar nicht denken konnte. Daher dichtete er auch seinen Schutzbefohlenen sich und ihre Einöde in solch wunderlicher, zauberhafter Art und Gestalt vor, daß sie auch ihnen zu reden begann und sie sich immer wie inmitten eines Märchens zu schweben schienen.

Aber vielmehr sie waren ein Märchen für die ringsum staunende Wildnis. Wenn sie zum Beispiel an dem See saßen, lange, weiße Streifen als flatternde Spiegel ihrer Gewänder in ihn sendend, der gleichsam sein Wasser herandrängte, um ihr Nachbild aufzufassen – so glichen sie eher zwei zartgedichteten Wesen aus einer nordischen Runensage als menschlichen Bewohnern dieses Ortes – – oder wenn sie an heißen Nachmittagen zwischen den Stämmen wandelten, angeschaut von den langstieligen Schattenblumen des Waldes, leise umsummt von seltsamen Fliegen und Bienen, umwallt von den stummen Harzdüften der Fichten, jetzt eine Beere pflückend, jetzt auf einen fernen Waldruf horchend, jetzt vor einem sonnigen Steine stehenbleibend, auf dem ein fremder Falter saß und seine Flügel breitete – so hätte er sie für Elfen der Einöde gehalten, um so mehr, wenn er

die Geister- und Zaubergeschichten gewußt hätte, die ihnen Gregor
von manchen Stellen des Waldes erzählte, wodurch vor ihrer Phantasie er, sie und die Umgebung in ein Gewirr von Zauberfäden geriet
– – oder wenn sie in der bereits milder werdenden Herbstsonne auf
ihrer Wiese am Rande des Gerölles saßen, auf irgendeinem grauen
Felsblocke ausruhend, Johanna das kinderlockige Haupt auf den
Schoß ihrer Schwester gelegt und diese mit klarem, liebreichem Mutterauge übergeneigt, in einem Gespräche des sichersten Vertrauens
versunken – und wenn dem Siegel des Mundes das Herz nachfloß
und sie schweigend saßen, die schönen Hände ineinandergelegt wie
zwei Liebende, bewußtvoll ruhend in der grenzenlosen Neigung des
andern, und wenn Johanna meinte, nichts auf Erden sei so schön als
ihre Schwester, und Clarissa, nichts sei so schuldlos als Johanna; so
ist es, als schweige die prangende Wüste um sie aus Ehrfurcht, und
die tausend kleinen Glimmertäfelchen der Steinwand glänzen und
blitzen nur so emsig, um einen Sternenbogen um die geliebten Häupter zu spannen.

Oder noch märchenhafter war es, wenn eine schöne Vollmond-
nacht über dem ungeheuren dunklen Schlummerkissen des Waldes
stand und leise, daß nichts erwache, die weißen Traumkörner ihres
Lichtes darauf niederfallen ließ und nun Clarissas Harfe plötzlich ertönte – man wußte nicht woher, denn das lichtgraue Haus lag auf
diesen großen Massen nur wie ein silberner Punkt – und wenn die
leichten, einzelnen Töne wie ein süßer Pulsschlag durch die schlafende Mitternachtluft gingen, die weithin glänzend, elektrisch, unbeweglich auf den weiten, schwarzen Forsten lag, so war es nicht anders, als
ginge sachte ein neues Fühlen durch den ganzen Wald, und die Töne
waren, als rühre er hier und da ein klingend Glied – das Reh trat heraus, die schlummernden Vögel nickten auf ihren Zweigen und träum-
ten von neuen Himmelsmelodien, die sie morgen nicht werden singen
können – und das Echo versuchte sogleich das goldne Rätsel nach-
zulallen. – – Und als die Harfe längst schwieg, das schöne Haupt
schon auf seinem Kissen ruhte – – horchte noch die Nacht; der senk-
rechtstehende Vollmond hing lange Strahlen in die Fichtenzweige
und säumte das Wasser mit stummen Blitzen – indessen ging die
Wucht und Wölbung der Erde, unempfunden und ungehört von ihren Bewohnern, stürmend dem Osten zu – der Mond wurde gegen
Westen geschleudert, die alten Sterne mit, neue zogen im Osten auf
– – – und so immer fort, bis endlich mitten unter ihnen am Waldrande ein blasser, milchiger Lichtstreifen aufblühte – ein frisches
Lüftchen an die Wipfel stieß – und der erste Morgenschrei aus der
Kehle eines Vogels drang! –

IV. WALDSEE

Es waren schon viele Tage und Wochen vergangen – Erwarten und Fürchten, keines war um die Breite eines Haares vorgerückt! – In gleicher Schönheit, sooft sie es suchten, stand das Vaterhaus in dem Glase ihres Rohres, in gleichem, tiefem Frieden lagen die an ihren Wald grenzenden bewohnten Länder, obgleich sie recht gut wußten, daß draußen, wohin ihr Blick nicht mehr reiche, der Qualm des Krieges liege, der jeden Augenblick an ihrem Gesichtskreise sichtbar werden könne.

Ihr Garten, der Wald, unbekümmert um das, was draußen vorging, förderte sein Werk für diesen Sommer, ja, er hatte es fast abgetan, denn die milde Spätsonne goß schon ihr Licht trübselig auf die bunten, gelben und roten Herbststreifen, die sich durch das Duftblau der Wälder hinzogen. – – Da geschah es eines Tages, daß die zwei Mädchen und Gregor jenseits des Sees am Ufer saßen, ihrem Hause gegenüber. Sie waren ziemlich weit von demselben entfernt und sahen auf jene Stelle, wo der Blockenstein in den See stürzt, ihre Waldwiese von dem andern Lande trennend. Die Knechte waren schon seit drei Tagen um Lebensmittel aus und wurden abends zurückerwartet. Die Sonne des Nachsommers war so rein, so warm und einladend, daß das Herz sich traulich hingab – die zwei Mägde waren in das Gebirge gegangen, um Brombeeren zu suchen, und unsre kleine Gesellschaft, nachdem sie Gregor über den See geschifft und dann an schönen Stellen herumgeführt hatte, saß jetzt, der lauen Luft genießend, in angenehmer Müdigkeit auf einem großen Steine, um den die Glut roten Herbstgesträuppes und dichter Preiselbeeren zu ihren Füßen prangte und die langen Fäden des Nachsommers glänzten. Sie sahen auf ihr leeres Haus und auf die graue Steinwand hinüber, während ihnen Gregor erzählte, der ebenfalls von der feierlich stillen Pracht, mit der wie gewöhnlich der Nachsommer über die Wälder gekommen war, befangen in immer romantischere und schwermütigere Weisen versank.

Johanna fragte ihn, wie es denn gekommen, daß er diesen See entdeckt habe, den so hoch oben gewiß niemand vermute und von dem er ihnen auch sage, daß wenige Menschen von seinem Dasein wissen.

„Es wissen ihn auch wenige", erwiderte der alte Mann, „und suchen ihn auch nicht, da sie nicht Grund dazu haben, und die von ihm Ahnung bekommen, hüten sich wohl, ihn aufzusuchen, da sie ihn für ein Zauberwasser halten, das Gott mit schwarzer Höllenfarbe gezeichnet und in die Einöde gelegt hat. Nun, was die schwarze Farbe betrifft, so mag es wohl damit nur die Ursache haben, daß die dunklen Tannen und Berghäupter aus ihm widerscheinen – wäre er draußen im ebenen Lande, so wäre er so blau wie ihre Teiche, auf die nichts als der leere Himmel schaut – und was die Einöde anlangt, so weiß ich nicht, ob ihn Gott an ein schöner Plätzchen hätte legen können als dieses. Ich kenne ihn schon über vierzig Jahre und habe ihn in dieser Zeit nur zwei Menschen gezeigt; da wir beide noch jung waren, Eurem Vater und, da ich alt geworden bin, einem jungen Manne, den ich liebgewonnen und mit dem ich manches Wild geschossen habe. In Hinsicht seiner Entdeckung aber, liebe Jungfrau, war es so: Seht, da ich ein Bube war von zwölf, dreizehn Jahren oder darüber, da waren noch größere und schönere Wälder als jetzt. – Holzschläge waren gar nicht zu sehen, diese traurigen Baumkirchhöfe, weil nächst dem Waldlande wenig Hütten standen und diese ihr Brennholz noch an den Feldern bald in diesem, bald in jenem Baume fanden, den sie umhieben – und man merkte nicht, daß einer fehle. Damals gingen auch die Hirsche oft in Herden gegen unsere Wiesen, und man brauchte sie nicht in den Wäldern aufzusuchen, wenn man einen schießen wollte. – –"

Bei diesen Worten unterbrach er sich, und plötzlich, zu Clarissa gewendet, sagte er: „Wollt Ihr, Jungfrau, eine der schönen, gelbgestreiften Schwungfedern, so schieße ich Euch das Tier herab, ich glaube, ich werde es erreichen." Er zeigte hierbei in die Luft, und die Mädchen sahen einen schönen Geier mit gespannten Flügeln hoch über dem See schweben. Er schien gleichfalls ohne alle andere Absicht zu sein, als sich in der ausnehmend klaren, lauen, sonnigen Herbstluft zu ergehen; denn auf seinen Schwingen ruhend, die Gabel des Schweifes wie einen Fächer ausgebreitet, ließ er sich gleiten auf dem Busen seines Elementes, langsame Kreise und Figuren beschreibend, während Schwung- und Ruderfedern oft zierlich gedreht im Sonnenscheine spielten und die Fittiche nur nach langen Zwischenräumen zwei bis drei leichte Schläge taten. Die Mädchen bewunderten die zarte Majestät dieses Naturspiels, sie hatten nie dieses mächtige Tier in solcher Nähe gesehen und baten daher einmütig, dem schönen Vogel nichts zuleide zu tun.

„Freilich ist er ein schönes Tier", antwortete der Jäger, „und daß sie ihn draußen ein ‚Raubtier' heißen, daran ist er so unschuldig wie das Lamm, er ißt Fleisch wie wir alle auch, und er sucht sich seine Nahrung auf wie das Lamm, das die unschuldigen Kräuter und Blumen ausrauft. Es muß wohl so Verordnung sein in der Welt, daß das eine durch das andere lebt. Nun seht ihn nur recht an, wie er sich langsam dreht und wendet und wie er stolzieret – er wird nicht so bald dieses Wasser verlassen; ich sah es öfter, daß sie gern über solchen Stellen schweben, als schauten sie sich in einem Spiegel. In der Tat aber wartet er bloß auf die verschiedenen Tiere und Vögel, die an das Wasser trinken kommen."

Sie sahen nun eine Zeitlang den Vogel schweigend an, wie er in großem Bogen langsam dem See entlangschwebte und immer kleiner ward, wie ihn rechts hohe Tannen ihrem Auge entrückten und wie er dann wieder groß und breit dicht ob ihnen durch die dunkle Luft hervorschwamm. Endlich, da sich seine Kreise und Linien näher an die gegenüberliegende Wand verloren, schwächte sich auch der Anteil an ihm, und Johanna fragte wieder, wie es sich mit der Entdeckung des Sees ergeben.

„Das war nun so", entgegnete Gregor, „ich habe Euch schon gesagt, daß weit von hier ein Haus und ein Feld sei, wo ich und meine Enkel leben und wo mein Vater und Großvater gelebt haben, und das sagte ich auch, daß einmal viel größere Wälder waren als heute. Damals kam nie einer herauf, denn sie fürchteten die Einöde und entsetzten sich vor der Sprache der Wildnis – da waren nun solche, bei denen die Sage ging, es sei irgendwo ein schwarzes Zauberwasser in dem Walde, in welchem unnatürliche Fische schwimmen und um das eine verwunschene, graue Steinwand stehe, und es seien lange Gänge, darinnen alles flimmert von Gold und Silber, schönen Geschirren und roten Karfunkeln, wie ein Kopf so groß. Vor vielen hundert und hundert Jahren hat ein heidnischer König aus Sachsen, der vor dem frommen Kaiser Karl floh, sich und seine Schätze in diese Felsen vergraben und bei seinem Tode sie verzaubert, daß man weder Tor noch Eingang sehen kann – nur während der Passionszeit, solange in irgendeiner Kirche der Christenheit noch ein Wörtlein davon gelesen wird, stehen sie offen – da mag jeder hineingehen und nehmen, was er will; aber ist die Zeit um, dann schließen sie sich und behalten jeden innen, der sie versäumt."

Johanna sah hinüber auf die Wand, und es war ihr, als rührten sich die Felsen.

„Nun, sagte man nicht, daß sich jemand einmal hineingewagt habe?" fragte Clarissa.

„Ei freilich", erwiderte der Jäger, „da erzählte mir meine eigne Großmutter, daß es wirklich wahr sei, daß nicht weit von dem Berge, wo die drei Sessel stehen, ein solcher See liege und daß auch einmal vor vielen hundert Jahren ein Mann, der auf dem Schestauer Hause zu Salnau wirtschaftete, aber viel Fluchens und arge Werke trieb, deswegen auch seines Gutes nichts vor sich bringen konnte, am Karfreitag, als alle Christen vor dem Grabe des Herrn beteten, heraufgestiegen sei und, damit sie mehr der Schätze tragen können, auch sein Söhnlein mitgenommen habe. – Wie sie nun eintraten, befiel das unschuldige Kind ein Grausen, daß es rief: „Vater, Vater, sieh die glühenden Kohlen, geh heraus!" – – Aber diesen hatte der böse Feind geblendet, daß er, unter den Karfunkeln wählend und wühlend, seine Zeit

nicht wahrnahm, bis der Knabe wie mit einem Windesruck an dem
See stand und gerade sah, wie der Fels mit Schlagen und Krachen
sich schloß und den unseligen Vater lebendig darinnen behielt. Den
Knaben befiel Entsetzen, er lief, als ob alle Bäume hinter ihm her
wären, bergab, und die Heilige Jungfrau lenkte seine Schritte auch so,
daß er sich glücklich nach Hause fand. Er wuchs heran, wurde got-
tesfürchtig und fastete jeden Karfreitag, bis die Sterne am Himmel
standen – war auch gesegnet in seinen Feldern und in seinem Stalle.
Seitdem hat man nirgends gehört, daß einer in den Berg gedrungen."

Man sah schweigend auf die graue Wand hinüber, und auch Clarissen war es jetzt, als rühre sie sich, und die grünen Tannen stehen
als Wächter und flüstern miteinander.

Der Geier war noch immer in der Luft sichtbar, sanft kreisend und
schwimmend oder sekundenlang so unbeweglich stehend, als wäre er
eine in diesem Dom aufgehängte, geflügelte Ampel.

Gregor fuhr fort: „Ich war damals ein Bube, und meine Großmutter wußte viel solche Geschichten. Da steht auch ein Berg, drei
Stunden von hier. – In der uralten Heidenzeit saßen auf ihm einmal
drei Könige und bestimmten die Grenzen der drei Lande: Böheim,
Bayern und Österreich – es waren drei Sessel in den Felsen gehauen,
und jeder saß in seinem eigenen Lande. Sie hatten vieles Gefolge,
und man ergötzte sich mit der Jagd, da geschah es, daß drei Männer
zu dem See gerieten und im Mutwill versuchten, Fische zu fangen,
und siehe: Forellen, rot um den Mund und gefleckt wie mit glühenden Funken, drängten sich an ihre Hände, daß sie deren eine Menge
ans Land warfen. Wie es nun Zwielicht wurde, machten sie Feuer,
taten die Fische in zwei Pfannen mit Wasser und stellten sie über.
Und wie die Männer so herumlagen und wie der Mond aufgegangen
war und eine schöne Nacht entstand, so wurde das Wasser in den
Pfannen heißer und heißer und brodelte und sott, und die Fische
wurden darinnen nicht tot, sondern lustiger und lustiger – und auf
einmal entstand ein Sausen und ein Brausen in den Bäumen, daß sie
meinten, der Wald falle zusammen, und der See rauschte, als wäre
Wind auf ihm, und doch rührte sich kein Zweig und keine Welle,
und am Himmel stand keine Wolke, und unter dem See ging es wie
murmelnde Stimmen: ‚Es sind nicht alle zu Hause – zu Hause.' ...
Da kam den Männern eine Furcht an, und sie warfen alle die Fische
ins Wasser. Im Augenblick war Stille, und der Mond stand recht schön
an dem Himmel. Sie aber blieben die ganze Nacht auf einem Stein
sitzen und sprachen nichts, denn sie fürchteten sich sehr, und als es
Tag geworden, gingen sie eilig von dannen und berichteten alles den
Königen, die sofort abzogen und den Wald verwünschten, daß er eine Einöde bleibe auf ewige Zeiten."

Er schwieg und die Mädchen auch.

„Sehet, schöne Jungfrauen", fuhr er nach einer Weile fort, „dies alles rieselte mir damals gar sonderbar durch die Gebeine, und mit Grauen und mit Begierde sah ich immer seitdem auf den blauen Wald hinauf, wie er geheimnisvoll und unabsehlich längs dem schönen, lichten Himmel dahinzog. Ich nahm mir vor, sobald ich ein Mann sein würde, den schönen, zauberhaften See und die Heidenwand aufzusuchen. Mein Vater und die Leute lachten mich aus und meinten, das sei eitel Fabel und Narrheit mit diesem Wasser; aber sehet, da ich den Wald nach und nach kennenlernte und einsah, wie wunderbar er sei, ohne daß die Menschen erst nötig hätten, ihre Fabeln hineinzuweben, und da mir viele klare Wässerlein auf meinen Wanderungen begegneten, alle von einem Punkte der Höhen herabfließend und deutlich mit kindlichem Rieseln und Schwätzen von ihrem Vater erzählend – so stieg ich herauf, und sehet, an dem Platze, wo wir eben sitzen, kam ich heraus und fand mit eins das schöne, liebliche Wasser."

„Und hat es Euch nicht geängstet und gegraut?" fragte Johanna.

„Geängstet?" entgegnete der Alte. „Geängstet? – Gefreut habe ich mich der schönen Stelle, denn ich wußte dazumal schon sehr gut, daß der Wald keine frevlen Wunder wirke, wie es gehässige und gallige Menschen gern täten, hätten sie Allmacht, sondern lauter stille und unscheinbare, aber darum doch viel ungeheurere, als die Menschen begreifen, die ihm deshalb ihre ungeschlachten andichten. Er wirkt sie mit ein wenig Wasser und Erde und mit Luft und Sonnenschein. Sonst ist kein anderes da noch je dagewesen, glaubt es mir nur. Auch auf dem Berge der drei Sessel war ich oben – nie saß ein König dort, so wenig, als hier jemand gefischt hat. Wohl stehen die drei steinernen Stühle, aber nicht einfältig eben und geglättet wie die hölzernen in Eurem Hause, sondern riesengroß und gefurcht und geklüftet; die leichten Finger des Regens haben daran gearbeitet, und das weiche, aber unablässige Schreinerzeug der Luft und der Sonne haben sie gezimmert. – Ich saß darauf und schaute wohl stundenlang in die Länder der Menschen hinaus – und wie ich öfter hier und dort war, erkannte ich gar wohl, daß dies alles nur Gottes Werk sei und nicht der Menschen, zu denen sich nur die Sage davon verlor. Sie können nichts bewundern, als was sie selber gemacht haben, und nichts betrachten als in der Meinung, es sei für sie gebildet. Hat Gott, der Herr, dem Menschen größere Gaben gegeben, so fordert er auch mehr von ihm – aber darum liebt er doch auch nicht minder dessen andere Geschwister, die Tiere und Gewächse; er hat ihnen Wohnungen gegeben, die dem Menschen versagt sind, die Höhen der Gebirge, die Größe der Wälder, das ungeheure Meer und die weiten Wüsten

– dort, ob auch nie ein Auge hinkomme, hängt er ob ihnen seine Sterne auf, gibt ihnen die Pracht ihrer Gewänder, deckt ihren Tisch, schmückt sie mit allerlei Gaben und kommt und wandelt unter ihnen, gerade wie er es hier und unter den Menschen macht, die er auch liebt, obwohl sie ihm, wie es mir oft gedeucht hat, seine Tiere und Pflanzen mißbrauchen, weil sie im Hochmute sich die einzigen wähnen und in ihrer Einfalt nie hinausgehen in die Reiche und Wohnungen derselben, um ihre Sprache und Wesenheit zu lernen. – –"

Während er noch so redete, fuhr jenseits von der Wand des Heidenkönigs ein leichter Blitz auf, und der Geier stürzte pfeilgerade in das Wasser – im Augenblick rollte auch der Schuß die klippige Wand entlang und murmelte von Wald zu Wald.

Die Mädchen sprangen erschrocken auf, und Gregor schaute starren Auges hinüber, als wollte er die harte Wand durchbohren.

In der Totenstille der Wälder war die Lufterschütterung fast grauenhaft gewesen – – und wieder war es nun totenstille und reglos wie vorher; selbst die Leiche des Geiers lag ruhig auf ein und derselben Stelle des Wassers. Es vergingen angstvolle Minuten der Erwartung, denn wer konnte das sein?!

„Seht Ihr etwas?" flüsterte Johanna mit zitternder Stimme.

„Nein", antwortete der Jäger – „der Schuß kam dort von den Stämmen, die von der Seewand gebrochen sind und am Ufer liegen, aber ich sehe niemanden."

„Laßt uns eilig überfahren", meinte Clarissa. „Das Haus steht ganz leer – auch nicht eine Seele ist darinnen."

„Mitnichten, Kind", sagte der Jäger, „wenn Gefahr ist, wären wir eine schlechte Besatzung des Hauses. Geht in Euer Floßhäuschen, ich werde das Fahrzeug ein Stück in den See hinausfahren, und dort bleiben wir stehen. Niedergelegt längs dem Baume der Schutzwehre, will ich hinübersehen, und da wollen wir abwarten, wie er es beginnen wird, das Tier aus dem Wasser zu holen."

Aber sie warteten vergeblich. Minute an Minute verging. Ruhig, wie ein gemordeter König, mit verschobenem Gewande und geklebtem Federschmucke lag der Geier auf dem Wasser – der Rauch des Schusses hatte sich längst verzogen, und im lieblichen Nachmittagslichte glänzend, schaute ihr verlassenes Wohnhaus herüber. Kein Laut regte sich, und wie die Augen auch angestrengt an dem Blockensteiner Vorsprung hafteten – nichts war dort ersichtlich als das Gewirre der bleichen, herabgestürzten Bäume, wie ihre Äste lange, weiße Scheine in den dunklen Wasserspiegel sandten.

Gregor begann nach und nach die Hand nach dem Ruder zu heben, um dem Vogel langsam näher zu fahren.

„Etwa sind die Knechte schon zurück", meinte Clarissa.

„Das war kein Knall aus einer unsrigen Büchse", sagte Gregor.

In dem Augenblicke wurden die zwei Mägde auf dem hölzernen Söller des Hauses sichtbar, die in dem Geklippe der Wand und an den Ufern der Gerölle Brombeeren gesucht hatten. Sie hielten wahrscheinlich den Schuß für Gregors und winkten häufig auf eine Stelle, vielleicht weil sie meinten, man sehe vom Schiffe aus den Vogel nicht.

Mittlerweile blieb der See und Wald ruhig, wie sie es den ganzen Tag waren. Die Sonne, eine weißglühende Lichtkugel, lag schon am Rande der Felsenwand; breite Schatten rückten über Haus und Rasenplatz auf den See heraus, dieser war glatt und schwarz, nur auf dem Schiffe lag das müde Nachmittagslicht, ebenso war der tote Vogel wie ein weißer Punkt beleuchtet, und im grünroten Schimmer floß es um das Gehege der Fichten. Indes war man, dem Tiere näherrückend, auch bereits dem sumpfigen Ufer, wo das Gewirre der Baumstämme lag, so nahe gekommen, daß man jeden kleinsten Zweig ausnehmen konnte, ja in der Stille der Luft und des Wassers sah man es sogar deutlich, wenn ein Frosch, der sich sonnte, von einem Stamme in das Wasser sprang und die leichten Wellenringe fast bis auf das Floß auseinandertrieb. Aber nicht das geringste Anzeichen eines Menschen wurde sichtbar, so daß der Glaube immer mehr Wahrscheinlichkeit gewann, es sei nur irgendein Schütze durch Zufall so tief in den Wald geraten und an den See verschlagen worden, habe sein gutes Auge an dem Federtier versucht und habe dann, da er das Fahrzeug und das Haus erblickte, aus Aberglauben die Flucht ergriffen, namentlich, da er mußte gesehen haben, wie sich das Schiff bewegte, ohne daß er Menschen darauf wahrgenommen. Endlich – mit einigen langsamen Ruderschlägen – war man dem Tiere so nahe gekommen, daß es Gregor mit der Hakenstange des Floßes herbeifischen konnte. Es war ein sonderbarer Anblick, wie die langen, triefenden Schwingen hinabhingen, wie die nassen, klebenden Federn den sehnigen Körperbau bloßlegten und die Wunde zeigten, die mitten in die Brust ging. Gregor untersuchte sogleich dieselbe und zog mit einem Werkzeuge seiner Weidtasche eine sehr kleine Kugel daraus hervor. – Johanna fuhr vor Schreck zusammen – und auch Clarissa sah gespannten Auges und klopfenden Herzens auf das Angesicht des Jägers – dieser aber, nicht eine Miene verziehend, steckte die Kugel gelassen zu den andern in seinen ledernen Beutel – ja, er stand sogar seiner Länge nach auf dem Floße auf und fuhr unbefangen dem Landungsplatze zu, wo man abends anlangte.

Als sie ausgestiegen waren, fragte Clarissa geradewegs, was er von der Sache halte?

„Freilich kenne ich den Schützen", sagte er. „Es sind allerlei Toren auf der Welt – und er mag ein großer unter ihnen sein – – von ihm ist Euch keine Gefahr – – ich irre mich nicht, ich kenne die Kugel – aber es ist grundlos töricht, warum er hiersein mag – – die Sonne scheint auf Eitelei und Torheit. – Ich habe viele Tage gesehen, und so ist der Mensch: Er sucht den Schimmer und will das Irrlicht greifen. – –"

„O Gott! Ihr wißt mehr, als Ihr uns sagen wollt", rief Johanna angstvoll.

„Ich habe Euch gesagt, Jungfrau, daß Ihr mögt ohne Sorgen sein – ja, ich kenne vielleicht den Mann, obwohl mir seine Anwesenheit unbegreiflich ist – er begeht lauter Dinge, die ohne Ziel und Zweck sind, und strebt nach Unerreichbarem. Er hat manchmal wollen den Sonnenschein auf seinen Hut stecken und die Abendröte umarmen; es regnet viele Tropfen, ehe man Einsicht gewinnt, und Jahre vergehen, ehe man weise wird. Dringt nicht, Kinder, ihr habt keine Gefahr – und wenn ich etwas wüßte und euch verbergen wollte, so würden meine Zähne verschlossener sein als die Steintore des Heidenschatzes, die kein eiserner Balken aufzuzwingen vermag. Schlaft ruhig – jedes Haar meines Scheitels ist ein Wächter für euch – ich liebe euch, ihr seid gut und unschuldig und fast so schön als Martha." – – –

Ein erkennbares Zucken spielte bei dieser Erinnerung um seinen alten, harten Mund, aber sogleich fuhr er fort: „Ich liebe euren Vater und werde in Zukunft das Plätzchen hier noch mehr lieben als früher, wenn ich wieder einmal heraufkomme, das Haus längst nicht mehr steht, der Krieg seine Endschaft erreicht und euer Schloß euch wieder aufgenommen hat. Seid sorgenlos, meine lieben Töchter, und schlaft süß wie vor vielen Jahren in eurem Kinderbettlein."

Die Mädchen sahen gerührt und ängstlich auf ihn, wie sie mit verschlungenen Armen vor ihm standen, und es mochte ihnen fast unheimlich dünken, daß er, an der äußersten Grenze menschlichen Hochalters stehend, dennoch von Plänen und Zeiten rede, die weit in die Jahre hinaus lagen. Johanna suchte vergeblich ihre aufsteigenden Furchtgedanken zu dämpfen, die sie sich nicht zu sagen getraute.

„Seht, da geht der blutrote Vollmond auf", begann er wieder. „Seht nur hin auf das düstre, holde Licht, wie es am Waldesrand erglimmt und fast schon sichtbar die langen Schatten über den See streichen – ich hab' es hundert und hundert Mal gesehen, aber immer gefällt es mir, ich habe so stets meine eigenen Gedanken gehabt über das Mondlicht – es ist ein wundervolles Licht."

„Ein schmerzlich-schönes Licht", sagte Clarissa.

„Und nirgends seht ihr es so schön als im Walde", fuhr Gregor fort. „Manche Nacht habe ich es schlummern gesehen über den Forsten, wenn ich auf den Höhen gegangen bin – da glänzte alles und flimmerte und glitzerte so ruhevoll, daß ich manche Gedanken hatte über diese Einrichtung, daß nachts an dem Himmel diese glänzenden

Scheiben hingehen – aber zum Nutzen ist es sichtbarlich; denn seht, wenn er so oben steht mitten über den Wäldern und weit und breit sein Licht niederrieselt in die Zweige – wie sie da so froh sind im Nachtlichte und Blätter und Nadeln auseinanderlegen, wie man eine Hand aufmacht, und in der Christnacht, wenn der Herr geboren wird, reden sie miteinander – – – geht schlafen, Kinder, geht schlafen – es droht Euch gar keine Gefahr; ich muß hier die Knechte erwarten, daß ich ihnen das Floß hinüberrudere, wenn sie das Zeichen geben. Und ihr", sagte er zu den dastehenden Mägden, „nehmt das Federtier hinein und trocknet es sorglich, vielleicht, daß die Schönheit des Gefieders wieder etwas herzustellen ist."

„Gute Nacht, Vater", sagte Clarissa.

„Gute Nacht, Tochter", erwiderte der Greis.

Und somit stiegen die Schwestern die Treppe zu ihrem Gemache hinan, angstvollen und harrenden Herzens, und als sie ihr mäßig Abendmahl verzehrt, sich entkleidet und die Magd entlassen hatten, schlossen sie besorgt doppelt Schloß und Riegel an den Türen, setzten sich auf ein Bett zusammen und redeten noch vieles und manches, sich tröstend und liebversichernd, auch daß sie morgen wieder nach Wittinghausen blicken und daß sie nie mehr ohne das Fernrohr einen Spaziergang machen wollen. So kosten sie noch lange, bis die rote Scheibe des Mondes, hoch ob dem Erdenrande schwebend, längst zur goldenen geworden und Johanna am Busen der Schwester wie ein Kind entschlafen war.

Clarissa ließ sie sanft auf die Kissen gleiten und suchte auch ihr Lager – noch hörte sie in ihre beginnenden Träume hinein das Jauchzen der zurückkehrenden Knechte jenseits des Sees herüber und das Plätschern des abfahrenden Gregor, der sie holte.

Dann sank tiefe, feste Ruhe über die schönen Augenlider.

V. WALDWIESE

Des andern Tages stand schon die Sonne am Morgenhimmel, als Clarissa erwachte und an das Bett Johannas trat, die noch tief schlummerte und sich ein ganzes Morgenrot auf ihre unschuldigen Wangen geschlafen hatte. Da ging sie leise an das Fenster, das im Morgengold wallte, sah einige Augenblicke auf den Wald, der mit Reif bedeckt war und Funken warf, und kniete endlich auf ihren Schemel nieder, um ihr Morgengebet zu verrichten. Als sie aufstand, sah sie auch Johannen an ihrem Schemel knien; daher wartete sie ruhig, bis auch diese aufgestanden war, und dann, noch den Abglanz des gläubigen Gebetes in den Augen, grüßten sie sich heiter und freudig und scherzten fast über ihre gestrige Angst. Man ließ die klopfende Magd herein, und diese berichtete, daß die Knechte erzählt hätten, wie draußen bereits Kriegsvölker ziehen und daß es über die Wasserscheide oft wie Ameisenzüge gehe, alles gegen die oberen Donauländer. An den Waldrändern ist es so einsam und stille wie immer. Von Wittinghausen wußten sie nichts. Man beschloß Gregor zu bitten, daß er sie, sobald die Gräser und Gebüsche etwas trockengeworden wären, auf den Blockenfels geleiten möge.

Als sie angekleidet waren und die hohe Sonne schon Reif und Tau von ihrer Wiese gezogen hatte, wollten sie auf selber ein wenig lustwandeln gehen. Wie sie über die Treppe hinabkamen, fanden sie Gregor, wie er eben lockere Bretter und Balken festnagelte, auch befremdete es sie, daß das äußere Tor an den Pflöcken, das immer ganz und gar offen gestanden, nicht nur eingeklinkt, sondern auch verriegelt war. Gregor ließ sogleich von seinem Geschäfte ab und zeigte ihnen den getrockneten Geier, dessen Federn er in schöne Ordnung gebracht habe und von denen er sie bat, sich die schönsten als ein Angedenken ihres Waldlebens auszusuchen; indes wolle er hineingehen und sich richten, um sie begleiten zu können. Er ging. Aber anstatt sich Federn auszulesen, standen die Mädchen und sahen sich befremdet an, denn heute war alles neu. Sonst hatte er sie ganz allein auf ihrer Wiese weit und breit bis an das Gerölle gehen lassen, ohne sich weiter zu bekümmern. Susanna, die Magd, die eben dastand, erzählte auch, daß, als sie erfahren, daß nicht Gregor den Geier geschossen, sondern ein anderer Schuß war es, man wisse nicht, woher, sie vor Angst fast die ganze Nacht nicht geschlafen, und da sei sie spät nach Mitternacht, als bereits die zurückgekommenen Knechte längst schliefen, durch ein seltsames Geräusch erschreckt worden, als ob ein Schloß raßle – und da sie nun behutsam zum Fenster hinausgesehen, habe sie wirklich gehört, wie das Schloß am äußeren Tore gesperrt werde und sodann eine Gestalt, die sie für Gregors hielt, dem Ahornwäldchen zuschritt. Fast eine Stunde verging, ehe die Gestalt wiederkam, aufsperrte und hineintrat, hinter sich sorgsam verriegelnd – es war nun, wie er zum Hause kam, deutlich erkennbar, daß es Gregor sei. Diese Tatsache war nicht geeignet, die Unruhe der Mädchen zu vermindern – allein wie Gregor die Türe heraustrat und sie den schönen Greis ansahen mit der aufrichtigen Stirne und darunter die glänzenden dichterischen Augenpaare, so folgten sie ihm willig durch das Tor, das er hinter sich wieder schloß. Keine – wie durch Verabredung – tat der neuen, auffallenden Vorkehrungen Erwähnung. Er schwieg auch darüber.

Nachmittags, d. h. nach damaliger Sitte schon um zwölf Uhr, stieg man auf den Blockenstein. Zwei bewaffnete Knechte begleiteten sie, der dritte hütete das Floß. Das Rohr wurde befestigt, und rein und klar wie immer stand das kleine Nachbild des Vaterhauses darinnen. Wie ein Vorgefühl, als sähen sie es zum letzten Male so, überkam es die Herzen der Mädchen, und es war ihnen, als könnten sie sich gar nicht davon trennen und als müßten sie den geliebten, schönen Vater oder den unschuldigen Knaben Felix auf irgendeinem Vorsprunge stehen sehen.

Wahrscheinlich waren es die neuen Anstalten Gregors, die ihnen dieses Unruhegefühl einflößten.

Endlich, da immer dasselbe längstbekannte und unbelebte Bild im Glase stand, und nach tausend Grüßen, die laut und heimlich hinübergesendet wurden, nahm man das Rohr ab und trat den Rückweg an. Zu Hause wählten sie sich noch einige Federn des Geiers und begaben sich wieder in ihre Zimmer.

Kein einziger Vorfall geschah diesen und die folgenden Tage, außer daß man wieder einmal wollte bemerkt haben, daß Gregor in der Nacht das Haus verlassen habe. Aber eine gewisse Schwüle und Angst lag über dem Tale und den Herzen, als müsse jetzt und jetzt etwas geschehen. Seltsam – als ob die unsichtbaren Boten schon vorausgingen, wenn ein schweres Ereignis unserm Herzen naht. – –

Es war die fünfte Nacht nach dem Schusse des Geiers – der abnehmende Mond stand am blauen Nachthimmel und malte die Fenstergitter auf die Sessel und Bettvorhänge der Mädchen –, da saß Johanna am Rande des Bettes ihrer Schwester, und mit dem Finger sanft ihre entblößte Schulter betupfend, suchte sie dieselbe zu wekken, indem sie angstvoll leise die Worte hauchte: „Hörst du nichts?"

„Ich hörte es schon lange", antwortete Clarissa, „aber ich wollte dich nicht wecken, daß du keine Angst habest."

Nun aber richtete sie sich auch in ihrem Bette auf, und von dem einen Arme Johannas gehalten, auf die Bettkante gestützt, saßen sie da, keinen andern Hauptschmuck als das schöne Haar, den Körper im Horchen sanft vorgebogen, unbeweglich wie zwei tadellose Marmorbilder, um die das milde Licht der Herbstnacht fließt.

Es war, als hörten sie undeutlich in der Ferne eine Stimme, schwebend zwischen Rufen und Gesang – es war aber weder die eines Knechtes noch Gregors.

Sie horchten lautlos hin, aber hörten gerade jetzt nichts. Auf einmal ganz deutlich, wie herausfordernd – schwärmerisch wild kam ein Gesang einer Männerstimme herüber, folgende Worte tragend:

> „Es war einmal ein König,
> Er trug 'ne gold'ne Kron'.
> Der mordete im Walde
> Sein Lieb – und ging davon.

Da kam ein grüner Jäger:
,Gelt, König, suchst ein Grab?
Sieh' da die grauen Felsen,
Ei, springe flugs hinab.'

Und wieder war ein König,
Der ritt am Stein vorbei:
Da lagen weiße Gebeine,
Die gold'ne Kron' dabei."

Die Stimme schwieg, und die Stille des Todes war wieder in Luft und
Wald und in den Herzen der Mädchen – und als es draußen schon
längst geschwiegen, getrauten sie sich noch nicht, sich zu regen, als
sei die Szene nicht aus und als müsse noch etwas kommen.

Aber sie war aus. Kein Laut, kein Atemzug regte sich in der stummen, funkelnden Mondluft. – Da, nach langem Warten, drückte sich
Johanna sanft und langsam rückwärts aus der Umarmung und sah
der Schwester in das Angesicht.

Es lag so bleich vor ihren Augen wie der Mond auf der Fenster-
scheibe.

Nicht eine Silbe sagten sie beide.

Johanna, wie im Instinkt des Guten und hier Zuständigen, wendete ihre Augen wieder ab und barg ihr eigenes Antlitz in das Nacht-
gewand der Schwester – und so, viele, viele Augenblicke lang aneinandergedrückt wie zwei Tauben, hielten sie sich, daß Johanna Clarissas
Herz pochen fühlte und diese das Zittern des Armes der andern auf
ihrem Nacken empfand. – – Endlich, furchtsam leise, fragte die Jüngere:
„Clarissa, fürchtest du dich?"

„Fürchten?" sagte diese, indem sie sich sanft aus der Umarmung
löste – „Fürchten? Nein, Johanna – das Rätsel ist klar, dessen dunkler Schatten uns dieser Tage ängstete – – ich fürchte nichts mehr."

Und dennoch bebte ihre Stimme, als sie diese Worte sagte, und
Johanna konnte selbst bei dem schwachen Mondlicht bemerken, wie
allgemach ein feines Rot in die vorher so blassen Wangen floß und
darinnen sanft bis zur schönsten Morgenröte anschwoll. Ein ungeheuer Empfinden mußte in ihrer Seele emporwachsen, wechselnd in
Wohl und Weh, denn ein fremder Geist lag auf diesen sonst so ruhigen Zügen und goß eine Seele darüber aus, als glühte und wallte sie
in Leidenschaft.

„Johanna", sprach sie, „es ist wunderbar, sehr wunderbar, wie die
Wege der Vorsehung sind. Wer hätte gedacht, daß das, was ich neulich
an der Felsenwand zu dir sprach, so nahe sei – in der schönen Einöde
hat mich Gott der Herr gefunden – mag es sich erfüllen, wie es muß

und wird – fürchte dich nicht, liebes Kind – auch mitten im Walde ist der Herr ob uns. Du kennst das Lied, du ahnest auch, wer es sang – er hat es gut gewählt – er wird mich sehen, ja, aber nicht in unserm heiligen Hause – Gregor und du werdet mich begleiten – sieh mich nicht so erschrocken an – wenn selbst die kleine Kugel von ihm kam und wie er auch mit diesem Walde zusammenhängt: Gefahr solcher Art droht uns nicht – – ja, ja, den Sonnenschein hat er wollen auf den Hut stecken und die Abendröte umarmen – – ja, es ist seine Art, so zu erscheinen, wie er hier tat, das Lied hat mich herausgefordert – gut, aber jetzt ist es kein Kind mehr, hilflos gegeben in die Allgewalt der eignen Empfindung: Eine Jungfrau, stark und selbstbewußt – sie wird kommen, statt der Lilie das Schwert des Herrn in ihrer Rechten – ja, sie wird kommen!!"

Ihr Antlitz strahlte – eine solche Schönheit überging ihre Züge, daß selbst Johanna scheu zu ihr hinüberblickte – mit Inbrunst schwärmte ihr dunkles Auge hinaus, angeglänzt von dem Lichte der Nacht – – auf die Stirne flog es wie ungeheurer Stolz und Triumph – – so saß sie und badete das gehobene Antlitz in den Strahlen des Mondes – – – bis sie endlich in einen Strom siedend heißer Tränen ausbrach und sich wie ein Kind an das Herz der Schwester legte.

Wer sie in dieser Nacht gesehen hätte, der hätte begriffen, wie denn diese sanfte, ewig ruhige Gestalt zu den tiefschwarzen, lodernden Augen gekommen.

Johanna schlang ihre beiden Arme um sie, und obgleich sie die Gewalt dieser Tränen nicht begriff, so wurde sie doch selbst bis zu dem heftigsten Schluchzen gerührt – und die Last der Herzen löste sich durch diese milden Perlen.

Der Morgen fand sie, Johanna an dem Busen der Schwester mit den müdegeweinten Augen, tief und fest entschlummert. Clarissa wachte schon längst, aber da der Schwester Haupt ihr zum Teil an Busen und Schultern lag, so regte sie sich nicht, um ihr nicht den Morgenschlaf zu stören, der mit so sichtbar süßer Hülle auf dem geängsteten Herzen lag. Endlich, da sich die braunen Augen langsam auftaten und befremdet auf Clarissa sahen, wie sie denn in ihr Bett geraten, so strich diese sanft mit der Hand über den Scheitel der goldblonden Locken und sagte: „Guten Morgen, liebes, liebes Kind."

Aber mit einer Art Beschämung über die Lage, in der sie sich fand, sprang Johanna auf und begann sich anzukleiden, indem ihr nach und nach das Bewußtsein der vergangenen Nacht kam und der Wichtigkeit des heutigen Tages.

Auch Clarissa kleidete sich schweigend an und ließ dann durch die Magd den alten Gregor rufen. Er kam.

„Ihr habt heute Nacht singen gehört", redete sie ihn an.

„Ja."

„Ihr kennt den Mann sehr gut, welcher gesungen?"

„Ich kenne ihn sehr gut."

„Er wünscht dringend, mit uns zu reden."

Der Jäger sah sie mit betroffenen Augen an. „Ich weiß es", sagte er, „aber daß auch Ihr es wisset?!"

„Wir wissen es und wollen ihn auch sprechen, und zwar, wenn es möglich ist, noch heute, aber nicht hier – in unser Haus soll kein fremder Mann kommen –, sondern an der Steinwand bei den letzten Ahornen soll er uns erwarten. Johanna und ich werden kommen, und Ihr seid gewiß so freundlich, uns zu begleiten. Wenn der Schatten der Tannen von dem See gewichen ist, möget Ihr uns abholen, wenn es bis dahin geschehen kann."

„Es kann geschehen, aber bedenkt, daß ihr selbst es seid, die es so wollen."

„Bereitet es nur, Gregor, ich kenne auch den Mann, und wir wollen ihn fragen, warum er unsere Ruhe und Zuflucht stört."

Gregor ging.

Der Vormittag war vorüber, der Schatten der Tannen war von dem See gewichen, und man sah Gregor mit der Büchse auf der Schulter die zwei Mädchen dem Ahornwäldchen zuführen. Johanna war wie gewöhnlich in ihrem weißen Kleide, aber Clarissa hatte all ihren Schmuck und ihre schönsten Kleider angetan, so daß sie wie eine hohe Frau war, die zu einem Königsfeste geführt wird. Es liegt etwas Fremdes und Abwehrendes in Schmuck und Feierkleid der Frauen; sie sind gleichsam der Hofstaat ihrer Seele, und selbst der alte Waldsohn, der nie andere Juwelen sah als die des Morgens in den Tannen, fühlte sich von Clarissas Schönheit gedrückt und fast untertänig, denn auch in ihrem Angesichte lag ein fremder Schimmer und ein strahlender Ernst.

Johannas Herz klopfte ungebändigt, und – obwohl sie sich's zu sagen schämte – die kleine Kugel und der Jägerbursche, der von dem furchtbaren Wildschützen erzählt hatte, wollten ihr nicht aus dem Sinn kommen, und es war ihr dunkel drohend, als ob etwas Entsetzliches kommen würde.

So war man bis gegen die letzten Ahornen gelangt. Ein Mann, in einfache, ungebleichte Linnen gekleidet, einen breiten Hut auf dem Haupte, eine Flinte in dem Arme, saß auf einem der grauen Steine. Wie man ganz in die Nähe gekommen, stand er auf, zog ehrerbietig den Hut und wies sein Antlitz. – Johanna hätte fast einen Schrei getan, so schön war er – auch Clarissa wankte einen Augenblick. Wie er den Hut abgenommen und das Angesicht mit einem schnellen Ruck ihnen zugewendet, warf sich eine Flut von Haaren wie ein goldener

Strom auf seine Schultern, darlegend das lichte Antlitz, fast knabenhaft schön und fein, daraus die zwei großen, dunkelblauen Augen her-
vorsahen wie zwei Seelen, die auf Clarissen hafteten. – – Auch sie
vergaß ihr dunkles Auge sekundenlang auf seinen Zügen, den wohlbekannten, vielgeliebten, vielgekränkten – bis sie plötzlich hocherrö-
tend einen unbeholfenen Schritt seitwärts tat, gleichsam gegen die
Bank hin, die in der Nähe stand, als wollte sie sich darauf setzen.
Johanna, bloß diese Absicht vermutend, war ihr behilflich und setzte sich neben sie. Er, noch immer kein Wort redend, ließ unbewußt
seine Blicke ihren Bewegungen folgen, als sei er betreten, daß eine
ganz andere Gestalt gekommen, als er erwartet. Endlich legte er seine
Flinte seitwärts und setzte sich den Mädchen gegenüber auf denselben grauen Stein, auf dem sie ihn gefunden.

Die hohen Bäume, die graue Felswand und die weißen Nach-
mittagswolken sahen stumm auf die seltsame, ebenfalls stumme Versammlung.

Gregor ging abseits von den Ahornen, anscheinend so hier und
da das fortschreitende Vergelben der Blätter betrachtend.

Endlich taten sich Clarissas Lippen auf, und sie sagte: „Ihr habt
uns aufgefordert. – – Ihr wolltet, mein' ich, mit uns reden. – Wir
sind gekommen, so redet."

„Ja", antwortete er, „ich bat Euch um eine Unterredung, aber nur
Euch, denn ich kenne die andere Jungfrau nicht."

„Es ist meine Schwester Johanna."

Mit Verwunderung blickte er nun auf Johanna und sagte, trübselig lächelnd: „So ist aus einem Kinde nun eine schöne Jungfrau
geworden. – O Clarissa, wir haben uns sehr lange nicht gesehen. –
Damals war sie ein Kind, das selten sichtbar wurde, daß ich ihrer
schon ganz vergaß. – Kennt Ihr mich, Johanna?"

Sie schüttelte mit dem Kopfe.

„Nun, Clarissa", fuhr er fort, „verzeiht, daß ich gekommen und
auch die Art, wie ich es tat. – Seht, ich wollte nicht plötzlich, wenn
Ihr lustwandeln ginget, vor Euch treten – ich hätte es einige Male
gekonnt –, sondern erst Euern Begleiter, den ich seit langem kenne,
sprechen, aber er war stets an Eurer Seite und verließ sonst nie das
Haus, daher sandte ich ihm durch den Geier meine Kugel, die er
wohl kennt, auch suchte er mich sogleich und fand mich, aber keine
Macht der Überredung konnte ihn dahin bringen, daß er Euch von
mir eine Botschaft brächte – – ja, er verrammelte und bewachte das
Haus nun vorsichtiger als je, so daß ich ihn, der mich einst so liebte,
gar nicht begriff. – Ich selbst mußte mir nun, sei es auch auf die Gefahr hin, daß mich einer Eurer Knechte erschieße, Gelegenheit verschaffen, Euch meine Anwesenheit kundzutun, ob Ihr etwa freiwillig

gewähret, was ich nicht rauben wollte und von ihm nicht erbitten konnte. Ich sang das Lied, das Ihr kennen müsset."

„Ich kannte es", sagte Clarissa, „und sei es nun auch Unrecht, daß ich kam, ich wollte Euch nicht fortweisen, da Ihr so viel Anstalt machtet, mich zu sprechen – – und nun redet, warum seid Ihr hier, die Zuflucht und Ruhe zweier Mädchen zu unterbrechen, die so kindisch sind, daß sie oft das unversehene Rauschen eines Blattes schreckt, sagt, warum seid Ihr hier?"

„Clarissa – Ihr fragt das", sagte er, indem ein leichter Hauch von Rot über sein Gesicht flog, „wisset Ihr selber denn das nicht?"

„Nein, ich weiß es nicht", antwortete sie mit unsicherer Stimme.

„Ihr wißt das nicht?" wiederholte er zweimal. „Ihr wißt das nicht?" – Und er warf sein Haupt wie im Schmerz empor, so daß auf einen Augenblick der Glanz der Herbstsonne auf die schwärmerischen Züge fiel – und sie verklärte – – „Ihr wißt das nicht?! Sehet, ich bin in Frankreich gewesen – ich war weiter, in dem neuen Lande war ich, jenseits des großen, glänzenden Meeres – ich kam wieder, ich suchte Euer Schloß, es ist bedroht, Ihr seid geflüchtet, niemand weiß, wohin – ich kundschaftete auf allen Straßen; eine führt gegen den Wald, sie sah Euch ziehen – ich suchte Gregors Hütte, er ist nicht da. – Durch alle Wälder und Schluchten, lebend von dem, was mir meine Büchse erwarb, ging ich tagelang, wochenlang, bis – es war eine lichte, schöne Stunde –, bis der Gedanke dieses Sees wie ein Blitz in meine Seele fuhr, wie ihn mir einst Gregor zeigte und die Worte sagte: ‚Auf diesem Anger, an diesem Wasser ist der Herzschlag des Waldes; mir ist, als müßte ich ihn hören, so lieblich und treu und fester als die Burg eines Königs' – ich kam hierher – am Rande jener Felsenmauer herüberkletternd, erblickte ich das hölzerne Haus, auf einem Felsensteige – Gregor weiß ihn, Euch wäre er tödlich – stieg ich nieder. – Dort, wo die Sandriesen beginnen, im Schatten des Felsens ruhte ich ermüdet aus, wischte mir das Blut von den Händen, und wie ich nach diesem Geschäfte aufblickte – kaum hundert Ellen von mir am Rande des Gerölles saßet Ihr mit Johanna, beide in weißen Gewändern und vertraulich redend – – ich erschrak, daß sich der See und die Bäume drehten – das schreiende Herz drücke ich nieder, ja, in meiner Torheit halte ich den Atem an, daß er Euch nicht erreiche, obwohl ich nicht einmal Eure Worte hören konnte – aber hold und süß müssen sie gewesen sein; denn Ihr saßet und sprachet lange, legtet endlich Eure Hände ineinander und sahet schweigend in die Luft hinaus, mir wollte es bedünken im Übermaß der Rührung und der Liebe und des Vertrauens – als es Abend wurde, ginget Ihr – diese Bäume hier verschlangen den letzten Schimmer Eures Gewandes – ich blieb sitzen und stillte meinen Hunger mit einer Handvoll

Brombeeren. Wieder sah ich Euch – gehen durch den Wald, wandeln an dem See, ruhen auf diesem oder jenem Steine – ich war Euch oft so nahe, daß ich Euch greifen konnte; Eure Harfe hörte ich des Nachts. – – Seht Ihr, dort oben, wo der dürre Sandstrom um die zwei Felsenhäupter quillt, steht ein Baum, es ist nur mehr der Strunk einer Föhre, die der Blitz einst zerschlug, bei Tage ist er ein mißfarbiges Grau, aber in der Nacht beginnt er zu leuchten, blau und grün und weiß – stundenlang saß ich an dem Felsen und sah auf das stille, nächtliche Glimmen desselben – – Clarissa! Und Ihr fragt, weshalb ich gekommen??"

„O übt ihn nicht", sagte sie mit innig flehender Stimme. „O übt ihn nicht, den alten Zauber, dessen Gewalt Ihr kennt und einst erprobt gegen ein törichtes Mädchen – o übt ihn nicht, es ist nicht redlich."

Es war seltsam anzuschauen, wie die entschlossene Jungfrau zu schwanken begann und fast eingeschüchtert war – einem Manne gegenüber, dessen Mienen doch so offenlagen wie die eines Kindes; aber wenn man ihn ansah, wie er auf ihre Rede schwieg und hinaussah in die Räume, so war es, als sähe man den Geist aufleben, dem sie sich beugte: Eine wilde Hoheit, eine schwärmerische Dichtung lag in diesen Zügen, im Auge etwas, was fleht und herrschet – ein Schmelz von Zärtlichkeit, unsäglich bindend das geliebte Herz, es selbst unsäglich liebend und doch hinausverlangend ins Unbekannte, ein aufquellend Herz, nach Taten schmachtend. Und gerade das letzte, jeden Augenblick Liebesverlust drohend, war es, was sie so zauberisch band.

„Ja, ja", begann er wieder sanft, „Clarissa, süßer Engel, es ist redlich; ich bin nicht töricht und ohne Zweck gekommen; denn wisset, seit jenem Tage, wo ich fortging, teils gedrängt, teils selbst hinausschwärmend, war es doch nur ein Gedanke, dem ich nachhing, dem ich glühend nachstrebte – damals lebte er noch, der befehlen konnte: Laß fahren das Scheinding – – ich schlug es los, in alle Winde wollte ich es streuen; ich ging monatelang durch diese Wälder, dem wilden Hange folgend – da fand ich Gregor. – Wie ein Sohn liebte ich den Alten, obwohl er ein Kind war gegen mich in Schwärmerei und Wagnis – das Scheinding aber trug ich im verschwiegenen Herzen – dann sah ich jene schimmernde Stadt, ich sah grenzenlose Wildnisse des neuen Landes – ich kam wieder, als er tot war, aber ich brachte das ‚Scheinding', wie er es nannte, wieder mit – – Clarissa, nun aber ist alles gut – ein Jahr hab' ich gearbeitet, ein mühselig Jahr, berghohe Hemmnisse hinweggewälzt – alles ist eben – ich bin frei. – – Wie keine Mutter ihr Kind hab' ich dich gesucht, die Verlassene, die Geliebte, die Unvergeßliche, um dir alles, alles mitzuteilen – – o Clarissa, ich bitte dich, denke zurück, blicke in dein Herz, und, um der Güte Gottes willen, frage nicht mehr, warum ich gekommen!!"

Ehe sie es ahnen und hindern konnte, stand er auf, und auf die harten Steine zu ihren Füßen sinkend, nahm er ihre Hand, schloß sie in seine, die großen, blauen Augen angstvoll auf ihr sterbebleiches Antlitz heftend.

„O steht auf", sagte sie, in der Ohnmacht ihrer Seele mit den Augen herumirrend. – „So steht doch auf – – ich kam gewaffnet hierher, die Gewalt Eures Herzens soll mir diese Waffen nicht ablösen – nein, sie soll es gewiß nicht. – Denket nicht mehr, ich sei noch das Kind, das Ihr einst kanntet – – wie Ihr damals in unser Schloß kamet, wie der Vater Euch liebgewann – – Ihr waret so schön, mein Auge konnte fast nicht ablassen von dem Euren, ein ganzes Meer von Seele und Gemüt gosset Ihr in mein dunkel bewußtes Herz, meine hilflose Kinderseele zwanget Ihr, an Eure Lippen zu fliegen – ich fragte nicht, woher Ihr kamet, wer Ihr seid – ich hing an Euch – im Wahnsinne von Seligkeit hing ich an Euch, sündhaft vergessend meinen Vater, meine Mutter, meinen Gott – da ginget Ihr fort – nun, es ist alles überstanden – ich erkannte die Sünde – Gott gab mir die Gnade, sie zu bereuen und zu vergessen. Die Seele wandte sich wieder ihrer reinen Liebe zu. Seht dies unschuldige Mädchen hier, meine Schwester, dann mein Vater und der Bruder Felix zu Hause – diese sind meine Geliebten – und der Herr im Himmel, der ist mein Gott – – es ist überstanden."

Tränen brachen aus ihren Augen und schimmerten neben den Diamanten des Stirnbandes.

„Nein, Clarissa, es ist nicht überstanden", sagte er, zu ihr emporblickend, indem ein Entzücken durch den Himmel seines Auges ging. „Nein, es ist nicht überstanden – goß ich auch ein Meer von Gemüt und Seele in dein Kinderherz, so goß ich es auch in meines. – Es ist wahr, anfangs reizte mich bloß die ungewohnte Fülle und Macht, aufsprossend in dem Kinderherzen, daß ich prüfend und probend an sie trat, daß ich die Kinderlippen an mich riß – aber eine Seele, tief, wild, groß und dichterisch wie meine, wuchs aus dem Kinde an mich, daß ich erschrak, aber nun auch mich im Sturme an sie warf, namenlos, untrennbar Glut um Glut tauschend, Seligkeit um Seligkeit. – – Weib! Du warst damals ein Kind, aber die Kinderlippen entzückten mich mehr als später jede Freude der Welt, sie glühten sich in mein Wesen unauslöschlich – ein Königreich warf ich weg um diese Kinderlippen; nicht Jahre, nicht Entfernung konnten sie vertilgen – und nun bin ich hier, abgeschlossen mit der Welt, um nichts auf der ganzen Erde mehr bittend als wieder um diese Kinderlippen."

Er blieb knien, das geliebte Antlitz schaute zu ihr empor, vergessend seiner selbst und der Umgebung – sie aber fühlte sich verlieren; um ihre Stirne irrte es wie dunkle Wonne, wie Morgenröte des Gefühls. – Einen Augenblick noch sah sie hilflos umher, ringend mit dem eignen Herzen, das in so ganz anderer Absicht hergekommen war – dann überzog neuerdings ein feuchter Schleier ihr Auge, aber es war darinnen süße, düstere Zärtlichkeit, wie es auf ihn niedersank und sie fast unhörbar und zitternd die Worte sagte: „Und doch, Ronald, bist du fortgegangen!!"

„Ja", rief er, indem eine schnelle, schwärmerische, fabelhafte Freude über seine Züge flog, „ja, ich ging fort, weil es einer befahl, der mächtiger war als ich und du und als dein Vater und dein König – aber nicht, weil er es befahl, ging ich, sondern weil er bat, weil er sagte, es sei zu deinem und zu meinem Heile – – und, Clarissa, weil mein eigen tobend Herz mich hinausriß, töricht schweifend in das Leere, als seien draußen namenlose, ungeheure Dinge zu vollführen – – aber bin ich gegangen, so bin ich ja auch wieder da, und ich gehe nie, nie mehr von dir – du bist mein Atem und mein Pulsschlag. – Draußen ist es dürre wie Sand und unersprießlich alle Welt gegen dein schlagendes Herz, gegen deine Güte und gegen deine Liebe – – siehe, er hat mich großmachen wollen wie einen seiner Helden oder gar wie sich selbst, er hat mich abgöttisch geliebt als das Ebenbild meiner Mutter. In unser schönes, fernes Land, sagte er, werden wir zurückkehren, dort wolle er es heben zu einem der ersten der Welt, ich werde ihm zunächststehen, und an mir wolle er es gutmachen, was er an meiner armen Mutter verschuldet – er, der Starke gegen alle Welt, war schwach gegen mich, er ließ meine Jugend schwärmen, in die ganze Welt wollte ich fliegen, weit und breit; selbst in Feindesland ging ich herum, auf Eurem Schlosse lebte ich monatelang. – – Als ich ihn glühend um dich bat, sagte er, du bist noch ein Knabe, gehe fort, gehe in die Welt, gehe hin, wo du willst, selbst über das Meer, und wenn du wiederkommst und sie noch willst, sollst du sie haben und in unser Land führen – aber geh und laß lieber fahren das Scheinding – – – aber, o Clarissa, als ich wiederkam, war er längst tot – von all denen, die um ihn trauerten, waren zwei Augenpaare, die gewiß am heißesten weinten, meines und sicher auch das meiner fernen Mutter. Ich hab' ihn noch einmal gesehen – ich brachte es dahin, daß mir Gruft und Sarg geöffnet wurde. – In den Busen des Kanzlers hatte er die Pläne über mich niedergelegt; mit diesem, den Führern und andern mußte ich ein Jahr kämpfen, ein mühselig schleppend Jahr, bis ich mir Freiheit errang, zu tun, wie ich wollte – und dann mein erster Gang – nein, es war ein Fliegen: zu dir – zu dir, um zu fragen, ob du mich hassest – ob du verzeihest – – ob du noch liebtest, zu dir ging ich zuerst, dann aber muß ich meine Mutter suchen."

Seine Augen schwammen in Tränen, welche die fernere Rede erstickten; er wischte mit der Hand darüber und sagte dann unsäglich mild: „Clarissa, du hast dich sehr verändert und bist größer und stattlicher geworden und fast schöner als damals, so daß ich beinahe den Mut verlor, da ich dich heute sah – Clarissa, tue ab den starren Schmuck, der so traurig um dein liebes Antlitz funkelt, sei wieder das Kind, das mich einst so selig machte – nicht wahr, Clarissa, du liebst mich noch? – – – Liebst du mich noch – du, mein schüchtern, mein glühend Kind!" – – Er sah so treuherzig zu ihr hinan, und eine so weiche, unschuldige Seele lag in seinen Zügen – – daß ihr ganzes Herz voll alter Liebe hinschmolz.

Wie schwach und wie herrlich ist der Mensch, wenn ein allmächtig Gefühl seine Seele bewegt und ihr mehr Schimmer und Macht verleiht, als im ganzen andern toten Weltall liegt! – Der ganze Wald, die lauschenden Ahornen, die glänzende Steinwand, selbst Johanna und Gregor versanken um Clarissa wie wesenlose Flitter, nichts war auf der Welt als zwei klopfende Herzen – allvergessen neigte sie das liebeschimmernde Antlitz und die dunklen, strömenden Augen immer mehr gegen ihn, und in Tönen, worüber Johanna erschrak, sagte sie: „O Ronald, ich liebe dich ja, ich kann mir nicht helfen, und hättest du tausend Fehler, ich liebte dich doch – ich lieb' dich unermeßlich, mehr als Vater und Geschwister, mehr als mich selbst und alles, mehr, als ich es begreifen kann …"

„Und ich", erwiderte er, ihr in die Rede fallend – – „siehe, tropfenweise will ich dieses Blut für dich vergießen, ich will gut werden und sanft wie das Lamm des Feldes, daß ich dich nur verdiene – gehe mit mir in mein Vaterland, oder bleibe hier, ich will auch bleiben – – nimm mir mein Leben, nimm mir die Seele aus dem Leibe, damit du nur siehst, wie ich dich liebe. – –"

Er zog sie gegen sich, machtlos folgte sie, und beide, zitternd vor Übermacht des Gefühles, stürzten sich in die Arme, so fest umschlingend und klammernd, daß seine blonden Locken auf das Samtkleid ihrer Schultern niederwallten.

Die beiden Zeugen dieser Szene sahen sich verwirrt und staunend an – aber Johanna, die bisher mit steigender Angst zugehört hatte, sprang plötzlich auf, und mit den zornesmutigen Tränenfunken in den Augen rief sie: „Clarissa, was tust du denn!?"

Diese, wie aufgeschreckt, fuhr empor, wendete sich um, und wie sie das Kind, dessen Lehrerin und Vorbild sie bisher war, vor sich stehen sah – nein, nicht mehr das Kind, sondern die Jungfrau mit der Purpurglut der Scham im Gesicht, so warf sie sich demütig und doch strahlend vom Triumphe an ihre Brust. – –

Es war eine stumme Pause, man hörte ihr Schluchzen und das sanfte Wehen des Waldes.

Wie sie endlich das milde Haupt wieder aus der Umarmung hob, erleichtert und verschönert, und wie sie mit den selig schönen Augen Johanna voll Liebe in das Gesicht schaute, diese aber noch immer dastand, mit Tränen kämpfend, so trat Gregor hinzu und sagte zu ihr: „Beruhigt Euch nur, liebe Jungfrau, es ist in dem Ganzen kein Arg, denn es ist so der Wille Gottes – darum wird der Mensch Vater und Mutter verlassen und dem Weibe anhängen – es ist schon so Natur – beruhigt Euch nur, und sehet sie freundlich an, die immer so mütterlich liebreich gegen Euch gewesen ist. – Aber du, Ronald, zu dir sage ich ein Wort, du weißt es, wie du in den Wald gekommen bist, wie du mich gefunden hast, wie ich dich liebhatte, wie wir jagten, Kräuter suchten, Felsen bestiegen, wie wir uns ergötzten, als draußen die Sage ging von dem furchtbaren Wildschützen und seiner kleinen Kugel – ich habe dich damals nur um deinen Namen gefragt, daß ich dich damit rufen könne – du hast mir nie von dieser gesagt, daß du ihr so in Liebe zugetan bist, es war auch keine Ursache dazu. Jeder Mensch hat sein Herz wie jedes Kraut seine Blume, er mag es geheimhalten, die Blume tut es nicht – es macht nichts – du gingst fort von mir – ich habe deiner oft gedacht, und es war mir, als gingst du mir ab. Jahre vergingen – da kamst du plötzlich an diesen See, du trachtetest stürmisch darnach, mich zu verlocken, daß ich dich mit den Jungfrauen sprechen ließe, auch da noch fragte ich nach keiner Ursache – ich dachte sie mir wohl, nämlich die Schönheit der Jungfrauen reize dich – aber jetzt, siehe einmal, der Vater dieser Mädchen ist ein hochansehnlicher Mann, ein Mann von gutem Herzen und trefflichen Gaben, er hat so weiße Haare wie ich; er ist mein Freund, und ein viel älterer als du – er hat mir diese Kinder gegeben, daß ich ihnen Vater sei, solange sie im Walde leben, bis er sein Schloß aus der Gefahr gerissen – und da will es mich nun bedünken, daß ich dich fragen müsse, wer bist du denn, daß du um diese freiest? Wes Volkes und Geschlechtes, daß ich es ihm vermelden lassen kann, und wo steht deine Hütte?"

„Meine Hütte, Alter, hat tausend Fenster, und ihre Dächer könnten so viel Land beschatten, als jener See dort deckt, aber sie steht weit, weit von hier, und der sie mir gab und der mir alles gab, hat sich ein Grab ersiegt in Eurer Erde – diese ist nun mein Vaterland! – O Clarissa, dieser unheilvolle Krieg wird enden, und dann ist kein Unterschied mehr zwischen schwedisch und deutsch, Eure Nordlandsbrüder werden Euch lieben und Ihr sie, denn alle sind sie Kinder desselben Namens – sieh mich an, trag' ich nicht Zeichen und Abbild an meinem Körper, daß ich ein Germane bin, so rein vielleicht wie die, die uns jener Römerheld beschrieben hat – dein Vaterland wird fortan meines sein. – Schaue auf diesen schönen, ernsten, schweigenden Wald um uns – o wie lieb' ich ihn, wie ergriff er schon, da ich ihn zum ersten Male betrat, mein Herz, das noch das dunkle, dämmerhafte Bild jener weiten Fichtenhaine in sich trug, in denen meine Mutter meine ersten Kindertage erzog – und nun mitten in seinen Schoßen erblüht mir die süße, zaubervolle, märchenhafte Waldblume meines Glückes: du! – – O Clarissa, warme, dunkle Blume, wie neigt sich dir mein Herz! O lehre es das Wort seiner Liebe aussprechen, daß es nicht daran verschmachte."

Er war wieder ihr gegenübergesessen, sein leuchtendes Antlitz zu ihr emporgewendet, umwallt von dem flüssigen Gold der Haare, angeschaut von den zwei vollen Sternen ihrer Liebe. – Sie war mit jener schönen Empfindung des Schicklichen, die Frauen selbst in der Glut des Gefühles nicht verläßt, zu Johanna gesessen und war fortwährend mehr ihr als ihm zugewendet. Bei seinem letzten Worte tat sie ihre Lippen auf und sagte halb zärtlich, halb schamvoll: „Ronald, schone Johanna."

„Nur noch einen Augenblick, süße Blume, laß mich schauen in dein Auge", entgegnete er, „nur einen Augenblick noch, daß ich mir mein Glück einpräge und nur ein Tausendstel davon mit forttragen kann – ich weiß nicht, geht von dir dieser Zauber der Verwandlung aus oder von dem Walde – mir ist, als wär' ich ein anderer, als wäre draußen nicht der Sturm und die Verwüstung, sondern wie hier die stille, warme Herbstsonne. Siehe, die Steinwand schaut festlich flimmernd nieder, der Ahorn läßt Zeit um Zeit ein Blatt fallen, dort zirpt die Herbstheuschrecke, die sanfte Luft vermag nicht einmal jene glänzenden Fäden zu zerreißen, und die Wärme des Nachmittags sinkt zitternd längs dem grauen Gestein nieder – – mir ist, als gäbe es gar kein Draußen, gar keine Menschen als die hier, die sich lieben und Unschuld lernen von der Unschuld des Waldes – lasse es mich noch einen Augenblick genießen, wer weiß, ob wieder ein solcher kommt; denn der Mensch ist vergänglich wie das Blatt des Baumes, ja noch mehr als dies, denn dasselbe kann nur der Herbst abschütteln, den Menschen jeder Augenblick."

Bei diesen Worten sah selbst Johanna, die liebevoll Wandelbare, mit Freundlichkeit und Teilnahme auf den schönen Jüngling, und selbst mit schwach aufsteigender Neugier, wo es denn liege, was ihren größten Schatz dieser Erde, Clarissas Herz, gewonnen.

„Laß diese Wiese", fuhr er fort, „diese schöne Wiese, auf der wir sitzen, unbedeutende Geschöpfe vor dem Herrn wie die andern, die da spielen und atmen in den Gräsern und Gesteinen, umweht von den Wäldern Gottes, in denen kein Rang und Stand ist – lasse sie den Verlobungssaal sein – und alles, was uns umringt, sei Zeuge – reiche mir die Hand, Clarissa, so mir Gott gnädig sein wolle, bin ich dein für alle Zeiten in Leid und Freud, und sollte dies Auge unversehens der Schatten des Todes berühren, so weine ein kleines Tränlein als meine Witwe."

Ein leichter Schauder ging über Clarissa; sie war in höchster Erschütterung aufgestanden, und unfähig, nur ein einziges Wort zu sagen, legte sie ernst wie mit kirchlicher Andacht ihre Hand in seine. Johanna atmete bange auf, daß sich ihr Busen hob und senkte, und die angerufenen Zeugen standen todesstumm herum, nur der Fichtenwald streute seinen Harzgeruch als Weihrauch darauf, und die Grillen zirpten leichtsinnig fort.

Der alte Jäger stand auf, seine Büchse nach vorn gelehnt wie ein Standbild, und keine Fiber an ihm verriet, was in ihm vorgehen könne. Ronald griff mit der linken Hand umher, als suche er Johannas ihre – diese, in ein krampfhaftes Schluchzen ausbrechend, reichte sie ihm und drückte sie lange und fest, gar nicht loslassend, gleichsam eine stumme, hilflose Bitte um Clarissas Glück.

Nach einigen Sekunden sprachloser Gemütsbewegung löste sich sanft die Gruppe, und der schöne Schwedenjüngling trat an Clarissa, neigte seinen Mund auf ihre Stirne und küßte sie ernst und ruhig, die demütig wie eine erglühende Blume unter seinem Hauche dastand. Dann aber trat sie zu Johanna und nahm sie wie in den schönsten Tagen des vergangenen Schwesterglücks bei der Hand, wohl fühlend, was das unschuldige Herz neben ihr in diesem Augenblicke verlor. Zu ihm gewendet aber sagte sie beklommen die Worte: „Ronald, wird es gut sein, was wir taten – ach, ich dachte nicht an meinen Vater! – Sage, wird es gut sein, und was wird nun ferner zu tun sein?"

„Höre mich, mein Herz", antwortete er, „was längst beschloßne Sache war. Ich gehe fort, und zwar augenblicklich. Mit deinem Herzen bin ich verständigt, nun zu deinem Vater. Euer Schloß ist in Gefahr. Unter Torstensons Befehlen steht die Abteilung, die bestimmt ist, bei Gelegenheit seines Durchzuges Wittinghausen zu nehmen. Torstenson und ich lieben uns seit früher Zeit, und gewiß bringe ich es dahin, daß man Euer harmlos Haus ganz unangetastet läßt und daß auf dem hochverehrten Haupte, das mir und dir heilig ist, kein einzig Härchen gelüftet werde. Ich weiß, daß in dieser Zeit der Übergang geschehen werde, und sollte doch eine Belagerung stattfinden, so werde ich dabeisein, um deine beiden Geliebten zu schützen. Wenn nicht alle Zeichen trügen, so naht dieser Krieg schnell seinem Ende; in der Zeit lege ich deinem Vater alles vor, was er über mich zu wissen braucht, und wenn sich die versöhnten Völker umarmen und ein Schrei des Jubels durch die Länder geht, dann, Clarissa, falle unser kleines Fest in das große allgemeine – ich suche meine Mutter, bringe sie in Euer Land – – und, Clarissa, hier an dieser Stelle, auf dieser heiligen Insel des Waldes, lasse ich uns ein lieblich Haus bauen, und wohnen wir gleich nicht immer da, so besuchen wir doch die zauberische Stelle oft und sind wieder wie jetzt die einsamen, losgebundenen Kinder des Waldes. – Und nun, du mein klopfend Herz, der Augenblick, daß du dich an dieser Blume noch erlaben wolltest, ist vorüber, rüste dich – – und gebe Gott der Herr Gedeihen und ein frohes Wiedersehen – – noch in dieser Minute gehe ich. Die Zeit ist maßlos kostbar; darum drang ich so stürmend auf diese Unterredung und führte sie mit Gewalt herbei. – – – Noch einen Blick in dein Auge! – – – So – ach, es deucht mir gar nicht möglich, daß ich fortgehen soll. –"

Tränen umflorten seinen Blick, aber sich schnell fassend, reichte er die Hand an die Mädchen: „Lebe wohl, Clarissa, Braut! Lebe wohl, Johanna, und du, Gregor, Gott schütze dich; hüte diese beiden wie die Sterne deiner Augen" – und somit wollte er sich wenden, aber Gregor hielt ihn auf und sagte: „Ronald, in allem, was du sagtest, ist Vernunft, ich lobe dich deshalb, nur in einem ist Torheit, wie du sie öfter hattest; baue an dieser Stelle kein Haus – du tätest dem Walde in seinem Herzen damit wehe und tötetest sein Leben ab – ja sogar, wenn diese Kinder wieder in ihr Schloß gehen, dann zünde jenes hölzerne Haus an, streue Kräutersamen auf die Stelle, daß sie wieder so lieblich und schön werde, wie sie es war seit Anbeginn, und der Wald über Euer Dasein nicht seufzen müsse. – So, jetzt gehe, halte dich von dem Seebache rechts durch die Buchenlehnen, du gewinnst an Weg – steige die Felsenleiter wieder hinauf. Ich ließe dich überführen, aber unsere Leute sollen nicht wissen, daß du da warst – so gehe einmal, Knabe!"

Dieser aber blickte wie aus Träumen auf, und noch ein Händedruck, ein sekundenlang Zögern – dann nahm er die Flinte und schritt entschlossen der Felswand zu.

Die Mädchen sahen ihn noch lange, wie sich die graue Gestalt in dem grauen Gestein regte, winzig klein, bis nichts mehr sichtbar war als die ruhige, schon im Nachmittagsschatten stehende Wand.

Man sah sich wechselweise an. War's ein Traum, daß in der Wildnis nur eben eine andere Stimme erklungen war als die ihre – die Sonne schien wie immer, die Vögel zwitscherten, und der blaue Waldhimmel sah hernieder. Gregors Stimme tönte plötzlich recht sanft in die Träumerei: „Der Mann muß Euch sehr lieben."

Ihr Auge schlug mit einem schönen Blicke auf zu ihm, dem väterlich Verehrten, aber Johanna sagte schmerzvoll: „Möge sich alles zum Glücke enden!"

Diese Worte waren die einzigen, die von der Gesellschaft über die seltsame Verlobung gesprochen wurden, die eben wie ein unheimlich Schattenspiel auf ihrer Wiese vorübergeglitten war, nichts zurücklassend als den schönen, prangenden Boden, auf dem sie noch standen und über den sie drei so oft in Lieb' und Eintracht geschritten. Auch heute ging man an den Ruhebänken, an den Ahornstämmen vorüber und dem Wasserfaden ihrer Quelle entlang wie immer, aber mit Gedanken nicht wie immer.

Die im Hause sahen gegen Abend den Jäger und die Mädchen von ihrem Spaziergange aus dem Ahornwäldchen zurückkehren und wunderten sich nur über die eigensinnige Vorsicht des Alten, daß er sie alle zur Bewachung des Hauses innerhalb der Pflöcke hereingesperrt habe.

Sie traten von der Waldwiese in das Haus. – Clarissa war nicht mehr ruhig – Johanna nicht mehr glücklich.

VI. WALDFELS

Und die alte Ruhe war wieder über dem Walde. – – Zuweilen, wenn das silberne Schiff, die Wolke, einzeln durch die Bläue zieht, so geht unten ein Schatten über den Wald, und dann steht wieder dasselbe feste Licht auf seiner ganzen Breite – – oder wenn das Stahlgrau des Spätherbstes fest über die ganze Himmelskuppel gegossen liegt, so tritt ein Sonnenstrahl heraus und küßt aus dem fernen Buchenhange ein goldnes Fleckchen, das gegen den Rand zieht und, von ihm unsichtbar, in die Luft tritt, nachher ist dasselbe Grau über alle Weiten. Und so war es mit den Schwestern.

Sonnen waren wieder gekommen und waren wieder gegangen, aber sie wurden immer kürzer und kühler. Gregor traf allerlei Vorkehrungen. Das Tor an den Pflöcken stand nachgerade wieder offen, weder gesperrt noch eingeklinkt, und die Mädchen konnten wieder auf ihrer Wiese weit und breit gehen, und sie taten es auch. – Am Hause sammelte sich gemach eine Schicht Brennholzes nach der andern, von den Knechten aus den Gaben des Waldes gelesen, denn Gregor ließ nicht zu, daß ein frischer Baum gefällt werde – eine Mooshülle begann man über die Wände zu weben, das Winterkleid des Hauses. – Der zarte, schwerfällige Sohn des Spätjahres hatte sich bereits eingestellt, der Nebel, und oft, wenn die Schwestern an der noch immer sonnenwarmen Wand ihrer Felsen saßen, die einzelnen Glanzblicke des Tages genießend, so wogte und webte er draußen, entweder Spinnenweben über den See und durch die Täler ziehend oder silberne Inseln und Waldesstücke durcheinanderwälzend, ein wunderbar Farbengewühl von Weiß und Grau und der roten Herbstglut der Wälder; dazu mischte sich die Sonne und wob heiße, weißgeschmolzene

Blitze und kalte, feuchte, blaue Schatten hinein, daß ein Schmelz quoll, schöner und inniger als alle Farben des Frühlings und Sommers. Und wenn die Mädchen dann so schweigend hinaussahen, so rieselte es neben ihnen leise, und ein oder zwei blutrote Blätter des Waldkirschbaumes fielen zu ihren Füßen. Sie saßen da und sahen selber herbstlich trauernd dem Schauspiele zu, ahnend, wie majestätisch der Winter hier sein müsse, da sich ihm ihre Wildnis mit solcher Feierlichkeit und Stille entgegenrüste. Im Hause wurden Haken, Schaufeln, Schneereife, Schlitten und andere Geräte angehäuft, um nicht eingeschneit zu werden oder durch Schneemassen von der Welt abgeschnitten.

Seltsam ist der Mensch und seltsamer sein Herz. Wie einförmig waren vor Ronalds Ankunft die Tage einer um den andern im Walde hingegangen! Täglich dieselben Farben, dieselben Stimmen, dieselbe Feierlichkeit und auf dem See dieselbe Windstille, daß es öfters war, als hätten sie Langeweile – nun war eine Fülle, ja ein Schauer von Wonne über Clarissas Herz gegangen, ausströmend von jenem unbegreiflichen Gefühle, wodurch der Schöpfer die zwei Geschlechter bindet, daß sie selig seinem Zwecke dienen – aber dennoch war ihr nicht, als sei sie selig, ja ihr war, als seien jene einförmigen Tage vorher glücklicher gewesen als die jetzigen und als haben sie sich damals mehr geachtet und geliebt. – Sie blickte fast mit Wehmut darnach zurück, wie sie so gegangen war durch die Stellen des Waldes mit Gregor, mit Johanna, unschuldig plaudernd, selbst so unschuldig wie die Schwester und der Greis, die so schön an sie geglaubt hatten, den Abend kosend und lehrend und einschlafend mit Johanna, deren einfältigem Herzen sie Schatz und Reichtum dieser Erde gewesen – – und jetzt: Ein schweres, süßes Gefühl trug sie im Herzen, hinweggehend von den zwei Gestalten an ihrer Seite, den sonst geliebten, und suchend einen Fremden und suchend die Steigerung der eignen Seligkeit. – – O du heiliges Gold des Gewissens, wie schnell und schön strafst du das Herz, das beginnet selbstsüchtig zu werden.

Johanna, wie überschüttend auch die Liebesbeweise ihrer Schwester waren, und vielleicht eben darum, fühlte recht gut, daß sie etwas verloren – nicht die Liebe der Schwester, diese war ja noch größer und zarter, nicht ihr früher gegenseitig Tun und Wandeln, das war wie ehedem – was denn nun? Sie wußte es nicht, aber es war da, jenes Fremde und Unzuständige, das sich wie ein Totes in ihrem Herzen fortschleppte – sie liebte Clarissa noch heißer als früher, weil sie ihr erbarmte, aber oft überkam ihr Herz wie ein Kind ein Heimwehgefühl nach der Vergangenheit, und dies trat dann zuweilen bei den geringfügigsten Dingen hervor, die sich mit ein paar Fäden zurückspannten in die Zeit, die einzig schön und einfach war. So kamen sie eines Tages ob dem See über den Verhau herüber und traten auf ein Birkenplätzchen hinaus, das sie im Sommer seiner Hitze wegen geflohen hatten, denn es lag in eine Felsenbucht hinein, von der die Sonnenstrahlen glühend widerprallten. Jetzt floß wie süße Milch der laue Nachsommer um die weißen Stämme und um ihre einzelnen goldgelben Blätter; er floß hier wärmer und schmeichelnder als an jeder andern Stelle, und wie sie vorwärtsschritten, gewahrten sie, ordentlich sonderbar in so spätem Herbste, eine ganze Versammlung jener schönen, großen Tagesfaltern, die von den vier dunklen, beinahe schwarzen Flügeln mit den gelben Randbändern den Namen Trauermantel erhalten haben, teils auf dem weißen Stamme sitzend, die dürftige Sonne suchend und nach Art dieser Tiere in derselben spielend, indem sie die Flügel sachte auf- und zulegten – oder indem sie mit den unhörbaren Flügelschlägen um denselben Stamm herumflatterten, auf dem die andern saßen. Die Mädchen blieben überrascht stehen und betrachteten das seltsame Schauspiel. Die zarten Mäntel waren von so weichem, unverletztem Samte, die Bänder von so frischem, dunklem Gelb, daß Johanna augenblicklich ausrief: „O ihr armen, betrogenen Dinger, ihr seid noch in eurer Kinderstube versammelt; die warme Herbstsonne dieses Platzes log euch heraus, und nun seid ihr da, unheimliche Fremdlinge dieser Sonne, trägen Flügelschlages in diesem Afterfrühlinge und gewiß sehr hungrig; denn wo sind die Blumen und die Lüfte und die summende Gesellschaft, die euch das Herz eures Raupenlebens versprach und von denen euer Puppenschlaf träumte? – Sie werden alle kommen, aber dann seid ihr längst erfroren."

„Da irret Ihr Euch, Jungfrau", fiel der alte Jäger ein. „Es kommt nur darauf an, ob sie sich vermählen oder nicht. Diese Tierchen sterben bald nach ihrer Hochzeit, und wie oft habe ich nicht eine Mutter tot an demselben Zweige hängen gefunden, um den sie ihre Eier gelegt hatte. Wenn sie sich aber nicht vermählen, so erstarren sie, und seht, in einer Felsenritze geduckt, oft in Eis und Schnee gefroren, überdauert dieses zerbrechliche Wesen den harten Winter des Waldes und erlebt dann seinen versprochenen Frühling. Habt Ihr noch nie schon beim ersten Sonnenblicke, wenn noch kaum Halm und Gras hervor ist, einen Falter fliegen gesehen mit ausgebleichten, zerfetzten Flügeln wie ein vorjährig verwittert Blatt? – Dies ist so ein Überwinterer."

Aber Johanna antwortete nicht; die Rede des Alten fiel ihr wie ein Stein auf das Herz; es wurde ihr fast so weh, daß sie nichts redete und der armen Schwester nachsah, die vorausging und ihre Gedanken längst schon von den Faltern abgewendet hatte.

„Die in unserm Garten zu Hause sind aber auch viel lustiger und schöner", sagte sie endlich zu Gregor, „sonst hätte Clarissa schon mehr auf sie und auf unsere Rede geachtet."

Aber ein Tränentropfen kam ihr in die Augen.

Gregor schwieg und schüttelte den Kopf.

Schon früher einmal, da sie es selbst nicht wußte, hatte er ihr schweres Herz bemerkt. Zwei Sperlinge waren die Veranlassung gewesen. Als nämlich Johanna einmal nach dem Mittagessen auf den Söller trat, um den Hühnern die Brosamen hinabzuwerfen, so bemerkte sie unter ihnen zwei dieser menschenliebenden Vögel, mit hastigem Hunger von den Körnern pickend, die für die Hühner dalagen. Sie erschrak beinahe freudig, denn sie meinte, sie können nicht anders als vom Vaterhause gekommen sein, und eine solche Wehmut kam über sie, daß ihr fast ein Weinen ankam!!

„Gregor, verscheuch sie nicht", rief sie hinab, „daß sie ihr Mittagsbrot verzehren können, ehe sie ihre weite Reise wieder antreten."

„Sie reisen nicht", antwortete er, „denn sie sind schon drei Tage hier. Dieser Vogel sucht den Menschen und findet ihn selbst in der Wildnis, um in seinem Hause zu wohnen. Wenn wir über Winter da sind, diese bleiben gewiß auch da."

Johanna schaute zärtlich hinunter und ließ Brosamen und Tränen fallen – sie wußte nicht, warum ihr Herz bedrängt sei. – – Du ahnungsvolle Unschuld! – Der glänzendweiße Seraph deiner Schwesterliebe fühlte sich bedrückt durch den, der seine dunklen Schwingen im Herzen der Schwester reget.

Und dennoch ging sie hinein und zog Clarissa heraus, um ihr die Sperlinge zu zeigen.

Gregor führte „seine Kinder" wie vor und ehe durch die Wälder und zeigte ihnen das allgemache Winterrüsten, das langbärtige Moos der Birken und Tannenäste, die fliegenden Waldsamen, unter die dürre Hülle der Gräser und Blätter schlüpfend, das Abfallen der letzten Himbeeren und das Verkümmern der noch nicht gezeitigten; er zeigte ihnen an den Laubzweigen schon jetzt die Vorbilder der künftigen Frühlingsknospen in ihren braunen Panzern. Die Fichtengeschlechter standen unverändert, in düstergrüne Mäntel eingehüllt, auf Eis und Schnee harrend, und der Eichbaum hielt sein raschelnd Laub fest in den tausend zähen Fingern. Ja, Gregor malte ihnen schon die künftige Winterschönheit vor: an heiteren Tagen das Glänzen und Flimmern, das Leuchten, Spiegeln hier und dort und oben und unten, ein durchbrochener Eispalast der ganze Wald, zart wie Spitzengewebe ihres Kleides, ja, tausendmal zarter hängend von Zweig zu Zweig, dann das Krachen, wenn eine Schnee- und Eislast bricht und die feste, kalte Luft erschüttert – oder wenn sie nachts bei Lichte in der warmen Stube sitzen, kein Lüftchen um das Haus, oben aber Tauwind geht, daß die Wälder seufzen und sie das ferne Wehen und Sausen bis in ihr Bette hören oder das Knarren und Girren der reibenden Stämme und vom Felsen das Brechen und Fallen der Lawine – oder im Frühlinge, wenn die neugebornen Bäche nächtlich allüberall von den Höhen rauschen und ahnungsreich ans Ohr schlagen – – es ist keine Jahreszeit, in der er nicht die Pracht des Waldes gesehen.

Er dichtete und erzählte auf den Wanderungen wie früher und schwärmte sich in Phantasien und Gefühle der Einöde hinein wie früher, aber der dichterischen Rede fehlte jetzt das dichterische Ohr, denn er in seiner Einfalt wußte nicht, daß Clarissa viel öfter an Ronald dachte als er selber und Johanna an Clarissa. Dafür aber, wenn sich jetzt ein Ohr für ihn auftat, so fielen seine Worte in empfänglichere, schwülere Herzen und lockten aus ihnen Blumen empor, größer, dunkler, duftender als je zuvor.

Vom Vater war seit langem gar keine Botschaft gekommen, Gregors Enkel blieb aus, und zu ihrer Unruhe dauerte schon die Verschleierung des Himmels über vierzehn Tage, so daß man nicht gegen Wittinghausen sehen konnte.

Die Kohlmeise wurde nicht mehr gehört, der Krammetsvogel war fort, und fast täglich zog sich durch den grauen Himmel der graue Faden der Wandergänse, nach Süden ziehend.

Oft, wenn der Nachtnebel über den See sank, riesenarmige Schatten durcheinandergriffen, unten am Wasser gestaltlose, schwarze Dinge standen und die sanfte Mondesscheibe über all den Perlenflor ein trübes, gehauchtes Gelb goß, saß das schöne Paar in dem bereits geheizten Zimmer, durch dessen Fenster ihr Lampenlicht goldne Fäden hinausspann in die Silbernacht des Nebels, und Clarissa goß all ihr Lieben und ihr Hoffen in die Harfentöne, und Johanna sah sie liebreich und erbarmend an, in ihrem Herzen denkend: „O es ist nicht gut so – mir ahnt, es ist nicht gut so …"

„Wie schön er ist, und wie hold er unsre Sprache redet", sagte Clarissa plötzlich.

„Aber", entgegnete Johanna, „eines Tages wird er fortgehen und ein Held werden, wie sie sagen, d. h. er wird Menschenblut vergießen wie die andern, ohne um den Grund zu fragen, wenn nur Abenteuer und Gefahr dabei ist, und da wird er sich erst groß und würdig dünken. Klebt auch, wie du sagst, noch kein Tröpflein deutsches Blut an seinen Händen, so wissen wir nicht, ob es nicht in dem Augenblicke der Fall sein kann, als wir hier reden, oder morgen oder übermorgen – – es ist ein hartes, gewalttätiges Geschlecht – o wie hasse ich sie, diese Männer!"

Clarissa lächelte selig und schüttelte sanft das Haupt.

Endlich war ein Abend gekommen, der ungleich seinen grauen Vorgängern so rein und kalt wie eine aus Gold gegossene Kuppel über dem Walde stand und auch blieb, ja des Nachts sich mit einem

Übermaß der Sterne füllte, daß man meinte, sie hätten nicht Platz und einer berühre den andern.

Eine sehr kalte Nacht folgte, und als die Sonne aufgegangen, stand der ganze Wald in weißem Reife da, in lauter weißen Funken brennend und glitzernd, so dicht, als wäre nachts der ganze Sternenhimmel auf ihn herabgesunken.

Gregor gab nicht zu, daß man im Reife und der Morgennässe aufbreche, sondern erst gegen Mittag, als der ungewöhnlich kalten Nacht eine ungewöhnlich heitre Sonne gefolgt war, traten sie den Weg auf den ersehnten Blockenfels an.

Sie waren jetzt lange nicht dort gewesen. Wie verändert war der Wald! – Bis ins fernste Blau zog sich das Fahlrot und Gelb des Herbstes, wie schwache, blutige Streifen durch das Dämmerdunkel der Nadelwälder gehend, und alles war ruhig, gleichsam ergeben harrend, daß es einschneie. Nur der Himmel, so lieb und rein wie einst, ohne ein einzig Wölklein, zog über die schweigsame Waldestrauer hinaus. Johanna fand durchaus den kleinen, blauen Würfel nicht am Waldesrand, wie sehr sie ihr Auge auch anstrengte und wie klar und fast wesenlos die Herbstluft auch war. Clarissa, wie gewöhnlich, richtete das Rohr – – aber auch sie fand das Schloß nicht, sondern rückte und rückte am Waldessaume entlang und wieder zurück, sie sah wohlbekannte Biegungen und Linien, in deren Nähe das Schloß sein sollte – – endlich erklärte sich das Rätsel: Wenn auch nicht am ganzen Himmel, so lag doch an dem fernen Waldsaume ein kleines Wölklein gerade da, wo sie das Vaterhaus sehen sollten. Gregor glaubte, sie sollen ein wenig warten, etwa vergehe es bald, wenn es nicht sei wie im Herbste so oft, daß der Nebel an einem einzigen, kleinen Punkte anzuschießen beginne wie ein unbedeutend Wölklein, das hereinhängt, bis er sich schnell vergrößert und endlich ganze Waldstrecken einhüllt. Wenn letzteres der Fall ist, wird morgen gewiß schlechtes Wetter sein, und dann harren sie vergebens.

Sie warteten. –

Aber weder vergrößerte sich das Wölklein sonderlich noch auch verzog es sich, bis sogar der Greis darauf drang, die Sache für heute ganz aufzugeben, da der Nachmittag jetzt so kurz sei und sie doch bei zwei Stunden brauchen könnten, bis sie in ihr Haus kämen. Morgen sei gewiß allen Anzeichen nach ein noch schönerer Tag, und er werde sie sodann so früh als möglich herauführen. Noch drei-, noch viermal sahen sie durch das Rohr, aber ohne Erfolg, und sie trennten sich endlich ungern und unruhig von dem Platz. – Man langte zu Hause an. Dieselbe goldne, wunderschöne Kuppel wie gestern baute sich auch heute abend über die dunklen, abendfrischen Waldhöhen auf, und dasselbe Wimmeln der Gestirne folgte wie gestern, aber fast noch dichter, als sänke der ganze Himmel in einem leisen, lichten Schneeregen nieder, woraus der Alte einen noch klareren Tag prophezeite.

Alles suchte die Ruhe. Gregor verbrachte eine schwere, kummervolle Nacht.

Endlich kam der Morgen. Dieselbe spiegelreine Sonne stieg herauf wie gestern und beleuchtete den Reif, der schnell so Blatt als Gras der Veralterung und dem Verfalle entgegenführte. Die Mädchen drängten den Greis, aber er hieß sie die reine Mittagsluft erwarten.

Endlich brachen sie auf, wieder von einer fast heißen Sonne geleitet. Im Emporsteigen konnten sie recht die Verwüstungen des Frostes betrachten, wie noch rückgebliebene Blätter rostbraun oder blutrot oder vergelbt am Strauchwerke hingen und wie die Farnkräuter und die Blätter der Beeren und die aufgeschossenen Schafte gleichsam gesotten und schlapp herabhingen.

Johanna war die erste am Gipfel des Felsens und erhob ein lautes Jubeln; denn in der glasklaren Luft, so rein, als wäre sie gar nicht da, stand der geliebte, kleine Würfel auf dem Waldesrande, von keinem Wölklein mehr verdeckt, so deutlich stand er da, als müßte sie mit freiem Auge seine Teile unterscheiden, und der Himmel war von einem so sanften Glanze, als wäre er aus einem einzigen Edelsteine geschnitten.

Clarissa hatte inzwischen das Rohr befestigt und gerichtet. Auf einmal aber sah man sie zurücktreten und ihre Augen mit sonderbarem Ausdrucke auf Gregor heften. Sogleich trat Johanna vor das Glas, der Würfel stand darinnen, aber siehe, er hatte kein Dach, und auf dem Mauerwerke waren fremde, schwarze Flecken. Auch sie fuhr zurück – aber als sei es ein lächerlich Luftbild, das im Augenblicke verschwunden sein müsse, drängte sie sogleich ihr Auge wieder vor das Glas, jedoch in derselben milden Luft stand dasselbe Bild, angeleuchtet von der sanften Sonne, ruhig, starr, zum Entsetzen deutlich – und der glänzende, heiter funkelnde Tag stand darüber – nur zitterte es ein wenig in der Luft, wie sie angestrengten Auges hineinsah; dies war aber daher, weil ihr Herz pochte und ihr Auge zu wanken begann.

Als sie sich nun ohnmächtig zurücklehnte, hörte sie eben, wie Clarissa mit schneebleichem Antlitze sagte: „Es ist geschehen."

„Es ist geschehen", erwiderte Gregor. „Mir ahnte gestern schon aus dem sanften unbeweglichen Wölklein – aber laßt mich es auch erblicken."

Mit diesem Worte schaute er in das Rohr, aber ob auch sein Auge durch Übung vielmal schärfer war als das der Mädchen, so sah er doch auch nichts anders als sie: in schöner Klarheit einen gewaltigen Turm von dem Waldrande emporstehen, ohne Dach und mit den schwarzen Brandflecken, nur schien es ihm, als schwebe noch eine ganz schwache, blaue Dunstschicht über der Ruine. Es war ein unheimlicher Gedanke, daß in diesem Augenblick dort vielleicht ein gewaltiges Kriegsgetümmel sei und Taten geschehen, die ein Menschenherz zerreißen können, aber in der Größe der Welt und des Waldes war der Turm selbst nur ein Punkt. Von Kriegsgetümmel ward man gar nichts inne, und nur die lächelnde, schöne Ruhe stand am Himmel und über der ganzen Einöde.

Es ergriff hart das Herz des alten Mannes, daß er mit den Zähnen knirschte, jedoch er tat nicht den geringsten Schmerzenslaut, sondern vom Rohre wegtretend, sagte er: „Da haben sie etwas davon, wenn sie das alte Dach abbrennen, wo man ohnedies bald ein neues hätte setzen müssen. – Was er doch für ein erfahrener Kriegsmann ist, euer Vater; er hat es gerade so vorausgesagt. Tröstet euch nur, meine Kinder – Clarissa, schaut nicht so schreckhaft auf einen Punkt hinaus!"

„Ja", erwiderte sie langsam, „das Dach ist verbrannt worden, das sehen wir, aber was noch geschehen ist, das sehen wir mit diesem Rohre nicht – – sagt, warum kommt Euer Enkel Raimund nicht, warum keine Botschaft schon seit Wochen?"

„Weil nichts entschieden war", fiel Gregor ein. „Gestern, vorgestern kann der Brand erst stattgefunden haben, darum wird und muß morgen oder übermorgen Botschaft eintreffen, ja wer weiß, ob sie nicht schon unser im Hause harret. Kommt – es geschah, was wir vorauswußten. – Daß ein Haus von durchziehenden Heerhaufen verbrannt wurde, ist nichts Absonderliches und wird oft in diesem Kriege geschehen sein."

„Aber zwei Menschen waren in diesem Hause ..."

„Und einer davon", unterbrach er, „war einst ein großer Krieger, der gewiß für Abzug und Geleite oder für ehrliche Haft unterhandelt haben wird."

„Und ein anderer war dabei", fuhr Clarissa fort, „der sagte, daß auf dem hochverehrten Haupte kein einzig Härchen sollte gelüftet werden."

„Und es wurde auch kein einziges gelüftet, wenn Ronald zugegen war ..."

„Oder?"

„Es ist auch auf seinem Haupte kein einziges mehr lebendig."

Zwei angstvolle Gesichter sahen in maßloser Bestürzung auf ihn.

„Macht mich nicht selbst zum Toren", rief er unwillig aus, „und jagt mir nicht kindische Angst ein – ich sage euch ja, es ist nichts geschehen, weil's zu unvernünftig wäre – – darum gebt eure Sorge und euer Herze in Gottes Hand und harret nach eures Vaters Willen auf die Entscheidung. Kommt, nehmt das Rohr weg und lasset uns den Heimweg suchen."

Aber sie nahmen das Rohr nicht weg. Clarissa warf sich neuerdings vor das Glas und sah lange hinein – aber diese eine Botschaft war immer darinnen, doppelt ängstigend durch dieselbe stumme Einförmigkeit und Klarheit. Auch Johanna sah hindurch, um ihn nur gewöhnen zu können, den drohenden, unheimlichen Anblick; denn sobald sie das Auge wegwendete und den schönen, blauen Waldduft sah wie sonst und den lieblich blauen Würfel wie sonst und den lachenden, blauen Himmel gar so prangend, so war es ihr, als könne es ja ganz und gar nicht möglich sein – und wenn sie wieder in das Glas sah, so war's, als sei selbst das heitre Firmament düster und schreckhaft und das Walddunkel ein riesig hinausgehendes, schwarzes Bahrtuch.

Endlich – Clarissa faßte sich zuerst, und den Gedanken verwerfend, den die erste Fieberhaftigkeit eingegeben, nämlich allsogleich aufzubrechen, und koste es, was es wolle, das Vaterhaus zu suchen, schlug sie vor, ohne Säumen in das Haus zu gehen und sogleich einen der Knechte auf Kundschaft auszusenden und, bis er zurückkehre oder ein anderer Bote eintreffe, bei vorsichtigster Bewachung der Zugänge im Hause zu verharren. Sogleich nahm sie auch das Rohr ab und schob es ineinander, sich selbst und Johanna jeden ferneren Blick streng versagend, um nicht länger den untätigen Schmerz und die vielleicht unnötige Angst zu nähren.

Johanna, mit einem Schmerzblick, ließ es geschehen, aber es loderte in ihr auch Bewunderung Clarissas auf, die wieder ihre schöne, starke Schwester geworden, der sie sich sonst so gerne und so liebend unterworfen hatte.

Gregor billigte alles, nur nicht das Wegsenden eines Knechtes. „Euer Vater", sagte er, „weiß, daß ihr dies Rohr habt und von dem Stande der Dinge unterrichtet sein müsset: Er wird daher keine Minute säumen, euch das Nähere kundzutun. – Der Knecht könnte in Feindeshand geraten und in der Angst euren Aufenthalt offenbaren."

Die Mädchen sahen es ein und gaben nach.

Noch einen traurigen Blick taten sie über Weite und Breite ihrer herbstlichen Wildnis, und dann verließen sie den Gipfel ihres vielgeliebten Felsens mit Gefühlen, so ganz anders, als sie sonst immer herabgestiegen waren – mit Ahnungsgefühlen, die jede heimlich angstvoll wälzte und der andern verbarg und sie an ihr bekämpfte.

Am See standen die zwei ruhigen, dunklen Gestalten der Knechte, die auf sie warteten; man bestieg den Floß und fuhr über. Gregor ließ das Fahrzeug anbinden, und als man durch das Pfahltor eingegangen war, wurde es eingeklinkt und mit den Riegeln verschlossen. Nachts lösten sich die Knechte im Wachen ab.

Morgen erschien und verging, aber kein Bote war gekommen.

Ebenso übermorgen.

Und so verging Tag um Tag, bis ihrer elf vorüber waren, ohne daß Botschaft gekommen. Gregor gab nach und geleitete sie noch einmal auf den Felsen. Mit derselben starren Einfachheit stand die Ruine am Waldrande wie des ersten Tages, aber nicht ein Hauch einer andern Nachricht war von ihr herübergekommen. Die Angst mit breiten, schwarzen Flügeln senkte sich auf Tal und Wald.

Endlich sanken die ersten weißen, zarten Schneeflocken in den dunklen See – und man hatte nun doch einen Knecht auf Kundschaft ausgesendet.

Aber auch er ist nicht wiedergekommen.

VII. Waldruine

Auf grünem Weidegrunde stand ein gewaltiger viereckiger Turm, von zerfallendem Außenwerke umgeben. Er hatte kein Dach, und seine Ringmauern hatten keine Tore, gerade, wie er noch heutzutage steht – aber er trug noch nicht die verwitterte graue Farbe seiner bloßgelegten Steinmauern wie heute, sondern war noch bekleidet mit Anwurf und Tünche, nur war deren Reinheit beschmutzt mit häßlichen Brandflecken, aus den Fenstern ausgehend und wie Kometenfahnen aufwärtszielend. Auch war in dem äußern Mauerwerke manch tiefe Verwundung ersichtlich. Der Rasen umher war verschwunden und glich einer gestampften Tenne, von tiefen Räderspuren durchfurcht und hier und da mit einem verkohlten Baume oder Trümmern unbekannter Geräte bedeckt. Die größte Stille und ein reiner Himmel mit freundlicher Novembersonne schaute auf diese Todesstelle nieder. Kein Gedanke eines Feindes war ringsum zu erschauen, aber auch kein einzig anderes lebendes Wesen stundenweit in die Runde; die Hütten waren verbrannt, und der Ort Friedberg lag in Trümmern. Gleichwohl stieg ein dünner, blauer Rauchfaden aus der Ruine zu dem dunklen Himmel hinauf, als wäre sie von irgendeinem menschlichen Wesen bewohnt. Ja, man sah sogar über den Weideboden, der zwar noch nicht beschneit, aber fest gefroren war, einen Reiter eilig dem Trümmerwerke zureiten. Er zwang das Pferd durch den weitklaffenden Torweg über herabgestürzte Steintrümmer hinein, band es, nachdem er abgestiegen, an die Stange eines eisernen Fenstergitters, von dessen Simsen noch das geschmolzene Glas wie schmutziges Eis herabhing, wandte sich dann schnell weg und drang durch das halbverschüttete Tor in das Innere des Turmes. Hier, durch ausgebrannte Türen und Fenster, glotzten ihn Gänge und Gemächer an, die ihm schauerlich fremd vorkamen, und aus ihren Höhlungen wehte eine ungastliche Luft. Dennoch entdeckte er bald eine hölzerne Treppe, aus noch frischen Bäumen gezimmert und mit gehauenen Pfosten überdeckt. Er stieg sie hinan und gelangte in einen Gang und in ein Vorgemach, dessen Decke nicht eingestürzt war. Wie er durch den finstern Gang schritt, sah er einen alten Mann stehen, aber er achtete dessen nicht, sondern pochte an das Gemach. Ein weibliches Gesicht wurde durch das geöffnete Schubfach der Türe sichtbar.

„Susanna", sagte der Fremde mit sanfter Stimme, „darf ich eintreten?" Die Magd öffnete sogleich die Tür, führte ihn durch das Gemach und öffnete ihm gegenüber wieder eine Tür, die in ein weiteres erhaltenes Zimmer führte. Er trat ein.

Eine der zwei darinnen sitzenden, schwarzgekleideten Gestalten erhob sich sogleich und trat ihm mit den Worten entgegen: „Seid uns von ganzem Herzen willkommen, Ritter."

Er heftete sein dunkles Auge mit traurigem Glanze auf ihre blassen Züge – – ja, es war Clarissa, die vor ihm stand und von deren schöner Gestalt das schwarze Trauerkleid herniederwallte. Seitwärts saß Johanna – ein Antlitz, weiß wie Alabaster, sah aus der schwarzen Florhülle zu dem Ritter herüber, und die Tropfen, die auf die Wangen flossen, jagten sich schneller, seit sie ihn sah und sich nach Sprache bemühte, ihn zu grüßen. Er, mit dem düsterschönen Ausdrucke seines Wesens, stand auch einige Augenblicke sprachlos und blickte auf das mit schlechtem Papier verklebte Fenster, unfähig, ein einziges Wort herauszubringen, da auch Clarissa schwieg und ihr Mund und ihre Wimpern vergeblich zuckten, um die Tränen zurückzuhalten. Sie schob ihm einen Stuhl hin, er aber trat zu Johanna und ergriff ihre Hand, sie sanft und fest in seine drückend.

„Weil Ihr nur da seid", sagte sie endlich schluchzend, „weil nur einmal ein Mensch da ist."

„Zürnet mir nicht", entgegnete er ihr. „Es sind erst fünf Tage, seit ich frei bin, und diese bin ich fast unausgesetzt geritten, um Euch zu suchen."

„So waret Ihr gefangen?"

„Ich war gefangen, sonst wäret Ihr nicht so lange ohne Hilfe geblieben – nun aber bin ich da und bitte Euch inständig, nehmt alles, was ich bin und habe, zu Eurer Hilfe und Eurem Dienst. Meine Burg an der Donau ist zwar auch verbrannt und noch mehr zusammengestürzt als diese – es tut nichts, ich brauche sie nicht und baue sie auch nicht mehr, bis einmal Friede im Lande ist. Einige Mittel aber habe ich geborgen, und die wollen wir vorerst anwenden, um dieses Euer Haus in etwas wohnlicheren Stand zu setzen. Hierher wird nicht so leicht mehr ein Feind kommen, denn der Übergang

war höchst schwierig und von unbedeutenden Folgen. Sie stehen
jetzt alle in Winterquartieren.“

Mit einem schmerzhaft freundlichen Schimmer ihrer aufrichtigen Augen reichte ihm Clarissa die Hand hin, indem sie sagte: „So
seid Ihr wieder der erste wie immer, der da kommt, zu helfen, Ihr,
gegen den ich immer so undankbar gewesen bin.“

„Laßt das jetzt, Clarissa“, erwiderte er mit trübfunkelnden Augen, „laßt das, es ist vorüber, und ich bin nichts als Euer Vetter und
Bruder – wie hätte ich auch ahnen können. – Wäret Ihr von jeher ver-
trauender gegen alle gewesen, so hätte ich Euch nie mit Werbung gequält, und wahrscheinlich wäre das Letzte auch nicht geschehen. – –“

„So wißt Ihr – – ?“

„Ich weiß, Clarissa, ich weiß. – – –“

„Auch er – ist es so – auch er!?“

„Auch er.“

Clarissas Antlitz zuckte jäh hinüber und haschte nach Atem; ein
maßloser Schmerz lag darauf, ja sogar etwas wie Grimm, als sie das
Auge gegen das Fenster wandte wie gegen einen blinden Himmel –
und sekundenlang starrte, weil sie kämpfte. –

Noch war es fast wie Hohnlächeln in ihren Zügen, unheimlich
anzusehen, als sie das Angesicht zurückwendete und mit fast ruhiger
Stimme sagte: „Ritter, wenn Ihr etwas Näheres wisset, so sagt, so erzählt es uns, wir wissen nur das eine – – sagt, Ritter, woher wißt Ihr
das Nähere?“

„Ich war dabei.“

„Ihr wart dabei, Bruno?“ schrie Johanna aufspringend. „Ihr seid
dabeigewesen, Bruno“, rief sie mit den schmerzlichsten Tönen ihrer
Seele. – „Um Gottes willen, o so sagt, wie war es, erzählt – nehmt
diese furchtbare Last von meinem Herzen; mir ist, als wäre mir
leichter, wenn ich alles wüßte.“

Da er unschlüssig zauderte, sagte Clarissa: „Ritter, seid barmher-
zig und erzählt.“

„Ein Wald“, begann er, „war das eigentliche Unglück. – Euer
Haus – – kein Finger hätte es angerührt – weit links davon sollte der
Zug gehen – aber Gallas hatte Völker gesandt, mich auf eigenes An-
suchen mit, um in jenem Walde (er zieht sich rechts von hier gegen
das Moldautal ab) Schanzen aufzuwerfen und den Feind zurückzu-
weisen. Friedbergs unglückliche Bewohner, die graben mußten, werden zeitlebens an den Schanzwald denken und den Namen ihren
Enkeln und Urenkeln einprägen, denn er war ihr und unser Unglück.
Ich sah es voraus, wie es kam, und bat euren Vater noch tags zuvor,
er möge die Burg preisgeben und zu euch flüchten, aber er verwarf
den Antrag mit Entrüstung, weil ein Haufe Kaiserlicher unter seinem

Befehle die Burg besetzt hielt. Harmlos wie eine Schar Wallfahrer mit klingenden Liedern stiegen die Schweden den schönen Wald heran. – – Es war schrecklich anzusehen, wie, da der Rauchwall aus unsern Gewehren sich verzog, ihre zerfetzten und blutenden Linien zurücktaumelten. Kein neuer Angriff ward mehr gewagt, die Kurzsichtigen unter uns jubelten, aber noch diese Nacht sahen wir den Brand Friedbergs, und des andern Tages, da die Scharen schwollen, ward im furchtbaren Morden die Schanze gestürmt. Die Unsern zerstäubten wie zerbrochenes Glas; ein Teil warf sich nach Wittinghausen, ich mit ihnen. O Clarissa, alles wäre noch gut geworden. Der erste siegestrotzige Anfall wurde zurückgeschlagen – eine Woche verging schon – und noch eine – der Feind, bereits abgekühlt und einsehend, wie wenig ihm eigentlich an dem Hause gelegen sein könne, hatte nur den Schein von Ehre zu wahren und bot willig die Hand zur Unterhandlung. Da, eines schönen Morgens, sahen wir, gleichsam wie einen neuen Befehlshaber, einen jungen Mann in prachtvollen Kleidern durch die Reihen der Belagerer reiten, gleichsam wie Anordnungen treffend." – Clarissa, mit halbgeöffnetem Munde, atemlos, mit gespannten, dürstenden Augen, horchte hin. – „Wir begriffen nicht, was er wollte; die Anführer alle, Sture an der Spitze, standen ehrfurchtsvoll vor ihm. Es war gerade Waffenstillstandstag. Am andern Morgen ritt derselbe Mann – ach, wie wir glaubten, um zu kundschaften – ungewöhnlich nahe an die Mauern; und wie es manchmal der Zufall will, der Helm entfiel ihm – ein ganzer Wall von blonden Locken rollte in diesem Augenblicke über seinen Nacken. – –

War es nun Verblendung, war es Verhängnis, das sich erfüllen mußte, wir verstanden die Zeichen des Jünglings nicht, wie er so zuversichtlich vorritt, ja, euer Vater mit allen Merkmalen höchster Überraschung sah lange und unverwandt auf ihn – da sah ich nach und nach ein Rot in seine Wangen steigen, bis sie dunkel wie in Zornesglut brannten. Ohne eine Silbe zu sagen, schleuderte er mit einem Male seine Lanze gegen den Reiter, nicht bedenkend, daß sie auf diese Entfernung gar nicht treffen könne – ach, sie traf auch nicht, die arme, schwache, unschuldige Lanze – allein sie wurde das Zeichen zu vielen andern, die augenblicks von unsern Leuten flogen; auch hörten wir zugleich das Krachen von unsern Doppelhaken hinter uns. Von den Schweden sahen wir nur noch, wie viele vorsprengten, um den Reiter in ihre Mitte zu nehmen, wie er sank – und dann, ehe uns noch kaum Besinnung wiederkehren konnte – – war schon Sturm hier, dort, überall – wütend von der Schwedenseite wie nie – Rauch, daß kein Antlitz auf drei Schritte erkennbar war – – Clarissa, hört Ihr?"

„Weiter, weiter", sagte sie, angstvoll vorgebogen.

„Es ist nichts mehr weiter – die Burg brannte, wir mußten ausfallen
– – – ich wurde verwundet, besinnungslos, gefangen."
„Und …??" – – –
„Clarissa – Johanna – – Sture selbst ließ beide, ihn und den Knaben, kriegerisch ehrenvoll unter der Steinplatte vor dem Altare der
Thomaskirche begraben, die freilich auch abgebrannt war – ich, verwundet und waffenlos, erhielt Erlaubnis, beizuwohnen."
„Und ich", rief Clarissa zurücksinkend, „war es, ich, die Vater
und Bruder erschlagen", und sie brach, beide Hände vor ihre Augen
drückend, in ein wildes Schluchzen aus, daß ihr ganzer Bau darunter erzitterte. Johanna, selbst kaum ihrer Kräfte mächtig und schön
wie ein gestorbener Engel, stand doch sogleich auf und drückte Clarissa an ihren Busen, das Haupt derselben an ihr Herz legend und es
ausweinen lassend, während sie ihre Hände lieblich zärtlich um dasselbe legte und selbst die heißen Tränen auf sie niederfallen ließ.
Der Ritter wischte sich das Wasser aus seinen schönen, dunklen
Augen und stand in tiefem Schmerze da, aber er bereute nicht, daß
er den ihrigen durch die Erzählung hervorgerufen, denn er wußte
wohl, wie herzzerreißend diese Tränen auch seien, daß ihnen Linderung folgen werde, unsäglich süßer und heilsamer als all ihre frü-
here dumpfe Ergebung. Auch löste sich bald das erste krampfhafte
Schluchzen, und nur mehr ein leises, kaum ein hörbares Weinen rieselte durch das totenstille, verdunkelte Zimmer und endlich auch
dies nicht mehr. Clarissa, ohnmächtig, schmiegsam, lag kindlich an
Johannas Herzen, von ihr wie früher umschlossen – und wie bitter
auch die ersten Tränen beider hervorgepreßt waren, so flossen sie
doch jetzt leicht, reichlich und wie von selbst, ja sogar linde süß wie
das letzte Blut eines getöteten Geschöpfes.
Endlich, nach langer Stille, hob Clarissa wieder ihr Haupt und Auge müde und verklärt zu dem Ritter empor und sagte leise: „Bruno,
sagt uns nun auch, wo ist das andere Grab, und wie …?" Ihre Stimme
erstickte neuerdings.
„Forscht nicht, Clarissa; wer enträtsel das Wirrsal jenes Augenblicks? – – Er hatte eine Kugel in der Brust, wahrscheinlich aus einem unserer Doppelhaken, seinen Körper brachten sie weg, wohin –
ich weiß es nicht. Erst bei den Schweden erfuhr ich, daß er als Ver-
mittler gekommen, daß er vorschlug und durchsetzte, daß man die
kaiserliche Besatzung frei abziehen und Euren Vater ungestört in seinem Hause lassen solle. – – Sein Tod war die Losung des Sturmes –
Sture und alle liebten ihn sehr."
„Alle liebten ihn sehr", sagte sie, vor innigem Schmerze lallend,
„alle liebten ihn sehr – – – o du schöne, du schöne, du unglückliche
Waldwiese!!" Sie verbarg wieder ihr Haupt an Johannas Herzen, fast

kindisch furchtsam die Worte sagend: „Johanna, du zürnest – Johanna, ich liebe dich, jetzt nur dich – – o Kind, liebe mich nun auch
wieder."

Diese, im Unmaß des Schmerzes und der Zärtlichkeit, wußte
nicht, was sie tun sollte; sie drückte die Schwester an sich, sie umschlang sie mit einer Hand und streichelte mit der andern über die
glänzenden Haupthaare derselben, wie man todbetrübte Kinder be-
schwichtigt – – sie selbst, bis zu Tode betrübt, erhielt nur die Kraft
durch die noch größere Betrübnis der Schwester, die sie lindern wollte. Zu dem Ritter aber sagte sie leise: „Erzählt nichts mehr."

Dieser aber beugte sein Haupt im Schmerze vorwärts und sah mit
den verdunkelten, von Tränen zitternden Augen auf das schöne vor
ihm vergehende Geschöpf, das er so lange geliebt, das sein Herz so
lange begehrt hatte; es wollte ihm vor Mitleid zerspringen, und es
war ihm, als drehe sich mit ihm der Fußboden des Gemaches. Sachte
wollte er hinausgehen, um den Schwestern Zeit zu gönnen, aber Clarissa hörte seine Tritte und sah plötzlich auf und sagte: „Bruno, geht
nicht, es ist hier so dunkel, und wir haben niemand als einen alten
Mann und seinen Enkel – – Bruno, laßt uns ein Fenster machen."

„Alles, alles, Clarissa, werden wir machen lassen. Seht, ich werde
noch heute um Arbeiter fortreiten, wir werden für den Winter ein
Notdach auf einige Gemächer setzen, Fenster, Türen, Stiegen, alles –
Eure Bücher, daß Ihr dem Winter getrost entgegensehen könnt."

„Wir sehen jetzt allem getrost entgegen", sagte sie, indem sie wieder ihr Antlitz auf Johannas Schulter legte.

Der Ritter ging still hinaus. Er sprach mit Gregor, Raimund und
den Mägden, und nach einiger Zeit sah man ihn wieder über den
grauen, gefrornen Boden davonreiten.

Ein Notdach war gesetzt, Tore, Stiegen, Gemächer wieder eingerichtet, aber immer sah die Burg wie eine Ruine aus. Jahre kamen
und vergingen, und immer sah die Burg wie eine Ruine aus. Alle
Zeichen Ronalds trogen, und der Krieg, statt ein Ende zu nehmen,
dauerte noch in die Jahre und Jahre, aber nie mehr erschien ein Feind
vor Wittinghausen; ein Teil wußte, was sie für Ronald bedeutete, ein
Teil kannte weder Ronald noch die Feste.

Die Schwestern lebten fortan dort, beide unvermählt. Johanna
war eine erhabene Jungfrau geworden, rein und streng, und hatte
nur eine Leidenschaft, Liebe für ihre Schwester. Clarissa liebte und
hegte Ronald fort und fort; in den goldnen Sternen sah sie seine
Haare, in dem blauen Himmel sein Auge, und als einmal ein Zufall
jenes feenhafte Gedicht des britischen Sängers auf ihre Burg her-
überwehte, so sah sie ihn dann oft als den schönen, elfigen, blond-
gelockten Knaben auf seinem Wagen durch die Lüfte schwimmen,

den Lilienstengel in der rechten Hand, ihr entgegen, der harrenden Titania. Selbst als sie schon achtzig Jahre alt geworden und längst ruhig und heiter war, konnte sie sich ihn nicht anders denken – selbst wenn sie ihn noch lebend träumte und einmal kommend –, als daß er als schöner, blondgelockter Jüngling hereintrete und sie liebevoll anblicke. Wenige Menschen besuchten die seltsame, verwitterte Burg, nur ein einziger Ritter ritt zuweilen ab und zu.

Eines Tages blieb er auch aus – er war gestorben. Daß die Schwestern sehr alt geworden, wußte man bis in die neuesten Zeiten, und der Hirt zeigte die Kammer derselben, aber kein Mensch kennt ihr Grab; ist es in der verfallenen Thomaskirche, oder deckt es einer der grauen Steine in der Burg, auf denen jetzt die Ziegen klettern? – Die Burg hatte nach ihnen keine Bewohner mehr.

Westlich liegen und schweigen die unermeßlichen Wälder, lieblich wild wie ehedem. Gregor hatte das Waldhaus angezündet und Waldsamen auf die Stelle gestreut; die Ahornen, die Buchen, die Fichten und andere, die auf der Waldwiese standen, hatten zahlreiche Nachkommenschaft und überwuchsen diese ganze Stelle, so daß wieder die tiefe, jungfräuliche Wildnis entstand wie sonst und wie sie noch heute ist.

Einen alten Mann – wie einen Schemen – sah man noch öfter durch den Wald gehen, aber kein Mensch kann eine Zeit sagen, wo er noch ging, und eine, wo er nicht mehr ging.

DIE NARRENBURG

Sieh nur, welch düstere Geschichten diese Trümmer reden.

Altes Buch

I. DIE GRÜNE FICHTAU

Hanns von Scharnast hatte ein lächerliches Fideikommiß gestiftet. Seine Burg Rothenstein samt Zugehör an Untertanen, an Jagd-, Fisch- und Berggerechtigkeit solle sich in gerader Linie immer auf den ältesten Sohn forterben; ist kein Sohn da, auf Töchter, und in Ermanglung dieser auf die älteste Seitenlinie und so fort, bis etwa einmal der Fall eintritt, daß weder ein Cognat noch ein Agnat von benanntem Hause übrig ist, wo sodann die Burg samt Zubehör an den Fiskus fällt. Bis hierher wäre alles richtig; aber eine Bedingung fügte er dem Fideikomisse bei, welche der ganzen Sache eine andere Wendung gibt. Jeder nämlich, dem die Burg als Erbschaft zufiel, mußte, ehe sie ihm ausgeantwortet würde, zweierlei Dinge leisten: Erstens mußte er schwören, daß er getreu und ohne den geringsten Abbruch der Wahrheit seine Lebensgeschichte aufschreiben wolle, und zwar von der Zeit seiner ersten Erinnerung an bis zu jener, da er nur noch die Feder zu halten imstande war. Diese Lebensbeschreibung solle er dann Heft für Heft, wie sie fertig wird, in dem feuerfesten Gemache hinterlegen, das zu diesem Zwecke in den roten Marmorfels gehauen war, der sich innerhalb der Burg erhebt; – zweitens mußte er schwören, daß er sämtliche bereits in dem roten Steine befindlichen Lebensbeschreibungen lesen wolle, wobei es ihm aber nicht gestattet ist, irgendeine von dem Gemache ihrer Aufbewahrung wegzutragen. Wer eine von diesen Bedingungen nicht erfüllen könne oder wolle, der wird betrachtet, als sei er im Augenblicke des Anfalles des Fideikommisses gestorben, und dasselbe geht auf seinen fideikommissarischen Nachfolger über. Für jeden minderjährigen Fideikommissar müsse das Erbe so lange vormundschaftlich verwaltet werden, bis er großjährig geworden und sich erklären könne, ob er schwören wolle, ob nicht. Bei wessen Tode sich der Fall ereigne, daß man von ihm gar keine Lebensbeschreibung in dem roten Steine finden könne, der wird als gar nicht geboren betrachtet, also ist auch seine ganze Nachkommenschaft nicht geboren, und das Fideikommiß geht an ihnen vorüber den Weg rechtens weiter.

Der Grund, der Hannsen leitete, eine so seltsame Klausel an sein Fideikommiß zu hängen, war ein zweifacher. Erstens, obwohl er ein sehr frommer und tugendhafter Mann war, so hatte er doch in seinem Leben so viele Narrheiten und Übereilungen begangen, und es war ihm daraus so viel Beschämung und Verdruß zugewachsen, daß er beschloß, alles haarklein aufzuschreiben, ja auch seinen Nachfolgern die Pflicht aufzulegen, daß sie ihr Leben beschreiben, damit sich jeder, der nach ihnen käme, daran zu spiegeln und zu hüten vermöge.

Der zweite Grund war: daß sich jeder, der nur die entfernteste Anwartschaft auf Rothenstein hätte, gar wohl von Laster und Unsitte fernhalten würde, damit er nicht dereinst in die Lage käme, sie beschreiben zu müssen oder sie doch halbwegs einzugestehen, wenn er den Eid von sich schiebe.

Was nun den ersten Punkt anlangt, so hatte Hanns das Unglück, das schnurgerade Gegenteil von dem zu erreichen, was er erzielen wollte. Es mußte nämlich von ihrem Ahnherrn her so viel tolles Blut und so viel Ansatz zur Narrheit in den Scharnasts gelegen haben, daß sie, statt durch die Lebensbeschreibungen abgeschreckt zu werden, sich ordentlich daran ein Exempel nahmen und so viel verrücktes Zeugs taten, als nur immer in eine Lebensbeschreibung hineingeht – ja selbst die, welche bisher ein stilles und manierliches Leben geführt hatten, schlugen in dem Augenblicke um, als sie in den Besitz der verwetterten Burg kamen, und die Sache wurde immer ärger, je mehr Besitzer bereits gewesen waren und mit je mehr Wust sich der neue den Kopf anfüllen mußte. Der Stifter würde sich im Grabe umgekehrt haben, wenn er durch die dicken Felsenwände in seine Gruft hineingehört hätte, was die Leute sagten; nicht anders nämlich als die „Narrenburg" nannten sie den von ihm gerade in dieser Hinsicht so wohl verklausulierten Rothenstein.

In Bezug des zweiten Punktes, der Tugend nämlich, war es nicht recht klar, inwieweit der Gründer seinen Zweck erreicht habe; man sagte wohl den Scharnasts verschiedenes Böse nach, allein es kroch immer nur so im Dunkel herum: Andrerseits stand aber auch die Tatsache fest, daß man sich nie einer Zeit erinnern konnte, wo einer von ihnen als ausnahmsweises Muster der Tugend wäre aufgestellt worden.

Heutzutage liegt die Burg beinahe in Trümmern, und seit der letzte Scharnast in Afrika erschossen worden ist, konnte man auch gar keinen Anwärter mehr auf den Rothenstein auftreiben, und ein Schalk warf bereits die lächerliche Rechtsfrage auf, ob nun auch der Fiskus seine Lebensbeschreibung werde schreiben müssen.

So standen aktengemäß die Sachen, als sich das zutrug, was wir in den folgenden Blättern erzählen wollen.

Eines schönen Sommertages gegen Abend im Jahre 1837 schritt ein
junger, leidlich schmucker Bursche das romantische Waldtal der Fichtau an dem Flusse Pernitz entlang. Dieser Mann war trotz des jungen
freundlichen Gesichtes lächerlich anzusehen, denn er war verworren
angezogen und mit den seltsamsten Dingen bepackt. An einem um
die Schulter gehenden Lederriemen hing eine große, flache Seiten-
tasche, wie ein Ofenschirm, der ihn am Gehen hinderte; längs der
Kante dieser Tasche war ein Holzfuß geschnallt, der, auseinanderge-
legt, das Gerüste zu einem Feldsessel abgab. Auf dem Rücken trug der
Mann ein Ränzlein, das ebenfalls wieder so breit war, daß es rechts
und links an seiner Person hervorstand; davon hing ein langstieliger
Hammer und eine abenteuerliche Hacke herab; oben war ein großer
grauer Regen- und Sonnenschirm und eine lange Blechbüchse daran
geschnallt, welche beide waagrecht so sehr über seine Schultern hin-
ausragten, daß er von fern anzusehen war wie ein wandelndes Kreuz.
Die Hand hielt einen Alpenstock mit mächtiger Eisenspitze – des
übrigen hatte er einen breiten Strohhut auf, eisenbeschlagene Stiefel
an, und sein Rock schlug bei jedem Schritte so pendelmäßig gegen
seine Füße, als trüge er beide Säcke voll Eisen oder Gestein. So hatte
man ihn schon mehrere Wochen in den Bergen der Fichtau herumgehen und herumsitzen sehen.

Die Fichtau aber ist ein schönes Bergrevier, voll sanftblickendem,
rotbrüchigem Marmor, frischem Waldesgrün und eiskalten abschie-
ßenden Quellen. Die Pernitz läuft unten voll Lärmen und Gepränge
durch, bis sie draußen ein zahmer Fluß wird, Wiesen wässert und Walk-
mühlen treibt. Die Fichtau ist ein paar Tagreisen östlich von dem freundlichen Pfarrdorfe Grünberg und dem schönen Markte Pirling, welche
beide an demselben Flusse Pernitz liegen. In der ganzen Fichtau ist kein
einziger Ort, aber dafür ist sie gleichsam besäet mit einzeln liegenden
Häusern und Gehöften, und mancher Landmann, wenn er seiner Arbeit nachging, sah obbesagten Wanderer, wie er samt seiner Bepackung
entweder an einer Felsenwand kletterte und Steine herabschlug, mit
denen er sich dann belastete und sie seines Weges mit fortschleppte –
oder man sah ihn auf seinem Feldsessel sitzen; den eisenspitzigen
Stock hatte er in die Erde gebohrt, den Stiel seines Sonnenschirms darauf geschraubt, und im Schatten desselben zeichnete er Wälder oder
Blöcke ab, auf die sonst keiner geachtet hatte, ob sie auch schon sein
Lebtage in dem Tale gelegen waren – oder man sah ihn gehen, wie er
einen schweren Strauß von Blumen und Kräutern in der einen Hand
vor sich her trug, während er in der andern nebst dem Alpenstocke
noch einige Ruten und anders Zeugs hinter sich herschleifte.

Des abends nun an jenem schönen Tage, dessen wir oben erwähn-
ten, ging er schleuniger als gewöhnlich neben der Pernitz hin und

machte mit Händen und Armen allerlei Bewegungen wie einer, der ungeduldig und hastig ist oder mit sich selbst redet. – Freilich war der Mann schon in seiner Jugend mit diesem Übel der lauten Selbstgespräche behaftet, und was noch ärger ist, er deutete auch immer mit den Händen dazu, besonders, wenn er von Eifer oder Ungeduld gestachelt war, in welche beide er übrigens sehr leicht geriet.

Er hatte eine Gruppe Häuser vor sich, auf die er zusteuerte. An einer Stelle nämlich, wo sich das Tal am meisten erweiterte und der Fahrweg ordentlich in eine breite Straße auseinanderging, stand das Wirtshaus der Fichtau, „Zur Grünen Fichtau" geheißen, zwar nur aus Holz gezimmert, aber mit einer glänzenden Fensterreihe auf den Straßenplatz heraussehend, der so groß und eben war, daß hundert Wagen hätten darauf stehen können. – Mit Scheunen und Schuppen und einem großen Garten ging das Haus in den geräumigen Winkel eines Seitentales zurück, aus dem ein starker Bach hervorsprudelte. Jenseits des Baches steht eine Sägemühle, dann ist noch eine Schmiede, und weiter zurück hinter dem Wirtsgarten sind vier oder fünf Häuser mit blanken Fenstern und dem schönen flachen Gebirgsdache.

Dieser Häusergruppe eilte unser Wanderer zu, als hätte er noch so Wichtiges auf dem Herzen, und immer schleuniger ging er, je näher er kam, so daß das Gehen fast in ein halbes Laufen ausartete, da er vor dem Wirtshause anlangte.

„Gott grüß Euch, Vater Erasmus", sagte er eilig zu dem Wirte, der mit seinem großen Hunde auf der Gasse stand und mit dem Schmiede und einem Fuhrmanne plauderte, welcher Fuhrmann eine Art Wochenbote war und alle Sonnabende bei dem Wirte „Zur Grünen Fichtau" anzukommen pflegte, wo er alles abgab, was immer für die Fichtauer aus dem Flachlande eingelaufen sein mochte. Sein Schecke stand im Stalle, sein Wagen im Schuppen, und er saß in der Abendsonne auf der langen Gassenbank des Wirtshauses, seine Gebirgspfeife rauchend und Neuigkeiten aus dem Lande draußen auskramend. – „Gott grüß Euch, Vater Erasmus", sagte also der angekommene Wanderer; „ich werde nur schleunig diese Sachen auf mein Zimmer hinauftragen und sogleich wieder herabkommen und Euch eine Menge ausfragen. Ich habe heute die wundervollsten Ruinen entdeckt und sie sogar gezeichnet." Und somit ging er die Treppe hinan.

„Nun das geht dem noch ab, daß er das verrückte Schloß gefunden hat", sagte der Wirt zu den zwei andern, aber der hinauflaufende Mann hatte diese Worte mit seinem scharfen Gehör vernommen und wurde dadurch nur noch mehr gespannt. Nachdem er das Gepäcke abgelegt und einen gehörigen Hausrock angetan hatte, kam er in dem Augenblicke wieder herunter, ein Papier in der Hand tragend, auf dem ein weitläufiges, auf Felsen herumgruppiertes Mauerwerk mit Bleistift sauber skizziert war.

„Das ist doch ein höchst merkwürdiges Gebäude", sagte er. „Ich bin vollständige vier Stunden selbst mit Anlegung meiner Steigeisen rings um dasselbe herum geklettert und habe durchaus keinen Eingang entdecken können."

„Ei so", sagte der Wirt und sah die andern zwei pfiffig an.

„Was denn, ei so? Die Sache ist haarscharf, wie ich sage, und ich begreife nicht, was da ein solches ‚ei so' sagen will."

„Ich meine nur", antwortete der Wirt, „daß das jeder Mensch in der Fichtau weiß und daß es wunderbar ist, daß Ihr allein es nicht wisset."

„Ich sehe nicht ein, woher ich es wissen sollte; ich sage Euch ja, ich habe heute das Schloß gerade erst so frisch gefunden, als hätte ich vor dritthalbhundert Jahren Amerika entdeckt. In Eurem Lande unterstützt man Forschungen so wenig, daß sie den schönsten Marmor unbeachtet liegen lassen oder höchstens Schweintröge daraus machen. Ihr selbst habt Eure Mistjauche hinten mit Stücken des feinsten Kornes eingedämmt."

„Hab' ich das? Ei, ei, Oheim, wenn Ihr weiter forschen werdet, so werdet Ihr auch Türstöcke und Wasserkufen davon finden, und wenn Ihr dort überhaupt forschen dürftet, so fändet Ihr in Annens Schlafkammer die feinsten Fenstersimse davon gemeißelt und einen Waschtisch und Weihbrunnenkessel, und ich weiß nicht was noch, und in der Pernitz liegen noch unzählige Stücke und Blöcke, auf die niemand achtet als die Forellen, die darunter aus- und einschlüpfen."

„Hab' alles außer dem Waschtisch und Weihbrunnenkessel schon gesehen und beobachtet", entgegnete der Wanderer, „aber da habt Ihr wohl Türpfosten, das ist gut; allein eines Eurer Herdecken ist auch von rotem Marmor, während das andere von Ziegeln ist; – aber das ist Nebensache. – Ihr sagt da von Forellen – haben wir morgen einige? Ihr habt sie uns auf Sonntag versprochen."

„Eine Million ist unten im Fischtroge – eine Million."

„Ich möchte wohl auch ein Dutzend", sagte der Schmied. „Es kommt morgen mein Schwiegersohn, der Stadtschreiber."

„Sollst haben, schwarzer Ohm", sagte der Wirt, „sende nur herüber – also der Stadtschreiber kommt und also auch die schneeweiße Trine mit – schau, schau –"

Und mit diesen Worten wiegte er den Kopf hin und her, gleichsam als dächte er nach, und sein unmäßig großer, graugetigerter Hund saß mit dem Rücken gegen die untergehende Sonne, daß seine Rükkenhaare wie feurige Spieße glänzten, und schaute seinem Herrn altklug ins Gesicht. Aber auch der junge Wandersmann stand noch immer trotzig mit seiner Schloßzeichnung da und schaute ihm auch ins Gesicht und sagte: „Das mit den Forellen ist nun gut, Vater Erasmus – den Stadtschreiber und die schneeweiße Trine werden wir morgen begrüßen. Ich will selber einen schönen Rock antun und mit in die Kirche hinausfahren; aber nun gebt mir auch ein klein Gehör. – Der Abend ist so schön als einer. Wir haben uns alle bei Tage geplagt; morgen ist Sonntag, und da dürfen wir heute schon noch ein wenig in der Dämmerung plaudern. Lasset mir den Wein auf den Gassentisch stellen, ich setze mich zu Boten-Simon auf die Bank, und wenn er Euch alle Getreidepreise von draußen gesagt und die Pferde- und Wein- und Kriminal- und Unglücksgeschichten erzählt hat: dann schaut aber auch auf mein Papier her und sagt, was es mit diesem Schlosse ist, das da, so ohne daß jemand etwas davon weiß, mitten in der Fichtau steht, mit Abenteuerlichkeit geziert und so gut als in gar keinem Stile gebaut ist."

„Das ist recht schön, Oheim, daß die Trine herauskommt", sagte der Wirt, „aber wenn sie nur nicht wieder eine Fracht Bücher bringt und bei Annen abladet; und da müssen wir ja doch noch vor Sonnenaufgang sehen, daß wir einige Salblinge fangen und nachmittags ein Scheibenschießen machen – oder so etwas –, damit sich alles recht gut unterhalte – es freut mich. – – Und was Euer Schloß anlangt, junger Ohm, so würdet Ihr Stile genug sehen, wenn euch Ruprecht einmal hineinließe, ja Ihr würdet Schlösser genug drinnen sehen, eine Sammlung von Schlössern, eine halbe Stadt von Schlössern, wie sie da herum auf allerlei rote Steine angeklebt sind."

„Wer ist denn dieser Ruprecht, und wie macht man es denn, daß er einen hineinläßt?"

„Das wäre sehr leicht", antwortete Vater Erasmus, „wenn er nur selber einmal herauskäme."

„War gleichwohl gestern in Priglitz", sagte der Schmied, „und redete mit meinem Schwiegersohne, dem Stadtschreiber; ich stand selber dabei, als ihm der sagte, daß noch immer niemand aufgetrieben sei."

„Ich habe ihn auch gesehen", redete jetzt der Boten-Simon darein, „es ist wirklich so, und ein erstaunlicher Fall ist es, daß ein so herrisches, verbreitetes Geschlecht ganz und gar ausgestorben sein soll – keine Maus hat sich gemeldet. Das Schloß, lieber junger Herr, das Euch so anliegt, daß Ihr es gar auf Papier abgerissen habt, das Schloß ist jetzt zu haben und Einkünfte genug dazu; es kommt nur darauf an, daß Ihr von einer recht närrischen Familie abstammet."

„Ich gehöre selber unter den Rothenstein", sagte der Wirt, „und das ganze rechte Pernitzer Viertel samt Zehnt und Gebühren, dann das linke Viertel bis in die Hatzleser Gräben, und ich glaube auch noch die Waldhäuser bis zum Ottostift hinauf und bis an den Asang."

„Der Asang gehört auch noch dazu", sagte der Schmied. „Er ist nur seit dem alten Julian an die Priglitzer verpfändet; mir hat es mein Schwiegersohn, der Stadtschreiber, erzählt."

„Das ist nicht wahr", rief der Boten-Simon. „Ich bin von Asang, und ich und mein Vater und Großvater und wieder dessen Vater haben immer an die Priglitzer gesteuert und keinen Hut vor dem Rothensteine gerückt."

„Das ist", entgegnete der Schmied, „weil der alte Julian älter ist als ihr alle, dein Scheck dazu gerechnet, und weil ihr eher an Priglitz verpfändet waret, als ihr geboren wurdet. Mein Schwiegersohn, der Stadtschreiber, hat mir einmal die Urkunde auf dem Stadthause gezeigt, und gestern hat er gesagt, daß jetzt alles kaiserlich wird, und dann wird der Pfandschilling hintangezahlt und der Asang wieder an das alte Eisen angeschweißt. Der Julian war sonst ein entsetzlicher Herr; er hat seinen leibeigenen Bruder erschlagen."

„Nicht erschlagen", sagte der Wirt, „sondern nur um das Erbe der Mutter hat er ihn gebracht, weil er nie genug hatte, obwohl ihm auch der Rothenstein zugefallen war. In unserm eigenen Hause war es, wo sie die Zusammenkunft hatten – mein Großvater war damals noch ein Bube, und er hat es uns wohl hundertmal erzählt. – Es war das letzte Mal, daß sich die Brüder gesehen hatten. Sie hießen Julius und Julianus. Julianus war der ältere, und da ihr Vater starb, war Julius in weiten Ländern und kam auch gar nicht auf den Rothenstein, sondern auf unsrer Gasse sahen sie sich zum ersten Male seit Jahren wieder, und da hatten sie sich zum Willkommen umarmt, daß die Schwerter an ihnen rasselten, und dann sind sie in die grüne Oberstube hinaufgegangen, und die Pferde blieben auf der Gasse stehen. Die Kinder, nämlich mein Großvater und seine Schwester, dann auch ihre Mutter saßen beängstigt herunten in der Schenkstube, weil ihnen gleich nichts Gutes ahnte. Anfangs hörten sie nichts über sich als den ruhigen Schritt der beiden Männer, wie sie oben taktgemäß auf und nieder gingen; dann war es stille, als ständen sie und als ob einer spräche. – Mein Urgroßvater, der damalige Schenke, kam kreideweiß zu den Kindern in die Stube und sagte, als er oben nur zur Tür hineingeblickt, ob sie nichts brauchten, so hätten sie ihn gleich angefahren, und der Julius stehe an dem Tische und schütte entsetzlich viel Wein hinunter. Der Urgroßvater blieb nun auch bei den Kindern herunten, und man horchte lange, lange hinauf, aber es blieb oben alles stille – immer stille – doch einmal geschah ein Fußtritt, daß man meinte, alle Tragbalken müßten knacken, und im Augenblicke, aber nur einige Sekunden, rasselten wieder die Schwerter – dann ward's todstille. – Sogleich aber rannte Julius die Treppe herunter, schwang sich mit glühenden Augen auf seinen schwarzen Hengst, warf ihn

herum und jagte so schnell dort an der Steinwand hinab, daß mein
Großvater meinte, er sehe ordentlich ohne Unterbrechung die Hin-
tereisen blitzen, als wolle sie der Rappe rücklings in die Luft schleudern, und Stücke roter Straßensteine flogen in die Pernitz. Alle aber
liefen ungesäumt in die Oberstube, um dem gemordeten Julianus
beizuspringen – dieser aber stand lebendig am Tische und strich sich
furchtbar mit der Hand den großen, roten Schnurrbart, den er immer
trug – dann aber goß er einen ganzen Krug Wein in sich hinein, warf
ein Stück Geld auf den Tisch, ging hinab und ritt gelassen auf den
Rothenstein zu. Er war von nun an Herr des Schlosses, wie es dem
Erstgebornen auch gebührt; allein er war und blieb auch Herr der
Schätze und Einkünfte seitens der früher verstorbenen Mutter, was
von Rechts wegen dem jüngeren Julius gehört hätte. Von diesem aber
ist seit jener Zeit kein Faden seines Gewandes mehr in der Fichtau
sichtbar geworden."

„Weil ihn doch der Julianus irgendwo erschlagen hat", versetzte
der Schmied.

„Dann müßte er ihn tiefer begraben haben, als Regen und Tau
dringen können", versetzte der Wirt, „daß ihn nicht die Pernitz oder
unsere Bergwässer zu Tage gewaschen hätten – geht, geht, Ohm, das
steht nur so in den Ritterbüchern Eurer Trine."

„Mein Schwiegersohn, der Stadtschreiber", sagte der Schmied,
„meint selber – seit der letzte Abkömmling des Julian tot ist und
bereits das Schloß mit Lieg- und Fahrnissen in die Jahre lang allwärts
ausgeschrieben ist, sei es seltsam, daß sich keine Klaue und kein Huf-
nagel gefunden, der Anspruch machen könne – also ist der Julius damals erschlagen worden."

„Das ist nur so, Kinder", sagte der Boten-Simon, indem er die
Pfeife ausklopfte und wieder anstopfte und alles umständlich tat und
seine Rede beim Wiederanzünden durch kräftige „Paff, Paff" häufig
unterbrach – „das ist nur so: Im Lande draußen erzählte mir vor langen Jahren ein Krämer, daß der Julius in Kriegsdienste des französischen Königs gegangen sei – aber da widerredete es ein alter Stelzfuß
und sagte, der Julius habe nicht gar so weit von der Fichtau gelebt,
eine Bauerndirne geheiratet und seine Tochter wieder an einen nied-
rigen Mann gegeben, und so sei nach und nach das Geschlecht im
Volke verronnen, wie es ja auch einst daraus entstanden war."

„So mag es sein", sagte der Wirt, „oder es mag auch anders sein,
aber daß er ihn erschlagen, glaube ich nicht; so schlecht waren sie nicht,
sondern bloß alle närrisch."

Der Wandersmann hatte bisher mit steigendem Interesse zugehört;
nun stellte er seinen Krug zurück und sagte: „Ja, wie weiß man denn,
daß sie närrisch waren?"

„Nun Gott sei Dank", antwortete der Wirt, „närrisch genug, junger Oheim; habt Ihr denn das nicht schon an dem Schlosse erkennen mögen, da es weder Tor noch Eingang hat und in keinem Stile gebaut ist, wie Ihr selber sagt. Oder ist es etwa vernünftig, wie der letzte Zweig aus dem Stamme des Julian tat, oder wie sein Vater, der vorletzte, tat? Mit unsrem letzten Herrn war es so: Da haben die Franzosen, um die Unbill gut zu machen, die sie vordem an unsern Ländern verübt, Kriegesvölker in das Mohrenland geschickt, um alles in Bausch und Bogen christlich zu machen, und da ließ Graf Christoph eines schönen Tages das Schloß zumauern und ritt dann den Berg hinab gerade in das Mohrenland, um die Heiden gegen Christum zu unterstützen, und da haben sie ihn denn auch glücklich niedergeschossen; man weiß nicht, die Christen oder die Heiden. Sein Vater, Graf Jodok, war noch ärger. Ich habe ihn noch recht gut gekannt; er hat sich im Alter den Bart wachsen lassen wie einer der Heiligen Drei Könige – und da sah ich ihn oft, nachdem er das Schloß angezündet hatte, vor seinem kleinen Häuschen unten am Berge sitzen."

„Das Schloß hat er angezündet?"

„Ja, er selber hatte es an einem Pfingstsonntage angezündet und wehrte allen denjenigen, die da zu löschen kamen, weil er sagte, daß hundert Zentner Pulver in den Gewölben seien und losgehen würden, aber es ging nichts los, und das Gebäude brannte friedlich und fast lieblich nieder. Er hatte die vielen Jahre vorher ganz ruhig und ordentlich darinnen gewirtschaftet, nur daß über dem Tore die Aufschrift stand: ‚Hier wird keinem Bettler etwas gegeben.'"

„Ist denn nicht die Herrschaft ein Fideikommiß? Wie durfte er denn das Schloß zerstören?"

„Freilich ist sie eines, aber da hat er innerhalb der Schloßfriedigung abseits den anderen Gebäuden einen seltsamen Tempel aufgeführt, mit vielen Säulen, wie man sie oft als Lusthaus in hochherrschaftlichen Gärten sieht, und in diesem Tempel hat er gewohnt, wie man sagt, in ungewöhnlicher Pracht und Üppigkeit, mit seiner Frau, einer wunderschönen Zigeunerin, die er einmal brachte – und dieses Bauwerk hat er dann angezündet. Es war freilich sein Eigentum, aber man erzählt, er habe für diese Tat viel Geld in dem Lehenhofe niederlegen müssen. Unten am Berge hatte er sich schon vorher ein kleines, steinernes Haus mit zwei Zimmern gebaut, und daselbst verlebte er die ferneren Tage seines Alters, bis er starb. Sein Sohn Christoph war bei Lebzeiten des Vaters nie anwesend; nach seinem Tode ist er gekommen und hat sich wieder an einer andern Stelle innerhalb der Schloßmauer ein anderes Gebäude aufgeführt, den Christophbau, aber ein Teil davon ist bereits vor drei Jahren wieder eingestürzt. Und so hatten alle einen Sporn im Haupte. Mein Großvater hat uns erzählt, daß der Vater des Julius und Julianus, Graf Prokopus, oft ganze Nächte auf einem hohen Turme saß – der Turm steht noch; dort habe er lange Röhre auf die Sterne gerichtet oder auf einem Instrumente musiziert, das lange, furchtbare Töne gab, die man nachts weit im Gebirge hörte, als stöhnten alle Wälder."

„Und Grafen waren Besitzer des Rothensteines?" fragte der Wandersmann.

„Grafen Scharnast seit dem Hussitenkriege, früher waren sie bloß Barone und Ritter; aber es war ein reiches Geschlecht und wäre es noch, wenn der Julian nicht so viel verschleudert hätte."

„Da muß ich gleich einen Brief in dieser Geschichte schreiben", sagte der Wandersmann, „und Ihr müßt ihn heute noch durch einen eigenen Boten nach Priglitz hinausschicken."

Alle, selbst der Boten-Simon, der neben ihm auf der Bank saß, schauten bei diesen Worten dem Wanderer ins Gesicht und hoben an zu lachen – der Wirt aber sagte: „Wenn Ihr das Schloß und die Grafen beschreiben wollt, so ist es freilich mehr der Mühe wert, als wenn Ihr unsere Feldsteine und die Pernitz oder gar das Heu beschreibt wie bisher; aber da kann Euch nur der uralte Ruprecht die beste Auskunft geben – – –."

„Ich werde gar nichts davon beschreiben; aber indessen geht doch und besorgt mir noch heute einen Boten nach Priglitz."

„Nichts leichter als das", sagte der Wirt. „Es ist heute Samstag, und da müssen abends die Holzknechte aus den Bergen kommen; ich erwarte sie jeden Augenblick, und um Geld und gute Worte geht wohl einer hinaus."

„Das ist wahr", entgegnete der Wanderer, „ich habe im Drange der heutigen Dinge auf die Holzknechte gar nicht gedacht; es geht ja ohnedies mancher des Weges, nicht wahr, oder nicht weit daneben?"

„Allerdings, allerdings", sagte der Wirt schmunzelnd, und gleichsam, als könne er den aufkeimenden Gedanken nicht unterdrücken, hob er nach einer Weile lauernd an: „Wenn Ihr also die Burg nicht beschreiben wollt, so meint Ihr etwa gar …?"

„Ich meine gar …?"

„Ein Nachkomme des Julius zu sein", endete der Wirt den Satz und sah sehr verschmitzt aus.

Ohne aber eine Miene zu verziehen, versetzte sein Gegenmann: „Das könnte weit eher der Fall sein, Vater Erasmus."

Der Wirt, an die ungeheuersten Aussprüche seines Mietmannes gewöhnt, war gleichwohl durch die trockene Art ein wenig beirrt; allein um sich im Wortkampfe nicht übertreffen zu lassen, nahm er sich gleich die noch größere Freiheit und sagte: „Wenn das ist, dann ist es freilich nicht mehr wahr, was ich mir eben dachte."

„Nun, und was dachtet Ihr Euch denn eben?"

„Ich dachte mir, wenn der Julius eine Bauerndirne geheiratet hat, so könnte uns, weil die Art gewechselt wurde, wie man es mit dem Samenkorn der Felder tut, daß es wieder frisch anschlägt – es könnte uns so, was man sagt … ein gesetzterer Herr kommen."

Aber wie früher, ohne sich im geringsten aus der Fassung bringen zu lassen, antwortete der Wandersmann, indem er seinen Blick auf den Wirt heftete: „Was werdet Ihr aber sagen, Erasmus, wenn ich mich hinsetze und zu Eurem eignen Erstaunen eines lichten Tages gescheiter bin als Ihr alle und die ganze Fichtau zusammen – die ausgenommen", fügte er lustig hinzu, „die dort kommen; denn das sind die herrlichsten Burschen der Welt."

Er hatte noch das Wort im Munde, als eben zwei jener malerischen Gestalten, wie wir sie so gerne als Staffage auf Gebirgslandschaften sehen, um die Ecke bogen und fröhlich ihre Siebensachen, als da sind: Äxte, Sägen, Alpenstöcke, Steigeisen, Kochgeschirre u. s. w. auf die Gasse oder auf die lange Bank niederwarfen und sich anschickten, ebenfalls Platz zu nehmen. Die abendliche Szene auf der Gasse vor der „Grünen Fichtau" begann sich nun zu ändern und jener Lebhaftigkeit zuzuschreiten, die unser Wanderer an jedem Samstage zu erleben gewohnt war und die er so liebte. Er achtete des Wirtes nicht mehr weiter, sondern saß bereits bei den zwei Knechten und war schon im lebhaften Gespräche mit ihnen begriffen. Sie hatten den grünen Hut mit Federn und Gemsbart abgelegt, den grauen Gebirgsrock zurückgeschlagen, und zwei verbrannte lustige Gesichter sahen mit dem gesundesten Durste dem Wirte entgegen, der ihnen eben zwei Gläser voll jenes unerbittlichen Gebirgsweines brachte, den nur ihre harte Arbeit bezwinglich, ja sogar zum erquikkenden Labsale macht.

„Laßt Klöße durch Eure Weiber richten", rief einer – „aber viele, denn der Melchior und die andern kommen nach – und fett genug laßt sie machen, daß sie Euren Wein bändigen. – Auch die aus den Laubgräben kommen und aus der Grahnswiese, ich sah sie drüben den Hochkogel niedersteigen, als wir gegen die Pernitz herausgingen, und hörte ihr Jauchzen. – Dem Gregor ist ein Lamm gestürzt, hinten beim schwarzen Stock; er hat darum fast geweint und trägt es jetzt auf seinen Schultern die Wiese herab."

„Drum kommt er wieder so langsam hervor", sagte der Wirt; „ich hörte das Herdeläuten schon eine halbe Stunde."

„Das wirft nur die Kaiserwand und der Grahns so herüber; er ist noch weit hinten. Wir gingen im Fichtauer Graben bei ihm vorbei, wie eben die Böcke das Gerölle niederstiegen und die Rinderglocken noch weit oben längs dem Gesteine läuteten."

Wieder kam eine Gruppe, während er noch redete, jodelnd und singend die Straße an der Pernitz heraus und sammelte sich an dem Gassentische der „Grünen Fichtau", um einen Labetrunk zu tun und fröhlichen Wochenschluß zu feiern, da ihnen der Holzmeister Geld gegeben und sie sechs Tage lang nur grüne Bäume und graue oder rote Steine gesehen hatten.

„Gott zum Gruß! – Gott zum Dank!" scholl es hin und wider.

„Habt viel Arbeit getan: Die Kaiserwiese liegt wie überschwemmt von Scheitern."

„Geht an, geht an, über die Hochkogelwand warfen wir noch einige Klafter mehr herunter."

„Schöne Tage! Wir waren auf dem Grat des Kogels, ich habe seit fünfzehn Jahren nicht so weit gesehen; die Ebene lag wie ein Bild da, und in der Stadt hätte ich fast die Fenster zählen können; Euren Rauch sahen wir aus den Laubgräben steigen."

„Ja, wir waren in den Laubgräben und sind es nun schon sechs Wochen. Der alte tote Prokopus geht auch wieder um; ich weiß es gewiß; er hat in der Nacht musiziert, ich hörte es selber, und auch heute nachmittags hörte ich es, denn da so um vier Uhr herum ein schwacher Wind aufstand und durch die Föhren ging, da trug er deutlich den schweren Ton von dem verfallenen Schlosse herüber."

„Hab' auch schon davon reden gehört, aber glaub' es nicht."

„Der Wein ist wie Enzian", rief wieder einer.

„Trink ihn nur, Gevatter Melchior", sagte der Wirt, „du trinkst Gesundheit hinein wie Stahl und Eisen."

So scherzten und lachten sie. Mehrere neue waren gekommen, darunter auch zwei Gebirgsjäger. Ihre Sachen lagen herum und füllten die Gasse: ganze Haufen und Bündel von Steigeisen, eine Garbe Alpenstöcke, lodene Überröcke, Gebirgshüte, eiserne Kochschüsseln und anderes und wieder anderes – Krüge und Gläser mußten herbei; die Klöße kamen und wurden verzehrt, und da abgeräumt war, erschienen zwei Zithern auf dem Tische, die zusammen spielten, und die braunen Gesellen mit dem Blicke des Gebirges saßen herum und taten sich gütlich – und erzählten von ihren Fahrten und Tageserlebnissen. Und ein prachtvoll herrlicher Abend war mittlerweile über das Gebirge gekommen. Die Sonne war über die Waldwand hinunter und warf kühle Schatten auf die Pernitz; im Rücken der Häuser glühten die Felsen, und wie flüssiges Gold schwamm die Luft über all den grünen Waldhäuptern weg. Alles schien sich zur Wochenruhe und zur Feier des Sonntags zu rüsten.

Die Jäger waren aus dem Gebirge gekommen, die Bergarbeiter waren auf dem Heimwege, und mancher sprach in der „Grünen Fichtau" ein wenig vor. – Weiber und Mägde und Töchter wuschen am

Bache Fenster, Schemel und jede Gattung hölzerner Geschirre; – das Rauschen der Sägemühle hatte aufgehört, und die Herde, deren Geläute man schon lange einzeln oder harmonisch aus dem Gebirge herab gehört hatte, war nun endlich auch angekommen; – aus dem Seitentale ging sie manierlich hervor, eine Sammlung der unterschiedlichsten Haustiere, fast das gesamte Eigentum der Fichtau. Vorerst kam das leichtfüßige und leichtfertige Geschlecht der Ziegen und Böcke von allen Flecken und Farben, fast jede eine Glocke um den Hals, so daß nun ein mißtönig Geklingel war, was von ferne so wunderschön lautete – dann kamen Schafe, schwarz und weiß, und mitten unter ihnen der so schöne glänzende, ernsthaft kluge Schlag der Gebirgsrinder. Mägde, Knechte, Buben, wie es eben kam, empfingen die Tiere, die hierher gehörten und ihren Ställen zuschritten; die andern gingen ihres Weges weiter oder blieben gelegentlich stehen oder traten gar zu der zechenden Gesellschaft, sahen traulich herum und ließen sich schmeicheln, daß die Halsglocke erklang. – Zuletzt erschien auf der Wirtsgasse auch der verwitterte, gebirgsgraue Hirtenhund und sein Herr, der Hirte Gregor, mit einem Bündel Steigeisen beladen und einem jungen, toten Lamme, das er auf den Armen trug, gefolgt von dem Mutterschafe, das wedelnd und blökend zu ihm aufsah. In seiner Person war der letzte Gast gekommen, der samstags in der „Grünen Fichtau" zu sein und sein bescheiden Glas Wein zu trinken pflegte – aber heute war er traurig, denn das gestürzte Lamm war das seinige; er hatte es auf die Bank gelegt und sah unverwandt darauf, wie dessen Mutter davorstand, es beleckte und beroch.

„Vertrinkt den Ärger, Gregor", sagte der Wirt, „heute kostet Euer Wein nichts, und das Lamm kaufe ich Euch morgen um gutes Geld ab."

„Es ist nicht wegen dem", antwortete Gregor, „aber es war ein gar so schönes, munteres Tier." Und er setzte sich doch nieder und führte das Glas Wein langsam zum Munde.

Und immer feierlicher floß die Abenddämmerung um die dunklen Häupter der Gebirge, immer abendlicher rauschten die Wasser der Pernitz, und immer reizender klangen die Zithern.

Der Wanderer saß mitten unter diesen Gebirgssöhnen. Er hatte sein Abendmahl verzehrt und sprach und scherzte, bald mit diesem, bald mit jenem. Er freute sich immer auf die Samstagabende, und ob man gleich sein Tun und Treiben für nutzlos und lächerlich hielt, so hatten ihn doch alle lieb, weil er so sehr in ihr Wesen einging und zu Zeiten recht vernünftig sprach. Vater Erasmus war bald hier, bald da, sprach zu allen und trank gemessen sein abgesondertes Glas guten, alten Gebirgswein. Seine Leute und Mägde hatten das Haus für den Sonntag gescheuert und geputzt, frische Fenstervorhänge eingehangen und die Feiertagskleider für morgen herausgelegt. So ging es lustig fort, ein gut Stück in die Nacht hinein. Aber nach und nach ward es wieder stiller, und die Gesellschaft lichtete sich. Die Arbeit dieser Bergsöhne macht sie heiter und mäßig, versüßet ihnen die Nahrung und dann die Ruhe. Der erste, der aufbrach, war der Boten-Simon; er ging in den Stall zu seinem schnaufenden Schecken und suchte sein Heulager – gleich darauf ging der Schmied über den Steg – und so bald der eine, bald der andere, sein Geräte aufraffend und den oft langen Weg antretend, den er noch zurückzulegen hatte, ehe er zu den Seinen gelangte – und ehe der Mond, dessen Silberschein schon lange an den gegenüberliegenden Felsen glitzerte, auch auf die Häuser hereinschien, war nur mehr einer da, der bloß auf den Brief wartete, den der Wanderer in der Oberstube schrieb, daß er noch heute in der Nacht nach Priglitz getragen würde. Aber auch der Brief erschien, sein Träger verschwand in den Schatten der Steinwand, an der der wütende Julius fortgeritten war, und die vorher so belebte Gasse der „Grünen Fichtau" war leer und finster; nur in der Schenkstube brannte noch ein trübselig Nachtlicht, bei dem der Wanderer dem Wirte seine Wochenrechnung auszahlte, die dem Vertrage nach nie auf den Sonntag stehen bleiben durfte.

„Und nun gute Nacht, Ohm, und rechnet ein andermal besser nach, daß Ihr mir nicht wieder zu viel gebt; es ist frevelhaft, mit dem Gelde und dem Feuer nicht vorsichtig umzugehn – gute Nacht! – Geht Ihr morgen in die Kirche hinaus?"

„Ja freilich, ich fahre sogar mit dem einen Euerer Füchse, um die Trine abzuholen, falls Ihr nichts dagegen habt."

„Gar nichts, und somit schlaft wohl."

„Gute Nacht."

Und nach einer halben Stunde war es finster und still im ganzen Hause der „Grünen Fichtau", als wäre es im Tode begraben. Gleichwohl entfaltete sich noch ein anderes Bild in dieser Nacht, das wir beschreiben müssen.

Die Stunden der ersten süßen Nachtruhe begannen zu fließen. Die Nacht rückte immer weiter auf ihrem Wege gen Westen und ward immer stiller, nur daß die Wässer, wo sie hinter die Felsen rannen, unaufhörlich plätscherten und rieselten – aber ihr eintönig Geräusche war zuletzt auch wie eine andere Stille, und so war jene Einfachheit und Pracht der Nacht gekommen, die unserm Gemüte so feierlich und ruhend ist.

Der Mond stand senkrecht über der Häusergruppe und legte einen fahlgrauen Schimmer über die Bretterdächer und blitzende Demanten auf den Staubbach. – In dem Garten stand jedes Gräschen und jedes Laubblatt stille und hielt eine Lichtperle, als horchten sie dem in der Nacht weithin vernehmlichen Rauschen der Pernitz: Da ging den Gartenweg entlang eine weiße Mädchengestalt und hinter ihr der riesig große Wirtshund ruhig und fromm wie ein Lamm, und an beiden floß das volle, stille, klare Mondlicht nieder. Das Mädchen schien unschlüssig und zaghaft; sie ging zusehends langsamer, je weiter sie kam, und einmal blieb sie gar stehen und legte die weiche Hand auf das struppige Genick ihres Begleiters, als horche sie oder zage – dicht neben ihr in der Laube hielt sich ein Atem an – aus Seligkeit oder Bangen; – der Hund schoß mit einem Satze hinein und sprang freundlich wedelnd an dem Erwartenden empor.

„Anna!" flüsterte eine gedrückte Stimme.

„Um Gottes willen, ich bin ein schlechtes, unfolgsames Kind!"

„Nein, du bist das süßeste, geliebteste Wesen auf der ganzen weiten Erde Gottes – Anna, fürchte dich nicht vor mir."

„Ich fürchte mich auch nicht vor Euch. Das weiß ich ja, daß Ihr gut seid, aber schon, daß ich gekommen bin, ist schlecht und macht mich fürchten."

„Es ist nicht schlecht, weil es so selig ist, es ist nur anders gut, als dein Vater und deine Mutter meinen."

„Gut ist es wohl nicht, allein ich kam, weil Ihr so sehr darum batet und weil Ihr so seid, daß Ihr jemanden brauchet, der Euch gut ist."

„Und also darum bist du mir gut? – – Bist du, Anna?"

„Ich bin es freilich, obwohl es mir zu Zeiten recht Angst macht, daß es so heimlich ist – – und sagt nur, warum muß ich denn jetzt in später Nacht bei Euch in dem Garten sein?"

„Frage nicht, Anna; siehe, daß du frägst, könnte mich fast schon kränken. Ich habe dir sehr Wichtiges zu sagen; aber ich bin aufrichtig und bekenne es – nicht was ich sagen werde, scheint mir die Seligkeit, sondern eben daß du da bist; – es ist so lieb, daß ich dich bei der Hand fasse und fühle, wie du sie mir nicht gerne lässest und sie mir doch gerne lässest, daß ich dein Kleid streife, daß du neben mir niedersitzest – – siehe, schon daß ich deinen Atem empfinde, dünkt mir lieblich – ist es dir denn nicht auch so? – – Ist es nicht so?"

Sie antwortete nicht, aber die Hand, die er ergriffen hatte, ließ sie ihm; zu dem Sitze ließ sie sich niederziehen – und wie das Luftsilber des Mondes durch das Zweiggitter auf ihre beiden Angesichter hereinsank, so sagte ihm ihr Auge, das nachgebend und zärtlich gegen seines blickte, daß es so ist.

Er zog sie gegen den Sitz nieder, und sie folgte widerstrebend, weil fast kein Raum war; denn Anna hatte ihn einst so klein machen lassen, da sie noch nicht wußte, wie selig es zu zweien ist. Jetzt aber wußte sie es, und bebend, mehr schwankend als sitzend, stützte sie sich auf das kleine Bänkchen – auch der Mann war beklommen; denn in beiden wallte und zitterte das Gefühl, wodurch der Schöpfer seine Menschheit

hält – das seltsam unergründliche Gefühl, im Anfange so zaghaft, daß
es sich in jede Falte der Seele verkriechen will, und dann so riesenhaft,
daß es Vater und Mutter und alles besiegt und verläßt, um dem Gatten
anzuhangen – es ist ein Gefühl, das Gott nur an dem Menschen, an seinem vernünftigen Freunde, so schön gemacht hat, weil er seiner zer-
malmenden Urgewalt ein zartes Gegengewicht anhängt – ein zartes,
aber unzerreißbares – die Scham. Darum, was das Tier erst recht tie-
risch macht, das hebt den Menschen zum Engel des Himmels und der
Sitte, und die rechten Liebenden sind heilig im menschenvollen Saale
und in der Laube, wo bloß die Nachtluft um sie zittert – ja gerade da
sind sie es noch mehr, und bei ihnen fällt kein Blättchen zu frühe oder
unreif aus der großen Glücksblume, die der Schöpfer ihnen zugemes-
sen hatte; es fällt nicht, eben weil es nicht fallen kann. Und so saßen die
zwei und hatten noch nicht die Macht gewonnnen, die Rede zu beginnen. Er sann auf einen Anfang und konnte ihn nicht finden; sie fühlte
es ihm an, und dennoch konnte auch sie das Wort nicht vorbringen,
das ihm das seine erleichtert hätte. Ihr dritter Gesellschafter blickte zu
ihnen auf, als begriffe er alles, und es war fast lächerlich, wie er, obwohl
er beide liebte, doch auf beide eifersüchtig war und sich stets bemühte,
sein ungeschlachtes Haupt zwischen sie zu drängen.

Anna, in der Güte ihres Herzens, sah freundlich auf ihn nieder,
ja sie legte ihre Hand auf seine Stirne, weil er sie dauerte, daß sie ihm
nun – ja nicht nur ihm, sondern auch dem Vater und der Mutter –
fast alle Liebe entzog und einem fremden Manne zuwende. –

Dieser fremde Mann aber sagte mit gedämpfter Stimme: „Damit
du weißt, Anna, warum ich dir das Briefchen zustellte und dich gar
so dringend bat, heut in die Laube zu kommen, so wisse, es hat sich
etwas sehr Wichtiges zugetragen, was auf mein und auf dein Schicksal
großen Einfluß haben kann; aber vorher muß ich etwas anderes wissen, und ich frage dich darum, ob es denn wirklich, ob es denn möglich ist, daß du mich so sehr lieben kannst wie ich dich? – – Du
schweigst? – Anna, so sage doch –"

„Wäre ich denn sonst gekommen?"

„Du liebe Blüte – wie bin ich in der Welt schon so viele Tage unnütz herumgegangen, und da kam ich in dieses Tal, um Steine und
Pflanzen zu suchen, und fand dich, die liebliche, die seltene Blume
der Erde."

„Redet nicht so", antwortete Anna, „denn es ist nicht so – jetzt sagt
Euch bloß Eure Empfindung dieses vor, aber in der Tat ist es doch
anders. Draußen in den Städten werden viele herrliche Jungfrauen
sein, gegen die ich nur arm bin, wie ein Grashalm, den Ihr in unserm
Tale pflücket, um Euch etwa einige Stunden daran zu erfreuen, wie an
den andern, die Ihr sammelt."

„Du ahnest nicht", entgegnete er eifrig – „du Alpenblume – o wenn du nur wüßtest, wie hoch du über ihnen stehst – aber wenn du es wüßtest, so ständest du ja schon nicht mehr so hoch – – aber lasse dieses, nur das eine wisse: daß ich dich mehr liebe als alles in dieser Welt und daß ich dich in alle Ewigkeit lieben werde – doch das alles ist natürlich und kein Wunder. Du wirst es selbst begreifen, wenn du die Welt einst wirst kennenlernen, aber eines ist ein Wunder, und erkläre es mir du, wie kam es denn, daß du mir gut wurdest, mir, den sie hier alle mißachten und an dem auch wirklich nichts ist als ein unauslöschlich gutes Herz?"

„Wie ich Euch gut wurde? – – – "

„Höre, Anna, nenne mich auch du."

„Nein, laßt mir das, ich kann nicht du sagen, es ist mir, als schicke es sich nicht; und ich könnte dann nicht so frei und freundlich reden."

„Nun, so rede frei und freundlich."

„Wie ich Euch gut wurde? – Seht, ich weiß nicht, wie es kam; als ich es merkte, war es eben da. Ich will Euch etwas von meiner Kindheit erzählen, vielleicht, daß ihr es dann herausfindet. Mein Vater sagte immer, ich sei ein sehr schönes Kind gewesen, und da ich sein einziges bin, so tat er mir immer viel Liebes und Gutes, und ich und Schmieds Katharina bekamen schönere Kleider als die Nachbarskinder und die der ganzen Fichtau; deshalb wurden sie uns gram, und wir mußten immer allein gehen, und dies taten wir auch gerne, und da saßen wir oben auf der grünen Heide jenseits des Baches, über den der Vater den gedeckten Steg bauen ließ, daß wir nicht hineinfielen – da saßen wir und machten Grübchen in die Erde oder pflückten Gras und Blumen, redeten mit den Käfern oder horchten den Erzählungen der alten Plumi ..."

„Wer ist die Plumi?"

„Ei, Appolonia, die alte schwäbische Amme Trinens, die sie bekommen hat, weil ihre Mutter bei ihrer Geburt gestorben ist, und die nach ihrer Heirat mit in die Stadt gezogen ist. Sie erzählte uns von Goldfischchen, die gefangen war, und Prinz Heuschreck, der klein und grasgrün war und sieben Jahre durch fremde Länder hüpfen mußte, bis er beide erlöste, wo er dann ein schöner Prinz ward und die schöne Prinzessin Goldfischchen heiratete – und von andern Prinzen in Samt und Seide, in Samt und rotem Gold, so schön wie Milch und Blut – dann von klingenden Wäldern, redenden Karfunkeln – von den sieben klugen Hähnen – von dem armen Huhn, das auf dem hohen Nußberge erdurstete – und von tausend und tausend andern Dingen, täglich etwas Neues und täglich das Alte. – – Denkt nur, als Ihr vor dreizehn Wochen zum ersten Male in unser Haus tratet, hielt ich Euch im ersten Schreck selber für einen solchen Prinzen – weil

Ihr so jung und mit so närrischem Zeuge beladen waret – – und wie wir größer wurden, bekam ich vom Vater schöne Fabelbücher und oben eine eigene Kammer mit schneeweißen Vorhängen und Simsen und Tischen von schönem rotem Steine. Er verbot mir, in die Schenkstube zu kommen, und von der Stadt erschien eine Frau, die uns die Fabelbücher lesen und selber schöne Dinge schreiben lehrte – nur leider ist diese Frau zu früh gestorben und ließ uns nur einige Bücher zurück, die wir dann immer lasen – ach, da standen Euch Dinge darinnen, daß mir oft das Herz zerspringen mochte vor lauter Schmerz und Sehnsucht – und die alte Plumi kroch auch wieder aus ihrer Hinterstube hervor, in die sie sich seit der Ankunft der fremden Frau versteckt hatte, und erzählte wieder und ging mit uns ins Gebirge, die einsamen, heißen Steinriesen empor, Erdbeeren oder Haselnüsse suchend oder Blumen, deren oft eine bei diesem oder jenem Steine stand, so prachtvoll und wildfremd, daß Ihr erschrocken wäret, Ihr habt vielleicht gar keine solche in Euren großen Blumenbüchern – und wenn wir tief genug in der Grahnswiese zurückgingen, daß wir weder den Bach noch die Schmiede und Sägemühle hören konnten und bei dem wilden Schlehenbusche kauerten und sie nun erzählte und immer tiefer hineinkam und unter den grauen Haaren hervor die pechschwarzen Augen in unsre Gesichter bohrte: da fuhr ich Euch oft entsetzt zusammen, wenn sich von der Wand daneben ein Steinchen löste und zu dem andern Gerölle niederfiel – und es hätte mich gar nicht gewundert, wenn die Krüppelföhren zu reden begonnen hätten und der Fels sich zu neigen, namentlich wenn gar zuweilen der schwache, weinende Ton durch die Luft herüberschnitt, da der alte, tote Graf Prokopus auf dem Sternenturme musizierte – – aber was wollte ich Euch denn eigentlich erzählen?"

„Wie es kam, daß du mir so gut geworden bist."

„Ach, die arme Trine mußte den Stadtschreiber heiraten – sie tat es wohl gerne und ging gerne mit, und die Plumi auch; aber ich war dann so arm, daß ich es Euch gar nicht beschreiben kann – – und da kamet Ihr und habt mich mit so guten Augen angeschaut und mit so schönen und seid dann wieder so traurig geworden, daß es ordentlich ein Schmerz und eine Seligkeit war – – höret, wenn Ihr falsch sein könntet, das wäre nun recht abscheulich …"

„Nein, Anna, du unschuldsvoller Engel, sei mir gut, solange mir dieses Leben währt; ich kann mir kein größeres Glück und keine größere Freude denken und wünschen als dich. Du bist viel besser als ich – und wenn du mein Weib bist und wenn wir immer und immer beisammen sein werden, dann will ich ihnen in der Stadt zeigen – – nein, wir gehen gar nicht in die Stadt – unter Blumen und Bäumen will ich dich hüten, daß du bleibst, wie du bist, du holde, liebe Dichtung …"

„Laßt diese Dinge und höret nur" – fiel sie ihm in die Rede. „Es war fast närrisch, wie sehr ich Euch gut ward – die Hühner und die Blumen und die Tauben halfen doch alles nichts, ich konnte die Trine nicht vergessen und sie kam kaum jeden Sonntag heraus. – Der Vater ließ mich fast nichts arbeiten, und ich tat auch nichts im Hause als unnutzes Zeug, höchstens die Küchlein füttern, weil sie meinten, ich sei ihre zweite Mutter, und die Blumen begießen und die Laube zimmern lassen. – – Und wenn ich dann in meiner Kammer das Abendgebet verrichtet hatte und der Wind in die Fenstervorhänge blies, da war ich recht traurig. – Die Bücher, welche mir Trine immer schickte – – sagt, habt Ihr auch schon einmal bei einem Buche geweint?"

„Wohl, Anna, wohl."

„Seht, ich hab' es gleich gedacht, daß Ihr das getan habt – wie Ihr so die allerlei Steine in unser Haus truget und mit ihnen lateinisch redet und wie Ihr die Blumen wie Augen so schön in die großen Bücher legen konntet und so oft recht lange ansahet, so dachte ich: Sie können ihn doch nicht wieder lieben, weil sie trotz ihrer Schönheit nur unvernünftige Dinge sind – und wer weiß, wie weit seine Mutter entfernt ist – und Ihr sahet aus, als müßtet Ihr gar so unendlich gut sein, noch besser als Trine selber – und wenn sie Euch schalten, daß Ihr so unnütze Dinge treibt, so dachte ich: Ich weiß es schon, weshalb er dieses tut; denn die Leute hier, wisset Ihr, kennen die Blumen und Steine nicht – und wenn mein Vater auf die Bücher Trinens schmälte und sagte, es sei lauter Narrheit in ihnen, und wenn ich es auch schon selber zu glauben anhob, so war mir doch dazumal – – aber das ist zu lächerlich – – "

„Nun, Anna, nun?"

„Es war mir öfters, als seid Ihr in einem solchen Buche gestanden und daraus in unsern Garten getreten – und wenn Ihr hinten saßet und das Antlitz so wie nachdenkend in Eure beiden Hände drücktet, so dachte ich, dies sei meinetwegen."

„Es war auch deinetwegen – es war auch deinetwegen."

„Seht Ihr? – Und darum war's auch so: Da ich mir dachte, ich will ihm recht gut werden, war ich es schon, mehr war ich es, als es nur ein Mensch aussprechen kann, und ich dachte, Ihr müßtet mich ja auch unaussprechlich lieben, es könne ja gar nicht anders sein, es sei so gewiß, als wenn Ihr es schon selber gesagt hättet?"

„Und wenn es nun nicht gewesen wäre?"

„Es mußte ja, weil sonst alles ein Unding gewesen wäre, das nicht sein kann – ich weiß nicht, warum der Bach in die Pernitz fließen muß, aber ich weiß, daß er es muß."

„O du ahnungsreiches Herz! Er muß es, und er ist selig, daß er es muß. Das Ziel und Ende seiner Wanderung findet er dort – was weiter sein wird, ist ungewiß; nur eins ist sicher, das Beisammensein, und dieses eine ist alles, ob nun gezählte Jahre fließen oder die ungezählte Ewigkeit, ob die Körper sich berühren, ob nicht, es bleibt so – – Die Leute nennen's sonst auch Treue – – Aber siehe, der häßliche Fliederschatten deckt dir deine Stirne, und das süße Auge – neige das Haupt – so – noch ein wenig, mehr gegen mich – so. Ich möchte den Mond dort an jenes blaue Fleckchen fest bannen, daß er immer herschiene und immer deine reine Stirne und das rührend schöne Auge beleuchte – –."

Und er nahm ihre Hand, drückte sie gegen sein pochendes Herz, gegen seine Lippen, gegen seine Augen – ihren Mund zu küssen, wagte er nicht. – Ihr Auge aber, voll scheuer, unbewußter, heißer Zärtlichkeit, blickte auf ihn, und sie sagte mit vor Rührung zitternder Stimme: „Da ich Euch nun so schnell und so sehr liebgewonnen und es Euch gesagt habe, da ich gar in der Nacht herausgekommen bin, weil ihr so sehr batet, so dürft Ihr nun nicht falsch sein, Ihr dürft es durchaus nicht."

„Gegen die Natur, geliebtes Herz, kann man nicht falsch sein, man ist es nur gegen Wiederfalsches – man verläßt nur den, der uns verließ noch ehe er uns fand, weil er in uns nur seine Freude suchte. Du liebst, wie die Sonne scheint; du siehst mich an, wie sich das grenzenlose Himmelblau der Luft ergießt; du kommst, wie der Bach zum Flusse hüpft und wandelst, wie der Falter flattert: Und gegen den schönen Falter, gegen den Bach, die Luft und gegen das goldne Sonnenlicht bin ich nie falsch gewesen, und gegen dich vermöcht' ich's nicht zu sein um alle Reiche dieser Erde – siehe, Anna, es ist so: – – aber Anna, sage, liebst du mich denn auch wirklich so, so unaussprechlich, so über alles Maß, wie ich dich liebe? – – So sag es doch, Anna – – nicht?!"

Aber sie sagte nichts, nicht eine Silbe; das naturrohe Herz, das nie gelernt hatte, mit seinen Gefühlen zu spielen und sie zu lenken, war bereits von ihrer Allmacht bewältigt, und sie konnte nichts tun, als das unsäglich gute Antlitz gegen ihn emporheben und den Mund empfangen, der sich gegen ihren drückte – und so süß war dieser Kuß, daß sie mit der einen Hand den sich ungestüm empordrängenden Hund wegstemmte, während sie hinübergebeugt, emporgehobenen Hauptes, die Seligkeit von den Lippen des teuren Mannes saugte. Er hielt sie mit beiden Armen fest umschlungen und fühlte ihren Busen an seinem klopfenden Herzen wallen.

„Heinrich", flüsterte sie, „ich möchte dich doch du nennen."

„So nenne, mein Herz, nenne."

„Und eine Bitte habe ich – – "

„So rede."

„Die Bitte, daß du nie, nie mehr auf dieser Erde ein anderes Mädchen so liebst wie mich – – und daß ich – – …"

„Was, Engel, daß du …?"

„Nicht wahr, Heinrich, du nimmst kein anderes Weib, ich müßte mich dann recht schämen."

„Und ich, bei dem lebendigen Gotte, mich noch mehr. Anna, höre mich: Jetzt lieben wir uns bloß, das ist leicht und süß, aber es muß mehr werden. Ich werde dich von hier fortführen; du mußt meine Gattin werden, ich dein Gatte – das ist schwer, aber unendlich süßer: immer an demselben Herzen, losgetrennt von Vater und Mutter und von der ganzen Welt. Du mußt lieben, was ich liebe, du mußt teilen, was ich teile, du mußt sein, wo ich bin, ja außer mir muß dir nichts sein: Ich aber werde dich ehren bis ins höchste Alter, werde dich schützen wie den Schlag meines Herzens, werde dein Geliebtes lieben, werde außer dir nichts haben – – – und wenn eines stirbt, muß das andere Trauer hegen bis zum Grabe. Anna, willst du das?"

„Ja, sagt einmal, kann es denn anders sein?"

„Freilich, wo es recht ist, kann es ja nicht anders sein; das andere ist eben keine Ehe."

„Und wohin werdet Ihr mich denn führen? – – Aber, ach Gott, wie wird es denn sein können? Der Vater wird in Ewigkeit nicht einwilligen und die Mutter auch nicht. – – Ihr seid so gut, ganz lieb und gut – aber Ihr tut ja nicht wie alle anderen Männer, die ein Weib nehmen. Sie haben Haus und Hof oder sind wie Trinens Stadtschreiber; aber Ihr geht in den Bergen herum, schlagt Steine herab, bringt Blumen ins Haus – – –."

„Siehe, das ist so: Wie du in deinen Büchern liesest, so bin ich bestimmt, im Buche Gottes zu lesen, und die Steine und die Blumen und die Lüfte und die Sterne sind seine Buchstaben – wenn du einmal mein Weib bist, wirst du es begreifen, und ich werde es dich lehren."

„O ich begreif' es schon und begriff es immer; das muß wunderbar sein!"

„O du unbewußtes Juwel! Freilich ist es wunderbar!! Unausstaunlich wunderbar!! O ich werde dir noch vieles, vieles davon erzählen, wann wir erst unveränderlich beisammen sind – da wirst du staunen über die Pracht und Schönheit der Dinge, die da auf der ganzen Erde sind. – Jetzt aber, Anna, werd' ich dir etwas anderes sagen, merke auf und behalte es in deinem klugen Haupte. Es ist das, weshalb ich dich in den Garten bat und was deinen Vater und deine Mutter betrifft. Da ich vorgestern Nachmittag wohl drei Meilen von hier im Schatten schöner Ahornen saß und nachdachte, wie nun alles werden solle, da fiel mir ein, daß ich nun hinausgehen und mir Stand und Amt erwerben müsse – ich habe Freunde, die mir helfen werden – dann werde ich kommen und deinem Vater das rechte Wort sagen, daß er es über sich vermöge, dich mit mir zu lassen. Es ist wohl, aber weit von hier, ein Gärtchen und ein Haus und kleine Felder – das ist alles mein; es nähret mich und die Meinen, die zu Hause sind, die liebe Mutter und eine Schwester, die fast so gut ist wie du selber; aber das alles würde in den Augen deines Vaters zu geringe sein – darum, Anna, bat ich dich, daß du in den Garten kommest, damit ich dir sage, daß ich nun fortgehe, aber wiederkomme, dich zu holen – daß du an mich glaubest und freundlich auf mich wartest – – und daß ich dich noch einmal vorher frage, ob du mich denn auch so sehr, wie ich dich, liebst und in alle Ewigkeit lieben willst – das alles wollte ich tun – – aber siehe, da geschah indessen etwas – – nein, es ist zu fabelhaft; ich getraue mir es selber nicht zu glauben – – erschrecke nicht, es ist nichts Böses – ich kann es keinem Menschen anvertrauen, doch dir will ich es sagen – du, liebe Unschuld – aber du darfst es nicht verraten – –."

„Nein, sagt es lieber nicht, ich verriete es vielleicht doch, und ich glaube ja ohnedies an Euch – und sagt es nur einst dem Vater, daß es gewiß wird, daß ich Euer Weib werde – es ist ohnedies schon hart genug, daß ich es verschweigen muß, daß ich Euch so gut bin. – – Denkt nur, neulich hab' ich es sogar dem Phylax ins Ohr gesagt: ‚Ich lieb' ihn von Herzen, von Herzen, von Herzen' – – aber der Trine darf ich es doch morgen sagen?"

„Wann du mich liebst …"

„Nein, ich sage ihr auch nichts. – – Wenn Ihr nur nicht zu lange ausbleibt, werd' ich es schon überdauern."

„O du schönes, naturgetreues Herz, wie werd' ich dich verdienen können?" sagte er nach einer Weile, in der er sich gesammelt hatte. Seine Stimme war gerührt, und wenn seine Augen nicht im Schatten gewesen wären, so hätte sie sehen können, wie zwei Tränen in dieselben getreten waren. Sie aber sah es nicht und da sie wegen seines Schweigens meinte, es sei ein Schmerz in ihm, so nahm sie seine Hand in ihre beiden und hielt sie fest und herzlich.

Und wie sie so saßen und schwiegen und wie um sie auch die ganze glänzende Nacht schwieg – und Minute nach Minute verging, ohne daß das Herz es wußte: Da krähte hell und klar der Hahn, die Trompete des Morgens, der Herold, der da sagt, daß Mitternacht vorüber und ein neuer Tag anbricht – – Anna sprang auf: „Um Gottes willen, seht, der Mond steht so tief, daß er in den Laubeingang scheint und die Luft wird heller – ich muß zurück ins Haus – haltet mich nicht auf – und lebt recht wohl."

Er stand auch auf: „Nur noch eine Minute, Anna, noch eine Sekunde – nur diesen Kuß – – so – – aber du sagst ja schon wieder: Ihr."

„Nun: Du – so lebe wohl, lieber, teurer Mann und komme doch recht bald und sage das Wort zum Vater."

„Und die Tage, die ich bleibe – kommst du noch einmal zur Laube, Anna?"

„Nein, Heinrich, es ist nicht recht; ich will Euch untertags in dieser Zeit recht freundlich anblicken, wenn auch der Vater scheel sieht, aber kommen kann ich nicht mehr, es ist doch nicht recht. – – Sagt nur bald das Wort, dann bin ich ja immer bei Euch, Tag und Nacht."

Noch einmal, auf die Spitzen ihrer Zehen gestellt, empfing sie seinen Kuß.

„Lebe wohl", sagte er, „du innig süßes Herz – gute Nacht."

„Gute Nacht", sagte sie und verschwand im Schatten des Laubes. Er war allein.

Frischer, gleichsam dem Morgen zu, rauschten die Wasser der Pernitz, und die Blätter der Zweige begannen sich in einem kurzen Nachmitternachtslüftchen zu rühren. Der Wanderer ging aber tiefer in den Garten zurück, schwang sich über die Einfriedigung und schritt über den mondhellen Wiesenhügel dem Walde zu, als sei es ihm nicht möglich, in diesem Augenblicke seine Schlafstelle zu suchen. Die glänzende Nachtstille blieb von nun an ungestört, und nichts rührte sich als unten die emsig rieselnden Wasser und oben die Spitzen der flimmernden Sterne.

II. DAS GRAUE SCHLOSS

Es war ein Klingeln und Läuten und ein freudiges Brüllen und Meckern durcheinander, als am andern Tage die Morgensonne aufging, die Bergtäler rauchten und die Herde wieder zu den Triften hinanstieg. Aber der Hirt Gregor ging nicht mit, sondern er stand in steifem Sonntagsputze auf der Gasse und sonnte sich; nur der graue Hund in seinem ewigen Werktagswamse und der Hirtensohn auch in dem seinigen begleiteten die Herde – der eine freudig sein Halsband schüttelnd, der andere rüstig den Bündel Steigeisen und das Griesbeil schulternd, die einzigen zwei Wesen, welche heute arbeiten mußten, denn alles andere ging der Feier und Ruhe nach. Auch der alte Boten-Simon stand schon mit einem glänzenden Gesichte, von dem er den zollangen Wochenbart geschoren, und mit noch glänzenderer Jacke auf der Gasse da und schaute herum, recht behaglich die Wonne des einzigen Ruhetages der Woche fühlend, an dem er sonst nirgends hin mußte als in die Kirche, was er sehr gerne und immer mit vieler Salbung tat. Die Pfeife dampfte bereits, und auf dem Hute hatte er ein ganzes Gebüsche von Gebirgsfedern stecken, nebst dem riesenhaften Fächer eines Gemsbartes. Die warme Sonntagsonne stand bereits am Himmel und warf eine freudenreiche Strahlenmenge in das Tal. An den Bergen blitzte der Tau, und die Pernitz rollte lauter Gold und Silber durch die Felsen. In allen Häusern rührte und rüstete es sich sonntäglich, und die Waldhöhen standen in einem wahren Lauffeuer von Singen und Schreien der Vögel.

Oben im Stockwerke der „Grünen Fichtau" öffnete sich ein Fenster, und das Antlitz des Wanderers blickte heraus, die Haare von der freundlichen Stirne zurückstreifend und die Augen nach Himmel und Wetter richtend. Beides ward genügend befunden, und er wollte eben wieder zurücktreten, als auch Vater Erasmus aus dem Hause schritt, zunächst an seinem Leibe schon die schimmernde Sonntagswäsche und die Sonntagskleider tragend, darüber aber noch die Werktagsjacke geworfen und die Alltagskappe auf.

„Guten Morgen, Simon", rief er, „guten Morgen! Ein schöner Tag das – das sind Tage zur Flachsblüte."

„Blüht bereits wie ein blaues Meer im Asang draußen", sagte Simon.

„Ich habe ihm den handigen Fuchs in die Gabel zu spannen befohlen", redete hierauf der Wirt durch die Türe des Gassengärtchens hinein, „denn er ist gelassener als der andere – aber ich sage dir, Anna, daß du dich nicht etwa verleiten lässest, wenn er dich einladet, mit ihm zu fahren; der Fabel-Hans würfe dich samt sich in einen Graben. Fahre mit mir, wer weiß, wie bald ohnehin einer kommt, der dich auf immer und ewig davonführt."

Anna, die im Gärtchen Rosen und anderes zum Sonntagsputze schnitt, wurde in diesem Augenblicke unter der Gartentür sichtbar, und die braunen Augen gegen den Vater hebend, sagte sie: „Ei, er wird mich nicht einladen, und der andere wird auch nicht kommen, lieber Vater."

Sie war in ihrem Morgenkleide wieder gar so schön. Wenn sie auch öffentlich immer im Landesschnitte ging, so trug sie doch zu Hause Kleider nach eigener phantastischer Erfindung, und Vater Erasmus, einst ein Kenner weiblicher Schönheit und nicht der letzte, der sie an seiner Tochter anerkannte, wurde nun vollends schalkhaft, indem er sagte: „Nun – nun, du Narre, er wird nicht ausbleiben, aber wenn er kommt – ein ganz auserlesener Bräutigam muß es sein, sonst lasse ich dich nicht von hinnen – ein ganz ungeheurer Prinz von einem Bräutigam muß es sein."

„Wenn ich aber nicht gerne, nicht recht gerne fortgehe", erwiderte sie treuherzig – „nicht wahr, Vater, so soll mich keiner aus der schönen Fichtau fortbringen?"

Und wie sie hierbei so die bewußtlos schönen Augen gegen den Vater richtete, so rieselte es ihm, der ohnedies närrisch über sie war, wie von lächerlichem Stolze und von lächerlicher Freude durch die Glieder, und er platzte los: „Das soll er auch nicht – ja ich sage dir, wenn du nicht ein Glück machst, daß du ordentlich darnach zitterst, so darfst du nicht aus dem Hause – ein Glück mußt du machen, daß die ganze Fichtau die Hände zusammenschlägt."

Über Annas Angesicht floß bei diesen Worten ein Purpur, so tief und schön, wie der der Rosen in ihrer Hand; zwei reine zentnerschwere Augenlider lagen tief herabgesenkt, und sie ging augenblicklich in den Garten zurück. Dort trat sie vor einen Fliederstrauch, schnitt aber nichts ab, sondern stand davor und blickte ihn bloß an – oben im Gemache stand einer und drückte sich die Hand an seine Stirne – – nur die zwei arglosen alten Männer standen auf der Gasse und plauderten fort.

„Ihr habt da eine gottlose, hoffärtige Rede getan, Erasmus", sagte der Boten-Simon, „wenn Ihr Eurer Tochter ein so vermessenes Glück erzwingen wollet, daß es über alle Menschlichkeit hinausgeht, so seht zu, daß Euch Gott nicht mit ihrem Unglücke strafe."

„Nun, es ist nicht so arg gemeint", fiel ihm der Fichtauer Wirt in die Rede, „wenn es nur ein tüchtiger Mann ist, kein so Haselant wie der Stadtschreiber, mit dem der Schmied prahlt, sondern ein franker Biedermann, der seine Geschäfte rasch wegtut, schön und jung und freundlich ist und die Anna ein wenig hätschelt, wie sie's gewohnt ist. Ein paar Pfennige muß er haben, und dann legt sie das ihrige dazu, denn mein einziges Kind geht nicht leer aus der ‚Grünen Fichtau' – und verdient sie es denn nicht? Sagt, Simon, ist sie nicht ein Ding, daß es ordentlich eine Schande ist, daß ich ihr Vater bin? – Nur meinen Kopf hat sie nicht; sie geht zuviel auf Faselei und Zeugs – das hat sie von der Mutter."

„Ja, ja", sagte Simon, „sie ist absonderlich geworden; ich duze sie schon seit einem Jahre nicht mehr, aber ich glaube immer, Ihr habt sie vermessen über ihren Stand erzogen."

„Das soll sie auch", erwiderte der Wirt, „sie soll über ihren Stand, darum tat sie noch keinen Schritt in die Schenkstube und darf in der Wirtschaft nichts anrühren – und damit ist's gut. Ich muß jetzt zu dem Wagen schauen. Lebt wohl."

„Der ist nunmehro auch ein Narr", sagte der Boten-Simon, indem er dem Abtretenden nachsah und seine Pfeife fortrauchte.

Es hatten sich mittlerweile mehrere jener Gebirgswagen auf der Gasse der „Grünen Fichtau" eingefunden, in denen die wohlhabendere Klasse an Sonn- und Feiertagen zur Kirche zu fahren pflegt. Auch von Fußgängern hatte sich einiges hinzugesellt.

Da die Gebirgsbewohner zerstreut mit ihren Gehöften in den Bergen sitzen, da die Gebirgskirchwege oft meilenlang sind, so hat sich die Sitte gebildet, ein wenig bei der „Grünen Fichtau" anzuhalten, um sich zu sehen, zu besprechen und etwa ein kleines zweites Frühstück zu halten.

So war es auch heute. Sowohl auf der Gasse als auch in der Stube waren Gespräche, und Boten-Simon war bald von mehreren Gruppen umstanden, wo er bald mit diesem, bald mit jenem ein weniges redete.

Das Zimmer des Naturforschers im oberen Stockwerke erglänzte indes freundlich von den Strahlen des Morgens, und sein Schimmer fiel auf die allerlei Stufen und Steine, die umherlagen und traurig funkelten, oder auf Kräuterleichen, deren dünne und spröde Gerippe die wohltuende Helle und Wärme nicht mehr empfanden, die durch die Fenster hereinwallte und die ihnen einst auf ihren freien Bergen so herrlich war; der Mann aber ging zwischen diesen Sachen auf und nieder und sann nach.

Da war er vor wenig Wochen in ein schönes Tal voll grüner Pflanzen und freundlichen Gesteins gekommen – auch ein schmuckes Mädchen hatte er gefunden – – und wie war denn nun alles? Die Tage waren so linde, schmeichlerisch und so unschuldig über seinem Haupte weggegangen. Keiner brachte etwas Neues, in keinem ist etwas geworden – sie heischte nicht, sie forderte nicht, sie hoffte nicht – – und wenn er sie nun so stille, so sinnend, so brütend stehen sah, da war in ihm ein solches Übermaß von Neigung und Erbarmen, daß er sich nicht zu helfen wußte. Er hätte sich alle Adern öffnen lassen, wenn es nur ihr, nur ihr Linderung und Glück zu bringen vermocht hätte. Er wäre gerne an das Fenster getreten, um hinabzusehen, aber er getraute sich nicht, denn er fürchtete sich, daß sie noch immer am Flieder stehen und sinnen möchte.

Nachdenklich blieb er vor seinen Pflanzen und Steinen stille stehen und dachte. „O du süßes, unerforschtes Märchen der Natur, wie habe ich dich immer so lange in Steinen und Blumen gesucht und zuletzt in einem Menschenherzen gefunden! O du schönes, dunkles, unbewußtes Herz, wie will ich dich lieben! Und ihr Blüten dieses Herzens, ihr unschuldigen, beschämten, hilflosen Blicke, mit welcher Freude drück' ich euch an meine Seele!"

So dachte er oben; unten aber rief die Stimme des wieder auf die Gasse gekommenen Vaters: „Ei, da hast du ja einen gewaltigen Pack von Blumen und Kraut aus dem Garten geplündert und trägst dich damit wie unser Pflanzenmann, wenn er das Gras von unsern Bergen schleppt."

Der Wanderer trat ans Fenster.

„Es ist nur, Vater", sagte Anna, „weil ich Trinen einen recht vollen Strauß mit in die Stadt bringen will, weil sie in dem großen, widerwärtigen, steinernen Hause keine Blumen haben. Und wie man sie in einen Strauß ordnet, daß es schön sei, habe ich von unserm Gaste gelernt, der mehr von Blumen versteht als wir alle zusammen im ganzen Fichtauer Tale. Es ist auch ein wunderbares Leben in ihnen, hat er gesagt, und ich glaube es – und gewiß haben sie noch recht liebe, kleine Seelen dazu. Er weiß schon, warum er sich so mit ihnen abgibt."

„Ja, ja, ja, ja, Leben und Seelen und Katzen", erwiderte der Wirt. „Sieh nur zu, daß du einmal mit deinem Kirchenanzuge fertig wirst; pünktlich nach einer halben Stunde wird abgefahren."

Anna ging ins Haus, und nur dem feinen Ohr Heinrichs war ihr leichter Tritt auf der Treppe vernehmlich, wie sie die Blumen auf ihr Zimmer trug.

Nach einer halben Stunde waren wirklich, wie vorausgesagt, die schlanken, glänzenden Füchse des Fichtauer Wirtes jeder an seinen Wagen gespannt, aber auch die Weiber, wie vorauszusehen, nicht fertig. Erasmus ging in einem feinen, fast städtischen Sonntagsrocke unruhig hin und her. Boten-Simon hatte nach einem riesenlangen Stocke gegriffen, um seine Kirchenwanderung zu beginnen, denn der Schecke mußte an Sonntagen die herkömmliche Ruhe haben. Auch andere Wagen warteten noch ein wenig, um sich dem Zuge anzuschließen. Der Schmied saß im lächerlichen Putze da und hatte eine flammend rote Decke auf den Wagensitz gebreitet und auf das Geschirr des Pferdes gesteckt, um den Stadtschreiber würdig zu empfangen. Auch der Wanderer stand schon in seinem schönen Gewande da, daß er ordentlich, wie der vernünftigste Mensch aussah – – siehe, da erschien endlich auch Anna und die Mutter auf der Gartentreppe herabschreitend.

Die Mutter, eine sehr schöne Frau mittlerer Jahre, mit Gesichtszügen, deren Ausdruck weit über ihrem Stande zu sein schien, war in dem gewöhnlichen Sonntagsanzuge der wohlhabenden Gebirgsbewohner, obwohl alles an ihr von besserem Stoffe und feinerem Schnitte war; denn Erasmus liebte es, die Früchte seiner guten Wirtschaft an den Seinigen zu zeigen. Anna war gekleidet wie die Mädchen des Tales, aber wie man sie so über die Gasse sittsam dem Wagen zuschreiten sah, so hätte man geschworen, sie sei aus einem ganz andern Lande und trage einen Anzug, den sie sich erfunden, weil sie in demselben am schönsten sei. Ohnedies sind die Fichtauer Trachten die malerischsten im ganzen Gebirge. Da sie an Heinrich vorüberkam, überzog ein feines, tiefes Rot ihre Wangen, und ihres Versprechens eingedenk, richtete sie ihre schönen Augen voll treuherziger Liebe auf ihn, so daß jeder, nur ihr Vater nicht, hätte erkennen müssen, was hier walte, wenn sie überhaupt Augen dafür gehabt hätten.

Der Naturforscher nötigte aus Gutherzigkeit den Boten-Simon zu sich auf den Wagen, welcher aber nur sehr zögernd und mißtrauisch folgte und sichtbar mit dem Plane umging, sich der Zügel zu bemächtigen, sobald sich irgend etwas Verdächtiges ereigne – aber zum Erstaunen der Wirtes und der anderen fuhr der Wanderer vor ihren Augen so geschickt von der Gasse weg und so rasch der Steinwand entlang, daß dem Vater Erasmus das Herz im Leibe lachte, wie er seinen Fuchs so taktsicher dahintanzen sah, und daß er ordentlich eine Hochachtung für seinen Gast zu fassen begann. Zunächst folgte er selber mit Annen und der Mutter, dann der Schmied und dann die andern.

Als man den langen, schmalen, romantischen Gebirgsweg neben der Pernitz zurückgelegt hatte und eben um den letzten Hügelkamm der Fichtau herum bog, wo dem Reisenden plötzlich ein breites Tal und der schlanke, spitze Turm von Priglitz entgegensteigt, fuhr ein rascher Wagen an sie heran, in welchem der Stadtschreiber mit seiner jungen Gattin saß, um die Kirchfahrer zu bewillkommnen.

„Sei gegrüßt, Heinrich", hatte er gesagt, „du teuerster aller Vagabunden, sei gegrüßt!"

„Gott grüße dich, Robert", antwortete der andere, „das ist ein köstliches Tal, diese Fichtau!"

„Habe ich es dir nicht gesagt", entgegnete Robert, „habe ich es dir nicht gesagt, als du immer nicht kommen wolltest?"

Sie hatten sich aus den Wagen hinüber die Hände gereicht. Indessen war aber Trine von ihrem Sitze hinabgesprungen und Anna auch von dem ihrigen, und sie herzten sich auf offener Straße, als wollten sie sich totdrücken. Trine war in der Tat eine „schneeweiße" Trine, denn ihr Kleid trug ganz und gar untadelig diese Farbe, und das Frauenhäubchen um das junge, schöne Angesicht war dem schneeigsten, glänzendsten Mittagswölkchen des Hochsommers vergleichbar. Sie drückte Annen von sich, sah sie an und konnte sich nicht satt an ihr sehen, daß sie denn in so kurzer Zeit gar so schön geworden sei – freilich konnte sie nicht ahnen, aus welch süßem, knospendem Boden diese Schönheit so schnell aufgesproßt war. Anna langte den mächtigen Blumenknäuel, den sie im ersten Schreck weggeworfen hatte, aus dem Wagen und drang ihn Trinen auf. „Du mußt ihn zu Hause auflösen", sagte sie, „denn die armen Stengel sind von den Fäden fast wund gedrückt, was ihnen sehr schadet; dann mußt du alles geordnet in deine Blumenbecher stellen."

„Gott zum Gruße, Herr Schwiegervater", hatte Robert dem Schmied zugerufen. „Nach dem Gottesdienste fahren wir alle zusammen in die lustige Fichtau."

„Schön Dank, Herr Sohn, schön Dank", entgegnete der Schmied, und indessen hatte sich wieder alles zur Weiterfahrt eingerichtet. Anna saß wieder bei Vater und Mutter, Trine bei dem Gatten, und Heinrich fuhr bereits mit Boten-Simon so rasch den talführenden Weg gegen Priglitz ab, daß dessen Hutfedern flatterten und der Gemsbart sauste.

Man kam vor Roberts Hause an, wo immer die Wagen des Schmiedes und Wirtes warten mußten; man ordnete sich die Kleider, wechselte einige Worte und ging dann in die Kirche.

Nach dem Gottesdienste war, wie gewöhnlich, bei Robert ein Glas Wein. Trine und Anna liefen durch alle Zimmer und verweilten hauptsächlich in der hinteren Stube bei Trinens kleinem Kinde. „Wie es gar so lieb und schön und unvernünftig ist", sagte Anna, indem sie die kleinen, unbewußten Züge des Kindes streichelte. Der Schmied saß indessen vorne in der Prunkstube im Ehrenstuhle, Annas Mutter bekam süßes Gebäck, Erasmus machte beim Priglitzer Wirte drüben ein Geschäft ab, und die Freunde Heinrich und Robert beredeten sich angelegentlich einige Minuten in einer Fenstervertiefung, als ob sie einen Plan ins reine brächten. Dann traten sie zu den andern. Vater Erasmus kam auch. Trine hatte sich angekleidet, von dem Kinde Abschied genommen – und nun fuhr alles der „Grünen Fichtau" zu.

Wir aber müssen hier von derselben scheiden, so gerne unsere Feder noch bei dem klaren, freien, heitern Fichtauer Leben verweilen möchte. Allein der Zweck der vorliegenden Blätter führt uns aus dieser harmlosen Gegenwart, die wir mit Vorliebe beschrieben haben, einer dunklen, schwermütigen Vergangenheit entgegen, die uns hier und da von einer zerrissenen Sage oder einem stummen Mauerstücke erzählet wird, denen wir es wieder nur ebenso dunkel und mangelhaft nacherzählen können. Zu Ende versprechen wir, wieder in die Gegenwart einzulenken, und so ein dämmerndes, düsteres Bild, in heitern, freundlichen Rahmen gestellt, zur Ansicht zu bringen.

Heinrich hatte nämlich von Robert das Versprechen erhalten, daß er sich bemühen wolle, ihm den Eintritt in den verfallenden Rothenstein zu verschaffen und daß er ihm den Erfolg seiner Bemühungen in einem Briefe mitteilen werde, der zugleich Ort und Zeit der Zusammenkunft feststelle.

Ehe wir sie nun auf den alten Berg und in das alte Schloß geleiten, ist es uns noch gegönnt, den letzten Blick in das Fichtauer Tal zu tun und zu sagen, daß die Forellen des Vater Erasmus ganz vortrefflich waren, daß Trine, Anna, Robert und der Wanderer beim Schmiede im Garten speisten, daß nach Tisch ein ergötzliches Scheibenschießen war, daß sich manche heitere und lustige Gäste in der „Grünen Fichtau" vorfanden, daß Anna im Laufe des Abends einmal der schneeweißen Trine ohne allen Grund um den Hals fiel und endlich, daß die Stadtleute erst nach Hause fuhren, da schon alle

Sterne am Himmel standen. Gleich darauf, da schon auch alle Lichter der „Grünen Fichtau" ausgelöscht waren, trat der Mond heimlich über den Berg herüber und schaute in den Garten, ob er wieder das süße, flüsternde, verstohlene Glück erblicke wie gestern – allein es war nicht da; Gebüsch und Garten standen leer, und die ganze Nacht erblickte er nichts anderes als die glänzenden Lichttropfen der Gräser und das silberne Rieseln der Wasser.

Dem bewegten Sonntage folgte die arbeitsvolle Schleppe der Woche: Simon und der Schecke fuhren landaus, landein, die Sägemühle kreischte, die Schmiede toste; Erasmus hantierte und wirtschaftete, Anna ging hier und dort oder stand und dichtete. Freilich hielt sie treu ihr Wort in Hinsicht des freundlichen Anschauens, aber auch in Hinsicht der Weigerung, je wieder mit Heinrich allein beisammen zu sein. Er sah sie nur von ferne, er sah sie gehen und kommen oder ihr liebes Kleid sanft schimmern zwischen den Büschen des Gartens.

So verging die Zeit. Der Flachs blühte im Asang draußen immer blauer und blauer, die Tage wurden einer schöner als der andere, und so kam endlich auch wieder der Samstag und mit ihm der Schecke und Simon und auch der Brief von Robert. Nachdem ihn der Wanderer gelesen, zahlte er an Vater Erasmus die Wochenrechnung, sagte, daß er heute nicht die Knechte aus den Gebirgen, die Jäger und andere Samstagsgäste der „Grünen Fichtau" abwarten könne, sondern daß er noch heute nach Priglitz gehen und bei Robert übernachten wolle – etwa nach ein paar Tagen komme er wieder zurück; seine Sachen sollen indes auf seinem Zimmer verschlossen bleiben.

Und somit war dies unser letzter Blick in die Fichtau. Heinrich ging erst spät abends fort, und wie er der Steinwand entlangging und um sie herum bog, so versank hinter ihm und auch hinter uns die ganze liebe, „Grüne Fichtau" mit allen ihren bereits angezündeten Lichtern, mit ihren fröhlichen Samstagsgästen und dem abendlichen Klingen der Zithern. Nur die rauschende Pernitz ging mit ihm und erzählte und plauderte ihm in der Finsternis vor, bis sie beide hinauskamen in das breitere Tal und an die Mauern von Priglitz.

Des andern Tages war wieder ein Sonntag, der nächste seit jenem, wo wir die Gesellschaft auf ihrer Kirchfahrt begleitet hatten; aber heute finden wir die zwei Freunde, Robert und Heinrich, allein, wie sie, ehe noch die Strahlen des ganz heitern Tages heiß zu werden begannen, den verhängnisvollen Berg zu dem Schlosse Rothenstein hinaufstiegen. Den ebenen Weg hatten sie mit einem Wagen zurückgelegt. Am Fuße des Berges nahm sie eine Allee uralter, dichtbehaarter Fichten auf und leitete sie empor. Die laue Vormittagsluft seufzte schwermütig in den Zweigen, und je höher sie kamen, wurde es immer

einsamer, und das sonntägliche Schweigen der Fluren wurde immer
noch tiefer und noch schweigender. Endlich gelangten sie zu einer
grauen, von dichten Fichtenzweigen gestreichelten, eisenglatten Mauer
von ungewöhnlicher Höhe. Dem Fahrwege der Allee gegenüber stand
der weiße Fleck des zugemauerten Tores, und darüber starrten miß-
stimmige Trümmer eines Wappens.

Robert duckte sich unter das zwischen den Fichtenstämmen wu-
chernde Haselgesträuch, ging etwas neben der Mauer fort, und dann
drückte er gegen einen hervorstehenden eisernen Knopf, worauf im
Innern eine grelle Glockenstimme antwortete. Allein nachdem die
unaufhörlich wackelnden Töne des Metalls geendet hatten, war es
wieder stille wie zuvor, nur daß sich in der beginnenden Tageswärme
ein vielstimmiges Grillenzirpen auf dem Berge erhob.

Vergeblich rief Robert: „He, Holla! Ich bin es, der Syndikus, den
du einzulassen versprochen.“ Es erfolgte keine Antwort. Nur sah Heinrich, da er zufällig emporblickte, am Mauerrande ein Haupt: Gesicht und Haare so grau wie daneben die uralte Steinmetzarbeit, und
die Augen starr auf die beiden Männer geheftet. Nach einer Weile verschwand es, und kurz darauf hörte man ein seltsames Ächzen und
Knarren in der Mauer, und zum Erstaunen des Wanderers schob sich
ein Stück derselben gleichsam ineinander, und es wurde die dunkle
Mündung eines Pförtchens sichtbar, darinnen wie in einem Rahmen
eine große Gestalt stand, dieselben steingrauen Gesichtszüge tragend, die Heinrich auf der Mauer gesehen hatte, nur ein Lächeln war
jetzt auf ihnen, so seltsam, wie wenn im Spätherbste ein einsamer
Lichtstrahl über Felsen gleitet. – „Geht nur gleich in den grünen
Saal“, sagte die Gestalt.

„Sei gegrüßt, Ruprecht“, sagte Robert, „zeig uns den grünen Saal
und alles andere auch, wenn es dir genehm ist.“

Ohne alle Antwort wich der Mann zurück. Sie traten ein, und in
demselben Augenblicke ging ein fürchterlicher, ein zärtlich gewaltiger Ton über ihren Häuptern durch die Luft.

„Es ist nur die Geige des Prokopus“, sagte der alte Mann, „schreitet herein, Erlaucht, in die Stadt des alten Geschlechtes.“

Bei diesen Worten verbeugte er sich gegen Stellen, wo niemand
stand – und dann richtete er den Mechanismus der Mauer. Es hob
wie eine ablaufende Turmuhr zu schnarren an, schwenkte herum und
schloß sich, so daß der Ort kaum zu erkennen war, durch den sie hereingekommen.

Die Freunde standen aber nun innerhalb der Mauer nicht etwa
auf einem Schloßplatze oder dergleichen, sondern wieder im Freien,
und vor ihnen stieg der Berg sachte weiter hinan, nur war seiner Senkung ein breites, weites, rätselhaftes Vieleck abgewonnen, auf dem sie

sich eben befanden; es war mit Quadersteinen gepflastert, aber aus den Fugen trieb üppiges Gras hervor, und die heiße Sommersonne schien darauf nieder. Mitten auf dem Platze lagen zwei schwarze Sphinxe, mit den ungeheuren steinernen Augenkugeln glotzend und zwischen sich das ausgetrocknete Becken eines Springbrunnens hütend, aber aus dem aufwärts zeigenden Stifte sprang kein Wasser mehr; der Wind hatte das Becken halb mit feinem Sande angefüllt; aus den Randsimsen quollen Halme und dürre Blümchen, und um die Busen der Sphinxe liefen glänzende Eidechsen.

Weiter hinter dieser Gruppe stand ein Obelisk, jedoch seine Spitze lag ihm zu Füßen.

„Der Graf Johannes ist schon vor dreihundert oder vierhundert Jahren gestorben", sagte Ruprecht.

Seitwärts diesem Platze sahen die Freunde ein kleines Häuschen stehen, wahrscheinlich die Wohnung des Pförtners; von dem eigentlichen Schlosse aber war nichts zu erblicken als graues Dachwerk, über das Grün des Berges hinschauend und von kreisenden Mauerschwalben umflogen. Sie stiegen sofort den verwahrlosten, ausgewaschenen Weg hinan. Hier und da war auf der Abdachung des Berges ein Geschlecht zerstreuten Mauerwerkes und grünen Wuchergebüsches, worunter ganze Wuchten des verwilderten Weinstockes, der, seiner Zucht entronnen, sich längs des Bodens hinwarf und sein junges, frühlingsgrünes Blatt gegen das uralte Rot der Marmorblöcke legte, die hier und da hervorstanden. Mancher kreischende Vogel schwang sich aus dieser grünen Wirrnis empor, wie die Freunde weiterschritten, und verschwand im lächelnden Blau des Himmels.

Auf dem ganzen Wege erblickten sie kein einziges menschliches Wesen. Die Seite des Berges, auf der sie stiegen, schien ein verkommener Park zu sein. Es hüpften Hasen empor und flohen seitwärts, alle Arten von Schmetterlingen und Insekten flogen und summten, und eine Lindengruppe, an der die Freunde vorüberkamen, hing voll wimmelnder Bienen. Aber nirgends war ein Mensch. Als sie auf der Hälfte des Weges waren, kam ihnen ein Hund nach, eine Bulle der größten Art, und ging ruhig hinter Ruprecht her.

„Wir haben alle Dinge bewacht", sagte der alte Mann, „und der Hund ist mir sehr beigestanden, weil sie ihn fürchten weit und breit. Im Sixtusbaue, wo die Nonnenzellen sind, fließt alles von Honig: Denn ich nahm ihnen nie einen, und der Wein muß in seiner eigenen Haut liegen. Ich habe dem Gerichte, da es alles anschauen wollte, den Weg nicht gezeigt, der von der Nonnenklausur hinabführt, darum wissen sie von dem Weine nichts. Gehet aber in den grünen Saal, Erlaucht, da werdet Ihr sehen, wie gut der Mann konterfeit hat."

Heinrich sah verwundert auf Robert, dieser aber sagte: „Du hast wieder einen deiner bösesten Tage, altes Rüstzeug." Dabei heftete er die Augen auf den alten Mann.

Dieser aber schwieg augenblicklich, sah den Syndikus betroffen an, und durch die versteinerten Züge ging ein feines Erröten, wie wenn er sich schämte. Fortan schwieg er.

Man hatte endlich die Kante des Berges erreicht, und Heinrich sah nun, wie erst eigentlich gegen die andere Seite hinab in einem sanftgeschwungenen Tale die Sammlung der Bauwerke lag. Es war alles viel großartiger, weiter und auch verworrener, als er gedacht hatte. Ein ganzes Geschlecht mußte durch Jahrhunderte hindurch auf diesem Berge gehaust, gegraben und gebaut haben. Abgesonderte Bauwerke, gleichsam selber wieder Schlösser, standen auf verschiedenen Punkten, niedere Mauern liefen hin und her, Brüstungen bauschten sich, die Anmut griechischer Säulen blickte sanft herüber, ein spitzer Turm zeigte von einem roten Felsgiebel empor, eine Ruine stand in einem Eichenwalde, und weit draußen auf einer Landzunge, deren Ränder steil abfielen, schimmerte das Weiß neuester Gebäude. Und diese ganze weitläufige Mischung von Bauten und Gärten und Wäldern war umfangen durch dieselbe klafterdicke, hohe, graue Eisenmauer, durch welche sie hereingelassen worden waren und an welcher Heinrich bei seiner Entdeckung des Schlosses, wovon er nur einen Teil gesehen, herumgekrochen war, um einen Eingang zu finden. Wie ein dunkles Stirnband umzirkelte sie den weiten Berg und schnitt seinen Gipfel von der übrigen Welt heraus.

Da standen sie nun, und Robert suchte zu erklären, was er erklären konnte; denn auch er war mit dem Schlosse und mit Ruprecht nur äußerst oberflächlich bekannt, inwiefern es nämlich seit dem Tode des letzten Besitzers seine amtlichen Verhältnisse mit sich gebracht hatten.

Der griechische Bau war der des Grafen Jodok, dessen der Vater Erasmus erwähnt hatte. Er sah aus dem Schoße dichten Gebüsches herüber: ein edles Geschlecht weißer, schlanker Säulen. – Und um sie herum war es so grün, als zöge sich ein ionischer Garten sanft von ihnen gegen die andern barbarischen Werke hinan. Weit davon weg stand der Turm des Prokopus, ein seltsamer Gegensatz zu dem vorigen; denn wie ein verdichteter, zusammengebundener Blitz sprang er zackig und gotisch von seinem Felsen empor, der Felsen selbst ragte aus einem Fichtenwalde, der, durch den Borkenkäfer abgestorben, wie ein weißes Gegitter dastand. Hinten auf einer breiten, glatten Wiese lag der sogenannte Sixtusbau: breit, bleifarben, massiv, ohne die geringste Verzierung, mit noch vollständig erhaltenem grünem Kupferdache. Die Fenster, ohne Simse und flach, standen so glatt in der Quadermauer wie Glimmertafeln, die im Granite kleben. Die neuesten Gebäude auf der auslaufenden Bergzunge waren die Wohnung Graf Christophs, des letzten Besitzers, gewesen. Lange Terrassen und Gartenbauten trennten sie von den obengenannten, und ein Gartenhaus, allerlei Ruhesitze und Lusthäuschen umgaben es, mit und ohne Geschmack erbaut und bereits wieder im Verfalle begriffen. Von hier aus sah man auch deutlich die Ruine um den Eichenbestand herüber blicken, einen Bau voll Balkonen, Giebel und Erker, aber gräßlich zerfallen – es war das Haus des alten Julian gewesen. Ein Gedränge uralter, riesenarmiger Eichen schritt von dem Neubau gegen die Ruine hinüber, und man sah zwischen den Stämmen Damhirsche wandeln und grasen.

„Das ist ja ganz herrlich und närrisch", rief Heinrich. „Wer hätte gedacht, daß eine solche Menge von Gebäuden auf diesem Berge Platz haben sollte und daß noch die schönste Landschaftsdichtung zwischen ihnen und um sie liege. Mir ist es wie in einem uralten Märchen, alles so wunderlich, als läge die Fichtau gar nicht unten, in der ich doch gestern noch war. Komm, laß uns auf die äußerste Spitze dieser Zunge vorgehen, dort muß die schönste Umsicht sein, und ehe wir in all das Mauerwerk kriechen, wollen wir hinuntersehen auf das Land, ob es denn auch wirklich noch ist wie gestern."

Und sie gingen vorwärts auf der Zunge, deren Spitze zugleich der höchste Punkt des Berges war. Hier stürzt die Wand schwindelsteil ab, und man sieht über die Ringmauer wohl hundert Klafter senkrecht nieder. Auch auf dieser äußersten Spitze war ein Bauwerk, aber nur ein länglich rundes Dach von Säulen getragen, zwischen welche man im Winter Glasfenster schieben kann. Im Innern sind an den Säulen herum laufende Sitze von dem roten Landesmarmor gehauen.

Wohl war das Land noch wie gestern: Grün und weich und ruhig lag die ganze Fichtau in der Sommervormittagsluft unten, ein sanftes Hinausschwellen von Hügeln und Bergen, bis wo der blaue Hauch der Ferne weht, und mittendrinnen der glänzende Faden der Pernitz – alles bekannt und vertraut, eine holde Gegenwart, herum liegend um die unklare Vergangenheit, auf der sie standen. Von der Häusergruppe der „Grünen Fichtau" war nichts ersichtlich, nur der Felsengipfel des Grahns blickte rötlichblau und schwach durch die dicke Luft herüber, und Heinrichs Auge haftete gern und mit Rührung auf ihm, als einem Denkzeichen des lieben, sanften Herzens, das an seinem Fuße schlägt und vielleicht in dieser Minute an den fernen, teuren Freund denkt.

Die Männer sprachen nur wenige Worte, indem sie ihr Vergnügen ausdrückten und sich die verschiedenen Berggestalten zeigten und erklärten, während der Alte noch immer stumm und unbeweglich

hinter ihnen stand – nur die auf dieser Höhe ziehende Mittagsluft
regte die dünne, graue Locke seiner Schläfe; denn er hatte sein Barett,
von beiden unbemerkt, noch immer in den Händen.

Sie hätten wohl zu andern Zeiten länger das heitere Bild zu ihren
Füßen betrachtet, aber heute zog sie ihre nächste Umgebung unmittelbar an. Heinrich schlug vor, gleich die neuen Gebäude aufschließen
zu lassen, da sie einmal in der Nähe seien, aber Robert zeigte ihm, daß
dies unmöglich sei; denn Graf Christoph hatte, da er in den afrika-
nischen Krieg geritten, vorher alle Tore versiegelt mit dem Befehle, daß
vor seiner Zurückkunft nichts berührt werden dürfe, im Falle seines
Todes aber der neue Besitzer erst am Tage seines Antrittes die Gebäude öffnen möge. Da hingen nun hinter allen den großen Spiegel-
fenstern des Hauses ruhig und schwer die grünseidenen Vorhänge
nieder und regten keine Falte hinter dem glatten, glänzenden Glase.
An Türen und Toren waren die Siegel, ebenfalls grün, sehr groß und
mit dem Scharnastschen Wappen versehen. Von dem Dache hatte der
Wind den einen und andern Ziegel herausgenommen, worauf bald
mehrere oder wenigere Nachbarn folgten, so daß an manchen Stellen
die nackten Sparren und Latten ungastlich und lächerlich in die Luft
hinausstarrten. Der alte Mann sah das alles mit ruhigen und heitern
Blicken an, als wäre es in der schönsten Ordnung. Der Kiesplatz vor
dem großen Tore war von altem Regen zerwaschen, keine Spur von
Rädern oder Hufen, und überall zwischen den Quarzkörnen sproß-
te zartes Gras hervor.

„Und wie lange ist dein letzter Herr schon weg?“ fragte Robert.

„Nach der großen Krankheit – – – “ begann langsam, schüchtern
und mißtrauisch der alte Mann, indem er sich näherte – – aber
Robert unterbrach ihn und sagte: „So setze doch dein Barett auf.“

„Ja, die Sonne ist heiß“, erwiderte Ruprecht, „sie ist heiß, ich habe es vergessen – und eine Pelzhaube ist gegen sie so gut, wie gegen
den Winter.“

Und wirklich sahen die Freunde, daß sein Barett, das er bisher
immer in den Händen gehalten hatte, trotz des heißen Sommertages
eine Pelzhaube war.

„Nun, wie lange“, sagte Robert wieder, „ist dies Haus da herrenlos?“

„Nach der großen Krankheit“, fuhr der Greis fort, „die draußen
im Lande war – – nein, es war ja vor der Krankheit, und Narzissa
starb an ihr, weil sie sich so kränkte; aber eigentlich hieß sie gar nicht
Narzissa, sondern Tiburtia, aber weil sie so hochgewachsen war, weil
sie so zart und schön war und weil sie den Kopf stets ein klein wenig
gesenkt trug, so hat er sie immer Narzissa genannt – – der Herr ver-
gebe ihm, er war sehr stürmischen Gemütes, aber er war auch wieder so fromm wie ein Kind; denn ich selber habe ihn einmal weinen

gesehen, daß man meinte, das Herz werde ihm aus dem Leibe springen – und dann ließ er die grünen Vorhänge nieder, siegelte alle Tore zu und ritt davon; denn seht, er war auch trotzig, wie Graf Julius, der ebenfalls fortging und nicht wiedergekommen ist. Er hatte die Tage vorher das Drehtor machen und das große daneben zumauern lassen, und alle Diener und Jäger und die Hunde und die Pferde – alles flog desselben Tages davon, und er sagte: „Hüte das Werk wie den Stern deiner Augen und halte die Brut ferne, bis ich komme und sie als mein Weib erkenne." Dann habe ich das Werk gehütet, daß nur die Vögel des Himmels hereinzufliegen vermochten. Eine Stille war Euch, Graf Sixtus, eine Stille im Sonnen- und Mondenscheine – und immerfort still, nur daß die Totengeige des Prokopus, die er wieder hatte aufziehen lassen, zuweilen nachts oder tags tönte oder läutete. Dann waren fünf, sechs, acht Jahre, bis die vielen Herren mit dem Pergamente kamen, alles untersuchten und zusiegelten – dieser Syndikus, der mit Euch ist, war auch dabei –, und sie erzählten, daß man ihn in der heidnischen Stadt so schön begraben habe. Die Narzissa liegt in der Schloßkapelle; der Dechant war selbst herübergekommen und hatte gesagt: ‚Ich will sie gesegnen.' Sie konnte nicht mehr warten, weil ihr das Herz stehengeblieben war."

Er hatte diese Rede größtenteils an Heinrich gerichtet. Dieser hörte ihm schweigend und mit Schonung zu. Man war indessen durch den Eichenhag bis nahe an die Ruinen des Grafen Julian gekommen, und wie man auf den glänzenden Rasenplatz hinausgetreten war, auf dem die Trümmer liegen, so sprang der große Hund Ruprechts plötzlich gegen den Anger vor und wedelte und scharrte und bellte gegen die Luft empor – Ruprecht aber schrie: „Daß du stürzest, Pia, fürchterliches Kind – Pia! Pia! – – siehe, mein Herz, komme eilig herunter – – ich habe dir ja gesagt, du solltest bei den Ringelblumen sitzen bleiben und solltest zählen, wie oft die Schwalbe zugeflogen kommt – –."

Und ein feines, klingendes Silberstimmchen ertönte in der Luft: „Sie flog fünfmal und zwanzigmal und immer – und von den Ringelblumen ist die erste gelb und die zweite gelb – und sie waren alle gelb! Ich falle nicht, siehe nur, ich falle nicht."

Die Freunde blickten empor, und auf dem höchsten der vielen Balkone des zerfallenden Schlosses, auf einem Balkone, der so in der Luft draußen hing, als klebe er nur an einem einzigen Steine, war ein Kind – ja sogar nicht einmal auf dem Balkone, sondern auf dem Steingeländer desselben war es, halb sitzend, halb reitend, es schien ein Mädchen; denn eine Fülle der schönsten, gelben Ringellocken wallte um den Nacken und das glühende Gesichtchen, sie mochte zehn bis elf Jahre alt sein, oder auch noch jünger – am äußersten

Geländer saß sie und jauchzte, und so wie ihr Ruprecht zugerufen hatte und ihr eigenes Stimmchen erklungen, wurde sie noch fröhlicher, daß er sie gesehen; sie stand auf und schwebte nun stehend auf dem unsichtbar schmalen Stege des Geländers und ging vorwärts und rückwärts und neigte sich und beugte sich über, daß den Männern unten ein Schwindel und Grauen ankam und daß ihnen die Augen vergingen.

Und sie rief dem Hunde zu: „Hüon, Hüon, komm herauf.“ Und da dieser sich wälzte und plump in die Luft sprang und ungeschickte Freudentöne gab, so wußte sie sich vor Lachen nicht zu helfen.

„Ich werde mir die Haare ausraufen, wenn mir einmal der Hund ihre zerschmetterten Glieder nach Hause schleppen wird; denn er hat sie lieb, und sie folgt ihm auch am meisten.“ Diese Worte hatte der Greis heimlich zu sich gesagt, aber die zwei Männer hatten sie gehört.

Indes warf oben das Kind die Arme empor und rief: „Ich sehe hierhin und dorthin, ich sehe alle Mauern, alle Bäume und die ganze Welt.“

Es schien, als hänge ihr lichtes Kleid wie eine weiße Sommerwolke im Himmelsblau draußen – die Männer standen regungslos, um sie nicht zu erschrecken und zu stören –, und endlich verschwand sie plötzlich oben, man hatte kaum gesehen, wie sie von dem Geländer gestiegen und durch die Mauer hineingekommen war – und fast in dem nämlichen Augenblicke wurde sie unten auf dem Rasen sichtbar, wie sie durch eine kleine Bresche neben Himbeergesträuche heraustrat. Sie blieb stehen, als bemerke sie die Fremden jetzt erst, zögerte, sah sie eine Zeitlang mit wilden, schwarzen Augen an, dann aber ging sie zuerst langsam um die Mauerecke, scheu und wild wie eine junge, schlanke Pantherkatze, dann fing sie an, den jenseitigen Rasenhang hinabzulaufen – der Hund hinter ihr, und die Freunde sahen noch, wie sie weiter unten das mächtige Tier mit beiden Armen umschlang und sich mit ihm durch das Gras und Gebüsche hinabschleifte, bis sie beide nicht mehr sichtbar waren und nur die Büsche wogten.

„Wir werden jenes Loch zumauern, Erlaucht“, sagte Ruprecht flüsternd, indem er hinzeigte und in seinen Gesichtsfalten Zorn und Todesblässe schlotterten. „Im Parthenon liegen noch Ziegel, sie werden ohnedies nicht gebraucht.“

Dann fuhr er fort, als hätte er seine Begleiter vergessen: „Die Raben des Grahns werden kommen, über meine Hütte fliegen und mir Botschaft bringen, wenn sie schon tagelang nicht nach Hause gekommen ist – weil sie auf einem roten Steine liegt; die gierige Kohlmeise wird ihre Äuglein ausgehackt haben – oder die Wasser der Pernitz werden um zarten Glieder waschen, und die Fische werden heimlich herum schießen wie stumme Pfeile, hastig zupfen und sich um das Stückchen balgen, das einer erwischte – – ich werde indes suchen und suchen, immer, immer – – und werde dann zum fürchterlichen Himmel heulen, daß die Sterne daran zittern; denn sie ist das Allerschönste auf der Erde, das Schönste zwischen Sonnen und Sternen, wie Narzissa war."

Einen tiefen, furchtsamen Blick warf er gegen Heinrich und sagte: „Ich werde öffnen; denn ich halte immer gesperrt."

Und er drehte große Schlüssel in dem knarrenden Schlosse – aber es war lächerlich zu schließen, wo nichts zu verschließen war; denn alle Mauern klafften, eine breite, sanfte Treppe führte zu Schutt, durch die Fenster wehte die Luft, kein Getäfel und Holz war mehr zu schauen, der Marmor der Gänge und Säle war erblindet, steinerne Stiegen hingen in der Luft, Mörtel rollte und rieselte allseits, ein buntes Lichterspiel flimmerte, und hellgrüne Pflanzen taumelten, wo ein Lüftchen zog oder ein Strahl hinküßte. Über eine jener hängenden, schief gesunkenen Stiegen mußte das Mädchen zu dem hohen Balkone gelangt sein.

Nachdem sie über Kalkhügel und Steinhaufen gegangen, durch Breschen und Türlöcher gekrochen, ohne das mindeste Merkwürdige getroffen zu haben, verlangten sie hinaus, und der Greis führt sie durch ein anderes Tor, das er ebenfalls sorgsam hinter sich verschloß, in den Garten des Hauses. Es war ein langes Viereck, zu dessen beiden Seiten Mauerwerk lief, nicht hoch über den Boden zwei lichte, freundliche Säulengänge führend. Von hinten war das Viereck durch einen mächtig großen Marmorfels geschlossen.

Wenn ein Wald oder Garten auch eine Ruine sein könnte, so wäre es dieser gewesen. Eingesunkene Gartenbeete, blecherne Blumentäfelchen mitten im Grase, eine fröhliche Wildnis von Unkraut, ein verdorrter Obstbaum, ein anderer ein großer Pflock mit zwei grünen Wasserschößlingen, ein dritter mit herrlicher Frucht, eine zwecklose, späte Gabe – die Pfirsichzweige an der Wand, einst die Liebe und der Stolz des Herrn, hingen seitwärts, unangebunden, unfruchtbar wie schlechte Weidenruten – eine Ulme war emporgeschossen und streckte ihre Zweige lustig in den Säulengang hinein. Tausend Bienen und Käfer summten und arbeiteten an den üppigen Blüten des Unkrautes.

Mitten hindurch aber ging ein breiter, schöner Weg, als wäre täglich jemand drauf gewandelt oder als wäre er gestern erst gemacht worden. Heinrich hatte auch gemerkt, daß in der Ruine von dem einen Tore bis zum andern über die Schutthügel ordentlich ein getretener Weg laufe. Sie gingen den Garten entlang. Wie sie immer näher kamen, so stieg ihnen der rote Fels stets größer entgegen, und Heinrich merkte endlich, daß in demselben eine hohe Pforte gehauen war, mit einem eisernen Tore verschlossen, daran eiserne Schlösser hingen, mit dem gräflichen und den Gerichtssiegeln versiegelt. Es war dieser Felsen der sogenannte rote Stein, in dem die Lebenserzählungen aufbewahrt waren und dessen Bedeutung Heinrich von Robert aus den Gerichtspapieren erfahren hatte.

Seitwärts dem roten Steine war der Kirchhof des Schlosses. Ein anderes Tor, nicht massiv, nicht versiegelt, sondern ein hohes breites Eisengitter führte hinein. Es war auch ein Garten, aber statt der Blümlein war nur ein dunkler hingehender Rasen, statt des Obelisken ein weißes Kruzifix inmitten von vier Linden und statt des Gartenhauses eine Kapelle von den Eichen überschattet, die draußen in dem Walde des Julian standen.

„Die Bücher, so in dem Gewölbe dieses roten Steines sind", sagte Ruprecht, „reden nur zu Leuten, die aus dem Blute unserer Grafen stammen, und jeder Tropfen ist aufgeschrieben, der seit siebenhundert Jahren aus einem ihrer Herzen rann, und keiner darf die Schrift lesen, der nicht ein Kind desselben Geschlechtes. Ihr seht, daß die Tore des Steines versiegelt sind, Ihr könnt nicht hinein, aber zu dem andern habe ich die Schlüssel."

Und er schloß das Gitter auf und führte sie durch eine heitere Allee von Linden auf den Kirchhof. Es war der stillste Ort, den Heinrich noch auf dem Berge gesehen hatte, fast zum Frieden und Schlummer ladend; denn von drei Seiten war er durch den Eichenwald des Julian umgeben, so daß beinahe kein Lüftchen, ja kein Ton von außen zu dieser Insel dringen konnte: Von der vierten Seite stand das alte Schloß und die Lindenallee, grau und grün gemischt – und von oben war die tiefe Bläue des Himmels und das niederfließende Gold der Sonne. Auch war jene wimmelnde Bevölkerung von Kreuzen und Zeichen nicht da, womit sonst so gerne die Erhabenheit eines Totengartens zerstört wird und womit der Mensch seine armen Flitter auch in dieses ernste Reich hinüberträgt, sondern auf dem gleichen Rasen waren nur einige unbedeutende Merkmale, die Ruhestelle treuer Diener des Hauses bezeichnend, und in der Mitte stand ein hohes Kreuz von weißem Marmor als Zeichen des allgemeinen Friedens und der allgemeinen Gleichheit. Viele Mitglieder des Geschlechtes ruhten ohne Grabmerkmal, wie sie es verordnet, unter der allgemeinen, einfachen Decke des Rasens; andere aber lagen mit Wappen, Zeichen, Zierden und Prunk in der weitläufigen Gruft unter der Kapelle. Heinrich und Robert stiegen in diese Gruft hinunter; Ruprecht, der sie ihnen aufgeschlossen hatte, blieb oben auf einem Marmorwürfel sitzen, der aussah wie ein unfertiger Grabstein. Die Gruft hatte nichts anderes, als eben Grüfte zu haben pflegen: Särge, Wappen, Vergänglichkeit – alles bedeckt mit Pomp und Moder, nur ein einziger Sarg stand da, ganz einfach von Eichenholz gezimmert, ohne das geringste Zeichen, ja sogar ohne Namen. Sie stiegen nach einiger Betrachtung wieder hinauf, und wie sie aus dem dunklen Tore der Kapelle ins Freie traten, hörten sie ein plötzliches Rauschen und sahen noch das Wegflattern des Gewandes und den Sprung des Hundes. Das wilde, scheue Kind, Pia, war in ihrer Abwesenheit bei Ruprecht gewesen und hatte bei ihrer Ankunft die Flucht ergriffen; sie sahen nur noch, wie sie hinter einen Holunderbusch, der an der Kirchhofmauer stand, verschwand, aber dort stehenblieb und durch eine Öffnung ihr schönes Gesichtchen herausbog und halb dreist und halb geschreckt mit den übernatürlich glänzenden, schwarzen Augen die Fremden anstarrte – aber wie sich Robert nur regte, so zuckte sie weg und wurde erst viel später wieder gesehen, wie sie mit Hüon auf einer roten Felskuppe stand. Von da an sah man sie bis gegen Abend nicht wieder. Heinrich konnte sich eines unheimlichen Gedankens nicht erwehren, wenn er sich diese zwei Wesen als die einzigen Bewohner des Berges dachte; den märchenhaft alten, blödsinnigen Mann und das verwahrloste, zartgliedrige Wesen, das in seiner Gesellschaft zu einem Wüstenvogel aufwachsen muß, der entsetzt aufflattert, wenn ihm die schöne Bildung eines Menschenantlitzes sichtbar wird.

„Sie ist stille und gut", sagte Ruprecht, nachdem er die Kirchtüre gesperrt und den Schlüssel wieder zu den andern genestelt hatte, „sie saß die ganze Zeit, als ihr in dem Gewölbe unten waret, hier auf dem weißen Steine und atmete ihr Laufen aus, und von dem Händchen quoll ein Blutstropfen, weil ihr sie an den alten Mauern so erschreckt habt, und sie fragte, wer ihr seid und warum ich euch denn nicht erschlüge wie den Wolf, der auch im Winter in die Fichtenallee gekommen ist und mit Hüon spielen wollte. – – Sie wußte nicht, auf welchem traurigen Steine sie saß und die Worte von den Menschen und Wölfen redete. – – Sehet, dieses Ding da sollte, als er ihren Tod erfuhr, nach dem Vorbilde gemeißelt werden, worunter Chelion liegt; aber als Ihr das große Pergament brachtet, Herr Syndikus, und von seinem Begräbnisse erzähltet, da raffte der Werkmeister den Hammer und Meißel zusammen und ging fort, daß nun der eichene Sarg ohne Namen unten stehen muß und der Grabstein ohne Bedeutung hier oben liegen. Auch der Konterfeier ging fort und ließ die schönen, grünen, seidenen Vorhänge hängen – und sie hängen noch dort, denn das Grüne hat er sehr geliebt – – und Ihr müsset sie beide züchtigen, Erlaucht, die ungetreuen Knechte. Ach alles, alles ist nicht fertig geworden."

„Lasse uns um Gottes willen das andere schnell abtun – mir wird es unheimlich in der Gegenwart dieses alten Mannes", flüsterte Heinrich seinem Begleiter zu.

„Lasse ihn nur", versetzte dieser, „er ist ja übrigens ganz harmlos."

„Ich werde euch nun zum glatten Hause führen", sagte Ruprecht, „und die Klausur der Frau Hermenegild aufschließen; aber es sind jetzt die Bienen drin – sie tun nichts und sind nicht wild denn ich habe ihnen nie Honig genommen; sie tragen viel aus den Linden der Gräber herüber, und der ist süß und duftig – – ich werde euch auch den Wein zeigen – folgt mir nur."

Und er führte sie durch den Eichenwald dem sogenannten Sixtusbaue entgegen. Sie betraten ihn von der Hinterseite und fanden wirklich hier den seltsamsten Haushalt: Es lief ein langer, schmaler Glasgang mit erblindeten, regenbogigen Scheiben längs des Gebäudes, und aus einigen zerbrochenen Scheiben desselben wogte es von Bienen aus und ein, und soviel man durch das trübe Glas erkennen mochte, war der Gang, insbesondere die Nischen, abenteuerlich mit riesenhaften Waben bebaut, und die allergrößte Tätigkeit herrschte fort, daß es einem ordentlich im Kopfe wirrte und schwirrte, je länger man dem Treiben dieses Knäuels von Republiken zusah, an einem zu solchem Haushalte so unpassenden und ungewöhnlichen Orte.

„Die Nonnen hatten sonst den Gang zum Lustwandeln gehabt", sagte Ruprecht, „aber das ist nun nicht mehr möglich, weil sie tot sind, und wir können auch nicht dort gehen wegen der Bienen; ich werde aber öffnen, wo wir durch die Zellen der heiligen Frauen kommen. – Im Winter gebe ich dem kleinen Geflügel immer Stroh; Graf Christoph nahm ihnen noch Honig, denn er war ihr Herr aber ich lasse sie fortbauen, und es sind schon manche Schwärme in die Fichtau hinausgeflogen, weil sie meinten, es sei hier zu enge, oder weil sie taten, wie die Jugend überhaupt zu tun pflegt. Da die Frau Gräfin Hermenegild, als ihr Herr Ubaldus im Heiligen Kriege gefallen war, die Zellen eingerichtet und die heiligen Frauen zur Anbetung Gottes berufen hat, dachte sie nicht, daß in den schönen Glasgang diese Bewohner kommen würden – – ja damals sind sie gewandelt und haben kunstreiche Arbeiten gemacht, die noch alle im roten Saale aufbewahrt sind; aber weil die Zellen nicht von dem Heiligen Vater geweiht waren, so wurde es nach dem Tode der Frau Gräfin untersagt, daß sie weiterbestehen; und die letzte der Nonnen starb, da mein Urgroßvater ein Kind war. Er ist auch Kastellan gewesen."

Und bei diesen Worten hatte er ein Tor am Ende des Glasganges geöffnet und führte sie nun durch Zellen und Gemächer, durch Refektorium und Sprechsaal – und sie sahen all das dumpfe, bestaubte Geräte, die schwarzen Bilder, die blinden Fenster und die zerfetzten Tapeten der Nonnen.

Gegen Ende dieser Dinge, wo wieder die andern Gemächer des Hauses beginnen, war einiges in Schutt, und allerlei Gänge öffneten ihre Höhlen. Hier sagte Ruprecht heimlich zu Heinrich, er sollte mit ihm gehen, denn er müsse ihm allein etwas zeigen. Heinrich zauderte anfangs ein wenig, aber durch Robert ermutigt, folgte er dem Alten. Dieser gab in Miene und Bewegung alle Zeichen der höchsten Freude zu erkennen, führte ihn treppauf, treppab, sperrte Türen auf und zu, machte endlich am Ende eines verfallenen Ganges Licht und stieg mit ihm eine Wendelstiege hinab. Dort öffnete er ein äußerst kleines Türlein und führte Heinrich hinein: Und siehe, da lag weithin Faß an Faß, der Greis in höchster Freude und Befriedigung zeigte darauf und sagte: „Ich habe das alles bewahrt; der große Eingang ist verschüttet, und diese Treppe wußten sie nicht, da sie kamen, alles zu beschauen. – Ich habe allein den Wein gepflegt und pflege ihn noch; ich trinke keinen Tropfen – – gebt mir nur ein wenig, wenn ich alt und krank werde – ich zeige dem andern, der mit Euch ist, nichts, denn sie wollen unser Eigentum verzetteln, und ich hätte ihn auch gar nicht in das Schloß gelassen, wenn nicht Ihr mit ihm gewesen wäret", und bei diesen Worten brach er in ein kindisches Schluchzen aus, und ehe es Heinrich hindern konnte, hatte er sich niedergebückt und dessen rechte Hand geküßt, indem er lallend und bittend sprach: „Seid nur nicht mehr zornig, nun ist ja Bertha längst gestorben – und sehet, ich habe für alles und alles gesorgt und es gehütet wie mein eigenes Herz. O ich habe unsäglich viel ausgestanden."

Heinrich konnte seine äußere Erschütterung nicht bergen, und der Gedanke, der in seinem tiefsten Innern saß, die fast unglaubliche Ahnung, die ihn hierhergeführt, die Ahnung, die er nicht einmal seinem Freunde zu offenbaren gewagt, schien sich hier an dem Wahnwitze eines alten Mannes zu verkörpern und zu offenbaren.

„Wenn's ist", dachte er, „wenn's ist – – !"

Er zitterte fast, nur um ein Haarbreit in der verdunkelten Seele des andern weiter zu forschen, um sie nicht noch tiefer zu zerrütten. Die Verrückung jener Gesetze, auf deren Dasein im Haupte jedes andern man mit Zuversicht baut, als des einzigen, was er untrüglich mit uns gemein hat, trägt etwas so Grauenhaftes an sich, daß man sich nicht getraut, das fremdartige Uhrwerk zu berühren, daß es nicht noch grellere Töne gebe und uns an dem eigenen irre mache. Auch verlangte der Alte kein Zeichen, weil er sich selbst Rede und Antwort gab. Mit haushälterischer Geschäftigkeit führte er ihn von Faß zu Faß, zeigte die Neunziger, die Elfer, den vom Rhein, die Ausländer, die Spanier, die Portugiesen – er zeigte ihm die Vorrichtungen, mit denen er nachfülle, die Fässer reinhalte, die Luft wechsle – – in allem diesen zeigte sich die bewundernswerteste Zweckmäßigkeit. Er wurde immer vergnügter, und da er die wirklich erstaunliche Reihe von Fässern gezeigt hatte, näherte er sich vertraulich dem Ohre Heinrichs und sagte heimlich. „Das ist der neue Syndikus der schwarzen Stadt; sagt ihm kein Wort von dem vielen, mächtigen Weine, denn sie versiegeln alles, bis Graf Christoph kommt; aber der kommt nicht mehr und ist tot und im Mohrenlande begraben – auch Steuern und Abgaben gehen immer ein und werden im Rathause der schwarzen Stadt aufgehoben. Geht nur gleich, wie ich schon gesagt, in die grüne Stube, wo sie schon alle warten."

„Wird aber nicht Pia Schaden nehmen, wenn wir so lange wegbleiben?" sagte Heinrich versuchsweise.

„Wer!?" entgegnete der Alte mit allen Zeichen des höchsten Erstaunens, indem er seinem jungen Begleiter mit der Laterne ins Gesicht leuchtete. Sein Geist hatte in Jahren geschwebt, wo Pia nicht war, und der Geier, der an seinem Gehirne fraß, das Mißtrauen an sich selbst, stand auf und schlug ihm die düstern Flügel um das Haupt. Er ging hastig und verstummt den Gang zurück, löschte das Licht aus, verbarg mit größtem Scharfsinne die Laterne, führte Heinrich in tiefster Dunkelheit wieder treppauf, treppab, Gang aus, Gang ein, und sie standen endlich plötzlich vor Robert, der an einem Fenster ihrer geharrt hatte. Ruprecht war jetzt wieder ohne ein einziges Wort. Er schritt über einen Vorsaal, schloß auf und öffnete, sich anstemmend, die eingerosteten Türflügel zu den Gemächern. Eine Reihe von Zimmern empfing sie mit schwerer verblichener Pracht; altertümliche, geschnitzte Geräte, wunderliche Tapeten, teils noch ganz, teils durch Moder und eigene Schwere zerrissen, Zeltbetten, Putztische, Sesselreihen, alles von altväterischem Prunke, kunstreich und doch fest gearbeitet – alles bedeckt mit Massen von Staub und Spinnenweben, und ein trübes Licht fiel durch die blinden Scheiben von dem einsamen, funkelnden Tage draußen herein.

Mit den schwermütigen Gefühlen menschlicher Nichtigkeit und Vergänglichkeit wandelten die Freunde durch diese Stätten versunkenen Glückes und Elendes, und Heinrichs Herz war tief und ahnungsvoll erregt. Er mußte sich einige Male die Hand über seine Augen legen, um sich zu sagen, wo er sei, und um den andern sein Inneres zu verbergen.

So hatten sie mehrere Zimmerreihen durchwandelt, einst zu dem verschiedensten Gebrauche bestimmt, von der Öde des Prunksaales an bis zur Heimlichkeit des einstigen Schlafgemachs. Der Alte war ohne viele Teilnahme hinter ihnen gewandelt, aber da die Zimmer zu Ende waren und sie wieder in einen Vorsaal gelangten, bog er plötzlich um eine Ecke, riß mit sichtlicher Hast und Freude zwei riesengroße Flügel auf – und ein zauberischer Anblick schlug den Freunden entgegen: Es war der grüne Saal; mit dem feinsten, dunkelsten Serpentine waren die Wände bekleidet, riesengroße Fenster von unten gegen oben, zum Teil mit grauer Seide gedeckt, rissen sich gegen den glänzenden

Himmel auf, und ihr Glas war glatt und spiegelhaft, als hätte man es in diesem Augenblicke gesetzt – der Grund aber war, weil es der Alte immer putzte. – – Und in der Lichtflut dieser Fenster stand, in die dunkle Ebene des Serpentins gerahmt, eine ganze Reihe der herrlichsten Bilder: Es waren sämtliche Scharnast, Männer, Frauen und Kinder, von Haupt- und Seitenlinien – und wie der erste Blick zeigte, von den besten Meistern gemalt. Man sah selbst Rubens und Van Dyks Pinsel, die besten Deutschen und sogar den Spanier Murillo. Heinrich war erstaunt, ja er war betäubt über diese Herrlichkeit. – Da funkelte die Sonne im wundervollen Schmelze auf jener Rüstung, jenem Goldgehänge, jenen Vasen und Geschirren schwer und massenhaft, als müßte ihre Wucht von dem Bilde niederbrechen – auf dem weichen Goldhaare der Frauen, auf jenem Antlitze, in dem lieblichen Auge, auf dem Munde, der eben nur gesprochen haben muß, auf der Hand, die auf dem Marmortische ruhte oder den schweren Samt emporhielt – auf den Gesichtern der Männer, über die, obwohl in tausend Gedanken und Leidenschaften zersplittert, noch dieselbe Familienähnlichkeit hinlief – alles glänzte und funkelte da, von der furchtbaren Körnigkeit jener Menschen in Stahl und Eisen angefangen bis zu der Pedanterie und Weichheit derer, die in Tressen und im schwarzen Fracke sind.

Robert, der auch den Saal noch nicht gesehen hatte, war ebenso bezaubert wie Heinrich. – Ruprecht, im Übermaße der Befriedigung und des Stolzes, stand da und drückte sein Gefühl dadurch aus, daß er abenteuerlich und ungeschickt mit seinen Fingern in dem großen Bunde Schlüsseln, den er trug, suchte und arbeitete und nestelte. Er hatte sein Barett abgenommen, als wäre er in der Kirche.

Nachdem der erste Eindruck dieser Einfachheit und Größe (denn selbst die Bilder waren weitaus über Lebensgröße) in etwas vorüber war, ging man zur Betrachtung der Einzelheiten über. Da hing gleich zu Anfang der alte Hanns, ein frommer Herr und Ritter, daneben sein Eheweib Adelgund, ein echtes deutsches Gesicht, wie sie uns so gerne aus den Bildern Albrecht Dürers ansehen. – Von ihm ab folgte die Reihe eiserner Männer und sittiger Frauen: Bruno und Brigitta – Beno und Irmengard – dann Hermenegild, die Nonne – Johannes, der Kreuzfahrer – – und andere und wieder andere – eine ganze Reihe. Vorzügliche Gemälde waren alle, obwohl sie augenscheinlich viel später gemalt wurden, als die Urbilder lebten, aber wahrscheinlich nach vorhandenen, wenn auch schlechten Originalen, denn dafür sprach der in allen Gesichtern der Männer fortgehende Familienzug. Die Namen standen in großen Goldbuchstaben unter jedem Bilde auf dem dunklen Serpentin. Was Heinrich ganz besonders wohltat, war, daß die Bilder ziemlich tief herabhingen und von oben beleuchtet wurden, wie es denn überhaupt hervorging, daß der Gründer dieser Anstalt nicht die Bilder des Saales wegen aufgestellt, sondern daß dieser in seiner ungeheuren Größe und einfachen Pracht nur zur Verherrlichung jener dienen sollte. So war auch im ganzen, wüsten Zimmer nicht ein einziges Gerätstück; bloß an Fenstervorhängen waren die mannigfaltigsten, behutsamsten Vorrichtungen, um teils die verschiedensten Lichterspiele auf die Gemälde wirken lassen zu können, teils dieselben vor unmittelbarer Sonne zu schützen. Und wie sehr Ruprecht mit der Sache vertraut war und sie liebte, zeigte der Umstand, daß er oft durch unbedeutende gelegentliche Züge an Schnüren oder Federn ganze entfernte Bilderreihen plötzlich in das zarteste Licht legte, da sie vorher in ungünstiger Dämmerung geschwebt hatten.

Von den Frauen war keine einzige unschön, manche voll herrlicher Anmut und einige Jungfrauen blendend und untadelig. – Von den Männern war keiner unbedeutend, viele schön, einige voll Schwärmerei oder Gewalt des Geistes, alle mit einem sonderbaren Zuge von Überschwenglichkeit, wie mit einem Familienzeichen behaftet: Da war Johannes, der Erbauer der Sphinxe und des Obelisken, dann Sixtus, der Gründer dieses Baues und wahrscheinlich auch des grünen Saales, dann Ubaldus, der strenge Krieger – und andere. – – Weit unten von denen saß ein alter Mann mit einem Blicke, als glühte Dichtkunst oder Wahnsinn drinnen: Es war Prokopus, der Sterndeuter. – Jungfrauen in sanfter Schönheit prangten neben ihm, seine Töchter, und hart daran ein seltsames Paar, zwei Männer: der eine in reichem Goldkleide, widrigen Antlitzes mit furchtbarem, rotem Barte, der andere im armen, grünen Jagdkleide, ein sanftes Bild der größten Jugendschönheit; es waren die Brüder Julianus und Julius, Söhne des Prokopus – – Heinrich erschrak, denn wenn es wahr ist, was ihm ein gesendeter Zufall erst kürzlich geoffenbart, wenn er ein später Sprosse all dieser Männer ist, so war es dieser Jüngling Julius, durch den der Strom in sein fernes, abgelegenes Heimattal geleitet wurde, daß er selbst nun heute, nach mehr als anderthalb Jahrhunderten, ein verschlagener, unbeachteter, letzter Tropfen desselben vor der reichen Quelle stehe, aus der er kam. – Wie seltsam die Schicksale der Menschen und der Geschlechter sind! Was mußte nicht geschehen, daß er heute hier stehe und auf die zarte Stirne und die großen freundlich lodernden Augen eines Knaben schaue, der vielleicht sein Ur-Ur-Großvater ist, jener Mann, von dem er so viel reden gehört, der gekommen sei, man wußte nicht woher, der gewaltet, gewirtschaftet und gelebt habe, so herrlich wie kein Mensch, und den er sich nie anders denn als schwachen Greis vorstellen konnte, weil der Großvater erzählt hatte, wie er so schön im weißen Barte und schwarzen Samtkleide auf dem Paradebette gelegen sei, als man gekommen, um ihn mit Gepränge zu begraben, weil er heimlich ein vornehmer Herr und Graf gewesen.

Robert stand neben dem Freunde – und ahnte nicht, was in demselben vorgehen mochte. Auch der Greis Ruprecht schaute so gleichgültig und blöde auf alles, als verstände er nichts.

Indessen blickte dasselbe Schwärmerauge des Prokopus aus dem Bilde, dieselben guten, sanften Blicke der Jungfrauen und dieselben ungleichen Mienen der feindlichen Brüder.

Man ging endlich weiter.

Julianus war der letzte im Harnisch gewesen, aber auch dieser, ein leichtes, vergoldetes Ding, war mehr Spielzeug als Waffe. Nach ihm begannen die kleinen Degen und die Bordenkleider und Reifröcke und – merkwürdig – war es nun Zufall, oder war es Zeichen jener Zeit, die, sittenloser als eine, auch ihren fahlen Fittig über diesen entlegenen Berg geschattet hatte – die bisherige Reihe bedeutungsvoller Köpfe brach hier ab, und es folgten einige von vollendeter Nichtigkeit, ein Gebäude von Borden und Locken und Angesichter voll Zeremonie und Leerheit. Erst gegen das Ende, bevor der ganze Bilderreigen überhaupt abbrach, gleichsam wie der letzte Glanzblitz einer erlöschenden Flamme, saß noch eine Gruppe, welche Auge und Ahnungsvermögen jedes Beschauers an sich riß, für unsere Freunde aber durch die aberwitzige Vermittelung des alten Mannes wahrhaft erschütternd wurde.

Die Zeit der Borden und Zöpfe nämlich hörte plötzlich bei einem Manne auf, der in ganz fremder Kleidung dasaß, die gar keinem Jahrhunderte der Geschichte angehörte: einer Gattung weitfaltigen, rabenschwarzen Mantels mit roter Seide ausgeschlagen. Ein Kopf voll Schönheit und Bedeutung sah ernst und doch sanft schwärmend daraus nieder: „Jodokus" stand unter dem Bilde. Die Männer sahen ihn neugierig an, den Menschen, von dem so abersinnige Gerüchte umgingen und der doch so ruhig und gelassen tatfähig aus dem Bilde sah, wie man es etwa von einem Epaminondas erwartet haben würde.

Auf einmal, da sie so hinsahen, ertönte hinter ihnen schüchtern, da er seit langem wieder zum ersten Male das Wort nahm, die Stimme Ruprechts, welcher sagte: „Er hat selbst den himmelblauen Vorhang im Testamente so verordnet wie er ist, und daß er nur gehoben werde, wenn dringender Grund ist, das Bild zu sehen."

Die Freunde blickten auf, und wirklich bemerkten sie, was sie im Augenblicke vorher nicht beachtet hatten, daß das Gemälde neben Jodokus mit blauer Seide verhängt war.

„Nun, es ist dringender Grund", sagte Robert lächelnd, „enthülle das Ding."

Aber der Alte achtete nicht auf die Rede dieses, sondern mit einem düstern, verzagten Seitenblicke Heinrich streifend, sagte er: „Ja, ja, es ist dringender Grund – ein dringenderer kann gar nicht sein; aber ich warne euch – ihr werdet euch entsetzen."

Einen Augenblick zauderte er noch, dann aber tat er einen kurzen Zug an einer seidnen Schnur, der Vorhang rollte sich von selber empor, klappte in eine Feder, blieb stehen – und der alte Mann trat weit in den Saal zurück, als wäre er von tiefster Erschütterung ergriffen – aber was sie sahen, war nicht zum Entsetzten, es war eher lieblich und schön: eine kleine weibliche Figur war auf dem Bilde gemalt, wie ein Kind in sanfter Trauer und doch wie ein vermähltes, glühendes Weib. Über dem schwarzen Seidenkleide hielt sie ein lichtes Antlitz, so seltsam und schön wie eine Blume über dunklen Blättern. Die kleine, weiße Hand lag auf Marmor und spiegelte sich drinnen. Die Augen sahen fremd und erschreckt. Zu ihren Füßen, als friere er, schmiegte sich ein Goldfasan.

Unten im Serpentine stand: „Chelion."

Die zwei Männer hatten lange und mit größtem Wohlgefallen den Schmelz dieses Bildes betrachtet, aber wie sie sich endlich zum Gehen wegwandten, sahen sie zu ihrem Erstaunen den greisen Kastellan mit äußerster Verzückung nach dem Gemälde starren. Er hatte sich nicht im geringsten geregt und war weit hinten im Saale gestanden. Die Freunde richteten bei dieser Erscheinung, gleichsam wie durch Verabredung, noch einmal ihren Blick auf das Bild, und als nach einer Weile Heinrich sagte: „Sie ist aber eigentlich auch wundervoll schön und seltsam", hörte man den Alten schleichenden Trittes herzugehen, und wie er in die Nähe Heinrichs gekommen, streckte er tastend seine Hand gegen ihn, daß der dürre Arm weit aus dem Ärmel des alten Rockes vorstand, und rief mit leiser, heiserer Stimme: „Ja, das ist auch entsetzlich, das ist das Unglück, wie sie schön ist, wie sie über alle Beschreibung schön ist – – ich bitt' Euch, wahret Eure Seele, Graf Sixtus! Auf den Knien bitt' ich Euch, wahret Euch vor Versuchung; denn die Hölle hängt nur an einem Haare – – alles ist gut abgegangen, er hat sie liebgehabt, fort und fort, wie der Adler sein Junges, aber da war sie weiß, ehe sie gestorben ist, so weiß war sie wie die Lilien, die unten im Sumpfe wachsen und die Häupter auf das schwarze Wasser legen – – und mich hat er oft angeschaut mit den glänzenden Augen, und da er schon den langen, weißen Bart hatte, hat er mich angeschaut mit den schwarzen Augen, wie nachts die Eule blicket, aber ich habe die Zähne meines Mundes zusammengeschlossen wie Eisen und kein Wort durch sie herausgelassen – und dann hat er mich auch wieder liebgehabt, und da er unten am Häuschen saß und die Sonne schien, da hat er meine Hand genommen und sie gestreichelt und gesagt: ‚lieber Ruprecht, lieber Ruprecht!', denn seht" – hierbei neigte sich der Greis gegen Heinrichs Ohr und flüsterte mit behutsamem Lächeln – „er war seine letzten Tage blöde und wahnsinnig."

Die zwei Männer schauderte es ins tiefste Mark der Seele, und Heinrich trat einige Schritte weg, aber der wahnwitzige Kastellan folgte ihm sachte mit glänzenden Augen: „Er hätte Euch über den Stein hinabgestürzt – Ihr seid aber auch viel schöner, als er es je gewesen – ich habe ihn recht gut gesehen, wie er bei Prokopus' Turme stand, es war Nacht, und sein schwarzer Mantel war so finster wie die Wolken, die draußen wehten, und Blitze zogen – der Seidenmantel knisterte – und es war eine so heiße Nacht, wißt Ihr? Und sie dauerte so lange als wie sonst drei, aber endlich wurde es Morgen und klar, Ihr waret fort – – es ist sehr gut, daß Ihr fort waret, und es kamen so schwere, so schwere Zeiten – ich habe Euch gesagt, daß sie wie eine Lilie weiß war und noch kleiner als sonst immer, und alle sind gestorben, die arme Chelion starb, mein Weib Bertha starb, Ihr starbet, und wie er das Schloß angezündet hatte und unten im Häuschen auch tot lag, langgestreckt, den weißen Bart wie ein zerfetztes Banner haltend, da kam ihr Sohn, der arme Christoph – seht Ihr ihn daneben –, aber er ist auch tot und Narzissa – und alle sind sie tot – –"

Unwillkürlich sahen die Freunde auf das Nebenbild der Chelion, und wirklich stand ein junger Mann darauf, ihr vollendetes Abbild – wie sie, so seltsam und schön, aber mit trüben, schwermutsvollen Blicken. Dieser war also der letzte Besitzer des Berges gewesen.

Zu einer andern Zeit und in anderer Lage würden sie lange vor diesen merkwürdigen Bildern und Naturspielen gestanden sein, aber in diesem Augenblicke war es ihnen nicht möglich, denn der alte Mann neben ihnen war von einer so furchtbaren Erregung gefaßt, daß er bei seinen letzten Worten in ein krampfhaftes Weinen ausbrach, die Hände vor das Gesicht schlug und die überreichlichen Tropfen zwischen den dürren, faltigen Fingern hervorquellen ließ, so daß sein ganzer Riesenbau vor Schmerz zitterte, wie der See schwankt, wenn ein ferner Sturm tobt. Das Herz der Freunde tat einen Blick in die Schlucht einer verworrenen, vielleicht grauenhaften Tat – sie konnten nicht forschen und wollten es nicht, denn bereits funkelte der Wahnsinn wie ein düsteres Nordlicht an allen Punkten des unglücklichen Wesens vor ihnen, und sie mochten ihn nicht steigern, daß er nicht etwa überschlage und dem, wenn auch uralten Körper Riesenkräfte gebe und zu Entsetzlichem treibe – auch hat das Menschenherz eine natürliche Scheu, den dunklen Spuren eines andern nachzugehen, auf denen es zu Schuld und Unglück wandelte. Deshalb schwiegen sie beide tief und ernst, selbst gegeneinander, und blickten nur noch trübe auf die beiden Bilder: Mutter und Sohn. Chelion war schön wie ein reiner Engel, und Christoph war es wie ein gefallener. Neben ihm war kein Bild mehr, sondern die lange Reihe leerer Nischen für alle noch Ungeborenen, als hätte der Gründer auf eine Ewigkeit seines Geschlechtes gerechnet.

Die Freunde wandten sich nun zum Fortgehen. Ohnehin war ihnen die Luft dieses Saales drückend geworden. Sie wollten unbeachtet an Ruprecht vorübergehen, überzeugt, daß er ihnen, sich besänftigend, stille folgen würde. Aber wie er ihre Absicht erriet, ließ er plötzlich die Hände von seinem Angesicht fallen, und statt der vorigen Erregung sahen sie nun das äußerste Erstaunen darinnen, so daß ihm sogar vor Schreck die Tränen stocken geblieben und wie gefrorene Tropfen in dem weißen Reife seines Bartes standen: „Aber wie seid ihr denn?" rief er mit heftiger Stimme. „Wozu habe ich euch denn hergeführt? Wozu seid ihr denn zurückgekehrt? Ich habe den ganzen Tag die Geduld mit euch gehabt, ich habe ja die höchste Geduld gehabt, als ihr immer und immer die andern Dinge des Berges anschautet und nicht ginget, wohin ich euch führen wollte, ich habe die Geduld gehabt, um euch endlich auch zu zeigen, was ich getan habe – warum wollt ihr denn nun fortgehen?!"

„So zeige uns nur, alter Mann, was du getan hast", sagte Heinrich freundlich, „zeige es nur, wir freuen uns ja darauf."

„Sehet", rief der Greis besänftigter, „alle sind sie da, alle die je lebten und atmeten auf dem roten Steine – sie sind versammelt in dem grünen Saale; nur einer war verworfen – ich habe ihn immer sehr geliebt und dachte, es soll nicht so sein – seht nun: Ich war es, der es machte, daß ihr schon im Saale standet, als er noch lebte, aber er wußte es nicht, er ging hinüber und wußte es nicht. – – Wartet nur, ich will zuerst den blauen Vorhang herablassen, weil er nicht offenstehen bleiben darf …"

Diese letzten Worte hatte er beschwichtigend und vertraulich gesagt, und dann lief er gegen Chelions Bild. „Hüll dich ein", sagte er murmelnd, „du schöne Sünde, hüll dich ein, du Apfel des Paradieses" – – und er zog wieder an der Schnur, und freiwillig wie hinauf, rollte sich nun der Vorhang herunter, Stück um Stück den Schimmer des Bildes deckend, bis nichts mehr sichtbar war als die unschuldige Seide, straff gespannt und matter glänzend. Dann zu heller, unheimischer Freude übergehend, sprang der Greis zu der leeren Nische neben Christoph, drückte gegen eine Feder, und zum Erstaunen der Männer sprang der Serpentin los – und in das Krachen mischte sich das triumphierende Kichern und Lachen des Greises. Sie sahen nun, daß der Stein bloß auf eine Kupfertafel gemalt war, daß sich diese völlig umlege und noch ein Bild entblöße, das sie vorher gedeckt hatte. Es war ein Männerbild, und im Serpentine unten stand „Sixtus II."

Allein das Bild war das Heinrichs, Zug für Zug, nur in fremden Kleidern.

Der Alte rieb frohlockend und herausfordernd die Hände, als wollte er sagen: „Nun?! Nun?!"

Robert war zum Äußersten betroffen. Er hatte bisher die zwei andern begleitet wie einer, der bloß Merkwürdigkeiten anschaut, nun aber wußte er plötzlich nicht mehr, woran er sei – – zwar ein Gedanke, blitzschnell und abenteuerlich, schoß durch sein Gehirn, aber er war zu lächerlich, als daß er ihn nicht sogleich hätte verwerfen sollen – nur fragend blickte er gegen den Freund. Dieser aber, der ebenfalls die Sache zu fassen begann, war anfangs totenblaß, dann allmählich flammend rot geworden – der stummen Frage des andern aber konnte er ebensowenig eine Antwort gegeben. Bloß der wahnwitzige Greis war der einzige, der völlig klar war; mit einer Freude und Geschäftigkeit, die man an ihm gar nicht zu ahnen vermocht hätte, ging er sofort an das Werk der Erklärung, und in dem listigen Lächeln seines Angesichts schwamm die gänzliche Beruhigung, die er über seine Anstalten empfand.

„Ich habe Euch bloß", begann er, „nach dem kleinen, runden Bilde machen lassen, das im Deckel Eures feinen Reisekästchens war – wißt Ihr? – Ich hab' es nach jener Nacht herausgestohlen und aufbewahrt. Ein alter, alter Mann hat Euch konterfeit, Ihr müsset ihn erst belohnen, denn er hat Euch sehr geliebt. Des ganzen lieben Tages Länge saß er oben im Julianusschlosse, über die sinkende Stiege hinauf, wo ich ihn versteckt hielt und wohin ich ihm Essen und Trinken brachte. Dort malte er, und viele Tage und Wochen vergingen, ehe Ihr so herrlich wurdet, wie Ihr jetzt seid. Der arme Mann! Weil er so alt war, mußte ich ihn immer beinahe die Treppe hinauftragen, daß sie unter uns knitterte und einzustürzen drohte. ‚Gott lohne es Euch, Ruprecht', hatte er gesagt. ‚Gott lohne es Euch, wenn Ihr alt werdet.' Er hat noch keinen Heller für das Bild, Ihr müßt ihm einen Lohn geben denn sein Alter ist darbend und verachtet."

„Ach, der ist wohl schon jenseits aller Heller und Millionen", sagte Heinrich trübsinnig.

„Und nun", fuhr der Kastellan begeistert fort, „nun muß das falsche Kupfer weg; wir werden Euch neben Jodok und Chelion setzen, weil Ihr früher seid als Christoph, und dieser muß auf Euren Platz herunter. – Fürchtet Euch nicht, Graf Sixtus, der andere ist schon gestorben – er ist alt, sehr alt gewesen und hat einen langen, weißen Bart gehabt; und ‚lieber Ruprecht', hat er gesagt, wenn er auf der Bank des kleinen Häuschens saß – und Christoph ist auch tot. – Narzissa darf nicht in den grünen Saal, weil sie noch nicht angetraut war, ihr Bild ist auch nicht fertig, und es war ein barscher Mann, der sie konterfeite, und ging fort als Christoph tot war – und Ihr aber, Erlaucht, kommt nun und bringet Diener und Leute auf den Berg, daß es wieder lebe und wimmle und eine Nachkommenschaft werde, den ganzen Saal zu bemalen und die ganze Zukunft zu erfüllen, bis zum Jüngsten Tage."

„Lasse ihn in seiner Ahnung", sagte Robert, „es dürfte eher sein Gehirn zersprengen, ehe wir ihm begreiflich machen, daß du nicht Sixtus seiest."

„Bin ich auch nicht Sixtus", antwortete Heinrich, „so bin ich doch einer von diesen da – – ich bitte dich, frage jetzt nicht, mir ist alles sonnenklar, nur zittert jeder Nerv in mir. Ich werde dir alles – alles enthüllen, frage nur jetzt nicht."

In der ungeheuren Aufregung, in der er war, ging er gegen Ruprecht, und als glaube er es selber, sagte er zu ihm: „Sei gepriesen, alter Mann, für das, was du getan hast – ich danke dir dafür, ich danke dir und ich werde redlich sorgen für alle deine künftigen Tage."

Dem Greise war in seiner Schwäche ein kindisches Weinen über diesen Dank angekommen, aber es äußerte sich nur darin, daß ein Zucken und allerlei Bewegungen und Regungen emsig durch die Falten des verfallenen Angesichts liefen. Er beugte sich mehrmals, und beugte sich tief und vornehm wie ein belohnter Diener – es wäre lächerlich gewesen, wäre es nicht schauerlich erschienen. „Ich tat nur meine Schuldigkeit", sagte er, „ich tat nur meine Schuldigkeit!" Dann ging er mit allen Zeichen der Befriedigung und mit einer gewissen Würde in seiner Gestalt gegen das Bild und sagte: „Zum letzten Male wollen wir es schließen, Erlaucht, daß es nach kurzem offen strahle vor den Augen aller Menschen und auf ewige Zeiten. O ich habe Euch gleich gekannt", fügte er zufrieden lächelnd hinzu, „da Ihr heute Einlaß verlangtet!" – Mit diesen letzten, fast heimlich gesagten Worten drehte er den Kupferdeckel wieder herum und fügte ihn ein, so daß keine Spur blieb, wo er sich früher geöffnet.

„So, jetzt ist alles geschehen und gesehen", sagte er und trat zurück. Wirklich waren nun alle folgenden Nischen in langer Reihe leer, und die Freunde wanderten noch den Rest entlang dem Tore zu, das sie in die andern Gemächer des Baues führte.

Daß sie dem, was nun folgte, wenig Aufmerksamkeit schenkten, begreift sich. Sie gingen noch durch mehrere Abteilungen des Sixtusbaues. An den grünen Saal stieß ein roter, gefüllt mit den tausenderlei Arbeiten der Frauen des Rothensteines, namentlich mit einer Unzahl Spielereien der Nonnen. Sonst möchte es nicht ohne Annehmlichkeit sein, diese Zeugen einer vergangenen Abgeschiedenheit zu betrachten, wie sie für den einen ein Glück, für den andern eine Trauer war – aber die zwei Männer eilten vorüber, um so schnell als möglich Raum und Luft zu gewinnen und ihre Herzen gegenseitig ausschütten zu können. Nur ein Gemach, als sie all die Räume und Zimmer durchwandelt hatten, nahm noch ihre Aufmerksamkeit in Anspruch – es war das letzte, nahe dem großen Tore gegen die Vorderseite des Baues gelegen, aus dem sie nun heraustreten sollten. Das Gemach war der im

Sechseck gebaute Mauersaal, in welchem die Bilder zum grünen Saal verfertigt zu werden pflegten. Und auf eine schaurige Weise legte er jetzt den späten Besuchern diese seine einstige Bestimmung vor Augen, denn alles lag und stand noch so, als wäre der Künstler vor einem Augenblicke hinweggegangen: Aber ausgedorrte Farben, Staub und Spinneweben zeigten, daß hier jahrelang keine menschliche Hand tätig gewesen sei. Dennoch waren noch alle Fenstervorhänge niedergelassen, bis auf einen, um das Licht auf die Leinwand zu sammeln. Eine lebensgroße Gliederpuppe saß da, und schwere, schön geordnete grünseidene Draperie hing an ihr nieder, um auf das Bild gemalt zu werden; aber die scharfen Seidenfalten derselben lagen voll dichten alten Staubes, und der Glanz des Stoffes war erblindet. Der rote Samtsessel, auf dem die saßen, die abgebildet werden sollten, stand leer, aber daneben war auch das unvollendete Bild von der, die zuletzt auf dem Stuhle gesessen. Um das Bild war schon im voraus ein breiter Rahmen von künstlichem Serpentine gemalt, um die Wirkung auf den künftigen Platz berechnen zu können; aber es kam nie auf den künftigen Platz. – Das Haupt war zwar vollendet, die Figur und der Grund aber bloß umrissen und untermalt, und die Hände waren weiße, verwischte Flecken. Heinrich jagte mit seinem Tuche den größten Teil des Staubes von dem Bilde, und getrübt durch den noch gebliebenen, sah ein schönes, schlankes Weib, wie eine Narzisse, demütig und selig aus der Fülle der schönsten blonden Locken heraus.

„Geht vorüber, geht nur eilends vorüber", sagte angstvoll dringend der Greis, „ich bitt' Euch inständig, geht vorüber – es ist nur mein armes Kind – was soll ich denn hier stehenbleiben? – ich habe ja ohnedies schon um sie geweint. – – Sie sollte in den grünen Saal kommen, aber er wurde in dem Lande der Heiden erschlagen – der Maler ging fort – sie starb. – – Seht, der Konterfeier ist hinterlistig wieder erschienen und wollte das Bild und die Sachen fortnehmen, aber ich sagte zu ihm, daß ich ihn erstechen werde, wenn er es täte – da ging er und kam nimmermehr wieder. Ich bitte Euch, laßt stehen und gehen – – alles ist nicht zu Ende; alles ist falsch, ihre Ehre und ihre Erhebung ist falsch wie der Stein, den sie um ihr Bildnis gemalt haben. – – O vieles, vieles ist fürchterlich geworden, seit Ihr fort waret: Graf Jodok hat seinen Sohn Christoph verflucht, und dieser ist nicht gekommen, bis der Vater tot war, und dann kam er und war wie eine scheue Amsel auf dem Berge und gesellte sich zur schlanken Ammer, die immer erschrocken das Köpfchen warf. – – Aber sie beide waren so schön wie gar nichts auf Erden, und lauter Friede und Heimlichkeit war auf dem Berge. – – Laßt sie ruhen – laßt sie ruhen! – Hier ist das Tor; Ihr könnt ja gleich in den indischen Garten des bösen Jodok kommen. Seht, der Garten ist so schön – geht nur hinaus, geht hinaus, ich bitt' Euch."

Und hastig hatte er bei diesen Worten das Tor der ganzen Breite nach aufgerissen. Feines, liebes Grün sah einladend herein. Er zeigte hinaus; er war sichtlich erleichtert, als die Freunde das Gemach verlassen hatten. Dann, mit Kraft und Schnelle, jagte er die Flügel zu, drehte dreimal den Schlüssel im großen Schlosse um und schlug noch mit der Faust auf das eiserne Tor, recht freudig, daß es einmal zu sei. – Aber auch die Männer waren erleichtert, als der düstre, schwarze Bau gleichsam hinter ihrem Rücken zurückwich und die helle, grüne Landschaft glänzend in der Nachmittagssonne vor ihnen lag und sich die Flut des lieben, vertrauten Sonnenlichtes wieder um sie ergoß. Es war ein reicher Garten, durch den sie gingen, voll der sanftesten Sträuche und Bäume nebst Resten verkommener, ausländischer Gewächse. Mitten in dem Garten stand ein großer weißer Würfel, aus dem feinsten Marmor gehauen, mit der Inschrift: „Jodokus und Chelion." Sie gingen vorüber, dann gelangten sie in den griechischen Säulenbau des Jodok, das sogenannte Parthenon. Die Säulen standen hoch und prächtig in die Lüfte, und Gemächer und Korridore liefen; aber all die Keuschheit des Marmors war häßlich von Rauch und Flamme geschwärzt und verödet – eine Schicht unreiner Ziegel lag zwischen den beschmutzten Säulen und schändete die edle Leiche des Gebäudes.

Sie weilten auch hier nicht lange – und es war auch nichts zu sehen als die leere, hohle Hülse einstiger Wohnlichkeit, in der nun die Trauer brütete. – Sie gingen hinter dem Gebäude durch einen weitläufigen Obstgarten nach und nach um die Bergkuppe herum und stiegen dann durch den erstorbenen Fichtenhain zu dem Turme des Sterndeuters Prokopus hinan. Der Turm selber war leer, nur daß noch Trümmer von astronomischen Geräten, Mappen und Büchern herumlagen.

Aber an der Außenseite desselben war gegen Süden eine riesenhafte Äolsharfe gespannt. Ihre Saiten gingen von dem gepflasterten Steinboden, der rings um den Turm lief, bis auf die Spitze desselben empor, und sie wogten leise, tief und zart im Hauche der leichten Luft, als die Freunde eben davorstanden, gleichsam als rede sie jetzt freundlich zu ihnen, während sie öfter untertags einen lauten, langen Ruf über die Berge getan.

Mit dem Turme des Prokopus war die andere Seite des Schloßberges gewonnen, und sie begannen nun den Rückweg. Der alte Pfad, der von dem Turme abwärts lief, wand sich wieder sachte um die Wölbung des Berges dem Tore zu, durch das sie hereingekommen waren, weil es das einzige in der ganzen Ringmauer war. Ehe sie zu dem Platze der Sphinxe und des Obeliskus gelangten, trafen sie auf die Wohnung des Kastellans – es war ein niederes, breites Haus, an einer heißen Sandlehne gelegen – und hier sahen sie noch einmal das Kind Pia, wie es mitten unter Ringelblumen in verwahrloster Gartenwildnis schlief. Ein steinaltes Mütterchen, wahrscheinlich die Magd Ruprechts, saß bei ihr und wehrte ihr die Fliegen. Auch der Hund saß nebenan und betrachtete klug die Gruppe.

Ruprecht war auf dem Wege von dem Berge herab wie ein Lamm hinter den Männern gegangen. Jetzt, wie sie ein wenig anhielten, um die Gruppe im Garten zu betrachten, und er an ihnen vorbeikam, sahen sie, daß seine blaßblauen Augen ganz leer standen, daß er auf die Seinen keinen Blick tat und geradewegs gegen die Ringmauer zuschritt. Dort angekommen, öffnete er die Pforte und wies die Männer unter denselben Verbeugungen hinaus, wie er sie hereingewiesen hatte. Sie traten durch das schmale Drehtor und hörten hinter sich die Vorrichtung knarren und den Schlüssel rasseln. Nach einigen Schritten, die sie gebeugt durch das verwachsene Haselgebüsche getan hatten, standen sie wieder in der Fichtenallee vor dem weißen Mauerflecke, wie sie vor wenigen Stunden gestanden waren, ehe man sie hineingelassen hatte.

Die Nachmittagsluft seufzte wieder eintönig in den langen, haarigen Zweigen, wie es die am Vormittage getan, und die Stille und die Harzdüfte sanken wieder von den Wipfeln. Das Rätsel des Berges, das Heinrich gesucht, lag nun hinter ihm, und die graue, hohe, stumme Mauer stand wieder davor.

Da sie nun allein waren und da sie die unbetretene, unbefahrene Straße der düstern Allee abwärts zu schreiten begannen, sagte Robert zu Heinrich: „Nun aber, um Gottes willen, erkläre, was soll alles das bedeuten?"

„Ich will es dir sagen", antwortete Heinrich, „aber zuvor erkläre du mir, wie es denn kam, daß du nie von diesem außerordentlichen Schlosse und seinem wunderlichen Testamente zu mir gesprochen hast, da ich doch schon so viele Wochen in der ‚Grünen Fichtau' wohne und so oft mit dir zusammengekommen bin?"

„Deine Frage ist noch wunderlicher als die Sache selbst", erwiderte Robert. „Wie konnte mir beikommen, eben weil du schon viele Wochen in der Fichtau warest, daß du von einem Dinge nichts wissest, das doch in aller Leute Munde war? Und wie sollte ich freiwillig wieder von etwas beginnen, von dem man eben erst aufgehört hatte zu reden?"

„Nun, so hat mich denn ein Wunder in dieser Angelegenheit geführt", sagte Heinrich, „sonst wäre sie gerade für den verloren gewesen, den sie doch am meisten anging, der mitten im Gespräche darüber saß und nicht einen Laut davon vernommen hat! – Höre mich an. Du weißt, wie ich dir sagte, daß ich wunderbare Ruinen gefunden und daß ich den närrischen Fichtauer Wirt darüber zur Rede gestellt – du

weißt, daß du mir dann selber das sonderbare Testament dieser Scharnasts auseinandergesetzt hast; aber das weißt du nicht, daß ein furchtbarer Blitz auf mich von heiterm Himmel gefallen war, daß ein solcher
Scharnast mein Ahnherr gewesen und daß ich es doch keinem Menschen dieser Erde zu entdecken wagte, weil es dennoch unwahr sein
konnte – ach, es schwebte mir ja kaum wie ein dunstiger, duftiger
Nebelstreifen vor, der dahin sein konnte, ehe man ihn erfaßt. – Ich
schrieb desselben Abends, als ich mit dem Wirte und deinem Schwiegervater gesprochen hatte, noch an meine Mutter und befragte sie, wie
unser Ahn geheißen und welche seine Verhältnisse gewesen – und
ich schickte den Brief in der Nacht noch nach Priglitz auf die Post.
Darum, Freund, war es auch nicht Neugierde allein, was mich auf diesen Berg trieb, sondern ein Instinkt, der auf seinen Gegenstand weist,
wenn er ihn auch noch nicht kennt. Siehe, dir muß der Kastellan,
dir muß meine Ähnlichkeit mit jenem Bilde aberwitzig gewesen sein,
und mir wurde es klar wie die Sonne des Firmaments. Ich will dir
jetzt auch alles erzählen, merke wohl auf. Vor hundertundzwanzig
Jahren kam ein Mann in unser Tal, das damals fester, dichter Wald
war, kaum von einigen Hütten und Feldern unterbrochen. Der Mann
hatte niemand als ein wunderschönes Mädchen mitgebracht, war
sehr alt, trug einen weißen Bart und dunkle Kleider. Mit Werkleuten
und Knechten, die er aufnahm, baute er ein schönes, weißes Haus
auf dem Waldesabhange und erweiterte um dasselbe den Raum in
Gärten und Feldern. Sodann soll er allen, die um ihn wohnten, Gutes
getan haben; er soll sie angeleitet, in tausend Dingen unterrichtet und
überhaupt weise und ruhig gelebt haben. In jener Zeit geschah es
auch, daß mein Urgroßvater, ein wohlhabender, gelehrter Mann und
Pflanzenkenner, angezogen durch die wilde Schönheit des Waldtales,
sich ebenfalls darin ansiedelte und ein ähnliches Haus baute wie der
eingewanderte Alte. Da nun aber der Urgroßvater noch sehr jung
war und, wie die Familiensage spricht, sehr schön, so geschah es wieder, daß sich er und die Tochter des fremden Mannes sehr gefielen
und endlich heirateten. Der weise Greis hat noch lange gelebt und
ist an die hundert Jahre alt geworden. Erst bei seinem Tode kam es
zutage, daß er ein Graf gewesen und Scharnast und Julius geheißen.
Es sollen – waren es nun Verwandte oder sonst nur Freunde – vor-
nehme Leute zum Begräbnisse in den Wald gekommen sein, aber wo
sie hingeraten oder ob man noch etwas von ihnen gehört, davon wußte man später nichts mehr. Auch verlor sich die ganze Sage der Abstammung in unserer Familie wie eine Dämmerung, die vergeht, so
daß kaum einer davon sprach, die andern es nicht glaubten. Denke dir
nun, wie mir ward, da der Wirt die Namen nannte, die mir in die
Ohren klangen und die ich kaum heraufbeschwören konnte – denke

271

dir, wie ich in dieses Schloß trete und mich der irre Kastellan als Herrn
begrüßt – wie ich auf jenem Bild in längst verschollenen Kleidern
stehe – wie ich als Genosse in den Jugendgeschichten eines uralten
Mannes spiele. – – Wenn es nun ist, denke dir, wenn es ist: Dann ist
jener schöne, sanfte Knabe Julius in Jagdkleidern der weise Greis aus
unserm Walde, dann bin ich in die Fichtau gegangen, um Blumen
und Steine zu sammeln, und habe das tote Geschlecht meiner Väter
gefunden. Wie wunderbar! Warum ich aber jenem andern Bilde einer
andern Linie, jenem zweiten Sixtus so ähnlich sehe, weiß ich nicht,
wenn es nicht eines jener Familienwunder ist, die sich zuweilen ereig-
nen, daß nämlich in einem Gliede plötzlich wieder dieselbe Bildung
hervorspringt, die schon einmal dagewesen, um dann wieder in vielleicht ewige Unterbrechung auseinanderzulaufen – oder wenn es nicht
ein Fingerzeig des Himmels ist, daß noch ein entfernter Sprößling
dieses Geschlechts lebe, auf den man sonst nie gekommen wäre."

Robert schüttelte bei diesen letzten Worten seines Freundes fast
traurig den Kopf und sagte: „Das ist ja eine erstaunliche, überaus merkwürdige Geschichte, die du da erzählst, als wäre sie vollkommen einleuchtend – ich erstaune fast vor den Folgen – ich weiß es noch gar
nicht, wie sehr ich mich darüber freuen werde – aber vorerst bin ich
noch beinahe betrübt darüber, denn siehe, Heinrich, deine Erinnerungen zählen vor Gericht nicht, der Name ist dir dunkel, die Erken-
nung des Kastellans folgte bloß aus deiner Ähnlichkeit mit jenem
Bilde, die selber zufällig ist – ich sehe einer endlosen Sache entgegen. –
Wird man nicht sagen, du selber habest das Bild malen und dort ver-
stecken lassen, da die Ähnlichkeit zu lächerlich ist? Oder was beweist
sie am Ende? Sage, hast du außer den Dingen, die du mir erzähltest,
weiter nichts, nicht irgendeine kleinste Kleinigkeit, woraus Hoffnung
entstände, daß man würde einen Beweis herstellen können?"

„Ich weiß in der Tat sonst nichts", entgegnete Heinrich, „als daß
jener alte Mann Julius Graf Scharnast geheißen, d.h. ich meine, daß
er so geheißen, aber ich habe meiner Mutter geschrieben, ob er so
geheißen und ob nicht Schriften von ihm übrig wären. Ich bin nur
darum nicht gleich selbst nach Hause gereiset, damit ich noch eher
dieses Schloß besuchen und dann mit dir reden könnte, daß du mir
als Rechtserfahrener einen Rat gebest. Sobald die Antwort der Mutter da ist, werde ich sie dir mitteilen und dich fragen, was ferner zu
tun ist."

„Es ist gut so", antwortete Robert, „sage nur keinem Menschen
etwas von der Sache, damit nicht entgegengearbeitet werde. Wenn die
Lage so ist, wie sie scheint, dann müssen bestimmt und gewiß Do-
kumente von jenem Julius Scharnast irgendwo liegen; die Kunst ist
dann nur, sie klug zu finden und klug zu heben, ehe sich eine Hand

dareinmischt. Sie müssen vorhanden sein, wenn er nicht ganz und
gar leichtsinnig und sorglos um seine Nachkommenschaft gewesen
ist. Wenn der Brief deiner Mutter Winke gibt, so will ich selber mit
dir reisen und jeden kleinsten Faden selber leiten, damit du nicht zu
Schaden und Irrtum kommst."

„Ich danke dir", sagte Heinrich, „ich wußte, daß du gut und hilfreich bist, darum habe ich mich dir allein anvertraut."

„Gut und hilfreich?" erwiderte Robert. „Die Sache ist ja so ungeheuer und merkwürdig, daß ich ein wahrer Tiger sein müßte, wenn
ich dir nicht mit Händen und Füßen beispränge – und ich begreife
nicht, wie du so ruhig davon reden kannst, wie etwa von einem
Pachtvertrag oder einem Pferdekaufe?"

„Siehe, das ist so: Ich trage die Sache schon acht Tage mit mir
herum, wurde sie gewohnt, und sie ist mir indessen völlig einleuchtend geworden."

„Ich wollte nur, sie wäre dem Lehenhofe auch einleuchtend",
sagte Robert, und dann fuhr er so wie aufzählend fort. „Es muß ein
Taufschein da sein, ein Trauschein, etwa ein Testament jenes Greises,
Korrespondenzen, ein Offizierspatent oder so etwas – wenn ihr nur
die Dinge nicht zerrissen habt. – – Es dürften, ja es müssen sogar im
Gewölbe des roten Steines Schriften sein, die über jenen Julius Auskunft geben – – dann der Vertrag über den Waldkauf und Häuser-
bau deines Greises – der muß in einem Archive sein. Euer Tal ist ja
landesherrlich, nicht wahr?"

„Ich bitte dich, schone mich jetzt mit diesen Dingen", sagte Heinrich, „denn ich weiß sie nicht; aber wenn wir reisen, werde ich dich
überall hinführen, wo du hinverlangst, und dir Auskunft verschaffen,
worüber du nur willst."

„Nun ich hoffe und wünsche und will alles Beste für dich", antwortete Robert, „aber ich habe eine wahre Angst, eine peinigende
Angst habe ich, wie wir das Ding durchsetzen werden."

„Ich wieder gar keine", sagte Heinrich; „entweder rollt alles schön
und klar wie Perlen heraus, oder ich bin ganz und gar keiner von
jenen. – Nur leid täte mir's dann, sehr leid um das schöne Schloß,
daß ich nicht auf seinem Berge arbeiten und schaffen dürfte und daß
ich es nicht mit all seinen Schätzen und Mälern von dem Heimfalle
an Verderbnis und Unheimlichkeit retten könnte."

„Freilich wäre es auch mir sehr angenehm", erwiderte Robert. „Es
wäre eine wahre Freude für mich, es wäre die größte meines ganzen
Lebens, Trine und mein Kind ausgenommen, wenn ich dich hier oben
wüßte als Herrn und Besitzer, ein klares, freundliches Leben führend
über den Trümmern dieser verworrenen, vielleicht sündhaften Vergangenheit. – Du würdest alles ordnen, daß es heiter würde; du wärest

uns so nahe, deine Mutter und Schwester wären bei dir – – und vielleicht ein gar so liebes Weibchen auch? – – Hab' ich dich?"

„Erwähne das nicht", sagte Heinrich errötend, „erwähne das jetzt nicht."

„Nun, nun, du brauchst dich nicht zu schämen", entgegnete Robert. „Sie ist schon recht, sie ist herrlich und mehr wert als alle Fürstinnen und Grazien der Welt."

„Freilich ist sie mehr wert, freilich", sagte Heinrich.

„Nun, so handle rasch zu", erwiderte Robert, „und lasse alles andre gehen, wie es gehen mag."

Unter diesen und ähnlichen Gesprächen waren die Freunde endlich vollends den Berg hinabgelangt und sahen unten im dichten Gebüsche das Häuschen des Grafen Jodok stehen und das steinerne Bänkchen davor, auf dem er in den letzten Tagen seines Lebens gesessen war. Dann gingen sie durch heitere Obstbaumgruppen dem Dorfe zu, wo sie ein Mahl bestellt hatten und wo ihr Wagen wartete. Es ist begreiflich, daß sie während des Essens und noch nachher über die Dinge redeten, die sie gesehen, und über die Zukunft, wie sie einzurichten ist. Als es schon gegen die Kühle des Abends ging, saßen sie ein und fuhren den Rückweg gegen Priglitz zu. Öfter, wenn es die Berge zuließen, sahen sie noch auf die alte Burg zurück, und ganz spät, als schon längst die Sonne untergegangen und sie eben um einen Winkel in das Haupttal der Pernitz einbogen, rissen noch einmal die grünen Hügel auseinander und ließen den verlassenen Zauberberg durchblicken, wie er fahl, gleich einem Luftbilde, in der Dämmerung draußen hing – sie dachten sich noch einmal die Bewohner auf ihm, den blöden Greis, das Kind, das alte Mütterchen und den Hund; sie dachten sich die ragenden Bauwerke desselben und die Reihe der starren, schweigenden Bilder – dann schob sich ein schwarzer Wald vor, sie flogen um die Ecke, und das weitere Pernitztal nahm sie auf. Fröhlich rollten sie nun in der Nacht dem bekannten rauschenden Wasser entgegen, in die Enge des Tales zurückdringend, um Heinrich an der „Grünen Fichtau" abzusetzen. Es rückten die alten, wohlbekannten Berghäupter immer finsterer und immer größer an dem Wagen vorbei, und die Freunde kamen erst an der Häusergruppe an, da wieder der Mond, aber nun ein abnehmender, über derselben stand und den fahlgrauen Schimmer auf die Dächer legte, da der Staubbach wieder Diamanten warf und die Gräser Perlen hielten. Auch in der Pernitz rührte sich das zerflossene Silber, und auf dem Waldlaube stand der ruhige, feste Glanz; aber alle Fenster des ganzen Hauses waren schwarz, die Ruhe der Bewohner zeigend. Zwei davon, die allein in einem matten Glimmer des Mondes schillerten, deckten das Gemach, in welchem der schlummernde Atem Annas ging. Heinrich stieg ab und pochte leise mit dem hölzernen Hammer an das Tor, Robert aber ließ seinen Wagen umwenden, um noch in der Nacht seine Heimat zu gewinnen und die harrende Trine zu beruhigen.

Der Wagen war an der Steinwand des Julius verschwunden; auch vernahm man sein fernes Rollen nicht mehr. Der Knecht der „Grünen Fichtau", der das leise Pochen gehört und auf Befragen die Stimme Heinrichs erkannt hatte, hatte ihn eingelassen – und so war wieder alles, was der heutige Tag gesehen, die lustigen Sonntagsgäste der „Grünen Fichtau", der närrische Erasmus, die zwei Wanderer, die Bewohner jenes Berges und das in seiner Liebe befangene Herz, in denselben weiten, lichtdämmernden, schlummerbringenden Mantel der Nacht gehüllt und seinen Träumen überliefert.

Wir aber lassen sie schlummern und träumen und schwingen uns indessen in die glänzende Luft hinauf, um aus ihr auf das ganze Bauwerk der Gebirge niederzuschauen. Tot liegt es unten weit hinaus und zeigt die schwarzen Spitzen gegen den Glanz hinauf, an denen sich nicht ein einziges Atom rührt, nur daß an den Wänden glitzernde Fäden niederrinnen und auf den nassen Bergen hier und da ein blitzender Mondfunke harrt. Der Orion ist schon tief geneigt und löscht bereits seine ersten Sterne an dem schwarzen Gebirgsrande aus – ein anderer Stern, ehe er völlig untergeht, blitzt noch so lebhaft, als sollte man in der Stille sein Knistern hören können – der halbe Mond aber steht noch hoch am Himmel und übergießt ihn mit dem Flore seines milchigen Lichtes, jedes Sternlein in seiner Nähe vertilgend. Alles, was unser Blick überschauen kann, von der Kette angefangen, die unter dem blitzenden Sterne ihren Schattenriß gegen den Himmel legt, über alle Höhen und Hügel herüber, auf denen jetzt die mattfarbigen Felsen ragen oder die feuchten Wälder stehen, alles dieses bis zu den schweigenden Zacken draußen, die die letzten das Licht des Mondes auffangen – alles, was wir so übersehen, steht unter den Fittichen jenes Schlosses, das wir heute mit den zwei Freunden besucht haben, und alle Wesen, die jetzt da unten schlummern und träumen, erwarten von ihm ihr Wohl und Wehe. Wir aber wünschen von Herzen, daß sie sämtlich unter die Obhut des sanften, freundlichen Mannes gelangen mögen, der heute in jenem Mauerwerke gewesen und schon so lange mit Bewunderung zwischen diesen grünen Bergen herumgegangen ist. Er ist einfach und milde und wird eine leichte und hilfreiche Hand über ihre Häupter strecken. Wir aber verlassen nun auch unsere Höhe und lassen den Rest der Nacht ungesehen und unempfunden über die stummen Berge hinweggehen, bis ihr letzter Silberschein weit draußen im Westen erblaßt und die goldene Flamme des Morgens über ihre Häupter hereinschlägt, alle Stimmen, die jetzt schweigen, zu neuen Freudenrufen erweckend und alle Leben, die jetzt tot sind, zu neuem Wogen und Wallen geleitend.

Als nun dieser Morgen angebrochen war, finden wir Heinrich in seinem Zimmer bereits aufgestanden und angezogen. – Er beschäftigte sich, indessen draußen die feurigen Goldströme um alle Hütten spielten, damit, daß er Pflanzen und Mineralien in flache Kisten packte, und wie eine fertig war, den Deckel anschraubte und ihn mit einer Aufschrift versah. So tat er fast den ganzen Tag. Und wie oft er indessen an das Fenster gegangen, ja selbst den Garten durchstreift hatte, so hatte er doch Anna nicht zu sehen bekommen; es war fast, als wiche ihm das Mädchen aus. Nur gegen Abend, als man ihn über den Steg und dann die Grahnswiese emporgehen sah, lauschte ihr Angesicht zwischen den weißen Vorhängen ihres Fensters heraus und sah ihm nach, so lange er zu erblicken war. In der Dämmerung kam er wieder zurück, und der große Wirtshund ging mit ihm, weil er ihn oben am Hage gefunden hatte und ihm überhaupt sehr zugetan war. Die Tiere kennen gute Menschen und gesellen sich zu denen, die ihnen wohlwollen.

So verging auch der andere Tag und der nächste wieder. Mittwochs aber, da er eben über seine Gassenstiege herabgegangen war, um später sein Mittagsmahl zu nehmen, lief Anna hochrot aus dem Gassengärtchen herbei und sagte zu ihm: „Seit Morgen liegt schon ein Brief an Euch in des Vaters Stube; Trinens Syndikus hat ihn mit einem eigenen Boten gesendet."

Heinrich entfärbte sich bei dieser Nachricht und beide, ohne sonst ein einziges Wort zu sagen, gingen wieder auseinander.

Der Brief aber war von Heinrichs Mutter. Zitternd entfaltete er ihn und las wie folgt: „Lieber Sohn! Du schreibst ohnedem so selten und dann wieder so kurz, daß wir nicht wissen, wie es Dir geht oder was Dir fehlt, damit wir es Dir schicken. Und von wegen Du geschrieben, so läßt Dich der Herr Pfarrer grüßen und Dir sagen, daß es wirklich in der Traumatrikel der Kirche zu Grünberg steht, daß Dein Urgroßvater Melchior im Jahre Christi 1719 mit der tugendhaften Jungfrau Angelika Scharnast ehelich kopuliert worden ist, welche die Tochter des Obristen Julius Scharnast gewesen ist. Der Obrist aber war gar ein Graf gewesen, ehe er gekommen ist, aber das steht nicht darinnen, sondern wenn Du es wissen willst, wie sich alles begeben hat, so meint der Herr Pfarrer, dieses werde im Amte zu Grünberg aufgeschrieben sein und daß Du es Dir sollst aufschlagen lassen. Oder wenn es nicht aufgeschrieben ist, so hat schon der vorvorige Syndikus zu Deinem Vater gesagt, daß verschlossene Schriften von dem Obrist im Amtsgewölbe liegen, aber es ist wieder alles beim alten geblieben. Wenn es zu Deinem Fortkommen dienlich ist, so komme lieber selber und sehe alles an. Deine Schwester ist wieder sehr krank gewesen, nun aber schon besser. Die Kiste mit den Kräutern haben wir an den Boten abgegeben, aber es wäre uns lieber, wenn Du etwas anderes tätest und Dich zu etwas anderm wendetest, allein Du wirst es schon selbst am besten verstehen. Ich grüße Dich mit meinem ganzen Mutterherzen, die Schwester grüßt Dich auch, und so behüte Dich Gott, und ich bleibe Deine treue Mutter Magdalena."

Heinrich legte den Brief wieder zusammen, und war er bei dessen Entfaltung blaß gewesen, so wurde er nun nach dessen Lesung flammend rot. Es wären fast Tränen der Rührung über die guten, einfältigen Worte der Mutter hervorgebrochen – aber er hatte jetzt nicht Zeit, sondern mit äußerster Hast lief er wieder in seine Stube, packte noch in Eile alles zusammen, was herumlag, und versah es mit Aufschriften, daß es der Boten-Simon am künftigen Montage mit sich fortnehme; den Koffer mit seinen Kleidern gab er einem Schubkarrenführer aus der Fichtau, daß er ihn sogleich zu Robert nach Priglitz bringe, dann verzehrte er einige Bissen von seinem Mittagsessen, ohne daß sie ihm sonderlich schmecken wollten. Da alles dieses geschehen, ging er zu Erasmus, der mit den Seinigen am Gartentische noch beim Mittagsmahle saß, um seine Rechnung zu berichtigen und Abschied zu nehmen. – Erasmus brachte bald auf einem Täfelchen die Rechnung, strich das erlegte Geld ein und versprach, daß jede Kiste mit dem Boten-Simon pünktlich und am rechten Orte eintreffen solle. Heinrich reichte dem Vater und der Mutter die Hand; zu Anna sagte er bloß die Worte: „Lebt recht wohl, Jungfrau!" – sie sagte auch kein einziges Wort als: „Lebt recht wohl!" – dann wendete er sich um und ging fort.

„Es ist im Grunde doch ein recht kerngutherziger Mensch", sagte Vater Erasmus, und alle drei aßen sie fast traurig an ihrem Mittagsmahle weiter.

Am andern Tage kam durch einen Holzknecht die Nachricht von Priglitz, daß Heinrich und Robert abgereist wären, man weiß nicht wohin. Die Sache bestätigte sich auch, indem noch desselben Tages Trine samt ihrem Kinde zu ihrem Vater, dem Schmiede, in die Fichtau auf Besuch kam und über eine Woche blieb. Auch sie wußte nichts über das Ziel der Reise. Endlich fuhr sie wieder nach Hause.

Ein Tag um den andern verging, ohne daß die Männer zurückkehrten, eine Woche nach der andern verging. Als aber endlich Robert allein zurückkam, so kam mit ihm zugleich eine Nachricht mit, die wie ein Lauffeuer von Land zu Land lief, von einem Berge der Fichtau zum andern, und die in Annas verborgenem Herzen einen ganzen Sturm von Freude und einen fürchterlichen Schreck emporjagte.

III. Der rote Stein

Während nicht nur in der Fichtau, sondern im ganzen Lande noch ein außerordentliches Geschrei über das Wunder war, so sich begeben; während Arbeitsleute aller Art auf dem Rothensteine beschäftigt waren, so daß es schien, als rühre sich nun der ganze Berg, der früher so vereinsamt gewesen; während das vermauerte Tor nun wieder gastlich seine Wölbung offen hielt und auf einem Gerüste Steinmetzen oder Steinhauer an seiner Verzierung arbeiteten; während kein Weg auf dem Berge war, auf dem nicht ein Karren quickte, kein Busch, hinter dem es sich nicht rührte, kein Dach, auf dem es nicht ging, kein Zimmer, in dem es nicht scheuerte – – während dieses alles geschah, ging Heinrich langsam bei dem großen, verfallenen Tore des Julianschlosses hinein, in das einzige Bauwerk, in welchem keine Hand sich regte; er ging den betretenen Pfad über den Schutthügel; er ging bei der entgegengesetzten Öffnung wieder hinaus, durchwandelte den verfallenen Garten auch auf dem wohlbetretenen Pfade und hielt vor dem hohen, roten Felsen stille, zu dem die Pfade führten. Hier zog er einen Schlüssel aus seinem Busen hervor – denn die Siegel waren alle schon nicht mehr da –, drehte ihn dreimal im Schlosse und öffnete sanft die hohen, glatten, eisernen Torflügel. Da sah ein weiter, matt dämmernder Gang heraus; weit geschweifte, flache, halbkreisartige Stufen von blutigrotem Marmor wiesen zu einem zweiten Eisentore von wunderschöner Arbeit, die zwei Schlüsselmündungen mit gediegenem Golde umlegt. Er trat ein. Hinter sich schloß er die äußeren Tore und schritt über das Lichtgezitter, das eine Spiegelvorrichtung von oben herab auf den Estrich des Ganges warf und ihn schwach beleuchtete. Nachdem er die Stufen emporgegangen war, nahm er die zwei kleinen, stählernen Schlüssel aus einem Samtfache, das er mit sich trug, und öffnete die eiserne, goldbelegte Pforte. Ein großer, ruhiger Felsensaal tat sich auseinander, auf seinem Fußboden dasselbe Spiegellichterspiel zeigend wie der Gang, und damit die im Sechseck gestellten Wände beleuchtend, an denen es wie von Metallen glänzte. Heinrich ging ebenfalls hinein und schloß hinter sich zu. Dann aber ging er den Wänden entlang, drückte an verschiedenen Stellen, worauf sich die eisernen Lehnen von den Fenstern der Kuppel zurückschlugen und sanfte Lichtbäche von oben herabfallen ließen, die alles klar machten, aber die spielenden Lichtwunder des Fußbodens auslöschten. Bevor nun Heinrich irgend etwas anderes tat, schritt er gegen eine Stelle der Marmorwand, öffnete dort ein kleines, stählernes Türchen, auf dem mit goldenen Buchstaben das Wort: „Henricus II." stand und legte ein beschriebenes Heft, das er aus seinem Busen zog, hinein. Dann schloß er langsam das Wandkästchen wieder und trat zurück.

Es standen aber noch viele andere solche Türchen herum, und jedes trug in goldenen Buchstaben einen Namen. Sonst war aber weder Geräte noch irgend etwas im Saale, außer einem marmornen Tische, der vor einer Art Altar stand, und einem hochlehnigen Stuhle aus Erz. Heinrich ging an den vielen Türchen vorüber; erst eines der letzten, bevor die unbeschriebenen kamen, öffnete er und zog die Schriften aus dem Eisenschranke hervor, die drinnen waren. Auf dem hohen Stuhle sitzend, die Papiere vor sich auf dem Tische, schlug er die ersten Blätter um, bis er zu einem eingelegten Zeichen kam, dann sein Haupt sachte vorwärts neigend, las er weiter, wie folgt:

„Und darum kann ich euch keinen Dank haben, Ubaldus und Johannes und Prokopus und Julianus – und wie ihr heißet; denn der Dämon der Taten steht jederzeit in einer neuen Gestalt vor uns, und wir erkennen ihn nicht, daß er einer sei, der auch schon euch erschienen war – und eure Schriften sind mir unnütz. Jedes Leben ist ein neues, und was der Jüngling fühlt und tut, ist ihm zum ersten Male auf der Welt: ein entzückend Wunderwerk, das nie war und nie mehr sein wird – aber wenn es vorüber ist, legen es die Söhne zu dem andern Trödel der Jahrtausende, und es ist eben nichts als Trödel, denn jeder wirkt sich das Wunder seines Lebens aufs neue.

Was ich hier schreibe, bin nicht ich – mich kann ich nicht schreiben, sondern nur, was es durch mich tat. Ich habe die Erde und die Sterne verlangt, die Liebe aller Menschen, auch der vergangenen und der künftigen, die Liebe Gottes und aller Engel –ich war der Schlußstein des millionenjährig bisher Geschehenen und der Mittelpunkt des All, wie es auch du einst sein wirst; – – aber da rollt alles fort – und wohin? Das wissen wir nicht. – Millionenmal Millionen haben mitgearbeitet, daß es rolle, aber sie wurden weggelöscht und ausgetilgt und neue Millionen werden mitarbeiten und ausgelöscht werden. Es muß auch so sein: was Bilder, was Denkmale, was Geschichte, was Kleid und Wohnung des Geschiedenen – wenn das Ich dahin ist, das süße, schöne Wunder, das nicht wiederkommt! Helft das Gräschen tilgen, das sein Fuß betrat, die Sandspur verwehen, auf der er ging, und die Schwelle umwandeln, auf der er saß, daß die Welt wieder jungfräulich sei und nicht getrübt von dem nachziehenden Afterleben eines Gestorbenen. Sein Herz konntet ihr nicht retten, und was er übrig gelassen, wird durch die Gleichgültigkeit der Kommenden geschändet. Gebt es lieber dem reinen, dem goldnen, verzehrenden Feuer, daß nichts bleibe als die blaue Luft, die er geatmet, die wir atmen, die Billionen vor uns geatmet, und die noch so unverwundet und glänzend über dir steht, als wäre sie eben gemacht und du tätest den ersten, frischen, erquickenden Zug daraus. Wenn du seinen Schein vernichtet, dann schlage die Hände vor die Augen, weine bitterlich um ihn, soviel du willst – aber dann springe auf und greife wieder zu an der Speiche und hilf, daß es rolle – – bis auch du nicht mehr bist, andere dich vergaßen und wieder andere an der Speiche sind.

Wundere dich nicht über diesen meinen Schmerz, da doch alles, was ich in den vielen Blättern oben geschrieben habe, so heiter und so freundlich war, wundere dich nicht; denn ich gehe dem Engel meiner schwersten Tat entgegen, und aus den Pergamenten des roten Felsensaales kam dieser Engel zu mir. Dort liegen die Schläfer, von ihrem Ahnherrn verurteilt, daß sie nicht sterben können; eine schauderhaft durcheinanderredende Gesellschaft liegt dort, vor jedem Ankömmling müssen sie ihre Taten wieder neu tun, sie seien groß oder klein; diese Taten, genug, sie waren ihr Leben und verzehrten dieses Leben. Wenn es dein Gewissen zuläßt, später Enkel, so verbrenne die Rollen und sprenge den Saal in die Luft. Ich täte es selber, aber mir schaudert vor meinem Eide. Kannst es aber auch du nicht tun, so vergiß doch augenblicklich das Gelesene, daß sich die Gespenster all ihres Tuns nicht in dein Leben mischen und es trüben, sondern daß du es lieber rein und anfangsfähig aus der Hand deines Schöpfers trinkest.

Ich fahre fort.

Als ich aus Frankreich zurückkehrte und das Bild des treuen Alfred doch schon zu erblassen begann – als ich fast alle Welt durchreiste – als ich jeden Brief der Marquise unerbrochen zurücksandte, bis keiner mehr kam – da fiel es mir ein – – – lese nun das folgende, weil du zu lesen geschworen, so wie ich es schrieb, weil ich es zu schreiben geschworen – aber wenn du das Eisentor des Gewölbes zuschlägst, so lasse alles hinter dir zurück und streue die Erinnerung in die Winde, damit du keinen Hauch davon, kein trübes Atom zu den Deinen nach Hause trägst, zu deinen armen Kindern, zu deinem schönen unschuldigen Weibe.

Das Land Indien war es, wo mir der Engel meiner schwersten Tat erschien; – unter dunklem Schatten fremder Bäume war es, an einem Flusse, der so klar floß, als walle nur dichtere Luft längs der glänzenden Kiesel – das Schlechteste und Verachtetste, was die Menschheit hat, war dieser Engel, die Tochter eines Paria; aber schön war sie, schön über jeden Ausdruck, den eine Sprache ersinnen mag, und über jedes Bild, das in Jahrtausenden einmal in eine wallende Phantasie kommt – –.

In den Pergamentrollen hatte ich gelernt, wie alles nichtig und eitel sei, worauf Menschen ihr Glück setzen, denn es war Torheit, was alle meine Vorfahren taten. Ich wollte Neues tun. Den Kriegsruhm hatte ich schon genossen, dies ekle, blutige Getränke; die Kunst hatte ich gefragt, aber sie sagt nichts, wenn das Herz nichts sagt; die Wissenschaften waren Rechenpfennige und die Liebe Sinnlichkeit und die Freundschaft Eigennutz. – – Da fiel mir ein, wie ich oben sagte, ich wollte nach dem Himalaja gehen. Ich wollte die riesenhaften und unschuldigen Pflanzen Gottes sehen, und eher noch wollte ich das große, einfache Meer versuchen.

Ich kam nach dem Himalaja. Dort lernte ich die Hindusprache, dort sah ich das Brahmanenleben, ein anderes als unseres, d. h. anders töricht – und dort ging auch die Paria zwischen Riesenpalmen nach dem Flusse, um Wasser für den Vater zu schöpfen. Sie hat, seit sie lebte, nichts getan, als daß sie durch die Palmen ging, um Wasser zu holen und für den Vater Datteln zu lesen und Kräuter zu pflücken.

‚Rühre mich nicht an und rede nicht mit mir‘, hatte sie zu dem fremden Manne gesagt, ‚daß du nicht unrein werdest‘ – und dann stellte sie den Wasserkrug auf ihre Schulter neben den glänzenden, unsäglich reinen Nacken und ging zwischen den schlanken Stämmen davon.

Und so ging sie Tage und Monden – kein Mensch war in dem Walde als ich; denn sie würden unheilig durch Rede und Berührung mit ihr geworden sein. Der Vater saß unter Feigenbäumen und sah blöde und leer gegen die Welt – und als er eines Tages tot war und sie nicht zu dem Flusse kam, so ging ich zu ihr und berührte sie doch; denn ich nahm ihre Hand, um sie zu trösten – ich redete mit ihr, daß sie erschrak und zitterte und mich ansah wie ein Reh.

‚Du mußt dich nun waschen‘, sagte sie, ‚daß du wieder rein seiest.‘

‚Ich werde mich nicht waschen‘, sagte ich. ‚Ich will ein Paria sein wie du. Ich werde zu dir kommen, ich werde dir Früchte und Speise bringen, und du reichest mir den Krug mit Wasser.‘

Und ich kam auch und kam wieder und oft. Ich redete mit ihr, ich erzählte ihr von unserm Brahma, wie er sanft und gut sei gegen die Kinder seines Volkes, und wie er nicht den Tod des Weibes begehre, wenn der Mann starb, sondern daß sie lebe und sich des Lichtes wieder freue.

‚Wenn sie aber freiwillig geht, so nimmt er sie doch mit Wohlgefallen auf?‘ fragte sie und heftete die Augen der Gazelle auf mich.

‚Er nimmt sie auf‘, sagte ich, ‚weil sie es gut gemeint hat; aber er bedauert sie, daß sie sich ihr schönes Erdenleben geraubt hat und nicht lieber gewartet, bis der Tod selber komme und sie zu ihrem Manne führe, der auch schon ihrer harrte.‘

‚Siehst du, wie du selber sagst, daß er schon harrte‘, antwortete sie rasch. ‚Du bist also im Irrtume, und man muß ja zu ihm kommen.‘

‚Wenn du wieder in dein Land gehst‘, setzte sie langsamer hinzu, ‚in deine Heimat, die etwa gar jenseits dieser hohen, weißen Berge ist, so werde ich traurig sein und auch meinen, daß ich dir folgen solle.‘

‚Und willst du mein Weib werden?‘ setzte ich plötzlich hinzu.

Und hier war es, wo ich zum ersten Male gegen sie schlecht war. Ihr Wort hatte mich entzückt, ich beredete sie, mein zu werden und mir zu folgen. Sie kannte kein anderes Glück, als im Walde zu leben, Früchte zu genießen, Blumen zu pflücken und die Pflanzenspeisen zu bereiten, die ihr sanfter, reinlicher Glaube vorschrieb; ich aber kannte ein anderes Glück, unser europäisches, und hielt es damals für eins. – Das weiche Blumenblatt nahm ich mit mir fort, unter einen fremden Himmel, unter eine fremde Sonne. Sie folgte mir willig und gern – nur sehr blaß war sie, als wir über das breite, endlose Salzwasser fuhren, und es machte ihr Kummer, wenn sie sich mit dem schmutzigen Schiffwasser waschen oder es trinken mußte. Ihre Seele war in mir, und sie wußte es nicht, darum liebte ich sie mehr, als meine Zunge sagen kann. Ich tat ihrer Meinung und ihrem Willen nie Gewalt an, sondern ließ sie vor mir spielen und sah zu, wie sie mein Herz und ihr Herz, meinen Unterricht und ihren Hinduglauben kindisch durcheinandermischte und in Betörung lächelte.

Als sie nach den Gesetzen unseres Landes mein Weib geworden war, führte ich sie auf meinen Berg. Ich hatte schon vor meiner Abreise ein Gebäude nach griechischer Art angefangen und dieses stand nun, als wir ankamen, bereits fertig da. Ich taufte es ‚Parthenon‘ und richtete es zu unserer Wohnung ein. Es war sehr schön, und sein Inneres mußte von jeder Pracht und Herrlichkeit strotzen, damit ich ihr ihr Vaterland vergessen machen könne. Auch einen Garten legte ich rundherum an, und hundert Hände mußten täglich arbeiten, daß er bald fertig würde. Ich zog schwarze Mauern und Terrassen, um die Sonnenhitze zu sammeln; ich warf Wälle auf, um den Winden zu wehren; ich baute ganze Gassen von gläsernen Häusern, um darin Pflanzen zu hegen, dann ließ ich kommen, was ihr teuer und vertraut war: die schönsten Blumen ihres Vaterlandes, die weichsten Gesträuche, die lieblichsten Vögel und Tiere – aber ach, den dunkelblauen Himmel und die weißen Häupter des Himalaja konnte ich nicht kommen lassen, und der Glanz meiner Wohnung war nicht der Glanz ihrer indischen Sonne.

So lebte sie nun fort. Sie aß kein Fleisch; an mir duldete sie bloß, daß ich es tue und mich mit dem Blute der armen Tiere beflecke. Aber höher hätte sie mich gewiß geachtet, wenn ich es ebenfalls vermocht hätte, nur ihre Pflanzengerichte, ihre Früchte und ihr Obst zu genießen. Oft in jenen Tagen, die in den ersten Jahren so gleichförmig dahinflossen – oft, wenn ihr Mund an meinem hing, wenn ihre weichen, kleinen Arme mich umschlungen und wenn ich in ihr großes, fremdes Auge blickte und darinnen ein langsam Schmachten sah – sie wußte selbst nicht, an welcher tiefen, schweren Krankheit sie leide – oft sagte mir eine Stimme ganz deutlich in das Ohr: ‚Gehe wieder mit ihr nach Indien, sie stirbt vor Heimweh‘ – aber mein hartes Herz war in seinem Europa befangen und ahnte nicht, daß es anders sein sollte, daß ich, der Stärkere, hätte opfern sollen und können, was sie, die Schwächere, wirklich opferte, aber nicht konnte. Ich hörte die Stimme nicht, bis es zu spät war, und eine Tat geschah, die alles, alles endete. – – Siehst du, damals rollte auch der Wagen des Geschickes, nur, daß er über zarte Glieder ging und sie zerquetschte.

Ich hatte einen Bruder, Sixtus mit Namen – einen schöneren Jüngling kann man sich kaum denken –, und dabei war er gut und herrlich, und ich liebte ihn wie ein Teil meines eigenen Herzens. Dieser Bruder kam von seinen weiten Reisen zurück und wollte einige Monate bei uns wohnen. Das sah ich gleich, daß er vor der Schönheit meines Weibes erschrak und zurückfuhr und daß in sein armes Herz das Fieber der Leidenschaft gleichsam wie geflogen kam; aber ich kannte ihn als gut und mißtraute nicht, ja er dauerte mich, und ich sagte ihr, daß sie ihm gut sein möge, wie man einen Bruder liebt. – Ich kam seinem Herzen zu Hilfe, ich war noch freundlicher, noch liebreicher als je, daß es ihn erschüttere und er sich leichter besiege. Ich mißtraute nicht – und dennoch schwirrte es oft mit dunkeln Fittichen um mein Haupt, als lauere irgendwo ein Ungeheuer, welches zum Entsetzen hereinbrechen würde. Ich wußte bisher nicht, ob sie damals von dem eine Ahnung hatte, was wir Treubruch in der Ehe nennen, denn ich war nicht darauf verfallen, ihr dies zu erklären: Jetzt erzählte ich ihr davon, sie aber sah mich mit nichtssagenden Augen an, als verstände sie das Ding nicht oder hielt es eben für unmöglich.

Noch war nichts geschehen.

Er schwärmte wild in den Bergen herum oder saß halbe Nächte an der Aeolsharfe des Prokopus. Seine Abreise näherte sich immer mehr. Ich aber war gedrückt wie ein Tropenwald, auf dem schon die Wucht unsichtbarer Gewittermaterie liegt, wenn die Regenzeit kommen soll und die Sonne doch in dem heiteren, aber dicken Blau des Himmels steht.

So war es, als ich einmal in der Nacht von einer Reise zurück, die ich in einem Streite wegen schnöden Mammons tun mußte, gegen den Rothenstein angeritten kam. Es war eine heiße Julinacht; um den ganzen Berg hing ein düsteres, elektrisches Geheimnis, und seine Zinnen trennten sich an manchen Stellen gar nicht von den schwarzen Wolken. Die weißen, tröstlichen Säulen des Parthenon konnte ich gar nicht sehen, aber um den dunklen Hügelkamm, der sie mir deckte, ging zuweilen ein sanftes, bläuliches Leuchten der Gewitter. Mir war, wenn ich nur einmal dort wäre, dann wäre alles gut – aber je mehr ich ritt, desto mehr war es, als würde der ganze Berg von den Wolken eingetrunken, und ich konnte ihn nicht erreichen! Auch mein Rappe, schien es, teile meine Angst, denn er war nicht wie gewöhnlich, wenn er die Heimat witterte, freudig und ungestüm, sondern er stöhnte leise, und sein Nacken war feucht. Einmal war mir's, als höre ich auch meinen Diener nicht mehr hinter mir reiten, aber wie ich anhielt und umblickte, so stand doch seine dunkle Gestalt dicht hinter mir.

Nicht Eifersucht war es, die mich trieb – nein, nicht Eifersucht – – aber es war mir immer, Chelion würde in dieser Nacht ermordet, wenn ich nicht zeitig genug käme.

Endlich, da wieder ein stummer Blitz durch den Himmel zog, stand ganz deutlich der Prokopusturm darinnen, und mein Weg führte mich auch schon bergan. Die Fichtenallee nahm mich auf und stand regungslos wie eine schwarze Doppelmauer. Ruprecht, der junge Sohn meines unlängst verstorbenen Kastellans, öffnete das Tor der Ringmauer, ohne daß ich ein Zeichen zu geben brauchte; es war, als hätte er schon meiner geharrt.

,Nichts Neues?' fragte ich ihn.

,Nichts!' sagte er.

Ich ritt den weiteren Berg hinan. Kein einziger Gegenstand desselben rührte sich, als wäre alles in Finsternis eingemauert. Hinter den Trümmern des Julianhauses waren die Stallungen; ich warf meinem Knechte die Zügel des Rappen zu, empfahl ihm das treue Tier und ging durch die Eichen gegen das Parthenon, aber da ich an dem Flügel des alten Sixtusbaues vorbeikam, in dem mein Bruder wohnte, und da ich Licht sah, ging ich hinein, um ihn zu grüßen. Das Tor des Gebäudes stand offen, die Tür zu seinen Gemächern war nicht gesperrt, sein Diener schlief auf einem Stuhle im Vorsaale, aber Sixtus war nicht zu Hause. Ich ging wieder weiter – durch die schönen Gesträuche Chelions ging ich. – – An den weißen, langen Säulen meines Hauses leckten die immer häufiger werdenden Blitze hinan – da war's, als gleite eine Gestalt schattenhaft längs dem Korridor: „Sixtus", schrie ich, aber das Wesen sprang mit einem furchtbaren Satze herab und seitwärts ins Gebüsche. – Mir war, als klapperten mir die Zähne, und ich eilte weiter. Die Lawine hing nun, der feinste Hauch konnte sie stürzen machen, und er blieb auch nicht aus, dieser Hauch: Von der allzeit fertigen Zunge eines Weibes kam er; Bertha war es, die Braut Ruprechts, die Dienerin meiner Gattin. Sie stand unbegreiflicherweise in tiefer Nacht vor dem Tore des Parthenon, und da sie meiner ansichtig wurde, stieß sie im Todesschreck heraus, was sie wahrscheinlich um den Preis ihres Lebens gerne verschwiegen hätte: ,Graf Sixtus ist bei eurem Weibe.'

Ich ergriff das Gespenst bei dem Arme, um zu sehen, ob es Leben habe. ,Es ist nicht wahr, Satan', schrie ich und schleuderte das unselige Geschöpf mit meiner Hand rücklings in das Gesträuch, daß sie kreischte; ich aber ging durch das bloß eingeklinkte Tor hinein und schloß es hinter mir ab. Das Tor aber sollte nach meinem Befehle jedesmal bei Einbruch der Nacht geschlossen sein – heute war es offen gestanden. Sachte, daß kein Fußtritt schalle, ging ich durch den Gang längs der Gemächer meiner Diener zu dem zweiten Tore des Gebäudes, um mich zu versichern, ob es gesperrt sei – es war zu. Ich zog den innen steckenden Schlüssel ab und ging dann ebenso leise auf mein Zimmer. Dort stand ich mitten auf der Diele des Bodens – und stand eine Weile. Dann tat ich leere Gänge im Zimmer und unnütze Dinge. – –

Es lebte ein alter, weiser Mann, bei dem ich einmal gelernt hatte, als ich noch mein Heil im Wissen suchte; er war in der Scheidekunst weiter als alle seine Genossen. – Möge nie wieder erfunden werden, was er erfand und geheimhielt: Ein klares, schönes, helles Wasser ist es. Er erhielt es aus dem Blute der Tiere – aber nur ein Zehnteil eines Tropfens auf die Zunge eines lebenden Wesens gebracht, ja nur sanft damit die Lippen befeuchtet, macht, daß augenblicklicher, süßer, seliger Tod die Sinne umnebelt und das Wesen rettungslos verloren ist. Wir hatten es einmal an einem Kaninchen versucht – ich erinnerte mich, wie es damals, als sein Zünglein damit befeuchtet ward, das Haupt mit allen Zeichen des Wohlbehagens seitwärts lehnte und verschied. In einem silbernen Schreine hatte ich ein Teil. Ich nahm das Kristallfläschchen hervor – und hell und klar wie von einem Bergquelle und prächtig wie hundert Diamanten funkelte das Naß im Lichte meiner Lampe.

Um den innerlichen Frost zu vertreiben, ging ich einige Male in der Stube auf und ab.

Dann trat ich zu der stummen, mit Tuch überzogenen Tür einer Seitenwand, öffnete sie und ging in den Gang, der zu Chelions Zimmer führte. Aus dem letzten Gemache, worin sie schlief, floß mir ein sanftes Lampenlicht entgegen – alle Türen standen offen, und durch die hohen Glaswände, die den Gang von dem indischen Garten trennten, schimmerten zeitweise die lautlosen Blitze des Himmels.

Schläft sie?

Ich ging weiter – durch alle Zimmer ging ich, bis in das letzte. Ich trat näher, ein schwaches Rauschen schreckte mich – es war aber nur einer ihrer Goldfasane, der sich entweder bei ihr verspätet hatte und entschlummerte oder der bei der ein wenig offenen Gartentüre hereingekommen war. – Warum blieb sie offen? Warum gerade heute? – Fast ein Mitleid wollte mich beschleichen: Also so unerfahren seid ihr beide im Verbrechen, daß euch nicht beikam, selbst die geringste Spur desselben zu vertilgen?! Der Fasan scheute mich und schlüpfte sachte bei der Spalte hinaus – – und da er fort war, wünschte ich ihn wieder zurück, das schöne, heimliche, goldglänzende Tier, denn ich fürchtete mich allein im Zimmer, weil so viele Schatten waren.

Ich drehte ein wenig den Schirm, daß das Licht gegen das Bett fiel
– sie schlief wirklich; mit sanftem Schimmer lag das Lampenlicht auf
ihrer Gestalt – wie ein furchtsam Kind in die Kissen gedrückt, schlief
sie. Ihre Hand, wie ein Blatt der Lotosblume, lag auf der reinen Decke
ihres Lagers. Der Mund war leicht geschlossen – ich sah lange die
rosenfarbenen Lippen an und dachte sie mir bereits feucht – – – also
darum hast du das unwissende Geschöpf nach Europa gebracht, darum
mußtest du so nach Hause eilen, daß du selber – – – ich erschrak bei
dem Gedanken, als hätte ihn ein Fremder gesagt; in der Tat sah ich
auch um, aber es war nichts da als die gezogenen Schatten, und wie
ich wieder gegen sie sah, so flirrte ihr weißes, scharf beleuchtetes Bettzeug, worin sie lag – – – nein, dachte ich, du schönes, du armes, du
teures, teures Weib! – Ich stand vor ihr, und ein Tröpflein Mitleid träufelte sich so milde in mein Herz – und dann wieder eines, und auch der
süße Zweifel, ob sie schuldig sei. Ihren Atem konnte ich nicht hören,
aber ich sah ihn gehen – und lange sah ich hin, wie er ging. Da knisterte es wiederholt ganz leise hinter mir, wie wenn Brosamen fielen –
ich blickte um – der Fasan war es, der, durch die Stille im Zimmer
getäuscht, wieder hereingekommen war und nickenden Hauptes vorwärts schritt. Ich trat nun näher an das Bett und berührte sanft ihre
Hand – sie regte sich, öffnete die Augenlider und sah mich mit den
schönen heimatlosen Augen, aber es war kein Bewußtsein darinnen,
und sie ließ die Wimpern gleich wieder schlaftrunken darübersinken.
    ‚Chelion‘, sagte ich sanft.
    Der Ton ist dem Herzen näher als das Bild – sie fuhr empor: ‚Jo-
dok, bist du's?‘
    ‚Ich bin's, Chelion‘, sagte ich; sie aber wandte sich ab und ver-
grub ihr Haupt in die Kissen.
    ‚Mein Weib, mein Kind‘, sagte ich noch einmal sanft; sie aber kehr-
te sich gegen mich, sah mich verzagt an und sagte: ‚Jodok, du willst
mich töten.‘
    ‚Ich dich töten, Chelion?‘
    ‚Ja, du bist so furchtbar.‘
    ‚Nein, nein, ich will nicht furchtbar sein!‘ rief ich. – ‚Siehe, sage mir
nur du, Chelion, daß du unschuldig bist – ich will dir glauben und
wieder glücklich sein; denn du hast ja nie gelogen. – – Du schweigst?
– – Chelion, so sag es doch.‘
    ‚Nein, Jodok, ich bin nicht unschuldig‘, sagte sie furchtsam. ‚Wie
du es meinst, bin ich nicht unschuldig – – aber ich liebe doch nur
dich, nur dich allein. – – – Ach ihr Götter in den Wolken meines Landes, ich liebe ja nur ihn allein!‘
    Und sie brach in ein Schluchzen aus, als wollte sie ihre ganze Seele
herausweinen. Dann aber, als sich dieses milderte, sagte sie: ‚Siehe,

er ist spät abends hereingekommen, ich weiß nicht wie. – Er war nie hier, aber ich hielt es nicht für Sünde, und da sagte er, er wolle Abschied nehmen, er werde mich nun nie mehr sehen und dich auch nicht mehr – und er liebe uns beide doch so unaussprechlich. – – Und sein Angesicht war so unglücklich, daß es mich im Herzen dauerte und ich ihn recht heiß liebte, denn er ist ja ein armer, vertriebener Bruder. – Ich streichelte ihm die Locken aus der Stirne. – Er weinte wie ein Kind, wollte aufstehen, denn er war bisher auf dem Teppich gekniet – er wollte gehen. – – Er weinte nicht mehr, aber seine Lippen zitterten noch vor Schmerz. – Er kam mir vor Augen, als wäre er noch ein Knabe, der keine Mutter habe. – Ich hielt noch einmal meine Hand auf seine Locken; wie er sich gegen mich neigte und seinen Mund reichte, küßte ich ihn. – Er hielt meine Hand – und wir küßten uns wieder. – – Ach, Jodok, dann küßte ich ihn – nicht mehr wie deinen Bruder. – Es wehte so heiß im Zimmer, das Fühlen seines Mundes war so süß, das Drücken seines Armes so süß wie deines – – mir war, als seiest du's. – Ach deine arme, arme Chelion! – Und dann war er fort. Die Lampe brannte im Zimmer, draußen blitzte es, und mein Fasan saß auf dem Teppich und blickte mich mit den schwarzen Äuglein an. – – Und wie ich schlief, träumte ich, du ständest vor mir, und es sei schwere Sünde, was ich getan. – – Und es ist auch Sünde, denn siehe, dein Auge, dein gutes Auge, ist so krank, es ist so krank. – Du wirst mich töten, Jodok; ich bitte dich aber, töte mich sanft, daß ich nicht leide und dir etwa zürne.'

Da fiel mir ein, es ist ja süßer, seliger Tod, und ein furchtbarer Schauer lief durch meine Nerven, aber ich sagte gebrochenen Herzens zu ihr: ,Chelion, stehe auf und folge mir nur hinweg aus diesem schwülen Zimmer – ich tue dir kein Leid.'

,Nein, du mußt mir eins tun', antwortete sie, ,ich werde nicht aus diesem Bette gehen, sondern auf den weißen Kissen liegen bleiben, bis das rote Blut darüber hinwegfließt und sie purpurrot färbt; dann werden sie rot sein und ich weiß – aber ich werde dann ruhig sein, nicht gequält, nicht fehlend, sondern ich werde sein, wie einer der weißen, marmornen Engel in deiner Kirche.'

Dabei suchte ihr Auge furchtsam im Zimmer, wie nach einem Schwerte; das Fläschchen, das ich auf den Tisch gestellt, beachtete sie nicht.

,Nicht wahr, Jodok', fuhr sie fort, ,du lässest mich noch ein wenig diese Luft atmen – das Atmen ist so gut; mir däucht es ängstlich, nicht mehr zu atmen.'

,Atme, atme', rief ich, ,atme bis an das Ende aller Tage.'

Und in Hast griff ich das Fläschchen von dem Tische und eilte zur Tür hinaus in die Glashäuser ihres indischen Gartens. Sie waren größtenteils offen, und eine heißere Luft, als sonst immer in ihnen war, strömte heute von draußen herein. Die Pflanzen ihres Vaterlandes standen in schwarzen Klumpen und sahen mich vorwurfsvoll an. Ich gewann das Freie. Im Sixtushause standen alle Fenster schwarz und stumm; auf dem Berge war Todesschweigen, und nur unten schien es, als würden Tore zugeschlagen und als tönte es von davonjagenden Hufen – – ich betete inbrünstig, daß er möchte geflohen sein, denn mein Herz knirschte gegen ihn. Ich stieg aus dem Tale des Parthenon empor, und ein zerrissener Himmel starrte um mich. Es waren schwarze Fahnen droben, aus denen feurige Zungen griffen. Ich eilte gegen den Turm des Prokopus. Dort stand ich einen Augenblick, daß die heiße Sommerluft in meinem Mantel stockte, den ich abzulegen vergessen. Dann aber stieg ich noch höher und hastig fort, bis die äußerste Zinne erreicht war. Dort hob ich meinen Arm, als müßte ich Lasten brechen, und schleuderte das Fläschchen in den Abgrund – – es ist dort unsäglich tief, wo die Bergzunge gegen die Fichtau ausläuft – und wie ich nachhorchte, kam ein zarter Klang herauf, da es an den hervorragenden Steinen zerbrach – – und erst nun war mir leichter. Ich blieb noch auf dem Gipfel stehen und atmete aus dem Meere von Luft, das um mich stand und finster war. In diesem Augenblicke schien es auch, als höbe sich ein Lüftchen und rausche freundlich in den Sträuchen. Und es war auch so. Der harte Himmel löste sich und floß in weiche Schleier ineinander, und einzelne Tropfen schlugen gegen die Baumblätter.

Ich lief nun wieder hinab, ging in ihr Zimmer, trat zu dem Bette – sie lag noch immer darinnen, und richtete die trockenen, brennenden Augen harrend gegen mich – ich aber nahm sie in die Arme, küßte sie auf den heißen Mund und sagte: ‚Schlafe nun ruhig und schlafe süß; ich krümme dir kein Haar; ich werde dich auch lieben, fort und fort wie mein Weib, wie mein eignes, einzig Kind – ich will dich noch zarter pflegen als sonst, daß du diese Nacht vergessen mögest. Gute Nacht, liebe Chelion, gute Nacht.‘

Sie hatte dies alles geduldet, aber nicht erwidert. Ich mochte sie nicht weiter quälen, sondern ging zum Zimmer hinaus und hörte noch, wie mir ein leises, auflösendes Schluchzen nachfloß.

Des andern Tages kam ein kühler, heiterer Morgen. Ich erfuhr, daß Graf Sixtus in der Nacht abgereist war. – Ruprecht, sein junger Freund, sein Jagd- und Abenteuergenosse, hatte ihn befördert; ich wußte es wohl, denn sie hatten sich immer sehr geliebt – aber ich sagte nichts, obgleich mich Ruprecht mit der Angst des bösen Gewissens anblickte – mir war es wohl, daß er fort war, mir war es sehr wohl, daß er geflohen.

Als ich zu Chelion kam, kauerte sie eben auf dem Boden und drückte eine Taube an ihr Herz. Ich tat mir noch einmal den Schwur, ihr die Qual dieser Nacht durch lebenslange Liebe vergessen zu machen, wenn ja das Schrecknis auszutilgen ist aus dem weißen, unbeschmutzten Blatte ihres Herzens. – –

Aber es war nicht mehr auszutilgen.

Sie hatte mich einmal mit dem Mörderauge an dem Bette stehen gesehen, und dies war nicht mehr aus ihrer Seele zu nehmen. Einst war ich ihr die sichtbare Gottheit auf Erden gewesen, nun zitterte sie vor mir. – Wie kann es auch anders sein? Wer einmal den Arm erhob zum Totschlage eines seiner Mitgeschöpfe, wenn er ihn auch wieder zurückzog, dem kann man nicht mehr trauen, er steht jenseits des Gesetzes, dem wir Unverletzlichkeit zutrauen; und er kann das frevle Spiel jeden Augenblick wiederholen.

Ich habe jahrelang das Übermenschliche versucht, daß alles wieder sei wie früher, allein es war vergebens: Das Einfältige ist am leichtesten zerstört und bleibt aber am festesten zerstört. Sie war hinfüro bloß die Demut mehr, die Ergebung und Aufopferung bis zum Herzblute, aber nur das eine nicht mehr, was statt allem gewesen wäre, nicht die Zuversicht. Sie klagte nie, aber sie hing in meinen Armen wie die Taube in denen des Geiers, gefaßt auf alles – – die kalte Sonne des Nordens schien auf sie wie mein Auge, beides kein Leben mehr spendend. Nie mehr seit jener Nacht ist die Röte der Gesundheit wieder in ihr Angesicht gekommen – und so starb sie auch an einem Nachmittage, die brechenden Augen noch auf mich gerichtet, wie das arme Tier den Mörder anschaut, der ihm die Kugel in das furchtsame Herz gejagt hatte.

Ich wurde vor Schmerz wahnsinnig, wie sie als kalte Leiche lag und wie sie begraben war. Ich wußte nicht, solle ich Bertha morden, die Beschützerin, oder Ruprecht, ihren Mann, oder soll ich Sixtus suchen und ihm Faser für Faser aus dem Leibe reißen – – aber ich tat endlich alles nicht, weil ich die Macht gewann, nicht den Frevel durch einen neuen sühnen zu wollen. Er, da er ihren Tod vernommen, hatte sich mit einer Kugel das Gehirn zerschmettert – in das Haus der andern kam Wut und Unfriede; Ruprecht warf seinem Weibe den Tod des Sixtus vor; sie war düster gegen ihren Mann und starb auch bald an innerem Siechtum. Ich aber schloß das Parthenon mit Schlössern zu, bis auf ein Gemach, in dem ich wohnte – die Diener dankte ich ab – die Pflanzen ließ ich verkommen – die Tiere nährte ich, bis sie eins nach dem andern starben, und dann begrub ich jedes einzeln. – Was von Chelion übrig war, jedes Stückchen Kleid, ihr Spielzeug, den Fußboden und den Teppich, auf dem sie wandelte, das Tischchen, an dem sie saß, das Bett, in welchem sie in jener Nacht gelegen – – alles hütete ich, daß es blieb, wie es an dem Tage ihres Todes war. Auf Erden hatte ich keinen Menschen mehr; mein Sohn Christoph, das Ebenbild Chelions – hatte er nun erkannt oder geahnt, was ich seiner Mutter getan – war fort und nicht wiedergekommen – – und als ich alt geworden war, erbarmte es mich der Überreste in dem Parthenon; ich nahm viel Geld, das ich zusammengespart, hinterlegte es als Ersatz für meine Erben und zündete das Parthenon an, daß alles und alles durch das Feuer zerstört würde, was übrig wäre von ihr und mir. – Es war eine schöne, schmerzensvolle Lohe! – Ich hatte nie den Berg verlassen, hatte keine Taten mehr verrichtet, keine guten und keine bösen. Jetzt wohne ich in dem steinernen Häuschen, das ich am Fuße des Berges erbaut, nicht weil ich ein Einsiedler bin und in Schmerzen lebe – nein, weil es lieblich ist, daß ein Mensch nicht mehr brauche, als was einem not tut. – In den Büschen neben mir sind die Vögel, die es auch so halten, und weiterhin die Strohdächer, die es so halten müssen, es aber töricht für ein Unglück wähnen – der Berg steht hinter mir mit seinen Denkmalen und widersinnigen Vorkehrungen, daß die Besitzer sich zerstören müssen – – in meinem Testamente, Artikel 13, steht geschrieben: ‚Ein blauseiden Vorhang über Chelions Bild, der sich selber rolle; dann ein weiß einfach Würfel aus Marmel über unser gemeinschaftlich Grab im indischen Garten, mit nichts als den zwei Namen‘ – – befolget mir nur genau den Artikel, damit es ja so geschieht. Ich habe jetzt schon einen Stoß Papiere, wie ein Tisch hoch, gesammelt und werde die Geschichte beginnen von den Verkehrtheiten des menschlichen Geschlechts und die von den Großtaten desselben – es ist aber seltsam: Oft weiß ich nicht, ob eins in diese Geschichte gehöre oder in jene – – ich muß wohl noch älter werden – – ach, ich sehne mich nach meinem Sohne …"

Bei diesen Worten brach das Manuskript ab, und keine Zeile stand weiter auf dem Pergamente. Nur unten am Rande des letzten Blattes stand von fremder Hand: „† (gestorben) einundzwanzig Tage nach dem Worte: Sohne."

Ach – und so muß ja jede dieser Rollen enden, die in den eisernen Kästen noch liegen mögen. Wenn der Mann dachte: „Morgen oder übermorgen schreibe ich wieder", so war er morgen oder übermorgen krank und die andern Tage darauf tot!

Heinrich stand auf und wischte sich mit der Hand über die Stirne. Eine Schrift hatte er nun gelesen. Er sah deutlich nun auch schon das Kreuz von fremder Hand auf seinem letzten Blatte stehen und dabei „gestorben nach dem Worte …" – welches Wort mag es wohl sein? etwa „Gattin?" oder ein anderes, oder eins im Wörterbuche, auf das man jetzt gar nicht denkt?! Er legte das Pergamentheft wieder in seinen Kasten und schloß ihn zu. Dann ließ er alle Fensterlehnen niederfallen, daß wieder nichts als das geheimnisvolle Spiegellicht auf dem Estrich wankte – dann ging er ins Freie, beide Tore hinter sich auf die Art und Weise schließend, wie es vorgeschrieben ist.

„Das ist keine gute Einrichtung unserer Vorfahren", dachte er, als er den von so vielen Lesern und Schreibern betretenen Pfad durch den alten Garten zurückging und im Schutte die Fußstapfen drückte, die so viele vor ihm gedrückt. Er konnte dem Rate des Jodok nicht folgen und das Gelesene in die Winde streuen, sondern mit beschwertem Herzen überall die Gestalt des Jodokus sehend, der vor kurzem hier gewandelt, dachte er: „Wieviele Gestalten mögen sich noch hinzugesellen, bis der Garten voll Gespenster ist? – Und wenn alle ähnlich diesem Jodok sind, wie wenig verdient ihr Haus den Namen, den ihm die Leute draußen geben – ihre Narrheit ist ihr Unglück und ihr Herz. – – Wie fürchte ich schon die Geschichte jenes Prokopus mit dem düsteren, funkelnd dürstenden Auge, das vielleicht zuletzt aus Verzweiflung nach den Sternen geschaut – – oder was wird in der von Julianus stehen – oder von dem ersten Sixtus – oder von dem verwahrlosten Christoph mit Narzissa und Pia? – – Was wird von mir selber noch stehen müssen?"

Unter diesen und ähnlichen Gedanken gelangte er durch den dunklen Eichenhag gegen die freieren Teile des Berges, und hier war alles heiterer. Der verständige Baumeister trat ihm mit einer Zeichnung entgegen und bemerkte, welche Veränderungen er für gut hielte, nachdem er die Plätze noch einmal untersucht und vermessen habe. Die Werkleute blieben ehrbar stehen und lüfteten die Mützen, als die Männer vorbeikamen. Die Grundfesten der alten Glashäuser des Jodokus waren bei Wegräumungen wiederentdeckt worden, und man hatte darauf weitergebaut. Da sie zur Besichtigung an den Platz gelangten, standen schon die luftigen Gerüste da, nur das Glas mangelte und der Maueranwurf. Oben blickte der grüne Fichtenwipfel und die lustigen Bänder. Nicht weit davon, im Parthenon, gingen Schubkarren, um den Schutt und die Ziegel wegzuführen, und die gereinigten Säulen blickten wieder weiß und ruhig gegen die grüne Wiege ihres Tales. Im Christophhause hing der Schieferdecker auf dem Dache und pfiff ein Liedlein, indes er Lücke nach Lücke verstopfte und verstrich. Die Leitern an der Vordermauer ließ man eben niedersinken, da die Mauer bereits nachgebessert und herausgeputzt war. Die Fenster standen nun spiegelnd daran; alle grünen Seidenvorhänge waren aufgezogen, und wo die Flügel offenstanden, wehte die Sommerluft freundlich und allgegenwärtig aus und ein. Der Werkmeister des Innern kam, als Heinrich und der Baumeister eintraten, ihnen aus dem hintersten Zimmer entgegen und zeigte, was er in der letzten Zeit gefördert. In manchen Zimmern wurde noch gehämmert und genagelt, und die Gesellen mußten innehalten, während er mit den Herren sprach; andere waren schon ganz fertig; der Werkmeister schloß sie auf, indem er sich vorher sorgfältig die Schuhe abwischte, führte sie hinein und zeigte, wie alles spiegele und schimmere und nichts mehr fehle als die kostbaren Kleiderstoffe, die auf den Tischen herumliegen, und die Diamanten, die in ihren geöffneten Fächern wie Lichttropfen blicken sollen. Heinrich ging wieder heraus und besuchte noch den großen Saal, der verziert wurde. Den Berghang hinab gegen das große Tor zu scharrte die Schaufel, daß die Wege ausgebessert wurden, und klang die Axt, daß die dürren Stämme und Äste niederfielen. Alles sollte vorerst schön sein und sich sittig erweisen, wenn etwa in Bälde Augen kämen, es zu sehen; das Nützliche und Nachhaltende war schon vielfach besprochen und entworfen, mußte aber seiner Zeit harren, daß es sich allmählich und dauernd entwickle.

Indessen wurde auch in einem andern, viel kleineren Hause unten an der Pernitz gearbeitet, daß ganze Schneeberge von Linnen dalagen und sich überall Kleider und Stoffe bauschten – das andere, der Schmuck, der da glänzen und funkeln sollte, lag schon als Kränzlein von leuchtenden Steinen oben in einem reinen, dämmernden Stübchen, dessen Fenster marmorrote Simse hatten und von schneeweißen Vorhängen verhüllt waren.

Im Lande aber draußen dauerte noch das Geschrei fort über Heinrich und sein Glück. Man neidete es ihm und gönnte es ihm. Man sagte, er eile jetzt und könne keine Zeit abwarten, sondern überwühle bereits den ganzen Berg, um seine Macht nur recht zu genießen. Man wählte ihm Heiraten aus den Familien des Landes, zankte darüber und stellte Vermutungen an, welche ihn nehmen und welche ihn ausschlagen würde. Ja, es wurde sogar gemunkelt, er werde, ganz nach Art seiner Väter, niemand mehr und niemand minder als eben nur eine Wirtstochter heiraten.

Aber die Zeit ging fort und fort und klärte nichts auf. Heinrich, gerade der Meinung entgegen, die man von ihm hatte, war schamhaft in allem seinem Tun und übereilte nichts, bis es war, wie er es wollte und wie es seinem Herzen wohl tat – dann aber kam auch der Augenblick, der es allen offen darlegen sollte, wie es sei. In der Kirche zu Priglitz war es Sonntags verkündet worden, nach der Art, wie es alle Pfarrkinder halten, hohe und geringe: „Der ehr- und tugendsame Junggeselle Heinrich, unser erlauchter Herr und Graf zu Rothenstein, und die ehr- und tugendsame Jungfrau Anna, eheleibliche Tochter Erasmus' und Margaretas, Besitzerin der Wirtschaft Nr. 21, ‚Zur Grünen Fichtau' …" Erasmus hatte an allen Gliedern gezittert und im Angesichte geglänzt – und draußen vor der Kirche prahlte er unverhohlen von seinem Kinde und dessen Glücke, als sich die Männer um ihn scharten und ihn mit Fragen bestürmten. Er erlebte die Freude, die er einst im Übermute vorausgesagt, daß die ganze Fichtau die Hände zusammenschlug über dieses Ereignis. Er allein von den Seinen war in die Kirche hinausgefahren, um es recht in seine Ohren hinein zu genießen, wenn es gelesen würde. Den Boten-Simon, der mit verwirrten Sinnen dastand, lud er zu sich auf den Wagen und sagte beim Einsteigen: „Gelt? Gelt?"

„Aber wir müssen es in Demut aufnehmen, Vater Erasmus, und ohne Hoffart genießen!" sagte der andere.

„Ich nehme es ja in Demut auf", entgegnete Erasmus, „aber daß ich voll Freude bin, ist ja meine väterliche Schuldigkeit, damit es Gott nicht verdrießt, der es so gemacht hat."

Von dem Tage der Verkündigung an bis zu dem der Hochzeit war ein groß Gerede, wie sie sich nun überheben werde, wie sie hochmütig fahren und wie sie übermütig tun werde. Anna aber war nicht so: Sie konnte vor Scham kein Auge aufschlagen. Die ganze Gasse der „Grünen Fichtau" stand gedrängt von Menschen, da die Stunde gekommen, wo er sie zum Wagen führte, um in die Kirche zu fahren. Ihre Wangen, da sie an den Leuten vorbeiging, waren so purpurrot, daß man meinte, sie müßten brennen; die Augenlider schatteten darüber, und sie getraute sich keines zu rühren, weil sonst Tränen fielen. Alle ihre Mitschwestern aus der ganzen Fichtau waren gekommen, um zu sehen, wie sie gekleidet und geschmückt sei. Aber nur ein einfach weißes Seidenkleid floß um ihre Gestalt, und in den Haaren war ein sehr kleines, grünes Kränzlein und eine weiße Rose aus ihrem Garten. Sie hatte die Steine doch wieder in der Kammer gelassen, weil es ihr als Sünde vorkam, sie an dem heutigen Tag zu tragen. So ging sie vorüber, und als er mit ihr bis zu dem Wagen gekommen war, sah man, daß von der Hand, bei der er sie führte, kaum zwei Finger die seine berührten und daß diese Finger zitterten. Auch der Schleier, der zunächst ihrer linken Wange und dem Nacken hinabging, bebte an ihren schlagenden Pulsen, und man sah es, da sie vor dem Wagen ein wenig anhielt, um hineinzusteigen.

„Das ist eine demütige Braut", sagte ein Weib aus dem Volke.

„Das ist die schönste, demütigste Braut, die ich je gesehen", sagte eine andere.

Und aus dem Flüstern und aus dem Gemurmel der Zuschauer gingen die deutlichsten Zeichen des Beifalls hervor. Anna wurde dadurch nur noch verwirrter, wie er sie einhob und sie sich zurechtsetzte. Er stieg nun auch in denselben Wagen, in dem bereits eine schöne, alte Frau saß, die niemand kannte. Es war Heinrichs Mutter. Dann besetzten sich auch die andern Wagen mit Erasmus, dem Schmiede, mehreren Fichtauern und Fremden. Annas Mutter mußte eingehoben werden, weil sie mit ihrem Fuße vor Verwirrung den Wagentritt nicht finden konnte.

Endlich fuhr die ganze Wagenreihe gegen Priglitz ab, wobei sich viele mit ihren Gebirgswägelchen anschlossen. Erst da alle der Steinwand des Julius entlangflogen, löste sich die Volks- und Gebirgslust, die vorher gefesselt war, los, und manche Rufe und das klingendste Jauchzen des Gebirges flogen ihnen nach – es flog doppelt freudig, weil einer ihrer Herren eine aus ihrer Mitte gewählet. Auch aus mancher Waldhöhe längs dem Wege krachte ein Böller empor, der aus einem Holzstocke gebohrt war, oder es löste sich das Scheibengewehr oder die Jagdbüchse manches lustigen Fichtauers.

Auch Anna schien von Ehrfurcht überkommen zu sein, denn dieselben Augen, die ihn sonst, wie er noch mit Pflanzen und Steinen nach Hause gekommen, so freundlich angeblickt hatten, schlugen sich auch während des Fahrens nicht ein einziges Mal zu ihm auf – sondern sie weinten nun fast unablässig fort.

Er redete ihr nicht zu, sondern er dachte an Chelion, wie sie kaum so rein, so schön, so schuldlos gewesen sei als wie die an seiner Seite, und er bezähmte sein Herz, daß es nur nicht breche vor Freude und vor Glück.

Als die Trauung vorüber war und die Wagen wieder zurückkehrten, zeigte sich ein Bild, das fast rührend erschien. Auf der Gasse der „Grünen Fichtau", wo hundert Wagen Platz gehabt hätten, standen nun hundert Tische. Der neue Graf hatte keine große Familie und keine hohen Verbindungen. Seine Gäste waren daher alle Fichtauer. Sie waren seine Untertanen, also seine Verwandten. Dieselben Holzschläger, mit denen er sich sonst an Samstagsabenden unterredet hatte, dieselben Jäger, die gern eingesprochen, und alle andern saßen herum und tranken heute den besten Wein aus Erasmus' Keller und den noch bessern aus den Fässern des alten Ruprecht. Daneben saß der verständige, heitere Schlag der Gebirgsbauern und Heinrich mit Anna mitten unter ihnen. Den Ehrenplatz nahm Erasmus ein und neben ihm Annas und Heinrichs Mutter; man sah seinen Stuhl aber häufig leer, denn nach alter Gewohnheit ging er unter den Gästen herum, als müßte er sie auch heute bedienen, und fragte und redete und ordnete an. Sein großer Hund folgte ihm hierbei, und manchmal legte er sein Haupt vertraulich auf Heinrichs Knie und schaute mit dummen Augen zu seiner Herrin, Anna, hinauf. Neben den Brautleuten saßen Robert und Trine und Heinrichs Schwester. Der Boten-Simon konnte nicht da sein, weil es sein Amt nicht zuließ, aber geladen war er, und er erhielt als Entschädigung einen Zinsnachlaß seines Grundstückes im Asang. Aber der Hirt Gregor war da, und sein Sohn und sein Hund durften heute die Herde noch lange vor Sonnenuntergang nach Hause geleiten, damit sie den Abend mitgenießen könnten. Alle Nachbarsleute des Erasmus saßen zunächst an ihm, und jeder Wanderer, der des Weges kam, war freundlich geladen. An den Grenzen der Gesellschaft und hier und da selbst zwischen

den Tischen balgte sich die Knabenschaft von Fichtau, und hinter dem
Garten gegen den Grahns zu krachten schon die Vorübungsschüsse
zu dem großen Scheibenschießen, das auf morgen und die folgenden
Tage angeordnet war. – Und so entstand vor der „Grünen Fichtau"
ein Gebirgsfest, dessen man denken wird, solange ein Berg steht.

Heinrich redete mit so vielen, als er nur konnte; er ließ sich von
den Holzknechten noch einmal von ihren Arbeiten und Abenteuern
erzählen. Er hörte den kühnen Fahrten der Jäger zu und fragte manchen Bauer um die Lage seines Gutes, dessen Bewirtschaftung und Erträgnis. Und ehe noch von den Bergen das kleinste Stückchen Schatten
auf die Gesellschaft hereinfiel, hatte er schon alle Gemüter gewonnen, und jeder, etwa die ganz Rohen und Mißgünstigen ausgenommen, gönnte Anna von Herzen ihr Glück.

Ein Abend, wie wir ihn am Eingange dieser Geschichte erzählt
haben, kam auch heute, prachtvoll und herrlich: Die Sonne war über
die Waldwand hinunter und warf kühle Schatten auf die Pernitz –
im Rücken der Häuser glühten die Felsen, und wie flüssiges Gold
schwamm die Luft über all den grünen Waldhäuptern weg.

Und immer feierlicher floß die Abenddämmerung, immer abendlicher rauschten die Wasser der Pernitz, und immer reizender klangen
die Zithern.

Nur daß heute auch noch die Burschen mit den kühnen Gebirgs-
augen die sanftblickenden, aber gleichwohl feueraugigen Mädchen
an manchen Stellen zu den Zithern im Tanze herum drehten und daß
der Mond schon viel länger als damals auf die Häuser hereinschien,
ehe es auf der Gasse der „Grünen Fichtau" verstummte.

Da aber endlich, fast gegen Morgen, die letzte Gruppe Abschied
genommen hatte und es stille war, folgte keine Szene im Garten wie
damals, sondern Heinrich schlief schon lange auf seiner einstigen Stube neben Robert, seinem Gaste, und Anna war mit Trinen in ihrem
einstigen Stübchen; aber sie schliefen nicht, sondern sie konnten
sich nicht sättigen von Plaudern und Erzählen.

Des andern Tages, da das Scheibenschießen begann, führte Heinrich sein junges Weib in Begleitung der vornehmsten Gäste mit Prunk
auf seinen Berg und geleitete sie dort in die für sie eingerichteten
fürstlichen Gemächer des Christophhauses, so wie Jodok einst die
unschuldige Chelion in das Parthenon geführt hat. Erasmus war
stolz darauf, daß desselben Tages noch vor Anbruch des Morgens fünf
beladene Wagen mit Annas Gütern und betrunkenen Fuhrleuten auf
den Rothenstein vorausgefahren waren. Er konnte sagen, daß sein
Kind die reichste Braut der Fichtau sei, denn selbst der Hasenmüller
in Asang vermag seiner einzigen Tochter nicht fünf schwere Wagen
zu beladen.

Wir enthalten uns, die Empfangsfeierlichkeiten auf dem Rothensteine zu beschreiben, sondern beschließen unsere Erzählung mit diesem heitern Ausgange der trüben Geschichten des Rothensteins und
wünschen dem Paare, daß es so glücklich fortlebe, wie ihre Ehe glücklich begonnen.

Ein Anfang dazu ist schon gemacht, denn die einigen Jahre, die
seit dem, was wir eben erzählten, bis auf heute verflossen, sind ganz
glücklich gewesen. Eine Reihe Glashäuser mit den Pflanzen aller Länder steht neben dem Parthenon, dann sind Säle mit den Herden ausgestopfter Tiere, und dann die mit allen Erzen und Steinen der Welt.
Diese Leidenschaft ihres Herrn, meinen die Fichtauer, sei doch auch
eine Narrheit, wie sie alle seine Ahnen hatten, aber daß er sonst auch
rastlos schaffe und wirke, gaben sie zu. In der hohen Frau, die mit zwei
blühenden Knaben wandelt, würde niemand mehr die einstige Anna
aus der Grünen Fichtau erkennen, denn sie wird in Heinrichs Schule
fast ein halbes Wunderwerk – aber ein anderes vollendetes Wunder
steht neben ihr, ein Mädchen, namenlos schön, wie ein Engel, und
rein und sanftblickend wie ein Engel; es ist Pia, die Tochter Narzissas
und des unglücklichen Grafen Christoph, der eher gestorben, ehe er
seine Sünde gut machen konnte. Heinrich hatte sie an Kindesstatt
angenommen, nachdem er sie und den alten Ruprecht, die sich bei
seiner Ankunft in dem Kastellanhäuschen verkrochen hatten, an sich
gelockt und an sein Wesen und Tun gewöhnt hatte. Durch ein seltsames Naturspiel ist sie ihrer Großmutter Chelion ähnlich geworden
und zugleich ihrem Großvater Jodok, so daß man sie den Bildern
nach für ein Kind dieser beiden halten mußte; aber sie ist minder
dunkel als Chelion und noch um vieles schöner als das Bild derselben, was aber vielleicht nur der Jugend zuzuschreiben ist.

Das Bild des zweiten Sixtus steht nun im grünen Saale auch offen,
daneben Heinrichs und Annas, und jeder, der den Rothenstein besucht, kann sich von der vollendeten Ähnlichkeit Heinrichs und Sixtus'
überzeugen.

Der alte Ruprecht lebt noch. Er sitzt ewig hinten an der Sandlehne in der Sonne, dreht lächelnd seinen Stab in den Fingern und
erzählt Geschichten, die niemand versteht; er erzählt sie auch niemandem und meint, er sei immer noch Kastellan, obgleich schon ein
anderer ein neues Häuschen neben dem Tore der Ringmauer hat.

Viel Besuch kommt auf den Berg, und viele Augen fallen schon auf
Pia; aber sie scheut noch jeden Mann so, wie sie einst die zwei Freunde scheute, als sie dieselben zum ersten Male in den Juliantrümmern
gesehen, wo sie auf dem Geländer des Balkons geritten war. Der häu-
figste und liebste Besuch aber ist der von Robert und Trine. Heinrichs
Mutter und Schwester leben auf dem Schlosse.

Draußen in der Fichtau ist es, wie es immer gewesen und wie es noch hunderte von Jahren sein wird.

Während der Schmied sagt: „Mein Schwiegersohn, der Herr Stadtschreiber", sagt Erasmus nie anders als: „Mein Herr Schwiegersohn, unser gnädigster Herr Graf."

Boten-Simon und der Schecke fahren landaus, landein, und beide gewannen bei den letzten Ereignissen, da der Asang sogleich bei der Übernahme eingelöst und Simons Grundzins alldort erniedrigt worden ist.

Und so, du glückliches Paar, lebe wohl! Gott der Herr segne dich und führe noch unzählige, glückliche Tage über deinen Berg und die Herzen der Deinen empor.

Wenn von den anderen Schriften des roten Felsensaales von Julian, Christoph, Prokop etwas bekannt wird, so wird es dereinst vorgelegt werden.

DIE MAPPE MEINES URGROSSVATERS

Dulce est, inter majorum versari habitacula
et veterum dicta factaque recensere memoria.

Egesippus

I. DIE ALTERTÜMER

M it dem an der Spitze dieses Buches stehenden lateinischen Spruche des seligen, nunmehr längst vergessenen Egesippus führe
ich die Leser in das Buch und mit dem Buche in mein altes, fern von
hier stehendes Vaterhaus ein. Der Spruch spielte einmal eine Rolle in
einer meiner Auszeichnungen in der Schule, und schon deshalb hatte
ich ihn mir für alle meine Zukunft gemerkt; allein er fiel mir nachher immer wieder ein, wenn ich so in den Räumen meines Vaterhauses herumging; denn das Haus stak voll von verschiedenen Dingen
unserer Vorfahren, und ich empfand wirklich, in den Dingen herum-
gehend, die seltsamliche Freude und das Vergnügen, von denen Egesippus in seinem Spruche sagt. Dieses Vergnügen haftete aber nicht etwa
bloß in dem Geiste des Kindes, sondern es wuchs mit mir auf, der ich
noch immer alte Sachen gern um mich habe und liebe. Ja, ich denke
oft jetzt schon, da ich selber alt zu werden beginne, mit einer Gattung
Vorfreude auf jene Zeit hinab, in der mein Enkel oder Urenkel unter
meinen Spuren herumgehen wird, die ich jetzt mit so vieler Liebe
gründe, als müßten sie für die Ewigkeit dauern, und die dann doch,
wenn sie an den Enkel geraten sind, erstorben und aus der Zeit gekommen sein werden. Das hastige Bauen des Greises, die Störrigkeit,
auf seine Satzungen zu halten, und die Gierde, auf den Nachruhm zu
lauschen, sind doch nur der dunkle, ermattende Trieb des alten Herzens, das so süße Leben noch über das Grab hinaus zu verlängern. Aber
er verlängert es nicht, denn so wie er die ausgebleichten, geschmack-
losen Dinge seiner Vorgänger belächelt und geändert hatte, so wird
es auch der Enkel tun, nur mit dem traurig süßen Gefühle, mit dem
man jede vergehende Zeit ansieht, wird er noch die Andenken eine
Weile behalten und beschauen.

Diese Dinge empfindend, erschien es mir nicht zwecklos, den
Spruch des Egesippus an die Spitze eines Gedenkbuches zu stellen, das
von meinem Urgroßvater und seiner Mappe handelt.

Ich will die Erzählung von ihm beginnen.

Mein Urgroßvater ist ein weitberühmter Doktor und Heilkünstler gewesen, sonst auch ein gar eulenspieglicher Herr und, wie sie sagen, in manchen Dingen ein Ketzer. Das alles ist er auf der hohen Schule zu Prag geworden, von wo er aber, da er kaum den neuen Doktorhut aufhatte, seinem eigenen Ausdrucke nach „wie ein geschnellter Pfeil fortschießen" mußte, um sein Heil in der Welt zu suchen. Die Ursache, warum er so schnell fortgemußt hatte, hat er, der Erzählung meines Großvaters zufolge, nie dazugesetzt. Welche sie auch gewesen ist, so hat sie ihn doch zu jener Zeit in die schöne Waldeinsamkeit seiner Heimat geführt, wo er sofort viele Meilen in der Runde kurierte. Vor wenigen Jahren erzählte von ihm noch manche verhallende Stimme des Tales, ja, in meiner Knabenzeit kannte ich noch manchen verspäteten Greis, der ihn noch gekannt und mit seinen zwei großen Rappen herumfahren gesehen hatte.

Als er uralt und wohlhabend geworden war, ging er endlich auch den Weg von manchem seiner einstigen Pflegebefohlenen und hinterließ meinem Großvater Ersparnisse und Hausrat. Das Ersparte ist zuerst fortgekommen, und zwar im Preußenkriege; der Hausrat aber ist noch stehengeblieben. Von der Art und Weise des Doktors, die sehr abweichend von der der anderen gewesen sein soll, haben sich nach seinem Tode noch lange die Bruchstücke im Munde der Leute erhalten; aber die Bruchstücke schmolzen wie Eisschollen, die im Strome hinabschwimmen, zu immer kleineren Stücken, bis endlich der Strom der Überlieferungen allein ging und der Name des Geschiedenen nicht mehr in ihm war. Die Geräte und Denkmale sind auch immer verkommener und trüber geworden. Von diesen Denkmalen möchte ich sprechen, da sie einst meine schauerliche, innere Freude waren.

Aber seltsam, wenn ich recht weit zurückgehe, so ist es eigentlich Trödel, der gar so tief wirkte, nicht Dinge, denen ich heute mein Augenmerk schenke. Da ist tief in dem Nebel der Kindheit zurück eine schwarze Weste, die so wundersam war; ich höre noch heute die Leute staunen und rufen, wie nun gar kein so unverwüstlicher Levantin mehr gemacht werde und wie man das Alte aufbewahren und achten soll – dann trieb sich unter unsern Spielsachen eine dunkle verwitterte Hutfeder herum, deren Rückgrat geknickt war, aus den Spänen und Splittern der Holzlaube blickte einmal eine geschundene Deichsel hervor, im Garten wucherte noch unausrottbar die Angelikawurzel; daneben stand ein grauer Stamm, dessen zwei einzige grüne Äste noch alljährlich schwarze Vogelkirschen trugen und im Herbste blutrote Blätter fallen ließen; dann waren zwei himmelblaue Wagenräder, die ich als Knabe einmal sauber abzuwaschen strebte, weil sie von darauf geworfenen Pflügen und Eggen voll Kot geworden waren; dann bestand, weil man sagt, daß der Doktor ein vornehmes Fräulein soll geheiratet haben, auf Diele und Scheune noch allerlei den jetzigen Bewohnern unbekannter Kram, der wohl nicht alle von ihm herrühren mochte; aber wenn unter die berechtigten Hausdinge etwas Wunderliches geriet, das niemand erklügeln konnte, sagte man immer: „Das ist vom Doktor", denn obwohl wir ihn als unsern reichsten Vorahn sehr ehrten, so hielten wir doch insgeheim sämtlich dafür, daß er ein Narr gewesen sei.

Es mochte damals noch viel mehr Altertümliches gegeben haben, wenn wir Kinder den Schauer vor so manchem unrichtigen Winkel hätten überwinden können, der noch bestand und wohin sich seit Ewigkeit her der Schutt geflüchtet hatte. Da war zum Beispiel ein hölzerner, dunkler Gang zwischen Schüttboden und Dach, in dem eine Menge urältester Sachen lag; aber schon einige Schritte tief in ihm stand auf einem großen Untersatze eine goldglänzende heilige Margaretha, die allemal einen so drohenden Schein gab, sooft wir hineinsahen; dann waren die unentdeckten, allerhintersten Räume der Wagenlaube, wo sich verworrene Stangen sträubten, alternde Strohbünde bauschten, noch bekannte Federn längst getöteter Hühner staken, tellergroße, schwarze Augen aus den Naben alter Räder glotzten und daneben im Stroh manch tieferes Loch gor, so schwarz wie ein Doktorhut. Ja, die Scheu steigerte sich, da einmal der Knecht gesagt hatte, daß man durch die Sachen hindurch in die Haberstelle der Scheune kriechen könne, was wohl bestaunt, aber nicht gewagt wurde.

In der Finsternis der Truhe bewahrte auch lieb Mütterlein manche Kostbarkeiten auf, die keinen andern Zweck hatten, als daß sie immer liegenblieben, und die wir gelegentlich zu sehen bekamen, wenn sie einmal etwas Seltenes suchen ging und wir die Köpfe mit in die Truhe steckten. Da war eine Schnur angefaßter, rasselnder, silberner Gupfknöpfe, ein Bündel Schnallen, langstielige Löffel, eine große, silberne Schale, von der sie sagten, daß der Doktor das Blut der vornehmen Leute in dieselbe gelassen habe – dann waren zwei hornene Adlerschnäbel, einige Bündel von Goldborden und anderes, was in der Dunkelheit so geheimnisvoll leuchtete und worin wir nie kramen durften, weil die Mutter bei solchen Gelegenheiten stets nicht Zeit hatte, sondern zusperren und fortgehen mußte. Zuweilen aber, wenn die obere Stube, wo die Gastbetten standen und die Festkleider hingen, einmal gelüftet und abgestäubt wurde und die Mutter eben bei Laune war, zeigte sie wohl gern etwa einer Nachbarin und auch uns Kindern, die immer dabeistanden, manches von der Ahnentafel bürgerlicher Häuser, die ich so liebe, der Truhe der Brautkleider. Wie Reliquien pflegte man sonst derlei Kleider aufzubewahren und bei Gelegenheiten vorzuzeigen; aber diese Ehrfurcht nahm in den Zeiten ab, und endlich kam der schwarze Frack, in dem wir zur Trauung, zum Besuche, zum

Spaziergange gehen – was soll daher an ihm sein, das der Aufbewahrung würdig wäre? Wenn Mütterlein nun die steifen, eckigen Dinge herauszog und in der Sonne spielen ließ, da standen wir dabei und staunten die verschossene Pracht an. Da kamen samtne, seidene, goldstarrende Dinge zum Vorschein, die da rauschten und knisterten und unbekannt waren. Vom Doktor ist noch der ganze veilchenblaue Samtanzug übrig, mit den vielen Schleifen und unten Goldblümchen, dann mit den Bandschuhen und schwarzem Barett. Das aschgraue Seidengewand seiner Braut hatte hinten einen Zipfel als Schleppe hinaus, es war ein goldener Saum da, und aus dem Innern lauschte das schwefelgelbe, seidene Unterfutter. Insonderheit war auch der Rock der Großmutter, der meßgewandstoffig und unbiegsam war, mit den vielen Falten und großen Seidenblumen. Des Vaters langer, rötlicher Brautrock, in dem ich ihn oft an Oster- und Pfingsttagen zur Kirche gehen sah, hatte schon das Schicksal, daß er zerschnitten wurde; denn als der Vater tot war und ich in die Abtei studieren ging, da wurde für mich ein neues Röcklein daraus gefertigt, in welcher Gestalt er aber von meinen Mitschülern stets nur Hohn und Spott erntete, obgleich mir mein kleines Herz jedesmal um den verstorbenen Vater sehr weh tat, wenn ich an Sonntagen das so oft verehrte Tuch auf meinen Armen sah.

Früher mochten noch mehrere Gedenksachen allgemach den Weg der Zerstörung und Vergessenheit gegangen sein. Ich denke noch klar eines Wintermorgens, an dem man daranging, das Ungeheuer eines weichen Schreines mit Äxten zu zerschlagen, das seit Kindesdenken prangend mit dem eingelegten Worte „Zehrgaden" wie ein Schloß neben der Küche gestanden war, und ich weiß noch heute recht gut, wie ich damals als winziges Kind einen beinahe bittern Schmerz empfand, als der wunderbare, kaffeebraune Berg vor mir in lauter schnöde Späne zerfiel, im Innern zu höchster Überraschung so gewöhnlich weiß wie die Tannenscheite im Hofe. Lange nachher hatte ich immer ein Gefühl verletzter Ehrfurcht, sooft ich die große lichte Stelle an der Mauer sah, wo er gestanden war.

Und wie vieles mochte in der vordenklichen Zeit verloren sein. Wie oft, wenn wir Wallfahrer spielten und ein Fähnlein auf einem langen Stabe trugen, dazu wir einen Lappen aus dem Kehricht gezogen hatten, mochte der Lappen aus einem schmeichelnden Kleide gewesen sein, das einst die Glieder eines lieben Weibes bedeckt hat. Oder wir saßen im Grase, streichelten mit den Fingern an den schillernden Fäden des hingesunkenen Fähnleins und sangen: „Margaretha, Margaretha", denn die Mutter hatte uns oft von einer Margaretha erzählt, die eine schöne, weiche Frau unserer Vorfahren gewesen sein soll. – Wir sangen: „Margaretha, Margaretha", bis wir selber eine Art Furcht vor dem Lappen hatten.

Wie der Mensch doch selber arbeitet, daß das vor ihm Gewesene versinke, und wie er wieder mit seltsamer Liebe am Versinkenden hängt, das nichts anderes ist als der Wegwurf vergangener Jahre. Es ist dies die Dichtung des Plunders, jene traurig sanfte Dichtung, welche bloß die Spuren der Alltäglichkeit und Gewöhnlichkeit prägt, aber in diesen Spuren unser Herz oft mehr erschüttert als in anderen, weil wir auf ihnen am deutlichsten den Schatten der Verblichenen fortgehen sehen und unsern eignen mit, der jenem folgt. Darum hat der Großstädter, der stets erneuert, keine Heimat, und der Bauerssohn, selbst wenn er Großstädter geworden ist, hegt die heimliche, sanft schmerzende Rückliebe an ein altes, schlechtes Haus, wo die Bretter, Pfähle und Truhen seiner Voreltern standen und stehen. Wenn die Gebeine eines Gewesenen schon verkommen sind oder zerstreut in einem Winkel und im Grase des Kirchhofs liegen, stehen noch seine bleichenden Schreine in der alten Wohnung, sind zuletzt die beiseite gesetzten ältesten Dinge und werden so wieder die Gespiele der jüngsten, der Kinder.

Es ist etwas Rührendes in diesen stummen, unklaren Erzählern der unbekannten Geschichte eines solchen Hauses. Welches Wehe und welche Freude liegt doch in dieser ungelesenen Geschichte begraben und bleibt begraben. Das blondgelockte Kind und die neugeborene Fliege, die daneben im Sonnengolde spielt, sind die letzten Glieder einer langen, unbekannten Kette, aber auch die ersten einer vielleicht noch längeren, noch unbekannteren; und doch ist diese Reihe eine der Verwandtschaft und Liebe, und wie einsam steht der einzelne mitten in dieser Reihe! Wenn ihm also ein blassend Bild, ein Trümmer, ein Stäubchen von denen erzählt, die vor ihm gewesen, dann ist er um viel weniger einsam. Und wie bedeutungslos ist diese Geschichte; sie geht nur zum Großvater oder Urgroßvater zurück und erzählt oft nichts als Kindtaufen, Hochzeiten, Begräbnisse, Versorgung der Nachkommen – aber welch ein unfaßbares Maß von Liebe und Schmerz liegt in dieser Bedeutungslosigkeit! In der andern, großen Geschichte vermag auch nicht mehr zu liegen, ja sie ist sogar nur das entfärbte Gesamtbild dieser kleinen, in welchem man die Liebe ausgelassen und das Blutvergießen aufgezeichnet hat. Allein der große, goldene Strom der Liebe, der in den Jahrtausenden bis zu uns herabgeronnen, durch die unzählbaren Mutterherzen, durch Bräute, Väter, Geschwister, Freunde, ist die Regel, und seine Aufmerkung ward vergessen; das andere, der Haß, ist die Ausnahme und ist in tausend Büchern aufgeschrieben worden.

Da der Vater noch lebte, durfte von des Doktors Habschaften nichts verrückt werden, da er ihn hoch verehrte und fast ausschließlich immer in einem ledernen Handschriftenbuche desselben las, welches Buch aber später ganz abhanden gekommen war. In jener

Zeit stand der alte Hausrat noch wie eine eherne Chronik umher; wir Kinder lebten uns hinein wie in ein verjährtes Bilderbuch, dazu der Großvater die Auslegung wußte und erzählte, er, der der eigentlichste, lebendigste Lebensbeschreiber seines Vaters, des Doktors, war. Wenn er manchen Abend zwischen diesen Denkmalen niedersaß und in dem Buche seiner Jugend nachsann, dessen Zeichen bloß tiefe Stirnrunzeln und weiße Haupthaare waren, und von den Taten und Abenteuern des Doktors erzählte, von seiner Furchtlosigkeit bei Tag und Nacht, in Wald und auf Heiden, wenn er so zu seinen Kranken fuhr – wie er Scherze und Schnurren trieb, wie er Arzneigläser hatte, die rot und blau glänzten wie Karfunkel und Edelstein, wie er Macht hatte über die Dinge auf der Erde und in der Luft – – und wenn nun das eine und andere Gerätstück, wie es ja noch leibhaftig vor uns stand, anfing, in der Geschichte mitzuspielen, bald weil es in einem bedeutungsvollen Augenblicke in ihm krachte oder plötzlich ein Glas den Platz wechselte, bald weil ein Schwerverwundeter darauf ächzte, wie ihm der Doktor den Körper wieder fügte, den ein Waldbaum gänzlich auseinandergeschlagen hatte, bald weil ein unergründlich Geheimnis der Heilkunde darinnen verschlossen gewesen, so ergoß sich eine unsägliche Bedeutung und Zauberei um die veralteten Gestalten. Wir getrauten uns kaum hinzusehen, wie alles in hellem Kerzenlichte umherstand und entschiedene Schatten warf: tief hinten ein Schrank, hoch und dünn wie Ritterfräulein, die in ein Leibchen gepreßt sind; es war, als stünden Dinge auf ihm, die am Tage gar nicht dort stehen; dann der Arzneischragen, der gleichsam heimlich immer glänzender wurde, der Ahorntisch mit dem eingelegten perlmutternen Osterlamme, die Uhr mit der Spitzhaube, der lange Lederpolster auf der Bank mit Bärentatzen, die wie lebendige griffen – endlich am Fenster, mit bleichen Tropfen des hereinscheinenden Mondes betupft, das Schreibgerüste, vielfächerig, gotisch, mit einem kostbaren Geländer, auf dem braune Frösche paßten und gleißten, die Schreibplatte überwölbt mit einem hölzernen Baldachine wie mit einem Herdmantel, darauf oben ein ausgestopfter Balg saß, den man nicht mehr kannte und den wir jeden Abend fürchteten; und wenn der einzige Hort, der Vater, der auf diese Erzählungen nichts hielt, in der Ofenecke eingeschlummert war und der Mondenglanz der scharfen, taghellen Winternacht in den Ecken der gefrierenden Fensterscheiben starrte, so wehte ein solches Geisterfieber in der Stube; es hatte selbst die Mutter so ergriffen und war über die Mägde hinausgekommen, die gern in der Küchenstube daneben saßen und spannen, daß, wenn jetzt jemand am äußern Tore geklopft hätte, es unmöglich gewesen wäre, sich ein Königreich zu verdienen, bloß dadurch, daß eines hinausgehe und schaue, wer es sei.

Ich dachte mir damals oft, wie denn ein so unsägliches Gewimmel
von überirdischen Dingen und ganz unerhörten Ereignissen in dem
Leben eines einzigen Menschen, dieses meines Urgroßvaters, gewesen
sein könne, und wie jetzt alles so gewöhnlich und entblößt ist – kein
Geist läßt sich mehr sehen oder hören, und wenn der Vater in der
Nacht von etwas aufgehalten wird, so sind es schlechte Waldwege
gewesen, oder es ist ein Regen eingefallen.

„Jawohl", pflegte die Großmutter zu sagen, wenn auf diese Dinge
die Rede kam, „alles nimmt ab, der Vogel in der Luft und der Fisch im
Wasser. Wenn sonst in den Losnächten oder Samstag abends aus den
Pfingstgräben oder der Hammerau deutlich ein Weinen oder Rufen
gehört wurde, so ist heute in den Gegenden alles stille und ausgestorben, selten, daß einem noch ein Irrlicht begegnet oder der Wassermann
am Ufer sitzt. Die Leute glauben auch heutzutage nicht mehr so fest
wie sonst, obwohl die Alten, die dies erzählten, ebenfalls keine Toren
waren, sondern furchtlose, aufgeklärte Männer. Wie gern will die Jugend alles besser wissen und kommt doch mit den Jahren immer wieder auf die Reden der Alten und gesteht es ein, daß sie darauf kommt."

So pflegte meine Großmutter zu sagen, ich aber hörte ihr mit
begierig hingerichteten Augen zu und brauchte gar nicht auf ihre
Worte zu kommen, denn ich glaubte ohnedies alles gern und fest.

So war es in meiner Kindheit, und so flossen die Jahre dahin.

Die Jahre waren damals sehr, sehr lang, und es verging ungemein
viel Zeit, ehe wir ein wenig größer geworden waren.

Da endlich ich als der Älteste ziemlich herangewachsen war, starb
der Vater, und ich mußte bald darauf in die Abtei in die Studien.
Später kam ein Stiefvater und eine neue Regierung in das Haus. Es
wurden neue, schöne Geräte gemacht, und alle die alten Dinge, die
früher dagewesen waren, mußten in die braungebeizte Hinterstube zurück, die gegen den Garten lag und unbewohnt war. Dort blieben sie
in Raschheit hingestellt und in Verworrenheit stehen. Auch in mein
Haupt waren nach und nach andere Gedanken und andere Bestrebungen gekommen. Aber einmal in den großen Herbstferien besuchte
ich die alten Sachen wieder. Mir kam bei, daß ich sie ordnen könnte.
Ich tat es, richtete die braune Stube mit ihnen ein und stand dabei,
wie der sanfte, schwermütige Herbstglanz der Sonne so an ihnen hin-
streichelte und sie beleuchtete. Allein ich mußte wieder in die Abtei,
und wie die Zeit der dort festgesetzten Studien vergangen war, kam
ich gar in die große, ferne Stadt.

Nun erschienen harte Jahre, die Bestrebungen des Mannes kamen
und verdeckten wie mit Nebel das fernabliegende Land der Kindheit.
Viele Dinge wurden erstrebt und gelitten, und da endlich die Zeit
eingetreten war, in der der Mensch die Sehnsucht hat, den sachte

vorgehenden Lebensstrom in holden Kindern wieder aufquellen zu sehen, mochte es ein liebes Weib mit meinem Herzen wagen, und wir traten vor den Altar der Ehe. Dieses Ereignis führte mich wieder in mein Kindheitsland zurück. Da nämlich Mütterlein zu Hause sehr betrübt war, daß sie wegen Kränklichkeit nicht kommen konnte, die Brautkrone flechten zu helfen und den heiligen Kirchengang zu sehen, beschlossen wir, um ihr Ersatz zu geben, die ersten Tage unseres neuen Standes in der Heimat zuzubringen. Wir packten auf, Wälder, Berge gingen an uns vorüber, und eines schönen Sommertages kamen wir in dem längst verlassenen Hause an.

Mütterlein war ein altes Weib geworden, die neuen, schönen Geräte, die zu meiner Studienzeit gekommen waren, waren jetzt auch alt und verschossen; keine Großeltern gingen mehr im Hause herum, aber dafür spielten die kleinen Kinder der Schwester, die selbst ein Kind gewesen, da ich fortging, an der Stelle, wo wir einst gespielt hatten – nur die Liebe und Güte ist jung geblieben. Mit dem gewohnten Sonnenscheine der Freundlichkeit in den verfallenen Zügen, mit den gewohnten guten Augen nahm die Mutter jetzt die blühende Tochter an, verehrte sie und tat ihr Gutes. Es kamen Tage, die einzig, unvergeßlich sind, Tage unter Menschen desselben Herzens und derselben unverfälschten Liebe. Ich führte meine Gattin durch alle Wälder meiner Kindheit, ich führte sie an rauschende Bäche und an ragende Klippen, aber ich führte sie auch durch die schönen Wiesen und durch die wogenden Felder. Hier ging Mütterlein mit und zeigte der fremden Tochter, was von all den Dingen unser sei und was eben darauf wachse.

Alles war so herrlich und prangend wie sonst, ja es war noch prachtvoller und ernster, wie ich es einst begreifen konnte. Nur das Haus war kleiner geworden, die Fenster niedriger und die Stuben gedrückt. Alles, was sonst unendlich war, die dunklen Gänge, die gähnenden Winkel, das war nun klar, und was darinnen lag, war Wust. In der braunen Stube standen die alten Dinge in der Ordnung, wie ich sie einstens hingestellt hatte, oder eigentlich, sie hingen kaum mehr an den Wänden herum. Das einzige Schreibgerüste stand noch dicht und fest mit allen seinen Zieratengeländern und Fröschen da, ein wahres Kunstwerk in uralter Eichenschnitzerei. Die Mutter gab es mir auf meine Bitte gern zum Hochzeitsgeschenke. All das andere aber waren gewöhnliche Trümmer und Reste; die Fugen klafften, das Licht schien durch sie, der Holzwurm hatte die Balken angebohrt, und der Staub rieselte heimlich in seine Gänge. Als ich weiter durch das Haus wandelte, war hier eine Holztreppe weggenommen, dort eine andere aufgestellt – ein Geländer war hier herabgebrochen, dort eins befestigt worden; das Brunnenwasser rann in eine neue Kufe, die Gartenbeete waren in einer andern Richtung, verschiedene Dinge standen darauf, und der graue Baum war gar nicht mehr da; in der Holzlaube war manches anders, aber hinten standen genau noch die alten Stangen und staken die alten Strohbünde; aber ein schwermütig klares Licht der Gegenwart lag auf allen Dingen, und sie blickten mich an, als hätten sie die Jahre meiner Kindheit vergessen. – So verging Woche um Woche in den neuen, erst wieder bekannt werdenden Räumen. Aber eines Tages, da eben ein grauer, sanfter Landregen die Berge und Wälder verhing, verschaffte mir das Haus etwas, das ich nicht suchte und das mich sehr freute, weil es mir gleichsam das ganze versunkene, aufgehobene Märchen darin gab.

Mütterlein, Gattin und Schwester saßen im Hofstübchen und verplauderten die Zeit, weil draußen Straße und Garten in Wasser schwammen; ich, gleichsam aus einem alten Zuge der Kindheit, der gern das sanfte Pochen des Regens auf Schindeldächern hörte, war fast bis auf den äußersten Boden emporgestiegen und geriet auch in den Gang zwischen Schüttboden und Dach. Da stand noch die goldglänzende, heilige Margaretha auf demselben Platze, auf dem sie vor so vielen Jahren gestanden war. Eine Menge weggeworfener Sachen lag wie einst um sie herum. Jetzt fürchtete ich den düsteren Goldschein nicht mehr, sondern ich holte die Gestalt hervor, um sie zu betrachten. Es war ein sehr altes, gut vergoldetes, hölzernes Standbild, halb lebensgroß, aber in dem Laufe der Zeiten war es bereits vielfach abgerieben und zerschleift worden. Ich dachte mir, daß es etwa von einer eingegangenen Feldkapelle unserer Besitzungen herrühre, aus Zufall in den Gang gekommen und hier vergessen worden sei. Aber fast sollte man glauben, daß es keinen Zufall gäbe. – Daß das Bildnis hier stand, daß es heute regnete, daß ich heraufstieg und es wegnahm – das sind lauter Glieder derselben Kette, damit das werde, was da ward. Als ich nämlich die Bildsäule wieder auf ihr Untergestelle sezten wollte, hörte ich, daß dieses keinen Ton gab wie ein Block, sondern wie ein hohler Raum; ich untersuchte es näher und fand in der Tat, daß es eine sehr alte, verschlossene Truhe sei. Ich war neugierig, holte mir in der Wohnung unten Brechwerkzeuge, stieg wieder in den Gang hinauf, befreite zuerst den Deckel von dem zollhohen Staube, der darauf lag, sprengte mit dem Eisen seine Bande und öffnete ihn. Was sich mir nun zeigte, war ein Knäuel von Papieren, Schriften, Päckchen, Rollen, unterschiedlichen Handgeräten, Bindzeugen und anderem Gewirr – aber weit hinaus herrschten die Papiere vor. Es gibt in jedem Hause Dinge, die man nicht wegwirft, weil doch ein Teil unseres Herzens daran hängt, die man aber gewöhnlich in Fächer legt, auf welche dann nie mehr ein Auge fällt. Daß es hier so sei, begriff ich augenblicklich, und sogleich im Gange sitzen bleibend, neben mir den schwachen Goldschimmer der Bildsäule, ober mir das leichte Trippeln des Regens, fing ich die Untersuchung an, und nach einer Stunde saß ich schon bis auf die Knie in Papieren.

Welch seltsame, sonderbare Dinge! Da waren ganz unnütze Blätter, dann andere, auf denen nur ein paar Worte standen oder ein Spruch, andere mit ausgestochenen Herzen und gemalten Flammen, meine eigenen Schönschreibbücher, ein papierner Handspiegel, von dem aber gerade das Spiegelglas herausgebrochen war, Rechnungen, Rezepte, ein vergilbter Prozeß über eine Hutweide, dann unzählige Blätter mit längst verklungenen Liedern, Briefe mit längst ausgebrannter Liebe, nur die schön gemalten Schäfer standen noch am Rande und stellten sich dar – dann waren Schnitte für Kleider, die jetzt niemand mehr trägt, Rollen Packpapiers, in das nichts mehr gewickelt wird – auch unsere Kinderschulbücher waren da aufbewahrt, und das Innere der Deckel trug noch die Namen von uns allen Geschwistern; denn eins hatte sie von dem andern geerbt, und gleichsam als sei es das letzte und ewige, hatte es den Namen seines Vorgängers mit fester Linie ausgestrichen und den seinigen mit der großen Kinderschrift daruntergesetzt. Daneben standen die Jahreszahlen mit gelber, schwarzer und wieder gelber Tinte.

Als ich so diese Bücher herauslegte und der Blätter, auf denen vielhundertmal die Kinderhände geruht haben mochten, sorgsam schonte, daß sie mir nicht auseinanderfielen, kam ich auf ein anderes Buch, das diesen gar nicht glich und von jemand ganz anderem herrühren mußte als von einem Kinde. Durch Zufall lag es hier unter den Büchern der Kinder, aber es war von einem Greise, der längstens gelebt hatte und der längstens schon in die Ewigkeit gegangen war. Das Buch bestand aus Pergament, hatte die Höhe von vier aneinandergelegten Schulbüchern und war eigentlich aus lauter ungebundenen Heften zusammengelegt. Ich schlug sie auf, aber nichts war da als die Seitenzahlen, mit starken Ziffern und roter Tinte hingemerkt, das übrige war weißes Pergament, nur von außen mit dem gelben Rande des Alters umflossen. Im einzigen ersten Hefte war ungefähr die Dicke eines Daumens mit alter, breiter, verworrener Schrift besetzt, aber auch die Lesung dieser Worte war gleichsam verwehrt; denn immer je mehrere der so beschriebenen Blätter waren an den Gegenrändern mit einem Messer durchstochen, durch den Schnitt war ein Seidenband gezogen und dann zusammengesiegelt. Wohl fünfzehn solcher Einsiegelungen zeigte der Anfang des Buches. Die letzte, leere Seite trug die Zahl Achthundertfünfzig, und auf der ersten stand der Titel: „Calcaria Doctoris Augustini tom. II."

Mir war das Ding sehr seltsam und rätselhaft, ich nahm mir vor, nicht nur das Buch in die Wohnung hinabzutragen und bei Gelegenheit die Blätter aufzuschneiden und zu lesen, sondern auch von den andern Sachen dasjenige, was mir gefiel, zu nehmen und zu behalten; aber ehe ich dieses täte, mußte noch etwas anderes ausgeführt werden, denn bei Herausholung dieser Pergamente war mir augenblicklich das alte Lederbuch eingefallen, in dem der Vater vor mehr als fünfundzwanzig Jahren immer gelesen hatte; ich dachte, daß dieses offenbar der erste Teil der „Calcaria" sein müßte, und wollte sehen, ob ich es nicht auch in diesen Dingen finden könnte. Das andere war aber nicht lose, sondern in dunkelrotem Leder gebunden und mit messingenen Spangen versehen gewesen, was uns Kindern immer so sehr gefallen hatte. Ich nahm nun Blatt für Blatt, Bündel für Bündel heraus, löste alles auf und durchforschte es; allein ich gelangte endlich auf den Boden der Truhe, ohne das Gesuchte zu finden. Aber als ich alles wieder hineingelegt hatte, als ich den Knecht rufen wollte, daß er mir die Truhe samt den Papieren in mein Zimmer hinabtragen helfe, und als ich sie zu diesem Zwecke ein wenig näher an das Licht rückte, hörte ich etwas fallen – und siehe, es war das gesuchte Buch, das an der hintern Wand der Truhe gelehnt hatte und von mir nicht bemerkt worden war. Tiefer Staub und Spinnenweben umhüllten es – der Vater, den ich noch so deutlich vor mir sitzen sehe, als wäre es gestern gewesen, modert nun schon ein Vierteljahrhundert in der Erde – tausendmal hatte ich die Mutter um das Lederbuch gefragt, sie wußte es nicht, und sie hatte vergebens oft das ganze Haus darnach durchforscht. Wer mag es hierher gelehnt und auf ewig vergessen haben?

Ohne nun die Einsamkeit des Bodens zu verlassen, da mich unten niemand vermißte und gewiß alle in ihre Gespräche vertieft sein mochten, nahm ich das Buch vor, ich reinigte es zuerst ein wenig von dem schändenden Staube, der wohlbekannte rote Deckel kam zum Vorscheine, ich drückte an die Federn, mit veraltetem Krachen sprangen die Spangen, die Deckel legten sich um, und ich sah hinein. Das ganze Pergament war beschrieben, die roten Seitenzahlen liefen durch das Buch, aber hier nur bis auf Fünfhundertundzwanzig, es war dieselbe alte, breite, verworrene Schrift, schlecht aus lateinischen und deutschen Buchstaben gemischt, dieselbe seltsame Fesselung der Blätter mußte auch hier stattgehabt haben, aber gelöst worden sein, denn an allen Rändern war deutlich der gewesene Messerschnitt sichtbar, und als ich das erste Blatt umschlug, stand der Titel: „Calcaria Doctoris Augustini tom. I." – Ich blätterte vorne, ich blätterte hinten, ich schlug hier auf und dort auf, überall dieselbe Schrift mit den starken Schattenstrichen und den ineinanderfließenden Buchstaben, und die ganzen großen Pergamentblätter waren von oben bis unten vollgeschrieben. Aber auch etwas anderes kam zum Vorscheine: Ich fand nämlich viele zerstreute Blätter und Hefte in dem Buche liegen, die sämtlich die Handschrift meines verstorbenen Vaters trugen. Ich sah sie näher und dachte mir: „Also darum war nichts von ihm in der Truhe zu finden gewesen, weil er alles hierhergelegt hatte und weil alles vergessen worden war."

Bevor ich in dem Buche las, wollte ich eher diese Dinge des Vaters anschauen, Blatt nach Blatt ging durch meine Hände, da waren Lieder, ferner Bemerkungen und Abhandlungen, auch ein Märchen war da, Erzählungen aus seinem Leben, Worte an uns Kinder, ferner ein morsches, zerfallendes Kalenderblatt, darauf mit zerflossener, entfärbter Tinte geschrieben stand: „Heute mit Gottes Segen mein geliebter erster Sohn geboren." – – Ich las in vielem, und es deuchte mir, das Herz, dem ich zwanzig Jahre nachgejagt hatte, sei gefunden; es ist das meines Vaters, der vor langem gestorben war. Ich nahm mir vor, von diesen Schriften der Mutter nichts zu sagen, sondern sie in mein Denkbuch zu legen und sie mir da auf ewig aufzubewahren.

Ich konnte nun in dem Lederbuche nichts lesen – es klangen mir längst vergessene Worte in den Ohren, von denen mir die Mutter erzählt hat, daß er sie einstens gesagt: „Ich darf es dem Knaben nicht zeigen, wie sehr ich ihn liebe." Ich ging in den Hof hinab und sah trotz des Regens, der niederströmte, auf jedes Brett, das er einst befestigt, auf jeden Pflock, den er einst eingeschlagen, und im Garten auf jedes Bäumchen, das er gesetzt oder sonst mit Vorliebe gehegt hatte. Die Kiste mit den Büchern des Doktors und mit den andern Dingen hatte ich in mein Zimmer hinabbringen lassen.

Als ich wieder in die Wohnung zurückkam, saßen die Mutter und die Gattin noch immer in dem Hofstübchen beisammen und redeten. Die Mutter erzählte mir, wie so gut meine Gattin sei, daß sie nun schon so lange hier sitzen und von allem Erdenklichen geplaudert haben und daß sie gar nicht geglaubt hätte, wie eine Stadtfrau gar so gut, lieb und einfach reden könne, als sei sie hier geboren und erzogen worden.

Spät am Abende, da sich die Wolken zerrissen hatten und, wie es gewöhnlich in unserer Heimat ist, in dichten, weißen Ballen über den Wald hinauszogen, als schon im Westen hier und da die blassen, goldenen Inseln des heitern Himmels sichtbar wurden und manche mit einem Sternchen besetzt waren, saßen wir wieder alle, auch der Stiefvater und der Schwager, die am Morgen weggefahren und nun wiedergekommen waren, in der Wohnstube an dem großen Tische beisammen, man zündete nach und nach die Lichter an, und ich erzählte ihnen von meinem Funde. Kein Mensch in unserem Hause hatte von der Truhe gewußt. Die Mutter entsann sich wohl, daß ein solches Ding, da wir noch kaum geboren waren, immer auf der Diele gestanden und daß alter Kram darin gewesen sei; aber wie es fortgekommen und was damit geschehen sei, könne sie sich nicht erinnern, habe auch in ihrem ganzen Leben nicht mehr an die Truhe gedacht. Wer das Lederbuch hinzugelehnt, sei ganz unbegreiflich, wenn es nicht etwa der Großvater gewesen, der es in der ersten Verwirrung bei des Vaters Tode, um es den Augen der Mutter zu entziehen, an die Truhe legte und dort vergaß. Auch auf die Bildsäule kam die Rede, und als ich um ihren Ursprung fragte, wußte ihn niemand, sie sei eben immer in dem Gange gestanden, und keiner habe darauf gedacht, warum sie da stehe und auf welchem Untersatze sie stehe. Nur könne sie aus keiner unsrigen Feldkapelle herrühren, weil unsere Felder nie eine Kapelle gehabt hätten.

Während wir so sprachen, standen die winzig kleinen Kinder der Schwester herum, horchten zu, hielten die trotzigen Engelsköpfchen ganz stille, und manches von ihnen hatte ein altes Blatt aus der Truhe in der Hand, auf dem Blumen oder Altäre abgebildet waren, die einst ihre Ur-Urgroßmutter in geheimer Wonne an das Herz gedrückt hatte, oder auf dem Verse standen, die von Schmerzen und Untaten sangen, über die hundert Jahre gegangen waren.

Das Lederbuch lag aufgeschlagen auf dem Tische, und bald das eine, bald das andere von uns blätterte darinnen und sah neugierig nach. Aber keinem war es für den Augenblick möglich, die Schrift zu entziffern oder die Gedanken zu reimen, die einzeln herausfielen. Es müsse des Doktors Leben darin sein, sagte die Mutter, denn in manchen Abenden, wo der Vater darinnen gelesen, indes sie mit den Kindern und der Hauswirtschaft zu tun gehabt, habe er ausgerufen: „Welch ein Mann!" Sie selber habe das Buch nie zur Hand genommen, weil sie doch zum Lesen nie Zeit gehabt und ihr die Kinder mehr Arbeit gegeben haben, als sie kaum zu verrichten imstande gewesen sei. Ich aber dachte mir: „Wenn nun das Leben des Doktors darinnen ist, so muß sich ja zeigen, ob es von jenen Geistern und überirdischen Gewalten beherrscht war, wie die Sage geht, oder ob es der gewöhnliche Kranz aus Blumen und Dornen war, die wir Freuden und Leiden nennen." Meine Gattin bewunderte die schönen, mit der Kunst des Pinsels gemalten Anfangsbuchstaben und die brennend roten Titel, hinter denen aber allemal die abscheulichste Schrift kam. Man wollte, ich solle ein wenig vorlesen, allein ich konnte es ebensowenig als die andern; weil mir aber die Mutter erlaubt hatte, daß ich die Doktorbücher behalte, so versprach ich, daß ich jeden Tag darin studieren und dann des Abends davon erzählen werde, solange ich noch zu Hause sei. Man war damit zufrieden, und einmal durch alte Sachen angeregt, redete man noch vieles in längst vergangenen Geschichten, und der Mutter kamen alle Erinnerungen bei, was wir in unserer ersten Kindheit und Jugend getan und gesagt und was sich Merkwürdiges zugetragen hatte, als sie mit dem einen oder dem andern gesegnet gegangen war.

Sehr spät gingen wir in jener Nacht schlafen, jedes seine Kammer suchend und ich die schweren Pergamentbücher des Doktors im Arme tragend.

Des andern und die folgenden Morgen saß ich nun manche Stunde in der braunen Stube und las und grübelte in dem alten Buche wie einst der Vater. Was ich da gelesen hatte und zusammenstellen konnte, erzählte ich gern abends im Kreise unserer Angehörigen, und sie wunderten sich, daß bisher alles so gewöhnlich sei wie in dem andern Leben der Menschen. Wir dachten uns hinein, so daß wir schon immer auf den nächsten Abend neugierig waren, was da wieder geschehen sein werde.

Aber wie alles im menschlichen Dasein vergeht und dieses selber dahinflieht, ohne daß wir es ahnen, so vergingen auch allmählich die Tage, die uns in meiner Heimat gegönnt gewesen waren, und wie nach und nach der letzte heranrückte, wurden wir allgemach alle stiller und trauriger. Schon mehrere Tage vorher war das Schreibgerüste verpackt und fortgesendet worden; es waren Kisten und Kasten unsers Weges vorausgegangen, weil uns die Mutter Geschenke und Aussteuer gegeben hatte, die sorgfältig verwahrt werden mußten – und endlich schlug auch die Stunde des Abschiedes: Es war das erste Morgengrauen, weil wir einen weiten Weg bis zum ersten Nachtlager zu machen hatten; ich hob die schluchzende Gattin in den Wagen und stieg nach, mich äußerlich bezwingend, aber im Innern bitterlich weinend wie einst, da ich zuerst von der Mutter in die Fremde gemußt. Diese stand schmerzenvoll wie dazumal da, nur daß sie jetzt auch vom Alter eingebückt war – sie rang nach christlicher Fassung und zeichnete den Segen des Heiligen Kreuzes auf uns hinein. Es war noch ein Augenblick, die Pferde zogen an, das durch so viele Wochen gesehene Antlitz schwand an dem Wagenfenster entlang, und wir sahen es nicht mehr – vor einer Sekunde noch stand es da, und in der Ewigkeit wohl werden wir es erst wiedersehen.

Wir saßen stumm in dem Wagen, und Zoll um Zoll drehten sich die Räder in dem morgenfeuchten Staube der Straße. Berge und Hügel legten sich nach und nach hinter uns, und wenn wir umblickten, sahen wir nichts mehr als den immer blauern, dämmernderen, zurückschreitenden Wald, der so viele Tage mit seiner lieblichen Färbung auf unsere Fenster und auf uns selber niedergeblickt hatte.

Die Gattin redete nichts, ich aber dachte im Herzen: „Jetzt wird jeder, der da kommt, an dem Hause ändern und bauen, und wenn ich einmal in meinem Alter wiederkomme, wird vielleicht ein neues, prunkendes Ding dasein; ich werde als zitternder Greis davorstehen und die erblödenden Augen anstrengen, um alles zu begreifen."

II. Das Gelöbnis

So stehe es auf dem ersten Blatte dieses Buches, wie ich es getreu erfüllen werde:

Vor Gott und meiner Seele verspreche ich hier einsam und allein, daß ich nicht falsch sein will in diesen Schriften und Dinge machen, die nicht sind, sondern, daß ich es lauter schöpfe, wie es gewesen ist oder wie es mir mein Sinn, wenn er irrig war, gezeigt hat. Wenn ein Hauptstück zusammengekommen, dann schneide ich mit einem feinen Messer einen Spalt in die Pergamentblätter, oben und unten, und ziehe ich ein blaues oder rotes Seidenbändlein durch, mit selbem die Schrift zu sperren, und siegle ich die Enden zusammen. Wenn aber von dem Tage an drei ganze Jahre vergangen sind, dann darf ich das Bändlein wieder abschneiden und die Worte wie Sparpfennige lesen. Verstanden, daß es nicht allezeit meine Schuldigkeit ist, etwas hineinzuschreiben, aber daß es allezeit meine Schuldigkeit ist, das Eingetragene drei Jahre aufzubewahren. So wird es sein bis zu meinem Ende, und gebe mir Gott einen reumütigen Tod und eine gnädige Auferstehung.

Zum Bemerken: Es ist eine fast traurige und sündhafte Begebenheit, die mir das Gelöbnis und Pergamentbuch eingegeben hat, aber die traurige Begebenheit wird in Heil ausgehen, wie schon das Pergamentbuch der Anfang des Heiles sein muß.

Man sagt, daß der Wagen der Welt auf goldenen Rädern einhergeht. Wenn dadurch Menschen zerdrückt werden, so sagen wir, das sei ein Unglück; aber Gott schaut gelassen zu, er bleibt in seinen Mantel gehüllt und hebt deinen Leib nicht weg, weil du es zuletzt selbst bist, der ihn hingelegt hat; denn er zeigte dir vom Anfang her die Räder, und du achtetest sie nicht. Deswegen zerlegt auch der Tod das Kunstwerk des Lebens, weil alles nur Hauch ist und ein Reichtum herrscht an solchen Dingen. – Und groß und schreckhaft herrlich muß das Ziel sein, weil dein unaussprechbar Wehe, dein unersättlich großer Schmerz nichts darinnen ist, gar nichts – oder ein winzig Schrittlein vorwärts in der Vollendung der Dinge. Das merke dir, Augustinus, und denke an das Leben des Obristen.

Gedenke daran.

Noch trag' ich ein, was ich so gern überlegt habe: Weil es von heute an gewiß ist, daß ich mir kein Weib antrauen werde und keine Kinder haben werde, so dachte ich, da sie mir das gebundene Buch brachten, wie ich es angeordnet, und da ich die vielen Seiten mit roter Tinte einnumeriert hatte: Wer wird es denn nun finden, wenn ich gestorben bin? Wie werden die irdischen Dinge gegangen sein, wenn einer die Schere nimmt, das Seidenbändlein abzuschneiden, das ich nicht mehr gekonnt, weil ich eher fortgemußt? Es ist ein ungewisses Ding, ob damals viele Jahre vergangen sind oder ob schon morgen einer die Blätter auf dem Markte herumträgt, die ich heute so liebe und für so viele Zukunft heimlich in die Lade tue.

Wer weiß es und wer kann es wissen – ich aber werde sie doch hineintun.

Deine Vorsicht, Herr, erfülle sich, sie mag sein, wie sie will. Verzeihe nur die Sünde, die ich begehen gewollt, und gebe mir in Zukunft die Gnade, daß ich weiser und stärker bin, als ich vordem töricht und schwach gewesen.

Eingeschrieben zu Tal ob Pirling am Medarditage, das ist am achten des Brachmonats Anno 1739.

Morgen der Obrist.

III. Der sanftmütige Obrist

Ich saß nämlich vor drei Tagen bei einem Weibe, das noch jung und unvermählt ist, und redete viele Stunden zu ihrem Sinne, daß sie ihn ändere. Als ich sie nicht abzubringen vermochte, lief ich in den Wald, an welcher Stelle eine Birke steht, und wollte mich daran erhängen. Ich werde es später schreiben, wie ich so übermütig mein Heil an das Weib gebunden habe, daß ich meinte, ohne ihr nicht sein zu können, aber sie sollte es nur sehen, daß ich alles zerreiße und daß ich sie strafe, das falsche, wankelmütige Herz – vorher aber muß ich nur das von dem Obristen eintragen. Ich lief von ihr in mein Haus, riß ein buntes Tuch von dem Tische, lief durch den Garten, sprang über den Zaun und schnitt dann den Weg ab, indem ich über Allerbs Hofmark und durch die Wiesen der Beringer ging. Dann traf ich auf den Fußsteig, der an den Mitterwegfeldern geht – dort eilte ich eine Weile fort. Ich hatte aus dem Tuche eine Schlinge gemacht und trug es in dem Busen versteckt. Dann beugte ich mich wieder links von dem Wege ab, strebte unter den dünnen Stämmen des ausgebrannten Waldes der Dürrschnäbel hinauf, drang durch den Saum des Kirmwaldes, streifte an dem Stangenholze, den Tannenbüschen, an den Felsblöcken vorbei und sprang auf den Platz hinaus, wo die vielen Birken stehen und der grüne Rasen dahingeht. – – Als ich nun da war, harrte ich gleichwohl noch ein wenig, und alle Bäume sahen mich fragend an. Es war auch ein breiter, grauer Fels da, der nicht weit davon viele Klafter hoch emporstand und von dem die Sonnenstrahlen ohne Geräusch wegprallten, daß alle Steinchen funkelten und glänzten. Auch war eine wolkenleere, finsterblaue Luft bis in die Baumzweige herunter. – Ich schaute nicht um, gleichsam als stünde einer hinter mir. – – Dann dachte ich: Da hat vor wenig Augenblicken eine Feldgrille gezirpt, ich wollte noch so lange warten, bis ich sie wieder höre.

Aber ich hörte sie nicht.

Das Himmelblau rückte immer tiefer in die Wipfel. Von dem Baume ging der starke Ast seitwärts, auf den ich gedacht hatte, und ließ dann das Moos wie einen grünen Bart hängen, derlei diese Bäume gern haben, und weiter draußen gingen die dünnen Zweige nieder, die mit den vielen kleinen Blättern besetzt waren.

Die Grille zirpte nicht.

Aber der Obrist war mir nachgelaufen, als er mich hatte in den Wald heraufgehen gesehen, und griff mir jetzt, den ich gar nicht herzutreten gehört hatte, ganz leise an die Schulter. Ich erschrak sehr, sprang um den Baum herum und schaute zurück. Da sah ich den alten Mann stehen mit den weißen Haaren auf seinem Kinne und Scheitel.

Er redete zuerst und sagte: „Warum erschreckt Ihr denn so sehr?"

Ich aber antwortete: „Ich erschrecke nicht, und was wollt Ihr denn von mir, Obrist?"

Er wußte anfangs nicht, was er sagen sollte – aber dann fing er langsam an und erwiderte: „Nun – – ich habe Euch heraufgehen gesehen, und da meinte ich, daß ich Euch auch nachgehen könnte, weil Ihr diese Stelle ganz besonders zu lieben scheint, und daß wir da vielleicht miteinander redeten – – ich hätte Euch etwas zu sagen – – aber wenn Ihr wollt, so können wir es auf ein andermal lassen."

„Nein, nein, redet gleich", sagte ich. „Redet, so lange Ihr wollt, ich will Euch geduldig anhören und nicht zornig werden. Aber wenn Ihr geendet habt, dann müßt Ihr mich lassen, weil ich dahier noch ein Geschäft habe."

„O nein, Doktor", antwortete er, „ich will Euch nicht stören, wenn Ihr ein Geschäft habt – mein Ding kann warten – – ich habe nur gemeint, wenn es sich zufällig ergäbe – – ich lasse Euch schon. – Es tut nichts; weil ich einmal da bin, so kann ich gleich in den Reutbühl hinübergehen; der Knecht sagt ohnedem, daß sie mir Holz stehlen. Wenn Ihr mich ein andermal anhören wollt, so werde ich schon fragen lassen, wann Ihr zu Hause seid. – Wollet Ihr aber gar freundlich sein, so besuchet lieber Ihr mich einmal, weil ich in meiner Stube leichter reden würde als in einer fremden. Aber nicht, daß Ihr das für eine Unartigkeit aufnehmet, ich kann auch gerne zu Euch kommen, lasset es mir nur in diesen Tagen sagen, wie es Euch besser gefällt. Tut nur Euer Geschäft – tut es im Namen Gottes und denkt nur immer, daß ich Euer Freund gewesen bin, der Euch stets Gutes gewollt hat. – – Ich habe fast gemeint, daß Ihr hier oben an dieser Stelle wieder lesen werdet, wie Ihr sonst gerne tatet, aber ich sehe, daß es nicht so ist. – – Noch eins muß ich sagen: Habt Ihr denn nicht auch im Heraufgehen gesehen, Doktor, wie heuer das liebe Korn gar so schön stehet; es legt sich auf diese Jahreszeit schon so hoch und dunkel, daß es ein Wunder ist. Ich will von dem Reutbühl durch die Mitter-wegfelder gehen und dort den Neubruch betrachten, wo heuer zum ersten Male Weizen steht. Dann gehe ich wieder nach Hause. – Lebt jetzt wohl und besuchet mich bald.“

Diese oder ähnliche Worte hat er gesagt, denn ich habe sie mir nicht genau merken können. – Dann zauderte er noch ein wenig – dann tat er aber höflich sein Barett ab, wie er es gewohnt ist, und ging davon. Er scheint auf keine Antwort gewartet zu haben, und ich habe auch keine geben gewollt. Ich schaute ihm nach und sah, wie er immer weiter hinter die Baumstämme zurückkam, bis es wieder war, als wenn gar niemand dagewesen wäre.

Ich wartete noch ein wenig, dann nahm ich das Tuch aus meinem Busen und warf es mit Ingrimm weit von mir weg in die Büsche. – –

Dann aber blieb ich noch auf der Stelle stehen und getraute mir nicht, aus dem Walde zu gehen. Ich schaute die Dinge an und be-merkte, daß es schon unterdessen sehr Nachmittag geworden war. Die Baumblätter regten sich schwach, die weißen Birkenstämme standen einer hinter dem andern, und zwischen ihnen kam die tiefe Sonne herein und umzirkelte sie, daß sie vergleichbar waren dem matten Scheine silberner Gefäße.

Ich blieb noch recht lange in dem Walde.

Es war endlich die Zeit des Abendgebetes gekommen, und manche Tannenäste wurden rot. – Siehe, da klang auf einmal hell und klar wie ein Glöcklein die Stimme der Grille und klopfte mit einem silber-nen Stäblein an mein Herz – gleichsam mit einem feinen, silbernen Stäblein klopfte das mißachtete Tier an mein Herz, als sagte es mir deutliche menschliche Worte. Beinahe hätte ich mich gefürchtet.

Und wie ich dann von der Stätte fortging, klang auch das Abend-lied der Ammer, es klang so dünne und dicht neben mir, als flöge das Vöglein heimlich mit und zöge ein zitternd Goldfädlein von Zweig zu Zweig. – Und wie ich weiter gegen die Felder hinauskam, lichtete und lohte der Wald immer mehr und mehr – die Augen des Him-mels sahen herein, und die dünnen Stämme waren wie feurige Stäbe. Und wie ich nun gänzlich hinauskam, lag die ruhige Saat des Kornes da, welches der Obrist angeschaut hatte – weithin lag sie dunkelgrün und kühl da, nur die Spitzen waren ein ganz wenig rot gestreift von dem Widerscheine des Himmels. Die Wiesen drüben waren schon dunkel und wie mit grauem Reife bedeckt, und hinter dem Walde draußen war die Sonne untergegangen.

Als ich zu Tal gekommen und an mein Haus getreten war, führte der Knecht meine zwei schwarzen Pferde aus der Schwemme heim und grüßte mich; ich aber ging in die Stube, wo die Bücher sind, und aß des Abends keinen Bissen mehr.

Des andern Tages war ein Sonntag, es war der vorgestrige Tag, und ich fuhr um fünf Uhr früh zu dem Erlebauer hinaus, weil es sich am Tage zuvor mit ihm so veschlimmert hatte; aber er war besser, und ich ließ ihm wieder von dem Tranke zurück. Die Inwohnerin des alten Klum war besser, ebenso die junge Mechthild mit dem Gallenfieber. Um neun Uhr war ich schon bei allen gewesen und ging dann in die Kirche zu dem sonntäglichen Gottesdienste. Nachmittags weinte ich sehr.

Da sendete ich noch in der Nacht zu dem Obristen und ließ ihm melden, daß ich morgen kommen würde, wenn es ihm genehm wäre. Ich wolle zuerst die Kranken versorgen, und dann würde ich hinaufgehen, wenn er zu Hause sei, das ist gegen zehn Uhr oder um ein weniges später. Er solle mir zurücksagen lassen, wenn er da nicht könne und es anders wolle. Aber der Obrist vermeldete mir durch meinen Knecht, daß er mit vieler Freude auf mich warten werde und daß ich keinen Kranken übereilen solle. Er werde den ganzen Tag in seinem Hause oder in seinem Garten herum sein, daß ich ihn leicht finde.

Dann legte ich mich nieder und gab vorher dem Knechte noch, in Anbetracht, daß heute Sonntag war und er den Gang getan hatte, ein Glas Wein. – Ach Gott – der Keller war schon fertig, und ich wollte ein großes Haus darauf bauen – und ich weiß nun nicht, für wen ich es baue. Ein recht großes, schönes Haus wollte ich bauen, weil mich Gott so gesegnet hat und weil mein Vater doch nur ein Kleinhäusler gewesen ist, mit einer Hütte und Steinen darauf, wie sie noch überall auf den Waldhöhen herum stehen. Nur der Obrist ist gekommen und hat ein Haus mit steinernen Mauern gebaut, das nun als Vorbild weithin gegen die Fichten leuchtet. Dann las ich noch bis Mitternacht in Hochheimbs Buche.

Am andern Morgen, da ich schon lange nicht mehr schlafen konnte, stand ich sehr früh auf und fuhr, als noch der Tau lag, durch den Wald an dem Bache hinunter, daß ich meine Kranken besuche. Das Wasser rollte kühl über seine Steine und an den Gräsern dahin. Es ging bald die Sonne auf und brachte einen recht schönen, lieblichen Vormittag. Dieser trocknete die Nässe von den Nadeln und von allen den vielen Kräutern, die nichts anderes zu tun hatten, als recht eilends in dieser Frühlingswärme zu wachsen. Als ich wieder nach Hause gekommen und die Pferde in den Stall gebracht waren, legte ich einen besseren Rock an und begab mich auf den Weg zu dem Obristen. Da ich um die Ecke des Holzes bog und an den Gerstenfeldern des

Maierbacher ging, die er heuer so schön hat, sah ich schon das Haus, wohin ich wollte, freundlich und weiß herabschimmern – es schimmerte so lange, als ich an dem Abhange dahinging, und wie ich den weichen Grashügel emporstieg, wo die vielen Eschen stehen, kamen die zwei Wolfshunde herabgelaufen, tanzten um mich und heulten freudig, weil sie mich schon so lange nicht gesehen hatten. Der Obrist selber war in dem Garten, und ich sah ihn durch die Stäbe der Umzäunung. Er hatte den grünen, samtenen Rock an, den er so liebt, und die goldene Kette um, von der glänzende Funken weggingen. Als wir die Barette abgetan hatten, ging er mir entgegen und verneigte sich. Ich verneigte mich auch. Dann geleitete er mich durch den Garten an den vielen grünen Büschen hin, die er zieht, und führte mich in das Haus hinein. Wir kamen im Gange an der Tür vorüber, die in Margaritas Zimmer führt. Die feine, gelbe Rohrmatte lag auf der Schwelle.

Als wir in seiner Stube angelagt waren, sah ich, daß er seine grünseidenen Vorhänge über die Fenster herabgelassen hatte, wodurch eine unliebe Totendämmerung um alle Dinge floß. Er schritt gegen die Fenster und zog die Vorhänge empor, ließ sie dann wieder nieder und zog sie doch endlich empor. Sodann nahm er mir die Handschuhe und das Barett, legte beides auf sein Bett und stand dann da und hatte die weißen Haare so genau und reinlich zurückgekämmt wie immer. Er hatte noch nichts geredet, ich auch nicht.

Endlich nahm er das Wort und sagte: „Das ist ein schöner Tag, Herr Doktor."

„Ja, ein sehr schöner", antwortete ich.

„Ist die alte Sara schon besser, und was macht der Erlebauer?"

„Die Sara ist ja schon seit drei Wochen nicht mehr krank, und der Erlebauer wird auch schon besser."

„Das ist gut; es wäre schade um den Mann gewesen, er ist sehr tätig und hat fünf lebende Kinder."

„Gestern hat er die Krisis überstanden, und die nützliche Luft wird ihn bald heilen."

„Habt Ihr noch viele Kranke?"

„Nicht sehr viele."

„Der Meilhauer hat ja auch einen Fuß gebrochen."

„Freilich, weil er sich nicht wahrt; eine Buche hat ihn gestreift."

„Im Taugrunde war's?"

„Im Taugrunde."

„Ihr kommt ja jetzt öfter in den Haslung hinunter, ist es wahr, daß sie das Gehäng reuten?"

„Lauter Felder, seit sie sich losgekauft haben."

„Und in den drübigen Hofmarken mähen sie schon Heu?"

„Es ist kein Halm mehr auf den Wiesen."

„Das ist ein gesegnetes, schönes Jahr. Wenn uns der Herr noch weiter hinaus behütet und das Verheißene gut einbringen läßt, dann kann sich mancher helfen. – Wollt Ihr Euch denn nicht ein wenig auf das Sitzbett niederlassen, Doktor?"

Nach diesen Worten nötigte er mich auf das Sitzbett, das er vor dem Tische hat, und setzte sich zu mir. Nachdem er die Falten an dem Teppich gleichgestrichen und die Brosamen herabgestreift hatte, sagte er plötzlich: „Das ist recht schön, Doktor, daß Ihr gekommen seid und wieder dahier sitzet wie so oft; darum sagt mir auch geradeweg, ob Ihr denn auch auf mich zürnet?"

„Nein, Obrist", antwortete ich, „nein, ich weiß es schon, daß Ihr mir nichts getan habt. Ihr seid ja ein freundlicher Mann gegen jedes Geschöpf. Ihr habt allen Leuten im Walde herum wohlgetan, und wenn einer undankbar war, so seid Ihr hingegangen und habt ihm eine neue Güte erwiesen. Wie sollte ich Euch zürnen? Nein, eher muß ich Euch jetzt sagen, was ich noch nie gesagt habe: Ihr seid der beste und sanfteste Mensch, den ich auf der Welt kennengelernt habe."

„Bin ich das", erwiderte er, „so macht mir die Freude, Doktor, und tut Euch kein Leid an."

Mir rollten die Tränen hervor, und ich sagte, daß ich es nicht mehr tun wolle.

„Ich bin vorgestern", sagte er, „mit großer Angst durch die Reutbühl gegangen, denn der Mensch vermag hierin nichts zu ändern, und ich ließ Euch in Gottes Hand zurück. Als die Sonne untergegangen war, stand ich an dem Fenster und betete – und da sah ich Eure Gestalt am Saume des Kornes nach Hause gehen wie manches Mal an andern Tagen, wenn Ihr mit einem Buche unter den Birken gewesen seid – und es kam eine recht ruhige, freundliche Nacht in mein Haus. – Seht, da ich damals von Euch fortgegangen war, bin ich im Reutbühl auch an unsere Föhrenpflanzung gekommen, die Ihr im vorigen Frühlinge mit mir angelegt habt, und habe gesehen, daß kaum ein einziges Pflänzchen ausgegangen ist; manche sind schon sehr hoch und ballen mit ihren Wurzeln das Steingerölle. – Am andern Tage bin ich von der Stube in den Stall gegangen, von dem Stalle in den Garten und von da wieder herein – und habe über die kleinen Felderhügel geschaut und über die Spitzen der Wälder, in denen Ihr vielleicht fahren werdet oder sonst etwas tun. Da kam in der Nacht Euer Knecht und brachte mir große Freude. – Ich hatte es ja nun in der Hand, ich kannte Euch, Ihr seid so oft zu mir gekommen, und ich wußte es ja, daß Ihr Euch herausreißen würdet."

Ich konnte den Mann nicht anschauen und sagte, weil ich schon so viel eingestanden hatte, daß ich so zerdrückt sei und die Tage her

keinem Menschen, nicht dem Knechte, nicht der Magd und keinem
Taglöhner in die Augen sehen könne.

„Das ist unrecht", antwortete er, „und es wird sich ändern. Tut
ihnen Gutes, seid ein rechter Arzt, und Ihr werdet wieder ihresglei-
chen. Auch wissen sie ja nichts."

„Aber ich weiß es."

„Ihr werdet es vergessen."

„Und mit einer solchen Schwermut fahre ich an den Fichten und
Tannen vorüber, daß an meinen Augen stets das Weinen ist. Ich bin
gleich recht gern zu meinen Kranken gegangen, auch zu denen, die
schon besser sind – auch zu dem alten Keum bin ich gegangen, der
sterben muß, weil er das Zehrfieber hat, und habe ihn ein wenig
getröstet."

„Das ist immer so", antwortete der Obrist, „daß aus dem harten
Steine Zorn der weiche Funken Wehmut kommt. So fängt Gott die
Heilung an."

„Schont mich vor der Welt, Obrist."

„Redet nicht so. Nur der Herr im Himmel und ich haben es gesehen, und beide schweigen. Lasset nun die Zeit fließen, und es werden Hüllen nach Hüllen darauf kommen. Die Seele hat einen Schreck
erhalten und wird sich ermannen. Es ist nun alles gut, lassen wir es
gehen und reden von andern Dingen. – Sagt mir, Doktor, habt Ihr
denn den Thomas abgedankt, daß gestern ein anderer Knecht zu mir
gekommen ist?"

„Nein, aber er ist jetzt bloß bei den Pferden. Den andern habe
ich zu den Geschäften im Hause und zum Botengehen genommen.
Er ist der Sohn des Inbuchsbauer."

„Ich kenne ihn, er hat die Füllen des Gregordubs gehütet. Ihr müßt
ja jetzt viele Leute in Eurem Hause haben?"

„Nur noch zwei Mägde."

„So habt Ihr das Bauen einstweilen eingestellt?"

„Nein, ich habe es für das heurige Frühjahr nur noch nicht begonnen. Wir waren erst ein wenig an dem großen Brunnen, aber seit
der Bernsteiner im Steinbühel den Keller gräbt, habe ich zu ihm alle
meine Leute hinübergehen lassen. Er will bis zu dem Schützenfeste
fertig sein."

„Ich war schon lange nicht in Pirling und wußte nicht, daß er graben läßt. Im Steinbühel muß er wohl stark in die Felsen sprengen."

„Sie schießen ja schon drei Wochen, und alle Leute, die ich sonst
hatte, sind dabei beschäftigt."

„Ich möchte auch manches in meinem Hause ändern, und wenn der
Grunner zu empfehlen ist, so müßt Ihr ihn mir einmal heraufschik-
ken. Mit dem ganzen Hinterecke möchte ich gegen den Eichenhag

hinausfahren, auch möchte ich eine neue Stiege und einen neuen Kellereingang machen lassen."

„Meinen Brunnen wenigstens hat der Grunner vortrefflich herausgebaut."

„O Doktor, Ihr habt eine schöne Lage in der Biegung des Tales; Ihr seid noch jung, und wenn Ihr Euch bestrebt, so kann es ein schönes Besitztum werden, das seinen Herrn und seine Frau erfreut, wenn einmal eine einzieht. Meine Tage sind schon wenige, ich gehe dem Grabe entgegen, und wenn Margarita einmal fortzieht, wer weiß, in welche Hände dies Gebäude kommt, das ich so eifrig aufgeführt habe. – – Lieber Doktor, ich möchte noch recht gern von etwas Längerem und Ausführlicherem mit Euch reden."

„So redet."

„Ihr werdet jetzt vielleicht seltener zu mir kommen, und da denke ich, ist es billig, daß Ihr auch meine Fehler wisset, denn Ihr habt mich bisher zuviel geachtet – auch könnte Euch die Sache vielleicht nützlich sein. Ich möchte Euch nämlich von meinem früheren Leben erzählen, und wenn ich geendet habe, möchte ich noch gern eine Frage und eine Bitte an Euch tun – vorausgesetzt, wenn Ihr nämlich Zeit habt, mich anzuhören."

„Ich muß nur abends noch zur Haidelis hinaus und vor dem Schlafengehen noch den Erlebauer sehen, sonst habe ich heute nichts mehr zu tun. Sprecht also nur, Obrist, wie Ihr es für gut haltet, und fragt dann und bittet, was Ihr wollt."

„Wißt Ihr noch, ich habe vorgestern im Birkenstande zu Euch gesagt, daß ich etwas mit Euch zu reden hätte – das war aber damals unwahr; sondern, da ich Euch von hier forteilen, nach Hause gehen und dann über den Zaun und die Wiesen gegen den Wald schreiten sah, ahnte mir Böses; ich lief Euch nach, um ein Unglück zu verhüten; aber da Ihr mich oben von dem Platze fortdrängtet, wußte ich mir nicht zu helfen und sagte nur die Worte – allein seitdem habe ich es mir so ausgebildet, daß ich mit Euch von meiner Vergangenheit reden möchte, die gewesen ist, ehe ich in dieses Tal gekommen bin. Nehmet es nur nicht übel, daß ich alt bin und etwa weitschweifig in meinen Worten."

„Nein, Obrist", sagte ich. „Sind wir nicht manchen Abend in dem Walde gegangen, und habe ich nicht gezeigt, daß mir Eure Worte lieb und angenehm waren?"

„Ja, das ist wahr, das habt Ihr getan, darum mag ich auch jetzt gern zu Euch reden. Ihr habt mich vor einer Weile den sanftesten Menschen geheißen, den Ihr auf Erden gekannt habt – ich muß Euch bekennen, daß es mir wohltat, daß Ihr das gesagt habt. Ihr seid der zweite Mensch auf dieser Erde, der es sagte; der erste hat vor vielen Jahren gelebt, und ich werde Euch später von ihm erzählen. Ihr werdet dann einsehen, daß mir diese gute Meinung von Euch beiden lieber ist als von allen andern Menschen auf der Welt. – Nun zur Sache. Habt Ihr nie von einem Grafen Uhldom gehört?"

„Meint Ihr den berüchtigten Casimir Uhldom?"

„Dieser berüchtigte Casimir Uhldom bin ich."

„Ihr?"

„Ja, ich. Spieler, Raufer, Verschwender – und jetzt das, was Ihr seit einigen Jahren kennt."

„Nein, das ist nicht möglich – als ich noch auf der Schule war, gingen zwar unbestimmte, aber unheimliche Gerüchte von dem Grafen."

„Sie sind vielleicht wahr; ich bin nicht gut gewesen. Manches war ich im besseren Sinne, als es die Leute wußten, das Schlimme kannten sie zu genau, manch Gutes wie ein Schlimmes, und das Beste gar nicht – – und das bin ich fast durch Kummer geworden. Hört mich ein wenig an: Als mein Vater starb, war ich sechzehn Jahre alt, mein Bruder zwanzig. Die ganze Zeit war er immer der bessere gewesen, ich der schlimmere. Als nun die Leute beisammen waren und das Testament geöffnet wurde, war er auch der Erbe, ich enterbt. Ich habe damals noch nicht gewußt, ob er gefehlt habe oder nicht, aber ich hieß ihn einen ‚Schurken' und nahm mir vor, in die weite Welt zu gehen. Es erschien mir dazumal ein leichtes, Befehlshaber zu werden und ein großer Feldhauptmann wie der Wallenstein und die andern im Dreißigjährigen Kriege. Ich ging mit dem wenigen Gelde, das von Rechts wegen mein gehörte, vom Hause fort und bot dem Brandenburger meine Dienste an, ich bot sie dem Kurfürsten von Bayern an und dem Pfalzgrafen, aber es war überall nichts; sie wollten mich entweder in das Volk stecken oder in eine Soldatenschule tun, und beides litt ich nicht. Daher ging ich weiter – und eines Tages, als jede Welle des schönen Rheines im Sonnenscheine blitzte und glänzte, kam ich nach Frankreich hinüber. Ich gedachte, dem König Ludwig meinen hoffnungsreichen Degen zu Füßen zu legen. Viele Tage wanderte ich durch das fremde Land und durch die fremde Sprache, bis ich eines Abends, da eben ein stiller Regen von dem grauen Himmel fiel, in die finstere Stadt Paris einzog. Ich glaubte damals noch gar nicht, daß es mir fehlschlagen könnte. Ich verstand die Sprache wenig, kannte keinen Menschen in der Stadt, aber dennoch drang ich vor und wurde zu dem Könige geführt. Er fragte mich, was ich zuerst lernen würde, und ich antwortete: ‚Die Sprache'. Er lächelte und sagte, daß er meiner gedenken wolle. Ich fing nun an, die Sprache zu lernen und auf die Antwort des Königs zu warten. Als mir das Geld ausging und ich nur mehr ein einziges Goldstück hatte, dachte ich mir, daß ich nun in ein Spielhaus gehen müsse, um eines zu gewinnen. Ich wußte ein solches Haus; es stand in einer langen, des Abends immer sehr schön erleuchteten Gasse, und ich hatte es bisher nur von außen gekannt. Als es wieder Abend war, ging ich in die Gasse und schaute es wieder von außen an. Da fuhr ein Wagen quer an mir vorüber in das Haus hinein und bespritzte mich mit dem Kote der Straße. Unter dem Torwege hielt er an, der Schlag wurde aufgerissen, ein schöngekleideter Mann stieg aus, ging die Treppe hinauf, und ein Diener trug ihm ein Kästchen nach. Ich ging nun auch durch die Pforte des Hauses, ging über die Treppe hinauf, wo Bildsäulen standen, kam in den Saal, wo Menschen liefen, und schaute eine Weile zu. Dann ging ich hinzu, legte mein Goldstück auf eine Karte, wie ich die andern hatte tun gesehen, und nach einer Weile schoben sie mir mehrere Goldmünzen hin. Ich war nicht stark überrascht und setzte wieder. Das Spiel kannte ich nicht; es wurden nur immer Karten herabgelegt, immer die nämlichen zwei ruhigen Worte gesagt wie der Perpendikel einer Turmuhr, und die Leute schoben sich Goldstücke hin und her. Als endlich der Mann am oberen Ende des Tisches sein Kästchen zuschloß, hatte ich mehrere Hände voll Goldstücke in der Tasche. Es war indessen nach Mitternacht geworden, ich ging nach Hause und schüttete das Geld in mein Barett, das ich auf einen Stuhl geworfen hatte. Am andern Tage lechzte ich danach, daß es Abend würde. Als man die Kerzen anzündete, ging ich schon in dem Saale auf und nieder, und es trat ein fremder Herr zu mir und sagte, daß er auf mich wetten werde. Ich verstand dies damals nicht und ließ alles geschehen. Wieder gewann ich an dem Tage wie vorher und am andern Tage wieder. Ich lernte bald das Spiel verstehen und versuchte nach und nach, es zu leiten und zu beherrschen. Mehrere Männer schlossen sich an mich an und suchten das Glück in ihren Kreis zu bannen. Ich gewann, verlor unbedeutend, und mein Wohlstand begann sich zu heben. Ich ging nun in schönen Kleidern und Federhut durch die Straßen, das schönste Pferd in Paris war mein, und drei fast gleich schöne standen noch in dem Stalle. Der Mantel war wie der eines Herzogs, und der kleine Degen hatte Diamanten im Knopfe. Damals hätte ich auch falschgespielt, wenn ich verstanden hätte, es zu machen. Meine Freunde und Spielgesellen führten mich zu den Leuten, die in den großen Palästen wohnten, welche ich sonst nur von außen hatte ansehen dürfen; man sagte mir schöne Dinge, die Mädchen wollten mir wohl, ich liebte die Pracht und lernte die dortige Art und Sitte. Wenn Männer beisammen waren, suchte ich Händel zu erregen und ermutigte mich dann im Zweikampfe, denn außer bei den Karten brachte ich die meisten Stunden auf dem Fechtboden zu. – So war es mit meinem Spiele. – – Da sagte einmal ein langer, blasser Mann, den ich immer gescheut und, daß ich aufrichtig bekenne, den ich gefürchtet hatte, daß ich doch nur ein Lump sei, der vom Pariser Strolchengolde lebe. Er hatte die Worte zu mir selber gesagt; ich antwortete ihm nichts darauf, aber ging nach zwei Tagen zu dem Herrn Armand Pelton, dem derzeitigen Vorsteher des Armenwesens, und übergab ihm an Gold und Schmuck und Kleidern wie auch an Pferden und Reitgeräten alles, was ich hatte. Nur hundert Ludwigstücke hielt ich zurück und einen grauen, schlechten Klepper, den ich mir am Tage vorher gekauft hatte. Seht, Doktor, ich habe noch die Scheine von jener Begebenheit und werde Euch dieselben zeigen."

Als der Obrist diese Worte gesagt hatte, stand er auf und suchte in den Laden seines Schreines. Er sammelte auf demselben mehrere Schriften, trat wieder zu mir und breitete sie auf dem Tische aus. Es waren richtig lauter Empfangsbriefe über verschiedene Summen und Stücke, welche der Graf Casimir Uhldom Spieles wegen der Armensache übergeben hatte und welche durch die Namen der Väter bestätigt wurden, in deren Hände das Gut niedergelegt worden war. Als er mir mit dem Finger auf alles gewiesen hatte und der Punkt abgetan war, schob er die Papiere auf dem Tische zurück und sperrte sie nicht wieder ein.

Dann fuhr er fort: „Ich lud am Nachmittage den langen, blassen Mann zum Zweikampfe und sagte ihm keine Ursache, aber da ich ihn durch die Schulter gestochen hatte, hielt ich ihm diese Schriften vor die brechenden Augen und schrie ihm zu, wer ich sei. Ich hielt ihn damals für sterbend und war damit zufrieden. Aber er starb nicht, ich lernte ihn viele Jahre danach von neuem kennen, achtete ihn damals sehr hoch, und ich glaube, er mich auch. Als ich von dem Kampfplatze fortging, spießte ich eine andere Schrift, die mir von dem Könige war zugeschickt worden und mir einen schlechten Platz in dem Heere anwies, auf meinen Degen und warf sie weg. Ich haßte nun den König und begriff, daß ich unter die deutsche Reichsarmee gehöre. Als am andern Morgen die Sonne aufging, war ich schon weit von Paris; sie schien mir in das Angesicht, und ich ritt auf dem grauen Klepper Deutschland zu. Ich hatte ein schlechtes Lederkoller an und die hundert Ludwigstücke darin. Am siebenten Tage ging ich wieder über den Rhein. Damals sagten sie, daß ich ein arger Verschwender gewesen sein müsse, der vom Reichtume auf solch schlechtes Zeug gekommen; ich aber lachte, schaute in die dunkelgrünen Wogen des Rheines und glaubte auch da noch nicht, daß es mir fehlschlagen könne. Ich erkannte, daß ich auf einem Irrwege gewesen sei und daß ich nun einen andern betreten müsse. Daher beschloß ich, wie der Herzog von Friedland ein Kriegsheer aufzurufen und mit demselben die Länder wiederzuerobern, die uns der König früher entrissen hatte. Ich gedachte hierbei des Zufalls, daß, wenn ich als

Feldherr in Paris einzöge, etwa bei demselben Fenster ein Mägdlein herabschaue, bei dem ich sonst mit ihr gestanden und so vergnügt gewesen war, wenn sie mich ihren ‚lieben kleinen Grafen' genannt hatte. Ich schämte mich recht jener kindischen Zeit und ihrer Bestrebungen. – Als aber nach zwei Jahren die neuen Entwürfe auch noch nicht in Erfüllung gegangen waren, fing ich an, in unserem Heere von unten auf zu dienen. Jetzt rückte die Zeit langsamer, und die Mühe belohnte sich nur um Haarbreite nach Haarbreite; aber aus Ehrsucht, weil mir schon nichts anderes gelassen war, tat ich auch das jetzige gut, daß ich den andern zuvorkomme und die übermeistere, die neben mir waren. – So wurde ich nach und nach sechsundzwanzig Jahre alt und bekannter unter den Vorstehern des Heeres. Da geschah es, daß ein Oheim starb, der letzte unserer Verwandten, und mir ein beträchtliches Vermögen hinterließ. Zu gleicher Zeit verliebte ich mich auch. Ach Gott, lieber Doktor, es sind jetzt viele, viele Jahre vergangen – und verzeiht mir die Worte, die ich sagen werde – ich war gerade so schwärmend wie Ihr, ich war ausschweifend in Haß und Freundesliebe, ich war ebenso strebend und vom Grunde aus gutherzig wie Ihr. Seht nur, oft habe ich gemeint, ich müsse alle Sterne an mich herunterziehen und alle Weltteile auf dem Finger tragen. Daher tat ich mein Herz weit auf, ließ das Gefühl eingehen und hatte meine Ergötzung daran. Ehe ich aber zur Besinnung gelangte, war ich betrogen. Ein Freund und Vertrauter, den ich auf Freiwerbung sandte, führte sie selber zum Altare. Ich wollte ihm auf das Gut, wohin er sie geführt hatte, nachreisen, um ihn zu erstechen, aber ich tat es dann nicht und nahm mir vor, mich selber zu töten. In unserm Hause war ein langer, schmaler Gang, wie sie in Soldatenhäusern gewöhnlich sind, und zwischen den Fenstern waren starke Pfeiler. Als es Nacht geworden war und die Kameraden schliefen, nahm ich eine Büchse, die ich abends geladen hatte, ging auf den Gang und stellte mich in den Pfeilerschatten, weil doch zuweilen Mannschaft vorbeiging, daß sie mich nicht sehen könnten. Als sich nach einer Weile nichts mehr rührte, stellte ich die Mündung nach meiner Kehle und griff mit der Zehe um das Zünglein. Aber ich mußte es übel gemacht haben, denn es knackte etwas, und das Eisen schürfte an meinem Hemdknopfe; da sprang plötzlich ein gemeiner Mann unserer Rotte, der mich ausgekundschaftet hatte und aus Furcht im Mauerschatten näher gekrochen war, empor, stieß mir das Rohr von der Kehle und flüsterte: ‚Herr Graf, ich schweige, aber das müßt Ihr nicht mehr tun.' Ich wollte vor dem Manne auf die Knie niederfallen, so erschrocken war ich und so verworren. Ich sagte, daß ich ihn recht liebhabe und daß ich ihm eine Menge Geld geben wolle. Er nahm am andern Tage das Geld und hat niemals einem Menschen etwas gesagt. – Ich ließ nun diese Gedanken fahren und verschlug aufs Gegenteil, das heißt, ich fragte nach nichts mehr und ließ kein Übel auf mich eine Wirkung tun. Auch setzte ich mir vor, die gemachte Erbschaft zu verschleudern. Wir saßen nun manche Nacht beisammen, viele Freunde und lustige Gesellen – es strahlten die Kerzen, es klangen die Gespräche, und es verrauschte das Gut. Nach sechs Jahren war ich wieder so arm wie vor dem Tode meines Oheims. – – Damals fing endlich der Krieg an, und was bisher in einem Hause, in einer Stadt beisammen gewesen war, kam auseinander und wurde oft länderweit getrennt. Ich war in den Jahren über dreißig, und die Sachen begannen eine Wendung zu nehmen. Das Feldleben war manchmal recht ernsthaft, und ich war manche Nacht, wenn die öde Luft durch den Himmel strich, traurig über die Welt und traurig über alle Dinge. Es sollte noch erst alles kommen, was mein Leben mir versprochen hatte, und es war doch schon der größte Teil desselben dahin. Zuweilen fiel mir meine Mutter ein, die längstens gestorben war, und ihre schönen, blauen Augen – zuweilen der Bach auf unserer Wiese, an dem die schönen Weiden gestanden waren. – – So zog die Zeit dahin; wir machten keine großen Eroberungen, und der Feind, der jenseits stand, machte auch keine. – In Westfalen war es endlich, wo ich dazumal ein Mittel für mein Heil gebrauchen lernte, das ich zuerst aus Scherz angefangen und dann aus Ernst bis auf den heutigen Tag nicht mehr aufgegeben habe. Ich würde Euch gerne raten, Doktor, daß Ihr es auch anwendet, denn ich glaube, daß ich schier alles, was ich geworden, durch dieses Mittel geworden bin. Es besteht darin, daß einer sein gegenwärtiges Leben, das ist, alle Gedanken und Begebnisse, wie sie eben kommen, aufschreibt, dann aber einen Umschlag darum siegelt und das Gelöbnis macht, die Schrift erst in drei bis vier Jahren aufzubrechen und zu lesen. Ein alter Kriegsmann riet es in meiner Gegenwart lachend einer Jungfrau an, die gerade in Liebeskummer befangen war, und sagte, daß es in diesen Fällen eine gute Wirkung tue. Ich lachte mit und dachte gleich in meinem Innern, daß ich das Ding auch versuchen würde – und wie oft habe ich seitdem den toten Mann gesegnet, daß er es sagte, und den Zufall, der es ihn im rechten Augenblicke sagen ließ. Ich ging sehr eifrig darüber und habe gleich alle freie Zeit, die uns gegeben war, verwendet, um aufzuschreiben, was ich nur immer dachte und was ich für die Zukunft beschlossen hatte. Ich machte die Dinge sehr schön, faltete alle Papiere gleich groß und schrieb von außen den Tag ihrer Verfertigung darauf. In den Feldlagern, wo sie mir oft recht unbequem waren, schleppte ich die versiegelten Päcke mit herum. – Als ich den ersten öffnete – es geschah nicht nach drei, sondern erst nach fünf Jahren, weil ich eine Weile von meinen Sachen getrennt gewesen war; ich lag eben verwundet darnieder, von allem Nötigen entblößt, keinen Freund und Teilnehmer an der Seite, nach Mitternacht hatte ich mir den Pack hingeben lassen – und als ich ihn nun öffnete und las, so lachte und weinte ich fast in einem Atem durcheinander; denn alles war anders geworden, als ich einst gedacht hatte: vieles besser, manches schlechter – aber jedes irdischer und wahrer, als es sich einmal vorgespiegelt hatte; meine Ansichten waren gewachsen und gereift, und ich hatte die heftigste Begierde, sie gleich wieder in einem Packe niederzuschreiben. Ich ließ mir Papier und Schwarzstift aus dem Ledersacke suchen, der unter dem Bette lag, und schrieb auf dem Kopfkissen neben meinem Angesichte die ganze Nacht. Ach, ich wußte damals noch nicht, weil es das erste Päckchen war, das ich geöffnet hatte, daß es mir bei jedem so ergehen würde, auch bei dem, das ich jetzt so eilig und inbrünstig niederschrieb. – – Es ist merkwürdig, Doktor, daß ich so alt geworden bin und daß ich mir erst durch diese angeratene Beschäftigung eine Denkweise, eine Rede- und Handelsweise zugebildet habe, denn aus Schriften und Büchern zu lernen, ist mir erst im späten Alter zuteil geworden; damals hatte ich kaum Zeit, das Notdürftigste niederzuschreiben – oft schrieb ich auf meinen Knien, oft auf einer Trommel oder auf einem Baumstamme. Ich habe nachher schwere Schlachten gesehen, ich habe das menschliche Blut wie Wasser vergeuden sehen, ich zeichnete mich aus, wie sie sagten, das heißt: ich half mit in diesen Dingen; aber ein Päckchen erzählte mir später meine damaligen Gefühle, die um viel besser waren als die Auszeichnung und die ich hatte zurückdrängen müssen, um meine Pflicht zu tun. Ich lernte nach und nach das Gute von dem Gepriesenen unterscheiden und das Heißerstrebte von dem Gewordenen. Manches Päckchen segnete, manches verurteilte mich, und so wurde ich widerstreitenderweise mitten im Kriege und Blutvergießen ein sanfterer Mensch. Ich weiß es nicht, wäre ich es auch ohnedem geworden, weil die Jahre wuchsen, oder ist es mir erst durch die Schriften eindringlicher ins Herz gekommen. Ich fing mit der Zeit auch an, im Leben auszuüben, was ich im Geiste denken gelernt hatte. Seht, Doktor, diese Kette, die ich heute umgetan habe, weil ich die Unterredung mit Euch für einen Festtag halte, ist selber ein Zeuge davon. Ich habe einmal mit Aussetzung meines Lebens dasjenige von tausend Feinden gerettet, die man im Begriffe war zusammenzuhauen. Ich habe die Rettung begonnen, weil ich nicht leiden konnte, daß so viele Menschen, die an nichts schuld sind, wie blöde Tiere getötet würden, die uns zwar auch nicht beleidigen, deren Leben wir aber zu unserer Nahrung bedürfen. Zwischen den Kugeln beider Teile habe ich die Unterwerfung verhandelt und den Ergebungsbrief, gegen die gezückten Säbel unserer Rotten reitend, zu unserm

Führer gebracht. Sie wurden dann bloß gefangen, und ihr König wechselte sie später aus. Wenige Jahre vorher hätte ich noch selber den Befehl gegeben, lustig einzuhauen, und hätte es für eine Heldentat gehalten. Die tausend Männer sandten mir nach vielen Jahren den erlesenen Waffenschmuck, den Ihr oben in meinem Eichenschreine gesehen habt, ihr König tat selber den Degenknopf dazu, der so schön in Silber gefaßt ist, und der Kaiser, da ihm die Nachricht von der Begebenheit zu Ohren gebracht worden war, verlieh mir die Kette, die ich hier umhabe."

Nach diesen Worten hielt der Obrist eine Weile inne. Er stand auf und ging in den Raum des Zimmers vor. Die Schriften, die noch immer auf dem Tische gelegen waren, nahm er weg und sperrte sie wieder ein. Zuletzt ließ er noch die grünen Fenstervorhänge herab, die er früher aufgezogen hatte. Ich glaubte, daß er es darum tue, weil doch die Sonne zu uns herüberzurücken schien. Dann setzte er sich wieder zu mir und sagte: „Ich will Euch nun auch das Ende von meinem Lebenslaufe erzählen. Die Jahre sind wieder vergangen, aber immer eines schneller als das andere, und ich bin nach und nach Obrist geworden. Da ich wieder verwundet wurde, erhielt ich ein Ruhegehalt und durfte hingehen, wo ich wollte. Ich habe einmal auf meinen Kriegszügen ein schönes Tal gesehen, das zwischen hohen Bergen lag; in dieses schaffte ich meinen Körper und meine Habe, um an dem Orte zu verbleiben. Ich fing dort an, die Bücher zu sammeln, die jetzt da sind, und die Gemälde, deren Art ich in den Niederlanden kennen- und liebgewinnen gelernt hatte. Manches ist teuer gekommen, Ihr würdet es kaum denken, und es reute mich schon oft, daß ich auf meine Freude so viel verwende, das nach meinem Tode andern zugute kommen sollte; aber sei es nun, wie es sei. – In dem Tale bekamen meine Päckchen immer mehr Gleichmäßigkeit, bis im Alter eines wie das andere wurde. Ich richtete mich häuslich ein und legte rückwärts hinaus den Garten an, in welchem mir meine Pflanzen wuchsen, die ich liebe, weil sie unschuldig den Willen Gottes tun."

Hier setzte der Obrist wieder aus, dann fuhr er fort: „Ich habe früher von einem Menschen geredet, der der erste war, der gesagt hat, daß ich ein gutes Herz habe, wie Ihr heute der zweite, und ich habe versprochen, daß ich Euch von ihm erzählen werde, damit Ihr seht, wie sehr es mich von beiden freute. Der Mensch hat mit mir in dem Tale gelebt, es war ein Weib – mein eigenes Weib ist es gewesen –, und von ihm möchte ich Euch noch etwas sagen, wenn Ihr nämlich nicht müde werdet, mich anzuhören. Ich weiß es nicht, war sie besser oder schlechter als tausend andere ihres Geschlechtes – ich habe die andern zu wenig gekannt –, aber einen Vorzug hatte sie vor allen, die da leben, und dieser war, daß ich sie sehr geliebt habe. Oft war es mir, als

sei ihr Leib meiner, als sei ihr Herz und ihr Blut das meinige und als sei
sie mir statt aller Wesen in der Welt. Ich hatte sie am Rheine kennengelernt, wo sie von Verwandten hart gehalten wurde. Da ich eingerichtet war, holte ich sie herüber. Sie hatte mich nicht geliebt, aber sie
war mitgegangen. Da sie am Vermählungstage unter ihren Angehörigen als verzagende Braut stand, sah sie nach meinen Augen, als wenn
sie darin Treuherzigkeit suchte. Ich habe sie in mein Haus geführt
und habe sie auf der Schwelle desselben geküßt, was sie nicht erwiderte. Da ich sie in der Stube auf meinem Stuhle sitzen sah, noch den
Hut auf dem Haupte und die Oberkleider an, nahm ich mir vor, daß
ich sie ehren und schonen werde, wie es mein Herz vermag. Ich rührte nun ihre Hand nicht an, ich ließ sie in dem Hause gehen und lebte
wie ein Bruder neben ihr. Da sie allgemach sah, daß sie hier walten
dürfe, daß sie stellen dürfe, wie sie wolle, und daß niemand etwas
dagegen sage, da sie, wenn ich von der Jagd nach Hause kam – denn
ich ging damals noch zuweilen – fragte, wie dieses und jenes stehe
und wie sie es machen solle, sah ich, daß die Pflanze des Vertrauens
wuchs – und daneben auch noch eine andere, denn ihre Augen glänzten voll Zufriedenheit; und so ging ihr die Seele verloren, bis sie sonst
nirgends war als in mir. Es ist nur ein verachtet Weib gewesen, das die
Worte gesagt hat: ‚Wie dank' ich Gott, daß du so gut, so gar so gut
bist', und kein Lob meiner Obern, keine Freude des Sieges ist früher
so in mein Herz gegangen als die Worte des verachteten Weibes. Und
als nach diesem schon viele Jahre vergangen waren, als ihr schon Mut
und Vertrauen gewachsen war, als sie in meiner sichern Gattenliebe
und Ehrbezeugung ruhen konnte, war sie noch demütig wie eine Braut
und aufmerksam wie eine Magd – es war eben ihr Wesen so – und
deshalb mußte geschehen, was geschah. – – Es ragten in der Gegend
viele Schneeberge und blaue Spitzen, hinter unserem Hause rauschten Bergwässer und standen Wälder, in denen oft monatelang niemand
ging. Alles dieses zu durchforschen, lockte mich die Lust, und einmal
tat ich die Bitte, sie möge mich doch zuweilen begleiten, wann ich
etwa seltene Alpenblumen suchen ginge oder einen Baum, ein Wasser,
einen Felsen zeichnete, wie ich es damals zu lernen anfing und häufig ausübte. Nach ihrer Art sagte sie es bereitwillig zu – und nun ging
sie oft zwischen turmhohen Tannen, an brausenden Bächen oder
über harte Felsen mit mir, und sie war noch schöner und blühender
neben den Bergen, als sie es zu Hause war. Wenn ich dann zeichnete, saß sie hinter mir, schlug Nüsse auf oder ordnete die gesammelten
Waldblumen zu einem Strauße oder plauderte mit ihrem Hündchen,
das ebenfalls unser steter Begleiter war und von ihr an schwierigen
Stellen sogar getragen wurde, oder sie legte aus meinem Wandersacke
unser Nachmittagsbrot zurecht; oft saß sie neben mir und fragte, wie

dieser und jener Stein heiße und warum diese und jene Blume nur immer im Schatten wachse. So wurde in den Wochen, was anfangs nur Gefälligkeit gegen mich war, ihre Lust und ihre Freude – sie wurde sogar stärker; denn wie die Sonne des Waldes die Blumen, Beeren und die Früchte reift, tat sie es auch mit ihr, daß ihr die Lippen und Wangen glühten wie an einem Kinde und daß sie mir mit den schweren Alpenschuhen, die ich ihr hatte machen lassen, auf hohe Berge folgen konnte, bis an den Rand des Eises gelangte und mit Entzücken in die Länder hinaussah, wo die Menschen ihre Werke treiben, davon kein Merkmal zu uns heraufkam. Ich hatte meine hohe Freude daran – und sie hatte ihre Freude daran. Es mußte wohl so sein, damit sich alles erfüllte. – – Kennt Ihr das, was man in hohen Bergen eine Holzriese nennt? – Ihr werdet es kaum kennen, da man sie hier nicht braucht, weil nur breite, sanfte Waldbiegungen sind. Es ist eine aus Bäumen gezimmerte Rinne, in der man das geschlagene Holz oft mit Wasser, oft trocken fortleitet. Zuweilen gehen sie, an der Erde befestigt, über die Berge ab, zuweilen sind sie wie Brücken über Täler und Spalten gespannt, und man kann sie nach Gefallen mit dem rieselnden Schneewasser anfüllen, daß die Blöcke weitergeschoben werden. – An einem sehr schönen Septembertage bat mich mein Weib, ich möchte sie doch auch wieder mit auf die Berge nehmen, denn sie hatte mir endlich ein Kind geboren, ein Töchterlein, und war drei Jahre bei demselben zu Hause geblieben. Ich gewährte ihr freudig den Wunsch, sie rüstete sich, und wir waren desselben Tages so hoch gewesen, daß sie mir einige Stämmchen Edelweiß pflücken und auf den Hut stecken konnte. Im Nachhausegehen verirrten wir uns ein wenig, denn die Ähnlichkeit der Wände und Spalten hatte uns getäuscht. Wir stiegen in dem Gerölle eines ganz fremden Sandstromes nieder, ob er uns etwa in das Tal abführe oder ob er jäh an einer Wand aufhöre und uns stehen lasse. Das letztere geschah auch, denn als wir um einen Felsen herumwendeten, sahen wir es plötzlich vor unsern Augen luftig blauen; der Weg riß ab, und gegenüber glänzte matt rötlich eine Kalkwand, auf welche die Strahlen der schon tiefstehenden Sonne gerichtet waren; aber auch eine solche Riese, wie ich früher sagte, ging von unserm Stande gegen die Wand hinüber. Ich erschrak ein wenig und sah mich nach meiner Begleiterin um; aber diese war sehr fröhlich über die gefundene Verbindung, und wir gingen daran, zu untersuchen, ob die Riese in einem guten Stande sei und zwei Menschen zu tragen vermöge. Daß sie erst kürzlich gebraucht wurde, zeigten da, wo sie an den Felsen angeschlachtet war, deutliche Spuren geschlagenen und abgeleiteten Holzes; denn ihre Höhlung war frisch wundgerieben, auch lagen noch die Blöcke und Stangen umher, womit man die Stämme zuzuwälzen gewohnt ist, und die Fußtritte, die uns eigentlich in dem Bette des Gerölles niedergelockt hatten, schienen von derselben Handlung herzurühren. In dem Augenblicke des Überlegens hörten wir es aus einem Seitengraben, dessen Dasein wir früher gar nicht bemerkt hatten, knistern und brechen, als ob es Tritte wären – und wirklich kam nach einigen Sekunden ein Mann heraus, den der erste Anblick sogleich für einen Holzarbeiter erkennen ließ, wie sie im Gebirge ihr mühsames Werk treiben. Er trug einen ledernen Sack und eine eiserne Kochschüssel; in der Hand hatte er die abgetanen Steigeisen und den Gebirgsstock, der langschaftig ist und vorne eine eiserne Spitze und einen Widerhaken hat. Er erschrak, da er uns sah, weil er hier keine Menschen zu finden gehofft hatte. Ich aber sagte ihm, daß wir uns verirrt hätten und daß wir sehr gern wissen möchten, ob die Riese gangbar wäre und zweien Menschen als Steg dienen könnte. – ‚Freilich kann sie dienen‘, antwortete er. ‚Vor einem Augenblicke sind alle meine Kameraden hinübergegangen, fünf an der Zahl; ich mußte nur umkehren, weil ich die Schüssel am Feuerplatze vergessen hatte. Sie warten an der Wand auf mich. Ihr werdet es gleich hören.‘ – Nach diesen Worten tat er einen Ruf mit der Stimme des Gebirgsjauchzens, daß es in allen Spalten klang; von drüben antworteten sie, daß es ebenfalls klang. Es war fast schön, da auch der Abend rings um uns herum war. Ich schlug nun vor, daß wir jetzt alle drei miteinander über die Riese gehen könnten. Er willigte ein und sagte, daß wir die Frau in die Mitte nehmen sollten. Er richtete den Alpenstock so, daß ich ihn vorne und er hinten nahm, damit sich die Frau daran wie an einem Geländer halte. Das Hündchen hatte sie sich nicht nehmen lassen, selber zu tragen. So gingen wir auf die Brücke, die in der Abenddämmerung wie eine gezogene Linie war. Ich hörte, da wir auf dem Holze gingen, nur seine Tritte mit den schwerbeschlagenen Schuhen, die ihrigen aber nicht. Als wir noch ein kleines von dem Ende der Riese waren, sagte der Holzknecht leise: ‚Sitzt nieder‘. Auch empfand ich, daß der Stock in meiner Hand leichter werde, ich schaute plötzlich um – und denkt Euch: Ich sah nur ihn allein. Es kam mir ein schrecklicher Gedanke, aber ich wußte nichts weiter, meine Füße hörten in dem Augenblicke auf, den Boden zu empfinden, die Tannen wogten wie Kerzen an einem Hängeleuchter auf und nieder – dann wußte ich nichts mehr.“

Hier hörte der Obrist zu reden auf und schwieg eine Weile. Ich dachte anfangs, daß er sich nur sammeln wolle, aber als ich genauer hinschaute, sah ich in der Dämmerung, daß ihm schnelle Tränen, eine nach der andern, über den weißen Bart herabträufelten und daß er sich sehr stille hielt, damit ich es nicht bemerke. Ich konnte vor gebrochenem Herzen auch nichts reden und begriff nun, warum er die Fenstervorhänge herabgelassen hatte. Ich wollte die Schamhaftigkeit des alten Mannes nicht stören und sah nicht hin. Nach einer Zeit wischte er mit seinem Ärmel über Bart und Antlitz und setzte dann gefaßt seine Rede fort: „Sie lag unten zerschmettert. Still sich opfernd, wie es ihre Gewohnheit war, ohne einen Laut, um mich nicht in Gefahr zu bringen, war sie hinabgestürzt. Nicht einmal der Holzknecht hatte ihren Zustand erraten, bis sie das Geländer ausließ, das wir ihr gemacht hatten, und mit der Hand in der Luft zu greifen anfing. Da rief er ihr zu, sie solle sich setzen – aber es war zu spät. Wie ein weißes Tuch, sagte er, war es an seinen Augen vorübergegangen, und dann habe er nur mich allein gesehen. Ich wankte auch vor seinen Blicken und wäre gleicherweise hinabgefallen, wenn er mir nicht einen Stoß gegeben hätte, durch den ich die noch wenigen Schritte vorwärtstaumelte, die von der Riese übrig waren, und an ihrem Ende unter dem vielen Holze niederstürzte, das dort lag und das man an dem Tage herübergeleitet hatte. – Als ich aus meiner Ohnmacht wieder erwachte, verlangte ich heftig, in den Abgrund niederzusteigen, denn ich konnte sie mir nicht tot denken, und dachte: Wer weiß – etwa ist ihr das Bewußtsein wiedergekommen, sie liegt unten und beginnt jetzt erst zu sterben. Allein es war indessen schon ganz Nacht geworden, ich fand mich an einem großen Feuer liegen, und einige Holzknechte standen und saßen umher. Andere waren auch fortgegangen. Durch mein Flehen und meine Versprechungen, noch mehr aber, weil ich allein in der Finsternis hinabzuklettern anhob, ließen sie sich bewegen, einen Versuch zu machen, ob man über die Wand hinabgelangen könne. Es waren auch von anderen Orten Holzarbeiter herbeigekommen, weil die Stelle ein Zusammenkunftsplatz war, und sie saßen an dem Feuer, wärmten sich und hörten an, was geschehen war. Der eine erinnerte sich dieses, der andere eines anderen Weges, auf dem es möglich sein müsse – aber es war immer umsonst, und die ganze Nacht verging unter fruchtlosen Bemühungen. Endlich, da ich tausendmal zu dem Himmel geschaut hatte, erblaßten die fürchterlichen Sterne, und das schwache Grau des Morgens war in der Luft. Nun, da wir besser sahen, gelang es wirklich, mit Hilfe von Stricken und Stangen bis auf den Grund hinabzukommen. Allein wir fanden die Gegend nicht, und erst als die Sonne schon fast hoch in das Tal hereinschien, entdeckten wir sie. Es lag ein Häufchen weißer Kleider neben einem Wacholderstrauche, und darunter die zerschmetterten Glieder. – Es war nicht möglich: Von dieser Höhe kann kein Mensch herunterfallen und nur einen Hauch des Lebens behalten. Kaum so dünne wie ein Strohhalm anzusehen, schwebte die Riese weit über uns. – Wir gingen näher, und denkt Euch – auf den Kleidern saß das Hündlein und war lebend und fast unversehrt. Das Weib hatte es vielleicht während des Falles emporgehalten und so gerettet. Aber es mußte über die Nacht wahnsinnig geworden sein, denn es schaute mit angstvollen Augen umher und biß gegen mich, da ich zu den Kleidern wollte. Weil ich schnell mein Weib haben mußte, gab ich zu, obwohl ich mir das Tierchen hatte aufsparen wollen, daß es einer der Knechte mit der Büchse, die sie zuweilen tragen, erschieße. Er hielt schräg hin, damit er die Leiche nicht treffe – und das Hündchen fiel herab, kaum daß es noch ein Füßlein rührte. – Ich beugte mich nun nieder und riß das weiße Mieder auf, das sie anhatte, aber die Schulter war schon kalt, und die Brust war so kalt wie Eis. – – O Herr! Das könnt ihr nicht ermessen – nein, Ihr wisset es jetzt noch nicht, wie es ist, wenn der Leib, der so lange das Eigentum Eures guten Herzens gewesen ist, noch die Kleider anhat, die Ihr am Morgen selber darreichen halfet, und jetzt tot ist und nichts mehr kann als in Unschuld bitten, daß Ihr ihn begrabet."

Hier hielt der Obrist wieder inne, dann aber fuhr er fort: "So ist es auch geschehen. Wo der Bach seinen schmalen Ausgang hat, ließ ich sie aus dem Tale bringen und kam gegen Mittag in mein Haus. Der Ruf hatte das Unglück schon ausgebreitet. Mehrere Menschen standen auf meiner Gasse, und gute Freunde wollten mich in einen Wagen tun und fortführen, bis alles vorüber wäre. Ich aber meinte, daß dieses gegen die eheliche Treue sei, und blieb bei ihr. Bloß da die Frauen kamen, sie zu waschen und umzukleiden, ging ich an der Gesindestube vorbei zurück in das Stüblein gegen den Garten, wo mein Kind war. Ich nahm mein Mädchen bei der Hand, führte es durch den hintern Gang auf die Gasse, tat es in den Wagen, den die Freunde herbeigeschafft hatten, und ließ es zu einer entfernten Bekannten führen, damit das Kind nicht sähe, was hier geschieht, und sich einmal daran erinnere. Als sie mich riefen, ging ich wieder hinvor in das Zimmer, wo die Menschen waren, und setzte mich nieder. Sie lag in dem weißen Gewande, das sie sonst hatte, auf ihrem Bette, und der Schreiner legte seinen schwarzen Zollstab zusammen und ging hinaus. Gegen Abend kam der Sarg, der sonderbarerweise in dem rechten Maße schon fertig gewesen war, und man legte sie hinein, wo sie lang und schmal ruhen blieb. Als nach und nach die Neugierigen und die andern fortgegangen waren und ich fast allein blieb, ging ich hin, faltete ihr die Hände anders, als es die Frauen getan hatten, und gab ihr ein Kreuz. Ich legte auch noch von ihren Blumen, die noch dastanden, etwas um das reine, unbewegliche Haupt. Dann setzte ich mich nieder und blieb sitzen, wie Stund' an Stund' verging. Damals dachte ich oft an das Volk der Ägypter, daß sie ihre Toten einbalsamierten und warum sie es getan. Ich habe in ihrem Zimmer keine Wachslichter anzünden und keine schwarzen Tücher spannen lassen, sondern ich hatte die Fenster geöffnet, daß die freie Luft hereinsah.

An dem ersten Abende waren an dem Himmel draußen viele rote Lämmerwolken gewesen, daß im Zimmer lauter rote, sanfte Rosen schienen; und nachts, wenn die Lampe brannte, waren weiße auf ihren Geräten und auf ihren Kleidern – – und wenn sie in dem Nebenzimmer draußen stille waren und beteten, weil sie die Leiche fürchteten, rückte ich ihr das Hauptkissen, weil das Angesicht schief zu sinken begann. – Am zweiten Morgen wurde sie begraben. Es kamen die Träger, und ich ging mit ihnen. Auf dem Kirchhofe standen viele Leute, und der Pfarrer hielt eine Rede. Dann taten sie sie in die Erde und warfen die Schollen auf sie. Als alles vorüber war und drüben jenseits der Häuser die alten Wälder standen und eine fremde, leere Luft über sie floß, versuchte ich, nach Hause zu gehen. Auf den Feldern gegen die Haselbestände hinauf ackerten sie und säeten das Wintergetreide in die Erde. Ich ging durch den Garten, wo die Herbstblätter abfielen, in das sehr stille Haus. In der Stube standen noch die Sessel in derselben Ordnung, wie sie den Sarg getragen hatten, aber sie war nicht darauf. Ich setzte mich in einer Ecke nieder und blieb sitzen. An dem Fenster stand noch ihr Arbeitstischchen, und die Laden unserer Kästen machte ich nicht auf. Wieviele Afterdinge, dachte ich, wird die Welt nun noch auf meine Augen laden, nur sie allein, sie allein nicht mehr. – Und wie es lange, lange so stille war und die Dienstboten aus Ehrfurcht draußen nur flüsterten, tat sich ungeschickt die Tür auf, und mein Töchterlein ging herein, das schon vor einer Stunde zurückgekommen war und sich nicht aus ihrem Stüblein getraut hatte. Auf ihrem Munde war die Knospe der Rose, die sie eben begraben hatten, und in dem Haupte trug sie die Augen der Mutter. Und wie sie schüchtern vorwärtsging und mich so sitzen sah, fragte sie: ‚Wo ist Mutter?‘ Ich sagte, die Mutter sei heute früh zu ihrem Vater gegangen und werde recht lange, lange nicht zurückkommen. Da sie sich auf das Wort beherrschen wollte, wie sie gewöhnt worden war, und sich aber doch auf dem Gesichtchen die schwachen Linien des Weinens zusammenzogen, da riß ich sie an mich und weinte mich selber recht zu Tode. – Dann schien die Sonne wie alle Tage, es wuchs das Getreide, das sie im Herbste angebaut hatten, die Bäche rannen durch die Täler hinaus – – nur daß sie allein dahin war wie der Verlust einer goldenen Mücke. – Und wie ich in jener Zeit mit Gott haderte, hatte ich gar nichts, als daß ich mir fest dachte, ich wolle so gut werden wie sie und wolle tun, wie sie täte, wenn sie noch lebte. Seht, Doktor, ich habe mir damals eingebildet, Gott brauche einen Engel im Himmel und einen guten Menschen auf Erden, deshalb mußte sie sterben. – Ich ließ einen weißen Marmorstein auf ihr Grab setzten, auf dem ihr Name, der Tag ihrer Geburt und ihr Alter stand. Dann blieb ich noch eine lange Zeit in der Gegend, aber als

die Berge nicht zu mir reden wollten und die Pfade um die Wiesen-
anhöhen so leer waren, so nahm ich mein Kind und ging mit ihm
fort in die Welt. Ich ging an verschiedene Orte und suchte an jedem,
daß mein Töchterlein nach und nach lerne, was ihm guttun möchte. – Ich habe vergessen Euch zu sagen, daß mir mein Bruder schon
früher geschrieben hatte, daß ich zu ihm kommen möchte, weil er
so krank sei, daß er die Reise zu mir nicht machen könne, und er
habe dennoch sehr Notwendiges und Wichtiges mit mir zu reden.
Ich ging, da ich mein Haus hinter dem Rücken ließ, zu ihm – und
zum ersten Male seit dem Tode unsers Vaters sah ich wieder die Anhöhen um das Schloß und die Weiden an dem Bache. Er gestand
mir, daß er damals einen Betrug gestiftet habe und daß er jetzt recht
gern mit dem vergelten und gutmachen werde, was noch da sei. Ich
rächte mich nicht – er stand in dem Saale vor mir, ein dem Tode ver-
fallener Mann, ich machte ihm gar keine Vorwürfe, sondern nahm
von den Trümmern des Vermögens, dessen Bücher er mir aufschlug,
das wenigste, was meine Pflicht gegen mein Töchterlein noch zuließ,
damit ich es nicht seinem armen Sohne entzöge, den ihm sein Weib
geboren hatte, das noch bei ihm auf dem Schlosse war – und dann
fuhr ich in einem Bauernfuhrwerke mit meiner Tochter wieder über
die Brücke des Schloßgrabens hinaus und hörte zum letzten Male
die Uhr auf dem Turme, die die vierte Nachmittagsstunde schlug. –
Es ist weiter in meinem Leben nichts mehr geschehen. – Ich bin endlich nach einer Zeit in dieses Tal gekommen, das mir sehr gefallen
hat, und ich blieb hier, weil so schöner, ursprünglicher Wald da ist,
in dem man viel schaffen und richten kann, und weil eine Natur, die
man zu Freundlicherem zügeln und zähmen kann, das Schönste ist,
das es auf Erden gibt.“

Der Obrist hörte mit diesen Worten zu reden auf und blieb eine
bedeutend lange Zeit neben mir sitzen und schwieg. Ich schwieg auch.

Endlich nahm er wieder das Wort und sagte: „Ich habe nichts als
Margarita, sie gleicht ihrer verstorbenen Mutter im Angesicht und in
der ganzen Art so sehr, wie man es kaum glauben sollte – – – Doktor,
tut mir nicht weh in meinem Kinde.“

„Nein, Obrist, das tue ich nicht – – ich reiche Euch die Hand,
daß ich es nicht tue.“

Bei diesen Worten reichte ich ihm meine Hand, er gab mir die seine
auch, und wir schüttelten sie uns gegenseitig zum Zeichen des Bundes.

Dann blieben wir noch eine Weile sitzen, ohne zu sprechen. Endlich stand er auf, ging ein wenig in dem Zimmer herum und trat sodann an das Fenster, dessen grünseidenen Vorhang er aufzog. Es war
keine Sonne mehr an den Gläsern, aber eine ganze Flut von Frühlings-
helle schlug durch sie in das Zimmer herein.

„Seht, wir werden heute ein Gewitter bekommen", sagte der Obrist, der an dem Fenster stehengeblieben war und hinausschaute. „Es geht ein dichter, dunstiger Himmel über den Kirmwald herüber, und am Rande des Reutbühls ziehen sich diese milchigen Streifen, was allemal ein Anzeichen von einem Gewitter ist."

Ich stand auch auf und trat zu ihm. Die friedliche, schöne, in sanfte Gewitterschwüle gehüllte Gegend schaute zu uns herein und grüßte huldvoll an das Herz.

Wir standen und genossen der freien Luft, die bei dem Fenster hereinströmte, das er nun auch geöffnet hatte.

Über eine Weile sagte er wieder: „Ich möchte Euch gern zu Margarita führen – Ihr müsset miteinander reden – redet gut miteinander, daß sich alles einfach löse. Ich habe gewußt, daß es so sein wird, wie es jetzt ist. Ihr habt beide gefehlt. Margarita tat auch nicht recht, aber sie konnte nach ihrer Art nicht anders, so wie Ihr nicht anders konntet. Geht hinüber zu ihr, sucht sie nicht zu bewegen, tröstet sie eher – aber sprecht nur miteinander, ich meine, daß es gut ist. Nicht wahr, Doktor, Ihr tut das?"

Wir blieben nach dieser Rede noch eine Zeitlang stehen, ich hatte keine rechte Antwort und schwieg daher verlegen, er drang auch nicht in mich.

„Nun? Soll ich Euch zu ihr führen?" fragte er endlich recht sanft.

„Ja", sagte ich.

Und nach diesen Worten nahm er mich unter den Arm und führte mich hinaus. Wir gingen über den Gang und dann über die feine, gelbe Rohrmatte ihrer Schwelle hinein. Sie war in dem ersten Zimmer nicht.

„Wartet hier ein wenig", sagte er. „Ich werde hineingehen und sie Euch senden. Vielleicht könnte sie nicht in der Lage sein, Euch zu empfangen. Wenn sie aber erscheint, werde ich selber nicht wieder herauskommen, sondern mit dem Schlüssel das Bücherzimmer öffnen und durch dasselbe in meine Wohnung zurückkehren."

Er ging durch die halbgeöffnete Tür in das anstoßende Zimmer und wahrscheinlich auch in das fernere.

Ich blieb heraußen stehen, und es war sehr stille. Endlich, da ich eine Weile gewartet hatte, bewegte sich schwach der halbe, etwas offenstehende Türflügel – und sie trat heraus.

Ihre Augen waren auf mich gewendet. – –

– Morgen Margarita. –

IV. MARGARITA

Ehe ich weitergehe und eintrage, was geschehen ist, will ich noch des Obristen gedenken und mir seine Seele vor die Augen halten – ich muß den Mann hoch ehren und will es in diesem Buche niederschreiben, wie er ist. Was der Obrist sagte und tat, habe ich bisher nicht nach meinem Gedächtnisse allein aufgeschrieben, sondern nach der Handschrift, die er mir gelassen und die er über diese Dinge aus seinen versiegelten Päcken genommen hat, wie ich ihn ja selber in diesem meinem Buche nachzuahmen versuche. Was ich weiter sage und eintrage, weiß ich ja schon längst, aber es ist mir nie so klar und deutlich vor die Augen gekommen als an diesen Tagen. Wie gut er ist, nicht nur gegen mich, sondern auch gegen alle andern, wie einfach und schön er ist, zeigt sich ja viel deutlicher in dem, was er tut, als es mit allen andern Worten je gesagt werden könnte.

Da hat er oberhalb des Eichenhages die Senkung gereutet, die er sich gekauft hatte und in der nur saures Moor, geflecktes Gras und die einzelne herbe, rote Moosbeere zwischen den dünnen Föhrenstämmen wuchs, die auch in der Nässe nicht fortkommen wollten, und hat dann Gräben schlagen lassen, hat unversumpfbares Erlenholz hineingeworfen und sie wieder überwölbt, hat Abzugskanäle und Auslaufgräben mauern lassen, hat das ganze mit Pflügen umgerissen, durch mehrere Jahre Sämereien hineingebaut und hat jetzt eine Wiese daraus gemacht, die rechts oben an der Ecke des Meierbacher Weizenstückes beginnt, hinter den Eichen hinübergeht, und wenn man von den Sillerhöhen herabkommt, weithin mit ihrem schönen, dunklen Grün leuchtet, wo ehedem nur kaum das Grau der kleinen Föhrenbäumchen zu schauen gewesen war und jetzt oft schon das gelblichrote Eichenlaub abfällt, wenn daneben noch die schöne, grüne Tafel schimmert. Weil aber die Wiese von dem Hause des Obristen aus nicht sichtbar ist und überhaupt eine sanft geschwungene Wiege bildet, in der man Menschen und Tiere nicht sehen kann, außer wenn man von den Höhen der Siller herabkommt, so haben sich die Buben, welche in unsern Gegenden gewohnt sind, auf Rainen, Gemeindeplätzen und Stoppeln einige oder die andern Stücke Rinder herum zu hüten, die Wiese ausersehen, um ihre Tiere besser und schneller zu nähren, als es sonst irgendwo der Fall gewesen wäre. Das fette Gras und die Geborgenheit mochte manchen verleitet haben, seine Pfleglinge hineinzulassen und dem frischen Weiden derselben zuzuschauen. Als man dem Obristen die Sache hinterbracht hatte, wurde er sehr zornig und sagte, er sehe nicht ein, warum er sich so geplagt habe, um aus dem schlechten Grunde ein schönes, gezähmtes, menschliches Erdenstück zu machen, wenn es jetzt so mißbraucht und heimlich herabgewürdigt werde. Er wolle bei Gelegenheit selber hinaufgehen und sich Recht verschaffen. – Demzufolge ging er eines frühen Morgens, als sich wieder Verdacht zeigte, es möchte an seiner Wiese Frevel begangen werden, durch die Eichen, die hinter seinem Hause einen so schönen Hag bildeten, hinauf, und da er aus den letzten Bäumen ins Freie herausgetreten war, sah er auf seiner Wiese vier schöne, dunkelrotbraune Rinder weiden und einen in Grau gekleideten Buben nicht weit davon stehen. Die Nässe tat den Füßen des Obristen von jeher nicht gut, aber dennoch ging er mit den Lederstiefeln sachte in den sehr starken Frühtau, der auf den Gräsern der Wiese lag, hinein, um den Buben zu haschen, der mit dem Rücken gegen ihn stand. Er setzte die Füße in dem hohen Grase, in welchem Wasser und Spinnenfäden hingen, vorwärts, bis er nur mehr einen Büchsenschuß weit von dem Buben entfernt war. Da fiel ihm ein, derselbe möchte zu sehr erschrecken und etwa krank werden, wenn er ihn plötzlich ergriffe. Darum machte er ein kleines Geräusch, daß er es höre und davonlaufen könne. Der Hirtenknabe hatte scharf gehört, er wendete sein Angesicht bei dem Geräusche, und da er den ehrwürdigen Obristen bis auf die Knie im Grase wandeln sah, warf er sich herum und ergriff die Flucht. Er rannte wie ein leichtfüßiges Reh durch die Wiese, schwang sich über den Graben, lief immerfort gegen die Siller hinüber, verschwand unter den Gesträuchen, die sich da gegen die Tiefe und die Felder hinabziehen, und der Obrist stand mit dem schönen Gewande im Grase. Er trieb nun die vier Rinder aus der Wiese hinaus, er trieb sie gegen das Gereute hinan, wo Weidegrund ist, und leitete sie zwischen den zerstreuten Haselbüschen, die dort stehen, auf die Weide, bis er überzeugt war, daß sie nun nicht mehr auf die Wiese zurückkehren und auch niemandem andern auf ein Grundstück gehen könnten. Dort verließ er sie und ging nach Hause. Weil er den Rückweg auf einem staubigen Wege machte und außer den Stiefeln auch manche Kleiderzipfel naß waren, kam er sehr beschmutzt nach Hause. Dem Knechte sagte er nichts über den Erfolg seines Feldzuges.

Die Sache breitete sich aber aus, und wenn jetzt ein Bube sich verleiten ließ, hinter dem Walde in die schöne Wiese mit einem Rinde hineinzukommen, so stand er immer so, daß er das Angesicht gegen den Eichenhag wendete, wo der Obrist herauszukommen drohte.

Wirklich kam der Obrist einmal eines sehr frühen Morgens aus den Eichen heraus, da eben ein Knabe zwei Kühe auf der Wiese hütete. Der Knabe sah den Obristen kommen, konnte die Kühe nicht schnell genug wegschaffen und ergriff, sie im Stiche lassend, die Flucht. Diesmal trieb der Obrist die Kühe nicht auf die Haselweide ins Gereut hinauf, sondern als Pfand in sein eigenes Haus, wo er sie in dem Stalle anhängen ließ. Gegen Mittag kam ein Weib, eine Witwe, aus dem Sillerwalde gebürtig, zu ihm in das Haghaus herauf und sagte, daß ihr die Kühe gehören, die er gepfändet habe, daß sie ihr einziges Gut seien, daß sie den Buben schon gestraft habe, weil er in fremdes Eigentum gegangen sei, daß er es nicht mehr tun werde und daß sie bitte, der Obrist möchte ihr die Kühe ausliefern lassen, weil sie und ihr Knabe davon leben. Der Obrist ließ ihr die Kühe, die gut gefüttert worden waren, herausgeben und gab ihr auch, wenn sie etwa als ein Weib mit dem Zuhausetreiben nicht zurechtkommen könnte, einen Knecht mit, der ihr helfen mußte. Weil aber später die Gerichte von dieser Sache Umgang nahmen und, obwohl der Obrist erklärte, daß er auf allen Schadenersatz verzichte und der Witwe alles schenke, doch von derselben mit Auslassung des Schadenersatzes den Wiesenfrevelbetrag, der von den Gesetzen auf solche Fälle gesetzt ist, unabwendbar verlangten, so blieb dem Obristen nichts übrig, als der Witwe die Summe zu schicken, daß sie dieselbe den Gerichten erlege.

Weil er auf diese Weise nicht immer in das Gras gehen, Rinder nach Hause treiben und den Leuten den Grundfrevelbetrag geben wollte und weil er auch dem Altknechte, der sagte, man solle nur die Sache ihm überlassen, sie doch nicht überließ, weil er sie nicht recht machen könnte, so fing er im Winter, ehe die Erde fror, einen Zaun um die Wiese zu ziehen an, fuhr im nächsten Frühjahre damit fort, bis, ehe die Blümchen weiß und gelb die ganze Wiese überzogen, dieselbe von allen Seiten mit einem starken, stattlichen, hohen Gehege umgeben war. Er hatte die Pfähle aus Eichen gemacht und unten anbrennen lassen, daß sie doch eine gute Zahl von Jahren hielten. Die Spelten zu den Mittelstücken waren Tanne, schlank gespalten und gut ineinandergeflochten – eine Art, wie man bei uns bis dahin die Zäune nicht gemacht hatte und wie sie ihm in andern Ländern, die er früher besucht hatte, vorgekommen waren. Zur Einfahrt der Wagen in die Wiese hatte er eine Holzgittertür machen lassen, die mit einem eisernen Schlosse verschlossen war. Schlüssel dazu wurden sieben verfertigt, die an einem schnell in die Augen fallenden Pfosten der Scheune hingen, damit niemand mit dem Aufsperren in Verlegenheit komme, wenn etwa einer, der schon einen Schlüssel in der Tasche habe, in den Feldern damit herumgehe. Wie er überhaupt gern baute, hatte er auch kurz darauf, als er den Zaun angefangen hatte, schon seine Freude daran, er nahm mehr Arbeitsleute, ging täglich mehrere Male hinaus, ordnete alles an, sah zu, daß es recht gemacht werde, und legte nicht selten Hand an, um den Leuten zu zeigen, was sie nicht wußten. Ich stand öfter bei ihm auf der Wiese, wenn ich ihn zu besuchen hinaufkam; die verschiedenen Feuer rauchten, an denen die Pfähle angebrannt wurden, und wir sprachen von mannigfaltigen Dingen. Als der Zaun fertig war, ging er freudig herum, rieb nach seiner Art die

Hände und sagte: „Jetzt wird keiner mehr hereintreiben. Ich hatte sehr Unrecht mit der Wiese. Da sieht man gleich, wenn man nicht das rechte Mittel wählt, da ist man genötigt, in die schiefen Folgen einzugehen, und wird in lächerliche Handlungen verwickelt. Nun ist alles gut."

Auch die Wiese liebte er jetzt mehr als früher, da er sich so lange mit ihr beschäftigt hatte, und sie sah in den folgenden Jahren noch schöner und noch grüner aus als in allen vorangegangenen.

Seine Leute sagten, er werde durch solche Dinge sein Ansehen einbüßen, wenn er so schwach sei, wenn er sich mißbrauchen lasse und wenn er nicht einmal ein Beispiel der Strenge aufstelle; aber er büßte es nicht ein und wurde vielmehr von jedermann in der Gegend verehrt und geliebt. Seine Hausgenossen selber, wenn er lächelnd einen Fehler verwies und mit Gründen in denselben einging, nahmen sich in acht, daß sie in Zukunft diesen Fehler nicht mehr machten. Freilich machten sie dafür einen andern. Er war aber auch zuweilen in Fällen, wo es sein mußte, unbeweglich und gab nicht nach, wenn man auch mehrere Jahre an ihm Versuche machte. So war es der Fall mit der Sillerbrücke. Kein Mensch kann eigentlich, wie es niemand so weiß wie ich, der ich zu meinen Kranken auf allen Wegen herum muß, an dem Sillerbruche, wo sie auch aus Nachlässigkeit den Waldsturz mit den so vielen Blöcken und Steinen in das Tal niedergehen ließen, über den reißenden Bach gelangen, der von dem oberen Walde herabgeht, Steine, Gerölle mitführt, Holz und Schlamm wälzt, da ich ihn nach Regen wild und gelb niederhadern sah, als wollte er alles zerreißen und zerschleudern. – Kein Mensch kann eigentlich hinübergelangen, wenn nicht in heißen Sommern die Steine meistens trocken liegen und das Waldwässerlein zahm und dunkel zwischen ihnen auf dem schwarzen Moossamt, den es selber macht, dahingeht – und dann sind auch noch solche Ausbrüche, Vertiefungen, Löcher, Knollen, daß kein Rad durchsteigen und sich herausheben kann. Die vom Gehäng, von Haslung, von Sillerau, von dem obern Astung, der Meierbacher, die Erlehöfe, der Obrist und ich selber – wir alle nehmen das Holz von dem obern Pufter, und wir nehmen es gern, weil er unerschöpflich ist, weil dort die schönste Weißbuche steht und in der Wildnis sich der Brennstoff recht kräftigt und stärkt – endlich kommt es auch ein Sechsteil billiger. Aber wir müssen an dem Sillerbruche damit vorbeifahren und müssen über den Bach kommen. War es nicht in dem Sommer vor drei Jahren eine Qual, wo weithin jenseits die Hölzer geschichtet lagen, manches mühselig durchgeschleppt, manches an bequemern Orten sogar geworfen werden mußte? Der Graf draußen, weil er zur Herstellung der Brücke, die vorlängst zugrunde gegangen war, seinen Teil durch Herkommen beitragen mußte, bewies den

Umwohnern zwei Jahre lang, daß eine Brücke an jener Stelle gar nicht nötig sei, und die Leute glaubten es fast – sie durften ja dann das wenige, was ihnen zum Baue auflag, auch nicht entrichten. Aber der Obrist bewies ein Jahr entgegen, daß es ein schreiendes Übel sei, was da bestehe, daß die Leute bei den mühevollen Plagen, mit denen sie größtenteils selber ihr Holz an jener Stelle weiterschaffen, ihre Zeit und ihre Gesundheit verlieren und daß es eine Schande für die menschliche Vernunft ist, zu sagen, es sei etwas zweckmäßig, was jedem Zwecke hohnspricht – er fuhr unablässig zu dem Amte, wir, er und ich, standen zusammen, bis wir es zuletzt durchgesetzt hatten. Der Bau wurde aufgetragen, und die Schuldigkeiten waren nach und nach endlich auch alle entrichtet. Da ging der Obrist her und gab von seinem Gelde so viel, daß man von beiden Seiten Anläufe aufmauern und die Brücke hoch über dem Bache von Stein aufführen konnte. Er läßt jährlich nachschauen und ausbessern, wenn etwas beschädigt ist, und erklärt jährlich dazu, daß es seine Schuldigkeit nicht ist, damit es sich nicht verjähre und auf seinem Haghause als Dienstbarkeit sitzenbleibe.

Da ich von Prag zu Fuße fortging, weil ich meine Lernzeit, die ich der Heilwissenschaft widmen mußte, zu Ende gebracht hatte und ein Pergament in dem Ränzlein trug, das mich zum Doktor der hohen Kunst ernannte und mich der Zunft der Heilmänner einverleibte, als ich viele Tage lang sachte durch das schöne Land der Böhmen gegen Mittag ging, von wo mir die Bläue des Waldes immer deutlicher und näher entgegenschimmerte – als ich endlich diesen Wald und die Gegend meiner Heimat erreicht hatte, um mich dort bleibend anzusiedeln und den Menschen Gutes zu tun, da war ich der einzige im Walde, der etwas anderes gesehen hatte als eben den Wald – die andern waren da aufgewachsen und sahen, was sie alle ihre Jugendzeit gesehen hatten. Wer einmal Berge, auf denen die geselligen Bäume wachsen, dann lange dahinziehende Rücken, dann das bläuliche und dunkle Dämmern der Wände und das Funkeln der Luft darüber liebgewonnen hat, der geht allemal wieder gern in das Gebirge und in die Wälder. Ich kam nicht in die Gegend meiner Heimat zurück, um mich da zu bereichern, sondern um in all diesen Tälern, wo die Bäche rinnen, und auf den Höhen, wo die Tannenzacken gegen die weiße Wolke ragen, zu wirken und denen, die da leben, Wohltaten zu erweisen. Ich war sehr jung. In dem Lande weit herum war kein eigentlicher Arzt, sondern manche Frau, die in verschiedenen Dingen erfahren war, riet Mittel und gab sie den Leuten, mancher Bürger oder Bauer war in den Ruf gekommen und half in verschiedenen Schäden, mancher Krämer kam mit einer Tragbahre und hatte Fläschchen mit Dingen und Säften, die die Leute kauften und in ihren Hausschrank stellten als

Mittel für allerlei Fälle, die in den Jahren hinum vorkommen konnten. Mancher, der in eine tiefe und heftige Krankheit verfiel, starb auch in der Einöde der Wälder dahin, wo ihn ein Mann, der Erfahrung hatte, hätte retten können. Als ich zu der grauen Hütte meines Vaters kam, die nicht dort stand, wo mein jetziges Haus sich befindet, das ich zum Schutze gegen die Winde und das Wetter in die sanfte Niederung herabgestellt habe, sondern hoch oben auf dem Hügel, der jetzt hinter dem Garten, den ich anlege, emporsteigt, wie es alle die Waldhäuser gewöhnlich sind, die man auf den Hügel hinbaute, wo man zu reuten angefangen hatte, daß sich um sie herum Wiesen und Felder ausbreiten und sie dann mit den vielen kleinen Fenstern, die in das Holz der Wand gesetzt sind, in dem Sonnenscheine des Waldes weithin leuchten – – als ich in der grauen Hütte angelangt war, auf deren flachem Dache, wie auf den andern, die vielen Steine liegen, sagte ich gleich: „Gott grüße Euch, Vater, seid willkommen, Schwestern, ich werde jetzt immer bei euch bleiben, ihr müsset mir da das Seitenkämmerlein ausräumen, dessen zwei helle Fenster auf den hohen, fernen Wald hinausschauen, da will ich die Sachen hineintun, die in Kisten von Prag kommen, will die Fläschchen aufstellen, werde darin wohnen und Leute, die krank werden, heilen."

Der Vater stand seitwärts und getraute sich nicht, weil er nur ein Kleinhäusler war, der ein Gespann Kühe und etwas Wiesen und Felder hatte, davon er lebte, den Sohn zu begrüßen, der ein Gelehrter geworden war und da heilen wollte, wo niemals ein Doktor oder ein Arzt gesehen worden war. Der Sohn hatte aber einstweilen das Ränzchen abgeworfen, hatte das Barett und den Knotenstock auf die Bank gelegt und nahm den Vater an der Hand, legte den Arm um den groben Rock seiner Schulter und küßte ihn auf die Wange, aus der die Spitzen des weißen Bartes stachen und an der das schlichte, weiße Haupthaar niederhing. Der Vater weinte, und der Sohn tat es schier auch. Dann nahm er die Schwestern, eine nach der andern, und sagte: „Sei mir gegrüßt, Lucia, sei gegrüßt, Katharina, wir bleiben alle beisammen und werden gut leben."

Dann ging es sogleich an das Ausräumen. Die Schwestern fingen an, die Schreine zu leeren, die da standen, der Vater trug selber manches Frauenkleiderstück, das ihm in die Hände kam, hinaus, der Hirtenbube Thomas, der jetzt mein Pferdeknecht ist und den der Vater damals hatte, daß er als Bube in der kleinen Wirtschaft helfe, kam auch gegen Abend nach Hause und half mit. Es wurde der große Schrein, der immer seit Menschengedenken in dem Gemache gestanden war und den größten Teil desselben eingenommen hatte, mit dem Beistande des Thomas, des Vaters, der Schwestern und mit meiner eigenen Hilfe hinausgebracht; der Tisch, der in dem größeren Zimmer stand,

wurde hereingestellt, daß ich darauf schreiben könnte, der Vater wollte sich derweil, bis ein neuer verfertigt würde, mit einem andern zum
Essen behelfen, der bisher immer in dem Vorhause gestanden war und
zusammenzufallen drohte. – Ein Kästchen, das in der großen Stube
bisher gedient hatte, daß Nägel, Bohrer und dergleichen darin lagen,
wurde in das Gemach gestellt, damit ich meine Fläschchen mit den
Arzneien, wenn sie ankämen, hineintun könnte. – Lucia hatte indessen auch ein Weib aus den unteren Häusern heraufgeholt, und man
fing an, den Fußboden zu waschen und zu scheuern. – – Mitten unter
diesem Getreibe wurde ich zu meinem ersten Kranken gerufen. Der
Knecht des Meilhauer lag schon mehrere Tage darnieder, und alles,
was ihm die Hausleute und Bekannten rieten, hatte nicht helfen wollen. Man hatte gehört, daß ich heute nachmittag gekommen sei, und
schickte einen Boten herauf, daß ich kommen und helfen möchte.
Ich machte mich auf und ging den Weg, der gar nicht kurz ist, durch
den Wald, durch den Taugrund, durch die Weidebrüche und die ebenen Felder hinunter. Es brannten schon die Lichter, als ich anlangte. Der Mann, der im Bette lag, hatte ein Fieber, das er durch starke
Verkühlungen sich zugezogen hatte. Ich konnte nicht wirksam eingehen, weil ich meine Notwendigkeiten, die mir dienen sollten, noch
nicht hatte, aber ich tat mit Wasser, mit Umschlägen, mit Wärme-
und Kälteverhältnissen und mit Vorschrift für die Nahrung alles, was
ich tun konnte. Die Menschen standen alle herum und schauten mich
an, weil sie noch nie einen Arzt gesehen hatten. Da der helle Sternen-
schein an dem Himmel stand und ganz leichte Nebel um die Gründe woben, ging ich nach Hause. Über die frischen Höhen hin stand
die feuchte Nachtluft des Waldes, die ich schon wieder entwöhnt war,
weil in der Stadt eine trockene und staubige geherrscht hatte. Sonst
war es aber warm genug, denn die Zeit ging noch kaum gegen Anfang des Herbstes.

Da ich wieder in unsere Hütte kam, brannte ebenfalls auf der
Leuchte ein lustiges Feuer, welches die ganze große Stube taghell er-
leuchtete. Als ich eintrat, wurde eine Kerze angezündet. Katharina
führte mich, da sie dieselbe trug, in mein Zimmer und zeigte mir dessen Einrichtung. Wo der große Kasten gestanden war, war jetzt recht
viel Raum, und das Zimmer schien selber viel größer, als es sonst gewesen war. Auf der Stelle des Kastens stand jetzt ein Bett – schneeweiße Tücher waren über dasselbe gespannt, und es harrte auf mich,
um in der Nacht meine ermüdeten Glieder aufzunehmen. Der Tisch,
den man mir gegeben, war ebenfalls schneeweiß gescheuert, und auf
dem Fußboden knisterte der Sand, den man in der Feuchte einstweilen aufgestreut hatte. Die beiden Fenster waren offen, in dem großen
Ofen brannte ein Feuer, damit das ganze Gemach lüfte und trockne.

Ich dankte Katharina, sagte, es sei recht schön, und ging wieder in die größere Stube hinaus. Der Vater fragte mich, weil bei uns alle Leute sich kennen und Anteil aneinander nehmen, wie es dem Knechte des Meilhauer gehe. Ich sagte, daß das Fieber entzündlich sei, daß ich jetzt noch nicht viel sagen könne, daß ich morgen schon sehen werde und daß ich hoffe, ihn bald herauszubringen.

„Tue das, Sohn", antwortete der Vater, „tue das."

Den gebrechlichen Tisch, der in dem Vorhause war, hatte man in die Stube hereingebracht, und er stand, mit weißen Tüchern aufgedeckt und mit Tellern und Eßbestecken beladen, da. Daß er nicht breche, hatte man an den einen Fuß, der der schlechteste war, einen Stab angebunden, der die Tafel stützte. Nun wurde das Abendmahl aufgetragen, und wir setzten uns alle dazu. Es war sogar eine Flasche Wein da, die der Vater neulich, da er wohl meine Ankunft, aber nicht den Tag wußte, zur Feier derselben nach Hause gebracht hatte, da er auf dem Lande draußen gewesen war. Als das Mahl verzehrt und der Wein getrunken war, begaben wir uns zur Ruhe. Die Schwestern hatten rückwärts ein Kämmerlein, das gegen den Garten hinausging und in dem die zwei Betten standen und ein Kasten, in den sie ihren Putz oder etwa andere Schätze taten, die sie gelegentlich bekamen. Der Bube Thomas ging in das Heu, und der Vater legte sich in das Ehebette, das in der großen Stube stand und aus dem ihm die Gattin schon längstens, daß ich mich ihrer kaum mehr entsinne, weggestorben war. Ich schloß meine Fenster, schürte im Ofen die noch übrige Glut auseinander, daß es nicht zu warm werde, und bat Gott, da ich mich zum ersten Male in mein Bett niederlegte, daß er mein hiesiges Wirken segnen wolle.

Am andern Morgen frühe ging ich zu dem Knechte des Meilhauer hinab. Als ich wieder zurückkam, waren an meinen Fenstern zwei sehr schöne, weiße Vorhänge, die gestern noch nicht gewesen waren und die Katharina aus irgendeinem schönen Linnen gemacht hatte. Ich freute mich darüber und dankte ihr sehr. Es warteten bereits wieder viele Leute, die in verschiedenen Dingen meinen Rat und meine Hilfe verlangten. Ich redete recht freundlich mit ihnen und nahm die kleine Gabe, die sie darboten, an. Ich hatte jedes einzeln in mein Gemach kommen lassen, auf dessen Tische noch nicht einmal ein einziges Blatt Papier lag, sondern nur mein Stock und mein Barett. Der Vater hatte viele Freude und ging mit einem sonnenscheinhellen Gesichte in dem Hause herum. Bei den Schwestern schien es auch, als hätten sie schönere Gewänder an, als ich es sonst an ihnen zu sehen gewohnt war. Nachmittags bestellte ich bei dem Schreiner, der nicht weit von uns wohnte, einen Tisch, das erste, was ich aus meinem Erwerbe anschaffen und aufbauen lassen wollte; dann ging ich zu jenen

Kranken, die vormittags nicht zu mir hatten kommen können, sondern nur die Bitte geschickt hatten, daß ich sie besuchen möchte.

So ging es nun fort. Nach einigen Tagen kamen die Kisten, die ich
in Prag mit Dingen meines Berufes gefüllt und einem Fuhrmanne
empfohlen hatte. Ich packte sie aus und richtete mein Zimmer damit
ein. Es war recht schön; die Fläschchen standen in dem Kästchen und
auch außer demselben auf dem Tische herum – die andern Sachen
kamen im Laden des Kastens oder des Tisches, bis der Arzneischrein
fertig wäre, den ich mir wollte machen lassen und zu dem ich schon
die Zeichnungen angefangen hatte. Die Bücher wurden außer dem
Kasten aufgestellt, und auf den Tisch wurde Papier zum Schreiben
getan und Tinte und Federn, daß ich mir aufzeichnen konnte, was
ich jedem Kranken gegeben habe und wie ich bisher mit ihm verfahren sei, daß ich nicht irre und Unheil anrichte. Nachmittags schien
die Sonne recht freundlich in das Gemach, ich zog die Vorhänge zu,
wenn ich nach Hause kam, und dann war es dämmrig und lieb um
alle Dinge, weil weiße Vorhänge das Licht nicht brechen, sondern bloß
milder machen, nur daß doch hier und da ein Sonnenstrahl hereinbrach und einen Blitz auf den weißen Boden legte. Die Zimmer-
wände waren zwar nur von Holz, aber sie waren nach innen sehr gut
gefügt und an einigen Stellen mit Schnitzwerk versehen. Gegen hinten zu war eine Bank, die an der Wand und an dem Ofen hinlief,
und alles war recht reinlich und klar. Auch die äußere Stube und die
andern Räume der Hütte hielten die Schwestern viel reiner, als das
alles sonst gewesen war. Das Holz um die Hütte herum, das schon
im Sommer für das Bedürfnis des Winters nach und nach gesammelt
wurde, war immer sehr genau geschlichtet, und die Gasse war alle Tage
gekehrt. Lucia, die eine gute Köchin zu sein vermeinte, brachte bessere Gerichte auf den Tisch, zu denen ich auch bereits einen Teil bei-
zutragen imstande war.

Der Knecht des Meilhauerbauer ist in zwei Wochen gesund geworden, er ist an einem Sonntage zu mir herabgekommen und hat
mir von seinem Lohne ein wenig Geld geben wollen, ich habe es
aber nicht angenommen, in Anbetracht, daß er ein Knecht ist.

Damals war es in der Gegend nicht so, wie es jetzt ist, obwohl nur
wenige Jahre vergangen sind. Die Veränderungen sind dennoch bedeutend gewesen. Es mochte sich einst ein großer, undurchdringli-
cher Wald über alle die Berge und Täler ausgebreitet haben, die jetzt
meine Heimat sind. Nach und nach hat sich die eine und andere
Stelle gelichtet, je nachdem entweder ein mächtiger Kriegsfürst oder
anderer Herr große Stücke Eigentum in dem Walde erhalten und Leute hingeschickt hat, daß sie an Stellen, die sehr bequem lagen, Holz
fällen und aufschlichten sollen, damit er aus seinem Besitze Nutzen

ziehe – oder ein armer Mann um weniges Geld in der Wildnis sich einen Platz gekauft hat, den er reutete, auf dem er sich anbaute und von dem er lebte – oder ein Teerbrenner, ein Pechhändler die Erlaubnis erhielt, an abgelegenen Orten, die sich kaum durch Jagd oder sonst etwas nutzbar machen konnten, seine Beschäftigung zu treiben, wo er sich dann anbaute und verblieb – oder einem Wildschützen, einem Wanderer, einem Vertriebenen ein Plätzchen gefiel, an dem er sich ansiedelte und von dem aus er wirkte. Es soll auch einen Mann gegeben haben, der eine Wünschelrute besaß, mit der er Metalle und Wasser in der Erde entdecken konnte; er ist aber sehr arm geblieben, und nachdem sie ihn draußen hatten steinigen wollen, ist er in die fernste Tiefe des Waldes entflohen. Von ihm soll sich der Anfang der obern Brentenhäuser herschreiben. Alle diese, die sich an vereinzelten Stellen des Waldes befanden, oder wenigstens viele von ihnen hatten Nachkommen, die sich nicht weit von den Eltern ansässig machten, und so mag es gekommen sein, daß die verschiedenen Häuser oder Orte, die an den einzelnen Hügeln des Waldes zerstreut liegen, entstanden sind. Es wird wohl ein jeder, der sich eine Hütte baute, die tieferen Orte des Waldes, die feucht und dumpfig sind, gemieden und sich einen höhern, luftigen ausgesucht haben. Dort lichtete er den Wald um die Hütte, legte sich eine Wiese an, davon er ein paar Rinder nährte, ließ seine Ziegen und Lämmer in das Gesträuche des Waldes gehen und machte sich wohl auch ein Feld und ein Gärtchen, das er bearbeitete. Daher kam es, daß jetzt so gern die Waldhäuser, schier jedes allein, auf einem Hügel liegen und von Hügel zu Hügel, von grünem Abhang zu Abhang aufeinander hinübergrüßen. Sie sind alle aus Holz gebaut und haben flache Brettdächer, auf denen die großen, grauen Steine liegen. Wenn man auf einem Berge steht, sieht man die Fenster dieser Häuser glänzen, und wenn man tief in den Wald zurückgeht und auf einen Kamm steigt, von dem man die Häuser nicht mehr sehen kann, so steigen von verschiedenen Stellen aus der Dämmerfarbe des Waldes Rauchsäulen auf, die ihre Lage bezeichnen. So eine Hütte war auch die meines Vaters, sie lag ziemlich weit von dem Dunkel der Tannen, gute Wiesen gingen gegen sie her, und von ihr streckte sich ein grüner Hang hinab, der sehr feucht war, aber mit einem Grün prangte, das den Schein des Smaragdsteines erreichte. Hinter der Hütte war ein Garten, in welchem Gemüse wuchsen und sogar einige Blumen gezogen wurden. Während ich in Prag war, hatte der Vater auch auf dem trockenen Grunde ein Feld bereitet, das der Bube Thomas mit Hilfe der Schwestern besorgt.

So war es genau noch, als ich nach der Beendigung meiner Wissenschaften in meine Heimat zurückkehrte. Von dem hinteren, hohen Walde, der noch in der ursprünglichen Schönheit und Unentworrenheit

prangte, ging ein angenehmer Waldwinkel herum, es blickte schon
hier und da ein hellgrüner Fleck, und wenn Ernte war, ein goldener
aus der finstern Farbe des Waldes hervor, die Flecke wurden immer
mehr, je weiter man gegen das Land hinauskam, bis endlich, wo es
ebener wurde, wallende Felder gingen, mancher Kirchturm schimmerte und glänzte und sich nur schmale Streifen vom Gehölze dahin-
zogen. In dem Waldwinkel, weil er sich sehr günstig bog und sich
gegen die Sonne lehnte, war es im Sommer sehr warm, ja oft heißer,
als man es sich denken kann, aber im Winter auch sehr kalt, es war
hoher Schnee und ein Gestöber, wie man es sich ebenfalls nicht zu
denken vermag. In jedem Tale und in jeder Krümme des Waldlandes
zog und rauschte ein Bächlein und floß zwischen den Gebüschen,
die in dem Talgrunde und in den Rinnen standen, die warme, feuchte Waldluft, bis draußen, wo die Getreide begannen, breite Bäche
flossen, ein Fluß wandelte und eine trockne Luft über die Felder und
die Häuser der Menschen ging. Die Waldbewohner nannten jenen
fruchtbaren Strich nur immer das „Land draußen".

Da ich, um mein Amt auszuüben, nach Hause kam, hatte sich der
Anbau der Felder schon viel näher und unterbrechender in die Wälder
hereingezogen, allein in der Gegend, wo das Haus meines Vaters lag,
breitete sich noch immer viel weiter das Dunkel und Dämmer des
Waldes aus als der Schimmer und der Glanz des Getreides.

Aber etwas anderes hatte sich verbessert, dessen Nutzen ich sehr
bald, als ich mich in der Gegend aufhielt, empfinden lernte. Es waren,
da ich als Knabe fortzog, schier keine andern Wege als nur Fußwege
durch die Gehölze und auf den Höhen herum. Wo man fahren konnte, hatte sich der Weg nur durch Gewohnheit gebildet, indem man
nämlich die Gründe, wo ein Wagen gehen konnte, benützte und sich
so die Geleise bildeten, auf denen dann in der Zukunft die Wagen
sich folgten. Aber da der Boden der Geleise ungleich dicht war, entstanden Gruben und Vertiefungen, welche das Fahren zu einer schweren Arbeit machten, wenn man Holz oder etwas anderes nach Hause
zu schaffen hatte. Daß man sich auf einen Wagen setzen und sich auf
demselben fortfahren lassen könne, bloß zu dem Behufe, daß man
nicht gehen dürfe, davon hatten die Waldbewohner keinen Begriff.
Es wäre auch beschwerlicher und viel langsamer gewesen als das Gehen; sie setzten sich nur auf einen Wagen, wenn derselbe zufällig leer
war, um etwas fuhr und hauptsächlich auf einem schmalen, von Ge-
strüpp begrenzten und morastigen Weg ging, daß man nicht an seiner
Seite hergehen konnte. Dann saß derjenige, der das Gespann lenkte,
fast stehend auf dem obersten Rande der Leiter oder des Brettes, das
den Wagen schloß, und ließ sich hin- und herwiegen, wenn die Räder in Gruben niedergingen oder aus denselben emporstiegen. Die

Bewohner der Ebene aber hatten in der Zeit, durch das Beispiel und die Belehrungen eines Mannes angeregt, der unter ihnen große Besitzungen hatte, angefangen, ganz ordentliche Straßen zu bauen, wie man sie immer in den Ländern sieht, wo die Fuhrleute fahren und die Waren gehen. Sie bauten diese Straßen nicht etwa bloß von Ort zu Ort, sondern, da sie den Nutzen derselben einsehen lernten, selbst in die Felder und wo überhaupt öfter ein beladener Wagen zu gehen hat. Die Schönheit dieses Dinges lenkte die Augen auf sich. Die Waldleute, da sie öfter hinauskamen und sahen, wie die Wagen auf den breiten, festen und fast gewölbten Fahrbahnen dahinrollten, als ob die Tiere ledig gingen, freuten sich darüber und bauten zwar im Gebirge keine Straßen, weil sie sagten, das geht bei uns nicht, aber sie warfen doch in die Gruben ihrer Wege Steine, ebneten die Oberfläche, räumten manches Gestrüppe weg, daß neben den Geleisen ein Fußweg wurde, und konnten den Morast auf ihren Wegen nicht mehr leiden oder daß sich irgendein Bach eine Strecke des Weges zum Rinnsale erkor. Da sie bald sahen, welche große Beschwerde im Fahren sie dadurch beseitigten und welche Mühsal nun aufgehört habe, da sie auch bald merkten, welche Ersparung an Zeit, Zugvieh und Wagengeschirr eingetreten war, blieben sie bei der einmal angefangenen Weise und besserten immer auch die kleinste, schadhafte Stelle, die sich zeigte, sogleich wieder aus. Ich hatte eine große Freude, wenn ich so meines Weges zu einem Menschen ging, der sehnsüchtig nach mir verlangte, und mir ein Landmann begegnete, der einige Steine auf seinem leeren Wagen hatte, mit dem er von dem Felde nach Hause fuhr, welche Steine er auf dem Felde oder auf dem steinigten Raine desselben aufgeladen hatte, damit er sie in irgendeine Vertiefung werfe, die er auf dem Wege bemerkt hatte. Ich sah auch schon den langstieligen Hammer, den er mitführte, daß er die größeren, die sich nicht fügen wollten, zerschlage und damit die kleineren Unebenheiten verquicke. Durch diese Reinlichkeit in ihren Wegen und durch den strengeren Sinn, der sich nunmehr dafür kundgab, wurden sie aber auch weitergeführt. Mancher fing an, sein Haus und dessen Umgebungen reiner zu halten als sonst, hier und da entstand eine steinerne, weißgetünchte Wand statt der früheren hölzernen, an Sonntagen zeigten sich manche nettere und schmuckere Gewänder, und wenn die Zither klang, so wurden zwar keine neuen Weisen, denn diese blieben in Jahrhunderten fort immer dieselben, aber die alten wurden lieblicher und freundlicher gespielt.

In diesem Zustande fand ich die Dinge, als ich in meiner Heimat ankam, um meine Tätigkeit zu beginnen. Es kamen immer mehr Leute, die von mir Rat und Hilfe verlangten. Ich sprach mit allen sehr freundlich, und wenn ich auf meinen vielen Gängen vor manchem Hause

oder mancher Hütte vorbeikam, wo ich bekannt war, entweder noch
von meiner Kinderzeit her oder weil ich ihnen schon einen Dienst zu
leisten imstande war, ging ich hinein und redete mit ihnen entweder
von ihren eigenen Angelegenheiten oder von anderen verschiedenen
Dingen. Oftmals saß ich in der Abendsonne auf der Bank vor einem
Hause und sprach oder spielte mit den Kindern und ging dann, wenn
der Himmel recht schön golden war, von den vielen Bäumen begrüßt
und von dem langsamen Sausen der Föhrennadeln begleitet durch
den Kirmwald nach Hause. Die Gebirgsbewohner sind sehr verständig, und meistens sind sie auch heitere, umgangswürdige Leute. Ich
war wohl noch sehr jung, fast bei weitem zu jung für einen Arzt, aber
sie hatten als zu einem Landeskinde Zutrauen zu mir und fragten
mich zuweilen auch bei andern Dingen als bei Krankheiten um Rat.

Ich gewann die Gegend allgemach immer lieber, und wie ich mich
früher manchmal aus der Stadt in den Wald gesehnt hatte, so war es
auch jetzt wieder gut, wenn ich von Pirling, was doch nicht gar weit
ist, oder von Gurfeld, von Rohren, von Tanberg, wohin ich öfter gerufen wurde, nach Hause fuhr und das Grün der Tannen wieder von
den Höhen herabgrüßte, manches Bächlein, das zwischen den Wald-
klemmen ging, mir rauschend entgegensprang, mancher Birkenbaum
von den Bergen leuchtete, mancher dorrende Holzklotz am Wege lag,
weil man hier nicht besonders darauf zu achten hat, und manche
Baumversammlung sich immer dichter folgend an dem Wege stand,
die wehenden Äste oberhalb hinüberstreckend und unten an einem
Stamme irgendein Bildchen enthaltend. Wenn ich von den schönen,
fast gerade laufenden Straßen der Ebene hereinkam, war es mir wie
ein gutes Heimatgefühl und tat mir beinahe wohl, wenn sie abbra-
chen und unsere schmalen, krummen, hin und her gehenden Wege
anfingen, auf denen man langsamer fahren mußte.

Weil ich gleich in dem ersten Herbste zu sehr vielen Leuten gerufen wurde, die weit auseinanderlagen, daß ich es mit Gehen nicht erzwingen konnte, und weil die Fuhrwerke in den Bergen nicht zu
haben sind oder selber auf den Feldern zu tun haben oder zu meinem
Zwecke nicht taugten, kaufte ich mir selber ein Pferd, ließ in Pirling
ein Wägelchen machen und gedachte, mich in Zukunft dieser Dinge
zu bedienen. Ich hatte noch im späten Herbste, da die Erde schon
gefroren war, angefangen, an unsere Hütte noch einen schönen Stall
aus guter, doppelter Bretterverschalung bauen zu lassen, deren Zwi-
schenraum ich zuerst mit Moos ausfüllte. Hinten wurde auch noch
ein kleines Hüttchen aufgeführt, darin das Wägelchen stand und noch
ein schmaler Schlitten Platz hatte, den ich ebenfalls zu bauen im Begriffe war. Der Wirt am Rotberge hatte einen Goldfuchs. – Wie gern
war ich oft dort gesessen, wo der rötliche Stein aus der Erde hervorgeht,

der Bach mit lebendigem Lärmen zwischen den Bergen herausrauscht und drüben das Haus mit den vielen Fenstern herüberschaut, wenn ich müde von dem vielen Herumgehen in den Krümmungen der Waldgräben herauskam, den Stock und das Barett neben mir an den Stein legte, um mich auf einen ersehnten Trunk abzukühlen und mir die stattliche und behagliche Wirtschaft zu betrachten. Die Bretter-säge kreischte hinten in dem Tale, der Bach sprudelte schneeweiß zwischen den schwarzen Waldsteinen hervor, der Platz vor dem Wirtshause war so geräumig, mehrere Bänke liefen an der Wand hin, und Leute gingen in dem Hause aus und ein, um Geschäfte zu tun. Wie oft lag der glänzendste Sonnenschein auf der Wirtsgasse, an der der schönste Fahrweg des Waldes vorbeiging, und beleuchtete die vie-len Fenster, die auf den Weg hinausschauten. Wie oft aber stand auch die Sonne schon tief, machte die Holzverzierungen an dem Wirts-hause, die Bänke und die Ranken, die an der Wand hinaufgingen, rot und legte sich schief gegen den Waldrücken hinüber, daß er einen langen Schatten auf den Rotberg warf, an dem sich die Waldhäuser wie graue Punkte hinunterzogen. Dann ging ich, wenn ich mir alles betrachtet hatte, wenn die Hitze des Körpers vergangen war und wenn die müden Füße ein wenig erquickt waren, über den Steg, trat auf die Gasse des Wirtshauses und trank mein Glas, das man mir heraus-gebracht hatte, denn gewöhnlich sah man mich auf meinem Stein schon sitzen und richtete das, was ich brauchte, zurecht. Dann rede-te ich ein wenig mit Martin, dem Wirte, wenn er nicht etwa zufällig abwesend war oder mit einem Gaste oder mit sonstjemandem aus dem Hause. Wenn Sonntag war und die Nachmittagsgäste die Gasse füllten, saß Josepha, die Tochter des Wirtes, gern auf dem Wiesenhang hinten, wo ein kleines Hügelchen ist, auf dem ein Apfelbaum steht und ein Hüttchen, Tischchen und Bänklein ist, und spielte die Zither. Sie spielte sehr gut. Gewöhnlich standen ein paar Mädchen aus der Nachbarschaft bei ihr, und es trödelten ein paar Kinder zu ihren Füßen. Des Abends, manchmal auch in ganz finsterer Nacht, manch-mal im Nachmittag, wenn es noch heiß war, ging ich dann an dem Buchenbestande durch das Tal des Heidgrabens zum Waldhange hin-auf, wo unser Häuschen stand. – Wir redeten öfter, nämlich Martin und ich, daß es auf die Länge der Zeit nicht so dauern könne, wenn ich auf allen Wegen, die mich zu meinen Kranken führen, zu Fuße gehen sollte, daß die Mühsal endlich zu groß werde, ja daß sie immer wachse, wenn meine Arbeit sich ausdehne und Leute in allen Richtun-gen um Beistand verlangen. Es ist auch eine strenge Pflicht, daß man ihnen den Beistand leiste, und wenn man zu Fuße geht, kann man nicht so viel des Tags verrichten, als etwa not täte, und wenn die Hilfe schleunigst geleistet werden solle, kann man leicht später kommen, als sie noch fruchtet. Er sagte öfter, ich solle mir ein Wägelchen und ein Pferd anschaffen und in den Wegen, wo es leicht gehe, fahren; es blieben noch genug Pfade übrig, die ich doch zuletzt zu Fuße wandeln oder erklimmen müsse. Ich antwortete ihm darauf, daß ich in unserer Hütte noch keinen Platz habe, um ein Pferd und ein Wägelchen unterbringen zu können, und daß ich daher noch eine Weile warten müsse. Aber mit der Zeit, setzte ich hinzu, wenn mich Gott segnet und die Leute mir vertrauen, werde ich es schon tun, und es ist meine Schuldigkeit, daß ich es tue, damit ich in größerer Entfernung und schleuniger wirken könne.

„Ach, unser Doktor", sagte der Josikrämer, der einmal zufällig bei einem solchen Gespräche zugegen war, „geht schon noch eine Weile, er ist jung und gerüstet. Wenn ich mit meinem Packe auf allen Wegen bin, so sehe ich ihn auch, wie er durch den Wald oder in den Feldern geht und seinen Stock in den Sand stößt."

„Ja, das Gehen durch Wald und Feld ist schön", antwortete ich. „Man kann nicht begreifen, wenn man in einer Stadt ist, daß es dort Leute gibt, die immer in der Stube sitzen oder durch ihren Beruf in einem Laden oder Gewölbe gehalten werden und nun des Abends unter ein paar schlechte Bäume gehen und sagen, daß sie sich da erholen und Luft genießen. Aber wenn man von der Hast getrieben wird, wie etwa ein Mittel, das man gab, gewirkt haben mag, wenn man nicht weiß, wieviel schlechter der wird, der einen rufen ließ, derweil man durch Wald und Feld geht, und wenn noch einer wartet, der weit drüben, jenseits der entgegengesetzt liegenden Höhe, wohnt, und wenn man nach Hause kommt, einen weglassen mußte, der doch auch vielleicht heute gehofft hatte, daß man komme, und wenn man denkt: ‚Hast du auch alles recht gemacht, du mußt gleich in den Büchern nachsehen‘, dann ist das Gehen zuweilen doch sauer, und ein ermüdeter Körper ist auch nicht so verständig als ein ausgeruhter und rüstiger. Aber es tut nichts, es tut nichts, es geht schon noch eine Weile, wie Ihr gesagt habt, ich werde nicht müde – und oft ist ja ein Stein, ein umgestürzter Baumstrunk, ein Blick über die blauen Wälder in Weite und Breite – und dann geht es schon wieder. Wißt Ihr, Josi, wie wir selber einmal beieinandergesessen sind, Ihr mit Eurem Packe, und wie Ihr mir erzählt habt? Auch ist ja der Drang nicht immer gleich stark. Vor zwei Wochen war die Gesundheit so gesegnet, daß ich eine Freude hatte, es blühte alles rundherum, daß ich Zeit hatte, an Dingen, die ich machen lassen wollte, zu zeichnen, daß ich, wo sie schon etwas arbeiteten, dabeistehen und zuschauen konnte, ferner, daß ich am Gehen so Not litt, daß ich mehrere Stunden lang spazierenging, am öftersten hinauf in das Eichenhag, wißt Ihr, wo die gar so schönen Stämme stehen, ich glaube, die schönsten in unserer ganzen Gegend.

– Am Rande des Hages wäre ein Platz zu einer Ansiedelung, der aus-
gezeichnetste Platz, wenn man die Fenster gegen die Felder hinabrich-
tete, wo jetzt der Meierbacher reuten läßt, und gegen den Waldhang,
wo unser Haus ist, und weiter weg gegen die Felder, die jenseits unseres Hauses am Mitterwege gegen die Dürrschnäbel und den Kirmwald hinaufgehen."

So sprach ich damals im allgemeinen, und die Männer gaben mir
ungefähr recht.

Den Goldfuchs, welchen der Rotberger Wirt hatte, kannte ich
sehr wohl. Ich war in der ersten Zeit einige Male mit ihm gefahren,
und später, da sich meine Tätigkeit ausbreitete und wenn mich größere Entfernungen verlangten, hatte ich den Buben Thomas hinabschicken müssen, daß der Vetter Martin den Fuchs in Bereitschaft
hielte. Wir nannten ihn immer „Vetter", weil er wohl ein Verwandter
von uns war, aber in solcher Entfernung, daß dieselbe niemand mehr
angeben konnte. Mein Vater war immer erfreut, wenn ihn der Wirt
„Vetter" nannte, und jetzt schien es mir, daß der Wirt es nicht ungern sehe, wenn ich ihn mit „Vetter" anredete.

Als der kleine Stall fertig war, den ich im Herbste zu bauen angefangen hatte, ging ich zu Vetter Martin hinab und redete mit ihm,
ob er mir den Goldfuchs zu kaufen überlassen wolle. Da er gerade
nichts dagegen hatte und wir über den Preis einig geworden waren,
wurde der Fuchs samt allem Geschirre, das zu ihm gehörte, von einem Knechte sogleich in den Waldhang in den neuen Stall hinauf-
geführt. In kurzer Frist darauf kam auch das Wägelchen aus Pirling
in die Hütte, die dafür an unser Häuschen angebaut worden war, und
so hatte ich nun Wagen und Pferd, mit denen ich jetzt selber und ganz
allein in den Gebirgswegen herumfuhr, deren Verbesserung ich erst
jetzt recht erkannte. Den Wagen richtete ich so ein, daß ich meine Bücher, meine Werkzeuge und selbst andere Dinge, die ich etwa brauchte, darin unterbringen konnte. Mitten darin saß ich und fuhr. Da der
Schnee erschien und sich in den Wegen hielt, wurde der Schlitten hergerichtet. Wie oft, wenn ich in dem ersten Winter nach Hause kam,
wenn ein rechtes Gestöber war und den Schnee, hoch wie Häuser, in
den Waldlehnen zusammenjagte oder wenn eine große Kälte war und
die Sterne so scharf am Himmel standen, als wäre ihr Glanz selber fest
zusammengefroren, stand schon der Bube Thomas, wenn er meine
Schellen hörte, vor der Tür der Hütte und nahm mir das Pferd ab, den
guten Fuchs, um es erst ein wenig um die Hütte herumzuführen und
dann in den Stall zu tun. Die Schwester Katharina nahm mir, wenn
ich in die Stube trat, in der der hellste Glanz von der lodernden Leuchte her herrschte und die sanfteste Wärme von dem Ofen ging, den
Pelz ab, in dem Eis oder Schnee hing, zündete Kerzen an und führte

mich in mein Zimmer, in dessen Ofen auch die Tannenscheite krachten oder ein nachgelegter Buchenstock langsam in wärmebereitende Glut zerfiel. Ich hatte nämlich in den Ofen von innen eine große Tür brechen lassen, und damit ich das Feuer sähe, das ich so liebe, dieselbe mit einem feinen Metallgitter zu schließen eingerichtet. Lucia kochte, und der Vater ging in dem knarrenden Schnee um die Hütte herum in die Wagenlaube und brachte die Sachen herein, die in den Schlitten gepackt gewesen waren. Ich tat die Kleider ab, legte ein bequemes Hausgewand an und saß unter den Meinen.

Meine Wirksamkeit breitete sich immer mehr und mehr aus. Ich nahm die kleinen Gaben, welche die Leute geben konnten, an; von den Armen nahm ich gar nichts, außer es war irgendein Kleines, von dem ich wußte, daß es ihnen nicht abgehe und daß die Zurückweisung sie kränken würde. Von den Reichen forderte ich mehr, und wie unbemerkt die Dinge flossen, so war doch Gottes Segen dabei, und die Wohlhabenheit mehrte sich immer mehr.

Im Frühling konnte ich schon von Allerb ein gutes Stück Grund und Feld kaufen, das unter unserer Hütte lag und, wenn man von dem Hange hinabkommt, recht schön eben fortläuft. Weil es dort unten viel wärmer und vor Winden gesicherter ist, weil der Boden nach eben sich hinbreitet und lieblich hier und da manche Bäume stehen, wollte ich ein Haus dahin bauen, in welchem ich alle meine Lebenszeit zu wohnen beschloß. Ich hatte den ganzen Winter daran gezeichnet, um mein Vorhaben recht klar und reinlich darzustellen und es dem Baumeister begreiflich machen zu können. Ich konnte ebenfalls im Frühjahre den Bau schon ein wenig beginnen, insofern die Räume bestimmt und Baubedürfnisse herbeigeschafft wurden. Ich wollte dem Vater und den Schwestern mehrere recht schöne Stübchen herrichten lassen.

Der Gregordubs hatte zwei Füllen, welche im Alter nur um wenige Tage verschieden waren und welche so gleichmäßig schwarz waren, daß keines auch nicht ein einziges weißes Härchen besaß. Freilich war die Farbe in der noch etwas vorherrschenden Wolle noch nicht anders als dunkel graubraun, aber sie zeigten, daß sie glänzend schwarze Pferde werden würden. Ich kaufte ihm die Füllen ab und wollte sie mir recht vorzüglich für meine Zukunft erziehen. Ich nahm außer dem Buben Thomas noch einen Gehilfen für ihn auf, und beide mußten mir auf die Füllen sehen, aber die Ernährung und das sonstige Verfahren mit ihnen befahl ich selber an. Für den Sommer wurde noch ein Notstall für sie erbaut, und für den Winter würde ich schon sehen, was zu tun sei.

Der Bau konnte im Sommer schon sehr gefördert werden. Ich wollte im Zusammenhange mit dem ganzen Plane doch zuerst eine

Stube für mich vollständig fertig haben, daß ich noch im Winter darin wohnen könnte, dann einen Stall, worin zuerst die drei Pferde in Sicherheit wären, eine Hütte für Wagen und Schlitten, und dann jene Räume, die zu diesen Dingen noch notwendig wären.

Diese Einrichtung war im Herbst schon fertig.

Aber ehe der Winter einbrach, starb der Vater und starben die zwei Schwestern. Ich hatte ihnen nicht helfen können, wie sehr ich gewollt. Die gute Katharina war die letzte gewesen.

Die Hütte stand nun allein. Ich konnte sie nicht ansehen und die Schwelle nicht überschreiten.

Obwohl ich wußte, daß die Mauern noch feucht waren, und obwohl ich wußte, daß die feuchten Mauern schädlich sein können, ließ ich doch alle meine Sachen von der Hütte in die fertige Stube herabbringen, um da zu wohnen. Ich ließ die drei Pferde in den neugebauten Stall führen, der Knecht Thomas mußte mit herab, der andere blieb in der Hütte, um die Kühe zu versorgen, die noch da waren, und das Kalb, welches wir aufzuziehen angefangen hatten. Ich hätte sie verkaufen sollen, man redete mich darum an, aber ich konnte sie nicht wegtun. Ein Weib, welches uns kochen sollte, wurde aufgenommen und schlief in einem Kämmerlein neben der Notküche. Bei Tage, wenn ich aus war, ließ ich in allen Öfen, die schon zu benützen waren, heizen und dazu die Türen und Fenster öffnen. Des Nachts stellte ich überall, wo jemand schlief, auch in den Stall, ein weites Gefäß, in welchem Pottasche war, die wir gerade vorher glühend gemacht und wieder abgekühlt hatten, damit sie die feuchten Dünste, die aus der Mauer kamen, einsaugen möchte.

Es ist ein trauriger Winter gewesen. Die Leute in der ganzen Gegend waren recht freundlich und gütig gegen mich, weil ich allein war – und wenn ich nach Hause kam, zündete ich die Kerzen an und saß in meiner Stube und schaute in die Bücher oder schrieb ein, was heute notwendig geworden war.

Im Frühjahr fand ich eine Quelle, von der ich dachte, daß sie heilsam sein müsse. Sie enthielt Salze, ich versuchte das Wasser und fand, daß Dinge darin seien, welche in den Quellen sind, die man als heilsam bekannt gemacht hatte.

Das Bauen wurde im Frühling auch wieder begonnen, da die Fröste die Erde verlassen hatten und nicht zu befürchten war, daß wieder einige kommen könnten. Im Herbste war wieder viel mehr fertig als in dem vorigen, und das bereits früher Fertige konnte besser eingerichtet werden. Es war das Haus, wenngleich Teile fehlten, welche in meiner Zeichnung auf dem Papiere standen, daß sie nach und nach dazugefügt werden sollten, doch für unkundige Augen so, als wäre es fertig. Wir führten die drei Kühe – denn das Kalb war unterdessen auch eine geworden – von der Hütte herab und nahmen Geräte, die notwendig oder im brauchbaren Zustande waren, mit. Der Knecht, der das Jahr oben gewohnt hatte, kam auch in das Haus herunter.

Da dieses geschehen war, ließ ich die Hütte abbrechen. Von dem Schnitzwerke, das in meiner Kammer gewesen war, ließ ich vieles in meinen Stuben, namentlich in meinem Schreibgemache anbringen; das andere hob ich so auf. Auch manche weitere Dinge, welche mir gefielen und welche dem Gedächtnisse meiner kindlichen Jahre merkwürdig waren, ließ ich nicht zerbrechen, sondern in mein Haus tragen und an verschiedenen Orten aufstellen. Da die Kälte des Herbstes kam und die Wiesen von dem weißen, schönen Reife starrten, sah man die Hütte nicht mehr; das Auge ging über den Platz frei weg bis zu dem Walde, der weiter oben anfängt und den weißen Abhang mit seiner schwarzen Farbe schneidet. Nur wer näher gegangen wäre, würde an den Fußtritten, die von denen herrührten, die die Hütte abgetragen hatten, dann an den Verletzungen des Rasens, die er durch das vielfältige Hinwerfen von Balken und Brettern erlitt, und endlich an dem schwarzen Erdflecke, der sich hinbreitete, die Stelle erkannt haben, wo die Hütte gestanden war. Ich hatte die Erde auflockern lassen und warf Grassamen hinein, daß er im künftigen Frühlinge zum Vorschein komme. Die Steine, welche auf dem Dache gelegen waren, und diejenigen, welche den Feuerherd der Küche und der Öfen bildeten, ließ ich zu mir hinabbringen, um sie im nächsten Jahre in meine Gartenmauer einsetzen zu lassen, daß ich sie alle Zukunft vor Augen hätte.

So war also jetzt ein ganz anderer Stand der Dinge, als ich gedacht und so lieb gehofft hatte.

An demselben Herbste bekam ich auch Ursache, mit dem Wasser, welches ich gefunden hatte, zufrieden zu sein. Es kam im Monat Julius der Inbuchsbauer aus dem oberen Astung zu mir herunter; er hatte seinen Buben bei sich, der früher die Füllen des Gregordubs gehütet hatte, und bat mich, ich möchte dem Buben an zwei Tagen in der Woche etwas zu Mittag zu essen geben, die andern Tage hätte er schon bei guten Leuten gefunden, und der untere Beringer habe erlaubt, daß er in seinem Heu schlafen dürfe. Die Keum Anna sei recht schlecht gewesen, ihr Fuß habe sich verschlimmert und große Schmerzen gebracht. Da habe sie aus dem Heilwasser, welches im Grundbühel hervorfließe, getrunken und habe in demselben Wasser, das sie ihr beim Klum gewärmt hätten, den Fuß gebadet und sei jetzt ganz gesund. Deswegen habe er auch gemeint, daß er den Gottlieb herabführen müsse, daß er herunten bleibe, von dem Wasser trinke und sich in demselben bade, ob es ihn etwa auch herstellen könne. Ich sah den Buben an, und es war schier kein menschlicher Anblick, welche häßlichen Wunden an seinem Halse und an seinem Genick hervorgebrochen waren. Ich kannte den Fall mit der Keum Anna sehr wohl und sagte, wie es ganz natürlich war, daß ich dem Buben schon die zwei Tage zu Mittag und aber auch zu Abend zu essen geben werde und daß ich mich auch schon noch weiter um ihn umschauen wolle. Der Inbuchsbauer ist sehr arm. Er ist nur dem Namen nach ein Bauer, der Tat nach ein armer Waldhäusler in der größten Wirrnis des oberen Astungs, ohne Weib und andere Angehörige. Als er sah, daß sein Bube herunten bleiben konnte, ging er mit Trost nach Hause. Ich nahm den jungen Menschen in meine Stube, fragte ihn aus und untersuchte seinen Körper. Der Ekel ist ein seltsames Ding, und er darf nicht gelten und gilt auch nicht, wo wir einem Menschen helfen können, der auch eine Vernunft hat und seinen Schöpfer verehren kann. Ich wusch mir meine Hände, nahm andere Kleider und ging an der Siller hinunter spazieren. Durch die Bäume klangen recht heiter die Meißelschläge herein, mit denen die Pfosten zu meinen Türen gehauen wurden. Der Bube nahm das Wasser, wie ich es ihm vorgeschrieben hatte. Nach einer Weile sagte ich: „Was wirst du denn zu den verschiedenen Leuten essen gehen, und wer weiß, was sie dir auch geben, das das Wasser und meine Arzneien wieder zugrunde richtet. Komm alle Tage zu mir und esse bei mir."

Der Bube dankte recht schön und kam alle Tage zu mir. Er bekam in einem Kämmerlein, das hinter der Küche lag und das wir bestimmt hatten, wenn einmal noch ein weiblicher Dienstbote mehr in das Haus käme, daß er dort wohne, ein weiches Tischchen, das der Zimmermann zusammengenagelt hatte, einen weichen Stuhl und dasjenige zu essen, was ich meinen Leuten vorgeschrieben hatte, daß er bekommen solle. Er besserte sich nun sehr. Gegen den Herbst sagte ich zu ihm: „Es möchte nun bald in dem Heu zu schlafen zu kalt werden, komme ganz zu mir, ich werde dich schon unterbringen."

Wir hatten Räume genug, die nach und nach fertig geworden waren und die wir nicht brauchten, weil wir unser so wenig waren. Ich suchte eine Kammer aus, die schon im vorigen Jahre getüncht war. Sie lag, wenn man von dem Tore links über den Hof ging, allein, weil die Stube, die daneben entstehen sollte, die gegen den Garten hinausging und die ich vorhatte, mit schönen Tragbalken und anderer Schnitzerei zu verzieren, noch nicht fertig war und Blöcke und Bretter und Erdhaufen in derselben herumlagen. Die Haushälterin, die alte Maria, richtete einen Strohsack zurecht, gab anderes Bettzeug, das wir nicht brauchten, dazu und brachte eine Lagerstätte zustande, die recht war. Das Gestelle war aus Brettern, die wir hatten, zusammengeschlagen worden. Seinen Stuhl und Tisch bekam er aus dem Kämmerlein, in dem er bis jetzt gegessen hatte, hinüber. In dieser Stube saß er nun, wenn er nicht in der Gegend, wie ich ihm vorgeschrieben hatte, herumging. Gegen Michaelis, wo es kalt wurde, sagte ich zu ihm, jetzt müsse er mit dem Gebrauche des Wassers aufhören, und auch sonst werden wir bis zum Frühjahr nichts anwenden. Er war, wie ich meinte, vollkommen hergestellt. Die Verletzungen am Halse und am Genick waren geschlossen, ohne eine Spur zurückzulassen, und die Augen waren heiterer und glänzender, und die Wangen röteten sich. Sein Vater war zweimal herunten gewesen. Spät im Herbste, da sie meine väterliche Hütte abtrugen, war er wieder da und wollte den Buben nach Hause nehmen. Ich aber sagte ihm, droben im Astung würde sein Sohn wieder allerlei essen, was ihm schädlich sein könnte, er solle auch im Winter bei mir bleiben, wir wollen schon sorgen, er solle von den vielen Spänen und Splittern, die im Sommer hindurch von den Bäumen, die meine Zimmerleute bearbeitet hatten, abgefallen sind, sich so viel sammeln und aufschlichten, als er wolle, damit er sich in dem grünen Öfelein, das in seiner Kammer stehe, einheizen könne. Der Vater nahm es an. Es ist unglaublich, wie sehr mir beide dankten – und oft, wenn ich in späterer Zeit von meinen Geschäften nach Hause kehrte, sah ich den Buben, wie er sich die Späne an der Mauer seiner Stube und hauptsächlich dort aufrichtete, von woher im Winter der Wind und das Gestöber kommen würden. Ich gab ihm später auch noch eine Truhe in seine Kammer, damit er sich die neuen Hemden und die Kleider, die ich ihm hatte machen lassen, aufbewahren könne.

Ich bekam jetzt wieder mehr Leute in mein Haus. Der Bube Thomas pflegte die Pferde, den Fuchs und die zwei jungen Tiere, die wirklich so schön und glänzend schwarz geworden waren wie Achat und die, weil sie nicht gern in dem Stalle blieben, polterten, emporstiegen und Dinge herunterbissen. Die wenigen Stunden, die sie auch im Winter täglich herumgeführt wurden, reichten ihnen doch nicht hin, weil sie im Sommer schier die meiste Zeit im Freien zugebracht hatten. Außer seiner Beschäftigung mit den Pferden arbeitete Thomas noch mancherlei in dem Hause herum. Dann war der Knecht, welcher im vorigen Jahre die Kühe gepflegt hatte. Er grub den ganzen Garten um, der erst hergerichtet wurde, er besorgte mein Holz, nagelte manches an, wenn es irgendwo herunterbrach, und tat auch noch andere schwere Arbeit. Die Kühe pflegte er ebenfalls fort. Dann war die Haushälterin Maria, welche die Speisen, die Wäsche, die Kleider, die Zimmerreinigung und dergleichen besorgte, und endlich zwei Mägde, und darunter eine, der ich im vorigen Jahre auch in einer Todeskrankheit geholfen hatte.

Wir mußten einen schweren Winter überstehen. So weit die ältesten Menschen zurückdenken, war nicht so viel Schnee. Vier Wochen waren wir einmal ganz eingehüllt in ein fortdauerndes graues

Gestöber, das oft Wind hatte, oft ein ruhiges, aber dichtes Nieder-
schütten von Flocken war. Die ganze Zeit sahen wir nicht aus. Wenn
ich in meinem Zimmer saß und die Kerzen brannten, hörte ich das
unablässige Rieseln an den Fenstern, und wenn es licht wurde und
die Tageshelle eintrat, sah ich durch meine Fenster nicht auf den
Wald hin, der hinter der Hütte stand, die ich hatte abbrechen lassen,
sondern es hing die graue, lichte, aber undurchdringliche Schleier-
wand herab; in meinem Hofe und in der Nähe des Hauses sah ich
nur auf die unmittelbarsten Dinge hinab, wenn etwa ein Balken emporstand, der eine Schneehaube hatte und unendlich kurz geworden
war, oder wenn ein langer, weißer, wolliger Wall anzeigte, wo meine
im Sommer ausgehauenen Bäume lagen, die ich zum weiteren Baue
verwenden wollte. Als alles vorüber war und wieder der blaue und
klare Winterhimmel über der Menge von Weiß stand, hörten wir oft
in der Totenstille, die jetzt eintrat, wenn wir an den Hängen hinunter-
fuhren, in dem Hochwalde oben ein Krachen, wie die Bäume unter
ihrer Last zerbrachen und umstürzten. Leute, welche von dem jenseitigen Lande über die Schneide herüberkamen, sagten, daß in den
Berggründen, wo sonst die kleinen, klaren Wasser gehen, so viel Schnee
liegt, daß die Tannen von fünfzig Ellen und darüber nur mit den
Wipfeln herausschauen. Wir konnten nur den leichteren Schlitten
brauchen – ich hatte nämlich noch einen machen lassen –, der etwas
länger, aber schmäler war als der andere. Er fiel wohl öfter um, aber
konnte auch leichter durch die Schluchten, welche die Schneewehen
bildeten, durchdringen. Ich konnte jetzt nicht mehr allein zur Be-
sorgung meiner Geschäfte herumfahren, weil ich mir mit allen meinen Kräften in vielen Fällen allein nicht helfen konnte. Und es waren
mehr Kranke, als es in allen sonstigen Zeiten gegeben hatte. Deswegen fuhr jetzt der Thomas immer mit mir, daß wir uns gegenseitig
beistünden, wenn der Weg nicht mehr zu finden war, wenn wir den
Fuchs aus dem Schnee, in den er sich verfiel, austreten mußten oder
wenn einer, da es irgendwo ganz unmöglich war durchzudringen, bei
dem Pferde bleiben und der andere zurückgehen und Leute holen
mußte, damit sie uns helfen. Es wurde nach dem großen Schneefalle
auch so kalt, wie man es je kaum erlebt hatte. Auf einer Seite war es
gut, denn der tiefe Schnee fror so fest, daß man über Stellen und
über Schlünde gehen konnte, wo es sonst unmöglich gewesen wäre;
aber auf der andern Seite war es auch schlimm, denn die Menschen,
welche viel gingen, ermüdet wurden und unwissend waren, setzten
sich nieder, gaben der süßen Ruhe nach und wurden dann erfroren
gefunden, wie sie noch saßen, wie sie sich niedergesetzt hatten. Vögel
fielen von den Bäumen, und wenn man es sah und sogleich einen in
die Hand nahm, war er fest wie eine Kugel, die man werfen konnte.

Wenn meine jungen Rappen ausgeführt wurden und von einem Baume oder sonstwo eine Schneeflocke auf ihren Rücken fiel, so schmolz
dieselbe nicht, wenn sie nach Hause kamen, wie lebendig und tüchtig und voll von Feuer die Tiere auch waren. Erst im Stalle verlor
sich das Weiß und Grau von dem Rücken. Wenn sie ausgeführt wurden, sah ich manchmal den jungen Gottlieb mitgehen und hinter
den Tieren herbleiben, wenn sie auf verschiedenen Wegen herumgeführt wurden, aber es tut nichts, die Kälte wird ihm nichts anhaben,
und er ist ja in den guten Pelz gehüllt, den ich ihm aus meinem alten
habe machen lassen. Ich ging oft in die Zimmer der Meinigen hinab
und sah, ob alles in Ordnung sei, ob sie gehörig Holz zum Heizen
haben, ob die Wohnung überall gut geborgen sei, daß nicht auf einen,
wenn er vielleicht im Bette sei, der Strom einer kalten Luft gehe und
er erkranke; ich sah auch nach der Speise, denn bei solcher Kälte ist
es nicht einerlei, ob man das oder jenes esse. Dem Gottlieb, der nur
mit Spänen heizte, ließ ich von den dichten Buchenstöcken hinüber-
legen. Im Eichenhage oben soll ein Knall geschehen sein, der seinesgleichen gar nicht hat. Der Knecht des Beringer sagte, daß einer der
schönsten Stämme durch die Kälte von unten bis oben gespalten
worden sei, er habe ihn selber gesehen. Der Thomas und ich waren
in Pelze und Dinge eingehüllt, daß wir zwei Bündeln, kaum aber
Menschen gleich sahen. Dieser Winter, von dem wir dachten, daß er
uns viel Wasser bringen würde, endigte endlich mit einer Begebenheit, die wunderbar war und uns leicht in die äußerste Gefahr hätte
bringen können, wenn sie nicht eben gerade so abgelaufen wäre, wie
sie ablief. Nach dem vielen Schneefalle und während der Kälte war
es immer schön, es war immer blauer Himmel, morgens rauchte es
beim Sonnenaufgange von Glanz und Schnee, und nachts war der
Himmel dunkel wie sonst nie, und es standen viel mehr Sterne in
ihm als zu allen Zeiten. Dies dauerte lange – aber einmal fiel gegen
Mittag die Kälte so schnell ab, daß man die Luft bald warm nennen
konnte, die reine Bläue des Himmels trübte sich, von der Mittags-
seite des Waldes kamen an dem Himmel Wolkenballen, gedunsen und
fahlblau, in einem milchigen Nebel schwimmend, wie im Sommer,
wenn ein Gewitter kommen soll – ein leichtes Windchen hatte sich
schon früher gehoben, daß die Fichten seufzten und Ströme Wassers
von ihren Ästen niederflossen. Gegen Abend standen die Wälder, die
bisher immer bereift und wie in Zucker eingemacht gewesen waren,
bereits ganz schwarz in den Mengen des bleichen und wässerigen
Schnees da. Wir hatten bange Gefühle, und ich sagte dem Thomas,
daß sie abwechselnd nachschauen, daß sie die hinteren Tore im Augenmerk halten sollten und daß er mich wecke, wenn das Wasser zuviel
werden sollte. Ich wurde nicht geweckt, und als ich des Morgens die

Augen öffnete, war alles anders, als ich es erwartet hatte. Das Windchen hatte aufgehört, es war so stille, daß sich von der Tanne, die ich
keine Büchsenschußlänge von meinem Fenster an meinem Sommerbänkchen stehen sah, keine einzige Nadel rührte; die blauen und mit-
unter bleifarbigen Wolkenballen waren nicht mehr an dem Himmel,
der dafür in einem stillen Grau unbeweglich stand, welches Grau an
keinem Teile der großen Wölbung mehr oder weniger Grau war, und
an der dunklen Öffnung der offenstehenden Tür des Heubodens bemerkte ich, daß feiner, aber dichter Regen niederfalle; allein wie ich
auf allen Gegenständen das schillerige Glänzen sah, war es nicht das
Lockern oder Sickern des Schnees, der in dem Regen zerfällt, sondern
das blasse Glänzen eines Überzuges, der sich über alle die Hügel des
Schnees gelegt hatte. Als ich mich angekleidet und meine Suppe gegessen hatte, ging ich in den Hof hinab, wo der Thomas den Schlitten
zurechtrichtete. Da bemerkte ich, daß bei uns herunten an der Oberfläche des Schnees während der Nacht wieder Kälte eingefallen sei,
während es oben in den höheren Teilen des Himmels warm geblieben war; denn der Regen floß fein und dicht hernieder, aber nicht in
der Gestalt von Eiskörnern, sondern als reines, fließendes Wasser, das
erst an der Oberfläche der Erde gefror und die Dinge mit einem dünnen Schmelze überzog, derlei man in das Innere der Geschirre zu tun
pflegt, damit sich die Flüssigkeiten nicht in den Ton ziehen können.
Im Hofe zerbrach der Überzug bei den Tritten noch in die feinsten
Scherben, es mußte also erst vor Anbruch des Tages zu regnen angefangen haben. Ich tat die Dinge, die ich mitnehmen wollte, in ihre
Fächer, die in dem Schlitten angebracht waren, und sagte dem Thomas,
er solle doch, ehe wir zum Fortfahren kämen, noch den Fuchs zu
dem untern Schmied hinüberführen und nachschauen lassen, ob er
scharf genug sei, weil wir heute im Eise fahren müßten. Es war uns
so recht, wie es war, und viel lieber, als wenn der unermeßliche Schnee
schnell und plötzlich in Wasser verwandelt worden wäre. Dann ging
ich wieder in die Stube hinauf, die sie mir viel zu viel geheizt hatten,
schrieb einiges auf und dachte nach, wie ich mir heute die Ordnung
einzurichten hätte. Da sah ich auch, wie der Thomas den Fuchs zum
untern Schmied hinüberführte. Nach einer Weile, da wir fertig waren,
richteten wir uns zum Fortfahren. Ich tat den Regenmantel um und
setzte meine breite Filzkappe auf, davon der Regen abrinnen konnte.
So machte ich mich in dem Schlitten zurecht und zog das Leder sehr
weit herauf. Der Thomas hatte seinen gelben Mantel um die Schultern
und saß vor mir in dem Schlitten. Wir fuhren zuerst durch den Taugrund, und es war an dem Himmel und auf der Erde so stille und
einfach grau wie des Morgens, so daß wir, als wir einmal stillehiel-
ten, den Regen durch die Nadeln fallen hören konnten. Der Fuchs

hatte die Schellen an dem Schlittengeschirre nicht recht ertragen können und sich öfter daran geschreckt, deshalb tat ich sie schon, als ich nur ein paar Male mit ihm gefahren war, weg. Sie sind auch ein närrisches Klingeln, und mir war es viel lieber, wenn ich so fuhr, manchen Schrei eines Vogels, manchen Waldton zu hören oder mich meinen Gedanken zu überlassen, als daß ich immer das Tönen in den Ohren hatte, das für die Kinder ist. Heute war es freilich nicht so ruhig, wie manchmal das stumme Fahren des Schlittens im feinen Schnee war, wie im Sande, wo auch die Hufe des Pferdes nicht wahrgenommen werden konnten; denn das Zerbrechen des zarten Eises, wenn das Tier darauf trat, machte ein immerwährendes Geräusch, daher aber das Schweigen, als wir halten mußten, weil der Thomas in dem Riemzeug etwas zurechtzurichten hatte, desto auffallender war. Und der Regen, dessen Rieseln durch die Nadeln man hören konnte, störte die Stille kaum, ja er vermehrte sie. Noch etwas anderes hörten wir später, da wir wieder hielten, was fast lieblich für die Ohren war. Die kleinen Stücke Eises, die sich an die dünnsten Zweige und an das langhaarige Moos der Bäume angehängt hatten, brachen herab, und wir gewahrten hinter uns in dem Walde an verschiedenen Stellen, die bald dort und bald da waren, das zarte Klingen und ein zitterndes Brechen, das gleich wieder stille war. Dann kamen wir aus dem Walde hinaus und fuhren durch die Gegend hin, in der die Felder liegen. Der gelbe Mantel des Thomas glänzte, als wenn er mit Öl übertüncht worden wäre; von der rauhen Decke des Pferdes hingen Silberfransen hernieder; wie ich zufällig einmal nach meiner Filzkappe griff, weil ich sie unbequem auf dem Haupte empfand, war sie fest, und ich hatte sie wie eine Kriegshaube auf; und der Boden des Weges, der hier breiter und, weil mehr gefahren wurde, fester war, war schon so mit Eis belegt, weil das gestrige Wasser, das in den Geleisen gestanden war, auch gefroren war, daß die Hufe des Fuchses die Decke nicht mehr durchschlagen konnten und wir unter hallenden Schlägen der Hufeisen und unter Schleudern unseres kleinen Schlittens, wenn die Fläche des Weges ein wenig schief war, fortfahren mußten.

Wir kamen zuerst zu dem Karbauer, der ein krankes Kind hatte. Von dem Hausdache hing ringsum, gleichsam ein Orgelwerk bildend, die Verzierung starrender Zapfen, die lang waren, teils herabbrachen, teils an der Spitze ein Wassertröpfchen hielten, das sie wieder länger und wieder zum Herabbrechen geneigter machte. Als ich ausstieg, bemerkte ich, daß das Überdach meines Regenmantels, das ich gewöhnlich so über mich und den Schlitten breite, daß ich mich und die Arme darunter rühren könne, in der Tat ein Dach geworden war, das fest um mich stand und beim Aussteigen ein Klingelwerk fallender Zapfen in allen Teilen des Schlittens verursachte. Der Hut des

Thomas war fest, sein Mantel krachte, da er abstieg, auseinander, und jede Stange, jedes Holz, jede Schnalle, jedes Teilchen des ganzen Schlittens, wie wir ihn jetzt so ansahen, war in Eis wie in durchsichtigen, flüssigen Zucker gehüllt, selbst in den Mähnen, wie tausend bleiche Perlen, hingen die gefrorenen Tropfen des Wassers, und zuletzt war es um die Hufhaare des Fuchses wie silberne Borden geheftet.

Ich ging in das Haus. Der Mantel wurde auf den Schragen gehängt, und wie ich die Filzkappe auf den Tisch des Vorhauses legte, war sie wie ein schimmerndes Becken anzuschauen.

Als wir wieder fortfahren wollten, zerschlugen wir das Eis auf unsern Hüten, auf unsern Kleidern, an dem Leder und den Teilen des Schlittens, an dem Riemzeug des Geschirres und zerrieben es an den Haaren der Mähne und der Hufe des Fuchses. Die Leute des Karbauer halfen uns hierbei. Das Kind war schon schier ganz gesund. Unter dem Obstbaumwalde des Karhauses, den der Bauer sehr liebt und schätzt und der hinter dem Hause anhebt, lagen unzählige kleine, schwarze Zweige auf dem weißen Schnee, und jeder schwarze Zweig war mit einer durchsichtigen Rinde von Eis umhüllt und zeigte neben dem Glanze des Eises die kleine, frische Wunde des Herabbruchs. Die braunen Knösplein der Zweige, die im künftigen Frühlinge Blüten- und Blätterbüschlein werden sollten, blickten durch das Eis hindurch. Wir setzten uns in den Schlitten. Der Regen, die graue Stille und die Einöde des Himmels dauerten fort.

Da wir in der Dubs hinüberfuhren, an der oberen Stelle, wo links das Gehänge ist und an der Schneide der lange Wald hingeht, sahen wir den Wald nicht mehr schwarz, sondern er war gleichsam bereift, wie im Winter, wenn der Schnee in die Nadeln gestreut ist und lange Kälte herrscht; aber der Reif war heute nicht so weiß wie Zucker, dergleichen er sonst ähnlich zu sein pflegt, sondern es war das dumpfe Glänzen und das gleichmäßige Schimmern an allen Orten, wenn es bei trübem Himmel überall naß ist; aber heute war es nicht von der Nässe, sondern von dem unendlichen Eise, das in den Ästen hing. Wir konnten, wenn wir etwas aufwärts und daher langsamer fuhren, das Knistern der brechenden Zweige sogar bis zu uns herab hören, und der Wald erschien, als sei er lebendig geworden. Das blasse Leuchten des Eises auf allen Hügeln des Schnees war rings um uns herum, das Grau des Himmels war beinahe sehr licht, und der Regen dauerte stille fort, gleichmäßig fein und gleichmäßig dicht.

Wir hatten in den letzten Häusern der Dubs etwas zu tun, ich machte die Gänge, da die Orte nicht weit auseinanderlagen, zu Fuße, und der Fuchs wurde in den Stall getan, nachdem er wieder von dem Eise, das an ihm rasselte, befreit worden war. Der Schlitten und die Kleider des Thomas mußten ebenfalls ausgelöst werden; die meinigen aber, nämlich der Mantel und die Filzkappe, wurden nur von dem, was bei oberflächlichem Klopfen und Rütteln herabging, erleichtert, das andere aber daran gelassen, da ich doch wieder damit in dem Regen herumgehen mußte und neue Lasten auf mich lud. Ich hatte mehr Kranke, als sie sonst in dieser Jahreszeit zu sein pflegen. Sie waren aber alle ziemlich in der Nähe beisammen, und ich ging von dem einen zu dem andern. An den Zäunen, an den Strunken von Obstbäumen und an den Rändern der Dächer hing unsägliches Eis. An mehreren Planken waren die Zwischenräume verquollen, als wäre das ganze in eine Menge eines zähen Stoffes eingehüllt worden, der dann erstarrte. Mancher Busch sah aus wie viele ineinandergewundene Kerzen oder wie lichte, wässerig glänzende Korallen.

Ich hatte dieses Ding nie so gesehen wie heute.

Die Leute schlugen manche der bis ins Unglaubliche herabgewachsenen Zapfen von den Dächern, weil sie sonst, wenn sie gar groß geworden waren, im Herabbrechen Stücke der Schindeln oder Rinnen mit sich auf die Erde nahmen. Da ich in der Dubs herumging, wo mehrere Häuser um den schönen Platz herum stehen, den sie bilden, sah ich, wie zwei Mägde das Wasser, welche im Tragen hin und her geschwemmt haben würde, in einem Schlitten nach Hause zogen. Zu dem Brunnen, der in der Mitte des Platzes steht und um dessen Holzgeschlacht herum schon im Winter der Schnee einen Berg gebildet hatte, mußten sie sich mit der Axt Stufen hineinhauen. Sonst gingen die Leute gar nicht aus den Häusern, und wo man doch einen sah, duckte er oben mit dem Haupte vor dem Regen in sein Gewand, und unten griff er mit den Füßen vorsichtig vorwärts, um in der unsäglichen Glätte nicht zu fallen.

Wir mußten wieder fort. Wir fuhren mit dem Fuchs, den wir wieder hatten scharf machen lassen, durch die ebenen Felder hinüber gegen das Eckstück, welches die Siller am höher stehenden Walde einfaßt und wo mehrere Holzhäuser stehen. Wir hörten, da wir über die Felder fuhren, einen dumpfen Fall, wußten aber nicht recht, was es war. Auf dem Raine sahen wir einen Weidenbaum gleißend stehen, und seine zähen, silbernen Äste gingen herab, wie mit einem Kamme niedergekämmt. Den Waldring, dem wir entgegenfuhren, sahen wir bereift, aber er warf glänzende Funken und stand wie geglättete Metallstellen von dem lichten, ruhigen, matten Grau des Himmels ab.

Von den Holzhäusern mußten wir wieder zurück über die Felder, aber schief auf dem Wege gegen das Eidun. Die Hufe unseres Pferdes hallten auf der Decke wie starke Steine, die gegen Metallschilde geworfen werden. Wir aßen bei dem Wirte etwas, weil wir zu spät nach Hause gekommen sein würden, dann, nachdem wir den Schlitten, das Pferd und unsere Kleider wieder frei gemacht hatten, fuhren wir wieder ab, auf dem Wege, der nach meinem Hause führte. Ich hatte nur noch in den letzten Eidunhäusern etwas zu tun, und dann konnten wir auf dem Wege hinüberfahren, wo im Sommer die Eidunwiesen sind, im Winter aber alle die fahren und gehen, die im Waldhange und oberen Hage Geschäfte haben. Von da konnten wir gegen den Fahrweg einlenken, der durch den Taugrund und nach Hause führt. Da wir uns auf den Wiesen befanden, über deren Ebene wir jetzt freilich klafterhoch erhoben fuhren, hörten wir wieder denselben dumpfen Fall wie heute schon einmal, aber wir erkannten ihn wieder nicht und wußten auch nicht einmal ganz genau, woher wir ihn gehört hatten. Wir waren sehr froh, einmal nach Hause zu kommen, denn der Regen und das Feuchte, das in unserm ganzen Körper steckte, tat uns recht unwohl, auch war die Glätte unangenehm, die allenthalben unnatürlich über Flur und Feld gebreitet war und den Fuß, wenn man ausstieg, zwang, recht vorsichtig auf die Erde zu greifen, woher man, wenn man auch nicht gar viel und gar weit ging, unglaublich ermüdet wurde.

Da wir endlich gegen den Taugrund kamen und der Wald, der von der Höhe herabzieht, anfing, gegen unsern Weg herüberzulangen, hörten wir plötzlich in dem Schwarzholze, das auf dem schön emporragenden Felsen steht, ein Geräusch, das sehr seltsam war und das keiner von uns je vernommen hatte – es war, als ob viele Tausende oder gar Millionen von Glasstangen durcheinanderrasselten und in diesem Gewirre fort in die Entfernung zögen. Das Schwarzholz war doch zu weit zu unserer Rechten entfernt, als daß wir den Schall recht klar hätten erkennen können, und in der Stille, die in dem Himmel und auf der Gegend war, ist er uns recht sonderbar erschienen. Wir fuhren noch eine Strecke fort, ehe wir den Fuchs aufhalten konnten, der im Nachhauserennen begriffen war und auch schon trachten mochte, aus diesem Tage in den Stall zu kommen. Wir hielten endlich und hörten in den Lüften gleichsam ein unbestimmtes Rauschen, sonst aber nichts. Das Rauschen hatte jedoch keine Ähnlichkeit mit dem fernen Getöse, das wir eben durch die Hufschläge unseres Pferdes hindurch gehört hatten. Wir fuhren wieder fort und näherten uns dem Walde des Taugrundes immer mehr und sahen endlich schon die dunkle Öffnung, wo der Weg in das Gehölze hineingeht. Wenn es auch noch früh am Nachmittage war, wenn auch der graue Himmel so licht schien, daß es war, als müßte man den Schimmer der Sonne durchsinken sehen, so war es doch ein Winternachmittag, und es war so trübe, daß sich schon die weißen Gefilde vor uns zu entfärben begannen und in dem Holze Dämmerung zu herrschen schien. Es mußte aber doch nur scheinbar sein, indem der Glanz des Schnees gegen das Dunkel der hintereinanderstehenden Stämme abstach.

Als wir an die Stelle kamen, wo wir unter die Wölbung des Waldes hineinfahren sollten, blieb der Thomas stehen. Wir sahen vor uns eine sehr schlanke Fichte zu einem Reife gekrümmt stehen und einen Bogen über unsere Straße bildend, wie man sie einziehenden Kaisern zu machen pflegt. Es war unsäglich, welche Pracht und Last des Eises von den Bäumen hing. Wie Leuchter, von denen unzählige umgekehrte Kerzen in unerhörten Größen ragten, standen die Nadelbäume. Die Kerzen schimmerten alle von Silber, die Leuchter waren selber silbern und standen nicht überall gerade, sondern manche waren nach verschiedenen Richtungen geneigt. Das Rauschen, welches wir früher in den Lüften gehört hatten, war uns jetzt bekannt; es war nicht in den Lüften; jetzt war es bei uns. In der ganzen Tiefe des Waldes herrschte es ununterbrochen fort, wie die Zweige und Äste krachten und auf die Erde fielen. Es war um so fürchterlicher, da alles unbeweglich stand; von dem ganzen Geglitzer und Geglänze rührte sich kein Zweig und keine Nadel, außer wenn man nach einer Weile wieder auf einen gebogenen Baum sah, daß er von den ziehenden Zapfen niederer stand. Wir harrten und schauten hin, man weiß nicht, war es Bewunderung oder war es Furcht, in das Ding hineinzufahren. Unser Pferd mochte die Empfindungen in einer Ähnlichkeit teilen, denn das arme Tier schob, die Füße sachte anziehend, den Schlitten in mehreren Rucken etwas zurück.

Wie wir noch dastanden und schauten – wir hatten noch kein Wort geredet –, hörten wir wieder den Fall, den wir heute schon zweimal vernommen hatten. Jetzt war er uns aber völlig bekannt. Ein helles Krachen, gleichsam wie ein Schrei, ging vorher, dann folgte ein kurzes Wehen, Sausen oder Streifen und dann der dumpfe, dröhnende Fall, mit dem ein mächtiger Stamm auf der Erde lag. Der Knall ging wie ein Brausen durch den Wald und durch die Dichte der dämpfenden Zweige; es war auch noch ein Klingeln und Geschimmer, als ob unendliches Glas durcheinandergeschoben und -gerüttelt würde – dann war es wieder wie vorher, die Stämme standen und ragten durcheinander, nichts regte sich, und das stillstehende Rauschen dauerte fort. Es war merkwürdig, wenn ganz in unserer Nähe ein Ast oder Zweig oder ein Stück Eis fiel; man sah nicht, woher es kam, man sah nur schnell das Hernniederblitzen, hörte etwa das Aufschlagen, hatte nicht das Emporschnellen des verlassenen und erleichterten Zweiges gesehen, und das Starren, wie früher, dauerte fort.

Es wurde uns begreiflich, daß wir in den Wald nicht hineinfahren konnten. Es mochte irgendwo schon über den Weg ein Baum mit all seinem Geäste liegen, über den wir nicht hinüber könnten und der nicht zu umgehen war, weil die Bäume dicht stehen, ihre Nadeln vermischen und der Schnee bis in das Geäste und Geflechte des Niedersatzes ragte.

Wenn wir dann umkehrten und auf dem Wege, auf dem wir gekommen waren, zurück wollten, und da sich etwa auch unterdessen ein Baum herübergelegt hätte, so wären wir mitten darinnen gewesen. Der Regen dauerte unablässig fort, wir selber waren schon wieder eingehüllt, daß wir uns nicht regen konnten, ohne die Decke zu zerbrechen, der Schlitten war schwerfällig und verglast, und der Fuchs trug seine Lasten – wenn irgend etwas in den Bäumen um eine Unze an Gewicht gewann, so mochte es fallen, ja die Stämme selber mochten brechen, die Spitzen der Zapfen, wie Keile, mochten niederfahren, wir sahen ohnedem auf unserm Wege, der vor uns lag, viele zerstreut, und während wir standen, waren in der Ferne wieder dumpfe Schläge zu vernehmen gewesen. Wie wir umschauten, woher wir gekommen, war auf den ganzen Feldern und in der Gegend kein Mensch und kein lebendiges Wesen zu sehen. Nur ich mit dem Thomas und mit dem Fuchse waren allein in der freien Natur.

Ich sagte dem Thomas, daß wir umkehren müßten. Wir stiegen aus, schüttelten unsere Kleider ab, so gut es möglich war, und befreiten die Haare des Fuchses von dem anhängenden Eise, von dem es uns vorkam, als wachse es jetzt viel schneller an als am Vormittage, war es nun, daß wir damals die Erscheinung beobachteten und im Hinschauen darauf ihr Fortgang uns langsamer vorkam als nachmittags, wo wir andere Dinge zu tun hatten und nach einer Weile erst sahen, wie das Eis sich wieder gehäuft hatte – oder war es kälter und der Regen dichter geworden. Wir wußten es nicht. Der Fuchs und der Schlitten wurden sodann von dem Thomas umgekehrt, und wir fuhren, so schnell wir konnten, gegen die uns zunächst gerichteten Eidunhäuser zurück. Es war damals am oberen Ende, wo der Bühl sacht beginnt, noch das Wirtshaus – der Burmann hat es heuer gekauft und treibt bloß Feldwirtschaft –, dorthin fuhren wir über den Schnee, der jetzt trug, ohne Weg, in der geradesten Richtung, die wir einschlagen konnten. Ich bat den Wirt, daß er mir eine Stelle in seinem Stalle für meinen Fuchs zurechträumen möchte. Er tat es, obwohl er ein Rind hinüber auf einen Platz seines Stalles hängen mußte, wo sonst nur Stroh und einstweilen Futter lag, das man an dem Tage gebrauchen wollte. Den Schlitten taten wir in die Wagenlaube. Als wir das untergebracht und uns wieder von der angewachsenen Last befreit hatten, nahm ich einiges aus dem Schlitten, was ich brauchte, und sagte, ich werde nun zu Fuß den Weg nach Hause antreten; denn ich müsse in der Nacht in meinem Hause sein, weil manches zu bereiten ist, das ich morgen bedürfe, und weil ich morgen einen andern Weg einzuschlagen hätte, da ich die Kranken in dem oberen Lande besuchen müßte, die mich heute nicht gesehen hatten. – Den Taugrund könne ich umgehen, ich wolle durch das Gebühl, dann durch die Wiesen des Meierbacher links hinauf, sodann durch die kleinen Erlenbüsche, die gefahrlos sind, hinüber gegen die Hagweiden und von dort gegen mein Haus hinunter, das in dem Tale steht.

Als ich das so gesagt hatte, wollte mein Knecht Thomas nicht zugeben, daß ich allein gehe; denn der Weg, den ich beschrieben hatte, wäre hügelig und ging an Höhen von Wiesen hinauf, wo gewiß überhängende Schneelehnen sind und wo in dem glatten Eise das Klimmen und Steigen von großer Gefahr sein möchte. Er sagte, er wolle mit mir gehen, daß wir einander an den Meierbacher Wiesen emporhelfen, daß wir einander beistehen und uns durch das Geerle hinüberziehen möchten. Unsere Fahrangelegenheit könnten wir bei dem Wirt dalassen, er würde ihm schon sagen, wie der Fuchs zu füttern und zu pflegen sei. Morgen, wenn sich das Wetter geändert hätte, würde er um den Fuchs herübergehen, und zu meiner Fahrt, wenn ich zeitig fortwollte, könnte ich die Pferde des Rotbergerwirtes nehmen, um die ich den Gottlieb oder jemand hinabschicken möge, wenn ja sonst Gott einen Tag sende, an dem ein Mensch unter den freien Himmel herauszugehen sich wage.

Ich sah das alles ein, was mein Knecht Thomas sagte, und da ich mich auch nicht ganz genau erinnerte – man schaut das nicht so genau an –, ob denn wirklich überall da, wo ich zu gehen vorhatte, keine Bäume stünden oder ob ich nicht einen viel weiteren Umweg zu machen oder gar wieder zurückzugehen hätte, wenn ich nicht vordringen könnte, so gestattete ich ihm, daß er mitgehe, damit wir unser zwei sind und die Sache mit mehr Kräften beherrschten.

Ich habe in meinem Schlitten immer Steigeisen eingepackt, weil ich oft aussteigen und über manche Hügel hinauf, die in unserem Lande sind und steile Hänge haben, zu Kranken gehen muß, wo ich, wenn Glatteis herrscht, gar nicht oder mit Gefahr und Mühe auf den Wegen, die niemand pflegt oder die verschneit und vereist sind, hinaufkommen könnte. Weil es aber auch leicht möglich ist, daß etwas bricht, so führe ich immer zwei Paare mit, daß ich in keine Ungelegenheit komme. Heute hatte ich sie nicht gebraucht, weil ich immer an ebenen Stellen zu gehen hatte und weil ich die Füße nicht an immerdauernde Unterstützung gewöhnen will. Ich suchte die Steigeisen aus dem Schlitten heraus und gab dem Thomas ein Paar. Dann steckte ich aus den Fächern des Schlittens die Dinge und Herrichtungen zu mir, die ich morgen brauchen sollte. An dem Gestelle des Schlittens oberhalb der Kufe dem Korbe entlang sind Bergstöcke angeschnallt, die eine sehr starke Eisenspitze haben und weiter aufwärts einen eisernen Haken, um sich damit einzuhaken und anzuhängen. Am obersten Ende des Holzes sind sie mit einem Knauf versehen, daß sie nicht so leicht durch die Hand gleiten. Weil ich aus Vorsicht auch immer zwei solche Stöcke bei mir habe, so gab ich dem Thomas einen, nachdem er sie abgeschnallt hatte, und einen behielt ich mir. So gingen wir dann, ohne uns noch aufzuhalten, sogleich fort, weil an solchen Wintertagen die Nacht schnell einbricht und dann sehr finster ist. Der Thomas hatte darum auch die Blendlaterne aus dem Schlitten genommen und hatte sich mit Feuerzeug versehen.

Auf dem offenen Felde, ehe wir wieder in die Nähe des Taugrundes kamen, gingen wir ohne Steigeisen, bloß mit Hilfe der Stöcke fort, was sehr beschwerlich war. Als wir in die Nähe des Waldes kamen und uns das fürchterliche Rauschen wieder empfing, beugten wir links ab gegen die Wiesen des Meierbacher hin, die eine Lichtung durch den Wald bilden und die uns den Weg darstellen sollten, auf dem wir nach Hause gelangen könnten. Wir erreichten die Wiesen, das will sagen, wir erkannten, daß wir uns auf dem Schnee über ihrer Grenze befanden, weil die Rinde nun sanft abwärts zu gehen begann, wo unten der Bach sein sollte, über dem aber zwei Klafter hoher Schnee oder noch höherer stand. Wir wagten, da der Grund nicht zerrissen ist und die Decke mit ihrem Glänzen ein gleichmäßiges Abgehen zeigte, das Hinabfahren mit unseren Bergstöcken. Es gelang gut. Wir hätten wohl mittelst der Steigeisen lange gebraucht, hinabzukommen, aber so gelangten wir in einem Augenblicke hinunter, daß die Luft an unseren Angesichtern und durch unsere Haare sauste. Wirklich glaubten wir, da wir wieder aufgestanden waren, es habe sich ein kleines Windchen gehoben, aber es war nur unsere Bewegung gewesen, und ringsum war es so ruhig wie den ganzen Tag. Wir legten nun in dem Grunde unsere Steigeisen an, um über die Höhe und den bedeutenden Bühel emporzukommen, in denen sich die Wiese hinüber gegen die Erlengebüsche legt, auf die wir hinausgelangen wollten. Es ist gut, daß ich aus Vorsicht die Spitzen der Steigeisen immer zuschleifen und schärfen lasse, denn wir gingen über den Bühel, der wie eine ungeheure gläserne Spiegelwalze vor uns lag, so gerade hinauf, als würden wir mit jedem Tritte an die Glätte angeheftet. Als wir oben waren und an dem Rande des Geerles standen, wo man ziemlich weit herumsieht, meinten wir, es dämmere bereits, denn der Eisglanz hatte dahinab, wo wir heraufgekommen waren, eine Farbe wie Zinn, und wo die Schneewehen sich überwölbten und Rinnen und Löcher bildeten, saß es wie grauliche Schatten darinnen; aber die Ursache, daß wir so trüb sahen, mußte der Tag sein, der durch die weißliche, feste Decke des Himmels dieses seltsame, dämmerige Licht warf. Wir sahen auf mehrere Wälder, die jenseits dieser Höhe herum ziehen: Sie waren grau und schwarz gegen den Himmel und den Schnee, und die Lebendigkeit in ihnen, das gedämpfte Rauschen, war fast hörbar – aber deutlich zu vernehmen war mancher Fall und dann das Brausen, das darauf durch die Glieder der Bergzüge ging.

Wir hielten uns nicht lange an diesem Platze auf, sondern suchten in die Büsche der Erlen einzudringen und durch sie hindurchzukommen. Die Steigeisen hatten wir weggetan und trugen sie über unsern Rücken herabhängend. Es war schwer, durch die Zweige, die dicht aus dem Schnee nach allen Richtungen ragten, zu kommen. Sie hielten uns die starren Ausläufe wie unzählige stählerne Stangen und Spieße entgegen, die in unsere Gewänder und Füße bohrten und uns verletzt haben würden. Aber wir brauchten unsere Bergstöcke dazu, daß wir mit ihnen vor uns in das Gezweige schlugen und Eis und Holz so weit zerschlugen und weich machten, daß wir mit Arbeit und gegenseitiger Hilfe durchgelangen konnten. Es dauerte aber lange.

Da wir endlich heraus waren und an den Hagweiden standen, wo wir hinunter in das Tal sahen, in dem mein Haus ist, dämmerte es wirklich, aber wir waren schon nahe genug und besorgten nichts mehr. Durch die allgemeine dicke, weißgraue Luft sahen wir mein Haus, und ein gerader bläulicher Rauch stieg aus demselben empor, wahrscheinlich von dem Feuer kommend, an dem Maria, die Haushälterin, unser Mahl in Bereitschaft richtete. Wir legten hier wieder die Steigeisen an und gingen langsam hinunter, bis wir auf ebenem Boden waren, wo wir sie wieder wegtaten.

Vor den Türen der Häuser, die in der Nähe des meinigen sind, standen Gruppen von Menschen und schauten den Himmel an.

„Ach, Herr Doktor", riefen sie, „ach, Herr Doktor, wo kommt Ihr denn an diesem fürchterlichen Tage her?"

„Ich komme von der Dubs und von den Eidunhäusern", sagte ich. „Mein Pferd und den Schlitten ließ ich zurück und bin über die Meierbacher Wiesen und die Hagweiden gekommen, weil ich nicht mehr durch den Wald konnte."

Ich blieb ein wenig bei den Leuten stehen. Wirklich war der Tag ein furchtbarer. Das Rauschen der Wälder war von ringsum bereits bis hierher zu hören, dazwischen tönte der Fall von Bäumen und folgte immer dichter aufeinander; ja sogar von dem hohen, oberen Walde her, wo man gar nicht wegen der Dicke des Nebels hinsehen konnte, konnte man das Krachen und Stürzen vernehmen. Der Himmel war immer weißlich, wie den ganzen Tag, ja sein Schimmer schien jetzt gegen Abend noch lichter zu werden; die Luft stand gänzlich unbewegt, und der feine Regen fiel gerade herunter.

„Gott gnade dem Menschen, der jetzt im Freien ist oder gar im Walde", sagte einer aus den Umstehenden.

„Er wird sich wohl gerettet haben", sagte ein anderer, „denn heute bleibt niemand auf einem Wege."

Ich und der Thomas trugen starke Lasten, die schier nicht mehr zu erhalten waren, deswegen nahmen wir Abschied von den Leuten und gingen unserm Hause zu. Jeder Baum hatte einen schwarzen Fleck um sich, weil eine Menge Zweige herabgerissen war, als hätte sie ein starker Hagelschlag getroffen. Mein hölzernes Gitter, mit dem ich den Hof von dem Garten, der noch nicht fertig war, abschließe, stand silbern da wie vor dem Altare einer Kirche; ein Pflaumenbaum daneben, der noch von dem alten Allerb herrührte, war geknickt. Die Fichte, bei welcher mein Sommerbänklein steht, hatten sie dadurch vor Schaden zu verwahren gesucht, daß sie mit Stangen, so weit sie reichen konnten, das Eis herabschlugen – und wie der Wipfel sich gar schier zu neigen schien, ist der andere Knecht, Kajetan, hinaufgestiegen, hat vorsichtig oberhalb sich herabgeschlagen und hat dann an die obersten Äste zwei Wiesbaumseile gebunden, die er herabhängen ließ und an denen er von Zeit zu Zeit rüttelte. Sie wußten, daß mir der Baum lieb war, und er ist auch sehr schön und mit seinen grünen Zweigen so bebuscht, daß sich eine ungeheure Last von Eis darangehängt und ihn zerspellt oder seine Äste zerrissen hätte. Ich ging in meine Stube, die gut gewärmt war, legte alle Dinge, die ich aus dem Schlitten zu mir gesteckt hatte, auf den Tisch und tat dann die Kleider weg, von denen sie unten das Eis herabschlugen und sie dann in die Küchenstube aufhängen mußten, denn sie waren sehr feucht.

Als ich mich anders angekleidet hatte, erfuhr ich, daß der Gottlieb zu dem Walde des Taugrundes hinabgegangen und noch immer nicht zurückgekehrt sei, weil er wisse, daß ich durch den Taugrund mit meinem Schlitten daherkommen müsse. Ich sagte dem Kajetan, daß er ihn holen solle, daß er sich noch jemand mitnehme, wenn er einen finden könne, der ihn begleite, daß sie eine Laterne und Eisen an die Füße und Stöcke in die Hand nehmen sollen. Sie brachten ihn später daher und er war schier mit Panzerringen versehen, weil er nicht überall das Eis von sich hatte abwehren können.

Ich aß ein weniges von meinem aufgehobenen Mahle. Die Dämmerung war schon weit vorgerückt und die Nacht bereits hereingebrochen. Ich konnte jetzt das verworrene Getöse sogar in meine Stube herein hören, und meine Leute gingen voll Angst unten in dem Hause herum.

Nach einer Weile kam der Thomas, der ebenfalls gegessen und andere Kleider angetan hatte, zu mir herein und sagte, daß sich die Leute der Nachbarhäuser versammeln und in großer Bestürzung seien. Ich tat einen starken Rock um und ging mittelst eines Stockes über das Eis zu den Häusern hinüber. Es war bereits ganz finster geworden, nur das Eis auf der Erde gab einen zweifelhaften Schein und ein Schneelicht von sich. Den Regen konnte man an dem Angesichte spüren, um das es feucht war, und ich spürte ihn auch an der Hand, mit welcher ich den Bergstock einsetzte. Das Getöse hatte sich in der Finsternis vermehrt, es war ringsherum an Orten, wo jetzt kein Auge hindringen konnte, wie das Rauschen entfernter Wasserfälle – das Brechen wurde auch immer deutlicher, als ob ein starkes Heer oder eine geschreilose Schlacht im Anzuge wäre. Ich sah die Leute, als ich näher gegen die Häuser kam, stehen, aber ich sah die schwarzen Gruppen derselben von den Häusern entfernt mitten im Schnee, nicht etwa vor den Türen oder an der Wand.

„Ach Doktor, helft, ach Doktor, helft!" riefen einige, da sie mich kommen sahen und mich an meinem Gang erkannten.

„Ich kann euch nicht helfen, Gott ist überall groß und wunderbar, er wird helfen und retten", sagte ich, indem ich zu ihnen hinzutrat.

Wir standen eine Weile beieinander und horchten auf die Töne. Später vernahm ich aus ihren Gesprächen, daß sie sich fürchteten, daß bei der Nacht die Häuser eingedrückt werden könnten. Ich sagte ihnen, daß sich in den Bäumen, insbesondere bei uns, wo die Nadelbäume so vorherrschend sind, in jedem Zweige, zwischen den kleinsten Reisern und Nadeln das unsäglich herunterrinnende Wasser sammle, in dem seltsamen Froste, der herrsche, gefriere und durch stets nachhaltendes Wachsen an den Ästen ziehe, Nadeln, Reiser, Zweige, Äste mit herabnehme und endlich Bäume biege und breche; aber von dem Dache, auf welchem die glatte Schneedecke liege, rinne das Wasser fast alles ab, um so mehr, da die Rinde des Eises glatt sei und das Rinnen befördere. Sie möchten nur durch Haken Stücke des Eises herabreißen, und da würden sie sehen, zu welch geringer Dicke die Rinde auf der schiefen Fläche anzuwachsen imstande gewesen sei. An den Bäumen ziehen unendlich viele Hände gleichsam bei unendlich vielen Haaren und Armen hernieder; bei den Häusern schiebe alles gegen den Rand, wo es in Zapfen niederhänge, die ohnmächtig sind oder losbrechen oder herabgeschlagen werden könnten. Ich tröstete sie hierdurch, und sie begriffen die Sache, die sie nur verwirrt hatte, weil nie dergleichen oder nicht in solcher Gewalt und Stärke erlebt worden war.

Ich ging dann wieder nach Hause. Ich selber war nicht so ruhig, ich zitterte innerlich; denn was sollte das werden, wenn der Regen noch immer so fortdauerte und das Donnern der armen Gewächse in so rascher Folge zunahm, wie es jetzt, wo schier alles am Äußersten war, geschah. Die Lasten hatten sich zusammengelegt; ein Lot, ein Quentchen, ein Tropfen konnten den hundertjährigen Baum stürzen. Ich zündete in meiner Stube Lichter an und wollte nicht schlafen. Der Bube Gottlieb hatte durch das lange Stehen und Warten an dem Taugrunde ein leichtes Fieber bekommen. Ich hatte ihn untersucht und schickte ihm etwas hinunter.

Nach einer Stunde kam der Thomas und sagte, daß die Leute zusammengekommen seien und beten; das Getöse sei furchtbar. Ich erwiderte ihm, es müsse sich bald ändern, und er entfernte sich wieder.

Ich ging in dem Zimmer, in das das Lärmen wie tosende Meereswogen drang, auf und nieder, und da ich mich später auf das lederne Sitzbett, das da stand, ein wenig niedergelegt hatte, schlief ich aus Müdigkeit doch ein.

Als ich wieder erwachte, hörte ich ein Sausen oberhalb meinem Dache, das ich mir nicht gleich zu erklären vermochte. Als ich aber aufstand, mich ermannte, an das Fenster trat und einen Flügel öffnete, erkannte ich, daß es Wind sei, ja, daß ein Sturm durch die Lüfte dahingehe. Ich wollte mich überzeugen, ob es noch regne und ob der Wind ein kalter oder warmer sei. Ich nahm einen Mantel um, und da ich durch das vordere Zimmer ging, sah ich seitwärts Licht durch die Tür des Gemaches herausfallen, in welchem Thomas schläft. Er ist nämlich in meiner Nähe, damit ich ihn mit der Glocke rufen könne, wenn ich etwas brauche oder falls mir etwas zustieße. Ich ging in das Gemach hinein und sah, daß er an dem Tische sitze. Er hatte sich gar nicht niedergelegt, weil er sich, wie er mir gestand, zu sehr fürchtete. Ich sagte ihm, daß ich hinuntergehe, um das Wetter zu prüfen. Er stand gleich auf, nahm seine Lampe und ging hinter mir die Treppe hinab. Als wir unten im Vorhause angekommen waren, stellte ich mein Licht in die Nische der Stiege und er seine Lampe dazu. Dann sperrte ich die Tür auf, die in den Hof hinausführt, und als wir aus den kalten Gängen hinaustraten, schlug uns draußen eine warme, weiche Luft entgegen. Der ungewöhnliche Stand der Dinge, der den ganzen Tag gedauert hatte, hatte sich gelöst. Die Wärme, welche von der Mittagseite herkam und bis jetzt nur in den oberen Teilen geherrscht hatte, war nun auch, wie es meist geschieht, in die unteren herabgesunken, und der Luftzug, der gewiß oben schon gewesen war, hatte sich herabgedrückt und war in völligen Sturm übergegangen. Auch am Himmel war es, soviel ich sehen konnte, anders geworden. Die einzelne graue Farbe war unterbrochen, denn ich sah dunkle und schwarze Stücke hier und da zerstreut. Der Regen war nicht mehr so dicht, schlug aber in weiter zerstreuten und stärkeren Tropfen an unser Gesicht. Als ich so stand, näherten sich mir einige Menschen, die in der Nähe meines Hauses gewesen sein mußten. Mein Hof ist nämlich nicht so, wie es gewöhnlich zu sein pflegt, und damals war er noch weniger verwahrt als jetzt. Das Mauerwerk meines Hauses ist nämlich von zwei Seiten ins Rechteck gestellt, und das sind die zwei Seiten des Hofes. Die dritte war damals mit einer Planke versehen, hinter der der Garten werden sollte, in den man durch ein hölzernes Gitter hineinging. Die vierte war die Einfahrt, damals

auch Planke, nicht einmal gut gefügt und mit einem hölzernen
Gittertore versehen, das meistens offenstand. In der Mitte des Hofes
sollte ein Brunnen werden, der aber damals noch gar nicht angefangen war. Es kam daher leicht an, daß Menschen zu mir in meinem
Hofe herzutreten konnten. Sie waren im Freien gestanden und hatten in großer Angst den Zustand der Dinge betrachten wollen. Als
sie das Licht in den Fenstern meiner Stube verschwinden sahen und
gleich darauf bemerkten, daß es an den Fenstern des Stiegenhauses
heruntergehe, dachten sie, daß ich in den Hof kommen würde, und
gingen näher herzu. Sie fürchteten erst rechte Verheerungen und unbekannte Schrecken, da nun der Sturm auch noch dazugekommen
sei. Ich sagte ihnen aber, daß dies gut ist und daß nun das Ärgste bereits hinter uns liege. Es war zu erwarten, daß die Kälte, die nur unten, nicht aber oben war, bald verschwinden würde. Es könne nun,
da der Wind so warm sei, kein neues Eis mehr entstehen, ja das alte
müsse weniger werden. Der Wind, wie sie meinten und fürchteten,
könne auch nicht mehr Bäume stürzen, als in der Windstille gefallen sind; denn als er sich hob, sei er gewiß nicht so stark gewesen,
daß er zu der Wucht, mit der mancher Stamm schon beladen gewesen war, so viel hinzugegeben hätte, daß der Stamm gebrochen wäre,
wohl aber sei er gewiß schon stark genug gewesen, um das Wasser,
das locker in den Nadeln geschwebt hatte, und die Eisstücke, die nur
mit einem schwachen Halt befestigt gewesen waren, herabzuschütteln.
Der nächste, stärkere Stoß habe schon einen erleichterten Baum
gefunden und habe ihn noch mehr erleichtert. So sei die Windstille,
in der sich alles heimlich sammeln und aufladen konnte, das Furchtbare und der Sturm, der das Zusammengeladene erschütterte, die Er-
lösung gewesen. Und wenn auch mancher Baum durch den Wind
zum Falle gebracht wurde, so wurden doch gewiß weit mehrere durch
ihn gerettet, und der schon im Äußersten stehende Stamm wäre auch
in der Windstille, nur um eine kleine Zeit später, gefallen. Und nicht
bloß herabgeschüttelt habe der Wind das Eis, sondern er habe es
auch durch seinen warmen Hauch zuerst in den zarteren Geweben,
dann in den stärkeren zerfressen und habe das dadurch entstandene
und auch das vom Himmel gefallene Wasser nicht in den Zweigen
gelassen, wie es eine bloß warme, aber stille Luft getan hätte. Und in
der Tat, obwohl wir durch das Sausen des Sturmes hindurch das frü-
here Rauschen der Wälder nicht hören konnten, so waren doch die
dumpfen Fälle, die wir allerdings noch vernahmen, viel seltener geworden.

Nach einer Weile, in welcher der Wind immer heftiger und, wie
wir meinten, auch immer wärmer geworden war, wünschten wir uns
eine gute Nacht und gingen nach Hause. Ich begab mich auf meine

Stube, entkleidete mich, legte mich in das Bett und schlief recht fest bis an den Morgen, da schon der helle Tag an dem Himmel stand.

Als ich erwacht war, stand ich auf, legte die Kleider an, die ich am Morgen gern habe, und ging an die Fenster. Der Sturm hatte sich noch gesteigert. Ein weißer Schaum jagte an dem Himmel dahin. Der blaue Rauch, der aus der Hütte des Klum herausging, zerflatterte wie ein zerrissener Schleier. Wo sich ein Stück einer schwarzen Wolke hinter einem Walde hervorragend sehen ließ, wälzte es sich am Himmel hin und war gleich wieder nicht sichtbar. Es schien, als sollte jeder Dunst verjagt werden und sogleich das reine Blau zum Vorschein kommen, allein es quoll der weiße Qualm immer wieder heraus, als würde er in der Tiefe des Himmels erzeugt, und bräunliche und graue und rötliche Stücke jagten in ihm dahin. Die Dächer der Nachbarhütten schimmerten naß; in den Mulden des Eises, das über dem Schnee lag, stand Wasser und wurde gekräuselt und in feinen Tropfen in die Lüfte zerspritzt; das andere nasse Eis glänzte schimmernd, als wäre die Weiße des Himmels daraufgeworfen; die Wälder ragten finsterer und die schwarze Farbe des Sturmes gewinnend gegen den Himmel, und wo ein näherer Baum seine Äste im Winde wiegte, stand oft augenblicklich ein langer Blitz da und verschwand, und selbst über die ferneren Wände der Wälder lief es noch zuzeiten wie verlorenes Geschimmer und Geglänze. In meinem Hofe war es naß, und die einzelnen, aber großen Tropfen schlugen gegen die andere Wand meines Hauses und gegen ihre Fenster, denn die meinigen waren dem Winde nicht zugekehrt und schauten gegen Sonnenaufgang. Bei der Fichte, an der mein Sommerbänklein steht, das aber jetzt wegen der großen Überhüllung des Schnees nicht zu erblicken war, sah ich, wie sie Leitern anlegten und der Kajetan hinaufkletterte, um die zwei Wiesbaumseile loszulösen.

Die Gefahr, in welcher wir schwebten, war nun eine andere und größere als gestern, wo nur für die Wälder und Gärten ein großer Schaden zu fürchten gewesen war. Wenn das Wasser von dem außerordentlich vielen Schnee, der in dem Winter gefallen war, auf einmal losgebunden wird, so kann es unsere Felder, unsere Wiesen und unsere Häuser zerstören. Der Wind war noch wärmer als in der vergangenen Nacht, denn ich öffnete die Fenster des Ganges, um ihn zu empfinden. Wenn einmal die dichte Eisdecke, die sich gestern wie zum Schutze auf die Erde gelegt hatte, durchfressen ist, dann wird der Schnee, das lockere Gewirre von lauter dünnen Eisnadeln, schnell in Tropfen zerfallen, die wilden Ungeheuer der Waldbäche werden aus den Tälern herausstürzen und donnernd die Felder, die Wiesen, die Flächen mit Wasser füllen; von allen Bergen werden schäumende Bänder niedergehen; das beweglich gewordene Wasser wird, wo Felsen und jähe Abhänge emporragen, die Lawinen, welche Steine,

Schnee und Bäume ballen, die Bäche dämmen und vor sich ein Meer von Wasser erzeugen.

Ich legte meine Kleider an, aß schnell mein Frühmahl und bereitete mich zu dem heutigen Tagwerke. Ich ging zu dem Knaben Gottlieb hinab, um nachzuschauen, aber er war ganz gesund und sah sehr gut aus. Ich sendete zu dem Vetter Martin, dem Wirt am Rotberge, hinunter, daß er mir heute ein Fuhrwerk leihe, denn durch den Taugrund war der Weg durch gestürzte Bäume verlegt und konnte so bald nicht befreit werden, obwohl nun keine Gefahr mehr unter den Bäumen herrschte. Von dem Rotberge herauf war aber alles frei geblieben, denn die Buchen mit ihren zähen Ästen hatten die belasteten Zweige zwar bis auf die Erde hängen lassen, waren aber doch dem Zerbrechen widerstanden. Auf dem Wege, auf welchem wir gestern gekommen waren, konnte der Thomas nicht in das Eidun und zu dem Fuchse hinübergelangen, weil das Eis nicht mehr trug, und ein tiefes, gefährliches Versinken in den wässerigen Schnee hätte erfolgen müssen. Er sagte, er wolle es gegen Mittag versuchen, bei den gestürzten Bäumen vorbeizuklettern und so in das Eidun zu kommen. Von den Rotberghäusern war zeitlich früh schon ein Bote heraufgekommen, der mir Nachricht von einem Kranken zu bringen hatte, und dieser hatte mir auch gesagt, daß es durch den Heidgraben und an dem Buchengehäng von dem Rotberge herauf frei geblieben war.

Während ich auf den Knecht wartete, den mir der Wirt am Rotberge mit einem Fuhrwerke senden sollte, untersuchte ich die Eisrinde des Schnees. Sie war noch nicht zerstört, aber an vielen Stellen in der Nähe meines Hauses so dünn, daß ich sie mit meiner Hand zerbrechen konnte. In muldenförmigen Gräben rann das Wasser auf der glatten Unterlage bereits sehr emsig dahin. Der Regen hatte ganz aufgehört, höchstens daß noch mancher einzelne Tropfen von dem Winde geschleudert wurde. Der Wind aber dauerte fort, er glättete das Eis, auf dem er das dünne Wasser dahinjagte, zu dem feinsten Schliffe und löste durch seine Weichheit unablässig alles Starre und Wassergebende auf.

Der Knecht des Wirtes am Rotberge kam, ich nahm mein Gewand gegen den Wind zusammen und setzte mich in den Schlitten. Ich habe an diesem Tage viele Dinge gesehen. Statt daß es gestern auf den Höhen und in den Wäldern gerauscht hatte, rauschte es heute in allen Tälern, statt daß es gestern an den Haaren des Fuchses niedergezogen hatte, flatterten sie an dem heutigen Pferde in allen Winden. Wenn wir um eine Schneewehe herum biegen wollten, sprang uns aus ihr ein Guß Wasser entgegen, es raschelte in allen Gräben, und in den kleinsten, unbedeutendsten Rinnen rieselte und brodelte es. Die Siller, sonst das schöne, freundliche Wasser, brauste aus dem Walde heraus, hatte die fremdartig, milchig schäumenden Wogen des Schneewassers und stach gegen die dunkle Höhle des Waldes ab, aus der sie hervorkam und in der noch die gestürzten Bäume übereinander und über das Wasser lagen, wie sie gestern von dem Eise gefällt worden waren. Wir konnten nicht durch den Wald fahren und mußten durch die Hagweiden den Feldweg einschlagen, der heuer zufällig befahren war, weil die Bewohner von Haslung ihr Holz von dem Sillerbruche wegen des vielen Schnees nicht durch den Wald, sondern auf diesem Umwege nach Hause bringen mußten. Wir fuhren durch den geweichten Schnee, wir fuhren durch Wasser, daß der Schlitten beinahe schwamm, und einmal mußte das Tier von dem Knechte mit größter Vorsicht geführt werden, und ich mußte bis auf die Brust durch das Schneewasser gehen.

Gegen Abend wurde es kühler, und der Wind hatte sich beinahe gelegt.

Als ich mich zu Hause in andere Kleider gehüllt hatte und um den Thomas fragte, kam er herauf zu mir und sagte, daß er mit dem Fuchse noch glücklich nach Hause gekommen sei. Er habe die gestürzten Bäume überklettert, man sei mit Sägen mit ihm gegangen, um wenigstens die größeren Stücke von dem Wege zu bringen, und da er zurückgekommen war, sei es schon ziemlich frei gewesen. Über die kleineren Stämme und über die Äste habe er den Schlitten hinübergeleitet. Aber der Bach, der im Taugrunde fließt, hätte ihm bald Hindernisse gemacht. Es ist zwar nicht der Bach da, aber an der Stelle, wo unter dem Schnee der Bach fließen sollte oder eigentlich gefroren sein mag, rann vieles Wasser in einer breiten Rinne hin. Als er den Fuchs hinleitete, wäre derselbe im Schnee versunken, der in dem Grunde des Wassers ist, daher er ihn wieder zurückzog und selber durch Hineinwaten so lange versuchte, bis er den festen Boden des heurigen Schlittenweges fand, auf welchem er dann den Fuchs und den Schlitten durchgeführt habe. Später wäre es nicht mehr möglich gewesen, denn jetzt stehe ein ganzer See von Wasser in den Niederungen des Taugrundes.

Ähnliche Nachrichten kamen aus verschiedenen Teilen meiner Nachbarschaft; von der Ferne konnte ich keine bekommen, weil sich niemand getraute, unter diesen Umständen einen weiteren Weg zu gehen. Selbst zwei Boten, die mir von entfernten Kranken Nachricht bringen sollten, sind ausgeblieben.

So brach die Nacht herein und hüllte uns die Kenntnis aller Dinge zu, außer dem Winde, den wir über die weiße, wassergetränkte, gefahrdrohende Gegend hinsausen hörten.

Am andern Tage war blauer Himmel, nur daß einzelne Wölklein nicht schnell, sondern gemach durch das gereinigte Blau dahinsegelten.

Der Wind hatte fast gänzlich aufgehört und zog auch nicht mehr aus Mittag, sondern ganz schwach aus Untergang. Auch war es kälter geworden, zwar nicht so kalt, daß es gefroren hätte, doch so, daß sich kein neues Wasser mehr erzeugte. Ich konnte auf meinen Wegen fast überall durchdringen, außer an zwei Stellen, wo das Wasser in einer solchen Tiefe von aufgelöstem und durchweichtem Schnee dahinrollte, daß es nicht möglich war, durchzugehen oder -zufahren. An einem andern Platze, wo es zwar ruhig, aber breit und tief in der Absenkung des Tales stand, banden sie Bäume zusammen und zogen mich gleichsam auf einem Floße zu einem gefährlichen Kranken hinüber. Ich hätte die andern zwar auch gerne gesehen, aber es war doch nicht so notwendig, und morgen hoffte ich schon zu ihnen gelangen zu können.

Am nächsten Tage war es wieder schön. Es war in der Nacht so kalt gewesen, daß sich die stehenden Wässer mit einer Eisdecke überzogen hatten. Diese schmolz am Tage nicht weg, wohl aber zerbrach sie, indem die Wässer in die unterhalb befindliche Grundlage des Schnees schnell einsanken und versiegender wurden. Es war doch gestern gut gewesen, daß ich zu dem Kumberger Franz auf dem Floße hinübergefahren bin, denn das Mittel, welches ich ihm dagelassen hatte, hatte so gut gewirkt, daß er heute viel besser war und fast die Gefahr schon überstanden hatte. Auch zu den andern zweien konnte ich schon gelangen. Man konnte zwar nicht fahren, weil es unter dem Wasser zu ungleich war, aber mit einer Stange und meinem Bergstocke, den ich daran band, konnte ich durchgehen. Die nassen Kleider wurden, nachdem ich die zweiten, die ich mitführte, im Gollwirtshause angelegt hatte, in den Schlitten gepackt.

Am nächsten Tage konnte ich auch schon wieder durch den Taugrund in das Eidun und in die Dubs hinübergelangen.

Es kamen nun lauter schöne Tage. Eine stetige, schwache Luft ging aus Sonnenaufgang. Nachts fror es immer, und bei Tage taute es wieder. Die Wässer, welche sich in jenem Sturm gesammelt hatten, waren nach und nach versiegt und versunken, daß man keine Spur von ihnen entdecken konnte und daß man auf allen Wegen, die sonst im Winter gangbar sind, wieder zu gehen und anfangs mit Schlitten und später mit Wagen zu fahren vermochte. Ebenso hatte sich die unermeßliche Menge Schnee, die wir so gefürchtet hatten, so allmählich verloren, daß wir nicht wußten, wo er hingekommen ist, als hier und da offene Stellen zum Vorschein kamen und endlich nur mehr in Tiefen und Schluchten und in den höheren Wäldern die weißen Flecke lagen.

In den ersten Tagen nach jenem Ereignisse mit dem Eise, als die Leute sich allgemach wieder auf entferntere Wege wagten, konnte man die Zerstörungen erst recht ermessen. An manchen Orten, wo die Bäume dicht standen und wegen Mangel an Luftzug und Licht die Stämme dünner, schlanker und schwächer waren, dann an Gebirgshängen, wo sie mageren Boden hatten oder durch Einwirkung herrschender Winde schon früher schief standen, war die Verwüstung furchtbar. Oft lagen die Stämme wie gemähte Halme durcheinander, und von denen, die stehengeblieben waren, hatten die fallenden Äste herabgeschlagen, sie gespalten oder die Rinde von ihnen gestreift und geschunden. Am meisten hatte das Nadelholz gelitten, weil es zuerst schon, namentlich wo es dicht steht, schlankere, zerbrechlichere Schafte hat, dann weil die Zweige auch im Winter dicht bebuscht sind und dem Eise um viel mehr Anhaltsstellen gewähren als die der andern Bäume. Am wenigsten wurde die Buche mitgenommen, dann die Weide und Birke. Die letztere hatte nur die feinsten herabhängenden Zweige verloren, die wie Streu herumlagen; wo ein Stamm dünn genug war, hatte er sich zu einem Reife gebogen, derlei Reifen man dann im Frühlinge viele herumstehen sehen konnte; ja noch im Sommer und selbst nach mehreren Jahren waren manche zu sehen. Allein wie groß auch die Zerstörung war, wie bedeutend auch der Schaden war, der in den Wäldern angerichtet wurde, so war dieses in unserer Gegend weniger empfindlich, als es in andern gewesen wäre; denn da wir Holz genug hatten, ja, da eher ein Überfluß als ein Mangel daran herrschte, so konnten wir das, was wirklich zugrunde gegangen war, leicht verschmerzen; auch mochten wir zu dem nächsten Bedürfnisse nehmen, was gefallen war, wenn man nämlich dazu gelangen konnte und es nicht in Schluchten lag oder an unzugänglichen Felsen hing. Größer aber und eindringlicher noch mochte der Schaden an Obstbäumen sein, wo die Äste von ihnen gebrochen waren und wo sie selber gespalten und geknickt wurden; denn Obstbäume sind ohnedem in der Gegend seltener als sonstwo, und sie brauchen auch mehr Pflege und Sorgfalt und gedeihen langsamer, als es selbst nur wenige Stunden von uns der Fall ist, in der ebeneren Lage draußen, in Thunberg, in Rohren, in Gurfeld und selbst in Pirling, das näher an uns ist und an unseren Waldverhältnissen schon teilnimmt.

Von den Gruppen von Bäumen, die in meiner Wiese und in der Nachbarschaft herum stehen und die ich so liebe, haben mehrere gelitten. Einige sind geknickt, haben ihre Äste verloren, und drei Eschen sind ganz und gar umgeworfen worden.

Im Thurwalde, der vielleicht der höchste ist, den man vom Hage und vom Hange sehen kann, ist eine Lawine herabgegangen und hat das Holz genommen, daß man jetzt noch den Streifen mit freiem Auge erblicken kann.

Als einige Zeit vergangen war und die Wege an den Orten wieder frei wurden, hörte man auch von den Unglücksfällen, die sich ereignet hatten, und von wunderbaren Rettungen, die vorgekommen waren. Ein Jäger auf der jenseitigen Linie, der sich nicht hatte abhalten lassen, an dem Tage des Eises in sein Revier hinaufzugehen, wurde von einer Menge stürzender Zapfen erschlagen, die sich am obern Rande einer Felswand losgelöst und die weiter unten befindlichen mitgenommen hatten. Man fand ihn mitten unter diesen Eissäulen liegen, da man sich am andern Tage trotz des Sturmes und der Schneeweiche den Weg hinauf zu ihm gebahnt hatte; denn der Jägerjunge wußte, wohin sein Herr gegangen war, er nahm die Hunde mit, und diese zeigten durch ihr Anschlagen die Stelle, wo er lag. Zwei Bauern, welche von dem Rotberge, wo sie übernachtet hatten, durch die Waldhäuser in die Rid hinübergehen wollten, wurden von fallenden Bäumen erschlagen. Im untern Astung ertrank ein Knabe, der nur zum Nachbarn gehen wollte. Er versank in dem weichen Schnee, welcher in der Höhlung des Grundes stand, und konnte nicht mehr herauskommen. Wahrscheinlich wollte er, wie man erzählte, nur ein klein wenig von dem Wege abweichen, weil derselbe schief und mit glattem Eise belegt war, und geriet dadurch in den Schnee, der über einer weiten Grube lag und unter den am ganzen Tage das Wasser hineingerieselt war und ihn trügerisch unterhöhlt hatte. Ein Knecht aus den Waldhäusern des Rotbergerhanges, der im Walde war und das beginnende Rauschen und Niederfallen der Zweige nicht beachtet hatte, konnte sich, als er nicht mehr zu entrinnen wußte, nur dadurch retten, daß er sich in die Höhlung, welche zwei im Kreuze aufeinandergestürzte Bäume unter sich machten, hineinlegte, wodurch er vor weiteren auf die Stelle stürzenden Bäumen gesichert war und von fallendem Eise nichts zu fürchten hatte, da es auf dem Rund der großen Stämme zerschellte oder abgeschleudert wurde. Allein das wußte er nicht, wenn ein neuer, starker Stamm auf die zwei schon daliegenden fiele, ob sie nicht aus ihrer ersten Lage weichen, tiefer niedersinken und ihn dann zerdrücken würden. In dieser Lage brachte er einen halben Tag und die ganze Nacht zu, indem er nasse Kleider und nichts bei sich hatte, womit er sich erquicken und den Hunger stillen konnte. Erst mit Anbruch des Tages, wo der Wind sauste und er von fallendem Eise und Holze nichts mehr vernehmen konnte, wagte er sich hervor und ging, teilweise die Eisrinde schon durchbrechend und tief in den Schnee einsinkend, zum nächsten Wege, von dem er nicht weitab war, und gelangte auf demselben nach Hause.

Auch den Josikrämer hielt man für verunglückt. Er war im Haslung am Morgen des Eistages fortgegangen, um durch den Dusterwald in die Klaus hinüberzugehen. Allein in der Klaus ist er nicht angekommen, auch ist er in keinem der umliegenden Orte, nachdem er vom Haslung bereits drei Tage weg war, erschienen. Man meinte, in dem hohen Dusterwalde, dessen Gangweg ohnedem sehr gefährlich ist, wird er um das Leben gekommen sein. Er war aber von den letzten Höhen, die von Haslung aus noch sichtbar sind, hinabgegangen, wo das Tal gegen die wilden Wände und die vielen Felsen des Dusterwaldes hinüberläuft und sich dort an der Wildnis emporzieht; dann ist er schräg gegen die Wand gestiegen, die mit dem vielen Gesteine und den dünne stehenden Bäumen gegen Mittag schaut und wo unten im Sommer der Bach rauscht, der aber jetzt überfroren und mit einer unergründlichen Menge von Schnee bedeckt war. Weil der Weg längs des Hanges immer fortgeht und über ihn von der Höhe bald Steine rollen, bald Schnee in die Tiefe abgleitet, so hatte der Krämer seine Steigeisen angelegt; denn wenn sich auch auf der Steile nicht viel Schnee halten kann, vor dem Versinken also keine große Gefahr war, so kannte er doch den Regen, der da niederfiel und gefror, sehr gut und fürchtete, an mancher Schiefe des Weges auszugleiten und in den Abgrund zu fallen. Da er, ehe es Mittag wurde, bei dem Kreuzbilde vorbeiging, das vor Zeiten der fromme Söllibauer aus dem Gehänge hatte setzen lassen, hörte er bereits das Rasseln und das immer stärkere Fallen des Eises. Da er weiterging, die Sache immer ärger wurde und zuletzt Bedenklichkeit gewann, kroch er in eine trockne Steinhöhle, die nicht weit von dem Wege war, die er wußte und in der er sich schon manchmal vor einem Regen verborgen hatte, um auch heute das Gefahrdrohendste vorübergehen zu lassen. Weil er solche eisbildende Regen kannte, daß ihnen gewöhnlich weiches Wetter zu folgen pflegt, und weil er mit Brot und andern Lebensmitteln versehen war, indem er gar oft sein Mittagmahl in irgendeinem Walde hielt, so machte er sich aus dem Dinge nicht viel daraus. Als er am andern Morgen erwachte, ging ein Wasserfall über seine Steinhöhle. Der Wind, welcher von Mittag kam, hatte sich an der Wand, die ihm entgegenschaute, recht fangen können, und da die Bäume wegen dem Gefelse dünner standen, so konnte er sich auch recht auf den Schnee hineinlegen und ihn mit seinem Hauche schnell und fürchterlich auflösen. Der Krämer sah, wenn er seitwärts seines Wassers am Eingange der Höhle hinüberblickte, daß allenthalben an den Gehängen weiße, schäumende, springende Bänder niederflatterten. Hören konnte er nichts wegen dem Tosen des eigenen Wassers, das alles übertäubte. Auch sah er unten manchen Schneestaub aufschlagen von den unaufhörlich an allen Orten niedergehenden Lawinen; denn am oberen Rande der Wand geht schief eine Mulde empor, in welcher im Winter ein unendlicher Schnee zu liegen pflegt, der erstens aus dem Himmel selbst darauf fällt und dann von der noch höher liegenden, schiefen, glatten Wand darauf herabrollt. Aus diesem Schnee entwickelte sich nun unsägliches Wasser, das alles über den Hang, an dem der Weg der Krämers dahinging, niederrann und zu der Tiefe zielte, in der sonst der Wildbach fließt, jetzt aber ein unbekannt tiefes Gebräu von Schnee und Wasser stand. An den Bäumen zerstäubte manches Stück Schnee, das oben auf dem nassen Boden sachte vorgerückt war und sich losgelöst hatte. Der Krämer blieb außer dem ersten Tage noch die zwei folgenden in der Höhle. Er hatte, um sich gegen die Kälte wehren zu können, die ihn bei seiner langen Ruhe überfiel, aus seinem Packe ein Stück grobes Tuch heraussuchen und sich daraus ein Lager und eine Decke machen müssen. In der Klaus ist er aber dann auch nicht angekommen, sondern man sah ihn am vierten Tage nach dem Eissturze nachmittags mit seinem Packe an dem Hage vorübergehen. Er ging nach Gurfeld hinaus, um sich sein Tuch, das er gebraucht hatte, wieder zurichten zu lassen.

Spät im Sommer fand ich einmal auch die zusammengedorrten Überreste eines Rehes, das von einem Baume erschlagen worden war.

Ich werde die Herrlichkeit und Größe jenes Schauspiels niemals vergessen. Ich konnte es vielleicht nur allein ganz ermessen, weil ich immer im Freien war und es sah, während die andern in den Häusern waren und, wenn sie auch durch einen Zufall hineingerieten, sich bloß davor fürchteten.

Ich werde es auch schon darum nicht vergessen, weil sich im Frühlinge darauf etwas angefangen hat, was mir auf ewig in dem Herzen bleiben wird. – – Ach du guter, du heiliger Gott! Das werde ich gewiß nie, nie, nie vergessen können!

Es verging der Schnee so gemach, daß alles offen und grüner wurde als sonst und daß in den tiefsten Tiefen schon die Bäche zu einer Zeit niederrauschten, wo wir sonst noch manche weiße Inseln auf den Feldern sahen. Es wurde bald warm, und die Wässer des Schnees, die wir so gefürchtet hatten, waren nicht vorhanden. Sie waren entweder in die Erde eingesickert oder rannen jetzt in den schönen, plätschernden Bächen durch alle Täler dahin. Die Bäume belaubten sich sehr bald, und wunderbar war es, daß es schien, als hätte ihnen die Verwundung des Winters eher Nutzen als Schaden gebracht. Sie trieben fröhliche, junge Schossen, und wo einer recht verletzt war und seine Äste gebrochen ragten und wo mehrere beisammenstanden, die sehr kahlgeschlagen waren, kam eine Menge feiner Zweige, und es verdichtete sich immer mehr das grüne Netz, aus dem die fettesten Blätter hervorsproßten. Auch die Obstbäume blieben nicht zurück. Aus den stehengebliebenen Zweigen kamen die dichten Büschel großer Blüten hervor; ja, wo die feineren Zweige fehlten, saßen in den Augen der dicken, selbst der Stämme, Büschel von Blüten, waren sehr groß und hielten sich fest, da sie doch sonst in andern Jahren, wenn sie auch kamen, klein blieben und wieder abfielen.

Als der erste Schnee wegging und der spätere, den mancher Apriltag noch niederwerfen wollte, sich nicht mehr halten konnte, als die Erde schon gelockert und gegraben werden konnte, kam der Obrist in unsere Gegend. Er hatte sich schier das ganze obere Hag eigentümlich gekauft und begann an dem Eichenhage die Grundfesten eines Hauses aufwerfen zu lassen. Es war beinahe genau die Stelle, von der ich schon früher zuweilen gedacht hatte, daß hier eine Wohnung sehr gut stehen und recht lieblich auf die Wälder herum blicken könnte. Ich kannte den Obristen nicht. Ich wußte nur – und ich hatte es bei dem Wirte im Rotberge gehört –, daß ein fremder, reicher Mann in Unterhandlung um das obere Hag sei und daß er sich ansässig machen wolle. Später sagte man, daß der Handel geschlossen sei, und man nannte auch die Summe. Ich hielt nicht viel darauf, weil ich solche Gerüchte kannte, daß sie bei wahren Veranlassungen gewöhnlich sehr gern über die Wahrheit hinausgehen, und ich hatte auch keine Zeit, mich an der wahren Stelle um den Sachverhalt zu erkundigen, weil jener Winter gerade viel mehr Kranke brachte als jeder andere. Im Frühlinge hieß es, daß schon gebaut werde, daß Wagen mit Steinen fahren, daß man im Sillerwalde das Bauholz behaue, welches der Zimmermann in Sillerau schon am vorigen Herbste hatte fällen lassen, und daß man bereits die Grundfesten grabe. Ich ging eines Nachmittags, da ich Zeit hatte, hinauf, weil es von meinem Hause nicht weit ist und weil ich ohnedem gern dort hinübergehe, wenn ich zum Spazieren eine kleine Zeit habe. Es war wahr, ich fand eine Menge Menschen mit Ausgrabungen an dem Platze beschäftigt, wo man das Haus bauen wollte. Die meisten kannten mich und lüfteten den Hut oder grüßten auf andere Weise. Viele von ihnen hatten bei mir gearbeitet, als ich in dem nämlichen Zustande mit meinem neuen Hause war. Hier aber wurde mit viel mehr Händen und mit viel mehr Mitteln zugleich angefangen, als wollte man in sehr kurzer Zeit fertig werden. Ich sah auch schon eine Menge Baustoff herbeigeschafft, und in einer hölzernen Hütte wurde vielfach an den künftigen Tür- und Fensterstöcken gemeißelt. Sogar der Garten, der neben dem künftigen Hause sein sollte, wurde schon seitwärts des Eichenhages abgesteckt. Ich sah den Baueigentümer nirgends, und als ich fragte, antwortete man mir, er sei jetzt selten gegenwärtig, er sei nur einmal gekommen, habe alles besichtigt und habe dann den weiteren Verlauf des Werkes dem Baumeister aufgetragen. Wenn es aber wärmer werde, dann werde er ganz hierherkommen, werde in einem hölzernen Hause wohnen, das er sich neben dem Eichenhage errichten lasse, und werde im Herbst schon ein paar Stuben des neuen Hauses beziehen, die zuerst fertig sein und bis dahin gehörig austrocknen werden.

Ich sah mir die Sache, wie sie hier begonnen wurde, sorgfältig an, und der Plan, wie ihn mir der Werkführer auseinandersetzte, gefiel mir sehr wohl.

Ich fragte gelegentlich auch um den Bauherrn und erfuhr, daß es ein alter Obrist sei. Weiter wußten die Leute selber nichts von ihm.

Dann ging ich wieder in meine Wohnung hinunter.

Ich baute selber in diesem Frühjahre wieder weiter. Da wir bereits genug Steine im Vorrat zusammengeführt hatten, wurde die Gartenmauer angefangen. Die lieben, schönen Obstbäumchen, die ich hatte bringen lassen, schlugen in dem allgemeinen warmen, feuchten Frühlinge sehr gut an; die Blätter waren auf ihre Art fast zu groß und zu dunkel, und die Zweige waren strotzig und breiteten sich in kurzer Zeit sehr breit um die Stämmchen aus. Auch die Gemüsebeete, die ersten, die ich hatte, dehnten sich schön grün in den Strahlen der Sonne hin. Die Blumen, die Rosensträuche nämlich, die Flieder und andere – alles, alles begann sich zu rühren. Wegen der Tulpen, wegen der Zucht der Hyazinthen durch Samen und wegen der Nelken und anderer mußte ich mich erst mit dem Kaufherrn in Gurfeld bereden, denn alles konnte nicht auf einmal sein. Die Stuben im oberen Stocke sollten diesen Sommer alle hergerichtet, mit Öfen versehen und fertig sein, daß ich darangehen könnte, sie mit Geräten zu schmücken. Ich wollte alle Stuben des Stockwerks zu meiner Wohnung bestimmen, das will sagen: Die Eckstube, zu der man aus der roten Gartentür, zu der ich immer den Schlüssel führe, hinaufkann, sollte mein Schlafgemach sein, wie sie es jetzt schon ist, nur mußten alle Geräte anders werden. Außer dem Bett mußten allerlei Gerüste zu Schreibereien und Büchern darin sein, damit ich gleich meine Geschäfte in Ruhe versehen könne. Daran soll das wahre Schreibgemach und auch Wohngemach stoßen. Es werden wohl noch viele Jahre vergehen, ehe ich mir werde das Schreibgerüste schnitzen lassen können, auf das ich sinne, an dem ich schon mehrere Jahre zeichnete und es änderte und zu dem jetzt immer noch nicht angefangen worden ist. Aber es wird kommen, und die Kästen werde ich mir selber zeichnen und machen lassen. Dann sollen die andern Zimmer hergerichtet und geordnet werden, daß man von einem in das andere gehen könne. Die achteckige Kammer, die ich am Anschluß der zwei Seiten des Hauses eigens habe machen lassen, ist wie eine Kapelle und könnte, wenn man wollte, zu einer dienen. Wo man speisen soll, wenn ich allein bin oder wenn Leute bei mir als Gäste sind, diese Stube soll zur Erde sein, links, wo die vorzüglichste Treppe von dem Hofe hinaufführt und wo rechts der Gang ist, in dem man zur Küche und zur Speisekammer gelangen kann. An der andern Tür, die weiter hinten in dem Hofe ist und von welcher auch eine Stiege in das Haus hinaufführt, neben dem

Thomas vorbei, der nahe an meinem Gemache schläft – an dieser Tür soll hinterwärts der Kammer, wo jetzt Gottlieb ist, gegen den Garten hin eine Stube gemacht werden, in der ich Getäfel und alle Schnitzerei anbringen lassen werde, die ich liebe. Vielleicht, dachte ich, wenn Gott mein Wirken segnet, lasse ich mir mehrere Zimmer täfeln, weil es so schön ist. Neben dem Kajetan und an der Scheuer und Wagenlaube sollte erweitert werden, weil ich wieder einen Acker an mich gekauft hatte.

Ach! Alles im ganzen ersten Stockwerke sollte desselben Sommers fertig sein, und jetzt, da ich dieses schreibe und schon der dritte Sommer ist, sind kaum die weißen Fenstervorhänge da, welche mir Maria, die alte Haushälterin, heraufbrachte und welche ich, weil sie mich sehr darum bat, gutwillig annahm.

Wann werden die Dinge fertig sein, an denen ich so viele Freude hatte – ich muß es sagen, bei denen mir das Herz vor Freude hüpfte?!

Der schönste Frühling kam, alles drängte, blühte und schauerte von Fülle. Alle Hügel waren grün, die Felder wogten; auch die neuen, die man erst heuer an dem Mitterwege hinauf, wohin die Fenster des Hauses des Obristen recht schön werden schauen können, angelegt hatte, wallten in der schönen, blaugrauen Farbe des Kornes. Die schöne Fichte an meinem Sommerbänkchen war bedeckt mit den kleinen, gelben, wohlriechenden Blütenzäpfchen; alles Laubholz schwankte in den neuen, lichteren, grüneren Kronen; selbst die ferneren Nadelwälder standen nicht so schwarz da, sondern gewannen durch die neuen Ansätze, die sie im Beginne der wärmeren Jahreszeit treiben, das sanftere Dämmern und das weichere Ferngrün, in dem sie im Frühlinge stehen; und wenn man in ihnen ging, so war überall ein frisches Harzduften, und sie rührten sich gleichsam in allen Zweigen und Ästen von dem Schreien und Singen und Lärmen der Vögel. Wir hatten unsere jungen Rappen herausgetan und übten sie schon teilweise im Fahren, aber nur sehr wenig, daß sie nur lernten, daß sie sich zusammengewöhnten, sich im Sommer und Winter über einübten und im künftigen Jahre abwechselnd gebraucht werden konnten. Der leichte Wagen, den ich für sie bestellt hatte und in dem ich alle die Fächer und Einrichtungen, wie ich sie brauche, selber angegeben hatte, sollte noch im Anfang des Sommers fertig werden, und es war in der Wagenlaube schon der Platz bestimmt, auf dem er stehen sollte. Wir hatten viele Leute, die im Hause arbeiteten, daß es in der Vollendung weiterschreite; alles regte sich, wenn ich nach Hause kam und zusah. Und wenn dann das Abendbrot vorüber war und sich alle entfernten, schaute ich oft wie schön, wie freudig und wie schmerzlich in die helle, rote Glut der Abendwolken, wie sie hinter dem schwarzgezackten Rande des entfernten Waldes hinauszogen, ehe ich dann ein Licht anzündete, die Vorhänge herabtat und auf dem Papiere anzeigte, was ich heute erfahren habe und was ich morgen erfahren sollte.

In dem Knaben Gottlieb hatte ich mich nicht getäuscht. Wie gleich meine Meinung gewesen war, daß er wieder gesund werden würde, so hat es sich bestätigt. Er war eigentlich von der Natur aus gesund, und nur durch schlechte Nahrungsmittel war er so herabgekommen gewesen. Er sah jetzt aus wie eine Rose, war heiter, und wenn er so bleibt, dachte ich, werde ich ihn im Sommer das Heilwasser gar nicht mehr trinken lassen. Ich bin ihm darauf gekommen, daß er sich immer sehr gern etwas bei den Füllen zu tun machte; er liebte die Tiere, das mag daher kommen, weil er sie früher nebst anderen bei Gregordubs gehütet hatte. Er hätte gerne die Rappen überhaupt auf sich genommen, aber das taugte nicht für ihn. Ich nahm einen Mann, der täglich zu uns kommen mußte, daß er ihn unterrichte, und ich ließ ihm von meinen Kleidern einen neuen Anzug machen. Ich gebe ihn schon nicht mehr weg. Die Pferde habe ich alle und im ganzen dem Thomas anvertraut, weil er den Fuchs bisher so geliebt und ihn so geschickt behandelt hat.

In jenen Tagen kam die Nachricht, daß der Obrist mit seiner Tochter in seiner neuen Heimat angelangt ist. Sie haben sich eine hölzerne Hütte recht bequem gebaut. Dieselbe hat drei Zimmer, eine schöne Küche und eine große Stube für die Mägde. Ein Diener, der mit dem Obristen gekommen ist, hat einen Verschlag neben der Stube seines Herrn, in dem er schläft. So wollen sie sich behelfen, bis einige Zimmer des neuen Hauses zu bewohnen sind, in welche sie dann einziehen werden. Diese Dinge habe ich gehört und habe nicht weiter darauf geachtet. Ich hatte wohl früher schon die Hütte selber aufschlagen gesehen und hatte bemerkt, daß der Bau des Hauses aus der Erde hervorgerückt sei, aber da ich länger nicht zu der Stelle hinaufgekommen war, wußte ich nicht, wie weit die Sache jetzt sei, und kam auch ferner nicht hinauf.

An einem Sonntage in der Kirche sah ich sie zum ersten Male, den Vater und die Tochter. Ich fahre gern, wenn ich Zeit habe, zum Hauptgottesdienste hinaus, sonst muß ich mit dem Frühgottesdienste vorliebnehmen, den ich im Sommer, wo ich zeitig ausfahre, oft schon weit von meinem Hause entfernt, in einer Ortskirche anhöre; der sehr alte Pfarrer von Sillerau, der eben, als ich aus meinem Wagen stieg, von dem Pfarrhause in die Kirche hinüberging, sagte zu mir: „Seid Ihr mit Eurem neuen Nachbarn herübergefahren, Doktor?"

„Nein", antwortete ich, „ich kenne ihn noch gar nicht."

„So ist er allein herausgekommen", sagte der Pfarrer, „denn da steht ja schon sein Wagen, er kommt jeden Sonntag, und da ich

Euch heute auch hier sehe, meinte ich, Ihr seid gleich hintereinander herausgefahren."

„Ich habe freilich diese Sonntage her nicht kommen können", antwortete ich, „weil es zu viele Hilfsbedürftige gab, und ich war genötigt, mein göttliches Wort bald in dieser Kirche zu suchen, bald in jener, in der Dubs, im Haslung, und einmal war ich gar schon in Pirling draußen."

„So ist es, so ist es", sagte der alte Pfarrer. „Ihr habt viel zu tun und müßt an manchen Orten helfen. Der Kirchen gibt es ja auch andere. So sind der Kranken wieder mehr geworden?"

„Nein", antwortete ich, „sie sind um viele weniger als in der vorigen Woche; der Frühling hilft mir, und in dieser guten Luft werden alle gesund, daß ich eine große Freude habe. Darum konnte ich ja heute mit Ruhe zu Euch herausfahren."

„Das ist schön, das ist schön. Nun, so werdet Ihr Euren neuen Nachbarn in der Kirche sehen. Er ist ein sehr vorzüglicher Mann und gar nicht stolz, wenn auch alle Leute sagen, daß er sehr reich und vornehm sei. – Ich wünsche Euch einen sehr gesegneten Morgen, Doktor."

Mit diesen Worten verbeugte sich der Pfarrer und ging, das schneeweiße Haupt ein wenig vorgebeugt, über den schönen Rasenplatz, der vor der Kirche ist, dem kleinen Pförtlein zu, das in die Sakristei führt.

Ich hatte ihm sehr ehrfurchtsvoll gedankt und blieb noch ein wenig, um den Wagen des Obristen anzuschauen. Es waren braune Pferde vorgespannt, nicht mehr gar jung, aber schön gehalten und sehr frisch. Der Wagen war wohl gebaut und gut. Der Knecht sagte mir, daß er später ausspannen und in die Kirche gehen werde, wie es mein Thomas auch immer tut. Die Pferde stehen in dem trocknen und reinen Stalle des Wirtes gut genug. Die vielen und mancherlei Wägelchen der Bauern, die von der Ferne zur Kirche gefahren kommen, bleiben angespannt auf der Gasse, die Tiere werden angebunden, und einige Leute des Wirtes sind auch schon angewiesen, auf sie die Aufsicht zu führen.

In der Kirche sah ich den Obristen. Ich erkannte ihn sogleich vor den andern. Er saß mit seiner Tochter vorn in dem Querstuhle. Mein Sitz ist in der Mittelreihe neben den Bewohnern des Hanges. Ich habe ihn mir erst recht spät nach dem Tode meines Vaters bestellen können. Der Obrist hatte einen schwarzen Rock von Sammet an, darauf sein weißer Bart, den er gestutzt trug, mit sanftem Scheine niederfiel. Sein Haupthaar sah ich mit Freude an: Es war länger, als man es gewöhnlich trägt, war glänzend weiß und fiel sehr reinlich gekämmt gegen den Nacken zurück. Daraus sah das Angesicht mit den vielen feinen Falten und den weißen Augenwimpern heraus. Seine Tochter war auch in Sammet, aber in dunkelgrünen, gekleidet. Ihre braunen

Haare waren über der Stirne abgeteilt. Ich kann die bestaubten Perücken, die man aufsetzt, nicht gern anschauen, darum gefiel es mir, daß beide so gekleidet waren.

Als ich aus der Kirche kam, mich in meinen Wagen gesetzt hatte und nach Hause fuhr, sah ich sie, da ich einmal umschaute, hinter mir in einiger Entfernung nachfahren. Allein da mein Thomas auf die Vortrefflichkeit unseres Fuchses stolz ist und wahrscheinlich wußte, daß die Braunen hinter uns liefen, holten sie uns nicht ein. Wo der Weg dann abwärts lenkt gegen Tal ob Pirling, fuhren sie seitwärts hinüber gegen das Hag, wo ihr Haus steht. Die Braunen liefen gut, wie wir es sehen konnten, sie hielten die schönste Richtung, und es flog unter ihnen der Staub des Feldweges auf.

Man hat den Ort, wo mein Haus steht, immer den „Hang" oder auch „Waldhang" genannt. Dies war noch so, als mein Vater seine Hütte bewohnte, auch noch so, als ich nach Prag ging, aber wie die Häuser mehrere wurden und Zahlen erhielten, nannten sie uns „Tal ob Pirling". Dieses erscheint darum so, weil wir, obwohl wir in einem Tale sind, viel höher liegen als Pirling, zu dem unsere Wasser hinabfließen. Ich kann mich an eines nicht gewöhnen und sage und schreibe wie das Volk bald das eine, bald das andere: „Hang" oder „Tal ob Pirling".

Da der Kranken immer weniger wurden, gleichsam als wollte der Frühling alles gutmachen, was der Winter, namentlich sein Ende, Übles getan hatte, das so viele Krankheiten, wenn auch wenig Tod gesendet hatte – so gewann ich Zeit, nicht bloß bei der Arbeit in meinem Hause nachzuschauen, sondern auch manchmal in der Gegend herumzugehen, wie ja das Gehen meine Gewohnheit ist und wie ich, wenn der Kranken weniger sind, in den Wäldern herumgehen muß, Pflanzen anschauen und nach Hause nehmen oder unter einem Baume sitzen, etwas lesen oder etwas auf ein Papier aufschreiben oder gar nur auf die Täler und Waldrücken hinausschauen, die so schön sind und auf denen das liebe Blau liegt und aus deren Schoße manchmal ein dünner, lichter, freundlicher Rauchfaden aufsteigt. So kam ich einmal durch das Eichenhag, das ich sehr liebe, hervor und wollte den Bau des Hauses ein wenig anschauen. Da ich im Grase stand, kam der Obrist über ein Brett zu mir herüber, lüftete sein Barett, grüßte mich und sagte: „Ihr seid der junge Arzt, von dem in der ganzen Gegend so viel Gutes gesagt wird."

„Ich bin der Arzt", sagte ich, „jung bin ich auch, und wenn die Gegend Gutes sagt, so vergißt sie, zuerst dem zu danken, von dem alles Gelingen kommt; ich kann nichts tun als das Gelernte anzuwenden. Wenn ich Dank verdiene, so könnte es eher sein, weil ich auch zuweilen außer meinem ärztlichen Berufe mich bestrebe, den Leuten einiges Gute zu tun."

„Weil ich Euch hier bei meinem angefangenen Werke sehe", fuhr der Obrist fort, „so erlaubt, daß ich Euch eine Bitte vortrage. Ich will hier, in dieser ursprünglichen Gegend, den Rest meines Lebens zubringen. Darum möchte ich mit einigen Nachbarn, mit denen ich in Beziehungen geraten werde und die ich nach ihrem Rufe schon im voraus schätzen muß, in liebe Bekanntschaft und freundlichen Umgang kommen. Erlaubt mir daher, daß ich Euch in diesen Tagen in Eurem Hause einen Besuch abstatte, der mir als dem Ankommenden und Fremden geziemt und der als Anfang guter Nachbarschaft gelten möge. Meine Tochter müsset Ihr entschuldigen. Ich werde sie nicht mitbringen, denn da Ihr unvermählt seid, möchte es sich nicht schicken, daß ich sie Euch ins Haus führe. Sagt mir, wenn ich Euch in Euren Arbeiten am wenigsten beirre?"

„Ich werde es mir zur Ehre rechnen, Euren Besuch zu empfangen", antwortete ich, „und weil Ihr so gut seid, Euch nach meiner Zeit richten zu wollen, so wählet die Nachmittagszeit um zwei Uhr, drei Uhr oder vier Uhr; vormittags bin ich nie zu Hause, weil ich zu denen muß, die auf mich harren."

„Ich werde zu dieser Zeit kommen", antwortete er. „Ihr baut ja auch", fuhr er fort. „Da Ihr also an dieser Sache Anteil nehmt, so besehet ein wenig diese Anlage, Ihr werdet schon daraus zum Teile entnehmen können, wie das Ganze werden wird. Ich möchte für mich und die Meinigen für diesen Herbst schon ein Plätzchen fertig haben, darin ich den Winter notdürftig zubringen könnte. Denn seht, ich habe den Entschluß, daß ich nicht wieder fortgehen und mein angefangenes Werk allein stehenlassen mag. Im nächsten Sommer wird dann weitergearbeitet. Unter Dach und Fach aber möchte ich bis Mitte dieses Sommers sein."

Er begleitete mich, da ich nach diesen Worten in den Bau hineinging, selber in denselben und setzte mir, da wir darin herumgingen, den allgemeinen Plan auseinander. Da wir noch verschiedenes, aber hauptsächlich über das Bauen gesprochen hatten, beurlaubte ich mich und nahm meinen Weg nach Hause. Er begleitete mich bis an die Grenze seines Besitztums, die durch abgesteckte, weit auseinander stehende Pfähle angezeigt war.

Das war also der Anfang dieser Bekanntschaft.

Ich erkannte im Hinabgehen zum Hange gleich, daß er viel geschickter, ineinandergreifender und auch viel schneller baue als ich. Er mußte in dem Dinge bedeutend mehr Erfahrung besitzen.

Als ich zu Hause angelangt war, besuchte ich noch meine Leute, diese grüßten mich freundlich und arbeiteten lustig fort, während die warme Luft durch die leeren Räume meiner Zimmer strich und schöne, weiße Frühlingswolken über den Wald her bei den Fenstern hereinschauten. Kajetan trieb die Rinder bei dem Gittertore herein, die Mägde trugen Wasser, weil der Brunnen, der mitten in meinem Hofe sein sollte, immer noch nicht angefangen war, und den Thomas hörte ich aus dem Stalle, wo er mit den Pferden beschäftigt war, bis in meine Stube herauf singen.

Nach zwei Tagen kam der Obrist zu mir zum Besuche. Er war vom Hage herabgegangen. Er hatte wieder einen dunkeln Rock, dazu die weißen Haare gut standen; auf dem Haupte hatte er aber kein Barett, sondern einen Hut, wie sie bei den Soldaten in der Armee gebräuchlich waren, und in der Hand trug er ein Rohr mit einem schönen Knopfe.

Ich führte ihn in meine Stube hinauf, denn ich hatte ihn kommen gesehen und war ihm entgegengegangen. Wir setzten uns nieder und redeten eine Weile. Er fragte mich um meine Wirksamkeit, und ich setzte ihm dieselbe auseinander. Dann sprachen wir über die Leute, wie sie so in dem Walde vorkommen und wie sie fügsam oder unfügsam sind. Wir sprachen von den Pflichten der Kirche und Schule und von denen der Bürger und Untertanen. Bei dieser Gelegenheit erfuhr ich, daß er sein Besitztum so erkauft habe, daß es ganz frei ist, ohne Hörigkeit und Lasten, die er schuldig sei. Als er aufstand, zeigte ich ihm mein Haus, wie er mir das seinige gezeigt hatte, und sagte ihm, was ich für Pläne hatte. Er lobte alles und sagte doch hier und da etwas, aus dem ich lernen konnte. Ich zeigte ihm auch meine jungen Pferde, die ihm sehr gefallen hatten. Er mußte viel mit Pferden umgegangen sein. Die Rinderzucht des Kajetan lobte er auch und bat mich, wenn ich überhaupt Kälber aus diesem Schlage weggebe, daß ich ihm einige zukommen lassen möchte, er würde sich aus dieser Zucht einen Anfang zu der seinigen wählen. Ich versprach es ihm gern.

Da er fortging, begleitete ich ihn ebenfalls, wie er mich begleitet hatte. Ich ging mit ihm bis über die Stelle hinauf, wo die Hütte meines Vaters gestanden war. Dort sagte ich ihm, daß hier die Grenze meiner Besitzung sei und daß ich mich hier beurlauben werde. Als wir Abschied nahmen, als er mir die Hand reichte, als wir so beisammenstanden, er, der alte Mann, und ich, der ganz junge – als ich ihm dann, da er fort war, ein wenig nachschaute und darauf wieder gegen mein Haus hinabging, dachte ich: Es ist gut, daß dieser Mann gekommen sei, daß ich mit ihm reden könne, daß ich mit ihm umgehe und von ihm etwas lerne.

Nach zwei Tagen, ebenfalls nachmittags, wo ich wieder ganz frei war, erwiderte ich seinen Besuch. Ich habe nämlich nicht dafür gehalten, daß mein zufälliges Zusammentreffen mit ihm bei seinem Baue für einen Besuch zu rechnen sei. Ein alter Diener, den ich fragte, führte mich in das hölzerne Haus hinein. Der Hauptgang des Hauses, der an der Küche vorüberführte, hatte zwei Türen gegenüber, die eine rechts, die andere links. Der Diener führte mich durch die Türe rechts zu dem Obristen hinein. Er saß auf einem niederen Holzstuhle und fütterte selber die zwei schönen Wolfshunde, die ich dazumal zum ersten Male sah und die mich jetzt so lieben. Die Hunde knurrten auf mich, weshalb er einige Worte zu ihnen sagte, auf die sie sich sogleich, wie im Verständnisse, beruhigten. Das Zimmer war sehr leicht, nur aus genagelten Brettern aufgeführt, einige Koffer standen da, Papiere und Bücher lagen herum, und die wenigen Geräte waren aus weichem Holz zusammengeschlagen.

Der Obrist stand auf, als er mich hereingehen sah, legte die Dinge, die er in der Hand hatte, weg und sagte: „Seid gegrüßt, Doktor, ich muß die eingebildeten Narren manchmal selber füttern, sie meinen, was sie nicht Gutes bekommen, wenn ich ihnen etwas hineinschneide. Wir sind ein wenig weit spazieren gewesen. Wir waren durch das ganze Eichenhag hindurch und gar oben auf den Weiden. Da habe ich selber erst spät mein Mittagmahl gehalten und dann meinen zwei Begleitern das ihrige gegeben. Ich wollte Euch zum Sitzen einladen, wenn hier etwas wäre, darauf man mit gutem Fuge sitzen könnte."

Ich legte mein Barett ab und saß auf einen hölzernen Stuhl neben dem tannenen Tische nieder, an dem er stand. Der Obrist gab den zudringenden Hunden noch schnell den Rest, den er bei meinem Eintritte weggelegt hatte, rückte sich dann einen zweiten Stuhl an den Tisch und setzte sich zu mir nieder.

Wir sprachen wieder von verschiedenen Dingen, wie es bei einem solchen Besuche der Fall zu sein pflegt. Dann sagte er, er wolle mir seinen Bau zeigen, wie ich ihm den meinigen gezeigt hätte. Wir gingen in das Haus, sahen herunten alles an und stiegen dann auf die Gerüste und betrachteten den bisherigen Fortgang. Er führte mich in die Hütte, wo die Steinmetzarbeiten gemacht wurden, und zu dem Platze, wo man mit Kalkbrennen und mit Löschen desselben beschäftigt war. Ich sah, wenn der Mann in diesem Sommer mit dem Hause fertig werden wolle, daß dies auf die Weise kaum gehe, wie es bisher betrieben worden war. Und in den Herbst und Winter hinein konnte er ja doch nicht in den Bretterstuben wohnen bleiben, wenn die Gemächer, die er im neuen Hause beziehen wollte, nicht gehörig ausgetrocknet wären. Ich trug ihm daher an, ich wolle ihm für diesen Sommer alle meine Leute, welche bei der Förderung meines Hauses arbeiteten, überlassen, da er sonst doch keine andern bekäme. Bei mir wäre es einerlei, ob ich sie habe oder nicht. In meinen Stuben, die einmal zu unserer Unterkunft eingerichtet wären, könnten wir fortwohnen, sie bedürfen keiner weitern Vorrichtung, und die andern Gemächer könnten heuer so gut leer bleiben und unvorgerichtet, wie sie es im vorigen Jahre gewesen sind. Im nächsten Sommer würde ich sie dann schon machen lassen, und er und ich, wir könnten uns dann in die Leute teilen, wie wir es für zweckmäßig fänden.

Der Obrist sah ein, daß dieser Vorschlag gut sei, und nahm ihn sehr gern an.

Da er mir noch die ganze Bretterhütte gezeigt hatte, wie sie eingerichtet sei, freilich schlecht und nur zu dem augenblicklichen und sommerlichen Bedürfnisse auslangend, da wir auch in dem Behältnisse gewesen waren, in dem derweilen die Braunen standen und der Wagen aufbewahrt wurde, gingen wir wieder in sein Gemach, wo ich ihn zuerst mit den Hunden angetroffen hatte. Als wir uns in dem Gange befanden, aus dem man durch die Tür rechts in sein Gemach kommt, öffnete er die Tür links, die gegenüber war, und rief hinein: „Margarita, komme dann auf einen Augenblick zu mir herüber."

Nach einem Weilchen, da wir wieder an dem tannenen Tische saßen, ging sie bei der Tür herein. Sie war heute in ganz weißen Kleidern, und diese Kleider hüllten sich recht gut um ihren Körper. Da sie näher trat, war sie in dem ganzen Angesicht sehr errötet. Der Obrist stand auf, ich auch sogleich, er nahm sie bei der Hand, stellte sie vor mich und sagte: „Margarita, das ist der Arzt, der unten im Hange wohnt. Er ist ein sehr rechtschaffener Mann. Wenn wir ihn auch noch nicht näher kennen, so spricht doch der allgemeine Ruf nur lauter Gutes von ihm. Du wirst in ihm, wie ich mir zu hoffen getraue, in Zukunft unsern guten Nachbarn und unsern Freund verehren."

Dann sagte er, indem er sich zu mir wendete: „Diese ist meine Tochter Margarita, sie hat nur mich allein und wohnt jetzt mit mir in dieser Bretterhütte und wird dann mit mir in dem Hause wohnen, wenn es einmal fertig geworden ist."

Sie hat zu diesen Worten nichts gesagt, sondern nur die Augen niedergeschlagen und sich verneigt.

„Du kannst nun schon wieder hinübergehen in dein Zimmerchen, mein Kind", sagte er.

Worauf sie sich noch einmal verneigte und fortging.

Wir blieben noch eine Weile beieinander sitzen, und dann nahm ich Abschied und ging nach Hause.

Am andern Tage sagte ich meinen Arbeitern, was ich für ein Abkommen mit dem Obristen getroffen habe und daß sie nun fürder bei ihm arbeiten werden, der ihnen in Anbetracht der Nötigkeit des Dinges einen etwas größeren Lohn geben wolle als ich, wenn sie in den neuen Vertrag willigen wollten. Wir hätten es, nämlich er und ich, so ausgemacht. Sie willigten alle ein und zogen dieses Tages mit ihren Werkzeugen und Vorrichtungen von mir fort und standen am nächsten Tage bei ihm ein.

Nachdem wir diese zwei Anfangsbesuche gemacht hatten, wobei wir beide in unsern schönsten Kleidern waren, ging die Sache schon in einem leichteren Geleise. Die Krankheiten des Winters hatten sich so glücklich gehoben und der Gesundheitszustand des schönen Sommers war so vorzüglich geworden, daß ich viele Zeit frei hatte und zu meinem Belieben verwenden konnte. Das Bauen hatte für mich eine solche Annehmlichkeit gewonnen und meine Zimmer und mein Haus erschienen mir so leer, seit ich die Leute zu dem Obristen hatte hinaufgehen lassen, daß ich öfter selber in das Hag hinaufging, um dem Bauen zuschauen zu können. Die Sache ging jetzt wirklich sichtbar rascher, seit er die mehreren Hände gewonnen hatte, als früher, obwohl es da auch, wie ich schon gesagt habe, viel schneller vonstatten ging als einstens bei mir. Der Obrist kam auch häufig zu mir, und wir sahen sehr bald schon nicht mehr darauf, wer dem andern einen Besuch aus Höflichkeit schuldig sei oder nicht, sondern wie es einen anmutete, daß er zu dem andern gehen sollte, nahm er sein Barett und ging. Es ist eine wahre Freude für mich geworden, die Gespräche dieses Mannes anhören zu können, und es tat mir auch wohl, von dem, was ich dachte, was ich erforschte und was ich für die Zukunft vorhatte, zu ihm reden zu können. Ich war jetzt gewöhnlich vor meinem Mittagmahle schon mit meinen Tagesgeschäften fertig und ging nachmittags, wenn die Sommersonne wie ein glänzendes Schild zu den Abendwäldern sachte hinüberging, gern zu ihm hinauf, um die Zeit bis zu dem lauen Abend mit ihm zubringen zu können, worauf ich wieder heimging, um mich bei meinen Forschungen und bei meinen Vorbereitungen für den folgenden Tag zu beschäftigen. Wenn ich eines Tages länger aufgehalten war und vielleicht nach dem Essen etwas mehreres anzuordnen hatte als gewöhnlich, weil da die Boten warteten, die ich mit Mitteln zu den verschiedenen entfernten Kranken schicken mußte, von denen sie gekommen waren, so kam er schon herunter und sagte, er wolle sehen, ob ich krank sei oder ob ich so viel zu tun hätte, daß ich nicht zu ihm hinaufkommen könnte. Wenn er dann sah, daß ich nur so viel zu schaffen gehabt hatte, daß ich nicht zu ihm kam, war es ihm schon recht.

Seine Tochter Margarita war sehr schön. Ich habe einmal eine in Prag gekannt, Christine, die Tochter eines Kaufherrn, die sehr schön gewesen ist, aber Margarita war viel schöner.

Das einzige, was in meinen Sachen dieses Sommers gefördert wurde, war der Wagen, welchen ich für die zwei jungen Pferde bestellt hatte und welcher ankam. Wir versuchten die Tiere darin, und der Obrist war herunten und gab uns in vielen Kleinigkeiten hierbei seinen Rat, der uns außerordentlich zum Vorteile war. Er nahm einmal sogar selber die schlanken Rappen in die Leitriemen zusammen und

fuhr mit ihnen so geschickt den Weg entlang, als wären sie seine
Wolfshunde, die ihm sehr folgen. Der Wagen war schön, leicht und
war in seinen Einrichtungen und in seiner Gestalt zu meiner Zufriedenheit ausgefallen. Der Obrist zeigte dem Thomas mehrere Anstalten, wie er die jungen Pferde behandeln solle, damit sie im besten
Gedeihen fortlebten.

Mehrere Tage nach der Sonnenwende wurde das Dach auf das
Haus des Obristen gesetzt. Es war der Richter der oberen Häuser, worunter das Hag gehört, zugegen, es war der alte Pfarrer von Sillerau
mit dem Wagen des Obristen abgeholt worden, es war der Gutsherr
von Thunberg mit seiner Frau und seinen Töchtern hereingekommen, es war der Vetter, der Wirt vom Rotberge, zugegen, und es waren mehrere Bauern und Nachbarn, die in den Waldhäusern herum
wohnen, eingeladen worden. Als die letzte Sparre aufgerichtet worden war, an welcher der Fichtenwipfel befestigt war, an dem die bunten Bänder wallten, vorzüglich rot- und blauseiden – ich wußte damals
noch nicht, warum diese Farben – als man unten die erste Latte ange-
nagelt hatte, dann sogleich an ihr die nächstobere, und als es mit den
vielen Händen, die beschäftigt waren, im Taktschlage rasch aufwärts
ging, bis endlich die oberste und letzte am First befestigt war und die
drei Daraufschläge als Zeichen, daß es nun vollendet sei, nach den rollenden Axtschlägen noch einzeln erschollen waren; da erhob sich ein
Zimmergeselle neben dem Fichtenwipfel in seinem Sonntagsstaate, von
dessen Hute zwei lange, rote und blaue seidene Bänderenden herun-
terhingen, am Rande des Brettes stehend, das man über die obersten
Querbalken der Sparren gelegt hatte, und sagte den Zimmermannsspruch auf uns herunter, die wir im Grase standen und hinaufschauten.
Als er mit dem Spruche fertig war, nahm er eine Kristallflasche, die
hinter ihm auf dem Brette gestanden war, schenkte sich aus der Flasche
einen Wein, der in derselben enthalten war, in ein Glas, das er in der
Hand hielt, und trank den Wein auf uns heruntergrüßend aus.
Dann warf er das leere Glas hoch in einem Bogen in das Eichenhag
hinüber, daß es in den Ästen zerschellte. Hierauf reichte er die Flasche dem zunächst hinter ihm auf dem Brette Stehenden, welcher sich
auch in ein Glas schenkte, austrank und das leere Glas in das Eichenhag warf. Und so taten alle hintereinander auf dem Brette stehenden
Gewerksgesellen, bis es auf den letzten kam. Dieser nahm die Flasche,
die bei ihm leer geworden war, zu sich, alle gingen sie auf den Querbalken seitwärts, kletterten an den Latten zum Rande des Daches
herunter, kamen auf die Gerüste und gingen aus der letzten Stufe zu
uns auf den Anger heraus. Die leere Flasche wurde dem Bauherrn
übergeben, weil in sie Dinge verschiedener Art getan, sie dann ver-
schmolzen und in den Grundstein vergraben werden sollte, wenn man

sein Fest feiern würde. Als dieses geschehen war, wurde auf mehreren Tischen, die aus rohen Brettern in verschiedenen Gestalten zusammengeschlagen worden waren, ein Imbiß aufgesetzt. Alle, welche aus der Gegend helfen gekommen waren, standen an einem Tische. Es ist nämlich die Sitte, wenn an einem neuen Hause gelattet wird, daß alle aus der Gegend, denen es gefällig ist, zusammenkommen und helfen. Es ist da eine Auszeichnung, wenn man mit den Äxten, mit deren umgekehrten Häuptern die Lattennägel eingetrieben werden, einen schnell rollenden Taktschlag machen konnte und wenn man sich dann in der Nachbarschaft zu rühmen vermochte, daß man ein Dach von soundso viel Geviertklaftern in soundso kurzer Zeit eingelattet habe. Am zweiten Tische stand der Zimmermeister mit seinen Gewerken und tat auch einen Spruch, als alle ihre Gläser gefüllt hatten und sie eben an den Mund setzen wollten. Am dritten Tische standen wir, die Geladenen, nebst dem Obristen, und an die anderen Tische konnte gehen, wer da immer aus der Umgegend kam, namentlich die Armen, und sich Wein zum Trinken einschenken und einen Bissen vom Tische zum Essen nehmen wollte.

Als der Spruch des Zimmermeisters aus war und als man die ersten Trinkhöflichkeiten herumgebracht hatte, durften wir auch zu dem Tische der Gewerke gehen, es durften die andern herüberkommen und alle untereinander gehen und miteinander sprechen. Als der Imbiß aus war und als man insbesondere den ärmeren gekommenen Gästen Zeit gelassen hatte, alles, was auf ihren Tischen war, zu verzehren, ging man auseinander, und von Werkleuten wurden die Tische ebenso schnell auseinandergeschlagen, als sie gestern auf dem grünen Rasen, wo früher keine Spur gewesen war, entstanden waren.

Am darauffolgenden Tage begann man die Deckung des Daches, und es wurden die Stuben, die der Obrist im Winter zu bewohnen gedachte und welche bereits eingedielt waren, im Innern vorgenommen, daß sie herausgeputzt würden, daß man die Kamine verziere, die Fenster setze und, wenn die Mauern gehörig ausgetrocknet wären, sie mit einer sanften Farbe übertünche.

Der Sommer war aber auch so überaus günstig, wie selten einer über unsere schönen Wälder herabgekommen ist. Es war oft eine Reihe von Tagen hintereinander einer schöner als der andere, und wenn auch Wolken erschienen, so dienten sie bloß zur Verzierung des Himmels, indem sie am Tage in Silber und Edelsteinen schimmerten und abends in rotbrennenden Bändern und Schleiern über die Bäume, über die Berge und über die Saaten hinausstanden. Und weil der viele Winterschnee so langsam geschmolzen ist, so war trotz der langen Regenlosigkeit keine Dürre, sondern die tiefe innere Feuchtigkeit der Erde machte ein Grün auf unsern Wäldern und Feldern, daß einem das Herz lachte, und die Quellen und Bäche der Täler hüpften und sprangen ohne Abgang des Wassers, als würden sie heimlich immer wieder von Geistern oder Engeln genährt.

Als das Haus des Obristen eingedeckt war, als alle Dielen und Fußböden gelegt waren, als man von außen die Mauern herab beputzt und die Fenster eingesetzt hatte, sah es, noch ehe die heißen Tage des Erntemonats vorübergegangen waren, von außen aus, als ob es schon vollkommen fertig wäre. Die Gerüste und alle die Balken und rohen Werkzeuge des Baues waren entfernt, und das Haus blickte, von dem dunklen Eichenhage sich abhebend, so schön auf die Waldstreifen und auf die Mitterwegfelder hinaus, wie ich es vorher gesehen hatte, daß es sein würde. Es ward fortan nur mehr im Innern fortgebaut und gereinigt und verziert. Selbst der Garten ward sofort umgegraben und mit einem Gitter eingehegt, weil der Obrist noch im Herbst allerlei Knollen, Pflanzen und Bäume setzen wollte, daß er sich in dem nächsten Frühling darüber freuen könnte. Er schien zu eilen, weil er sich alt fühlte und doch die wenigen Stunden seines Abends in seinem fertigen und herausgeputzten Hause zubringen wollte.

Als die goldgelben Wagen des Korns und der Gerste in die Scheuern gingen, kamen eines Tages auch andere Wagen, die mit Truhen und Verschlägen bepackt waren. Sie enthielten Sachen des Obristen, mit denen er in die fertigen Gemächer seines Hauses einziehen wollte. Als die Dinge abgepackt, herausgenommen und nach ein paar Tagen gestellt waren, führte er mich in die Zimmer hinein. Das Haus des Obristen hat kein Stockwerk wie das meinige, sondern die Wohnungen sind an der Erde und nur um einige Stufen gehoben, weil unter ihnen Vorratskammern, Obstlagen und andere derlei kühle Behältnisse angebracht waren, deren kleine, vergitterte Fenster nur wenig oberhalb des Sandes des Gartenweges herausschauten. Das Innere des Hauses enthält einen Gang, dessen eine Seite durch sehr große Glasfenster geschlossen ist, außer denen ein gläsernes Haus ist, in welchem Gewächse stehen. Die andere Seite enthält die Türen zu den Wohnungen: eine zu zwei Zimmern des Obristen, eine andere zu denen Margaritas. Zwischen beiden ist das Bücherzimmer, man kann aber durch dasselbe von dem Obristen zu Margarita kommen. Das eine Ende des Ganges, gleich neben Margaritas Tür, ist durch ein großes Zimmer geschlossen, das viele und große Fenster hat, weil das Zimmer ebenfalls bestimmt ist, im Winter Blumen und Gewächse zu enthalten. Das andere Ende führt in drei Zimmer, die noch nicht fertig sind. Zu beiden Enden des Ganges stehen sehr schief hinüber auf einer Seite die Gemächer der Diener, die Küche und anderes, auf der andern der Pferdestall und das Wagenbehältnis. Die Scheuer ist weiter zurück gegen das Eichenhag, und neben ihr werden Ställe für andere Tiere gebaut. Als mir der Obrist seine zwei Zimmer gezeigt hatte, führte er mich auch zu Margarita hinüber. Hier verkündete sich die Reinlichkeit schon von außen: Auf der breiten Schwelle, die zwischen dem Türfutter der sehr dicken Mauer ist, lag eine feine, gelbe Matte aus Rohr, die genau in den Raum paßte und diente, daß man sich die Sohlen abwische. Der Obrist klopfte an, und es tönte ein „Herein". Wir gingen hinein und fanden sie mitten in dem ersten Zimmer stehen und wahrscheinlich im Begriff zu sehen, wie all die Sachen stünden und ob nichts abgeändert werden müsse. Eine Dienerin ging eben von ihr und hatte verschiedene Dinge auf dem Arme. Das Zimmer war ganz rein gefegt, es war kein Stäubchen, und die Dinge standen in der vollkommenen Ordnung. Die braunen Haare Margaritas legten sich so schön an das Haupt, und die braunen Augen blickten so klar wie das Zimmer. Das Mädchen ist so gesund, daß man nicht denken kann, wie es eine Krankheit beginnen sollte, hier Eingang zu finden. Sie zeigte uns die Sachen, wie sie gestellt seien, und fragte uns, ob es so bleiben könnte. Als wir beide sagten, daß es sehr gut sei, antwortete sie, daß sie die Dinge alle Tage anschauen werde, und da müsse sich schon zeigen, ob man es ändern solle. Wir gingen auch in das zweite Zimmer. Da stand hinter hohen, geschlossenen Vorhängen ihr Bettlein. Auf einem kleinen Tischlein war ein Kruzifix von sehr guter Arbeit. Gegenüber war ein Kasten, in dem nette Bücher standen, und daneben war ein Tischlein, wo sie lesen konnte und ihre kleinen Aufsätze schreiben. Der Obrist führte mich durch das Bücherzimmer in seine Wohnung zurück. Es waren aber noch keine Bücher in dem Zimmer, sondern die Wände standen ganz leer.

In diesem Sommer trockneten die Mauerwerke so schnell, daß man es kaum glauben sollte; desungeachtet schliefen der Obrist und Margarita in der hölzernen Hütte und waren nur am Tage, wo alle Fenster offenstanden, in ihrer Wohnung. Alles, sagte der Obrist, sollte so trocken sein, als es nur immer möglich ist, und dann würden sie erst im späten Herbste, wenn es in der Bretterhütte bereits zu kalt würde, ganz und gar in ihre Wohnung hinübergehen. Auf gleiche Weise hielt er es mit den Dienstbotenzimmern und dem Stalle, die auch schon fertig und zu beziehen waren.

Als die Arbeit an dem Hause und deshalb auch die Aufsicht immer weniger wurde, gingen wir an den Nachmittagen, weil die Hitze sich milderte und die sanfteren Tage des Herbstes heranrückten, sehr viel in der Gegend herum. Wir gingen täglich spazieren. Ich führte den Obristen an manche Stellen der Wälder, wo der Eistag des Winters große Zerstörungen angerichtet hatte und die dorrenden Bäume noch übereinanderlagen, denn ich kannte viele Stellen sehr gut und fand sie, wenn ich auf meinen Gängen die Wälder in verschiedenen

Richtungen durchschritt oder oft ohne allen Weg über einen Bühel
oder eine Waldschneide gerade herüberging. Wir waren auch in der
Höhle im Dusterwalde gewesen, in welcher der Josikrämer drei Tage
und Nächte des Winters hatte zubringen müssen. Margarita war meistens mit uns. Wir gingen öfter durch das ganze Eichenhag hinaus, wir
gingen über die Weidebrüche, in die entfernteren Ortschaften, auf einen Berggipfel, so zwar, daß schon manchmal die Sterne flimmerten
und oberhalb uns das leise nächtliche Laub raschelte, wenn wir auf
einem Waldwege zurück nach dem Hause des Obristen gingen.

Zuweilen besuchten sie mich auch in meinem Hause. Als Margarita zum ersten Male herunten gewesen war, zeigte ich ihr meine
schwarzen Pferde, ich zeigte ihr auch meinen Hühnerhof, wo die
Geflügel zwischen einer großen Einzäunung herumgehen können,
und ich zeigte ihr dann den Vorrat der Scheuer und die schönen Kühe, welche Kajetan und die Magd pflegen und zu meiner Zufriedenheit so rein halten. Als sie die Kälber sah, sagte sie, wenn ich schon
dem Vater eins geben wolle, wie es im Vornehmen sei, so sollte ich
ihm doch dieses geben. Sie hatte eins ausgesucht mit sehr schönem,
weißem Kopfe, mit weißer Fahne und dunkelbraunen Lenden. Sie
gehen nicht häufig mit einer solchen Zeichnung in unsern Waldwei-
den herum. Ich sagte ihr, daß ich wohl selber gedacht habe, dieses
würde ich hinaufsenden, und sobald der Stall im Hage oben im be-
wohnlichen Zustande wäre, so würde das Kalb geschickt werden
und mit ihm ein anderes, das fast ebenso aussähe, nur in dem Augenblick nicht hier sei, damit ein Anfang gemacht würde zu schönen,
glänzenden, zutulichen Rindern.

Als der Winter hereinbrach, war er so milde, wie ich mich nicht
erinnere, je einen solchen in unserem Lande erlebt zu haben. Der
Obrist und Margarita zogen im späten Herbst, da sonst lange schon
Reife und Fröste auf unsern Wiesen gewesen waren, heuer aber noch
immer eine milde Spätsonne herunterlächelte, in ihre Wohnung. Sie
wendeten auf meinen Rat ebenfalls das Mittel der ausgeglühten Pottasche an, aber dieselbe zeigte, wenn sie eine Zeit in der Wohnung gestanden war, so wenig Zuwachs an Wasser, daß die äußeren Dicken
der Mauern gewiß als vollkommen trocken angesehen werden konnten. Der Obrist ließ im Winter immer in seinen noch nicht fertigen
Räumen ein wenig fortarbeiten.

Weil sich mit dem Eintritt der nässeren und trüberen Jahreszeit
wie immer die Übel der Menschen vermehrten, so minderte sich
meine freie Zeit, und ich konnte weniger in der Gesellschaft meiner
Nachbarn sein. Einmal, da ich in der tiefen Nacht von dem Wege der
Weiden herabging, weil ich in dem Gehänge gewesen war, und da
ich links von mir in dem dichten, herabrieselnden Winterregen das

Eichenhag nur undeutlich wie einen schwarzen Dunst sehen konnte, daneben aber deutlich und klar ein Licht glänzte, glaubte ich, es
sei das von dem Zimmer des Obristen, wo er etwa mit Margarita sitze
und lese oder sonst etwas ähnliches tue. Deshalb beschloß ich, auf das
Licht zuzugehen und ein wenig bei dem Obristen zu bleiben. Allein
ich kam, da ich doch auf bekanntem Boden ging, in die Wiesen des
Meierbacher und dann gar in ein Gesumpfe, das nach meiner Meinung eigentlich nicht da sein sollte. Als ich mit jedem neuen Schritte
immer mehr hineingekommen wäre, kehrte ich um, damit ich den
festen Boden wiedergewinne, den ich verlassen hatte. Ich begriff
nun, daß ich von einem Irrlicht getäuscht worden war und daß ich
mich gar nicht da befinden müsse, wo ich glaubte. Solche Lichter
entstanden manchmal in der Senkung, wie sie früher war, ehe sie der
Obrist hatte reuten lassen, und sie wurden zu verschiedenen Zeiten
gesehen. Sie wanderten da gleichsam bald an diesen Ort, bald an jenen,
oder sie entstanden vom Ursprunge an bald hier, bald da. Plötzlich,
wenn man auf eins recht hinschaute, war es gar nicht da, dann ging
es an dem Gehege hinunter wie eine Laterne, kam aber am Ende des
Geheges nicht heraus und konnte überhaupt nicht gesehen werden.
Auf einmal stand es weit unten an den Eschen, als wartete es. Ich
kenne derlei Lichter sehr wohl, weil ich oft in der Nacht herumgehen
muß, wie die hiesigen Menschen nicht tun, sondern in ihren Häusern
bleiben – in mancher feuchten Nacht des ersten Winters, des späten
Herbstes, des schädlichen Märzen oder nach Mitternacht im Sommer, wenn die weißen, sanften Streifen sich an die Wiesen ziehen.
Als ich auf den Platz zurückgekommen war, an dem ich von meinem
Wege weg auf die Wiesen gegangen war, war es gleichwohl nicht derselbe Platz – es standen wohl die drei Föhren da, die früher da gestanden waren, aber es war nicht, als ob es dieselben drei Föhren wären,
auch konnte ich mich nicht entsinnen, daß ich meines Weges genau
geachtet hätte, da ich auf eine Kranke dachte, die mir sehr an dem
Herzen lag. Ich hatte von meinem Großvater gelernt, dem es auch wieder ein alter Schwede sagte, der nach dem Kriege als erster Ansiedler
in das Haslung gekommen war, daß man, wenn einem ein bekannter
Weg anfange, wirrig und entfremdet zu sein, sogleich umkehren und
zurückgehen solle, bis alles wieder ein Ansehen gewinne, das man
vollständig kenne; dann soll man ein wenig stehenbleiben und dann
den gewünschten Weg aufs neue einschlagen. Ich ging also von den
drei Föhren an noch weiter zurück. Die dunklen Büsche, die sich in
dem Regen duckten und aneinanderkauerten, gingen an mir vorüber,
dann standen zerstreute Fichten, welche in schmalem Buschwerke von
unten bis oben bewachsen sind, und ein schwarzer Zaun ging neben
mir. Ich kannte alles nicht. Als ich an die Stelle zurückgekommen war,

wo sich das Geleise von dem Wege trennen und gegen den Sillerwald hinübergehen solle, war das Geleise gar nicht da. Ich ging also noch weiter zurück, und zu meiner Verwunderung führte es aufwärts. Plötzlich stand ich ganz oben auf der Schneide des Abhanges, und plötzlich erkannte ich, daß ich mich ja noch gar nicht unterhalb des Eichenhages befinde, wo man auf das Haus des Obristen hinübersehen könne, sondern daß ich noch weit oberhalb desselben war, und zwar auf der Schneide des Gehänges der Weidebrüche; ich erkannte auch, daß das Irrlicht in der Senkung gestanden war und daß ich in das Sumpfwasser derselben hineingegangen sei. Das Irrlicht war aber während meines ganzen Rückweges, auf dem ich mich öfter umgeschaut hatte, nicht mehr sichtbar gewesen, sondern überall lag die gleichförmige, schwarze Finsternis. Als ich noch auf dem Abhange stand und herumschaute, erzeugte sich ein etwas lichter Streifen an dem Himmel, und ich sah, daß das nicht das Hag gewesen sei, was ich dafür gehalten habe, sondern daß eine Herbstwolke an dem entfernten Dürrwalde gehangen und ihn wie éinen näheren Waldklumpen gezaubert hatte. Als ich noch immer schaute, stand plötzlich mein Irrlicht wieder weit von mir entfernt drüben – es stand in derselben Richtung, aber auf einem andern Grunde, nicht auf der Stelle, wo ich es früher gesehen hatte. Ich starrte recht deutlich in das Licht hinein. Und wie die lange, schlanke, weiße, ruhige Flamme drüben stand oder auch wie ein feuriger Engel, der ein weißes Kleid anhat, und wie der hohe, finstere Wald dahinterstand, und wie die Nacht so leise fortregnete und immer schwieg und finster war, und wie sich überall ringsherum niemand befand als ich allein, war es fast schön anzusehen, wie es war. Weil ich nun das bekannte Ansehen der Gegend hatte, das mein Großvater und der Schwede verlangten, trat ich meinen gewünschten Weg wieder an. Ich ging den Pfad, der neben dem schwarzen Zaune lag, hinunter – jetzt kannte ich ihn recht wohl; die dunklen Büsche, die sich früher verstellt hatten, waren mir auch sehr bekannt, und ich hatte sie früher oft gesehen. Ich ging des Weges nacheinander dahin. Und wie ich neben den Schlehenbüschen war, die wie ein schwarzer, kriechender Zug fortwanderten, und wie die Erlen, die von meinem Wege links standen, durch das Licht gingen, ich aber an das Fieber der Maria Hartens dachte, das mir stets in dem Sinne und in dem Herzen war, duckte das Lichtlein einmal ganz leicht nieder und war verschwunden. Es kam auch gar nicht wieder zum Vorscheine. Ich ging des Weges vollends hinab, und wie sich das wirkliche Eichenhag, das ich nun sah, um mich hinüberschob, kamen erst die wahren Lichter von dem Hause des Obristen zur Erscheinung – sie standen in einer Reihe recht klar, recht vernehmlich und recht freundlich da. Ich ging aber nicht mehr hinüber, weil ich auch sehr beschmutzt war, sondern ich ging fort in mein Haus hinunter und las in derselben Nacht noch recht lange in vielen meiner Bücher wegen der armen Maria.

So hatte ich oft verschiedene Zufälle auf meinen Wanderungen.

Als der Winter weiter vorrückte und der Schnee schon eingefallen war, ging ich öfter, wenn ich erst spät nach Hause kam, wie es bei der Jahreszeit fast täglich der Fall war, noch im Abende oder in der Dunkelheit der Nacht in das Haghaus hinauf. Der Obrist hatte in das Bücherzimmer eine sehr große Heize machen lassen, darin man die Scheite, welche hineingetan wurden, durch ein feines Gitter hindurch lodern sehen konnte. Auch hat er Geräte von denen, welche angekommen waren, hineingestellt, daß man auf ihnen herumsitzen und den Schein des Feuers auf dem Fußboden anschauen konnte. Wenn dann die große Lampe kam, die, auf den Tisch gestellt, das ganze Gemach mit Licht erfüllte, sahen wir Schriften an, wovon der Obrist manche aus verschiedenen alten und merkwürdigen Zeiten hat, oder Bücher, in denen etwas gelesen wurde, oder wir saßen bloß vergnügt in der so freundlichen Stube und redeten von den verschiedensten Dingen der Welt. Und wenn ich dann nach Hause ging und ein Gestöber war oder die weiche Schneefläche vor mir lag, die in der trübsten Nacht einen feinen Schimmer gab, begleiteten mich gern die zwei Wolfshunde, sie gingen oft bis an den Hügel mit, auf welchem die Eschen stehen, und liefen dann zurück, daß es im Schnee stäubte und ich, wie ich nach meinem Hause hinunterging, noch manchen einzelnen Laut von ihrem Jauchzen vernehmen konnte.

Im Winter kamen auch Verschläge an, in denen Bilder waren, welche der Obrist in verschiedenen Zeiten seines früheren Lebens erworben hatte. Wenn ich dann an einem schönen, klaren Wintertage hinaufkam, zeigte er mir sie, lehrte sie mich kennen und ihre Vollkommenheiten empfinden. Einige sehr schöne hing Margarita in ihrem Zimmer auf, die anderen wurden in den Zimmern des Obristen an verschiedenen Stellen, die er recht sorgfältig auswählte und prüfte, aufgemacht. Ich habe nie so schöne Dinge gesehen, oder ich habe sie in den früheren Zeiten meines Lebens nicht erkannt.

Als der Frühling kam, der heuer so früh eintrat, wie ihn niemand vermutete, fing der Obrist, da nur erst der Schnee weg war und die Erde weich wurde, sogleich alle seine Arbeiten wieder an. Er ließ das Eichenhag, insoweit es sein Eigentum war, reinigen, das dichtere, unnützere Gesträuppe mußte weg, der Boden wurde von den häßlichen Abfällen befreit und, daß er ein schönes Gras treibe, mit eisernen Rechen gerecht. Die dürren Bäume wurden umgehauen, und wo einer auch nur einen verdorrten Ast zeigte, wurde derselbe an ihm, wie man es kaum an einem Obstbaume tun könnte, mit der größten Sorgfalt weggesägt. Die Senkung, wie ich es schon am Eingang dieser Schrift gesagt habe, ein lichtbraunes, faules Moor, darauf nur die kleinen Sumpfföhren und die roten Moosbeeren wuchsen und ein gelbes Gras war, dessen Spitzen braun wurden, hatte er an sich gekauft und fing an, es, wie ich schon oben aufgeschrieben habe, zu einer Wiese umzugestalten. Auch seine Felder, die er zugleich mit dem Hausplatze gekauft hatte, wurden in Arbeit genommen und zur Saat vorbereitet. Er hatte deshalb Knechte genommen und Zugtiere gekauft und ihnen die vorgerichteten Wohnungen, die in dem heiteren Winter gut austrocknen konnten, in seinem Hause eingeräumt. Er wollte den Anbau des Weizens in dieser Gegend emporbringen, den höchstens nur einige, gleichsam wie zum Versuche im kleinen, begonnen hatten. Deswegen hatte er Sommerweizen aus andern harten und winterlichen Berggegenden kommen lassen, um ihn zu versuchen, wie er hier anschlage. Die Wintersaat hatte er im Herbste so gut gemacht, wie man es in diesen Wäldern eigentlich nicht zu sehen gewohnt ist. Auch der Garten, um den das Holzgitter gemacht worden war, wurde bearbeitet, und die Glasdecken, unter denen die Frühgemüse und andere Dinge wachsen sollten, über ihre mit Dünger ummauerten Gruben gelegt.

Um diese Zeit kamen auch die Bücher an. Mehrere große Truhen von weichem Holze wurden abgeladen, in denen sie waren. Sodann wurden sie ausgepackt. Der Obrist hatte die traulichen Geräte, unter denen wir den Winter zugebracht hatten, aus der Stube fortgeschafft, und Haufen von Büchern lagen herum. Die mehreren Schreine, in welche sie kommen sollten, waren fertig geworden und wurden an den Wänden an ihren Stellen aufgestellt. Wenn der Obrist nicht Zeit hatte, weil ihn die verschiedenen Arbeiten bald hierhin, bald dorthin riefen und bei sich behielten, half ich selber die Bücher ordnen und an ihre gehörigen Plätze stellen. Eine solche Bücherei wäre eigentlich meine rechte Freude. Oft stand ich auf der Doppelleiter, die man hatte machen lassen und deren Füße mit Tuch überzogen waren, daß sie den Boden nicht beschädigen, und stellte die Bücher, eins nach dem andern, auf verschiedene Plätze, wo es mir tauglich schien und wie sie sich der Natur zufolge reihen sollten. Margarita stand unten und reichte sie mir dar. Dann schrieben wir auf, wie wir sie gestellt haben, daß man sie wiederfinden könne und daß aus diesen Zetteln eine allgemeine Übersicht zu verfassen sei, daran man sogleich den Stand und Ort jedes Buches ersehen möge, wenn man es suche. Später sollten wieder, wie der Obrist vorhatte, wenn nur einmal die Bücher in Ordnung wären, recht vertrauliche und liebliche Geräte in die Stube kommen, insbesondere mehrere gute und weiche Sitze, der große Lampentisch und andere Dinge, die uns schon einfallen würden, damit wir den kommenden Winter wieder in dieser Stube unter den Büchern und bei dem Scheine der großen Heize recht freundlich zubringen könnten.

Margarita hatte jetzt noch mehrere Bilder in ihre Zimmer bringen und dort aufhängen lassen. Sie führte mich zu manchen hin und zeigte mir, wie ihr dieses daran gefalle und dann dieses und dieses.

Da die warmen Tage heranrückten und das weiche, grüne Gras die Hügel bedeckte, obwohl der harte Obstbaum noch keine Knospe trieb und nur erst das niedere Gesträuch an den Bächen, dann die Holunder, die Weiden sich mit kleinen Blättern und grauen Kätzchen bedeckten, wurde das Fest der Grundsteinlegung des Hauses gefeiert. Es waren ungefähr die nämlichen Menschen zugegen wie damals, da der Zimmermannsspruch bei der Aufstellung des Dachstuhles abgehalten wurde. Man öffnete die Marmorplatte des Steines, der unter dem Haupteingange des Hauses lag, welcher Eingang durch ein Vorgemach in den Blumensaal führte, aus dem man dann in den Gang kam, an den die Wohnzimmer des Obristen und Margaritas grenzen. Unter der gehobenen Marmorplatte kam ein hohler Würfel, ebenfalls aus Marmor, zum Vorschein, der durch eine sehr starke Glasplatte geschlossen war. Als man auch diese Platte gehoben hatte, zeigte sich der hohle Raum, der bestimmt war, die Gedenksachen, die man hineintun wollte, aufzunehmen. Der Raum war ganz mit Glas, welches nämlich gar keiner Art Fäulnis unterliegt, gefüttert. Man stellte die Flasche, aus welcher der Zimmermann bei seinem Dachstuhlspruche Wein eingeschenkt hatte, in den hohlen Raum. In der Flasche waren alle Silber- und Goldmünzen enthalten, welche jetzt gangbar sind, und ihr Gepräge war von dem letzten Jahre; dann war ein viereckiges Goldstück dabei, eigens zu dem Zwecke gemacht, daß darein der Jahrestag der Grundsteinlegung geschnitten wurde; dann lag noch ein Pergament in der Flasche, auf welchem die notwendigen Dinge des Herganges aufgeschrieben waren. Die Flasche ist am Munde ihres Halses mit einem Glasstücke zugeschmolzen worden. Da dieses Denkmal hingestellt worden war, legten viele der Anwesenden auch noch Dinge dazu, die sie entweder schon deshalb mitgebracht hatten oder die ihnen erst jetzt einfielen. Ein Buch, einen kleinen Ring, eine Mundschale von Porzellan, einen Uhrschlüssel, beschriebene Blätter, einer warf eine Rose hinein, die er aus einem Gewächshause mit hierhergebracht hatte, und die Mädchen und Frauen taten Bänder hinein, daß man einst wisse, was dazumal in diesen Dingen für eine Mode geherrscht habe. Als dieses vorbei war, legten die Gewerke die Glasplatte wieder auf die Öffnung, daß sie sehr gut gefügt war, dann wurde die Fügung, die rings um das Glas lief, mit einem dichten Kitte verstrichen, der erhärtet und dann keine Luft, keinen Regen und keinen Dunst durch sich hindurchläßt. Über der Glasplatte wurde der Deckel aus Marmor in seinen Falz getan und derselbe ebenfalls mit dem Kitte verklebt, worauf über die Platte der gewöhnliche Stein gelegt wurde, mit dem der ganze Gang und rings ein Streifen des Hofes gepflastert ist, daß man nicht mehr unterscheiden konnte, unter welcher Stelle die Dinge ruhten, die man eben unter die Erde getan hatte. Hierauf begaben sich alle Menschen, die herumgestanden waren, in das große Blumenzimmer, das man zu einem Erquickungssaale eingerichtet hatte. Es waren von den Gewächsen, welche der Obrist selbst in diesem Winter schon in dem Zimmer gehabt hatte, ringsum grüne Gestelle gemacht worden, und wo Blößen gewesen wären, wurden sie mit solchen Zweigen bedeckt, welche schon die ersten und zarten, grünen Frühlingsblätter zeigten. In der Mitte des Zimmers stand ein Tisch, auf welchem sich Wein und einige Speisen befanden. Der alte Pfarrer von Sillerau sprach ein Gebet um Segen für die Speisen, wovon er dann die Veranlassung nahm, weshalb man zu diesen Speisen versammelt sei, und Gott auch um Segen für das Haus und alle, die es je bewohnten, anflehte. Sofort schloß er dann mit einer Anrede an die Versammelten und bat sie mit einigen Worten, daß sie immer so friedlich, so einig und so nachbarlich gesinnt bleiben möchten, wie sie es heute sind, wo sie sich zu dieser gemeinschaftlichen, feierlichen Angelegenheit wohlwollend eingefunden hätten. Hierauf wurde von dem Imbiß unter verschiedenen Gesprächen etwas verzehrt, und dann entfernten sich die Gäste, einer früher, der andere später, bis der letzte von dem Obristen Abschied genommen hatte und er wieder mit seinen Leuten allein war, die darangingen, das Blumenzimmer in den Stand zu setzen, in dem es vor der Feierlichkeit gewesen war. Ich bin gleich nach dem Gebete des Pfarrers fortgefahren, weil ich noch zuviel zu tun hatte, und der Schluß des ganzen ist mir nachher von Margarita und dem Obristen erzählt worden. Die Armen sind dieses Mal auf eine andere Weise und gewiß auf eine für sie weit bessere bedacht worden. Der Obrist hatte unter sie, in Anbetracht, daß der Winter zu Ende ging und die Vorräte des vergangenen Jahres leicht nicht denen des künftigen die Hand reichen könnten, heimlich verschiedene Notwendigkeiten gebracht und sie denen gegeben, die ihrer am bedürftigsten zu sein schienen.

Der Obrist, deucht mir, hat solche Feste wie die zwei, die er jetzt gegeben hatte, nur darum veranstaltet, daß die Nachbarschaft zusammenkam, daß er sich mit ihnen in ein Verhältnis setze und zeige, wie er freundliche Gesinnungen pflegen wolle und freundliche Gesinnung gegen sich erwecken. Nach diesem Feste war es bei ihm wieder so stille wie vorher und blieb fortan stille.

Nur die Arbeiter hatte er im Hause, die zu den Dingen notwendig waren, die noch hergerichtet werden mußten, daß das Haus gleichsam als fertiges betrachtet werden konnte. Dann hatte er noch an Gesinde im Hause, was er zur Bearbeitung und Herrichtung der Grundstücke und zur Versehung der Hausarbeit brauchte. Ich hatte ihm auch heuer an Leuten wieder überlassen, was ihm nötig sein mochte, ohne daß er um die Abtretung etwas wußte. Ich förderte in meinem Hause soviel wie gar nichts, ich bin noch jung und kann alles nachholen, er aber ist alt, hat an dem, was er hier angefangen hatte, Freude und soll sie noch so viel genießen, als es in dem Überreste des Lebens möglich ist, den er noch hat.

Es war von Besuchen und Leuten, die kommen sollten, bei ihm nun gar nichts vorhanden; nur ich allein, wie der Frühling mit aller Pracht und Herrlichkeit hereinbrach und mir wie gewöhnlich eine große Verminderung meiner Berufsgeschäfte brachte, ging beinahe täglich zu ihm hinauf – und ich glaube, daß ich sehr gern gesehen worden war; denn wenn ich doch eines Tages verhindert wurde, weil etwas Unversehenes ausbrach, daß ich bis tief in die Nacht zu fahren oder gehen hatte, oder wenn ich wegen einer Angelegenheit, die mir schwer denken machte, bei den Büchern oder in eigenem Nachdenken sitzen mußte, daß ich nichts verfehle, so sandte er gleich jemanden herab, um fragen zu lassen, ob ich wohlsei oder ob sonst etwas Wichtiges eingetreten wäre, daß ich nicht gekommen sei. Ich ließ ihm immer die Ursache genau zurücksagen. Nur eins fiel mir ein, das mir großes Denken verursachte: Er kam jetzt schier gar nicht mehr zu mir herab, während er doch früher öfter mit Margarita bei mir gewesen war und alle meine Anstalten angeschaut hatte – ja, sie waren sogar manchmal bei dem großen Behältnisse der Arzneien gestanden und hatten gefragt, was dieses und jenes sei, wie es zusammenhänge, was es wirke und welche Tugenden in ihm eingeschlossen seien, was ich immer gerne und mit Freuden beantwortete; und von manchem Kranken mußte ich mit ihnen reden, wie er jetzt sei und wie ich vorhabe, mit ihm im weiteren zu verfahren. Der Obrist ließ sich sogar zuweilen das Buch zeigen, in dem die Krankheit stand, und las mit Aufmerksamkeit darinnen. – Mit der Aufrichtigkeit, die ihm eigen ist, sagte er mir einmal selber die Ursache, warum er nicht mehr herabkomme, daß es nämlich nicht dem ähnlich sähe, daß er seine Tochter gleichsam wie eine angetragene Braut zu mir herabführe und die Leute solches redeten. Als ich meinte, weil ich täglich zu ihm hinaufgehe, könnten sie ebensogut sagen, ich gehe als Bräutigam zu Margarita, antwortete er, das könnten sie tun, daran sei nichts Übles.

Ich ging also täglich in das Haghaus hinauf, wie es meine Berufsgeschäfte gestatteten und wie meine Zeit aus war, die ich an diesem Tage zu meinen Pflichten anwenden mußte. Eine liebliche, eine schier unaussprechlich schöne Zeit war auf uns herabgekommen, meine

Felder standen in wirklicher Pracht, die des Obristen auch, und wir hatten unsere Freude darüber. Ich zeigte Margarita einmal meine Rappen, weil ich schon zuweilen mit ihnen fuhr, und sie liebte die schönen, schlanken und herrlichen Tiere, die so lustig und jugendlich und fromm und folgsam waren. Wir gingen weit und breit in den Feldern und Wäldern herum. Ich nannte Margarita die kleinen Blümchen, die oft da waren, die kleinsten, die ein Äuglein aufmachen, das man im winzigen Grün nicht sieht; und sie wunderte sich darüber, daß ich das Ding nennen könnte, worauf ich sagte, daß alles seinen Namen habe, diese kleinsten, unscheinbaren Dinge so gut und oft einen so schönen wie die großen und prächtigen, die wir in unserem Garten haben. Da sie sagte, ich möchte ihr alle Namen sagen und möchte ihr die Blümchen und Kräuter zeigen, so tat ich es: Ich nannte die einzelnen, wie sie in unserer Gegend sind, und zeigte ihr sie, wenn die Gelegenheit der Blüte gekommen war; dann wies ich ihr die Geschlechter, in denen sie nach gemeinsamen Kennzeichen zusammengehören, und sagte ihr, wie sie in schönen Ordnungen auf unserer Erde stünden. Wir pflückten Sträuße, trugen sie nach Hause, bewahrten manches auf, ich nannte es, erzählte sein Leben, das es gern führe, die Gesellschaft, in der es sein will, und anderes, das die Menschen wissen. Sie merkte auf, wiederholte es und lernte die Eigenschaften kennen und erzählen. Dann meinte sie, wie oft das kleine Ding jetzt, das in dem Grase der Berge stehe, das sie sonst nicht angeschaut und fast verachtet hatte, eigentlich schöner sei als andere große in dem Garten, die oft nur die eine schöne Farbe haben und nur groß sind. – Ich nannte ihr aber nicht bloß die Gewächse, die wir sahen, sondern auch die Steine, manche Erden und die kleinen Flimmer, die hier und da auf unserem Wege lagen; denn ich hatte diese Dinge nicht nur einstens sehr gern gelernt und aus meinen Büchern sehr oft wiederholt, sondern ich trieb sie auch fort, da ich in meine Heimat gekommen war und unter ihnen herumging. Ich liebte sie wie meine Gesellschaft, die ich bei meinem Berufe um mich habe. Margarita hatte ein flaches, schwarzes Täfelchen bei einem ihrer Fenster im ersten Zimmer machen lassen, darauf lagen nun viele Steinchen, glänzende Stückchen und andere solche Dinge, und sie legte Zettelchen, darauf sie die Namen geschrieben hatte, dazu.

Da der Obrist nirgends etwas Zweckloses oder gar Zweckwidriges leiden kann, ohne daß er den Versuch machte, es seinem Zwecke, zu dem er es dazusein erachtete, wieder zuzuwenden, so machte er mir auch in diesem Frühlinge einen Vorschlag, den ich zuerst „seltsam" nannte und der mir dann sehr gefiel. Es liegt abseits des Reutbühls, gleich dort, wo man zu ihm aus dem Kirmwalde hinüberkommt, eine steinige Stelle, die ziemlich weit hingeht, wo etwas Lehm, magerer

Grund und sehr klein geklüfteter Fels, fast Gerölle, ist. Die Leute nennen den Fleck das „Steingewände", obwohl er eben und keine Wand ist, aber es ist in der Gegend gebräuchlich, jeden solchen Fleck ein „Steingewände" zu nennen. Dieses Steingewände nun schlug mir der Obrist vor, mit ihm gemeinschaftlich zu kaufen, da es jetzt leicht und billig zu haben sei. Auf meine Frage, was wir denn mit dem unfruchtbaren Grunde tun würden, antwortete er, der Grund sei nicht mehr unfruchtbar, die unendlich feine Zerklüftung zeige, daß die Verwitterung in ihrem Fortgange beginne und daß der Grund vielleicht zu einer Föhrenpflanzung sehr tauglich sei. Als ich wieder fragte, was wir denn mit einer Föhrenpflanzung täten, da überall herum ohnedem so viele Wälder ständen, die bereits viel besseres Holz hätten, als Föhren zu liefern vermöchten, sagte er: „Die Föhrenpflanzung wird noch stehen, wenn viele andere Wälder, daraus wir jetzt Holz nehmen, verschwunden sind und in Felder und Wiesen verwandelt wurden. Die Föhrenpflanzung wird stehen, weil sie dann noch nicht zu einem Feld- und Wiesengrunde wird tauglich sein, aber Holz werden die Menschen aus ihr nehmen, wenn Holz schon kostbarer geworden ist als jetzt. Und wenn die Föhren ihre Nadeln fallen lassen und unter sich die Feuchte und den Regen erhalten, wird sich der Grund verbessern und lockern, und in tausend Jahren kann vielleicht auch die Föhrenpflanzung in Feld verwandelt werden, wenn alsdann die Menschen dichter wohnen und ihnen das Erträgnis des Feldes wertvoller erscheint als das Holz, das die Föhren liefern."

Ich willigte freudig ein, als er dieses gesagt hatte, und schämte mich, einen so kleinen Zweck gehabt zu haben.

Wir erstanden recht leicht und um ein billiges Geld das Steingewände, und mancher Nachbar, der davon hörte, hielt die Sache für ebenso unklug, als ich sie selber anfangs dafür gehalten hatte. Der Obrist schickte einen Mann hinaus, der in den Abständen, in denen die Pflänzchen zu stehen kommen sollten, kleine Vertiefungen in die Steine machen und sie unten lockern mußte. In diese Vertiefungen wurde dann Erde getan, aber eine nur um ein kleines bessere, als sonst in den Rissen des Steingewändes war, damit die Pflänzlein, wenn sie die ersten Wurzeln in dem Guten geschlagen und dasselbe gewöhnt hätten, nicht dann stürben, wenn sie ihre Fasern in den Fels treiben müßten. Der Obrist wählte den Samen dann von Föhren, die oberhalb des Gehänges in noch steinigerem Grunde standen, als der unsere war, damit ihm der bessere Grund wohltue und er in demselben gut anschlagen möge. An einem Tage legten wir mit Hilfe mehrerer Leute den Samen in die mit Erde gefüllten Vertiefungen und deckten ihn wohl zu. Margarita hatte vorher die schönsten Körner ausgesucht.

Der Obrist hatte auch noch einen andern Plan, der ihm aber viel schwerer auszuführen schien, woran er aber desungeachtet nicht verzagte, wie es ja schon seine Natur war. Er wollte die Leute der Gegend vermögen, aus den obwohl gut erhaltenen Wegen doch noch bessere, nämlich gleich Straßen zu machen. Er sagte, er hoffe auf die Zeit. Vorerst aber legte er als Beispiel ein Stück einer solchen Straße auf seinem Grunde an, wo nämlich der Weg von Sillerau durch ihn nach Haslung führt, auf welchem Wege doch so manche Menschen Gelegenheiten hatten zu gehen und zu fahren und das neue Ding in Augenschein zu nehmen.

Aus dem Frühling war endlich der Sommer geworden. Der Baum des Waldes, der Strauch des Hages, das Obst der Gärten, das Gras der Wiesen und die Frucht der Felder, alles stand recht schön. Ich hatte, wenn ich um drei Uhr oder auch um vier Uhr morgens aufbrach, bis gegen Mittag all meine Dinge abgetan und brachte den Nachmittag im Haghause zu. Wenn ich hinaufging und die Hunde mir nicht entgegensprangen, wußte ich, daß der Obrist nicht zu Hause, sondern mit ihnen auf irgendeiner Stelle seiner Felder sei. Wenn dann unter dem Gesinde, das sich rührte, oder unter den Knechten, die die Arbeit taten, Margarita mit ihrem feinen Strohhute stand, gingen wir miteinander, den Vater zu suchen, oder wir gingen auch in dem Felde oder in dem Walde dahin und redeten von verschiedenen Dingen. Ich legte ihren Arm sanft auf den meinigen.

Eines Tages gingen wir auf dem Wege des Lidenholzes. Sie war in dem aschgrauen, geglänzten Gewande, das so schön ist. Sie trägt nicht die Kleider, wie es jetzt die Frauen so anfangen, daß sie von den Hüften wegstehen, sondern sanft hinabgehend, daß die junge Gestalt freundlich ausgedrückt ist. Das Lidenholz wurde vor vielen Jahren an vielen Stellen ausgehauen, daß man überall die Durchsicht hat und an vielen Plätzen auf freien, mit Stöcken und hohem Grase besetzten Flächen dahingeht. In den Holzschlägen wachsen verschiedene Blumen gemischt, und oft seltenere und gewiß schönere, als man sie auf gewöhnlichen Wiesen zu finden vermöchte. – – Da fragte ich Margarita, ob sie mich recht liebe. – – Wir standen vor einer Grasstelle, wo die hohen, äußerst dünnen Schäftchen aus derselben emporstanden und oben ein Flinselwerk trugen, grau oder silbern, in welchem die Käfer summten oder Fliegen und Schmetterlinge spielten. Aus dem Holzschlage ragte mancher einzelne Baum hervor, der wieder emporgewachsen war, und jenseits, von fern herüber, schaute der blaue Duft des Kumwaldes, der ganz ruhig war. So stille war es, daß man zuzeiten durch die blaue, heitere Luft wie ein sehr schwaches, entferntes Donnern gar das Schießen von Pirling herüberhören konnte, womit der untere Wirt von Pirling, der alte Bernsteiner, einen Keller in die Felsen des Steinbühel sprengt. – – Margarita, als sie meine Frage vernommen hatte, schlug die Augenlider über die sehr schönen, braunen Augen herab, sah in die Schäftchen nieder, wurde ganz glüh im Angesicht und schüttelte leise das Haupt. – – Ich sagte kein Wort, und wir gingen auf dem Wege wieder dahin. Wir sammelten aus den Blumen, die wir der Mühe wert hielten, einen Strauß. Margarita nannte die Namen derselben, und wo sie einen nicht wußte, nannte ich ihn. Wir kehrten auf dem Wege bald wieder um und gingen nach Hause. Sie hatte den Arm, den ich am Ausgange des Waldes, da wir auf die Wiese kamen, wie sonst in den meinigen getan hatte, auf demselben sanft ruhen lassen.

Als wir in das Haus kamen, fanden wir den Obristen in dem Bücherzimmer. Er saß vor dem Tische, hatte etwas Wein vor sich und von den runden, weißen Broten, die er so gern ißt. Er sagte, daß er auf dem Felde sich sehr viel Hunger gesammelt habe und daß er hier sein Nachmittagbrot halte. Margarita setzte sich neben ihm auf einen Stuhl, redete einige Worte, schwieg dann und sann. Ich blieb auch nicht lange, sondern als er mit seiner Erquickung fertig war und in den Garten ging, nahm ich Abschied und begab mich auf den Heimweg.

Als ich über den Hügel, wo die Eschen stehen, hinabwandelte, ging die Sonne wie ein prachtvolles, goldenes Schild zwischen mehreren Bergen von Wolken unter, die sogleich zu brennen anhoben. Durch den ganzen Himmel war Herrlichkeit, und auf die ganze Erde war Herrlichkeit gebreitet. Ich war in meinem Innern so selig, wie ich es gar nicht auszudrücken vermochte.

Da ich in meinen Hof hineinging, kam mir der Bube Gottlieb entgegen und zeigte mir sein Buch, in das er schreibt, und wie er schon große Fortschritte gemacht habe. Ich erzählte ihm, was ich eigentlich hatte verschweigen wollen, daß ich ihm schon ein Stück Wiese gekauft habe, das er einst bekommen wird, und daß ich schon für ihn sorgen werde, wenn er gut lernt und ein ordentlicher, braver Mann wird, der sich eines Geschäftes annimmt. – Dann ging ich in meine Stube.

Es kam jetzt eine schöne Zeit. Ich liebte meine Kranken, es tat mir das Herz jetzt oft viel weher, wenn ich ein Kindlein in dem Bette liegen sah, die armen Augen auf mich geheftet, und wenn ich nicht imstande war, die Krankheit zu beschleunigen, daß das unschuldige Wesen bald befreit werde – oder wenn ich einen Jüngling sah, dessen rosige Wangen durch das Fieber noch röter und dunkler und von harter Farbe wurden, und er mich bat, ich möchte ihm nur etwas geben, daß die Hitze aufhöre, denn dann sei er schon gesund, ich aber einsah, daß durch diese Hitze, die er so leicht wegzubringen vermeinte, leichtlich seine ganze heitere, rosenfarbene Zukunft abgeschnitten werden möchte – oder wenn ich zu einem alten Mütterlein kam, das niemand mehr hatte, dem alle weggestorben waren, das in Ergebung auf den Tod wartete und dennoch, wenn ich fortgehen wollte, den Blick auf meine Augen heftete, ob sie darin Hoffnung lesen könnte. Ich gab manchmal dem Kranken die Arznei und ein Stück Geld dazu, daß er sich eine Suppe verschaffen konnte.

Als ich am andern Tage, da ich die Frage an Margarita getan hatte, wieder in das Haghaus hinaufgekommen war, ging sie mir entgegen, nahm mich bei der Hand und führte mich in ihr Zimmer hinein. Sie führte mich an das Tischchen, auf welchem die Steine lagen, daneben heute die Zettel umgekehrt waren, und sagte die Namen aller Steine her, ohne einen einzigen zu fehlen. Dann führte sie mich gegen ihren Bücherschrein, wo auf dem Tische die Pflanzen lagen, die wir gestern gebracht hatten. Sie sagte auch die Namen aller, ohne ebenfalls einen zu fehlen. Dann gingen wir mit dem Obristen auf seine Niederwiese hinüber und sahen zu, wie Heu gemacht wurde und wie man eben das gut getrocknete nach Hause führte.

Sie zeigte mir auch ihre Hühner und das andere Geflügel und führte mich in den Stall und zeigte mir die zwei Kälber, wie sie schön seien und wie sie sich jetzt schon völlig ausgewachsen hätten. Wenn sie groß würden und wieder Nachkommen hätten, dann würde das andere Vieh nach und nach weggetan und nur das von ihnen gekommene aufbehalten.

Ich brachte ihr, wenn ich in Thunberg oder in Pirling draußen gewesen war, bald eine Blume mit, bald ein Steinchen, das sie noch nicht hatte, oder ein Band oder sonst etwas, zum Beispiel ein Ding, wohinein sie ihre Nadeln und Scheren legen konnte. Sie fing auf einem seidenen Tuche Blumen zu sticken an und sagte, das würde über die große Tasche gespannt werden, in welcher ich immer meine Papiere hätte; dann machte sie mit Gold und Seide ein Ding auf mehrere Bänder und erklärte mir, das müsse auf die Halsgeschirre der Rappen getan werden, wenn ich einmal im Winter im Putz mit ihnen ausführe.

Wir fuhren an allen Sonn- und Festtagen in die Kirche nach Sillerau. Da sahen alle Menschen nach ihrer Schönheit hinüber, wenn sie in dem Querstuhle vorn neben ihrem Vater saß. Er hatte an allen großen Festtagen die goldene Kette um, die ihm der Kaiser einmal gegeben hatte, und sie hatte alsdann ein seidenes Gewand mit einem kleinen Zipfel als Schleppe. Mir war sie aber immer lieber, wenn sie in ihrem Hausgewande neben uns in dem Bücherzimmer war oder in Feld und Wald und sie nicht so sehr darauf achtzugeben hatte als auf das seidene.

Gegen Ende des Sommers kletterte ich einmal um eine seltene Blume auf die Schneide des Dusterwaldes, weil ich wußte, daß sie dort um diese Zeit blühe, und brachte sie ihr. Sie hatte eine sehr große Freude darüber.

So ging der Sommer dahin. Wir wandelten wieder wie im vorigen, in allen Wäldern, Wiesen und Feldern herum, nur daß wir heuer oft noch viel weiter waren als im vorigen Jahre und manchen beschwerlichen Weg machten, um irgendeinen Platz zu besuchen, von dem man Pracht und Schönheit der Wälder überblicken konnte oder wo die schauerliche Majestät war, da sich Felsen türmten, Wasser herabstürzten und erhabene Bäume standen.

Ich hatte den ganzen Sommer hindurch nicht mehr gefragt, ob sie mich liebe. Einmal aber, im späten Herbste, da wir im Eichenhage draußen bei der großen Eiche ihres Vaters standen, alle Gesträuche schon die gelben Blätter fallen ließen, nur die Eichen noch ihren rostbraunen Schmuck recht fest in den Zweigen hielten, fragte ich sie wieder: „Margarita, habt Ihr mich wohl lieb?"

„Ich liebe Euch sehr", antwortete sie. „Ich hab' Euch über alles lieb. Nach meinem Vater seid Ihr mir der liebste Mann auf der Welt."

Sie hatte dieses Mal die Augen nicht niedergeschlagen, sondern sie sah mich an, aber auf die Wangen ging doch ein recht schönes, sanftes Rot, als sie dieses sagte.

„Ich liebe Euch auch recht innig", antwortete ich. „Ich liebe Euch mehr als alle anderen Menschen dieser Erde, und da mir alle Angehörigen gestorben sind, so seid Ihr auf dieser Welt das Höchste, das ich liebe. Ich werde Euch auch in alle Ewigkeit lieben, Euch ganz allein – hier auf dieser Welt, solange ich lebe, und im Jenseits wieder."

Sie reichte mir ihre Hand. Ich faßte sie, und wir drückten uns die Hände. – Wir ließen dann dieselben nicht los, sondern hielten uns an ihnen. Wir blieben noch länger stehen, schwiegen und sahen in das verdorrte Gras nieder. Einzelne gelbe Blätter lagen von den Gesträuchen, die unter den Eichen wuchsen, und die schwach wärmenden Sonnenstrahlen der späten Jahreszeit spielten zwischen den Stämmen und den Zweigen rötlich herein.

Dann gingen wir in das Haghaus, und sie mußte dem Vater an dem Tage noch lange vorlesen. Ich hörte zu und ging in der Nacht nach Hause.

Ach, es war jetzt so schön auf der Erde – so mit Worten unaussprechlich schön. Ich kniete einmal auf den Schemel, der in meiner Stube vor dem Fenster ist, nieder, da draußen Nacht war und unendlich viele Herbststerne an dem Himmel glänzten, und dankte Gott für mein Glück.

Seit meine Angehörigen gestorben waren, war keine so schöne Zeit gewesen.

Ich ging jeden Tag in das Haghaus hinauf. Selbst als der Winter gekommen war und als ich nicht nur den Vormittag wie sonst, sondern meistens auch den Nachmittag in meinen Geschäften zubringen

mußte – denn erstens konnte ich wegen der großen Finsternis nicht
früh genug ausfahren, und zweitens hatten sich die Krankheiten vermehrt –, ging ich doch noch immer, wenn nur die Nacht nicht zu
weit vorgerückt war, in das Haus hinauf und sah die letzten Scheite
in der großen Heize in dem Büchergemach verglimmen. Wenn ich
zuweilen ganz durchnäßt nach Hause kam, weil es nicht selten von
dem Wagen oder Schlitten weg noch durch wilde Schneehaufen oder
Wässer zu einer Hütte, in der ein Kranker lag, zu klettern war, kleidete ich mich um, daß ich wieder alles an dem Körper trocken hatte,
und trat meinen Weg an dem verschneiten Felde des Meierbacher und
über den Eschenhügel hinauf an.

Wenn das Gedränge der Ratholenden geringer war und ich gesagt hatte, daß ich morgen schon am Nachmittage bei scheinender
Sonne kommen würde, so stand sie unter der Tür des Hauses, machte wegen des Glanzes der Wolken und des Schnees, der auf den Höhen lag, mit ihrer Hand einen Schirm über die Augen und sah der
Fläche nach hinab. – Sie sagte mir nachher, daß sie nach mir ausge-
schaut hatte.

So floß der Winter nach und nach vorwärts. Wir lasen etwas aus
den Büchern oder aus den seltenen Schriften des Obristen, deren er
eine ganze Sammlung hat, oder wir sprachen von verschiedenen Dingen. Der Obrist fragte um alle möglichen Verhältnisse der Menschen
des Waldes, und wenn ich ihm sagte, was mir bekannt war, sah ich,
daß er alles ohnehin schon am richtigsten wußte. Oft war wohl auch
ein Mann aus der Umgegend da, der Obrist setzte ihm ein Glas Wein
und Brot vor, und ehe die Nacht weit vorwärtsrückte, machte sich
der Besuchende wieder auf und begab sich nach Hause.

Wenn solche lichten Nachmittage waren, wie ich oben sagte, sahen
Margarita und ich sehr gern die Bilder an, die da waren. Sie zeigte mir
vieles und erklärte mir vieles, denn hier wußte sie mehr als ich, weil
sie seit ihrer Kindheit immer die Bilder um sich gehabt und von dem
Vater die Einsicht in dieselben bekommen hatte – es ist unglaublich,
welch Wunderbares und Schönes in diesen Bildern liegt. Manchmal
gingen wir dann hinaus und sahen die Wolken und andere Dinge an
und erkannten und freuten uns, daß sie auf den Bildern so gemacht
waren, wie sie sind. Ein anderes Mal sagte sie mir wieder alles auf,
was sie von mir gelernt hatte, und fragte mich, ob es so recht sei.

Zu verschiedenen Zeiten tat der Obrist Entwürfe und Zeichnungen auf den Tisch, wie er dieses und jenes ändern, dieses und jenes
verzieren, dieses und jenes neu anlegen wolle. Wir schauten die Sachen an, sie waren sehr schön und immer so reinlich gezeichnet, als
hätte sich ein junger Mensch mit großem Eifer und großer Freude dazugesetzt. Ich bekam bei diesen Dingen mehr Einsicht, als ich früher

hatte, und änderte den Riß, den ich zu verschiedenen Zeiten zu meinem Schreibgerüst gemacht hatte, daß es in festem Eichenholz geschnitzt würde, wieder ganz und gar ab. Ich nahm mir vor, den Riß, ehe die Arbeit in Holz angefangen würde, dem Obristen zu zeigen.

Ein paar Male war er mit Margarita auch sogar bei mir herunten, und das letzte Mal ließ ich seine Braunen heimlich in das Haghaus zurückgehen und führte ihn dann mit Margarita mit meinen Rappen hinauf, da sie zum ersten Male die schönen Bänder, die ihnen von Margarita gemacht worden waren, auf sich hatten.

Manchmal, wenn wir so an späten Abenden beieinandersaßen, draußen strenge Kälte herrschte und herinnen in der Heize die großen Blöcke glommen, ihren roten Schein mit dem weißen der Lampe im Raume des Zimmers mischten, der Obrist, an seinem schönen, weißen Bart von der Glut rosenfarben angeleuchtet, in dem Armsessel saß und ich und Margarita nebeneinander ihm gegenüber, so legte sie gern ihre Hand auf die meine, wir faßten unsere Hände und hielten uns längere Zeit dabei, während von ganz fremden Dingen der Welt draußen oder von anderen, die uns schon näher angingen, die Rede war. Der Obrist hat dieses gesehen, er hat aber nie etwas darüber gesagt. Wenn andere eine Neigung zueinander haben, suchen sie dieselbe zu verheimlichen, wir aber taten dieses nicht, sagten aber auch nichts und lebten so miteinander fort. Wir haben auch zu uns selber nichts mehr von unserer Zuneigung gesagt, seit jenem Abend, wo wir im Eichenhage einander vertrauten, daß wir uns sehr lieben. Ich hatte nicht den Mut, sie von dem Obristen zu meinem Weibe zu begehren – es kam mir auch vor, daß es noch nicht Zeit sei. Er, obwohl er es wußte, redete nie von Dingen, die hierher einen Bezug haben könnten, sondern war immer freundlich und heiter und sprach von allem, das in dem Reiche seiner Betrachtungen war oder dem er zu einer Handlung oder irgendeiner Gestaltung, wie sie ihm geläufig war, eine Zuversicht abzugewinnen vermochte.

So war der Winter endlich dahin und wieder der Frühling gekommen, die liebliche Freude unserer Wälder. Da geschah etwas, das alles änderte.

Zwar, der Obrist ist nicht geändert worden. Wenn ihm sogar etwas Böses angetan wird, so erkennt er es für einen Irrtum, hat Mitleid und trägt nicht nach. Ist nicht die schöne Unterredung, die er mit mir hatte, selber ein Beweis davon?

Ich habe mich so gern bei der Zeit meiner Ankunft verweilt, ich habe mich gern bei der Zeit verweilt, in der ich zu bauen und zu wirtschaften angefangen habe; es war eine einfache und schuldlose Zeit – ich weilte gerne dabei, wie der Obrist gekommen ist, mit ihr, der Lieben, der Guten; es war eine glückselige Zeit – – alles ist aus –

– und sie, gerade sie hat mir so große Schmerzen gemacht; aber es
ist nicht sie, ich erkenne es jetzt wohl, sondern ich, ich allein. – Es
liegt die lange, schwere Zeit vor mir, und viele Jahre wird es brauchen,
bis ich mich in sie hineinlebe.

Ich will alles eintragen.

Als die Tage der Blüten gekommen waren – mein Vogelkirsch-
baum, der liebe, große, kronenreiche Baum, den ich noch von Allerb
auf mich gebracht hatte, war mit einem ganzen weißen Meere von
Blüten bedeckt; in den Wäldern, wo man noch durch das dünnbe-
laubte Zweiggitter den Himmel sah, fuhr ich doch oft schon durch
eine Wolke von Duft und Blumenstaub, der durch die Räume ging
– alles – alles war so schön – und siehe, dacht' ich, welch ein Sommer wird erst auf diese Weise hereinrücken – – und nun sag' ich, welcher wird kommen! – –

Als, wie ich oben anfing, die Zeit der Blüten über uns war, fand
sich in dem Haghause ein Besuch ein, auf den alle nicht vorbereitet
waren. Es kam Rudolph, der Brudersson des Obristen. Einen schöneren Jüngling würde man sich wohl kaum denken können. Es gingen von dem rosenfarbenen Angesicht die dunklen, schwarzen Haare
zurück, und die großen Augen blickten sehr wohlgebildet aus dem
Angesichte. Sein Vater und seine Mutter waren schon vor längerer
Zeit gestorben. Er war gekommen, um eine große Summe, die in Vorschein gekommen, und verloren geglaubte Schuldgelder, die eingegangen waren, mit dem Oheim zu teilen, dem einstens Unrecht geschehen
war. Der Obrist nahm ihn mit vielen Freuden auf, zeigte ihm große
Liebe und gab ihm viele Geschenke, die er als Denkmale seines Aufent-
haltes bei seinen Verwandten auf sein Schloß mitnehmen und aufhe-
ben sollte. Von der Summe aber nahm er nicht den Teil, den ihm der
Jüngling geben wollte, sondern, wie in früherer Zeit, wieder das wenigste, das sich noch mit seinen Pflichten gegen Margarita vertrug.
Rudolph lebte mit einem Manne, einem Amtmanne seines Vaters,
den er sehr liebte und ehrte, ganz allein auf dem Schlosse und bewirt-
schaftete sein Vermögen. Mir wurde er, da ich in jenen Tagen hinaufkam, vorgestellt, und er war immer sehr bescheiden und ehrfurchtsvoll
gegen mich. Da man ihn sehr bat, blieb er viel länger bei dem Oheim,
als er sich eigentlich vorgenommen hatte.

Als ich einmal in dem Lidenholze heimlich auf die Wulst der Felsen, die sich da in der Nähe des Holzschlages überneigen, geklettert
war, weil ich dort mehrere sehr seltene Steinbrechen wußte, die in
Blüte gehen sollten und die ich Margarita bringen wollte, sah ich
plötzlich auf dem Wege durch das Lidenholz unter mir Margarita und
Rudolph herausgehen. Ein schöneres Paar ist gar nicht auf der Erde.
Er war um eine halbe Hauptlänge höher als sie, war so schlank wie

sie, das feine Gewand war so anspruchslos an ihm und die schwarzen Augen blickten sanft und milde; sie schimmerte neben ihm so klar wie immer, hatte das weiße Gewand an und wurde durch ihn fast schöner als gewöhnlich. Mir stürzten die bitteren Tränen aus den Augen – – wer bin ich denn – was bin ich denn? – Ich bin nichts – gar nichts. – – Ich wäre hinabgeklettert, ich hätte die Felsen umschritten und wäre zu ihnen hingegangen – aber ich konnte es jetzt noch nicht. – Sie wandelten neben den Blumen hin, die in dem hohen Grase des Holz-schlages standen, sie wandelten neben dem zarten Gesträuche und Gestrüppe, das sich manchmal an den Weg herandrängt – er sprach zu ihr, sie sprach zu ihm – er hatte ihren Arm in dem seinigen, sie legte ihre Hand auf die seine, drückte sie und streichelte dieselbe sanft.

Ich wollte nun gar nicht zu ihnen hinabgehen, sondern ich nahm meinen Stock, den ich in die Gräser niedergelegt hatte, und zer-schlug mit demselben alle Steinbrechen, die in der Tat noch nicht blühten, daß der Ort wild und wüst war. Dann stieg ich rückwärts an dem Felsen wieder hinab, wo ich hinaufgekommen war – denn an andern Stellen ist die Wulst kaum zugänglich –, ich stieg so schnell hinab, daß ich mir die Hände blutig riß. Dann ging ich nicht nach Hause, obgleich das Mittagessen auf mich wartete. Ich war gerade darum recht bald zu meinen Kranken gefahren und war bald zurück-gekommen, damit ich zu den Steinbrechen gehen und ihr die Blu-men, wenn ich einige fand, noch vor dem Essen bringen könnte. Jetzt waren keine Blumen notwendig, und jetzt war es nicht notwendig, daß ich nach Hause zu meinem Essen ging. Ich stieg vielmehr von dem Lidholze immer mehr nieder gegen die Talrinne, in der das Lid-wasser geht, das kaum jemand besucht, weil es so enge zwischen den Waldwänden hingeht, ein seichtes Wasser ist und überall wilde Steine liegen, daß kein Weg in der Länge der Talrinne möglich ist. Vorwärts gegen die grauen Felsen, die manchmal aus dem Schwarz und Grün der Wand hinaussteigen, schaut das Gedämmer und die Ruhe des Kirmwaldes herein, der sich aber auch immer drehte und hin und her rührte, wie ich abwärts stieg, bis er verschwand und an den hohen Strebnissen des Grases, des Nachwuchses, der dürren Stämme, der Steine nichts niederschaute als der einzige, schwermütige Himmel. Ich ging ganz tief in den Kessel zurück, wo das Wasser ruhig im Grun-de steht und seine stahlblauen Flecke zwischen den grünen Inseln, die auf ihm schwimmen, hervorleuchten – daneben steht der feuch-te Stamm der Tanne und der graubraune Fels, von dem das Wasser beständig, wie ein Firnis, niederglitzert. Auf dem Wege dahin hatten mich die blauen Scheine unseres Waldenzians gegrüßt und die brei-ten, grünen Augen des Huflattichs, wo mein Fuß in den weichen, bro-digen Waldboden einsank: Ich beachtete sie nicht.

Ach, ich bin ja sonst nicht so zornig – es ist meine Art nicht so. Ein Rückfall in meine Kindheit mußte es sein, wo mich, wie der Vater sagte, meine früh verstorbene Mutter verweichlichte, daß ich oft, wenn mir ein Hindernis entgegenkam, mich zu Boden warf und tobte.

Ich stieg von dem Lidkessel durch das Sandgerölle empor, indem ich die Hand wieder in die Gesträuche schlug, daß sie blutete, und mich an den hervorstehenden scharfen Steinen hielt, daß ich nicht niederrollte. – Ich kam an dem Roteck heraus, wo sich die Okersteine am Gipfel des Berges in die Luft drängen und der Blick in die jenseitigen Länder geht, wo sich die lange Linie des Rotberges hinzieht und die dortigen Waldbühel blau an blau hinausgehen. Das Haus des Vetters Martin war nicht sichtbar, an dem Himmel streckten sich weiße, stehende Wolken hin, und auf meinem Boden war der Sand so rot gefärbt, daß ich mir die Schuhe beschmutzte, wie ich darüber hinging und, gegen meine Linke abneigend, wieder in die finstere Gesellschaft der Tannen einbog.

Ich hatte mir nun alles festgesetzt, wie ich tun solle. – Ich ging in der großen Krümmung des Waldes herum, daß ich fast gegen Abend oberhalb des Eichenhages herauskam, durch das ich in das Haus des Obristen ging. – Er selber war nicht zu Hause. Margarita, sagten sie, sei in dem Garten. Ich schritt durch das Hoftor in den Garten, sah sie aber dort nicht und vermutete sogleich, daß sie in das angrenzende Feld hinausgegangen sein möge, weil das Hintergitter des Gartens offenstand. Ich sah sie wirklich, da ich das Gitter erreicht hatte und den Blick in das Freie tat, an dem breiten Wiesensaume, der neben dem Korne lief, wandeln, wie sie in der lauen, schönen Abendsonne den langen Schatten über das Getreide warf. Sie war allein – es war dieses nichts Wunderbares – aber ich verwunderte mich darüber. Nur die zwei schönen Wolfshunde ihres Vaters gingen ruhig neben ihr, sie lieben das Mädchen sehr, gehen ihm immer zu und sind viel ruhiger, wenn Margarita in unserer Gesellschaft ist. Als ich in der Öffnung des Gartengitters erschien und sie mich erblickten, sprangen und tanzten sie lustig gegen mich zu, und auch Margarita ging etwas schneller mir entgegen, da sie merkte, daß ich auf sie zueilte. Sie hatte das weiße Kleid an, war so schlank und schön wie am Vormittage und trug das reine Angesicht meinen Augen entgegen, so schimmernd und sanft, wie es am Vormittage gewesen war.

Sie nahm zuerst das Wort und sagte: „Ach, Ihr seid nun da – wir waren schon in Sorge, daß Euch etwas zugestoßen sein könnte; denn der Vetter Rudolph ist fort und ist im Nachmittag noch bei Euch gewesen, um Abschied zu nehmen – da sagten Eure Leute, daß Ihr wohl mit den Pferden schon nach Hause gekommen, aber wieder fortgegangen und dann nicht einmal zum Mittagessen zurückgekehrt seid. Der Vater meinte, Ihr würdet wohl zu einem Hilfsbedürftigen gemußt haben, und es sei alles an der Sache nicht auffallend. Er hat den Vetter Rudolph bis zu dem Wirtshause am Rotberge begleitet, wohin die Reisepferde bestellt sind, dann wird er mit unseren Pferden wieder heimkommen."

„Margarita, Ihr liebt mich gar nicht!" antwortete ich.

Sie richtete ihre Augen auf mich und sagte: „Wie kommt denn diese Rede zu Euch? –Ich liebe Euch ja mehr, als Ihr ahnen könnt: Ich bin so freudig, wenn Ihr heraufkommt, es tut mir leid, wenn Ihr fortgeht, und ich denke auf Euch, wenn Ihr fern seid."

„Ihr liebt mich nicht", sagte ich wieder, und sie mochte bemerken, wie es in meinem Angesichte vor Schmerz zuckte.

„Was ist Euch denn", sagte sie. „Ihr könnt ja eigentlich nicht so reden. – Seid Ihr krank? Ihr müßt wohl einen weiten Weg gemacht haben, ich sehe es an Euren Kleidern. Habt Ihr schon etwas gegessen?"

„Nein, ich habe noch nichts gegessen", antwortete ich.

„Nun, so kommt nur schnell in das Haus herein", erwiderte sie. „Ich werde Euch etwas geben, es sind noch Dinge genug da, Ihr müßt gleich etwas essen."

„Ich esse nichts", antwortete ich.

„So wollt Ihr etwa mit dem Vater reden", sagte sie. „Kommt, wir wollen uns auf die Gartenbank setzen, wo man den Weg weit übersieht, auf dem er kommen wird."

„Ich will nicht mit dem Vater reden", antwortete ich, „aber Euch habe ich etwas zu sagen, daß Ihr nämlich den Vetter Rudolph viel, viel mehr liebt als mich."

„Ich liebe den Vetter Rudolph", sagte sie, „weil es sich gebührt, aber ich liebe Euch mehr – ihn liebe ich anders, und Ihr müßt selber sagen, ob er es nicht wert ist, da er sich so schön gegen uns, seine Verwandten, gezeigt hat?"

„Ja, ja, er ist es wert, und Ihr werdet ihn immer mehr und mehr und endlich sehr lieben", erwiderte ich.

„Ich werde ihn auch sehr lieben", entgegnete sie, „wenn er noch öfter wird zu uns gekommen sein, wie er es gesagt hat."

„Nun, so ist es gut, und wir sind in Ordnung", antwortete ich.

Jetzt gingen wir eine Weile schweigend nebeneinander her, bis wir zu dem Gartengitter gekommen waren, wo die Rosen stehen, deren Reiser wir miteinander eingelegt hatten. Dort blieb sie stehen, wendete ihr Angesicht und ihre Augen auf mich und sagte: „Ich bitte Euch, lieber, teurer Freund, seht, ich bitte Euch aus der innersten Inständigkeit meines Gemütes, laßt diese Dinge und diese Worte aus Eurem Herzen fahren."

„Ich lasse ja die Dinge alle", antwortete ich. „Ihr liebet mich nicht, und ich lasse die Dinge aus meinem Herzen fahren."

„Ich habe im Eichenhage zu Euch gesagt", erwiderte sie, „daß ich Euch außer meinem Vater mehr liebe als alle andern Menschen auf der Erde."

„Ja, Ihr habt es gesagt", antwortete ich. „Ob es aber auch wahr ist!?"

Auf diese Rede erwiderte sie gar nichts. Sie sagte kein Wort mehr. Sie ging durch das Gartengitter hinein und ich auch. Sie zog einen Schlüssel aus der Tasche ihres Kleides, machte das Gitter zu und sperrte mit dem Schlüssel das Schloß. Dann ging sie auf dem geraden Wege durch den Garten, der gegen das zweite Gitter führt, durch das man in den Hof des Hauses gelangt – ich ging immer neben ihr, und es war mir, als ob sie scheu von mir wegwiche. Da wir das Gitter erreicht hatten, ging sie durch dasselbe in den Hof, tat es hinter sich zu, aber sperrte es nicht ab, weil es nie abgesperrt wird. Im Hofe redete sie wieder das erste Wort, indem sie sagte: „Wenn Ihr auf den Vater warten wollt, so will ich mich zu Euch auf die Bank setzen und so lange warten, bis er da ist."

„Ihr könnt ihm in meinem Namen eine gute Nacht sagen", antwortete ich. „Ich gehe nach Hause."

„So werde ich es tun", sagte sie, indem sie stehenblieb.

Ich wendete mich von ihr, ging neben dem Blumensaale durch das große Tor hinaus und schritt auf dem Wege nach meinem Hause hinunter.

Am andern Tage hatte ich nur zu dem Erlebauer zu fahren, der etwas bedeutend krank war, dann zur Mechthild, die ein Gallenfieber hatte, und dann noch zu einigen andern von geringer Bedeutung. Ich fuhr sehr frühe des Morgens aus, damit ich bis zu Mittag mit allen meinen Kranken und mit dem Schreiben, das notwendig geworden war, fertig wäre.

Als ich die Suppe, die ich als einzige Speise an diesem Mittage zu mir nahm, gegessen hatte, ging ich in das Haghaus hinauf.

Ich ging zuerst zu dem Obristen, der in einem Buche las. Er stand auf, grüßte mich wie sonst und war um gar nichts anders, als er sich stets gegen mich benommen hatte. Er sagte mir nach einigen gewöhnlichen Worten, daß gestern sein Vetter Rudolph fortgereist sei, daß er mich noch gesucht, aber nicht gefunden habe und mir daher durch ihn die schönsten Grüße zum Abschiede sagen lasse. Er fügte dann noch hinzu, daß der junge Mann ein vortrefflicher Mensch sei, daß er sich freue, daß nun der Hader in der Verwandtschaft ein Ende habe, und daß, wenn der Jüngling in seiner Gesinnung so fortfahre, aus ihm ein einfacher, gutherziger und starker Mann hervorgehen könne. Ich pflichtete den Worten bei, wie sie auch in der Tat ganz der Wahrheit gemäß waren.

Von unsern andern Dingen sprach der Obrist kein Wort.

Nach einer Weile der Unterredung sagte ich, daß ich zu Margarita hinübergehen müsse. Er stand auf, und ich beurlaubte mich. Es war mir zu allen Zeiten erlaubt gewesen, allein zu Margarita hineinzugehen, und der Obrist hatte es nie so eingerichtet, daß dieses nicht geschehen durfte.

Ich ging durch den Gang zu ihr hinüber. Als ich die Tür geöffnet hatte, sah ich sie an ihrem Tischchen stehen, und sie schien mich erwartet zu haben. Sie war manchmal, wenn sie wußte, daß ich zu ihrem Vater hineingegangen sei, voll Freude herübergekommen; heute war das nicht der Fall gewesen. Sie war recht schön gekleidet, aber das Gewand war ein anderes als gestern. Auf dem Wandtische neben der Tür lag noch der welke Strauß Feldblumen, den sie gestern gepflückt hatte, und seine Stengel waren noch mit demselben Feldgrase gebunden, das sie gestern genommen hatte. Ich erkannte, daß er einige Blumen enthielt, die in unserem Kräuterbuche noch nicht waren oder die wir schlecht gepreßt hatten.

Da ich bis zu ihr vorwärts gekommen war und gegen ihre Augen geblickt hatte, sagte sie: „Ich habe Euch heute erwartet, und da muß ich Euch die Worte sagen, die ich mir in der Nacht gedacht habe und die Euch zu wissen notwendig sind. Ich habe recht gern Eure Gattin werden gewollt, der Vater hat Euch auch in hohem Grade lieb – aber da nun alles anders geworden ist, muß ich Euch sagen, daß es nicht mehr geschehen kann.“

Ich sah sie an. Da ich in das Haghaus hinaufging, wußte ich noch nicht, was ich sagen werde, nur die Empfindung war mir klar, daß ich heute recht bald, so bald als möglich hinaufgehen müsse, aber als Margarita die obigen Worte gesagt hatte, erschrak ich sehr. Ich nahm sie bei der Hand, die sie mir gern ließ, und führte sie gegen das Fenster vorwärts. Sie setzte sich auf das gepolsterte Bänklein, das in der Fenstervertiefung steht, nieder, weil sie dachte, daß ich mit ihr reden wolle. Ich setzte mich auf das andere Bänklein ihr gegenüber und redete zu ihr. Ich redete sehr lange – aber was ich sagte, weiß ich nicht mehr und kann es nicht in dieses Buch einschreiben. Was sie antwortete, weiß ich auch nicht mehr, aber das weiß ich, daß es nicht so war, wie ich wollte, und daß sie ihren Entschluß nicht änderte. Dann schwieg sie ganz, und wie ich eifriger und hastiger fortredete, verstummte sie immer mehr, und als ich endlich sehr heftig und dringend wurde, sagte sie plötzlich die Worte: „Da muß ich den Vater um Hilfe rufen.“

Auf diese Worte sprang ich auf und sagte: „Nein, das dürfet Ihr nicht tun, das sollt Ihr nicht nötig haben – es ist schon alles gut, gut, gut.“

Und da war es, wo eine solche Vergessenheit aller Dinge des Himmels und der Erde über mich kam!! – – Ich wendete mich um und ging zur Tür hinaus, gewann durch das Tor das Freie und eilte nach meinem Hause hinunter. – –

Es war nun alles gleich. Ich wollte die Dinge der Welt zerreißen, vernichten, strafen. – – –

Ich habe es im Anfange dieses Buches eingeschrieben, wie ich in den Kirmwald zu einer Birke hinaufgeeilt bin, die mir in den Gedanken gekommen war, und wie mir der Obrist an jene Stelle nachgegangen war und mit mir in dem Walde geredet. – – –

Es ist eine sehr lasterhafte Tat gewesen, die ich habe begehen gewollt, und sie hat meine Seele tief erschreckt. – Ich habe sonst meine Geschäfte ruhig getan und ich weiß nicht, wie ich dazu gekommen bin, daß ein solcher Gedanke in meinem Haupte entstehen konnte. – Ich weiß es heute noch nicht. – – –

Ich muß mein Amt mit noch größerem Eifer verwalten, ich muß in die tiefsten Dinge desselben niedersteigen und muß die größten Schwierigkeiten und die kleinsten Pflichten desselben tun, damit wieder alles ausgeglichen werde.

Ich habe diese Sache darum auch gleich am Anfange dieses Buches eingeschrieben, weil sie mich so erschreckt hat, daß nur eine Möglichkeit gewesen ist, daß ein solches Beginnen in meinen Sinn und meine Denkweise kommen konnte!!

Ich bin sehr traurig gewesen. Am Abende bin ich nach Hause gegangen und habe mich in das Bett gelegt – nicht zum Schlafen. Den andern Tag habe ich mit mir allein zugebracht. Am folgenden bin ich zu dem Obristen hinaufgegangen. Er hat mir seine Lebensgeschichte erzählt und hat mich sehr erschüttert. Dann hat er mich gefragt, ob ich zu Margarita hinübergehen wollte, um mit ihr gütig zu reden, und da ich eingewilligt hatte, führte er mich durch den Gang und über die gelbe Rohrmatte in ihr erstes Zimmer hinein. Als sie in demselben nicht war, sagte er, ich solle hier warten, er werde sie holen – dann werde er selber nicht mehr herauskommen, sondern durch das Bücherzimmer in seine Stube zurückgehen. Er kam auch nicht mehr heraus – es öffnete sich schwach der halbe Türflügel, den der Obrist hinter sich offengelassen hatte, und Margarita trat heraus. Ihre Augen waren auf mich gerichtet. Sie war so einfach schön wie das Ding, wovon sie den Namen hat, denn Margarita heißt ja in der alten Römersprache „die Perle". Der Obrist hatte nichts von dem gesagt, was ich hatte tun wollen, ich erkannte es wohl, denn sie hätte mich nicht mehr angesehen. Sie ging bis in die Mitte des Zimmers hervor, wo ich stand, ich reichte ihr die Hand, wie wir es gewöhnlich taten, wenn wir in früheren Zeiten zusammengekommen waren, sie nahm die Hand an, und dann ließen wir sie wieder los.

„Margarita", sagte ich, „Euer Vater hat bei Euch fürgesprochen, daß ich zu Euch herüberkommen und mit Euch reden dürfe. Wir werden nun nicht mehr so oft zusammenkommen und werden nicht so oft miteinander durch die Felder und Wälder gehen wie bisher – – ich werde weniger in das Haghaus heraufgehen können, als es in den vergangenen Zeiten der Fall gewesen ist – – – fürchtet Euch nicht, ich werde heute nicht so reden wie vorgestern, sondern gut und ruhig – ich werde Euch um nichts bitten." – –

Sie hatte während dieser Worte nicht geantwortet, obwohl sie in Zwischenräumen gesagt worden waren, sondern war vor mir gestanden und hatte ihre Arme an ihrem Kleide niederhängen lassen.

„Margarita", sagte ich dann wieder, „verzeihet mir."

„Ich habe Euch nichts zu verzeihen", antwortete sie. „Ihr habt mir nichts getan."

Während wir diese Worte sprachen, kam der Obrist wieder durch das Bücherzimmer zu uns herüber und trug etwas in der Hand. Da er bis zu uns gelangt war, legte er es auf den Tisch nieder und sagte: „Hier sind einige getrocknete Stämmchen Edelweiß. Sie sind die Hälfte von denen, welche mir meine Gattin gepflückt und auf den Hut gesteckt hat, als sie an ihrem letzten Tage mit mir auf dem hohen Gebirge gewesen war. Ihr werdet beide diese Pflanze nicht kennen, da sie hier nicht wächst, und werdet sie daher auch nicht in Euren Kräuterbüchern haben. Ich gebe Euch diese mehreren Stämmchen, teilt sie untereinander und bewahrt Euch dieselben auf."

Als er dieses gesagt hatte, wendete er sich um und begab sich wieder durch das Bücherzimmer in seine Stube. Ich ging an den Tisch und sah das Edelweiß an. Es waren zwölf Stämmchen. Ich legte sechs auf diese Seite und sechs auf jene Seite und sagte: „Margarita, ich habe die Pflanzen auseinandergeteilt, diese hier sind die Eurigen, diese die meinigen. Ist es so recht?"

„Ja", sagte sie.

Hierauf schwiegen wir wieder eine Weile – dann sagte ich: „Ich werde jetzt mein Amt recht eifrig erfüllen und allen Hilfsbedürftigen, nah und ferne, den willfährigsten Beistand leisten."

„Ja, tut das, tut das", sprach sie lebhaft.

Dann fuhr ich fort: „Denkt zuweilen an mich, Margarita, und wenn auch alles anders wurde, lasset doch mein Bild in mancher Zeit vor Eure Augen treten."

„Ich habe geglaubt, daß Ihr sehr gut und sehr sanft seid", antwortete sie.

„Ich bin es", sagte ich, „ich bin es, Margarita, nur könnt Ihr es jetzt
noch nicht sehen und könnt es jetzt nicht glauben. Drum lebet
wohl, Margarita, lebet recht wohl."

„Wartet noch ein wenig", sagte sie.

Dann trat sie an den Tisch, nahm jene Abteilung des Edelweißes,
die ich als die ihrige bezeichnet hatte, legte sie auf meine Seite und
sagte: „Nehmet dieses."

Ich sah auf sie, konnte aber ihr Angesicht nicht sehen, weil sie
sich abgewendet hatte.

„Margarita", sagte ich, „lebet recht wohl."

Ich konnte nicht hören, daß sie etwas antwortete, sah aber, daß
sie mit der Hand winkte.

Es war nun alles vorüber. Ich nahm das Edelweiß, das sie mir
gegeben hatte, von dem Tische, tat es in das Buch, das ich immer bei
mir trage, und ging zur Tür hinaus. Ich schritt zum letzten Male über
die gelbe Rohrmatte, ich ging durch die große Blumenstube, in welcher manche fremdartige Gewächse standen, und trat aus derselben
auf den Grundstein hinaus, den wir mit so vieler Freude und Fröhlichkeit gelegt hatten. Dann kam ich durch den Torbogen in das
Freie. Ich wollte den Obristen nicht mehr besuchen, sondern langsam meine Wege gehen. Aber ich sah ihn, da ich herausgekommen
war, in dem feinen Grase des Rasens stehen, der sich vor den Fenstern
seines Hauses hinbreitet. Wir gingen aufeinander zu. Anfangs sagten
wir gar nichts, dann aber sprach er: „Wir werden Euch ein wenig begleiten."

Es waren nämlich auch seine zwei Hunde bei ihm. Er ging ein
Stück des Weges, den ich eingeschlagen hatte, mit mir, dann sagte
er: „Lasset eine Zeit verfließen. Wie ich Euch schon in meiner Stube
gesagt habe, so wiederhole ich es auch hier: Ihr habt beide gefehlt.
Denkt an meine Gattin: Sie stürzte ohne den leisesten Angstruf in
den Abgrund, damit sie mich nicht erschrecke. Margarita gleicht ihr
sehr. Sogar darin ist sie ihr ähnlich, daß sie eine solche Vorliebe für
weiße Kleider hat, obwohl ihr niemand erzählt hat, daß es bei ihrer
Mutter auch so gewesen ist. Sie ist ebenso stark und ebenso demütig und zurückweichend vor dem harten Felsen der Gewalttat."

Ich antwortete im Augenblicke nicht auf diese Rede. Es war heute
das erste Mal gewesen, daß der Obrist von dem Stande der Dinge
zwischen mir und Margarita gesprochen hatte. Wir gingen noch eine
Weile nebeneinander, bis ein Weg seitwärts gegen seine Wiese
hineinging. Dort beurlaubte er sich und wandelte auf dem Wege,
der ihn gegen die Wiese führte, mit seinen Hunden dahin.

Der Pfad aber, den ich eingeschlagen hatte, war nicht der zu meinem Haus hinunter, sondern der, welcher von dem Haghause weg

durch die Felder emporgeht und dann in die Weidebrüche einlenkt, wo man im Sommer die Rinder hütet. Ich schlug den Pfad darum ein, weil ich noch zur Haidelis gehen mußte, die krank ist, und weil der Weg durch die Weidebrüche zu ihr führt. Ich ging nicht zum Essen nach Hause, denn ich dachte, ich könnte ja in das Gollwirtshaus gehen, wenn mein Leib etwas verlangte, oder sonst irgendwohin, wo mein Weg mich vorbeibringt.

Als ich zwischen die Haselstauden der Weiden hinaufgekommen war und nicht gesehen werden konnte, blieb ich ein wenig stehen. Ich richtete mir das Barett zurecht, welches schief gesunken war, und sagte mir gleichsam selber die Worte: „Wenn dir nun in Zukunft noch ein Widerstand in den Weg kommt, Augustinus, den du nicht überwinden zu können meinst, so denke an den Obristen und an seine standhafte Tochter."

Dann ging ich wieder zwischen den Haselbüschen weiter.

Ich hatte jetzt niemanden mehr als meine Kranken, und es schien mir in dem Augenblicke, als warteten sie alle auf mich.

Ich sollte zwar erst gegen den Abend zur Haidelis hinaus und hatte mir vorgenommen zu fahren, aber da es doch etwas weit ist, so dachte ich, werde ich bei langsamem Gehen, wenn auch der Tag noch hoch steht, doch erst gegen den Abend hinkommen. Ich mochte von dem Obristen nicht nach Hause gehen und meine Pferde holen. Ich ging langsam – langsam und denkend durch die Wälder dahin. – Auch war ich ein wenig bei dem hinteren Wirte in dem Schlagholze und aß etwas von der Kost, die an seinem Mittagstische übriggeblieben war.

Als ich von der Haidelis weg durch andere Wälder nach Hause ging und die Sonne schon ziemlich nahe gegen ihren Untergang neigte, schien es sich erfüllen zu wollen, was der Obrist heute gegen Mittag vorausgesagt hatte; denn von der Scheide des Hochwaldes herüber, von woher im Winter die Wolken mit dem Regen gekommen waren, der den schrecklichen Eissturz gebracht hatte, zog es sich wie Gewitterbildung zusammen, und die Sonne mußte sich auch im Abend durch zerstückte und an ihren Enden anbrennende Wolken hinunterarbeiten. Ich betrachtete mir so, da ich in das Freie gekommen war, das Zurechtrichten und die Vorbereitungen an dem Himmel.

Zu meinem Hause ging ich nur hinzu, um den Fuchs anspannen zu lassen, damit ich noch zu dem Erlebauer hinausführe, zu dem ich vor abends mußte, und wieder zurückkäme, bevor das Gewitter ausbräche.

Als ich mit dem Thomas durch die letzten Bäume des Taugrundes zurückfuhr, leuchteten schon die Blitze durch die Zweige herein und zogen manchmal über den fernen Wald ihre geschlungenen Geißellinien. Auch an dem Abendhimmel war es nun anders. Wo

die Sonne zwischen rotschimmernden Wolken und blaßgelb leuchtenden Stücken heiteren Himmels untergegangen war, war nun alles
zusammengeflossen, und aus der dunkeln Lagerung der Wolken brach
zuzeiten Feuer hervor. Ich habe darum den Fuchs zu dieser Fahrt
genommen, weil er das himmlische Feuer nicht scheut. Die jungen
Rappen entsetzen sich davor.

Als ich von dem Wege ablenkte und durch mein Gitter in meinen
Hof hineinfahren wollte, sprengte in der Dämmerung, in der die ruhigen Bäume standen und die Blitze zuckten, ein Mann herbei und
rief mich an, ich möchte augenblicks kommen, ich sei bei dem untern
Aschacher sehr notwendig. Sie tragen ihn eben von dem Schwarzholze herein, wo ihn ein fallender Baum fürchterlich verwundet habe.
Er, der dieses sage, sei selber dabeigewesen, sei vorausgelaufen, habe
ein Pferd genommen und sei hergeritten, um den Doktor in größter
Schnelle zu holen. Ich befahl dem Thomas umzulenken, und wir fuhren hinter dem Boten, der vor uns herritt, zu dem wohlbekannten
Hause des untern Aschacher hinab, wohin es nicht weit war. Als wir
ankamen, hatten sie ihn schon da, er lag auf dem Bette, und sie hatten ihm die Kleider von dem verwundeten Fuße geschnitten. Es war
durch die Tanne, die sie umschnitten und die dann fiel, nur die Haut
von dem Fuße gestreift worden, aber nie habe ich so furchtbar und
gräßlich menschliches, lebendes Fleisch entblößt gesehen. Der Mann
wäre gestorben, wenn ich damals in dem Kirmwalde meine Tat verübt hätte! Sie hätten ihm Pflaster auf die Verwundung getan und den
Brand gelockt. – Ich befahl, Wasser von dem Brunnen zu holen, und
ließ ihm von dem Eise zukommen, das ich immer in der Grube unter
meinem Hause aufbewahrt halte.

Das Gewitter ist nicht hereingebrochen. Als ich mit dem Thomas
auf dem schlechten Feldwege zurückfuhr, zogen seine regenlosen,
schwarzen Stücke über den Lidwald hinaus, man hörte schier keinen
Donner, und nur die zeitweisen Blitze zielten gegen die ferneren
Länder hinaus, die von uns gegen Morgen liegen.

Es verging eine ängstliche, unruhige Nacht. Ich war sehr düster!

V. TAL OB PIRLING

Es war am folgenden Tage, da der untere Aschacher sich so schwer
verwundet hatte, wieder ganz heiter. Nicht ein einziger Tropfen
war in der Nacht gefallen. Ich ging um fünf Uhr früh den näheren
Weg durch die Felder zu ihm hinunter. Sie hatten die ganze Zeit getan, wie ich gesagt hatte, und ich befahl wieder, daß sie stets, wenn

das Eis ausgeht, ein neues Teil von mir holen sollten. Es war die Verwundung gerade in dem Stande, wie ich es an dem vorhergegangenen Abend vorausgesehen hatte, und ich konnte dem Jammernden die Versicherung geben, daß er ganz gewiß gesund werden würde.

Als ich heraufging, stand die Sonne wie ein klares, blühendes Rund über der Dunkelheit der Wälder, und die Gräser und die Gesträuche glänzten in farbigen Punkten an meinem Wege.

Da ich über die Stiege zu meiner Schlafstube hinaufstieg, in welche mir die alte Maria immer mein Frühmal stellt, fand ich in dem Vorgemach ein Weib, welches meiner harrte. Ich kannte sie, es war Susanna, die Einwohnerin des Klum. Als ich sie in meine Stube hineingeführt hatte, tat sie ihr blaues Tuch auseinander, das sie sonst gewöhnlich um die Schultern hatte und in dem sie heute etwas eingewickelt trug, und sagte, sie sei gestern in dem Birkengehege im Kirmwalde gewesen und habe sich etwas dürres Holz und Reisig gebrochen, um es sich nach Hause zu tragen. Da habe sie in einer Hecke dieses Tuch gefunden, und Hanna, meine Magd, habe ihr gesagt, daß es ein meiniges sei. Sie bringe es daher und habe es in ihr Schultertuch eingewickelt, daß es nicht schmutzig werde.

Ich hatte nur ein wenig hingeschaut und erkannte, daß es mein buntes Tuch sei, das ich auf dem Birkenplatze im Kirmwalde weggeworfen hatte.

Ich gab dem Weibe ein kleines Geschenk, weil sie arm ist – das Tuch aber ließ ich ihr auch.

Dann, als ich alles hergerichtet hatte, was zu dem heutigen Tage notwendig war, wurden die Rappen eingespannt und die Rundfahrt zu den Kranken angetreten.

Ich dachte über mein Amt, das mir die Gottheit gegeben hatte, nach. Es kann nicht recht sein, daß man dasjenige, was andere getan und gefunden haben, in mehrere Bücher zusammenträgt, dasselbe sich sehr gut in das Gedächtnis prägt und es dann in der gleichen Gestalt immer ausübt – es kann nicht recht sein. Man muß die Gebote der Naturdinge lernen, was sie verlangen und was sie verweigern, man muß in der steten Anschauung der kleinsten Sachen erkennen, wie sie sind, und ihnen zu Willen sein. Dann wird man das Wachsen und Entstehen erleichtern. Es wissen auch die großen Bücher, welche ich auf meinen Tisch und mein jetziges Schreibgerüst lege und in denen ich lese, nicht viel. Wer erkennt es genau, ob die Arkana und die Sympathien und die Zeitverbindungen die Hilfe bringen, die in ihnen liegt? Und ist es nicht klar abzumerken, daß Gott in die großen Zusammensetzungen der Stoffe unser Heil gelegt hat, weil wir es nicht finden würden, wenn wir die Zusammensetzungen noch nicht kennten. Es liegt gewiß irgendwo sehr nahe bei uns. Womit würde sich denn der

Hirsch heilen und der Hund und die Schlange des Waldes, wenn die
Arznei, die ihnen hilft, in meinem Schragen stünde, weil sie ja nie zu
ihm kommen? Es wird ein Ding in dem kühlenden, fließenden Wasser sein, es wird eins in der wehenden Luft sein, und es werden Zu-
stimmungen zu unserem Körper aus der Eintracht aller Dinge jede
Stunde, jede Minute in unser Wesen zittern und es erhalten. – – Ich
will sehr eifrig in den Büchern lesen und das lernen, was sie enthalten – und ich will hinter dem Hirsche, hinter dem Hunde hergehen
und zusehen, wie sie es machen, daß sie genesen. Die Kräuter der Berge
kenne ich, jetzt will ich auch die anderen Dinge ansehen und will die
Krankheiten betrachten, was sie sprechen, was sie zu uns sagen und
was sie heischen. – –

So dachte ich, und so hatte ich vor.

Als ich mit meinem Wagen zurückgekommen war, ging ich noch
einmal zu dem untern Aschacher hinab. Sein Übel, wie es ihn auch
ergriff, war doch in sehr gutem Stande. Ich ging von nun an täglich
zweimal zu ihm.

Nach einiger Zeit kam dieses Buch, wie ich es in Thunberg bestellt
hatte. Große Blätter von Pergament, in Korduanleder gebunden und
mit guten messingenen Spangen zu verschließen. Ich wollte es auch so
machen wie der Obrist, wie er es in Westfalen von einem alten Krieger gelernt hatte. Aber ich nahm mir vor, das Geschriebene nicht in
Päcke einzusiegeln wie er, weil ich nicht immer herumreisen muß und
das große Buch recht gut in seiner Truhe von schönem, schwarzem
Holze ruhen kann. Aber die Blätter mit dem Eingetragenen wollte ich
doch vor dem Lesen versperren. Ich tue mit den guten Messern, die sie
in Rohren verfertigen, einen Schnitt in dieselben, ziehe seidene Bänder durch und siegle dieselben zusammen. Zu den seidenen Bändern
habe ich die rosenrote und blaue Farbe gewählt, weil Margarita, wenn
sie an Festtagen oder an Sonntagen in großem, vorzüglich in seide-
nem Putze war und die weiten, bauschigen Falten des Schoßes recht
schön an ihr niedergingen, vorzüglich diese Farben an den Schmuck-
bändern des Kleides liebte. Ich sah das Buch an, als es mir gebracht
wurde, und es gefiel mir wohl. Ich versuchte die Spangen, und sie flogen bei dem Druck gut auf und zeigten das reinliche Weiß der Pergamente. Ich zeichnete mit meiner roten Tinte die Zahlen der Seiten
ein bis auf die letzte. Dann schrieb ich nach und nach dasjenige ein,
was ich in den ersten Tagen, weil ich nicht warten konnte, unterdessen auf Papier aufgeschrieben hatte. Ich verwendete alle jene Zeit zum
Schreiben, in der ich sonst in den Feldern gegangen bin, die Gewächse,
die Bäume, das Gras angeschaut und betrachtet habe – und dann in
das Haghaus hinaufgegangen bin. Es blieb mir, außer daß ich viel
lernte und beobachtete, nun doch noch viel Zeit übrig. Wenn ich von

dem Schreiben aufstand, ging ich noch in meinen Garten, der immer schöner wurde, sah die Blumen an und die Gemüse und die anderen Kräuter, die zu meinem Amte gehören, und die Obstbäume, welche ich entweder schon selbst gepflanzt habe oder welche mir von den früheren Besitzern des Grundes geblieben waren. Indessen taten meine Leute ihre Geschäfte, die sie in dem Hause hatten, und sahen mich recht freundlich an, wenn ich gelegentlich an ihnen vorüberkam. Öfter ging ich auch, wenn die Dunkelheit schon aus den Gründen der Erde stieg, noch in dem Walde herum und sah, wie die Nadeln schwarz wurden und die Dämmerung gleichsam durch die feinen Zweige und Haare der Tannen rieselte oder um die starken Äste der Buchen, der Ahorne, der Eschen war.

Nach einer Woche, seit ich zum letzten Male in dem Haghause gewesen bin, kam der Obrist zu mir herunter und erzählte mir, daß er Margarita habe fortreisen lassen. Es seien nun vier Tage, daß sie frühe am Morgen fortgefahren sei. Er habe sie eine Tagreise weit begleitet und sei vorgestern zurückgekehrt. Sie werde einige Zeit bei einer weitläufigen Verwandten, einer lieben, alten und kinderlosen Frau, wo sie wie eine Tochter werde gehalten werden, verweilen und dann wieder nach Hause zurückkehren.

Ich sagte auf diese Mitteilung nichts – ich fragte auch nicht, wie lange Margarita ausbleiben würde. Wer weiß, wie lange es ist – wer weiß, was sich ergibt, dachte ich – und wer weiß, ob sie nicht etwa aufhören wird, eine Bewohnerin des Haghauses zu sein. – –

Ich zeigte dem Obristen mein rotes, in Leder gebundenes Buch, sagte, daß ich seine Einschreibungen nachahme, und erklärte ihm, wie ich es mache. Er billigte es und erkannte die rot- und blauseidenen Bändlein gar wohl.

Dann gingen wir zum Aschacher hinunter, und er tröstete den leidenden Mann. Hierauf schlug er den Weg in das Haghaus hinauf ein, und ich begleitete ihn die größte Strecke desselben. Als wir Abschied genommen und uns die Versicherung gegeben hatten, daß wir in der Zukunft einander oft besuchen wollen, kehrte ich um und ging wieder zu meinem Hause hinunter.

So will ich denn nun Tal ob Pirling, dachte ich, über dem der traurige Himmel ist, ausbauen und verschönern; hier will ich machen, was meinem Herzen wohltut, hier will ich machen, was meinen Augen gefällt – die Dinge, die ich herstelle, sollen mich gleichsam lieben; ich werde mich mit dem umringen, was mir Freude macht, ich werde hier immer bleiben und werde die Menschen lieben, die in meinem Hause sind, und werde die Tiere lieben, die mir dienen oder die sonst bei mir erzogen werden. Dann sollen diejenigen, die, wenn sie den Namen „Tal ob Pirling" aussprechen, nur immer mein Haus allein dabei im Auge haben, nicht aber die Gruppe von Hütten, die früher diesen Namen trug, noch mehr recht bekommen, wenn sie nur das Haus so benennen.

Der Brunnen, den der Grunner im Frühling herausgemauert hatte, ist ohnehin nun fertig. Ein Strahl des klarsten Wassers schießt in die Granitschale, wenn man an dem Metallknopfe des Geständers zieht. Ein anderer silberglänzender, lebendiger Strahl soll noch immer in dem Garten fließen, dazu sie die Steinkufe im Schwarzholz bauen, denn Quellen gibt es ja in der Gegend genug. Die Bäume, Balken, Pfosten, die noch überall von dem Baue herumliegen, sollen weg, daß der Hof rein und gefegt sei und der Saum des Steinpflasters um denselben sich klar ins Gesicht stelle.

Weil ich aus Güte die meisten meiner Leute, so wie einstens zu dem Obristen, so jetzt zu dem Wirte Bernsteiner nach Pirling gehen gelassen hatte, der in die Felsen des Steinbühels einen Keller sprengt und denselben vor seinem Schützenfeste, das er den nächsten Sommer übers Jahr gibt, fertig haben möchte, so befand ich mich jetzt selber im Mangel. Aber ich will an allen anderen Orten nach Arbeitern suchen und von ihm auch noch diejenigen, die er entbehren kann, zu mir herüberziehen.

Ich werde unverweilt die lieblichen Schnitzereien, mit denen ich die Hinterstube gegen den Garten zur Freundlichkeit und Annehmlichkeit meines Gemütes verzieren lassen will, ins Werk geben; ich werde das Schreibgerüste, daran ich schon so lange denke, anfangen, werde die Risse zu den schwersten Arbeiten dem Künstler und Holzschneider Pirger nach Prag schicken, daß er sie darnach forme, und werde endlich die Geräte und die Herausputze und die Einrichtungen des inneren Hauses zu verfertigen und zu vollenden beginnen. – –

So habe ich in jenen Tagen gedacht, und so habe ich es gleich in Tätigkeit gesetzt.

Ich kaufte desselben Sommers für den Buben Gottlieb auch noch ein kleines Grundstück, damit ich es ihm dereinst, wenn es ihm nützlich ist, geben könnte. Ich habe beschlossen, den Buben nicht mehr von mir zu tun und für ihn, wie es ihm frommt, zu sorgen. Es ist unglaublich, wie er dankbar ist und wie er arbeiten möchte. Er hat eine Freude, wenn er für mich einen Gang tun kann, daher ich ihm auch, daß er sich freue, oft einen Botengang auftrage, den er mit Genauigkeit vollbringt. Sein alter Vater, wenn er zuweilen herunterkommt, zeigt großen Dank und große Zufriedenheit, daß es so ist. Wenn der Bube Lust und Geistesvermögen hat, lasse ich ihn vielleicht künftig unterrichten, und er mag mein Amt antreten und wirken und sorgen.

Ich kam, da die schönen, langen Sommertage dauerten, oft zu dem Obristen hinauf und er oft zu mir herunter. Er sah alle Dinge, die bei mir in der Arbeit waren, wir redeten von den verschiedensten Sachen, saßen manchmal auf meinem Sommerbänklein unter der schönen Fichte beisammen oder gingen in dem Walde herum oder waren bei ihm in dem Garten oder in der Stube, in der er die Bücher hat.

Von Margarita sagte er nie ein Wort. Ich fragte auch nicht.

So verging endlich der Sommer, so verging der Winter, und es kam der nächste Sommer.

Wie wunderbar, wie reizend doch die Natur ist. In jenen Tagen, da die Wärme sich recht lieblich neu aufschloß, was alle Jahre geschieht und was uns alle Jahre wie ein Wunder wohltut, stand ich vor dem Vogelkirschbaume, der mit einer unermeßlichen Anzahl der reinsten und weißesten Blüten beladen war – so weiß wie sonst gar nichts in der Welt, außer etwa der Schnee oder öfter der Ränderglanz der fernen, beleuchteten Sommerwolken, wenn sie hinter dem dunkeln Walde hervorstechen – ich stand und hatte zum ersten Male den Gedanken, den ich eigentlich schon längst hätte haben sollen; wie der Baum erstlich der Blüten wegen da ist und wie zweitens aus diesen weißen Blümlein dann die schwarzen Kirschen entstehen, die wieder so schwarz sind wie die Blüten weiß, nämlich so schwarz wie nichts anderes in der Welt. Wie die Natur diese starke Gegenstellung macht und sie allezeit verbindet durch die sanften, grünen Blätter. Wenn die Frucht vorüber ist, werden die Blätter rot und gelb und braun und bekommen allerlei andere glänzende Farben.

Da ich dann von dem Garten in den Hof ging, schauten mich die Herdsteine, die Dachsteine und andere, die ich von der Hütte meines Vaters hatte nehmen lassen und die in die Gartenmauer eingesetzt waren, recht freundlich an, wenn auch mancher verwittert und mancher fast dunkelschwarz war. Ich habe nämlich die Gartenmauer nicht tünchen lassen, damit nicht immer der unliebe, weiße Strich in den grünen Farben des Tales stehe.

In dem Sommer habe ich auch, was mir schon früher einmal in den Sinn gekommen ist, das achteckige Eckzimmer meines Hauses wie zu einer Hauskapelle einzurichten begonnen. Ich bekam den Gedanken, daß das Bildnis der heiligen Margarita als Schutzherrin darinnen stehen müsse, dann werden jedes Sommers am dreizehnten Julius abends zwei große Wachskerzen brennen. Über die Fenster sollte doppelte mattweiße Seide gespannt werden, daß in der Hauskirche so sanfte Dämmerung sei wie in der großen. – –

Auch mit den Menschen ist es mir anders geworden. Es sind mir die Augen aufgegangen, daß viele um mich wohnen, die ich zu beachten habe. Ich bin mit diesem und jenem zusammengekommen, ich habe dieses und jenes geredet, habe Rat gegeben und empfangen und habe von den Schicksalen der Welt erfahren: Wie sie hier leben, wie sie dort leben, wie sie hier Freude haben und dort leiden und hoffen. Und überall, wie sich die Fluren hindehnen, schlagen allerlei Herzen von Menschen und Tieren und blicken allerlei Augen – aber alle bauen sie an einem kleinen Orte der Fluren einen Wohnplatz wie ich, über dessen Rand sie kaum hinaussehen auf die andern, die überall leben. – –

So verging mir ein Tag wie der andere, so verging eine Jahreszeit nach der andern – und so wandelte die ganze Zeit. –

Es waren endlich drei Jahre dahin, seit der Obrist allein in dem Haghause wohnt. – – –

O Vater, o Mutter, daß ihr nicht mehr lebt, um zu sehen, wie sich eure Hütte verändert hat – und auch ihr, Schwestern, daß ihr nicht mehr seid, um es zu schauen! Das Haus steht nunmehr fertig, und die Sonne scheint auf sein glänzend Dach hernieder – der Garten schreitet in die Weite, und die Fruchtbäume, einst das Eigentum der Nachbarn, stehen schön darinnen, und jetzt besser gepflegt, lassen sie wie in Dankbarkeit die Last ihrer Äste bis zu meinen Fenstern herüberschimmern. Ich schreite von Gemach zu Gemach, aber einsam – nur eine heilige Margarita steht jetzt schon auf dem Hausaltare und grüßt mich, wenn ich eintrete, mit dem goldenen Schimmer. – Die Luft des Abends weht in den weißen Fenstervorhängen und umfließt mich Wandelnden, während sie von dem Hofe herein die Hufschläge meiner jungen Pferde trägt, die der Knecht von der Abendschwemme zurückbringt. – Manch roter Pfeil der Abendsonne schießt durch die Zimmer und zeigt mir ihre Größe und Leere. Das Schreibgerüste ist fertig, und auf seinem hölzernen Himmel sitzt nun allein der ausgestopfte Luchs, den man erlegt und mir zum Geschenke gebracht hat.

Und dann nehme ich an Nachmittagen ein Buch, gehe durch den Hof, wo Hühner und Geflügel sind, durch den Garten voll Sperlingsgeschrei, die meine Kirschen stehlen, hinaus in die Felder, wo meine Ernte reift – ein viel zu großes Feld für mich einzelnen – bis ich in den Wald gelange, bei dessen Birken ich jetzt wieder gern bin und der mir die Gedanken leicht und stille aus dem Buche lesen läßt und mir neue gibt.

So steht und gedeiht alles. Meine Kranken genesen. Der untere Aschacher, dessen Fuß so fürchterlich geschält war, geht wieder lustig und krückenfrei herum. Ich vermag in die fernsten Gegenden zu wirken – und es wird das frevle Wort immer weniger wahr, das ich einmal niedergeschrieben habe: „Einsam, wie der vom Taue gerissene Anker im Meere, liegt mir das Herz in der Brust."

Ich habe das Wort nicht in dieses Buch eingetragen, weil ich mich schämte.

Das Wort wird immer weniger wahr, und das Herz liegt nicht mehr so. Wenn einige gute Kräfte tätig sind, schaut das Herz zu, und es kann nicht anders, es muß ja vergnügt darüber sein.

Auch kleine Dinge erscheinen, die mich freuen. Morgen kommt der geschnitzte, lange Schrein, der in das Schreibgemach gestellt wird, der Kreuzenzian, den ich in dem Garten versuchte, gedeiht recht gut, und die Mägde müssen ihn morgen jäten, und so ist noch anderes und anderes – manches Liebliche und manches Heitere.

VI. DAS SCHEIBENSCHIESSEN IN PIRLING

Ich bin mehrere Tage zitternd, bebend, zu Gott betend gewesen. Wenn ich auf und nieder ging, legte ich die Hände auf die Brust, daß sie ruhig sei. Wie ernst und schwer oft Fälle des menschlichen Lebens sind! Es ward ein schöner, starker Jüngling zu mir gebracht und lag in meinem Hause. Sie hatten ihm auf eine kleine Wunde, die er sich durch Zufall in die Brust geschlagen hatte, Pflaster von Pech und andern Klebedingen gelegt und ihn an den Rand des Grabes gebracht. Als ihnen die Sorge stieg, brachten sie ihn von weit jenseits des Hochwaldes, wo ich noch nie gewesen war, zu mir herüber. Ich legte ihn in das grüne Zimmer, weil es meiner Stube am nächsten ist. Ich entfernte alle Afterdinge, Unglücksbildungen und bereits begonnene Zerstörungen, bis es mich selbst schauerte, ich hatte Vater und Mutter nicht zugelassen, damit sie durch Schreien oder Gejammer nicht die Ruhe zerstörten – das Messer ward durch die Wissenschaft immer weiter geführt – – ich empfahl meine Seele Gott – und tat's. Als ich fertig war, war sehr vieles und an einer Stelle schier alles weg, so daß ich an dieser Stelle durch das einzige, innerlich gebliebene Häutchen die Lunge wallen sehen konnte. Ich sagte nichts, ging hinaus und sendete Vater und Mutter heim. Dann ging ich wieder hinein und führte die Sache weiter. Ich war ganz allein und hatte niemanden, der mir helfen konnte. Ich gab dem Kranken nur das wenigste zu essen, daß er nicht erhungere, damit die Glut der Entzündung nicht komme und zerstöre. Er lag geduldig da, und wenn seine ruhigen und unschuldigen Augen, da ich an ihm vorbeiging, auf meinem Angesichte hafteten, wußte ich, wie viel meine Miene wert sei, und bat Gott, daß er sie gelassen zeige. Kein einziger Mensch wußte, wie es sei. Nur den Obristen führte ich einmal hinein und zeigte ihm die Sache. Er sah mich sehr ernst an. Weil der Jüngling stark und wohlgebildet war, erschienen nach wenigen Tagen schon die ersten Spuren der Genesung, und in kurzem war sie in vollem Gange. Da das war, dann hatte ich die Bäume, die Wälder, das Firmament und die äußere Welt wieder. Vor der Festigkeit der Pflicht, wie sinkt jedes andere Ding der Erde zuschanden nieder! – Nach gar nicht langer Zeit war er völlig gesund, und ich konnte ihn zu seinen Eltern über den Wald hinübersenden. – – –

Bald darauf hat sich etwas recht Liebes und Schönes zugetragen.

Die Halme unseres Kornes hatten sich zur Reife geneigt; die heißeste Waldsonne, welche alle Jahre um diese Zeit über unsern Häusern zu stehen pflegt, war schon eine etwas kühlere geworden; die Gerste, die in unserer Gegend ganz besonders gedeiht, lag schon gefällt auf den Äckern in den gewöhnlichen Mahden wie in goldenen Zeilen dahin; der Weizen, der auf das Beispiel des Obristen hin nun sichtbarlich mehr und fast mit Vorliebe gebaut wurde, war schon in die Scheuern gebracht; ich fuhr zu meinen Kranken, die sehr unbedeutend waren, herum; der Obrist kam öfter zu mir herab, ich zu ihm hinauf; die Zeit näherte sich allmählich dem milderen Herbste – da geschah es, daß ich einmal mit dem Obristen im Taugrunde an dem Wege stand. Er zeigte mir, wie auf sein Vorbild die Leute schon an den Wegen die Verbesserungen in dem Sinne machen, daß sie Straßen werden – so ging namentlich durch den Taugrund schon ein schönes, gewölbtes Stück mit Gräben an beiden Seiten durch, wo vor zehn Jahren noch der morastige, fürchterliche Weg gewesen war – und dann fragte er noch gelegentlich, ob ich dem bevorstehenden Schützenfeste in Pirling beiwohnen werde, er würde zugegen sein. Ich erwiderte, daß ich auch kommen würde, wenn sie mich einladen; nur, bemerkte ich, könne ich einige Tage vor dem Schützenfeste nicht zu ihm hinaufkommen, weil sie mich zu einem sehr entfernten Kranken zur Beratung gerufen haben, wo ich wohl ein paar Tage abwesend sein werde. – –

O Pirling, du freundlicher Ort, ich bin dir immer geneigt gewesen; aber wer hätte gedacht, daß du mir so teuer werden würdest. Wie erfreut sich mein Herz, wenn es deiner Schönheit gedenket: Wie du so lieblich einsam auf deinem sammetgrünen Hügel liegst und deine weißen Häuser auf den Fluß herabsehen, der seinen Saum benetzt und der so emsig durch deine Holzbrücke rollt, auf welcher das rote Türmchen steht, das das Bildnis des heiligen Johannes enthält – sei mir von heute an gesegnet, und sei mir in Ewigkeit gegrüßt.

Ich will alles in dieses Buch einschreiben.

Die Siller ist bei uns ein Bach, dann wird sie größer und rollt über geglättete Kiesel dahin. Dann geht sie hinaus in die freieren Länder, wo die grünen Wiesen sind und die unzähligen Gesellschaften der Laubbäumegruppen stehen. Im Eidun wandelt sie um eine Waldecke herum, ist schon gelassener und geht dann in einer Wiege zwischen zwei sanften und breiten Waldrücken gegen Pirling hinaus. Dort schaut der Saum der grünen Wiesenhügel, auf denen der Ort steht, in ihre Wasser, dort ist die erste große Brücke über sie geschlagen, und von dort geht sie mündig mit großen Schlangen in die noch weitern, noch ebenern Länder hinaus, während alle Bäche, die aus den Waldtälern, aus den Hügelrinnen hervorkommen, fortfahren, ihren Zoll zu ihr hinzuzutragen.

Aus den Feldern Pirlings, die links an der Siller liegen und von den Häusern aus angesehen sich gegen Sonnenaufgang breiten, steigt ein seltsamer Fels empor. Er steht ohne Vorbereitung geradezu mitten aus dem Getreide empor. An seinen Seiten ist mancher Baum und Strauch, aber auf dem Gipfel trägt er eine große Versammlung von Fichten, Föhren, Birken und anderen Bäumen. Wenn man hinaufsteigt, so sieht man, daß der Fels nicht klein ist, wie man von weitem hinschauend dachte, sondern daß er sich nach allen Richtungen dehnt, daß man auf seinem Haupte unter den Bäumen herumwandeln, daß man sich auf manchen Stein, auf manches hervorragende Felsstück und auf manches Hügelchen niedersetzen kann. Außer den mit Bäumen besetzten Stellen hat er auch freie, namentlich die höchsten, die einen großen Umblick in der Landschaft gewähren. Der Fels heißt der „Steinbühel". Man hat eine sehr schöne und geräumige hölzerne Hütte auf ihm erbaut, die eigentlich wie ein kleiner Saal ist und viele Menschen um ihren Tisch versammeln kann. Man hat auch Ruhebänke, Tischchen, Rasenstellen und dergleichen angebracht. Der untere Wirt, Bernsteiner, hatte an einer Stelle, welche ihm von der Gemeinde und dem Marktgerichte zugewiesen wurde, einen Keller in den Stein sprengen lassen, der im vorigen Sommer fertig geworden war. Es ist auch ein Schießstand auf dem Felsen, und weil sich gegen Sonnenaufgang von der Steinwand weg nur ein kleines Feldlein zieht, dann ein Wieschen steigt und an einen Wald grenzt, so stehen jenseits des Feldleins und der Wiese an dem dunklen Saume dieses Waldes die weißen Scheiben. Neben dem Schießstande, der sehr schön geschnitzt ist, steht noch ein einziges, grün angestrichenes Häuschen mit Fenstern, in welchem Häuschen ein Tisch ist, an dem der Schreiber der Schützenangelegenheiten sitzen kann. Weil man den Felsen so aufgeputzt hatte, so führt von dem eine Viertelstunde entfernten Pirling ein anmutiger Pfad zwischen den Getreidefeldern zu ihm hinzu und dann in einem geschlängelten Gange auf ihn hinauf. Aus der Ursache, weil er so wunderlich war und weil man die Anlagen auf ihm gemacht hatte, ist der Fels der Platz der Pirlinger Volksfeste geworden. Im Sommer sind alle Sonntage Leute draußen. Meistens hört man auch das Knallen der Büchsen, wie auf die Scheiben geschossen wird, und manchmal tönen darunter Waldhörner oder andere Musik. Auf dem Gipfel flattern die bunten Windfahnen der Schützen, und man sieht die weißen Tücher und

Kleider der Pirlinger Frauen und Mädchen zwischen dem Grau der
Steine und dem dunklen Grün der Bäume schimmern. Zuweilen sind
größere Schützenfeste, dann kommen Leute aus den benachbarten Ortschaften herzu, und mancher reist noch aus weiteren Entfernungen
nach Pirling, um in dem Schützenkampfe ein Teilnehmer zu sein.

Als ich von meiner kleinen Reise, auf die man mich zu einer ärztlichen Beratung gerufen hatte, zurückgekehrt war, fuhr ich an dem
Tage vor dem Scheibenschießen, das heuer wieder abgehalten werden
sollte, in Geschäften nach Pirling. Ich traf den ganzen Marktflecken in
Vorbereitung zu dem morgigen Tage. Als ich auf der oberen Straße,
die von den Eidunhäusern herabführt, durch das Tor hineingefahren
und bis zu dem Marktplatze und dem obern Wirtshause gekommen
war, schwenkten meine Rappen, welche gewohnt waren, daß ich sie
da stehenlasse, gleichsam von selbst auf den Platz vor dem Wirtshause
hinum und hielten da an. Ich stieg aus und befahl dem Thomas, daß
er bei den Tieren bleiben und auf sie achthaben solle, weil sie noch
jung seien und sich leicht schreckten. Er führte die Pferde und den
Wagen ein wenig seitwärts an die Mauer des Hauses, um dort wie
gewöhnlich auf mich zu warten. Der Wirt stand auf der Gasse und
hatte sein grünes Barett auf. Vor ihm wurde ein sehr schöner, lang-
haariger, weißer Bock gewaschen. Es wuschen mit Seife drei Knechte
an ihm, und der Wirt beaufsichtigte die Sache. Als ich ausgestiegen
war, tat er sein Barett ab, grüßte mich und sagte: „Seid Ihr wieder
glücklich zurückgekommen, Doktor, glücklich zurück? Seht, so muß
man seine Sachen waschen und reinigen lassen, ich bin heuer Schützenmeister, und der Bock ist ein Preis. Der Tanz ist bei dem untern
Wirte, Ihr kennt ja die Sitte: Wenn auf den einen Wirt das Schützen-
amt fällt, ist der andere Tanzgeber, sonst wechseln wir ab. Gestern
habe ich die Taler mit Seife und einer Zahnbürste gewaschen und sie
darauf mit Wolle und Kreide geputzt. Sie werden heute gefaßt. Ihr
werdet uns wohl auch auf dem Steinbühel die Freude machen, Herr
Doktor, nicht wahr, Ihr werdet?"

„Wenn ich geladen bin", antwortete ich.

„Muß ja die Schützenkanzlei schon herumgeschickt haben", sagte
er, „muß ja schon herumsein. Seht, der untere Wirt tut auch schon seine Schuldigkeit."

Ich sah in diesem Augenblicke den alten, ernsthaften Bernsteiner
mit einem großen Wagen voll Tannenreiser die Obere Gasse herein-
fahren, wahrscheinlich zu Triumphbogen, Ehrensäulen und dergleichen. Er grüßte mich recht freundlich, da er mich sah, und seine drei
Söhne, die mit Hacke und Streumesser neben dem Wagen hergingen,
hatten ebenfalls die fröhlichsten Angesichte und grüßten ehrerbietig
herüber.

Als ich das kleine Gläschen Wein, welches mir der Wirt jedesmal auf-
nötigt, von dem Teller seines Töchterleins genommen und getrunken
hatte, schickte ich mich an, meine Kranken zu besuchen, derentwillen
ich hereingekommen war. Ich nahm mein Rohr und verschiedene
andere Dinge aus dem Wagen und machte mich auf den Weg.

Die Kranken waren nicht von Bedeutung, und gerade die übel zu
werden gedroht hatten, hatten sich gebessert, aber da ich so herumkam,
sah ich erst recht das Rüsten zu dem morgigen Tage. Der Kaufherr des
Ortes, der wohlhabendste Mann, ein Mann in vorgerückten Jahren,
stand auf der Gasse und tat sein Barett ab und grüßte die Vorübergehenden. Ich trat in sein Haus ein, obwohl kein Kranker darinnen
war. Da sah ich Mädchenkleider herrichten und auf dem Gange hinten Büchsen putzen. Der Marktschreiber im Hause daneben hatte sein
schönes Gewand auf den hölzernen Gang des Hauses in die Sonne
gehängt und die Schuhe danebengestellt. Bei der Tischlerei waren
Scheiben, bretterne Gestalten und andere Holzdinge. Unter dem Säu-
lengewölbe vor dem Rathause zählten sie, der Schützenschreiber und
mehrere andere, große eiserne Stifte auseinander, die zum Schießen
gehörten; weiter zurück in dem Säulengange wurden Fahnenstangen
geputzt und Papier angestrichen und geklebt, hinter welches Lampen
gestellt werden würden. Der eine richtete und reinigte seinen Büchsensack, der andere seine Büchse. Vor dem unteren Wirtshause wurde
an einem Gerüste gelattet und genagelt – und als ich an der Schule
vorbeiging, hörte ich mehrere Waldhörner aus derselben, auf denen
Stücke eingeübt wurden. Diejenigen, welche auch gerade nicht wegen des Schießens etwas zu tun hatten, machten sich doch aus Ursache des heutigen Tages einen Feiertag, gingen herum und nahmen
sich Anlaß, hier und da ein kleines Glas zu trinken. Die Weiber sagten, daß ihre Männer närrisch seien, aber sie selbst richteten Kleider
und Bänder auf morgen, und bei mancher wurden zum Vorrate Kuchen gebacken. Als ich wieder zu dem oberen Wirtshause zurückgekommen war und in den Wagen steigen wollte, kam die Wirtin heraus
und sagte: „Fahret nur fort, Doktor; wenn die Räder Eures Wagens
bei dem letzten Eckhause der Oberen Gasse hinaus sind, dann ist der
einzige vernünftige Mann, der heute in Pirling gewesen ist, fort. Mit
unserm Wirte ist es schon recht schwer: Wir durften seit Wochen den
Bock nicht mehr schlagen, und da er jetzt gewaschen ist, würde er ihn
in unser Ehebette legen, wenn er nur sonst darin liegenbliebe. Kommt
morgen nicht gar spät, Herr Doktor, ich werde Eure Flasche und Euren Becher hinausbringen lassen, Ihr sollt den Wein von uns haben,
den Ihr schon kennt, und er wird in ein Eisgefäß gestellt werden."

Ich habe dieses alles darum eingetragen, weil es mir zu Herzen gegangen ist. Es ist mir lieb und treu gewesen seit meiner Kindheit her.

Hätten sie mit fürstlichem Aufwande ein Schießen gerüstet, es hätte vor meinen Augen nicht eine Binse schwer gewogen.

Da ich auf meinem Heimwege wieder auf die Felder hinausgekommen war und von dem hinter mir arbeitenden Pirling kein Ruf, kein Hammerschlag mehr vernehmbar war, sondern nur mehr ein sanftes Läuten seiner Glocken hinter mir herschwamm, war ich fast traurig. – Ich legte das Buch, in welchem ich gern zu lesen pflege, in dem Wagen seitwärts, lehnte mich auf dem Sitze zurück, kreuzte die Arme und sah so empor. Der herbstliche Himmel spiegelte heiter, lag ganz unbeschreiblich glänzend über den Wäldern, und diese standen ruhig und empfanden die Wärme der Mittagssonne – mein Thomas saß unbeweglich vor mir, mir den Rücken und den großen Hut zuwendend und nur von Zeit zu Zeit die Zügel leichthin regend, indes meine jungen Rappen freudig in der heitern Luft vor ihm hertanzten und fast unnatürlich in diesem Sonnenscheine glänzten. Ach diese guten, diese treuen, diese willigen Tiere – sie sind am Ende doch das einzige auf dieser Erde, was mich so recht vom Grunde aus liebt. – – So dachte ich mir. – – Die Felder flogen rasch zu meinen beiden Seiten zurück und funkelten; sie waren zum Teile geackert, zum Teile in Stoppeln, aber es war kein Mensch auf ihnen. – Es war sehr stille, selbst das Mittagläuten von dem Turme zu Pirling konnte ich nicht mehr vernehmen, die Waldwiege lag sanft vor mir, und in ihrer Tiefe war ein kaum sichtbarer Dunststreifen, den Lauf der Siller anzeigend. Es gibt solche Herbsttage, in denen es ruhig auf Feld und Wäldern spinnt, wie ein Traum, ich kenne sie von meinem Herumfahren sehr gut – – und wie ein Traum war es mir auch, daß das die nämlichen Felder und Gründe sind, wo ich so oft als Knabe gewesen bin und mich sehr gefreut hatte, wenn ein so großes Scheibenschießen bevorstand, zu dem ich mit dem Vater und oft auch im Geleite der Schwestern hinabgehen durfte. Nun fahre ich hier, ein tätiger, geehrter Mann mit dem Zurückdenken an jene ferneliegende Zeit.

Wir waren unterdessen in die Waldwiege gekommen und fuhren in ihrem Schatten. Als wir wieder jenseits ihr hinausgelangten, waren wir auf den Feldern des Eidun. Man sieht dort die Siller wieder, und sie ist in dieser Tageszeit gewöhnlich glänzend, gleichsam als wäre ein geschlungener Silberblitz in das Tal geworfen worden. Wir fuhren durch die weit zerstreuten Häuser des Eidun hin, unsern bekannten Waldbeständen zu. Die Pferde witterten die Heimat und liefen lustiger dahin. Rechts hatten wir das Schwarzholz, in dem wir vor drei Wintern das fürchterliche Rauschen des Eissturzes zuerst gehört hatten, und vor uns war der Taugrund, dem wir uns näherten. – Rascher rollte der Wagen, als wir diesen Wald erreicht hatten, auf der festgestampften, von dem Obristen veranlaßten Straße in ihn hinein, und als

sich die letzten Bäume desselben wieder auseinandergetan hatten, lag
der weiße Punkt meines Hauses vor uns, und ich sah hinter ihm den
Obstgarten, dessen Bäume mich gleichsam erwarteten, daß ich nach-
sehe, wie es stehe und ob keinem ein Ast gebrochen sei. Die Pferde
flogen durch das Grün, und in wenig Augenblicken knirschte der Wagen durch den Kies meines Hofgitters hinein. Ich sprang ab, klopfte
die Rappen auf ihren Nacken und lobte sie. Die klugen Tiere nickten und schmeichelten mit den Köpfen, als verstünden sie es – und
sie verstanden es auch. Dann warfen sie die Augen und Ohren freudig
herum, daß sie endlich daheim seien und miteinander zum Mittagmahle gehen würden. Ich aber ging in das Haus und sah in dem Speisezimmer bereits den Tisch gedeckt: eine Flasche, ein Glas und ein
Gedeck. Auf demselben lag ein großer gesiegelter Ladebrief zu dem
Scheibenschießen, der in meiner Abwesenheit gekommen war.
   Nachmittags ging ich zu einigen, wo zwar keine Hilfe notwendig
war, aber Trost.
   Am andern Tage fuhr ich sehr früh aus, damit ich meine Pflicht
getan hätte und nicht gar zu spät zu dem Scheibenschießen käme,
was die Einladenden gekränkt hätte. Auch dachte ich daran, daß ich
dem Obristen meine Gesellschaft versprochen hatte. Es war nichts
Wichtiges vorgefallen, ich tat alles ab, und um zwei Uhr nachmittags
ließ ich meine müden Tiere langsam auf den Feldern, wo man von
dem Eidun herabkommt, gegen Pirling hineingehen. Als ich durch
die Obere Gasse vorwärtsgekommen war, lenkten die Pferde wieder
dem Wirtshause zu und waren sichtlich erfreut. Ich hatte eigentlich
durch den Ort durch und auf dem Feldwege bis zu dem Fuße des
Felsens fahren wollen, aber die Zuversicht der Tiere, mit welcher sie
hier, wo ihr gewöhnlicher Ruheplatz war, zubogen, und ihre Müdigkeit, die sie sich am ganzen Vormittage gesammelt hatten, dauerte
mich, und ich sagte dem Thomas, er solle nur vollends auf die Wirtsgasse hinzufahren. Er tat es, aber kein Wirt und keine Wirtin kamen
auf die Gasse, uns zu bewillkommnen; der ganze Marktplatz war
verödet, und nicht einmal ein Hund bellte, denn alle waren sie in
den Steinbühel hinaus. Ich half also selber dem Thomas die Pferde
ausspannen und in den Stall bringen, wo ich ihnen eine eigene Kammer halte, in die nie andere Pferde kommen, damit sie mir gesund
bleiben. Ich empfahl die Tiere der Obhut des Thomas, sagte, wenn
er ebenfalls auf den Steinbühel hinausginge, solle er zusperren und
den Schlüssel zu sich stecken; dann nahm ich meinen Stock und ein
Buch aus dem Wagen, schloß die anderen Behältnisse ab und machte mich auf den Weg zu dem Festschießen, das heute alles vereinigt
hatte. Mir fiel die Öde des Ortes auf. Außer der gewöhnlichen, sonntäglichen Ruhe war heute noch eine ungewöhnliche. Nur auf mancher

Bank vor einem Hause saß ein Greis, und es taten ihm die Strahlen der auf ihn scheinenden Herbstsonne bereits wohler, als ihm die Freude auf dem Steinbühel draußen getan hätte. Obwohl heute nicht mein Krankentag für Pirling war, so besuchte ich doch, weil ich einmal da war, einige von ihnen. Auch bei denselben waren nur ganz alte Mütterlein zur Pflege geblieben.

Als ich dies abgetan hatte und am untern Ende des Ortes in das Freie getreten war, schaute der für heute so merkwürdige Fels schon aus den Feldern herüber, und ich erkannte mit meinen ziemlich guten Augen sehr bald, daß man ein Gezelt zwischen den Bäumen gespannt haben müsse, denn es schimmerte deutlich und festtäglich weiß zwischen dem dunklen Föhrengrün herüber. Ich ging durch die Felder dahin. Sie waren meistens schon nur mehr mit Stoppeln bedeckt, bloß der Haber stand noch von Getreide da, aber er neigte auch schon ins Gold und hatte seine Körner an den leichten Fäden neben mir hängen. Da ich dem Felsen näher gekommen war, sah ich auch, wie hoch über den Wipfeln seiner Bäume das Schützenfähnlein wehte, eine lange, wallende Zunge, rot und weiß, welche Farben sich sanft von der tiefen Bläue des Himmels abhoben. Auch manches bläulich geringelte oder weiße Rauchwölklein ward zuweilen über den Laubkronen sichtbar, und man konnte schon die einzelnen Schüsse vernehmen.

Da ich endlich an dem Fuße des Felsens angekommen war, wandelte ich langsam auf seinem geschlungenen Pfade empor, den ich als Knabe, wenn ich mit den Meinigen zuweilen hatte herabgehen dürfen, und als junger Student, wenn ich die Herbstfeiertage zu Hause zubrachte, niemals einschlug, sondern gerade aufwärtskletternd durchschnitt.

Als ich bis zu dem Schießstande emporgekommen war, trat ich ein. Es mußte eben ein guter Schuß getan worden sein, wie ich aus dem Krachen des Feldmörsers, den man aufgestellt hatte, und aus dem Jauchzen des Schützenzielers vernahm. Der Stand hatte das gewöhnliche Aussehen, wie es an solchen Tagen ist. Zwei lagen vorne mit ihren Büchsen am Schießbaume und zielten und warteten; andere standen hinter ihnen in Bereitschaft, wenn sie abgeschossen hätten und weggegangen wären, einzutreten; wieder andere waren noch weiter zurück und arbeiteten an ihren Büchsen, um sie zurechtzurichten; der alte Bernsteiner wischte sein schlechtes Gewehr und schleuderte die schwarzen Lappen seitwärts. Wenn man es mir auch nicht gesagt hätte, daß er bisher den besten Schuß getan habe, so hätte ich es doch aus seinem freudigen Gesichte erraten. Auch den oberen Wirt sah ich, den Forstmeister, den Marktschreier und viele andere Bekannte.

Es strecken sich mir mehrere Hände und, wie es bei uns gebräuchlich ist, manches Glas zum Gruße entgegen. Ich dankte nach den verschiedenen Seiten und tat Bescheid. Und als ich die Einladung, daß ich doch heute auch mitschießen möge, mit den Worten abgelehnt hatte, daß ich nicht mehr so schießen könne wie in meinen Schuljahren und daß mir meine Geschäfte auch keine Übung erlauben, schaute ich die Anstalten an. Die hölzernen Säulen des Standes waren mit Flittern umwunden. Auf dem Gipfel des Gebäudes hing die schwere, große Schützenfahne nieder, zum Unterschiede der schmalen, langen, die über den Baumwipfeln des Felsens flatterte. Alle Nadeln und Finger der Pirlinger Mädchen hatten daran gearbeitet und hatten breite, feurige Bänder dazu gegeben. Die Hinterwand des Saales war mit berühmten Scheiben der Vergangenheit bedeckt. Ich erkannte beinahe mit Herzklopfen manche darunter aus meiner Kindheit und andere, in denen noch die Löcher meiner eigenen, einstigen Kugeln waren. Unter den Scheiben saßen solche, die da aßen und tranken: lauter Männer, denn die Frauen und Mädchen durften während des Schießens nicht herein. Auf einem lichtgrün angestrichenen Gerüste, das seitwärts des Schützenschreiberhäuschens war, stand, von einem Geländer umfangen, daß er nicht herab könne, der blütenweiße, langhaarige Bock des oberen Wirtes. Die Spitzen seiner Hörner waren vergoldet, und zwischen denselben trug er einen großen, aufrechten Kranz aus Blumen und Bändern eingeflochten, in welchem Kranze wieder sieben eingefaßte, leuchtende Taler zu sehen waren. Von dem Kopfe des Tieres hingen überdies noch Bänder und Fransen herab, und in die schön gekämmte Mähne und in den Bart waren zuletzt noch seidene, rosenrote Schleifen gebunden. Hinter dem Bocke, auf einem Pfeiler ins Kreuz gesteckt, war der zweite Preis: zwei himmelblaue Seidenfähnlein mit eingewirkten Goldstücken. Dann war ein Blumenstrauß, aus lauter kleinen Silbermünzen zusammengesetzt. Er stand in einem Geschirre auf einem Tischlein. Zuletzt war ein mit Bein und Perlmutter eingelegtes Horn zum Aufbewahren des Pulvers. Dasselbe hing mit einem zierlichen Bande gebunden an einem Baumaste. Außerhalb des Schießhauses, weil sie ebenfalls nicht hineindurften, standen dichtgedrängt die Pirlinger Buben und staunten, wie einstens ich selber, den Bock, die Schützen und die anderen Sachen an. Ein wenig weiter weg war in die Zweige mehrerer nebeneinanderstehender Föhren ein Gerüst gebaut worden, auf welchem, in den Wald der Nadeln eingehüllt, die Hornbläser saßen und die eingelernten Stücke von Zeit zu Zeit vernehmen ließen. In dem Schießhause waren auch Trompeten, die auf jeden glücklichen Schuß in lustiger Weise tönten.

Als ich alles eine Weile angeschaut hatte, trat ich wieder unter die Bäume hinaus. Ich hatte mir vorgenommen, ehe ich in das Gezelt ginge und nach dem Obristen forschte, den Gipfel des Felsens zu besuchen, um den eine so reine und klare Umsicht liegt. Ich hatte sie schon lange nicht gesehen und wollte sie ein wenig anschauen. Ich trat unter die Bäume hinaus, und es wehte mich eine duftende Waldluft an, die gegen den Pulverrauch recht angenehm wirkte. Ich ging an mehreren sehr jungen Mädchen vorüber, die eine hölzerne, an einer Schnur hängende Taube nach einem Ziel stoßen ließen; ich ging dann an einer Rasenbank vorbei, auf welcher zwei Frauen saßen, die ich nicht kannte, sie mußten Fremde sein – das Gezelt und die hölzerne Hütte hatte ich links liegenlassen; dann kam ich noch an mehreren hervorragenden Steinblöcken vorüber, die Bäume und Gesträuche hörten auf, ich ging über den Rasen und gelangte auf den freien Gipfel empor. Es war kein einziger Mensch auf demselben, weil sie alle unterhalb in dem Gebüsche und in dem Wäldchen waren, wo sie sich der Lustbarkeit ergaben.

Die Sonne war schon tiefer gesunken, fast in die Mitte des letzten Vierteiles ihrer Bahn. Es lagen unter mir die einfarbigen, falben Stoppeln der abgemähten Getreidefelder – jenseits derselben stand der einsame Kirchturm und die Häuser des verlassenen Pirling und weiter zurück der blaue, duftige Wald, in welchem das Eidun und meine Heimat ist. In dem Tale konnte man die Siller erblicken, aus welcher die schiefstehende Sonne dahinrinnendes, geschlängeltes Silber machte.

Als ich noch schaute, war der Obrist zu mir heraufgekommen. Er war hinter mir auf dem gewöhnlichen Wege gekommen, und ich bemerkte ihn erst, als ich seine Tritte hörte. Ich wendete mich um und grüßte ihn recht freundlich. Er ging noch die wenigen Schritte zu mir herauf, stellte sich neben mich, dankte dann meinem Gruße und sprach: „Ich wußte es schon, daß Ihr hier seid, und habe Euch gesucht. Ich habe Euch etwas Notwendiges zu sagen. Ich konnte es Euch nicht früher sagen, denn drei Tage seid Ihr abwesend gewesen, und da ich gestern nachmittags zu Euch hinabgegangen bin, habe ich Euch nicht zu Hause gefunden. Margarita ist angekommen. Ich habe ihr geschrieben, daß sie kommen solle, ich habe die Anstalten zu der Reise gemacht, aber ich habe den Tag ihrer Ankunft nicht gewußt. Da kam sie, als ich es Euch nicht melden konnte. Sie ist unten in dem Gezelte bei den andern Frauen und Mädchen, denen sie erzählen muß. Ich aber habe mir gedacht, daß ich Euch suchen und Euch die Sache anzeigen werde."

„Ich danke Euch", antwortete ich ihm, „und ich muß Euch sagen, daß mein Herz eine große Freude hat, daß sie da ist. Ich habe immer an sie gedacht."

Er schwieg eine Weile, dann sagte er: „Ich weiß es, ich weiß es. — — Lieber, teurer, junger Freund! Werbt um sie. Wißt Ihr noch, wie ich einmal sagte: Lasset nur eine Zeit verfließen, es wird alles gut werden? – Es ist gut geworden. Ich habe Euch beide sehr lieb, Ihr werdet es wohl wissen. Ich habe euch beiden ein Opfer dargebracht. Ich habe Margarita mit Absicht fortgegeben. Ich habe, da ich mit der Zeit geizen muß, weil ich alt bin, doch drei Jahre meiner Freude hingegeben. Ich tat es, um zu sehen, wie alles werden würde. Es ist gerade so geworden, wie ich es vorhergesehen habe. Margarita ist so gut zurückgekehrt, wie sie fortgegangen ist – oder eigentlich zu sagen, sie ist noch besser geworden. Sie hat sogleich nach Euch gefragt. Sie war sehr freudig, daß sie mich wiederhabe, und sie hat gebeten, daß ich sie nicht mehr fortschicken solle. Wir sind in den Tagen, da Ihr auf der Reise zu dem fernen Kranken waret, auf allen jenen Plätzen gewesen, wo sie sonst mit Euch gewesen ist – ja, daß ich Euch alles sage, wir waren sogar bei Euch. Heute waren wir bei Euch. ,Ich habe ihm sehr weh getan', hat sie gesagt. ,Ich muß ihm freundliche Worte sagen.' Da ich Euch gestern nachmittags nicht antraf, gab ich Euren Leuten gar keine Botschaft in der Sache auf, sondern wir nahmen uns vor, Euch heute früh zu besuchen, ehe Ihr fortfahret, um Euch einen freundlichen guten Morgen zu wünschen. Wir ließen unsern Wagen, in dem wir gleich nach Pirling fahren wollten, langsam gegen den Taugrund vorausgehen und gingen in Euer Haus. Aber Ihr waret ebenfalls schon fort. Wir schauten alles an, und Margarita bemerkte die Veränderungen, die seit ihrer Abwesenheit geschehen waren, besser als ich. Wir gingen durch alle Eure Zimmer – nur die Hauskapelle zeigte ich ihr nicht. Eure alte Maria führte uns herum. Es muß die letzten Tage niemand vom Haghause zu Euch hinabgekommen sein, denn die Maria wußte noch nichts von der Ankunft meiner Tochter und hatte große Freude, als sie dieselbe sah. Obwohl noch sehr starker Tau lag, so ging doch Margarita auch einige Schritte in den Garten hinein, um zu sehen, welche Blumen Ihr habt und wie alles geordnet und eingeteilt ist. Dann wendeten wir uns wieder um, gingen durch Euren Hof hinaus und wandelten dann langsam auf der schönen Straße durch den Taugrund hinüber, an dessen Rande, wo die Eidunfelder beginnen, der Wagen auf uns wartete. – Seht, Doktor, ich bin recht freudig über die Güte dieses Kindes. Ich habe sie vielleicht zu sündhaft lieb, aber es ist ein Naturspiel da, das wunderbar ist. Ich habe Euch schon gesagt, daß ich am Begräbnistage meines Weibes bemerkt hatte, daß auf dem Munde der dreijährigen Margarita die Knospe der Rose war, die sie eben begraben hatten, und daß in ihrem Haupte die Augen ihrer Mutter standen. Nach und nach ist sie ihr immer ähnlicher geworden, und seit sie fort war, ward sie ihr vollkommenes Ebenbild. Als wir dieser Tage so durch die Wiesen und Wälder wandelten, bemerkte ich, daß sie den Gang ihrer Mutter habe, daß sie dieselben Worte sage und daß sie bei Gelegenheit den Arm so hebe, den Leib so beuge, gerade wie sie. Ich mußte meine runzligen Hände anschauen, um nicht zu glauben, ich sei jung und es gehe mein junges Weib neben mir und sammle mir Blumen und pflücke Nüsse wie einst in jenem Walde. Darum liebe ich sie gar so sehr. – Als wir heute durch Eure Zimmer gingen und sie Eure Geräte und sonstige Anordnung sah, erblickte ich auf ihrem Angesichte denselben gewinnenden Schimmer wie einstens an meiner Gattin, da sie in meinem Hause schalten und walten und stellen durfte, wie sie wollte. Ich erkannte hieraus auch, daß Margarita in dem Augenblicke das nämliche empfinde wie damals ihre Mutter. – – Seht, so ist es mit Margarita. – Ich weiß auch, wie es mit Euch ist, und wußte es immer. Ich erkannte es, weil Ihr schwiegt. – Ich kenne das männliche Verschließen in der Brust, anstatt zu klagen – und das treuliche Erfüllen seines Berufes. Ich wußte es, wenn ich auch bei mir stille schwieg. Ich muß Euch, weil ich jetzt rede, meine ganze Schwäche sagen. Da ich einmal von Euch fortging, kamen mir bitterliche Tränen in die Augen, weil ich gesehen habe, daß Ihr eine heilige Margarita, deren Sinnbild ich gar wohl kenne, auf Euren Hausaltar gestellt habt, um Euer Herz zu trösten. – Wißt Ihr noch, wie ich einmal an dem traurigen Tage, da ich Euch meine Lebensgeschichte erzählte, gesagt habe, Ihr hättet eine schöne Lage in der Biegung des Tales, Ihr wäret noch jung, und wenn Ihr Euch bestrebtet, könnte es ein schönes Besitztum werden, das seinen Herrn und seine Frau erfreut, wenn einmal eine einzieht. Wißt Ihr es noch? Wie hold ist es jetzt, daß Margarita eingeht, die Ihr immer so gern gewollt habt! – – Ich muß Euch, lieber Doktor, weil die Sache einmal so ist und wir darüber reden, auch das noch sagen: Margarita ist nicht reich, denn ich bin in meinem ganzen Leben arm gewesen, aber sie kommt auch nicht ohne Mittel in Euer Haus. Ich habe in meinen letzten Tagen gespart, wie ich in meinen ersten verschwendet habe, und das wenige, welches für sie von meinen Vorfahren herstammt, habe ich zusammengehalten. Sie bekommt einmal das Haghaus mit dem, was dazugehört, sie bekommt die Bilder, die Bücher und dann alles das andere, was noch da ist; denn ich habe ja niemand weiter als euch beide."

„Hört auf, Obrist", rief ich, indem ich ihn unterbrach, „redet nicht von diesen Dingen. – Wie kann ich Euch denn für Eure Liebe danken, und wie kann ich es denn begreifen, daß Ihr so gut und groß seid?"

„Nein, ich bin nicht gut", antwortete er. „Ich suche in Euch nur meine Freude. Wir bleiben nun alle beisammen. Ihr werdet in dem oberen Hause wohnen oder auch in dem unteren, oder es mag Margarita, wie es das Natürlichste ist, bei Euch sein und ich oben in meinem Hause. Ihr werdet oft bei mir sein, ich oft bei Euch, und es wird sich ein Umgang spinnen, der noch freundlicher ist als bisher. Ich kann Euch nur sagen: Ihr erhaltet in Margarita ein sehr gutes Weib, das Ihr ehren müßt, und sie wird in Eurem Hause so glücklich sein, wie es meine Gattin in dem meinigen gewesen ist, gebe ihr nur Gott dereinst einen späteren und einfacheren Tod als ihrer Mutter. – Aber jetzt, Doktor, müssen wir zu den anderen hinuntergehen. Sie wissen schon, daß Ihr da seid, Ihr müßt ihnen auch eine kleine Zeit gönnen, da Ihr ohnehin immer durch Euer Amt aufgehalten seid und zu solchen Dingen gewöhnlich erst spät kommen könnt."

„Wartet noch einen Augenblick, Obrist", sagte ich. „Ihr wißt wohl, wie ich Euch stets verehrt und geliebt habe, aber Ihr tut mir noch immer mehr Gutes, als ich erwarten und verdienen konnte. Ich muß Euch hier meinen großen Dank dafür sagen und muß Euch sagen: Seit Ihr in der Gegend seid, ist es mir, als hätte ich wieder einen Vater und wäre nicht mehr, wie früher, allein."

„Ihr habt es ja erfahren, ich bin es auch, ich bin Euer Vater", antwortete er, „und werde es in der Zukunft noch mehr sein. – Aber jetzt kommt, laßt uns hinuntergehen, die anderen warten schon und möchten es übelnehmen, wenn gerade wir zwei nicht an der Fröhlichkeit Anteil nähmen."

Nach diesen Worten wendeten wir uns beide von dem Gipfel des Felsens und stiegen auf dem Wege, der um Steine und graue Klippen geht, hinunter. Wir hatten oben von der allgemeinen Freude nicht viel vernommen. Die Schüsse hörten wir nur gedämpft, und von dem Wäldchen mochte manchmal ein einzelner Ruf heraufgekommen sein, den wir nicht beachteten. Da wir aber hinabgingen, näherten sich uns gleichsam wieder die Schüsse, die Töne der Waldhörner, die Rufe der Knaben und Mädchen und das ruhige Gemurmel des allgemeinen Durcheinandersprechens der Menschen. Wir schlugen weiter unten einen andern Weg ein, als den ich heraufgegangen war, und näherten uns der hölzernen Hütte, dem Gezelte und überhaupt dem Platze, wo die Menschen mehr zu ihrer Lust zusammengedrängt waren.

Wir kamen wieder zu wandelnden Gruppen und zu spielenden Kindern. Auf einem grünen Platze unter den Bäumen war ein Stand aufgeschlagen, wo man Lebkuchen verkaufte, und nicht weit davon war einer, in welchem der Josikrämer stand und seine Sachen zum Verkaufe ausgelegt hatte. Er hatte gerade diejenigen gewählt, welche für den heutigen Tag die passendsten waren. Weil ich und er die einzigen waren, die in der Gegend am meisten herumkommen und auf ihren Wanderungen sich öfter treffen, ging ich zu ihm hinzu und sprach mehrere Worte mit ihm. Der Obrist redete mit den Kindern und gab ihnen Geschenke, wovon er die Taschen seines Gewandes voll hatte.

Endlich kamen wir zu dem Gezelte. Es war nicht ein von allen Seiten geschlossenes, sondern man hatte über einen großen Tisch, an welchem die vorzüglicheren Bewohner der Gegend saßen, gleichsam einen weißen Baldachin in die Baumäste geknüpft, um die Sonnenstrahlen abzuhalten; aber es war dennoch wie ein ringsherum begrenzter Saal, weil gerade um den Platz die schönsten und dichtesten Föhren und Birken standen. Als wir durch den Eingang eingetreten waren, sahen von dem oberen Ende des Tisches zwei sanfte Augen auf mich herüber – ach Gott! Ich erkannte sie gleich – es waren Margaritas Augen. – Sie blickten mit dem schönen, demütigen Lichte, das einst meine Freude und mein Entzücken gewesen war. Wir gingen an den Menschen, die an dem Tische saßen, nacheinander hinauf, damit ich sie begrüße und damit wir, der Obrist und ich, die Stühle einnehmen, die man an ihrer Seite für uns leer gelassen hatte. Da ich bis zu ihr gekommen war, sagte ich: „Seid mir herzlich schön gegrüßt, Margarita, ich bin abwesend gewesen, da Ihr angekommen seid, sonst hätte ich meinen Willkommensgruß schon in das Haghaus hinaufgebracht. Euer Vater hat es mir erst vor wenigen Augenblicken gesagt, daß Ihr auf dem Steinbühel seid. Seid mir recht, recht schön gegrüßt.“

Sie war aufgestanden, als ich zu ihr getreten war, und zog den Handschuh aus, um mir die Hand zu reichen. Sie war errötet, und die Hand, die sie mir reichte, zitterte sehr.

„Seid mir auch gegrüßt“, antwortete sie. „Ich war schon drei Tage zu Hause, während Ihr fort waret, und heute morgens sind wir bei Euch gewesen, um Euch selber meine Ankunft zu sagen; aber Ihr seid sehr früh ausgefahren und waret schon lange fort, da wir kamen. Seid mir vielmal gegrüßt.“

Wir faßten uns bei den wechselseitig dargereichten Händen und drückten uns dieselben recht freundlich.

Sie zog dann den Handschuh wieder an und setzte sich nieder. Obwohl sie zu Hause immer in bloßen Händen ist und uns auch so auf unsere Spaziergänge und zum Pflücken der Blumen begleitet hatte, so hielt der Obrist doch bei solchen Gelegenheiten darauf, daß sie den Anstand beobachte und die Anwesenden ehre. Darum war er selber auch in einem schönen, dunklen Gewande. Er saß auf dem Stuhle zu ihrer Rechten, und ich setzte mich auf den, der links war und den man mir aufgehoben hatte. Ich setzte mich ein wenig weiter weg und gab acht, daß ich an ihrem Gewande nicht streife.

Ich wußte jetzt eigentlich nicht, was ich sagen sollte.

Es waren viele Menschen zugegen, welche ich kannte. Es saß der Kaufherr von Pirling mit seinen Töchtern gleich neben dem Obristen; es waren Bürger von Thunberg da; Frauen und Männer von Pirling; es war der sehr alte, ehrwürdige Pfarrer von Sillerau zugegen und saß neben seinem Amtsbruder aus Pirling; es waren Frauen und Töchter von Ratsherren da, deren Männer und Väter aber in dem Schießhause drüben waren; es waren geachtete Landleute da, der Erlebauer mit seinen Töchtern, der Vetter Martin, der Wirt am Rotberge mit seiner Tochter Josepha; dann einige aus Haslung, aus dem Eidun und andere. Ich kannte beinahe alle. Sie grüßten mich, als ich niedergesessen war, und einige machten mir den Vorwurf, warum ich denn so spät gekommen sei. Ich antwortete, daß meine Geschäfte von dem Zufalle abhingen, daß ich sie mir nicht auf eine gewisse Stunde lassen oder mir vorarbeiten könne und daß ich daher erst zu erscheinen vermöge, wenn sie abgetan sind und mich entlassen.

Die obere Wirtin von Pirling kam mit einer sehr schönen, gleichsam in Kristallen geschliffenen Flasche, in der Wein war, nebst einem Glase mit meinem Namen, das sie mir einmal hergerichtet hatten, daß ich daraus trinke, wenn ich in Pirling bin, zu mir her und sagte: „Zur Tafel seid Ihr, wie jedesmal bei solchen Gelegenheiten, zu spät gekommen. Diesen Wein gibt Euch die Schützengesellschaft als Ehrentrunk; er ist der beste, der zu haben ist, er ist aus dem Keller meines Mannes, des Schützenmeisters, und ist heute für unsere geehrten Gäste herausgebracht worden. Er steht unten in mehreren Flaschen in Eisfutter und muß sehr kühl sein. Die Speisen, die Ihr bekommen werdet, sind von dem unteren Wirte, Bernsteiner, dem der Keller des Steinbühels gehört und bei dem der Schützentanz sein wird. Er wird sie Euch auch im Namen der Schützengesellschaft senden."

Als sie noch kaum ausgeredet hatte, kam die Tochter des alten Bernsteiner nebst zwei Mägden, welche Kuchen, allerlei kalte Speisen, schön verziert, und angenehm geordnetes Obst vor mich hinstellten.

Ich dankte für die Aufmerksamkeit und sagte, daß ich von den Dingen schon nehmen werde. Ringsherum auf der Tafel standen vor denen, die da saßen, ähnliche Sachen, die Beschlußstücke eines gehaltenen Mahles. Die Männer hatten Wein, die Frauen und Mädchen Kuchen, Obst und dergleichen, und an mehreren Stellen stand auch ein Becher süßen Weines für manche ältliche Frau.

Der Obrist redete mit dem Kaufherrn und mit dem Forstmeister, der von dem Schießhause herübergekommen und hinter ihre Stühle getreten war. Sie verhandelten alle Verhältnisse, die eben an der Zeit waren und für die Gegend größere oder kleinere Dringlichkeit hatten. Ich sprach einige Worte zu dem Pfarrer von Sillerau und zu anderen, die in meiner Nähe waren. Einige fragten mich um verschiedene Kranke, wie es ihnen gehe und ob Hoffnung zur Besserung sei. Ich hatte die Freude, ihnen sagen zu können, daß ich gar keinen schwer Erkrankten habe und daß alle, die jetzt liegen, bald aufstehen würden.

Die Mädchen und Frauen hatten ihre sonntäglichen Kleider an, und manche waren sehr geputzt. Man erblickte silberne und sogar goldene Verzierungen auf den Miedern und Spangen. Margarita saß recht einfach neben mir auf ihrem Stuhle. Sie hatte ein graues, geglänztes Kleid an, welches sie nach den weißen am meisten liebt. Auf dem ganzen Gewande war keine andere Zierde als eine kleine rotseidene Schleife am Halse, wo das Gewand geschlossen war. Den feinen Strohhut, den sie im Sommer gern trägt, hatte man ihr von dem Haupte genommen und ihn an den Ast einer Birke gehängt. Obwohl sie nicht ihren sonntäglichen oder gar festtäglichen seidenen Putz anhatte, in dem sie mir immer gleichsam etwas fremd vorkam, so hielt ich doch dafür, daß sie unter denen, die hier versammelt waren, die Schönste sei, noch schöner als die Töchter des Erlebauer.

Wir konnten nicht viel reden und sagten nur gewöhnliche Dinge. Ihre Antworten waren recht lieb und gut und hold und freundlich. Ich weiß nicht, ob die Leute wußten, in welcher Beziehung ich zu Margarita gestanden war; aber niemand sagte ein Wörtlein, das dahin abzielte oder eine Andeutung auf die Sache ahnen ließ, selbst dann nicht, als ich aufgestanden war und längs des Tisches hinabging, um mit allen, die ich näher kannte, ein freundliches Wort zu reden. Sie hatten alle zu viel Achtung für mich, als daß sie es taten.

Nachdem diese Unterredung aus war und nachdem ich noch manchen andern, die herumstanden oder ein und aus gingen, auf ihre Fragen eine Antwort erteilt hatte, ging ich wieder zu meinem verlassenen Sitze zurück. Da sah ich an der Seite des Obristen und Margaritas, wo man Platz gemacht hatte, zwei fremde, dunkelgekleidete Frauen; es waren die nämlichen, welche ich, als ich auf den Gipfel des Felsens ging, auf einer Rasenbank hatte sitzen sehen. Der Obrist stellte mich ihnen vor und sagte, das sei die Muhme, bei der Margarita die Zeit her gewesen ist, und die andere sei die Gesellschaftsfrau derselben, auch eine um nur etwas weniges entferntere Muhme. Die beiden Frauen hätten ihm die Freude gemacht, die Rückreise Margaritas zu benutzen, um ihn, wie er sie bittend eingeladen habe, zu besuchen. Sie hätten sich eben die Freuden und die Ländlichkeit des Steinbühels besehen und seien ganz vergnügt darüber. „Uns ist es etwas Gewöhnlicheres", setzte er hinzu. „Wir haben das schon öfter gesehen und machen es allemal auf gleiche Weise."

Die Frauen waren beide alt, freundlich und einfach. Man hatte zufällig nach ihrer Entfernung ihre Sitze besetzt und räumte sie ihnen jetzt wieder ein. Sie sprachen zu mir und fragten mich um einige Dinge, wie das bei ersten Bekanntschaften der Fall zu sein pflegt. Es sprachen auch der Forstmeister, die Bürgemeisterin, der Kaufherr und der Pfarrer mit ihnen, wie man Fremde auf höfliche Weise in einer Umgebung einheimisch zu machen sucht. Indessen hatte sich auch die Gesellschaft um mehrere Schützen vermehrt, welche die ihnen zugewiesenen Schüsse ausgeschossen hatten und jetzt hier im Gezelte bei ihren Frauen, Schwestern oder anderen Angehörigen waren und sich vergnügten.

Als die Gespräche so gingen, kam der Kutscher des Obristen herein, ging zu seinem Herrn und sagte ihm, daß der Wagen heute gar nicht gemacht werden könne, weil der Schmied nicht eine einzige Kohle zu Hause habe und weil er keine am Sonntage von dem Meiler, wo sie liegen, hereinbringen dürfe und weil auch gar niemand zu Hause sei; denn das alles habe ihm nur die alte Großmutter des Schmiedes gesagt.

„Ich habe es wohl so erwartet“, antwortete der Obrist.

Auf meine Frage, was es sei, sagte er, es sei ihnen ein Nabenring an dem Wagen zersprungen, es habe nicht so viel auf sich, aber es sei doch nicht so zuversichtlich, zu fahren.

„Freilich nicht“, antwortete ich, „die Nabe könnte zerfallen, und dann wären Rad und Speichen auf die Straße gestreut. Nehmt von mir den Wagen und die Pferde, Obrist, und laßt den Eurigen in Pirling, daß er morgen gemacht werde.“

Als er sich hierauf weigerte und sagte, es wäre schon genug, wenn ich ihm nur den Wagen gebe, er könne seine eigenen Pferde einspannen, stand ich auf, ging zu ihm hin, da er mit dem Kutscher abseits an die Bäume getreten war, und sagte: „Nein Obrist, nehmt auch die Pferde – laßt mir die Freude, daß sie meinen Wagen gebraucht, als wäre er schon der ihrige. Ich nehme ein offenes Wägelchen in Pirling, spanne Eure Pferde vor und fahre mit Eurem Kutscher hinter Euch nach. Ihr könnt dann morgen, wenn der Reifen geschweißt ist, das Wägelchen nach Pirling schicken und mit den Pferden Euren fertigen Wagen zurücknehmen.“

Hierauf willigte er ein, ich gab seinem Kutscher den Auftrag, wenn er meinen Thomas sehe, ihm zu sagen, daß er den zweiten Sitz unseres Wagens in Bereitschaft richten und, wenn der Schützenzug in Pirling angekommen wäre, gefaßt sein möchte, jeden Augenblick einspannen zu können. Als der Kutscher dieses vernommen und sich entfernt hatte, fragte ich den oberen Pirlinger Wirt, der indessen auch seine Schüsse ausgeschossen hatte und zu uns hereingekommen war, ob er sein offenes Wägelchen zu Hause habe und ob er es mir bis morgen mittag leihen könne. Er bejahte beides, und daher war diese Sache in Ordnung.

Es waren in dieser Zeit die Sonnenstrahlen immer schiefer in das Gezelt gekommen, und der Tag neigte sich zu seinem Ende. Das Schießen war schon früher vereinzelter geworden, und jetzt hörte man

nur zuweilen einen verspäteten Knall, gleichsam wie einen Nach-
zügler zu einem Heere. Der Schützen waren immer mehrere zu uns
herüberkommen, und auch die Kinder der verschiedenen Gäste, welche heute hatten mitgehen dürfen, fanden sich von den zerstreuten
Spielplätzen aus dem Wäldchen ein und stellten sich zur Mutter oder
hingen sich an den Vater, zum Zeichen, daß sie ausgespielt hatten und
die Heimatmüdigkeit eingetreten war. Auch die Versammelten im
Zelte standen endlich gruppenweise nach manchem nachträglichen
und schnell noch zu Ende geführten Gespräche auf, und man zerstreute sich in dem Gehölze.

Die Scheiben standen leer und ihrer Pflicht entbunden, von dem
rosenroten Lichte der Sonne beleuchtet, am Walde draußen. In dem
Schützenstande, in welchen jetzt alles hineindurfte, richtete mancher
Schütze seine Geräte in seinen Büchsensack zusammen oder ließ es
von seinem Diener tun; der Schützenschreiber tat sein Buch in das lederne Fach, das er zusammenschnallte, und der Schützenmeister, der
obere Wirt, befahl, daß alles in gehörige Bereitschaft gesetzt werde.

Es war gebräuchlich, daß die ganze Schützenschaft nach solchen
Tagen einen Einzug in Pirling halte und daß die anderen Anwesen-
den gewöhnlich vom Steinbühel bis Pirling hinter dem Zuge hergehen.
Heute sollte es auch so sein, nur ward befohlen, daß man erst die
Sonne untergehen lassen müsse.

Margarita, der Obrist und die zwei fremden Frauen standen in
einem Kreise von Pirlinger Bewohnern, meistens Frauen, und redeten.
Ich ging daher noch einen Augenblick auf den Gipfel des Felsens.
Aber wie war der Anblick jetzt verändert: Auf den Stoppeln und den
Wäldern lag der Abendschein, in dem ferneren Tale waren die Gründe
nicht mehr zu unterscheiden, nur lag die Siller jetzt als eine Gold-
schlange in ihnen, und hinter Pirling flammte ein gelber Baldachin des
Himmels, denn die Sonne war eben in dem Augenblicke untergegangen. Gar schön war es aber gerade unter mir im Birkenwäldchen,
es zitterte gleichsam wie Rauschgold in jedem der dünnen Zweige.

Ich ging gleich wieder hinab, weil es jetzt sehr bald zum Heim-
gange nach Pirling kommen würde. Aus der hölzernen Hütte, in welcher viele aus den niederen Ständen gewesen waren, Knechte, Diener
und andere, sah ich manche herauskommen und den Hügel hinabgehen, weil sie vor dem Einzuge in Pirling sein mußten. Darunter war
mein Thomas, der sich sehr beeilte, damit er, wenn wir angekommen
sein würden, angespannt hätte und mit dem Wagen in Bereitschaft
stünde.

Die Scheiben waren abgeschlagen und hereingetragen worden, der
weiße Baldachin war aus den Bäumen gelöst, und selbst Tische und
Stühle wurden den Felsen hinabgetragen, wo ein Wagen wartete, daß

sie nicht in dem Nachttaue draußen blieben. Die Menschen hatten sich meistens unter den Föhren neben dem Schießstande eingefunden, wo der Zug sich ordnen und anfangen sollte. Der Schützenmeister las endlich aus einem Papiere vor, wie sie sich alle stellen müssen, und so wie er es gelesen hatte, stellten sie sich, und da die Musik das Zeichen dazu gab, fingen sie an zu gehen.

Zuerst war der geschlungene Weg über die Felsen hinab zurückgelegt, und dann dehnte sich der Zug über die Felder hin. Hinten fuhr der Wagen mit den Tischen und Stühlen nach.

Es nahm sich seltsam aus, wie die Menschen so gingen. In den rötlich scheinenden Stoppeln der Felder bewegte es sich Pirling zu. An der Spitze ging der Schützenbote und trug die große Schützenfahne, nach ihm kamen zwei Schützenbuben mit den kleineren, langzüngigen Windfahnen. Dann folgten die Trompeter und Waldhornbläser, dann, von sechs buntgekleideten Zielern getragen, die Scheiben und hinter ihnen die Preisgewinner und Preise. Es war zuerst der Bock, der von zwei rot und weiß gekleideten Schützenbuben geführt wurde; neben ihm ging der alte Bernsteiner, dem der Preis geblieben war; es hing ihm ein langes, rotes Band von dem Hute herunter; dann wurden von Schützenbuben die anderen Preise getragen, und die Gewinner, gleichfalls mit Bändern geschmückt, gingen daneben. Hierauf folgte die Schützenkanzlei, und dann ging der Schützenmeister an der Spitze sämtlicher Schützen. Hinter ihnen folgten alle wir anderen Leute, die heute in dem Steinbühel gewesen waren. Neben mir ging die liebe Gestalt Margaritas, dann die schöne, dunkelgekleidete ihres Vaters, der die ältere seiner Muhmen führte. Die andere wurde von dem Kaufherrn geführt, und dann gingen der Bürgermeister, die zwei Pfarrer und Frauen und Mädchen, nach verschiedenen Weisen eingeteilt. Wenn man zurücksah, stand der verlassene Steinbühel schon schwarz in der bereits nächtlich dunkelnden Luft.

Wie wir uns Pirling näherten, standen an dem Wege schon hier und da Zuschauer, und sie wurden immer mehr, je mehr wir uns dem Orte näherten, und waren endlich dicht gedrängt an Büschen, Hecken und Planken. Es waren solche, die zu Hause geblieben oder von dem Steinbühel früher hereingegangen oder von benachbarten Ortschaften herzugekommen waren, um die Sache zu sehen. Am Eingange des Marktes war, wie gewöhnlich, eine Musik aufgestellt, die uns erwartete und empfing.

Da der Zug bis zu dem unteren Wirtshause gekommen war, in welchem in dieser Nacht der Schützentag sein sollte, erkannte man erst, warum es nicht erlaubt gewesen war, vor Sonnenuntergang vom Steinbühel hereinzuziehen; denn ein weiter, großer Eingangsbogen von Tannengrün war vor dem Tore aufgebaut, strahlende Lampen waren rings in ihm eingeflochten, und über ihm brannten durchsichtige Papierbuchstaben, hinter denen Lampen standen und die die Ankommenden willkommen hießen.

Der ganze Zug ging, wie es gebräuchlich ist, samt dem Bocke in den Tanzsaal. Dort gaben die Schützen ihre Büchsen und die andern Schießvorrichtungen an Diener oder selbst an Söhne ab, welche sie nach Hause trugen. Der alte Bernsteiner hob die Talerkrone dem Bocke vom Haupte und gab sie seiner freundlichen, ebenso alten Gattin, daß sie zu anderen Schützensiegeszeichen in den Glasschrein des Schlafzimmers gestellt werde. Der Bock aber mußte jetzt in den Stall.

Die Zeit von der Ankunft im Tanzsaale bis zum Beginne des Tanzfestes verwendeten die Einheimischen gern zu einem Gange zu den Ihrigen, zum Umkleiden oder dergleichen. Die Fremden blieben in dem Gasthause und richteten sich auch zu dem her, was da kommen sollte. Wir hatten beschlossen, auf den Anfang des Tanzes zu warten und dann nach Hause zu fahren.

Ich wurde in dieser Zwischenzeit sogar zu einem gerufen, der plötzlich krank geworden war. Es war von keiner Wichtigkeit, und ich gab ihm ein betreffendes Mittel.

Als ich wieder in den Saal zurückgekehrt war, waren die meisten schon anwesend, und es wurde zur Einleitung des Festes geschritten. Die Tische in den Speisegemächern waren besetzt, die Paare in dem Saale stellten sich an, die Musik begann, und durch einen ruhigen, schönen Einleitungstanz wurde das Schützennachtfest eröffnet. Der Obrist zeigte Margarita und den zwei Frauen alles, wie man es hier mache, er blieb bei den zwei ersten Tänzen mit ihnen als Zuschauer, dann aber empfahlen wir uns als solche, die noch einen weiten Weg nach Hause zu machen haben und daher beizeiten aufbrechen. Viele Grüße und freundliche Wünsche wurden uns zugerufen, und wir gingen dann über die Treppe hinab, um uns in das obere Wirtshaus zu begeben, wo unsere Sachen waren. Auf der Gasse stand schon der Thomas mit meinem bespannten Wagen und harrte. Der Obrist und die Frauen hatten nur ihre Überkleider zu nehmen, um einzusteigen und fortzufahren. Da begab sich etwas, das das Schönste an diesem Abend war.

Ich hatte an dem Wagen gewartet. Margarita war mit den Frauen aus dem Hause gekommen, der Obrist aber noch nicht. Ich half den Frauen in den Wagen und wollte es mit Margarita desgleichen tun. Ich faßte ihre Hand, die sie aus dem Überrocke hervorgestreckt hatte, aber ich half ihr nicht auf den Wagentritt, sondern ich hielt die Hand einen Augenblick und sagte, weil mein Herz so gerührt war: „Margarita, werdet Ihr mir es verzeihen, daß ich einmal so heftig an Euch gehandelt habe?"

„O verzeiht Ihr mir nur", antwortete sie, „daß ich so gewesen bin – einziger, lieber Freund meiner Jugend – o ich weiß es schon, und der Vater hat es gesagt, was Ihr für ein herrlicher Mann geworden seid."

„Nein, Margarita", sagte ich, „Euer Vater ist gut, er weiß es schon, welche Fehler ich habe – und Ihr seid ein Engel!"

Ich vergaß mich und schlang meine Arme um ihren Nacken, wie man eine Schwester nach langem Entferntsein begrüßt. Sie tat ihre Arme auch um meinen Hals, drückte ihr Angesicht an das meinige und fing so heftig zu weinen an, daß ich es gar nicht fassen konnte. Ich empfand das Naß ihrer Tränen auf meinen Wangen. Ich beugte mich nur einen Augenblick zurück, und wir drückten dann mit einem Male unsere Lippen aneinander. Ich hielt sie fest an mein Herz gepreßt wie eine verlorene und wiedergefundene Braut.

Es war hier das erste Mal in meinem Leben gewesen, daß wir uns geküßt hatten.

Als sich die Arme wieder gelöset hatten und ich ihre liebe Hand hielt, sagte ich: „Margarita, darf ich morgen Euren Vater um Euch bitten?"

„O bittet", antwortete sie, „es ist gut für uns beide."

Dann wandte sie sich zu den Frauen, die im Wagen saßen, und sagte: „Nehmet es mir nicht übel, was ich tat, er ist mein Bräutigam."

„Steiget jetzt ein, Margarita", sagte ich, „morgen komme ich sehr, sehr bald zu Euch hinauf. Gute Nacht."

„Gute Nacht", antwortete sie, und wir drückten uns sehr innig die Hände.

„Steige nur ein", sprach plötzlich der Obrist, der neben uns stand. „Ihr werdet recht glückliche Menschen miteinander sein."

Margarita warf sich an sein Herz, er hielt sie einen Augenblick sanft und half ihr dann in den Wagen. Ich nahm ihn bei der Hand, drückte sie und konnte nichts sagen, weil meine Augen voll Wasser standen.

„So ist es also offenkundig geworden, daß diese zwei Brautleute sind, und Ihr dürft es unten bei dem Feste verkünden. Ich wollte es noch ein wenig geheimhalten, aber sie haben sich selber verraten", sagte der Obrist zu dem oberen Wirte, der ein wenig weiter zurück stand, weil er von dem Tanzsaale heraufgegangen war, um den Obristen zu dem Wagen zu geleiten.

„Das ist ein erfreuliches Ereignis", sagte der Wirt, „das ist ein erfreuliches Ereignis."

„Jetzt gute Nacht, Doktor", sprach der Obrist zu mir, „und kommt morgen bald zu uns hinauf."

„Gute Nacht", antwortete ich und war ihm behilflich, wie er in den Wagen stieg.

Dann ging ich zu dem Thomas hinvor und sagte ihm, daß er acht-
habe und vorsichtig fahre, damit den Freunden kein Unglück zustoßen
könne. Hierauf regte der Thomas die Zügel, sprach zu den Pferden,
und sie liefen rasch mit dem Wagen in die Obere Gasse hinein.

„Ich wünsche recht viel Glück, Doktor", sagte der Wirt, „ich
wünsche recht viel Glück."

„Ich danke", antwortete ich, „ich danke. Aber, Mann, das ist ein
Weib, welches ich erst verdienen muß."

„Ihr seid aber auch der rechte Mann zu ihr", sagte er, „und das
wird eine Freude in der Gegend sein."

„Wird es", erwiderte ich, „nun so freut es mich, und es tut mir sehr
wohl, wenn man mir Margarita gönnet. Aber jetzt seid so freundlich
und lasset mir Euren Wagen richten, damit ich ebenfalls nach Hause
fahren kann. Ich muß morgen sehr früh wieder fort."

„Ist schon gerichtet und darf nur angespannt werden", antwortete er.

Als die Braunen des Obristen in das offene Wägelchen des Wirtes
gespannt waren, ich meinen Oberrock genommen hatte und einge-
stiegen war, fuhr der Kutscher des Obristen mit mir durch die Obere
Gasse auf die Felder hinaus, wo die Straße gegen das Eidun und gegen meine Heimat zielte. Ich konnte von den Vorausfahrenden nichts
mehr vernehmen, weil wahrscheinlich mein Thomas aus Eifer und
Ehrgeiz sehr gut und auch sehr schnell dahinfuhr.

An dem Himmel über mir standen unzählige, schöne, freundliche Sterne – und in meinem Herzen war eine Freude, welche ich noch
niemals in meinem Leben empfunden habe. Ich ging schon gegen
die dreißig Jahre, und es war so wohl, so süß, so herrlich in mir, als
wenn ich im achtzehnten wäre, wo man ein Kind ist, unerfahren ist
und die ganze Welt an das Herz drückt, damit es nur gestillt werde.

Ich dachte: „O mein Gott, o mein Gott, was ist es für ein Glück,
zu wissen, daß ein einziges Herz in dieser Welt ist, das uns liebt, das
es durchaus und vom Grunde gut und treu mit uns meint, und wenige Schritte vor mir fahren zwei, die beide so gegen mich sind. Was
ist es für ein Glück."

Ich fuhr in der dunklen, stillen Nacht hin und kam endlich bei
meinem Hause an. Ich gab dem Kutscher eine Belohnung und schickte ihn mit den Pferden zu seinem Herrn hinauf. Die meinigen waren
schon zu Hause, ich ging noch in den Stall hinein und streichelte die
guten Tiere, die sie unverletzt in ihre Wohnung gebracht hatten.
Dann ging ich in mein Zimmer. Ich zündete mit Freude meine
Lichter an, ich war heute zum ersten Male gleichsam nicht mehr allein
und setzte mich zu meinem Schreibgerüste nieder.

Es war eine Ruhe, Stille und Feierlichkeit in meinem Hause. – –

Aber ich blieb nicht lange sitzen, sondern ich stand auf, ging zu dem Fenster, öffnete es und lehnte mich hinaus. Auch draußen war Ruhe, Stille, Feierlichkeit und Pracht – und es rührten sich die unzähligen silbernen Sterne am Himmel.

VII. Das Nachwort

So weit habe ich, der Urenkel, aus dem Lederbuche des Doktors ausgezogen, und so weit ist alles an ihm, der uns immer wie ein Wundermann erschienen war, gewöhnlich wie bei allen andern Leuten und wird auch in dem ganzen Buche fort gewöhnlich sein. Es ist noch recht viel übrig, aber das Lesen ist schwer. Oft ist kein rechtes Ende, oft deutet sich der Anfang nur an, manchmal ist die Mitte der Ereignisse da, oder es ist eine unverständliche Krankengeschichte. Ich habe in den mit dem Messer verwundeten Blättern geblättert. Ich mußte da über viele Jahre gegangen sein, denn es war ein häufiger Tinten- und Schriftwechsel, es standen Witterungsbeobachtungen, häusliche und Feldarbeiten, daß man sah, daß zur Ansammlung dieser Schriften Jahre vergangen sein mögen. Oft waren ganze Abteilungen in das fahleste Eisenockergelb geschossen, indessen oft Randbemerkungen aus späteren Zeiten mit dem glänzendsten Schwarz dastanden wie übermütige Ansiedler und Anbauer, welche die armen Ureinwohner fast zu verdrängen strebten. Auch ist die Handschrift oft sehr schwer zu entziffern. Wie gewöhnlich und nur für ihn geschrieben manches auch ist, so ist wieder vieles lieb und schön und oft wahrhaft erhebend.

Ich habe noch recht viel zu erzählen und werde es in der Zukunft tun, wenn ich es zu Ende geziffert und ausgezogen habe: Wie die Hochzeit gewesen ist, wie Margarita von allen Bewohnern des Doktorhauses geliebt worden ist, wie er mit dem herben, weichen, kindlichen Mädchen gelebt habe. Wie ihr Vater, der Obrist, uralt geworden, wie er gestorben sei und eine Ruhestätte neben seinem Weibe habe, wie der Doktor fortgewirkt, wie er bei der Einführung der Kartoffeln so viele Hindernisse gehabt habe, wie er, wenn die früheren Pferde alt und untauglich wurden, immer wieder Rappen hatte, wie er zu Kranken weit und breit ging, wie viele in sein Haus kamen und dann bei den Ihrigen erzählten, daß eine schöne, milde, alternde Frau in seinem Hause herumgehe, wie er selber sehr alt geworden ist – ich muß endlich erzählen, wie das obere Haus weggekommen ist, ich muß erzählen, wie die Bilder fortgekommen sind, sowohl die, welche Margarita zur Aussteuer erhalten hat, als auch die, welche sie erbte. –

Mein Großvater hat erzählt, daß der Doktor, als er sehr alt war, als ihm seine Strümpfe schlotterten, als sein Rücken gekrümmt war, als ihm die Schnallenschuhe zu groß geworden waren, oft an seinem kunstreich geschnitzten Schreibgerüste, auf das er in seinem langen Leben so viel gelegt und gestellt hatte, daß er am Ende selber kaum Platz hatte, gesessen war und in einem großen Buche gelesen habe, von dem rote und blaue Siegel niederhingen.

Seine letzte Heilung ist ein Kind gewesen. Er war schon lange nirgends mehr hingegangen, in der Gegend waren drei neue Doktoren aufgestanden – da war im Eidun ein Kind krank, ein schönes Mädchen freundlicher Eltern – man hat ihm alles gegeben, was möglich war, aber das Kind wurde immer schlechter. Die Ärzte sagten endlich, es sei vergebens, das Kind müsse sterben. Da fiel den Eltern der alte Doktor ein, der zu Tal ob Pirling ein Haus habe, dort wohne und in dem Garten sitze. Sie gingen zu ihm und baten recht dringend. Er fuhr hinab und ging an seinem Stabe mit den schneeweißen Haaren und gebeugt zu dem Kinde hinein. Da er es gesehen und um alles gefragt und eine Weile geschwiegen hatte, sagte er huldreich: „Das Kind wird nicht sterben."

Er gab den Leuten etwas und sagte, daß man morgen zu ihm kommen und wieder etwas holen solle. – Die Eltern trugen den alten Mann fast wie einen Engel zu seinem Wagen hinaus. Sie gaben dem Kinde täglich, was sie von dem alten Doktor holten, es ward gesund und blühte noch lange, da der Greis schon in seinem kühlen Grabe lag.

Er hatte zuletzt so weiße Haare, wie sie einst der Obrist gehabt hatte, nur daß der Obrist auch den weißen Bart trug, während der Doktor immer sauber rasiert ging.

Weil er gut gewirkt hat, ist er nie ein Kinderspott geworden.

Bei seinem Tode trug sich etwas Rührendes zu. Als man den Leichenzug ordnete, gingen plötzlich alle Zigeuner mit, welche sich zuweilen in den Wäldern gezeigt und niedergelassen hatten, weil er sie einstens zu mehreren Malen freiwillig behandelt und manche aus ihnen geheilt hatte.

Mein Vater hat den zweiten Band der Mappe gar nicht gekannt. Er war in der alten Truhe und wurde erst von mir gefunden. Er war nicht gebunden, sondern nur in Hefte geteilt, wahrscheinlich, daß er bequemer sei und man nicht immer die ganze Last mitzuschleppen habe. Es hat sich an ihm etwas gezeigt, was dartut, daß, wieviel man auch Verstand habe, doch im Alter die lebenssüße Gewohnheit und die Einfalt des Fühlens über ihn herrsche. Allen Anzeichen nach war der Doktor schon achtzig Jahre alt, als er den zweiten Band seiner Lebensmappe machte und vorrichtete – und dennoch machte er diesen Band so dick wie den ersten, ja er hatte sogar um zweiundfünfzig

Seiten mehr, und alle waren sie zum voraus schon mit roter Tinte eingetragen. Wieviele Blätter aber blieben leer, wie wenige Hefte waren beschrieben, und wie hingen an den letzteren noch die alten Siegel, weil er, damit ich seinen eigenen Ausdruck gebrauche, „früher fort gemußt, ehe er sie hatte öffnen können".

Friede mit ihm!

ADALBERT STIFTER BEI VITALIS

Der Nachsommer
Eine Erzählung
536 Seiten, 14×22 cm,
Fadenheftung, in Halbleinen gebunden,
Lesebändchen.
ISBN 3-89919-070-X
€ 14,90 (D)/€ 15,40 (A)/sFr 26,90

Witiko
Eine Erzählung
620 Seiten, 14×22 cm,
Fadenheftung, in Halbleinen gebunden,
Lesebändchen.
ISBN 3-89919-019-X
€ 14,90 (D)/€ 15,40 (A)/sFr 26,90

Bunte Steine
Ein Festgeschenk
Inhalt: Granit, Kalkstein, Turmalin,
Bergkristall, Katzensilber, Bergmilch
280 Seiten, 14×22 cm,
Fadenheftung, in Halbleinen gebunden,
Lesebändchen.
ISBN 3-89919-071-8
€ 14,90 (D)/€ 15,40 (A)/sFr 26,90

Brigitta
Studien 1842–1845
Inhalt: Abdias, Das alte Siegel, Brigitta,
Der Hagestolz, Der Waldsteig, Zwei Schwestern,
Der beschriebene Tännling
460 Seiten, 14×22 cm,
Fadenheftung, in Halbleinen gebunden,
Lesebändchen.
ISBN 3-89919-073-4
€ 14,90 (D)/€ 15,40 (A)/sFr 26,90

Bergkristall
Eine Erzählung
Mit Illustrationen von Lucie Müllerová.
56 Seiten, 19×25 cm,
Fadenheftung, in Halbleinen gebunden,
Goldprägung, Lesebändchen.
ISBN 3-89919-068-8
€ 14,90 (D)/€ 15,40 (A)/sFr 26,90

Märchen, Sagen und Legenden
Mit Illustrationen von Lucie Müllerová.
80 Seiten, 19x25 cm,
Fadenheftung, in Halbleinen gebunden,
Goldprägung, Lesebändchen.
ISBN 3-89919-075-0
€ 14,90 (D)/€ 15,40 (A)/sFr 26,90

Der Kondor/Das Heidedorf
Mit Illustrationen von Karel Hruška.
120 Seiten, 13x21 cm,
Fadenheftung, gebunden, Lesebändchen.
ISBN 3-89919-054-8
€ 9,90 (D)/€ 10,20 (A)/sFr 17,90

Granit/Die Pechbrenner
Mit Illustrationen von Karel Hruška.
176 Seiten, 13x21 cm,
Fadenheftung, gebunden, Lesebändchen.
ISBN 3-89919-013-0
€ 9,90 (D)/€ 10,20 (A)/sFr 17,90

Der Hochwald
Mit Illustrationen von Karel Hruška.
176 Seiten, 13x21 cm,
Fadenheftung, gebunden, Lesebändchen.
ISBN 3-89919-021-1
€ 9,90 (D)/€ 10,20 (A)/sFr 17,90

Der Waldgänger
Mit Illustrationen von Karel Hruška.
168 Seiten, 13x21 cm,
Fadenheftung, gebunden, Lesebändchen.
ISBN 3-89919-055-6
€ 9,90 (D)/€ 10,20 (A)/sFr 17,90

Der Waldsteig
Mit Illustrationen von Karel Hruška.
72 Seiten, 13x21 cm,
Fadenheftung, gebunden, Lesebändchen.
ISBN 3-934774-51-2
€ 9,90 (D)/€ 10,20 (A)/sFr 17,90